本书获山东省高等学校优秀教材一等奖

高等财经院校“十一五”精品系列教材

行政管理学（第二版）

XINGZHENG GUANLIXUE

徐晓雯　丛建阁　主　编

经济科学出版社
Economic Science Press

责任编辑：吕　萍　张　辉
责任校对：杨晓莹
版式设计：代小卫
技术编辑：李　鹏

图书在版编目（CIP）数据

行政管理学/徐晓雯，丛建阁编．—2版．—北京：经济科学出版社，2009.7（2014.1重印）
（高等财经院校“十一五”精品系列教材）
ISBN 978-7-5058-8342-0

Ⅰ.行…　Ⅱ.①胡…②丛…　Ⅲ.行政管理-管理学-高等学校-教材　Ⅳ.D035

中国版本图书馆CIP数据核字（2009）第111281号

行政管理学（第二版）
徐晓雯　丛建阁　主编
潘寄青　王晓燕　武　彬　副主编
经济科学出版社出版、发行　新华书店经销
社址：北京市海淀区阜成路甲28号　邮编：100142
总编部电话：88191217　发行部电话：88191540
网址：www.esp.com.cn
电子邮件：esp@esp.com.cn
汉德鼎印刷厂印刷
永胜装订厂装订
787×1092　16开　31印张　560000字
2009年7月第1版　2014年1月第2次印刷
印数：3001—5000册
ISBN 978-7-5058-8342-0　定价：42.00元
（图书出现印装问题，本社负责调换）

总　序

21 世纪最短缺的是什么？人才。

大学是以人才培养和科学研究为己任，大学教育说到底是一种人文教育，大学是养育人文精神的地方。尽管科学研究是当今评价一所大学水平和地位的重要内容，但是，支撑科学研究的基础是人才的培养。一所大学要培养出优秀的、具有国际化和市场竞争意识的人才，教材是实现培养目标的关键环节。没有优秀的教材，就不可能有高水平的高等教育；没有高质量的人才培养，就不可能产生一流或特色鲜明的大学。中国的大学教育已从往日的"精英教育"走向"平民教育"，上大学不再是少数人的专利。在这种情况下，如何保证教学质量的稳定与提高？教材建设的功能愈显重要。

一本好的教材，既是教师的得力助手，又是学生的良师益友。尤其是在当今知识爆炸的 21 世纪。为了提高教学质量，深化教材改革，山东财政学院启动了"十一五"精品教材建设工程。该项工程以精品课程教材建设为目标，以重点学科（专业）培育为基础，集中全校优秀师资力量，编撰了高等财经院校"十一五"精品系列教材。

本系列教材在编写中体现了以下特点：

1. 质量与特色并行。为保证编写质量，本系列教材从选题、立项到编写、出版，每个环节都坚持"精品为先、质量第一、特色鲜明"的原则。严把质量关，突出财经特点，树立品牌意识，建设精品教材。

2. 教学与科研相长。教材建设要充分体现科学研究的成果，科学研究要为教学实践服务。两者相得益彰，互为补充，共同提高。本系列教材将各学科领域最新教学与研究成果进行提炼、吸收，实现了教学、科研结合的大学教育目标。

3. 借鉴与创新并举。任何一门学科都会随着时代的进步而不断发展。因此，我们在教材编写中始终坚持“借鉴与创新结合”的理念，舍其糟粕，取其精华。在中国经济改革实践基础上进行创新与探索，充分展示了当今社会发展的新理论、新方法和新成果。

本系列教材是山东财政学院教学质量与教学改革工程建设的重要内容之一，适用于经济学、管理学及相关学科的本科教学。它凝聚了众多教授和专家多年教学的经验和心血，是大家共同努力的结晶。我们期望摆在读者面前的是一套优秀的精品教材。当然，由于我们的经验存在欠缺，教材中难免有不足之处，衷心期盼专家、学者及广大读者给予批评指正，以便再版时修改、完善。

高等财经院校“十一五”精品系列
教材建设委员会
2008 年 7 月

前　言

在现代社会，市场经济体系与政府行政体系成为控制社会、影响社会的两大力量，理论和实践表明，政府行政体系在创造和提升国家竞争力方面具有不可替代的作用。一个民主、负责、高效、透明的政府行政管理体系，对一个国家的社会经济发展是至关重要的。

行政管理学科作为一门独立的新兴学科，发展迅速。目前，已发展成为政治学、管理学、法学、社会学、心理学、统计学等多种学科相互交叉、相互渗透的综合性学科。学科的发展离不开教材的建设，作为行政管理学科的重要教材——《行政管理学》教材的建设已日益重要。近年来，我国政治、经济形势发生了巨大的变化，市场经济的逐步深入、政府行政体制改革的进一步深化、政府管理理念的转变等都对我国政府行政管理理论建设和政策实践提出了新的要求。适应新形势，转变旧观念，立足我国实际，借鉴西方国家行政管理理论和政策的最新研究成果，大胆进行行政管理理论研究和政策创新，建立适应社会主义市场经济体制要求的行政管理学是我们面临的新课题。

山东财政学院历来重视教材建设，在行政管理学教材建设方面已拥有坚实的基础。作为山东财政学院“十五”重点立项教材，由徐晓雯、丛建阁教授主编的《行政管理学》，于2004年8月由经济科学出版社出版。经过几年的应用，取得了较好的效果，并于2009年获得山东省高等学校优秀教材一等奖。为了适应我国经济改革和行政改革的需要，本书在《行政管理学》2004年版的基础上加以修订和完善。

本书是山东财政学院精品课程《行政管理学》建设成果之一。根据教育部教材改革精神和山东财政学院教材建设要求，本书充分借鉴现代市场经济国家先进的行政管理理论和研究方法，广泛吸收我国行政管理的理论研究成果和实践经验，将国内外行政管理理论研究、实践成果与我国的国情相结合，用最新的资料全面系统地阐述行政管理的基本理论、基本知识和具体的操作技能及其发展态势，做到理论与实践相结合，经典与前沿相结合，构建起与社会主义市场经济发展相适应的具有中国特色的行政管理体系。

和同类教材相比，本书具有以下特点：(1) 指导思想明确。本书以马列主义、毛泽东思想、邓小平理论和“三个代表”为指导，深入贯彻落实科学发展观。运用马克思主义的立场、观点、方法，全面准确阐述本学科的基本理论，分析、解决理论和实际问题。(2) 内容系统完整。本书较全面系统地涵盖了行政管理的主要知识领域，内容既涉及到行政管理的基本理论和实践（主要包括行政管理的一般原理、行政环境、行政职能、行政组织、行政领导、人事行政、行政决策、行政执行、财务行政、行政立法、行政监督、行政效率、行政文化和行政改革等），也涉及到行政管理的具体操作技能（主要包括行政机关管理、行政管理技术方法）。在结构体系上更加科学合理，除了对传统理论有了新的阐述和充实之外，还结合实际增加了当前我国及西方国家的行政管理改革、当前的行政环境和行政管理效率的提高等热点问题，并给予规范性和实证性分析，力求对新形势下的行政管理做出规范性的认识。(3) 经典前沿结合。本书既保留了国内外行政管理学的经典理论与实践的内容，又吸收国内外行政管理研究最新的学术成果，力争反映当前行政管理研究领域最新的理论和学术主张，在行政管理理论、管理制度、管理方式及具体操作技能上做出国内外最新理论的前沿性解说和应用，真正做到经典与前沿相结合。(4) 应用广泛适用。本书的编写，更加注重高水准和适用性的合理结合，具有较强的实践性、应用性和现实性。本书在每一章后都备有一定的案例，对每一章的重点和难点通过案例进行诠释和强化。案例主要来自行政管理经典案例及当前的典型事例和热点问题，这样，既为学生提供时代的信息，又为学生提供丰富的管理案例及经验，有利于提高学生的分析问题和解决问题的能力。本书的应用广泛，既适宜于作为行政管理学科的专业教材，又适宜于作为公共管理硕士（MPA）的基本课程教材，以及作为国家公务员和一般读者学习和了解行政管理的理论与实践的读物。

本书是山东财政学院“十一五”重点精品教材建设项目，由徐晓雯、丛建阁教授主编，潘寄青教授任副主编。写作分工如下：徐晓雯编写第一章、第八章、第九章、第十章、第十三章；丛建阁、王晓燕编写第五章、第六章；潘寄青编写第十一章、第十二章；王晓燕编写第二章、第四章、第七章、第十五章；武彬编写第三章、第十四章、第十六章。徐晓雯、丛建阁教授对全书进行修改、总纂、定稿。

本书的编写得到了一些专家、教授的指导，参考了大量国内外文献，其中，主要参考文献已在后面列出，有些则未一一列出，在此一并表示感谢。同时感谢经济科学出版社的编辑们对本书出版所付出的辛勤劳动。由于时间、知识所限，本书中存在不妥之处，敬请读者批评指正。

编　者

2009 年 6 月

目　录

第一章　绪　论

本章学习提要与目标

随着我国社会主义现代化建设事业和经济、政治体制改革的逐步深入，行政管理学科正面临着前所未有的蓬勃发展时期。通过本章的学习，使学员能够了解行政管理学的基本概念和基本理论。本章重点掌握：行政管理学的基本范畴、行政管理学的特点、行政管理学的历史发展及我国行政管理学的发展现状等。如何建立有中国特色的社会主义行政管理学是本章的难点。

第一节　行政管理学的研究对象、内容和特点

行政管理学是研究行政管理活动规律的科学，是一门以政府即各级国家行政机关为主要研究对象，涉及领域广泛、内容丰富、理论与实践相结合的相对独立的学科。行政管理自国家和政府产生以来就存在，但行政管理学作为一门独立的学科，却只有百年左右的历史。在它的发展过程中，不同的学者在不同的时期提出了许许多多不同的思想、理论、对策和技术方法，从而形成了行政管理学的基本框架。但是，直到现在，人们在对行政管理学的研究上仍有不同见解，如对行政管理学的定义、研究对象及基本范畴等基础性问题上仍有不同的看法，因此，我们首先应对行政管理学的一些基本概念进行界定。

一、行政与行政管理学的含义

“行政”是行政管理学的基本概念。“行政”一词，在中国古已有之。《史记·周本纪》曾记载：“成王少，周初定天下，周公恐诸侯逆反，周公乃摄行政

当国。”在《左传》中也有“行其政事”、“行其政令”的记载。由于古代国家管理活动没有现代这样复杂，所以“行政”的基本含义，是指国家事务的管理。

在英语中，“行政”（Administration），一词，是指治理、管理和执行事务。早在2000多年前，古希腊思想家亚里士多德在其《政治学》名著中就使用过这一词，曾提出一切政体都包含有三个要素，即议事机能、行政机能和审判机能，并对行政机能的司职和机构的设置进行了论述，反映了人类社会早期对有关行政的探讨。

国际通用的《社会科学大辞典》把行政解释为“国家事务的管理”。从一般意义上讲，行政是指国家和社会事务的管理活动。但由于哲学家、政治学家、行政学家依据不同历史时期、不同国家和地区的政治历史和实践，从不同角度或不同层面来理解行政，以致对行政的解释迄今仍难以统一。总体上说，人们从以下的角度考察行政：

（一）从政府分工及其组织结构的状况来考察行政

法国启蒙思想大师孟德斯鸠从政府分工及其组织结构的状况把管理国家的活动分为立法、行政、司法三类，主张这三种权力由三个独立的部门掌握，以使互相制约和平衡。他的主要著作《波斯人信札》、《论法的精神》在西方广为流传，对当时政界影响很大。美国行政学者W. 魏洛比提出：“行政是政府组织中行政机关所管辖的事务”。[①] 在倡导三权分立的国家，国家权力体系分为立法权、司法权和行政权，并分别由议会、法院和政府“独立”行使，因此认为行政就是与立法、司法并立的“三权”之一。立法是制定法律，行政是执行法律，司法是维护法律，从而明确地把行政机关的管理活动与立法机关的立法活动、司法机关的审判活动区别开来。这种解释虽十分明确，但过于狭隘，有局限性。事实上，随着行政的发展，政府行政权的扩大，行政机关不仅包含着一定的立法和司法权力，而且行政越来越多地参与或影响立法、司法活动，三者相互渗透、相互作用。如在现代国家政治生活中，行政机关有部分立法提案权和制定部门法规的权力，立法机关、司法机关同样也存在人事、财务等方面的行政事务。

（二）从政治与行政的关系的角度来考察行政

政治和行政同是历史的范围，在相当长的时间里，无论在理论上还是在实践上，政治和行政都没有明显的界限。近代资本主义国家产生后，由于政府职能的

---

① W. 魏洛比：《公共行政原理》，约翰·霍普金斯出版社1927年版，第1页。

复杂和分化，一些政治学家和行政学家意识到行政与政治的区别，逐步地把政治与行政相分离，从政治和行政的不同功能来解释行政，认为政治是国家意志的表达，主要指国家政策的制定。行政是国家意志的执行，主要指对国家政策的执行。行政管理学的创始人美国的威尔逊认为，政治是立法团体和其他政策制定集团专有的活动，行政是行政官员执行法律和政策的专有活动。美国学者古德诺在他的名著《政治与行政：关于政府的研究》一书中，明确提出政治、行政二分法，认为“在所有的政府体制中都存在着两种主要的或基本的政府功能。即国家意志的表达功能和国家意志的执行功能，前者谓之政治，后者谓之行政”。[①] 古德诺虽然也强调为了保证国家意志的执行，政治必须对行政进行控制，但他是把行政作为独立于政治之外的一种国家功能来研究的。这种观点把行政从政治中分离出来，使之成为一个相对独立的研究领域，对行政学的产生起了重要的促进作用。但是把政治与行政相分离并不符合现实国家政治生活状况，实际上，政治与行政之间是相互渗透、难以截然分开的，二者存在着内在的不可分割的关系，任何行政活动都不可能脱离政治，与政治不相联系的纯粹的行政现象是不存在的，现代国家的行政机关日益参与国家政策的制定，具有强烈的政治色彩。

（三）从管理的角度来考察行政

管理是伴随人类社会产生而出现的一种活动。人类是社会性的群体，为了谋得物质生活资料和自身的安全，就必须调整和协调人与人、部落与部落以及人与自然界之间的关系，从而形成原始的管理活动。国家产生以后，出现了以国家政府管理为主要职责的专门机构和集团。但在国家的政务管理以外，还有多种多样的管理领域以及由此产生的各种不同的管理主体和管理行为。行政与管理有着密切的关系。在 19 世纪末 20 世纪初，随着管理理论的发展与完善，西方学者把“科学管理之父”泰勒等人的科学管理理论和原则引入行政管理研究中，从管理的特点和功能方面说明行政的含义。如美国行政学家怀特在其 1926 年所著的《行政学导论》一书中说：“行政是实现或执行公共政策时的一切运作”，“行政乃是为完成特定的目标而对许多人所作的指挥、协调和控制”。[②] 古立克把行政的具体运作过程分为计划、组织、用人、指挥、协调、报告和预算七功能。法国学者法约尔认为，行政管理就是计划、组织、指挥、协调和控制。西蒙则把行政视为“为达到共同目的所作的合作的集体行动”。这一定义侧重从行政的技术、程序和方法看问题，揭示了行政是一个动态的过程，指出了行政作为管理活动所

---

① F. J. 古德诺：《政治与行政》，华夏出版社 1987 年版，第 10 页。
② 怀特：《公共行政研究引论》，麦克米兰公司 1955 年版，第 1～3 页。

具有的一系列特征，重视行政效率。其不足之处是，容易与私人行政相混淆。

西方学者对行政的考察与分析，对我们了解什么是行政有重要参考价值。在借鉴西方学者对行政理解的基础上，结合马克思主义理论及社会主义国家职能的特点，我们对行政的理解应注意以下几点：

一是要注意行政的属性问题。马克思主义认为，政治与行政都是建立在一定经济基础之上，为一定经济基础服务的上层建筑。行政是一个国家概念，是国家组织活动或管理活动。马克思曾指出："所有的国家都在行政机关无意地或有意地办事不力这一点上去寻找原因，于是他们就把行政措施看作改正国家缺点的手段，为什么呢？就因为行政是国家的组织活动。"[①] 西方学者所说的行政是公共事务的推行或管理，实质上就是国家事务的推行，是国家意志的贯彻和执行，而国家总是代表某个阶级利益和意志的国家，国家意志应是政治的集中表现。因此，行政是国家的行政，是阶级的行政，行政不可能不表现国家的意志，行政的目标、职能、行为和活动都不同程度地具有阶级属性，是阶级统治的一种工具。世界上不存在无阶级的国家，更不存在超阶级的行政，尤其是在当代经济一体化、经济政治一体化、政治经济化的趋势日益明显的社会条件下，行政的政治性、阶级性更加明显。

二是要结合我国社会主义国家的职能特点。西方国家所倡导的"三权分立"的国家权力结构形式实质上是资产阶级国家政权组织形式。我国实行的是人民代表大会制的政权组织形式，在这种形式下，国家权力结构形式表现为：全国人民代表大会是国家最高权力机关，行使立法权；国务院和地方各级人民政府行使行政权；审判机关和检察机关行使司法权。但我国的国家行政机关、审判机关和检察机关都由人民代表大会产生，并对其负责、接受其监督。因此，在尊重国家权力的统一性、不可分割性的前提下，立法、司法、行政是国家权力的三大系统，行政是有别于立法和司法的一种国家权力。

三是要区分行政管理与私人行政的管理活动。行政管理通常又称为公共行政管理，这里的"公共"显然是相对于"私人"而言。任何一个管理单位除其本身特殊的业务管理之外，还有诸如决策、计划、协调、人事、监督等通常被称为行政管理的活动，于是在私人组织中，也就有"私人行政"的需要和可能。公共行政管理与私人行政管理虽然有许多相似之处，但在管理主体、管理权限、管理职能和管理目标等方面，两者之间存在重大的区别。公共行政管理是一种以国家强制力为后盾的管理，一切行政活动均以法律为依据，要依法管理。国家行政机

① 《马克思恩格斯全集》第一卷，人民出版社 1956 年版，第 479 页。

关的组织形式、职能、权力、责任，国家行政机关工作人员的职责、权利、义务，国家行政机关行使职权和实施管理的原则、方式、方法、程序等，都必须以法律为基本依据，不得越出法律规定的范围。从这个意义说，行政是凭借国家法定的权力，依法管理国家事务及公共事务的活动。同时，公共行政管理以公共利益为目标。而私人行政采用自由竞争方式，较少受政策法规限制，经常表现出无序状态，谋求私人利益，以营利为目的。

综上所述，我们认为行政是国家权力机关的执行机关，行使国家权力，依法管理国家事务、社会公共事务和机关内部事务的活动。

只有在科学地认识了什么是行政的基础上，才能认识和理解行政管理学的含义。行政管理学是一门以国家行政机关依法、有效地管理国家事务、社会公共事务和机关内部事务为目的，系统地研究行政现象及其活动规律的科学。

行政管理学又称行政学、公共事务管理学、公共管理学等，英文名称为 Public Administration。

这些名称不存在本质上的区别，都是关于政府行政现象的研究，但却从一定意义上反映了行政管理学的发展历程，反映了研究理念和研究侧重点的差异。

二、行政管理学的研究对象、内容和方法

（一）行政管理学的研究对象

行政管理学是以研究国家行政机关对国家事务、社会公共事务和机关内部事务进行依法、有效管理的活动规律为研究对象。具体包括以下几点：

1. 行政管理主体是行政机关。它是国家权力机关的执行机构，行政管理的支配权是行政权，行政权源于国家权力，行政机关通过实施行政权进行行政管理，来履行国家的社会职能。在我国，作为行政管理主体的国务院和地方各级人民政府是国家权力的执行机关，由国家权力机关依法授予其行政权力，因此，行政管理是以国家权力为依据的、行使国家行政权力的一种公共管理。

2. 行政管理的客体是国家事务、社会公共事务和行政机关的内部事务。行政管理的范围非常广泛，遍及国家和社会生活的各方面和全体国民，这是它区别于其他任何管理的最显著的特点之一。行政机关通过行使行政权实施行政管理，与社会生活中的几乎一切行为主体发生行政、法律关系。在通常情况下，行政管理涉及到全体公民、社会团体和组织。概括起来说，行政管理的客体大致可以分为经济性组织、社会性组织、政治性组织、教科文组织、新闻性组织和公民六

类。其他任何一种社会管理都没有行政管理这样的广泛性和关系国家与社会全局的重要性。由此也决定了行政管理学有比其他管理科学更广阔的研究领域和更广泛的适用性。当然，行政管理具体的作用范围是受社会需要、法律和资源限制的，绝不可因其具有广泛性而任意地、无限制地扩大和延伸。

3. 行政管理活动的根本原则是依法管理。政府法治、依法行政是现代行政管理的本质特征。行政管理必须以法律为根本的活动准则，在法律规定的范围内实施管理。任何行政机关和行政人员都没有超越宪法和法律的特权。将个人意志取代国家意志或凌驾于法律之上的行为，均属违法行为。

4. 行政管理学的主要任务和根本目的是探讨和发现行政活动的规律性。国家事务、社会公共事务和行政机关内部事务纷繁复杂、变化多端，往往令人难以捉摸。"但是，在表面上是偶然性在起作用的地方，这种偶然性始终是受内部的隐蔽着的规律支配的，而问题只是在于发现这些规律"。[①] 行政管理学的主要任务和根本目的就在于探讨和发现这些规律，形成科学理论。

（二）行政管理学的研究内容

关于行政管理学的研究对象，国内外不少研究者提出了自己的观点，其中较具代表性的有：

美国学者怀特将行政管理学的构成归纳为四大部分，即组织原理、人事行政、财务行政、行政法规。他的这种观点见诸于美国的大学教科书《行政研究导论》，对后来的研究产生了一定的影响。

美国学者古立克提出了著名的"七要素"理论，即计划（Planning）、组织（Organizing）、人事（Staffing）、指挥（Directing）、协调（Coordinating）、报告（Reporting）、预算（Budgeting），以此概括行政管理的七大构成要素，其中计划理论后来逐步发展成为设计理论，为新的决策科学的创立提供了有益的准备。

我国台湾学者张金鉴用更细致的分类来表述行政管理学的构成，提出了"15M"理论，即目标（Aim）、规划（Program）、人员（Men）、经费（Money）、物材（Materials）、组织（Machinery）、方法（Method）、领导（Command）、激励（Motivation）、沟通（Communication）、士气（Morale）、协调（Harmony）、及时（Time）、空间（Room）、改进（Improvement）。

此外，有的学者主张把行政管理的主要职能或环节作为行政管理学研究对象和内容。有的学者认为，行政管理学应把行政管理系统、行政管理运行过程、行

---

① 《马克思恩格斯选集》第4卷，人民出版社1972年版，第243页。

政效率评估作为主要内容。有的学者则把行政管理科学的新的理论和方法引入行政管理学的研究内容，提出行政管理学的主要内容包括六个方面：一般行政、专业行政、层级行政、区域行政、案例分析和政策分析。

我们认为，行政管理学是以行政体系及其运行为研究内容的，是在研究行政体系及其运行机制的过程中寻找优化国家与社会公共事务管理途径的科学。也就是说，行政体系及其运行机制就是行政管理学的研究内容。

行政有自己的历史，每一个时期的行政体系都是建立在一定的社会政治、经济、文化的基础之上的，反映它们的要求并提供整体支持。从行政体系结构看，主要包括三个方面：（1）客观结构系统；（2）主观结构系统；（3）价值结构系统。这三个系统在总体上的动态平衡是行政体系健全的标志，而它们的协调运行则表现为行政体系的功能。

行政体系的客观结构是行政体制、行政组织、行政机构和行政人事资源等物质性客观要素之间关系的存在和运作方式，是行政体系的客观形式。广义地讲，行政体系的客观物质环境因素也是行政体系客观结构的要素。因为，行政体系的客观物质环境影响或制约着行政体系的客观结构，行政体制的选择、行政组织的建立、行政机构的设置、行政人事的状况在很大程度上取决于行政体系的客观物质环境的状况。行政管理学在研究行政体系的客观结构系统中，形成了关于行政人员、行政组织、行政机构设置以及公务员制度的理论，并且包含着相应的行政体系得以运行的物质的和财政的保障条件和方式。

行政体系的主观结构是指行政权力、行政法律、行政政策和行政管理方法等属于精神形态的主观要素构成的各种关系的总和，它是行政体系的主观形式。在广义上，行政体系的主观结构也应包括占统治地位的政治观念、思想意识形态和文化心理结构等因素。当然，行政权力是一种客观力量，但是行政权力在本质上是行政客体的主观认同。所以，它是以组织权威的形式出现的。行政法律和政策，是客观的社会关系的反映，是统治意志及其观念的形式化。行政管理方法是对行政管理客观规律的认识，是前人经验的凝结。与客观结构系统相比，行政体系的主观结构系统具有系统整体的相对灵活性和变动性。由于与具体的行政关系、行政行为之间的联系更为密切，因而，行政关系、行政行为的状况会不断地反映到行政主观结构系统上来。在一般情况下，行政主观结构系统是在保持自身基本不变的前提下对行政关系、行政行为加以调整的。但是，现实社会生活的千变万化总是不断地向既定的行政关系、行政行为提出挑战，要求它们不断地通过变更而适应现实社会生活的需要。这种变化达到一定程度时，就会提出改变行政体系主观结构方式的要求。因而，行政主观结构系统拥有积极的、活跃的不稳定结构，行政体系的变化、发展总是首先表现为其主观结构系统的变动。当然，行政体系的变化往往直接地表现为国家统治阶层顺应社会生活经济结构的要求而采取的自觉行动。所以，通过对行政体系主观结构系统的研究，可以准确地把握行政体系的内部职能和外部职能的实现状况，可以较好地认识和处理行政与其政治和文化生态之间的关系，可以理解行政改革和发展的动力所在，并为行政改革做出切合实际的方案设计。

行政体系的价值结构主要是指行政组织、行政人员或公务员的行政意志、行政义务、行政责任和行政人格等基本要素所构成的、深藏于行政体系的客观结构系统和主观结构系统之中的调节系统。因为，行政意志、行政义务、行政责任和行政人格等因素是隐藏在各种行政关系和行政行为之中的，并发挥着重要的调节作用。发现行政体系的价值结构系统并加以深入的研究，可以为行政道德的建设和行政效率的提高提供理论依据。

（三）行政管理学的研究方法

学习和研究行政管理学，需要运用科学的、有效的方法，透视行政现象，把握行政的本质及其发展规律。行政管理学的研究方法要服从于学科性质和研究目的，并随学科内容和研究目的的变化而变化，使研究方法具有多样性。一般而言，对行政管理学的研究方法的研究，我们可以从三个层次上加以考察。一是揭示行政管理本质的世界观和方法论；二是跨学科的研究；三是从事行政管理研究的具体技术、方法和手段。具体如下：

1. 辩证唯物主义和历史唯物主义分析。从根本的世界观和方法论看，辩证唯物主义和历史唯物主义是我们认识和理解行政现象及行政过程的指导思想。这一指导思想要求我们把行政活动放在社会发展的客观条件下去加以理解，从一定历史条件下人们的物质生活资料的基本方式以及在这个过程中起决定作用的利益来考察行政现象和行政关系，做到具体问题具体分析。公共行政的各种活动、关系和形式有种种表现形态，科学的分析和研究应该遵循辩证法的基本法则，透过现象揭示其本质，以动态和发展的观点去把握行政现象，以找出行政活动的规律。

2. 跨学科研究。行政作为一种重要的社会现象，与一定的社会、政治、历史、经济、法律、文化、生态等领域互相渗透、互相影响。随着信息时代的到来，全球化趋势日趋明显，需要与之相配的“联合”思维方式和大智慧。这就要求我们应具有许多相关学科的知识，从各个不同的视角透视、考察和分析行政现象。主要有以下方法：

（1）逻辑分析方法，又称哲学研究法，主要从哲学的观点出发研究行政现象，通过运用理性判断、非理性判断、逻辑推理、因果关系分析等直接与哲学思想相关的分析方法，研究行政过程中矛盾的普遍性与特殊性、共性与个性、一般规律与特殊规律的关系，进而形成一定的普遍适用的有关行政的理论基础和行为准则。该方法同时广泛应用于公共政策分析。

（2）历史分析方法，又称史学研究法，注重行政和行政管理学的起源、发展及演变的过程，不同时期的不同特点和历史类型，以及历史情形对现实行政的影响和借鉴意义。该方法是一种基于时间序列的纵向的分析方法。

（3）法学分析方法，主要从法理、法律、法规的角度来研究政府和政府官员及其行政行为的合法性、规范性、合理性，研究政府依法行政和以法律规范、监督行政以及法律适应行政发展的趋势，从法律与政府、公民的关系中加深对行政关系的认识。

（4）经济分析方法，以成本—效益、私人管理等经济学理论为基础，分析经济对行政的要求和政府及政策在经济发展中的作用，考察政府与市场的关系，探讨政府如何有效地提供公共物品。

（5）心理分析方法，考察和分析行政活动中人们行为的心理因素及其作用，相互作用的方式和人际关系，强调满足人的合理的精神需求，实现心理平衡，培养团队精神，建立有效的诱导和激励机制。

总之，我们应当运用各学科的理论和方法，注意行政管理学与其他学科的联系，在广阔的知识背景下，更好地完成对行政现象的考察和研究。

3. 技术分析。从行政管理研究的具体方法、手段和技术来看，应注意采用科学方法和分析技术，对行政现象进行精密的、细致的分析。常用的方法有：

（1）规范分析方法，也称理论分析方法，主要指通过价值判断作出结论的分析方法，即根据一定的理念、价值标准或行为规范对“是非”作出一定的评价，主要回答“应该怎么样”的问题，“应然性”是其主要的方法论特征。该方法重视价值赋予，认为寻求公正、合理的价值应是人类行为的基本准则。

（2）实证分析方法，又称事实研究法、行政调查法，指通过观察、描述事实，进而依据事实得出结论的分析方法。该方法着眼于发现事实，用客观的方法进行资料或数据的收集、调查统计、数学计算，通过对事实的观察、描述和分析论证，研究问题的症结所在，进而得出结论或提出对策，主张对事实的客观理解和价值中立，关注“是什么”，“实然性”是其方法论特征。

（3）案例分析方法，又称个案研究法，是对已经发生过的真实而典型的行政管理事件，分析者尽可能从客观公正的观察者立场加以描写或叙述，以视听、语言文字和脚本等形式说明事件有关的情况，力图再现与事件相关的当事人的观点、所处的环境，供读者评判。该方法的关键在于资料真实、全面，充分反映事件全过程中的各个主要因素及其相互关系。该方法是行政理论与实践的结合，通过案例分析，从具体到一般，有助于通过生动、具体的途径来掌握行政管理学的基本理论。

（4）比较分析方法，是通过对不同事物或同一事物在不同阶段的情况等进行比较，从中找出共同点、本质或规律性的东西。行政管理学中的比较分析主要是指通过对不同行政体制、行政活动及其运行过程进行比较分析，研究不同政府间在行政理念、行政思想、行政组织形式、行政原则和管理职能、管理体制、管理方式和管理手段等方面的差异，研究实现高效、民主行政的途径和方法。

（5）量化分析方法，又称数学模型研究法或数量分析研究法，是指直接和广泛应用电子计算机，注重通过统计学、对策论、线性规划、矩阵和建立数学模型等数量化分析方法，研究和证明行政管理现象的因果对应关系和规范性，实现行政抉择和对未来预测的正确性。

（6）环境分析方法，又称系统研究法，生态研究法。任何行政都离不开一定的环境，都要受到环境的影响。因而要将行政活动及其过程与环境视为一个有机整体，着重研究各个相关部分的交互影响、双向往来、动态平衡、彼此关系，使行政不断适应环境变化，并随着环境的变迁而发展。

当代行政管理学的发展，建立了许多现代科学技术手段和科学的分析方法，如结构——功能分析、预测分析、模型分析、综合分析、社会调查、统计方法、信息处理与分析技术、模拟方法等，我们应当把它们运用到行政管理学的研究中去，使行政管理学的研究更科学。同时，还应当注重采用先进的现代科学技术，如系统工程、信息论、控制论、电脑网络技术等，以加强行政研究的科学手段，把行政管理学研究推向新阶段。

三、行政管理学与相关学科的关系

任何一门社会科学都是建立在与其他学科相互联系、相互比较、彼此相交的相互关系的基础之上的。行政管理学科的交叉性、综合性特点决定其与其他相关学科的关系。

1. 行政管理学与政治学。一般认为，行政管理学源自政治学，其最初的目的是研究如何有效地维护国家的意志，所以，从渊源上说，行政管理学是从政治学的母体中分离出来的分支科学。但经过百余年的演变，二者已经具有比较明显的领域差别。

政治学主要研究国家的基本理论和制度，比如，国家的起源、构成要素、国家的政治原则、政治权力、政治制度以及民族和宗教等其他政治性的原理原则和实践。行政管理学则主要研究政府体制和政府行为等行政现象。研究如何管理和推行国家事务、社会公共事务及机关内部事务。因此，实务是其基本内容。就相互关系而言，行政学是藉政治学指引其努力的方向，政治学则有赖于行政管理学充实它的内涵。

2. 行政管理学与行政法学。有的学者认为，行政管理学源于行政法学，因为在西方国家，行政管理学的形成是从研究法律对行政活动的规范开始的。后来由于社会进步和科技发展，导致行政活动日渐繁多，引起了人们对行政的普遍关注，行政管理学才逐渐分离出来，独立成一门学科。

从现代学科的领域看，行政法学是以行政法律关系为研究对象的学科，其性质和内容是研究和规定行政管理的法律规范，比如，行政权力主体如何使用职权，以及在其对民权和其他公共权力有所侵犯时如何处罚和补救等。行政管理学则研究推行和执行政务及如何使之有效的原理原则和技术方法，尤其注重在实际行政过程中的有效性。行政法学与行政管理学都是以国家行政为中心观念的学科，在现代社会中是紧密联系、相互促进的两门学科。

3. 行政管理学与企业管理学。企业管理学是科学管理运动兴起以来的有关企业管理的理论和方法的总称，主要研究如何管理和改进企业的经营状况，提高生产率和增加利润。它对行政管理学产生重大、直接的影响和推动。可以说，行政管理学借用或吸收了相当多的企业管理学的概念、词汇和方法，尤其在西方提倡用企业精神改造政府这一口号后。同样，企业管理学也从行政管理学借鉴了某些思想、理论和方法。因此，行政管理学和企业管理学是内容上交叉，理论和研究方法上互鉴、学科发展上相互影响和相互渗透、研究领域上各异的两门学科。

4. 行政管理学与社会学。社会学是研究人类社会各种社会生活现象的学科，是社会科学的基本学科之一。行政管理学只有将行政现象置于广大的社会环境中来考察，才能获得比较符合实际的理论和解决办法。就相互关系而言，社会公共事业的管理是行政管理的重要内容，许多重大社会问题只有依靠国家行政机关的法权地位和特有的方式、手段才能解决。所以，行政管理学与社会学是相互促进、相互支持的。

除了以上学科外，行政管理学与经济学、统计学、心理学、社会心理学、运筹学等学科都有着比较密切的关系。

第二节　行政管理学的演进

行政管理学的演进是指行政管理学的发展史及其不同发展阶段上的不同内容和特点。不同的历史阶段受不同理论的影响，侧重不同的研究方向，使用不同的研究方法，有着不同的代表人物和不同的代表论著。

行政管理学作为一门独立的学科产生于19世纪末20世纪初的西方社会，是现代社会发展进步的产物。西方行政管理学产生与发展的进程中，出现了诸多的理论与学派，新的理论与学派的不断形成，新的研究领域和研究方式的不断出现，展示了人类探究行政及其发展规律的思想结晶。随着经济、科技的迅猛发展和社会的不断进步，行政管理学的研究呈现出不断创新的发展趋势。

一、行政管理学的产生和发展

正如人类活动的一切领域都有着相对应的科学研究一样，行政作为人类社会管理活动的显著形式，也必然会提出对它进行科学研究和探讨的要求。对行政的思考可以追溯到很久以前的历史时期。从文献资料看，在中国的春秋战国时期和西方的古希腊，都有许多思想家对行政做出深入的思考，试图揭示行政与一般的社会管理活动相比较不同的特点，并尽可能地提出行政活动的规范和原则。但是，在一个相当长的历史时期内，由于行政是属于统治行政的模式，政治与行政是重合的，这严重地阻碍了行政研究成长为一门科学的发展道路。所以，人们在历史上看到的行政，往往是作为政治的谋略和技巧而被加以津津乐道的。

行政学的专门研究是建立在行政与政治开始分化的历史背景下，17～18世纪，随着资本主义的发展，国家与社会、政治领域与经济领域开始逐步分化，这样的历史发展趋势为社会科学研究和发展提供了现实基础。众多社会学科迅速地发展起来，科学的行政学研究可以追溯到这个时期。

在启蒙时期的著作中，行政学研究的基本原则和理论前提都已确立起来。从启蒙思想家们的权力分类学说中可以看出，当时，把国家分为立法、行政和司法的领域或部门是得到了思想界和学术界的广泛认同的。虽然启蒙思想家们的所谓立法权、行政权和司法权的“三权分立与制衡”学说是资本主义制度设计的理论基础，但是，在这一学说中有两点值得注意：其一，它把行政权看作一种相对独立的权力，并提出用立法和司法权来对它进行制约；其二，它把这三种权力看作是由三个不同部门或机构执掌的，制度设计和制度安排的具体做法也是通过强化三个部门的不同性质来实现权力的相互制衡。可见，在启蒙思想家的学说中，已经包含着“行政是一个相对独立的领域”的认识，对这个相对独立的领域可以进行专门研究和判断。许多思想家还对政府机构的构成、行政组织的特征、行政权力的结构和运行机制以及人事行政等方面的问题做了认真的探讨。但是，这些行政管理思想由于缺乏系统化和理论化而没有形成专门的学科。

德国学者斯坦因在1865~1868年发表七卷本的《行政学》著作中首次提出“行政学”一词，然而当时行政学主要是指行政法而言的，并没有把行政学视为一门独立学科，因此远没有形成行政学理论体系。

行政管理学作为一门独立的学科则产生于19世纪末20世纪初。1887年，曾任美国总统、普林斯顿大学校长的威尔逊在美国哥伦比亚大学《政治学季刊》上发表了《行政学之研究》一文，发表后很快蜚声政治学界并产生了深远的影响。一般认为，该文是行政学开端的标志，威尔逊本人也因此被认为是行政学的创始人。在这篇文章中，威尔逊通过回顾行政领域研究的历史，指出行政与政治的不同，认为有必要建立一门独立的行政科学，去研究政府能够做什么，如何以最高的效率和最低的成本去做这些事情。威尔逊为行政学的研究确立了一个大概的范围，认为行政学需要研究人事问题、组织问题和一般性的管理问题，特别是应当把注意力集中在组织的有效性和效率问题上。应当说，威尔逊的主要贡献并不在于为行政学确定研究的范围和提出理论，他的贡献在于提出了行政学赖以成立的前提，那就是他的政治与行政二分原则的思想。

在威尔逊之后，古德诺在1900年出版了《政治与行政：关于政府的研究》一书。对威尔逊的这一思想做了进一步的阐发，从而使“政治与行政不同”的思想得到了广泛的传播。根据古德诺的看法，政治是国家意志的表达，行政则是这种意志的执行；政治主要与政策的制定相关联，而行政则是对政策的执行。由于具有这些不同，行政完全可以避开政治纷乱和冲突，可以被作为一个纯粹技术性的领域来加以建设，它在国家意志和政策的执行中，只要求合乎技术标准并追求最高的效率，明确区分了政治与行政的不同功能，由威尔逊开创的行政学，从此正式从政治学中分离出来。

随着管理学的发展，科学管理运动中产生的科学管理理论，极大地影响了早期的行政理论。科学管理中一系列行之有效的管理原则和管理方法被引用到行政理论之中。美国“科学管理之父”泰勒于1911年发表了《科学管理原理》，通过强调研究时间和动作以获得人与机器的最高效能，提出科学管理的四项基本原则及科学管理的原理、方法和技术，开创了一个追求效率的时代。泰勒的科学管理理论以提高作业效率，降低生产成本为目的，它的出现促使工厂生产成本管理从只凭经验管理走上了科学管理的道路。泰勒的科学管理理论很快就应用于政府管理上。

1916年，法国管理学家法约尔出版了《工业管理及一般管理》一书，他首先指出了管理是企业的六大职能之一，并继而指出管理有五大功能，即计划、组织、指挥、协调和控制。其次，法约尔提出了著名的管理的十四项原则，即分工、权力、责任、纪律、命令一致、指挥统一、公利先于私利、报酬、集权、等级制、秩序、公正、主动精神、集体精神，他强调了集体精神在企业管理中的重要作用。再次，法约尔提出了著名的"法约尔跳板"原理。在等级制的组织结构中，命令指示是按权力线或指挥线从上到下一层一层地传递的，报告请示也一层一层地往上传递。大的组织由于等级多，部门横向的联系也多，这样，如果两个部门之间发生问题都要按等级层层上报到高层，再由高层将决定层层往下传递，然后加以解决，这必然造成低效。"法约尔跳板"原理的解决之道在于若两个部门有问题要解决，则先由其自行协商解决，只有在解决不了的情况下各方才向上报告，再由上级协调。"法约尔跳板"原理旨在保持命令统一的情况下，迅速而及时地解决一般事务，从而使组织最上层得以从繁杂的事务中摆脱出来，专注于一些重大问题。此外，法约尔认为，组织的效率取决于组织的一些内在要素。在他看来，一个组织选人和发挥人的所长是非常重要的，组织同时要给人以培训和教育，这一思想对后来的人际关系及行为科学的发展具有一定的影响。法约尔还对行政管理的职能、要素和一般原则进行了系统的论述，被称为程序学派创始人，对行政管理学的发展具有深远的影响。

科学管理思想和方法在企业组织经营领域里的成功运用，鼓舞和推动了人们在其他方面的实践。美国率先把科学管理方式应用于国家行政组织的职能范围之内。1906年，从纽约市政调查委员会开始，美国全国各地迅速推广开展了市政调查运动。各级政府把科学管理的调查方法和效率的原则应用到行政部门，将科学管理的技术方法推广到行政乃至联邦行政，实行调整机构，精简人员，简化程序，从而促进了政府工作的改革，提高了行政效率。

美国行政学家怀特和威洛比对行政学的内容进行进一步的系统研究和阐述，分别于1926年和1927年撰著了《公共行政学导论》和《公共行政原理》这两本大学教科书，它们的出版标志着行政学理论体系的形成。1930年，美国学者费富纳出版了《行政学》一书，从科学管理的角度阐述公共行政，构架了行政学的基本体系。这三本教科书，被誉为行政管理学的"三足鼎立"。

德国社会学家马克斯·韦伯的官僚科层组织理论被认为是组织学的也是行政

管理学的最重要的理论之一。马克斯·韦伯是第一位比较系统地论述官僚制度的特征，并分析它在西欧工业社会中的作用的学者，他提出的“官僚”概念指的是一种以管理为目标的社会组织的特定形式。马克斯·韦伯的官僚理论是同他的权威理论联系在一起的。在他看来，权威的形式有三种，一是魅力权威，即权威靠自身的一些超凡脱俗的特征或天赋，或一般人不及的能力对追随者产生影响。二是传统权威，即权威的行使依赖的是传统、习俗、习惯以及公认的准则。三是合理合法的权威，也称理性权威，其行使依赖的是组织的规章制度、法律法令等。三种权威有它各自对应的组织特征。以理性权威为特征的官僚组织的特征在马克斯·韦伯看来才表现了与工业社会相吻合的组织特征。在马克斯·韦伯的理论中，官僚组织结构体现了理想的行政管理体系，这种体系是大规模组织的最合理的形式。资本主义发展需要稳定、可靠、严格和精细的管理，而行政管理体系正是实现这种管理的最有效的形式。为此，他把企业管理理论引入到行政管理学中，并提出了“理想的行政组织体系”理论，被称为“组织理论之父”。

美国行政学家古立克与英国行政学家厄威克于 1937 年编辑出版了著名的《行政管理科学论文集》，该书包含了反映当时行政管理研究最高研究成果的一系列重要论文，在该书中古立克提出了著名的管理七职能论，厄威克则提出了他认为适用于一切组织的八项原则。美国著名的女管理学家福莱特在 1924 年出版了《创造性的经验》一书，促进行政管理学与心理学的结合，体现了古典的或传统的行政管理学向行为主义行政学的过渡。

20 世纪 30 年代的世界性经济危机及经济大萧条，工人运动的蓬勃发展，使得政府管理出现新的危机，政府开始对经济和社会进行全面干预。与此相适应，行政管理在官僚体制、行政权力、行政职能等方面发生了根本性发展。传统行政管理理论暴露出它的弱点，科学管理理论并不完全科学，它缺乏生机和活力。为适应理论和实践的发展，需要对传统理论作出修正，而新兴的行为科学理论对传统行政管理学理论构成了最大的冲击。

1927～1932 年美国哈佛大学教授梅奥、罗特·利斯伯格和怀特·赫德等人在芝加哥西方电器公司霍桑工厂对组织中人的行为进行实证性研究，即著名的“霍桑实验”，发现组织中人的行为非常复杂，无法以传统理论解释。根据实验，如果尊重人格、积极激励，可以在其他条件不变的条件下提高产品数量、质量，提高行政效率。该理论开创了行为科学——人际关系学说的理论先河。

行为科学理论促进了行政管理学的发展。一些学者从新的管理理念和视角研究行政理论。巴纳德系统地论述了正式组织、非正式组织的特性以及二者之间的关系，组织是人群合作系统，主管人员的主要功能在于发挥每个人的智力，其权威来自部属的授予。美国心理学家马斯洛于 1943 年在《人的激励理论》一文中首次提出了人类需要层次论，并于 1954 年在其名著《动机与人格》中作了进一步阐述。麻省理工学院教授麦格雷戈进而提出了著名的 X 理论和 Y 理论。这些理论和学说的提出，大大丰富了行为学科的学科内容，推动了行为科学的扩展和泛化。

行为科学——人际关系学说理论的不断发展，直接影响了关于行政研究的进程，许多行政学者开始用行为主义的观点和方法研究行政现象，其中，以西蒙为代表的决策理论学派影响最大。西蒙在 1947 年出版的《行政行为：行政组织中决策程序的研究》一书中，对传统的研究方法提出了异议，主张用行政行为的动态研究方法来取代传统的法度体制的静态的研究方法，从而使行政研究切实有效。西蒙最大的贡献在于将社会科学中的决策概念引入行政管理，“如果把所有理论都考虑进去，那么决策是行政的中心。”① 在西蒙看来，管理就是决策。西蒙的决策理论综合了自然科学的定量分析、社会心理学、人类学、逻辑学、社会学、政治学等多方面的成果，将他们熔于一炉，在整个管理学中独树一帜。由于西蒙建立了一个较为完整的决策理论，因而整个管理，包括行政的管理，由科学管理阶段开始走向行政科学阶段，发生了一个从定性到定量的转变过程。

英国行政学家帕金森在 1957 年出版了《帕金森定律和行政管理中其他问题的研究》一书，精辟地分析了官僚组织中存在的种种弊病。林德布鲁姆 1959 年发表了政策理论中的经典之作《渐进调适的科学》，全面分析了决策过程和决策方法，提出了渐进主义决策理论。

20 世纪 60 年代以来，随着科学技术的迅猛发展，世界发生了巨大的变化。人类第三次科学技术革命的发生，尤其是系统论、信息论、控制论的应用和发展，行政管理学对自然科学理论的吸收与应用，为行政管理科学注入了新的活力。另一方面由于西方国家社会问题、各种冲突、行政危机不断加剧，行政的范围、职能、机制、各种制约因素及行政管理的技术性和复杂性不断发展变化。为寻找解决社会问题良方，适应社会发展和变革的需要，出现了许多新的研究领域和课题，各种新的理论与学派不断形成，从而使行政管理学的研究呈现出丰富多彩的多方向拓展的发展趋势。

新公共行政学的出现是 20 世纪 60 年代美国社会改革在行政管理学研究上的一种回音，它提出了一系列不同于传统行政管理学的新范式。1968 年，由美国行政学家沃尔多发起召开了青年行政管理学者会议，并于 1971 年出版了《走向

---

① 赫伯特·西蒙：《行政行为：行政组织中决策程序的研究》，第 14 页。

一种新公共行政学：明诺布鲁克观点》一书。弗里德里克森是新公共行政学的代表人物之一，其观点主要集中在 1980 年发表的《新公共行政学》一书中。新公共行政学是后行为主义的产物，该学派赖以建立的价值和原则是社会公平，强调以公平与民主作为行政学的目标和理论基础，实际上是一种民主的行政理论。

20 世纪 60 年代末、70 年代初兴起的政策科学或公共政策分析研究是西方行政管理学研究领域出现的另一个影响更深远、更广泛的趋势，强调对政策制定系统及过程的研究，主张用政策科学或政策分析研究来取代传统的行政管理学研究。现代政策科学创始人之一的以色列人德罗尔自 1967 年起出版了政策科学方面的多部论著。奎德则是美国著名的系统分析和政策分析专家。当时比较有影响的具有代表性的行政学说还包括：一般系统理论与行政管理学相结合，形成的行政生态学，以美国行政学者雷格斯为代表，他在 1961 年著的《公共行政生态学》一书中，运用系统分析方法研究政府赖以生存和运作的生态系统，强调政府与其环境的互动和动态平衡。系统论与生态论又促进了权变论的发展。菲德勒是权变理论学派的代表人物，他提出权变领导理论，另外较有影响的是卡斯特提出的运用权变理论对组织进行的分析。美国行政学者彼得对官僚组织的特征作了进一步分析，并提出了著名的"彼得原理"。威廉·大内对美国和日本的管理方式进行了研究，提出了 Z 理论。

政策科学并不是一个或几个学科的简单的集合、发展或更新，而是一个几乎全新的研究领域。由于它具有明显的跨学科的特点并被广泛地应用于各行各业、各个领域，因而迄今为止它所涉及的学科边界界限是模糊的，但它的主体理论、主要技术方法以及基本的学科范畴却是清晰可辨的。

20 世纪 70 至 80 年代，西方各国掀起政府改革的浪潮，出现了新公共管理运动。这场声势浩大的公共行政改革是以英国前首相撒切尔在 1979 年上台为开端的，而后波及了其他西方国家。这一改革的直接推动力是当时西方社会所面临的一系列问题和挑战。首先是社会的转型（即向信息社会的转移）使得原有与工业社会相适应的一套管理思路、管理方式变得不合时宜。其次是社会面临的一些问题，尤其是经济问题（例如通货膨胀、政府开支上升、财政危机、福利制度陷入困境等）使得改革的呼声日益高涨。这一改革的特征在于用管理取代行政，用市场或合同取代官僚的公共行政，以缩小公共行政的规模。这一改革的表述有"管理主义"、"以市场为基础的公共行政"、"企业家政府"，新公共管理通过基于管理主义的政府制度创新，全面增强政府公共管理的有效性。新公共管理理论拓展了行政研究领域，在研究领域及主题上有重大突破和创新，并对以往行政管理学所涉及的主题作了新的诠释，主要以经济学途径和管理学途径来研究公共管理或政府管理问题。其中较有影响和成就的学派是以布坎南为代表的公共选择理论。奥斯特洛姆是以公共选择为依据来确立他的“民主行政范式”的。新制度经济学也对西方公共行政产生了重要影响。20 世纪 90 年代在美国兴起的“重塑政府”运动，则进一步发展为通过重新审视传统的公共行政，进而重新定义政府。

新公共管理理论的出现是对以往行政管理学的一次严峻的挑战，它几乎改变了传统行政学的研究范围及主题、研究方法、学科结构和行政管理方式，成为当代西方公共管理尤其是政府管理研究领域的主流。新公共管理理论反映了 20 世纪 80 年代以后政府管理的新成就以及当代西方公共管理实践发展的新趋势，成为当代西方政府改革的一种指导性理论，西方各国的政府改革的自由化、市场化和社会化取向，在相当程度上体现了新公共管理理论的基本精神。新公共管理学者所提倡的公共管理尤其是政府管理以实际问题为核心，拓展了行政管理学的研究范围和主题，融合经济学、管理学、政策分析、政治学等领域的知识，形成更广泛综合的知识框架，并形成新的行政管理模式。

二、中国行政管理学研究的历史与现状

中国是世界上历史悠久的文明古国之一，有丰富的行政管理经验。在漫长的封建社会，建立了一整套严密的封建行政管理体制，出现了较完整的行政管理思想。在孔子的《论语》、商鞅的《商君书》、孙武的《孙子兵法》、司马迁的《史记》、司马光的《资治通鉴》等古籍中，都对行政管理有记载。在中国古代，虽然形成了内容丰富的行政管理制度和经验，但是没有形成系统的理论，更没有把行政管理作为一门学科来加以研究。

现代意义上的行政管理学是从西方国家引进和借鉴的。19 世纪末 20 世纪初，几乎与西方国家行政学的形成同期，我国一些学者就开始了翻译和引进一些著名的行政管理学著作。当时较有影响的出版译著有：《行海要术》、《行政纲目》、《行政学总论》、《行政法撮要》等。从 20 世纪 30 年代开始，我国一些学者陆续发表了一些研究专著，根据可以查证的资料，1935 年张金鉴出版的《行政学之理论与实践》一书，是中国最早的系统研究行政学的著作，它代表了这一时期中国行政学研究的成就。翌年，江康黎出版了《行政学原理》，在当时都被列为大学丛书。另如龚祥瑞、楼邦彦合著的《欧美官吏制度》等，也有相当的影响。

在理论研究发展的同时，行政管理学也步入了我国高等院校的殿堂，到新中国建立以前，各大学政治学系及培训学校大都开设了行政学课程，并有一定数量的留学生出国深造。不仅如此，行政管理学的传入并与我国实际相结合，也影响

了我国的实际行政过程。例如，伟大的革命家孙中山先生提出并实践了五权分立的思想，组建了我国现代史上的第一个资产阶级政府。1934 年，国民党政府设立了“行政效率研究会”后更名为“行政效率促进委员会”，并发行了《行政效率》半月刊杂志。到 20 世纪 40 年代，我国成立了行政学会，并加入了国际行政科学学会。

新中国建立以后，中国共产党和人民政府从我国国情和不同阶段的不同任务出发，对改善我国的国家行政管理状况作了巨大、艰苦的努力，积累了一定的行政管理的历史经验和教训。然而，从行政管理学学科建设和学术研究来说，行政管理学研究曾一度受到忽视。1952 年我国全国高等院校进行院系调整时，取消了行政学专业和课程，社会科学的研究部门也没有设置行政学的研究机构，行政学的教学和研究一度中断，不仅影响了我国国家行政机关管理科学化的进程，也影响了我国行政管理学的历史积累和发展。

1978 年党的十一届三中全会以后，中国进入改革开放和社会主义现代化建设新的历史时期，行政管理学开始复兴并得到了蓬勃发展。社会主义现代化建设和改革开放的伟大事业，迫切要求加强行政管理学的研究。1980 年 12 月中国政治学学会成立，酝酿恢复和发展行政管理学。1982～1984 年我国国家行政改革过程中所暴露出来的缺乏系统的科学行政管理理论指导的缺陷，则对恢复和发展行政管理学提出了现实要求。这就从理论和实际两个方面为恢复和发展行政管理学创造了充分的条件。

1984 年夏，由国务院办公厅和劳动人事部联合发起召开了全国性的行政管理研讨会，并正式筹备建立中国行政管理学会。此后，在全国范围内很快掀起一股学习和研究行政管理学的热潮，不少大学和研究单位先后设置了行政管理学专业或开设了行政管理学课程，同时成立了一批行政管理干部学院，行政管理学甚至被视为我国几千万党政干部的必修课。1988 年，中国行政管理学会正式成立，并发行了会刊《中国行政管理》。1995 年，国家行政学院在北京正式成立，主要培训各级政府司局级以上官员。行政管理学开始被纳入国家行政建设的轨道。

在我国行政管理学恢复和发展的过程中，先后发表或出版了一大批论文、专著或教材，较早的有：国务院办公厅编辑的《中国行政管理学初探》、夏书章教授主编的《行政管理学》、李方教授的《行政管理学纲要》、唐代望教授的《现代行政管理学教程》等。20 世纪 90 年代中期以后，各类关于公共行政研究的专著多起来，且研究质量明显提升。与此同时，还引进和翻译出版了一批我国台湾省和西方学者的行政管理学教科书和专著。这些都对我国行政管理学的建设起到了积极和直接的推动作用，为我国行政管理学的不断发展提供了必要的条件。

自行政管理学的教学和研究得以恢复以来，在 20 多年的时间内，我国的行政管理学研究以加速度的节律迅速发展，表现为学科体系、学科分化、应用研究不断扩大和深入，研究领域开始触及世界行政研究的某些前沿问题。行政管理学的发展对我国的政府管理和行政体制改革作出了重要贡献，显示出它作为社会科学的重要基础学科和应用学科的价值和潜力。但是，我们也应该看到，尽管我国的行政管理研究发展迅速，但迄今为止许多研究尚停留在对西方国家行政理论进行介绍的层面，理论研究的广泛性和深度明显不够，行政管理学的理论研究与现实的行政改革和行政发展还存在着差距，在改革开放和现代化建设进程中，在经济全球化和市场化的背景下，超前研究不够，缺少重大的理论突破和理论创新；对政府过程、行政程序和行政操作层面研究不足，政策分析和政策研究还较薄弱；以科学化为主要特征的现代行政学研究方法尚未充分运用等。建设有中国特色的社会主义行政管理学，我们还需不断的努力和探索。

第三节　建设有中国特色的社会主义行政管理学

邓小平同志建设有中国特色的社会主义理论，为中国行政管理学的发展指明了方向。建设有中国特色的社会主义行政管理学，必须从中国的实际出发，在吸收和借鉴国外行政管理理论与经验的基础上，研究和探索中国行政管理的规律和特点。

一、建设有中国特色的社会主义行政管理学的依据与实践

（一）理论依据

建设有中国特色的社会主义行政管理学，就其理论依据而言，是由行政管理的二重性决定的。作为国家事务和社会公共事务的管理，行政管理必须根据管理对象的实际情况进行有效的计划、组织、指挥、协调，这是行政管理的一般性、科学性的一面；行政管理是国家权力结构的一个部分，它又必须为一定的经济基础和政治服务，这是行政管理的特殊性、阶级性或政治性的一面。行政管理学既有普遍的、共同适用的规律和原理，又有反映各国实际的理论特点，各国不同的历史、文化背景和经济发展水平，也必然对形成各国行政管理的差异产生重大影响。所以，行政管理学也就必然既包括普遍的、共同运用的规律和原理，又有反

映各国实际的理论特点。

（二）历史经验

中国古代灿烂的历史文化和行政管理实践，为现代管理提供了借鉴。中国古代行政管理、行政体制运作历史之悠久、制度之完备、法令之严密以及历史文献之丰富，成为灿烂辉煌的政治和行政的历史遗产。这不仅是产生具有中国特色的行政管理学的沃土，而且其精华部分已被吸收改造成为有中国特色的行政管理学的组成部分。它们必然为现代行政管理实践提供历史借鉴，推动有中国特色的行政管理学的产生。

（三）当代行政管理实践

新中国成立以来，我国行政管理实践本身形成了自己的特点，成为有中国特色行政管理学的最坚实的基础。中华人民共和国半个多世纪的行政实践丰富多彩，波澜壮阔，形成了有中国特色的现代行政精神，这不仅是有中国特色的行政管理学的最坚实的基础，而且是它最有生气的内容。

有中国特色的现代行政精神主要体现在以下几个方面：

1. 服务行政的精神。全心全意为人民服务是我国行政管理的根本宗旨，我国政府在本质上是为公民、为国家、为社会服务的公共组织。当代我国行政管理的价值取向正在从“管制型政府”转向“服务型政府”。服务型政府本质上是社会本位、民本位，政府管什么，不管什么，政府提供什么服务，如何提供服务，全看社会和公民是否需要，并以此作为政府职能定位的依据，它与传统的以官本位、权力本位为特征的管制型政府相比较，是两种不同的管理理念和管理方式。目前，上海、南京、珠海等地政府纷纷创建服务型政府，并在创新服务、社会评议、减少管制等方面进行了有益探索。服务精神已成为我国行政管理最重要的价值取向之一。

2. 民主行政的精神。我国政府是由人民大众产生的，其行政权力受制于社会、公民和人民代表大会，行政管理活动必须遵循和体现社会主义民主原则和民主精神。人民授权政府行使行政权力，最终目的就是要通过行政管理，为经济和社会发展、为提高人民的物质和文化生活服务。当代中国行政管理的价值取向正在从“政府本位”转向“社会本位”。民主的价值取向贯穿于当代行政管理的宗旨、职能、机制和过程。民主行政不仅体现在政府与公众的关系中，而且也体现在政府内部。我国政府通过扩大政府与公民的信息沟通渠道，健全科学民主的公共决策机制，实施公共行政过程的程序化，推行竞争性的公共行政服务，拓展公民对政府的民主监督途径，扩大公民对公共行政的参与，使行政管理能够符合最广大人民的意愿、利益和要求。

3. 依法行政的精神。依法行政是我国政府行使行政权力必须遵守的基本准则，是我国现代行政管理的最基本特征之一，也是现代行政精神的精髓所在。政府行为必须以法律形式予以规范，加强法制建设，做到有法可依、有法必依、执法必严、违法必究。政府必须在法律的框架内行使其行政管理的职能，不得违背或凌驾于法律之上。法律不仅是对政府权利和义务的规定，同时也是对政府行为的制约和监督，以防止滥用权力和惩治腐败。我国政府的依法行政，不是被动地执行法律，而是具有主动、积极和进取的特性。

4. 责任行政的精神。政府及其行政权力产生于人民的直接或间接授权，行政权力来之于人民主权的让渡，政府在获得权力的同时，就负有了相应的责任，政府的一切行为都要代表人民的利益，向人民负责是我国行政管理的基本价值取向。政府具有社会公共权威，拥有公共权力，履行行政职能，因而它必须承担无可替代的社会责任，向社会和公众负责。行政责任还包括政府行政组织体系内部中央与地方、各个层级、各个部门以及各个行政人员之间的、与行政权力的再分配相一致的行政职责和行政组织内部具体化的责任制度，做到权责相称。我国政府有明确的政治责任、行政责任、法律责任、道义责任等，增强公务员的使命感和社会责任感，建立政府工作人员的行政监督与责任追究制度，坚决惩治腐败现象。

5. 高效行政的精神。行政效率和效益历来是行政管理的核心价值。在高科技的迅速发展以及日益激烈的国际竞争环境下，行政高效化更是我国政府行政的重要价值取向。现代行政既关注投入产出比率，又重视行政产出所带来的社会效益，以达到两者的平衡。为适应科技、经济和社会迅猛发展，现代行政高效化呈现出新的趋势，如通过转变政府职能，提高行政管理的质量，使政府对社会大众的愿望和要求能作出迅速反应；通过公共服务市场化和引入竞争机制，提供高质量和高效率的服务；优化行政组织结构和权力结构，简政放权；加强对政府的绩效评估，注重评价行政结果；降低政府管理成本，加强财政、预算管理；加强行政管理的教育和培训，培养高素质行政人员；加快电子政务和政府上网工程的建设，广泛运用现代管理手段等。

6. 公正行政的精神。政府行政管理对整个社会生活起着调节的作用，在任何时候都担负着维护和提供社会公正和正义的道德使命。在社会主义市场经济条件下，公正行政是我国政府遵循的伦理精神。公正行政意味着政府的行政管理从公共利益出发，公共政策能保证公平地分配社会公共利益。公正行政主要包括程序公正、分配公正、奖惩公正和用人公止等。当代我国的行政管理要积极地维护和提供社会公正，公正地对社会资源进行分配或再分配，保证各社会主体的合法权益，防止严重的贫富分化和地区差别，从而有效地调节个人与社会的关系，以保证社会主义市场经济的公平与效率，促进经济健康发展和社会全面进步。

二、建设有中国特色的社会主义行政管理学的主要原则

建设有中国特色的社会主义行政管理学，应当遵循下列原则：

（一）坚持马克思列宁主义、毛泽东思想、邓小平理论和“三个代表”的重要思想，深入贯彻落实科学发展观

马克思列宁主义是人类智慧的结晶，是无产阶级的科学体系。它与中国具体实践相结合，产生了毛泽东思想、邓小平理论和“三个代表”重要思想。马克思列宁主义、毛泽东思想、邓小平理论和“三个代表”的重要思想，是中国共产党的行动指南，理所当然地成为建设中国特色社会主义的行政管理学必须遵循的首要原则。“三个代表”重要思想是对马克思列宁主义、毛泽东思想和邓小平理论的继承和发展，反映了当代世界和中国的发展变化对党和国家工作的新要求，是加强和改进党的建设、推动我国社会主义自我完善和发展的强大理论武器，是全党集体智慧的结晶，是党必须长期坚持的指导思想，并从它的丰富内涵中吸取新的思想内容。科学发展观，是对党的三代中央领导集体关于发展的重要思想的继承和发展，是马克思主义关于发展的世界观和方法论的集中体现，是同马克思列宁主义、毛泽东思想、邓小平理论和“三个代表”重要思想既一脉相承又与时俱进的科学理论，是我国经济社会发展的重要指导方针，是发展中国特色社会主义必须坚持和贯彻的重大战略思想。

以毛泽东、邓小平、江泽民、胡锦涛为代表的中共中央的领导集体，在长期担任党和国家的领导工作中，直接或间接地领导了或参与了行政管理实践活动和行政管理体制改革。他们不仅具有卓越的执政领导和行政管理才能，而且还有着极为重要的理论创造，对我国的行政决策、行政职能、行政组织、行政监督、人事行政、依法行政、行政效率以及行政体制改革的目标、任务和方法等一系列重要问题发表了许多精辟见解。这些理论创造本身就是中国特色的行政管理学的重要内容。

（二）紧密围绕经济建设和社会主义市场经济下的行政体制改革

建设有中国特色社会主义的行政管理学应紧密围绕经济建设、经济体制、政

治体制和行政体制改革，而与行政体制改革的联系尤为直接。

随着经济体制和政治体制改革的深入，行政体制改革也逐步地、积极而慎重地深入展开。党的十一届三中全会以来，我国行政体制改革经历了由单项改革到综合改革、配套改革，由局部探索到整体推进、重点突破，由改革旧体制到建立新体制的发展过程。这些改革成果促进了经济体制改革和社会文明的发展，初步确立了社会主义市场经济下行政体制的基本框架，并为进一步改革奠定了基础。科学地总结这些宝贵经验，将大大地充实我国行政管理学的理论体系。

当人类社会跨入21世纪的时候，我国进入全面建设小康社会、加快推进社会主义现代化的新的发展阶段。随着社会生产力的发展、社会主义市场经济体制的建立和完善以及社会主义政治文明建设的积极推进，政治体制和行政体制改革进一步深化。在中国这样一个幅员广阔、人口众多的发展中大国，实现行政体制改革，必然会引起权益格局和社会关系的新变化，必然会遇到许多西方国家所不曾遇到的、书本里没有现成答案的新问题、新矛盾，需要我们与时俱进，开拓创新。党的十七大报告明确提出了要加快行政管理体制改革，建设服务型政府。报告指出，行政管理体制改革是深化改革的重要环节。要抓紧制定行政管理体制改革总体方案，着力转变职能、理顺关系、优化结构、提高效能，形成权责一致、分工合理、决策科学、执行顺畅、监督有力的行政管理体制。健全政府职责体系，完善公共服务体系，推行电子政务，强化社会管理和公共服务。同时，报告还提出了探索实行职能有机统一的大部门体制等改革措施，为行政管理体制改革指明了方向。如何实现这些目标和任务，应当成为当前我国行政管理学研究的重要课题和基本内容。

（三）与时俱进，开拓创新，推动学科建设的创新进程

创新是一个民族进步的灵魂，是一个国家兴旺发达的不竭动力，推进知识创新、技术创新和体制创新，提高全社会创新意识和国家创新能力，是中国实现新世纪发展的必由之路。建设中国特色的行政管理学理所当然地必须走创新的道路。

政治经济的全球化，现代信息技术的迅速发展，必将导致我国行政管理体制改革的进一步深化，行政管理的各个方面如行政组织、行政领导、行政决策、行政方法及行政立法等也将会进行根本性的变革，由此引起行政理论、行政理念、行政学方法等方面的重大变化。因此，建设有中国特色的社会主义行政管理学体系不能走因循守旧、照搬照抄的道路，而应该在思想上不断创新、在理论上不断发展、在实践上不断创造，把握住我国行政管理学在新世纪的基本发展趋势，努

力建设有中国特色的行政管理科学。从我国当前的行政管理学研究情况来看，建设有中国特色的行政管理学应注意以下问题：

1. 突出研究的应用性。行政管理学的研究要立足于转轨时期我国行政管理的现实，探讨市场经济体制形成与完善过程中行政管理的各种重大问题，研究和解决体制改革与社会变迁过程中提出的一系列新课题，为行政机关的决策和运作提供咨询，探讨构建适应市场经济社会的精简、统一、效能的行政体制，为我国政府的行政管理活动提供理论指导和经验借鉴，以提高政府行政管理水平和行政效率。

2. 促进研究的国际化。随着全球化的深入发展，中国更开放地走向世界，国际交往日渐增多，行政管理也应与国际"接轨"，需要在某些国际规范下运作。行政管理学的研究要及时把握和跟踪当代国外公共行政管理的新动向、新趋势、新变化，注意借鉴现代行政管理新思想、新理论、新方法、新经验和新模式，吸取其中有益的成分，这不仅有益于提高我国行政管理研究的水平，推动我国行政管理的现代化，也有益于各国行政文明的交流与融合。

3. 注重研究的本土化。行政管理学基础研究，不仅要分析一般的行政问题，更要紧密结合我国改革开放和现代化建设的现实，紧密结合我国行政改革和行政发展，深入探讨适合我国国情的行政管理学基本理论、原则、技术和方法。运用西方行政理论分析我国的行政问题时，应从我国国情出发，有自己的概念和语境，使行政管理学的研究能够扎根于中国土壤，具有中国气派，解决中国问题，体现中国特色。

4. 拓宽研究的视野。进一步从广度和深度拓展行政管理研究领域，系统地研究行政管理理论、原理，重视各分支学科和专业行政的深入研究。行政管理学要注意跨学科研究，借鉴当代经济学、政治学、管理学、法律学、社会学、心理学、统计学等学科的基本理论、原理、法则、方法等，为行政管理学理论注入新的内容。

5. 重视研究的技术手段。在科学技术飞跃发展、日新月异的现代社会，行政管理所含的技术成分越来越多。技术化和专业化成为中国行政研究的一个重要方面，例如信息管理、项目管理、电子政务等。有助于提高行政效率，推动我国公共行政的科学化、合理化、效率化和现代化。

21 世纪是中国行政管理学走向辉煌的时期。建设有中国特色的行政管理科学，必将有力地推进中国行政管理的民主化、法制化、高效化、现代化进程，为应对知识经济和全球化的挑战，为社会主义现代化事业的发展，为实现中华民族的伟大复兴作出重要的贡献。

本章主要名词概念

行政　行政管理学　行政管理学的研究对象　行政管理学的演进　新公共管理理论

复习思考题

1. 如何理解行政及行政管理学？
2. 如何理解行政管理学与相关学科的关系？
3. 行政管理学研究的对象及内容是什么？
4. 研究行政管理学应采用什么样的方法？
5. 试述行政管理学的产生与发展。
6. 简述中国行政管理学研究的现状。
7. 试述建设有中国特色的行政管理学的理论依据。
8. 有中国特色的现代行政精神体现在哪几个方面？
9. 试述建设有中国特色的行政管理学的原则。
10. 建设有中国特色的行政管理学应注意什么问题？

[**案例分析**]

案例一　南京市全面打造服务型政府①

近年来，江苏省南京市从加强和完善制度建设入手，切实转变各级政府职能和工作作风，全面实施“阳光政务工程”，创新体制机制，强化行政问责，提高行政效能，为经济社会发展营造了良好的行政环境。

一、政务公开让群众知情

南京市政府推进“阳光政务”建设，就是从体制上创新行政管理模式，通过依法确定行政机关的职责来约束行政行为，建立结构合理、配置科学、程序严密、相互制约、公开公正的权力运行机制，为全市经济社会又好又快发展，为现代新南京建设创造良好的发展环境。

① 资料来源：中国经济网，2008 年 4 月 1 日。

南京市政府在对行政职权进行全面清理的基础上，编制了《南京市行政职权目录》，对全市所有行政执法事项进行了统一编码，使每项行政执法权都有了唯一的“身份”。全市54个行政部门的3731项权力的名称、编号、依据、内容，流程、时限、表单、办事指南等全部以规范的格式在网上公示。行政执法事项的办理过程和结果也能够直接在网上查询到。全市13个区县、54个部门全部开通短信、电话通知系统，自动及时地将事务办理情况通知申办人；申办人也可凭网上申请的序列号和密码及时上外网查询申请事项的办理信息。

据统计，2008年1~2月份，全市共有259629件次行政权力事项实现网上运行办理。

二、周密部署科学落实责任

全面整合全市政务网络资源，以行政权力为重点，以政务公开为原则，以电子政务为载体，以网上政务大厅为平台，创新政务运行模式，构建权力阳光运行机制，推动行政权力网上公开透明运行，这是古都南京构建行政权力、阳光运行机制的建设目标。2006年初，南京市出台了《关于加快电子政务建设，构建权力阳光运行机制的意见》，提出了“一年明显见效、两年基本建成、三年巩固提高”的目标要求。经过两年多的不懈努力，全市列入目标的52个部门和13个区县全都通过了考核验收，基本建成了“外网受理、内网办理、外网反馈”的工作机制。“依法清理行政权力，统一集中上网公开”、“科学编制权力运行流程，明确岗位落实责任”、“推进政府上网工程，打造权力运行阳光平台”、“建立两级电子监察平台，覆盖全部行政事项”成为南京市政府让政务公开化运行的四大步。

三、阳光政务提高执政能力

推进“阳光政务”建设，既是南京市深化行政管理体制改革、提高政府执政能力的突破口，又是政府权力有限化、阳光化的一场自我革命。

通过市长信箱、“市长在线”、网上论坛、公示、征询意见等形式，人民群众享有的知情权、参与权、表达权和监督权得到有效保障，切实增强了政府决策的科学性和管理公共事务、服务人民群众的水平。大力加强便民服务中心建设。按照“简化程序、减少环节、提高效率、强化服务、加强监督、便民利民”的原则，以信息化电子技术为依托，实行“一个窗口对外，一次性告知，一条龙服务，一站式办结”。建立了重大投资项目审批“绿色通道”，提高工作效率，确保了市政府政务公开工作的顺利开展。

根据以上资料，回答下列问题：

1. 南京市服务型政府的建设采取了哪些措施，其作用是什么？
2. 结合所学内容谈谈我国政府如何由“管制型政府”向“服务型政府”转变。

案例二 简析新公共管理[①]

20世纪80年代以来在英、美等西方国家兴起了一种新的公共行政理论和管理模式，它也是近年来西方规模空前的行政改革的主体指导思想之一。这种新的管理方法有许多名称："管理主义"、"新公共管理"、"以市场为基础的公共行政"、"后官僚制典范"或"企业型政府"。这里，我们以"新公共管理"称呼之。

新公共管理名称众多，反映出专家学者们对新发生的这种管理方法有不同的观点，但它们确有某些共同之处，即以现代经济学为自己的理论基础，主张在政府等公共部门广泛采用私营部门成功的管理方法和竞争机制，重视公共服务的产出，强调文官对社会公众的响应力和政治敏感性，倡导在人员录用、任期、工资及其他人事行政环节上实行更加灵活、富有成效的管理。新公共管理的目标在于取代在它之前的传统模式，因此它绝不仅仅是一种政府管理形式上的变革或管理风格上的细微变化，不只是对公共部门进行改革，而表现为要求公共部门转换机制并改变其与政府和社会的关系。

一、新公共管理兴起的原因

姚奇在《论西方新公共管理及其对中国行政改革的启示》一文中把西方新公共管理兴起的原因归为五个方面：新保守主义政治主张和新自由主义经济政策的影响是新公共管理兴起的政治背景；国内经济和社会因素是推动新公共管理、行政管理改革的主要原因；国际环境的变化和全球化的到来也促进了西方各国的行政改革；科技革命尤其是信息革命也是当代西方行政改革的动因；大众传媒的普及、公众对政府期望的增高以及私营企业改革的成效也对政府行政产生了巨大的压力和示范效应。于阳则在《论"新公共管理运动"的兴起》中将兴起的原因归为：传统公共行政模式日益凸现的内在理论缺陷；传统公共行政模式在实践中正在遭受日益广泛的抨击；经济理论的变革对传统公共行政模式提出了严峻的挑战；知识经济以及由此引发的经济全球化的加剧，使政府面临更加严峻的"效能"和"合法性"竞争。此外，对新公共管理的兴起还有其他一些解释。这些解释都有道理，侧重点各有不同。此处，我们拟从公共部门要求变革的紧迫问题的角度来探讨这一问题。

1. 对公共部门的抨击。首先，公共部门的规模受到抨击，政府过于庞大，浪费了过多的紧缺资源。其次，对政府活动范围的批评，政府活动范围太大，卷入的活动太多，而实际上很多方面存在着可代替的能提供同样服务的工具和方法。第三是对以官僚机构为特征的政府的工作方式的批评，官僚机构提供的服务日益被认为是制造平庸和低效率的保证。而对公共部门的规模、范围和方法进行的抨击所产生的明显结果，便是削减政府和改变其管理方式。

① 根据《简析新公共管理》一文整理，中国政治学网，2003年10月13日。

2. 新经济理论的推动。当新的经济学理论，特别是公共选择理论、委托人、代理人理论和交易成本理论融入到公共管理的范畴中，推动了新公共管理的兴起。

3. 私营部门变化的影响。公共部门的管理和效率影响私有经济的发展和国家的竞争力，因此私有部门的变化要求公共管理变革，公共管理的变革是为了全球化市场竞争中保持竞争力。

4. 全球化发展的影响。全球化发展中，经济、政治、文化、观念方面的变化对公共管理提出了挑战，政府必须采取新的举措，改善政府管理、提高效率和效能，以适应全球化的要求。在公共行政方面，和其他的社会或科学理论一样，现在思想传播和技术影响发生的非常迅速，以至于国家的屏障越来越形同虚设。在国家本身已不太重要的时代，公共行政研究的注意力局限于某一个国家已没有什么意义。而且，在一个经济竞争的世界中，政府的角色是确立国家竞争优势的一个重要因素。

5. 技术变革的新推动。信息技术的发展，使管理发生了变革，一方面由于在处理和传送信息方面减少了对中层管理环节的需要，可以使等级制度变得扁平一些，另一方面，由于信息技术的传播，人们处于一个共同场所以体现组织特性的必要性已经消失。

二、新公共管理的主要内容

与传统的以威尔逊、古德诺的政治与行政的二分法和以韦伯的科层制理论为基础的官僚制的行政管理理论不同，新公共管理思想以现代经济学和私营企业的管理理论与方法作为自己的理论基础。首先，新公共管理从现代经济学中获得诸多理论依据，如从“理性人”（人的理性都是为自己的利益，都希望以最小的付出获得最大利益）的假定中获得绩效管理的依据；从公共选择和交易成本理论中获得政府应以市场或顾客为导向，提高服务效率、质量和有效性的依据；从成本—效益分析中获得对政府绩效目标进行界定、测量和评估的依据等。其次，新公共管理又从私营管理方法中汲取营养。新公共行政管理认为，私营部门许多管理方式和手段都可为公共部门所借用。如私营部门的组织形式能灵活地适应环境，而不是韦伯所说的僵化的科层制；对产出和结果的高度重视（对私营部门来说，产出就意味着利润，而在高度竞争的市场环境中，要获取利润就必须给顾客提供高质量的服务，同时尽可能地降低成本），而不是只管投入，不重产出；人事管理上实现灵活的合同雇佣制和绩效工资制，而不是一经录用，永久任职，等等。总之，新公共管理认为，那些已经和正在为私营部门所成功地运用着的管理方法，如绩效管理、目标管理、组织发展、人力资源开发等并非为私营部门所独有，它们完全可以运用到公有部门的管理中。

不管对新公共管理的称呼有何不同，它们都有着大体相同的特征。

1. 新公共管理改变了传统公共模式下的政府与社会之间的关系，重新对政府职能及其与社会的关系进行定位：即政府不再是高高在上、“自我服务”的官僚机构，政府公务人员应该是负责任的“企业经理和管理人员”，社会公众则是提供政府税收的“纳税人”和享受政府服务作为回报的“顾客”或“客户”，政府服务应以顾客为导向，应增强对社会公众需要的响应力。

2. 与传统公共行政只计投入，不计产出不同，新公共管理更加重视政府活动的产出和结果，即重视提供公共服务的效率和质量，由此而重视赋予“一线经理和管理人员”（即中低级文官）以职、权、责，如在计划和预算上，重视组织的战略目标和长期计划，强调对预算的“总量”控制，给一线经理在资源配置、人员安排等方面的充分的自主权，以适应变化不定的外部环境和公众不断变化的需求。

3. 与上一点紧密相联，新公共管理反对传统公共行政重遵守既定法律法规，轻绩效测定和评估的做法，主张放松严格的行政规制（即主要通过法规、制度控制），而实现严明的绩效目标控制，即确定组织、个人的具体目标，并根据绩效示标（Performance Indicator）对目标完成情况进行测量和评估，由此产生了所谓的三 E，即经济（Economy）、效率（Efficiency）和效果（Effect）等三大变量。

4. 与传统公共行政排斥私营部门管理方式不同，新公共管理强调政府广泛采用私营部门成功的管理方法和手段（如成本—效益分析、全面质量管理、目标管理等）和竞争机制，取消公共服务供给的垄断性，如“政府业务合同出租”、“竞争性招标”等，新公共管理认为，政府的主要职能固然是向社会提供服务，但这并不意味着所有公共服务都应由政府直接提供。政府应根据服务内容和性质的不同，采取相应的供给方式。

5. 在看待文官与政务官的关系上，新公共管理与传统公共行政存在着明显的分野。传统公共行政强调政治与行政的分离，强调文官（包括高级文官）保持政治中立和匿名原则；新公共管理则正视行政所具有的浓厚的政治色彩，强调文官与政务官之间存在着密切的互动和渗透关系，特别是对部分高级文官应实行政治任命，让他们参与政策的制定过程，并承担相应的责任，以保持他们的政治敏感性，因此不应将政策制定和行政管理截然分开。

6. 与传统公共行政热衷于扩展政府干预，扩大公共部门规模不同，新公共管理主张对某些公营部门实行私有化，让更多的私营部门参与公共服务的供给，即通过扩大对私人市场的利用以替代政府公共部门。需要说明的是，许多新公共管理的拥护、支持者也认为，公营部门的私有化并非新公共管理的必不可少的特征。

7. 与传统公共行政模式下的僵硬的人事管理体制不同，新公共管理重视人力资源管理，提高在人员录用、任期、工资及其他人事管理环节上的灵活性，如以短期合同制取代常任制，实行不以固定职位而以工作实绩为依据的绩效工资制等。

根据以上资料，回答下列问题：

1. 与传统理论相比较，新公共管理理论有哪些特点，谈谈你对新公共管理的认识。

2. 公共管理理论对我国行政体制改革有什么借鉴意义？

第二章　行政环境

本章学习提要与目标

行政管理活动总是在一定的环境中进行的。任何行政活动都有它的生存空间、发展空间和作用范围。行政组织和行政人员只有在一定的环境中，才能求得生存和发展。适应环境、改造环境是行政管理的主体内容。因此，研究行政管理学，必须充分认识它所处的环境，正确把握行政与环境的辩证关系。本章在简述行政环境含义、理论依据、特点及分类后，扼要分析了环境与行政的辩证关系，重点剖析了当代中国行政所处的社会环境及其对行政的影响。

第一节　行政环境概述

一、行政环境的含义

（一）环境

任何事物都是在一定的环境中形成和发展的，都与它周围的事物相互联系、相互作用。这里所说的环境，一般指事物周围的情况和条件，即，主体自身以外，与之相互作用的各种因素。环境因素不仅可以影响事物发展的进程，有时还会有重大的决定性作用。

人类的社会组织是开放的系统，组织与环境的界限虽然不像具体物体那样分明，但社会组织与环境之间确实有着既可分辨又可渗透的边界，组织接受能够穿过边界的各种输入，输出的能量也要突破边界作用于社会，组织与环境就是通过这种不断的互动作用来影响制约和改变对方的状况。

任何社会组织都处在一定社会环境之中，都是社会系统中的一个子系统。更高层次的社会系统和同层次中其他子系统构成组织的外部环境，当然，该组织也会成为其他组织的环境因素。同时，组织中更小的系统也受内部其他因素的影响制约，这又构成组织内部的环境系统。现代社会中，组织与环境的联系十分紧密，互动作用日趋复杂，变化频率日渐加快，因此较明智的管理者要随时注意环境的变化及影响。

（二）行政环境

根据系统论的观点，行政是社会系统的子系统。行政系统不是孤立的、封闭的存在于社会之中，相反行政是与外部环境相互联系、相互作用的开放系统。行政的根本功能是管理国家，具体说就是管理整个国家的政治、经济、文化、教育、科技、卫生、体育、民政、公安及社会公共事务。很显然，行政作用的客体是整个社会，这就决定了行政与社会环境的联系。

行政环境是指行政系统赖以存在和发展的外部条件的总和，也就是各种直接或间接地作用和影响行政活动的外部客观因素的总和。这些条件或客观因素，有物质的，如经济发展水平、设备材料等；也有精神的，如宗教信仰、风俗习惯等；有自然界的，如河流山川、沙漠平原等；也有社会界的，如社区自治能力；有有形的，也有无形的，等等。它们共同构成行政管理的外部要素、境况，影响和制约着行政管理的思想观念、方式方法等，并不断处于发展变化的动态过程之中。

具体来说，行政环境的概念具有三个基本含义：

1. 行政环境是存在于行政主体之外的客观因素。行政管理的主体在行政活动中会受到自然条件和社会条件的影响和制约。能够影响行政主体活动的这些客观因素，便是行政环境的内容。

2. 行政管理与行政环境构成行政系统。行政活动与行政环境之间具有相互依存、互相作用的关系。行政作为政府的功能和活动，受着行政环境的制约；同时，行政活动也会反作用于环境，即行政活动本身也在不断创造，不断改变着行政环境。但是，这种创造和改变行政环境的活动要以行政环境所能接受的程度为限制，否则，行政生态系统就会失去平衡，行政活动也就无法顺利进行。

3. 行政环境对行政管理直接或间接的作用是有规律的。只有正确地认识行政环境及其发展规律，特别是它对行政活动的作用和制约形式，才能深刻地、全面地认识行政管理，把握行政运行的客观规律，推动国家行政管理的发展和进步。

二、行政环境研究的理论依据

行政环境是行政学发展中逐渐引起人们重视的研究课题。早期行政学注重行政管理内部各要素的研究，期望寻求能普遍适用的理想模式。随着对行政管理认识的不断深化，以往静止、孤立的研究方法限制了行政学的发展，在实践中也不断受挫。因此人们开始转向从更广阔的领域，运用普遍联系的系统方法探索行政管理的规律。

（一）行政生态学

对行政环境进行研究的直接源头来自于生态学。生态学是研究各种生物之间以及与环境之间相互关系的一门科学。它认为任何一种生物都不是独立的，在某些方面，它必须依赖于其他生物与非生物环境才能生存。生态学研究的主要目标就是有效地管理世界上的生物与非生物环境。

较早重视行政环境，并把生态学引入行政管理研究领域的是美国学者约翰·高斯。1936 年，高斯教授发表了《美国社会与公共行政》，将行政管理活动与社会环境各因素综合起来加以研究。1947 年，他又发表了《政府的生态学》，以生态学的理论和方法，研究行政现象，强调结合外界客观环境因素及作用来研究国家行政管理。他认为，“行政学的一部分应该是描述和说明政府为什么采取某种行动以及由于上述原因而引起的政策上、组织上和管理上的问题。”① 他主张“调查行政的环境，以便弄明白环境的生态特点对行政体制发展的影响……如果自觉认识生态上的因素，就可以使行政官员更明智地对待他们机构所面临的外部环境的需要和挑战。因此，掌握在行政官员手中的生态学可以成为一种诊断工具，它有助于行政者具体分析行政过程中的主要因素，并为衡量这些因素对某个组织的影响提供尺度。”②高斯这种从环境及环境与行政相互关系的研究形成了专门的行政生态学。

1957 年，美国行政学家利格斯发表《比较公共行政的模式》一文，提出“农业型行政模式”，“工业型行政模式”，随后又提出了“过渡型行政模式”的概念。1961 年将这三种模式加以补充与修正，写成《公共行政生态学》一书，成为这一时期行政生态学的代表作。利格斯的行政模式主要分为三个形态：一是

①② ［美］斯蒂尔曼：《公共行政学》（上册），中国社会科学出版社 1988 年版，第 179 页，174 页。

融合型，这是农业社会的行政模式；二是棱柱型，这是过渡社会的行政模式；三是衍射型，这是工业社会的行政模式。他认为，要了解一个社会的行政行为，必须跳出行政本身的范围，将其与有关社会背景联系起来。但他主要是就经济环境说明行政模式，还未深入具体地涉及社会、文化、心理、生理诸因素。后来的不少行政学者提出，要了解一个国家的公共行政，必须从塑造行政的生态背景着手，将行政生态学的研究推向了深入。

行政生态学研究的特点是：跳出行政自身圈子研究行政，从整个社会环境系统和自然环境系统的大范围内，系统地研究国家行政管理，为行政学的研究发展开辟了一条新路，使行政学研究的视野更广，角度更高，从封闭式研究走向开放式研究，突出了行政管理与行政环境的关系，强调行政的权变管理。

（二）系统理论

行政生态学注重环境与行政的关系，实际上与现代系统论的方法是一致的，是从更广阔的角度用普遍联系的观点把行政管理看作是一个开放的系统。

从系统论的观点来看，任何一个管理系统都是在一定的环境中运行的。行政系统是整个社会大系统中的一个子系统，必然要受到行政环境的制约，适应行政环境的变化，不能离开社会大系统而独立存在。而构成行政环境的各种条件和要素，它们与行政管理活动之间也呈互动状态，即它要不断得到环境的输入，诸如人力、物力、财力，还有外界需求、问题、压力和支持等。同时，通过行政系统的转化不断对环境输出，诸如政策、措施、服务等。这种不断循环的过程便是行政管理的运行过程。

（三）马克思主义关于人和环境的理论

马克思主义关于人和环境的理论表明：环境是人活动的基础，环境的改变引起人的改变；反之，行政环境又总是由人来改变的；革命的实践就是要使环境的改变和人的活动相一致。根据这一理论，行政系统和行政环境之间也可以得出以下结论：（1）行政环境是行政系统赖以存在和发展的基础，行政系统只能在一定的行政环境中运行和发挥作用。行政环境改变了，行政系统的存在和活动方式也必须随之改变。（2）行政环境是行政系统施加影响的对象，行政环境的改变是行政系统功能有效发挥的结果。（3）行政系统的活动和行政环境的改变，只能在实践中取得一致。离开实践，行政系统的运作就会陷入空谈而不能产生实际效果，行政环境也得不到自觉改造。

（四）经济基础对上层建筑的制约作用

经济基础决定上层建筑，上层建筑要适应经济基础的性质和发展，这是社会发展的基本规律。行政管理制度属于政治上层建筑。作为社会的总代表，它具有凌驾于社会之上的权力，但不能脱离经济基础而起作用，不能不受到以经济基础为核心的经济环境的支配和制约。具体表现为：经济环境决定行政系统的产生，是行政系统的根源；经济环境决定行政系统的性质、目的和历史使命；经济环境决定行政系统的变化和发展方向，行政管理不能也不可能超出经济环境所提供的条件来运行、发展和变革。

（五）上层建筑其他方面对行政系统的作用

上层建筑是一个复杂的体系，它包括政治制度、法律制度和军队、法院、监狱等物质设施，还包括政治、法律、宗教、艺术、哲学等各种观念形态。行政系统是国家权力结构中的一个组成部分，属于政治上层建筑的核心部分。一方面，它是以国家权力为后盾，执行国家意志，积极地影响着人们的思想、观念和行政文化环境；另一方面，它又是在一定阶段的政治、法律的观念的指导下，在一定行政文化环境的影响下建立起来和运转的。政治制度决定行政制度；政党制度决定执政党在行政管理中的地位和执政方式；阶级状况决定行政职能重心与非重心；法律制度完善与否决定行政管理的法治程度，立法、执法守法状态的好坏，等等。西方国家的两党制、多党制，党派之间的长期斗争，使各个国家建立了事务官这种在政治上中立的现代人事行政制度。我国实行中国共产党领导的多党合作制，国家公务员不仅不需要远离政治，而且要在政治上和党中央保持一致。

三、行政环境的特征与分类

（一）行政环境的特征

1. 广泛性。行政环境是行政系统赖以存在和发展的外部要素的总和。因此，凡是作用于行政系统的外部条件和要素，都属于行政环境的范畴。从地形分布、山川河流，到气候特征、自然资源；从人口数量、民族状况，到阶级状况、历史传统；从文化教育、科学技术，到社会制度、经济状况，乃至人际关系、道德水准等，无一例外。

2. 复杂性。行政环境是一个复杂的开放系统，它对行政管理的影响与作用不仅是广泛的，更重要的是在此基础上体现出来的复杂性。各种要素本身，以及这些要素之间构成纵横交织的关系，可见行政环境是极其复杂的。

3. 差异性。构成行政环境的各种条件和要素，对行政主体来说没有一个是完全相同的。各个地区的自然环境千差万别，有山区、平原、丘陵；有的降雨量多，空气湿润，有的常年无雨，空气干燥。各个地区的经济状况、物质条件、风土人情以及文化传统也不尽相同。国与国之间、民族与民族之间、沿海与内陆之间、东部与西部之间的行政环境都存在着各种不同的差异。各种不同的行政管理体制、管理模式的形成和发展，正是这种差异性的具体体现。

4. 变化性。世界上没有一成不变的东西，任何事物都是处于不断变化之中的，行政环境的各个条件和要素也都是在不断变化的。行政环境因素的变化，直接或间接地影响着行政系统的变化与变革。

5. 互动性。行政环境各要素通过一定的方式、途径作用于行政管理；行政组织通过各种行政管理方式、途径反作用于外部环境因素，从而改造着客观的行政环境。这使行政环境与行政管理呈现互动性。

（二）行政环境的分类

行政环境的构成因素众多，它们既互相联系又互相制约，各种关系错综复杂。按照一定的标准划分为不同的类型，有助于我们更清楚地把握那些直接或间接地作用于行政活动的外部因素，更好地控制行政行为，掌握行政管理的运行规律，提高行政效率。

行政环境的分类主要有：

1. 依据行政环境的性质，分为社会环境和自然环境。社会环境是人们创造并生活于其中的社会组织、文化传统、科学知识、伦理道德、价值观念、风尚习俗等。自然环境是指人类生存并活动其中的自然物理环境和建立在物理环境之上的人工环境，包括江河、森林、土壤、气候等。自然环境是创造物质文明的前提，是人们生存的基础。自然环境的差异与各国、各地区、各民族的生产方式、生活方式乃至文化传统都有密切的关系，对行政管理更有重大影响。如日本是岛国，能源缺乏，自给率低，这种自然环境决定了其对能源管理的特点：它有一套完整的能源管理体系，内阁一级设有“综合能源对策阁僚会议”，通产省内设有资源能源厅，使日本的能源工业处于国家直接控制监督之下。中国地大物博，但资源利用率低，幅员辽阔，但可利用土地较少；人口众多，但文化素质较低；耕地面积不少，占世界前列，但人均耕地面积处世界后位等等。这些自然因素对国家行政管理的目标乃至方式方法都产生重大的影响。由于自然环境因素相对社会环境变化较缓慢，对行政管理的影响作用带有机械性，因此一般情况下，不对自然环境作详细分析。必要时，要针对具体的行政主体做有针对性的分析。

2. 依据行政环境的范围，分为国内环境和国际环境。国内环境是指主权国家行政活动的自然状况、政治要求、经济条件、文化发展以及人口规模等各方面的国内影响因素的总和，它构成行政环境的主要内容。国际环境是当代各国及国际组织在互相交往和力量消长的过程中，所形成的对各国行政有直接或间接影响的外在因素，它是世界各国发展的政治、经济和科学技术相互影响、相互渗透日益加强的结果。国际环境主要包括国际社会环境和国际自然环境，而对行政管理影响最深、最直接的是国际社会环境。当今，随着社会生产发展日益国际化，任何国家都不可能与世隔绝，国际环境出现的新情况都将对各国行政管理产生重要的影响。紧张对立甚至敌对的国际形势必定会影响有关国家采取对策保护自身的利益和安全，从而影响该国行政管理的方针、政策、措施等；而和平、稳定的国际环境有利于国际间经济、文化交流。对此行政管理也要从多方面调整与之适应，以有利于本国的发展。

3. 依据行政环境的内容，分为物质经济环境、政治法律环境和行政文化环境。物质经济环境是指国家行政赖以生存的生产力水平、生产关系状况和经济发展实力等条件因素。经济环境是最基本的环境因素，对行政管理有决定性的影响。经济基础决定上层建筑，生产力水平在最终意义上决定着社会的发展。行政管理不可能超越经济环境所能提供的条件和要求，因此经济环境对行政管理有着最根本的制约作用，它决定行政活动性质、内容等方面。政治法律环境是指规定行政活动的国家根本政治制度、法律制度、法律规范等，如国家政权的性质和组织形式、阶级关系、政党制度及立法、司法、军事、监督等方面的制度，它构成了社会上层建筑的主体部分，行政体系必须与其保持协调一致。行政文化环境是指渗透在人的心理结构深处，并潜在地支配人的行为的历史传统、思想观念、价值取向、风俗习惯、心理状态等。文化环境因素具有整合为一、连绵不断、变迁积累、渗透于社会各个领域等特点，它是对行政人员和人民群众产生普遍影响的客观社会力量。

4. 依据行政环境的层次，划分为中央行政环境和地方行政环境。中央行政环境，是中央政府处理全国和中央机关内部行政事务时，所面临的各种条件、问题等制约力量。地方行政环境是指地方行政机关在行使职权过程中，对其产生作用的、具有地区特殊性的各种社会、自然因素。

四、研究行政环境的意义

对行政环境的研究，目的是树立新型的行政管理观念，并应用这些观念去认识行政环境，了解并掌握行政环境发展变化的客观规律。同时，对于行政系统更加正确地认识、利用和改造客观环境，适应环境以求生存和发展，适时进行行政改革，提高行政管理水平，实现行政目标，都具有十分重要的理论意义和现实意义。

（一）研究行政环境是发展现代行政学的需要

行政环境是现代行政学理论的重要组成部分，也是现代行政发展的一个重要领域。每一门科学的理论研究，都有其研究的逻辑起点，行政学研究的逻辑起点，就是从研究与行政有关的客观外部环境入手，以此展开行政管理的各个逻辑环节。只有通过对行政环境问题的科学研究，深入探究行政环境运动、变化、发展的规律，充分认识和把握行政环境系统对行政系统的决定作用，行政系统对行政环境的能动反作用之间的相互关系、相互作用方式、途径，才能阐明并指导行政管理活动及其发展。

（二）研究行政环境是提高行政管理水平，实现行政管理目标的需要

行政环境是行政系统的客观条件，而行政管理是主观见之于客观的活动。我们研究行政环境，就是要正确地认识和掌握行政的客观条件，特别是它对行政系统的作用和制约的形式，从而制定出适当的行政措施，促进行政的发展及行政管理目标的实现。

（三）研究行政环境是创造良好环境的需要

人类是生物圈中最高级的生命形式，人类不仅部分地征服和改造了诞生自身的自然环境，而且还创造了自然环境之外的社会环境。行政系统与社会系统互相制约、互相影响，社会系统为行政系统提供支持、要求、资源、供应等投入，行政系统反过来为社会系统提供服务、贡献、产品等产出；社会系统为行政系统提供生存和发展的环境，行政系统反过来影响和推进社会的发展。发展的社会对行政系统又是一个新的行政环境。因此，人们在改造自然环境和促进社会发展中，是能动的、有选择、有目的的活动。正确认识行政环境对行政活动的影响，分清有利环境和不利环境，是创造良性行政环境的基础。只有如此，才能正确地选择

改造自然、改造社会的途径和方法。

（四）研究行政环境是提高公务员管理水平的需要

行政环境决定行政管理，它向行政管理提供条件和要求；但行政环境又是行政管理的客体，是行政主体改造的对象。这种主客体之间的辩证关系，要求公务员必须认真研究管理对象的特点和所提供的条件和要求，研究它的运动、变化和发展规律。因此，对行政环境的研究，有助于公务员全面把握行政环境各因素，不断提高公务员的行政管理水平，提高行政效益，促进经济和社会的向前发展。

第二节　行政环境和行政管理的关系

一、行政管理和行政环境的辩证关系

行政管理在一定行政环境中进行，行政环境是行政管理赖以存在和发展的客观基础，它决定、影响或制约着行政管理目标的制定、机构设置、机制运行和活动方式的选择等。行政管理受环境的影响和制约，同时又对环境产生积极地能动作用，能够改变环境，而不是完全地消极被动地接受环境。行政环境与行政管理二者相互依存，相互作用，具体表现在以下几个方面：

（一）行政环境决定、制约行政管理

从人类行政管理的起源看，国家及其行政管理活动不是从来就有的，而是人类特定历史阶段上的产物。随着人类的生产力即人同自然的关系的发展，剩余产品的出现和阶级的产生，当阶级矛盾发展到不可调和的程度时，就产生了国家，于是才有了行政管理活动。

其次，从特定历史阶段上新兴国家行政管理活动的发展来看，它也不是孤立产生的，而必然要受到特定的政治、经济、文化、历史传统乃至国际关系的影响和制约。例如，各国政府的行政管理职能都经历了一个由简单到复杂的演化过程，这种演化就是以环境和条件的变化为转移的。由于环境和条件的变化，便给政府组织不断地提出新的问题和新的任务，所以政府的职能范围也必须相应地变化。比如，随着人口的激增、资源的减少和自然环境的恶化，不曾被各国政府重视的人口问题和生态环境问题已严峻地摆在人类面前，为了解决这些问题，各国

政府不得不设置相应的机构，对人口的盲目增长和环境的恶化加以研究、控制和管理。

总之，无论是就人类行政管理活动的起源来说，还是从不同历史阶段上新兴国家行政管理活动的展开而言，行政管理作为人类实践活动之一，都不是孤立产生的，都可以看作是它周围环境的产物，同时它的发展又必然受到周围环境的制约和影响。就这个意义上说，从环境入手来研究各国行政管理及其特点，是重要的方法之一。

概括地说，环境对行政管理的影响和制约主要表现在以下几个方面：

第一，环境是行政系统的生存空间和发展空间，特别是自然环境，它直接构成行政系统生存的空间。

第二，环境影响甚至决定行政功能的内容和实现程度，特别是政治环境和文化环境这两类因素所起的作用，比如我国社会主义初级阶段这个基本的社会环境，必然决定着行政的发展方向，决定着行政功能的主次。

第三，环境影响着行政管理活动的方向、行为过程乃至方式方法。行政管理不是行政者主观随意的行为，它必须依据环境的需求和可能提供的条件，确立合理的行政目标和可行的决策方案，具体实施管理活动。这也是体现了“一切从实际出发”的要求，如果不顾环境条件，只凭主观臆断，或照搬他人的经验，都不可能收到好的管理成效。具体来说，这种影响大体可以归纳为两个方面：一是对决策的影响。决策必然要受环境的制约，决策者必须充分考虑环境因素，才能使决策方案有现实性和可能性。二是对行政执行活动的影响。行政执行活动是否畅通无阻，在很大程度上取决于环境对行政执行活动的支持、参与程度。外部环境的支持，可以使行政活动得以顺利实现，外部环境的消极或反对，则会阻碍行政活动的实施。由此可见，环境可以影响甚至决定行政效果。

第四，环境影响行政体制和机构设施，特别是政治环境，不同的社会的制度，它产生的行政功能必然有所不同，不同的行政功能必然有不同的行政体制。政治体制对行政体制的决定和影响更为明显，在集权的政治体制下，行政体制也必然是集权的。

行政管理受行政环境的影响和制约，在一定的行政环境中，行政管理要做到：

第一，行政管理要适应行政环境的性质。适应行政环境的性质就是要适应国家的政治和社会制度，建立与之相适应的行政管理体制和管理思想。行政管理是适应一个国家及其不同历史时期行政环境性质的产物。

第二，行政管理要适应行政环境的现状。构成行政环境的各种条件和要素在不同的国家和地区，其发展水平存在着很大的差异。行政管理木身没有严格的好与坏的区分，唯有适应其现状才是最理想的，这是行政生态平衡的基本要求之一。

第三，行政管理要适应行政环境的发展方向。行政管理就是在对行政环境不断变化地认识、把握和调整中达到平衡和适应的。

（二）行政管理对行政环境的利用和改造

从行政管理的角度看，虽然它不可避免地要受周围环境的制约，但也并不只是被动地适应环境，而是有组织地、积极地利用环境、改善环境。行政管理对环境有很强的作用力。行政管理者就是通过对环境的理解、认识，决定对哪些环境因素采取分化、抑制或支持使其发生定向变化，实施管理，实现行政目标，从而改善环境。有时这种对环境的反作用力具有相当大的能量，可以根本改变环境的面貌。因此，有的学者认为，组织一旦建立起来，它就要设法控制其环境，以达到自己的目的。从这个意义上讲，可以把组织周围的环境看成是组织自身选择的、限定的或创造的。当然，如果行政管理者对环境提出的需求、问题，采取消极态度，或错误的决策，就会使环境恶化，使管理处于被动局面。

由此可以看出：行政管理存在和发展的全部价值就在于它在适应行政环境的基础上，积极地促进其所赖以建立的经济基础和国家政权的巩固和发展，在于它对行政环境的能动的利用和改造。具体表现为：

首先，行政管理可以利用行政环境所提供的政治、经济、文化、技术、心理等条件，对所面临的问题，根据现有条件，积极制定解决问题的政策、方针和具体办法，并组织人力、物力和财力加以实施，从而达到改造环境的目的。

以新中国建立初期政府解决科技问题为例。随着第一个五年计划经济建设项目的全面铺开，科技水平落后的问题突出地表现出来。中共中央和国务院针对这种情况，于1956年召开了知识分子问题会议，做出了1956～1967年科技发展远景规划，大幅度增加了科研经费。在这些政策措施的推动下，到1962年科技发展已初见成效，全国科研机构（国防系统的除外）由1956年的381个增加到1296个，各主要学科和技术领域几乎都设置了专门的研究机构，解决了国家建设中迫切需要解决的一批科技问题，缓解了我国科技水平落后的问题。

其次，行政管理主体能够积极按照环境和条件的变化，经常调整自身的组织机构和行政管理方式。这是行政管理对行政环境能动作用的突出表现。

世界各国政府经常进行的行政管理体制改革就是这方面明显的例证。第二次世界大战后的40多年来，世界各国政府为适应新的国内、外形势变化的需要，都相应地进行过行政管理改革，如美国政府在第二次世界大战后初期的精简机构、紧缩财政、完善公务员制度；英、法政府为恢复战争创伤，发展经济实行程度不等的产业国有化和经济发展计划化的措施；日本在第二次世界大战后也进行了政府机构精简、推行公务员制度和实行国有化、计划管理等方面的改革，等等。直到今天，各国的行政管理改革仍在根据情况的变化而不断地进行着，我国自党的十一届三中全会以来，随着经济体制改革的不断深入，行政管理体制和政府机构改革也在逐步展开。

再次，行政管理可以通过对行政环境的再认识、再思考、再总结，主动自觉地纠正以往错误的、不符合行政环境要求的管理行为、管理法规和管理方式，制定出符合实际的新政策。

我国的经济管理和人口管理的曲折历程就说明了这一点。新中国成立初期，由于党和政府对社会主义初级阶段的特点缺乏深刻的认识，所以在管理社会经济方面制定过一些违反经济规律、超越历史阶段的错误政策，束缚了经济的发展。十一届三中全会以来，党和政府充分吸取这些教训，审时度势，对我国社会主义初级阶段的性质、特点做出了实事求是的科学论断，进行了经济体制改革，制定了适应经济发展的新政策，使社会主义经济重新焕发了勃勃生机。

新中国是在半封建半殖民地的底子上建立起来的，封建社会人口发展的周期性大起大落和台阶式跃迁的规律在新中国成立初期仍在起着作用。当时，由于党和政府对这一点认识不足，又无视马寅初等学者关于控制人口增长的正确建议，反而错误地认为人多是好事，没有及时采取控制人口增长的措施，使我国人口增长迅速地登上了有史以来的第五个人口高峰期，给社会发展造成了极大负担。面对沉重的人口压力，从20世纪70年代开始，党和政府纠正了以往的错误观点，实行了“控制人口增长，提高人口素质”的人口政策，设置了专门机构，大力开展计划生育工作，使我国人口增长过快的势头得到了抑制，不仅为稳定世界人口做出了巨大贡献，也为我国各项事业的发展减轻了负担、创造了条件。

二、行政管理和行政环境的平衡

行政环境不是一成不变的，而是始终处于不断变化的动态过程之中。行政管理与行政环境的平衡，就是行政管理与行政环境相互作用的一个必然过程，是行政管理系统存在和发展的必要条件，也是行政管理具有活力和效率的重要前提。

由于行政环境及其行政管理对环境的适应过程实质上都是处于不断变化之中，因此，行政管理与行政环境之间的平衡是相对的、暂时的。平衡预示着新的不平衡、不适应；不平衡、不适应又预示着新的平衡、适应。

这种相对平衡主要指：

1. 行政管理符合行政环境的基本性质。首先是符合社会环境特别是社会制度的性质。如国家的政治制度和政治体制决定着行政管理的性质和管理体制；物质经济环境制约着行政发展的规模和水平以及行政管理的具体任务。此外，社会的变迁也不同程度地影响到行政系统的平衡，对行政管理的变化起着决定作用。古代的社会变迁十分缓慢，而人类进入现代社会后，特别在第二次世界大战后科技发展的推动下，社会变迁出现了加速性、短暂性、多样性的特征。社会的变迁意味着构成行政管理活动的环境因素均是不稳定的变量，它们始终处于发展运动之中。为此行政体系若要保证效率，就必须以动对动，以变应变，根据环境因素的发展要求，做出相应的行政变革，以求得生存和发展。如我国农村改革推行以后，实行了联产承包责任制，生产结构发生变化，而在行政管理上也随之变化，取消公社和大队，建立了乡政府和村委会组织。目前提出发展社会主义市场经济，在对企业管理上就取消了计划经济的管理模式，把企业推向市场。从这里我们可以看出，社会变迁推动了行政的改革。

2. 行政管理适应行政环境的现状和发展水平。比如，国际形势的变化要求行政管理实现民主化和科学化。当前世界形势复杂多变，随着我国加入世贸组织，所面临的国际竞争也进一步地加剧。要在这个环境中求得发展，必须顺应历史的潮流，在各项工作中做出正确的决策，选择符合实际的行之有效的管理方法。工作中的任何失误，都可能会带来难以估量的损失。因此，仅凭少数人的知识和经验是不行的，必须发扬民主，集思广益，才能做出符合我国国情的行政决策，选择科学的管理方法，以适应复杂多变的世界局势对新时期行政管理的要求。

3. 行政管理适应行政环境的发展方向。比如，当前由于生态环境的恶化，已对人类的生存造成了巨大的威胁。据有关资料介绍，近一个世纪以来由于工厂、交通工具以及家庭大量燃烧煤、石油和天然气，加上天然森林大量被砍伐，使大气污染更加严重。此外，资源减少，人口膨胀，水土流失，海洋污染，以及森林火灾、水灾、地震、艾滋病等许多国际性的灾害，严重威胁着人类的生产、生活和安全。因此，面对行政环境的发展，各国政府要协同配合，才能有效地预防和制止这些灾害的发生，实现本国的行政目标。

行政管理与行政平衡的特点表现为：

1. 综合平衡。这种综合平衡表现为既要从自然形态的物质、能量和信息的输入和输出的管理来考虑又要从政治、经济、精神文明等社会关系和思想关系方面来考察。

2. 宏观平衡。行政管理更重视普遍的、全局的和宏观方面的行政环境，着重宏观管理。越是高层的行政管理，越是把注意力放在宏观方面。所以，行政管理和行政环境之间的平衡主要地表现为宏观的平衡。

3. 暂时平衡。在行政管理基本适应行政环境的条件下，行政系统具有自我调节、自我完善的能力，对局部的、暂时的不平衡能及时和有效地进行调整，使总体平衡得以保持。

当行政管理与行政环境的不相适应和矛盾超出行政管理的调节能力所承受的程度时，日益尖锐的不平衡和矛盾斗争不可能在保持原有平衡关系的条件下获得解放，这就到了必须要根本改革或彻底瓦解行政管理制度的时候了。人类社会制度变迁便是有力的证明。

三、行政管理和行政环境相互作用的基本内容

行政管理和行政环境之间是相互联系、相互作用的，它们之间有自然形态的物质、能量和信息的交流，但主要地表现为行政环境的需要和行政管理对这种需要的满足。因为行政环境的存在和发展，必然地和经常地要向行政系统提出不同形式的需要，构成行政系统的资源、信息输入。行政系统经过行政管理活动加以改造后，输出决策、计划、法规措施等行政产品，以满足行政环境的需要。

行政管理与行政环境之间相互作用的基本形式是：输入——转换——输出，见图 2－1。

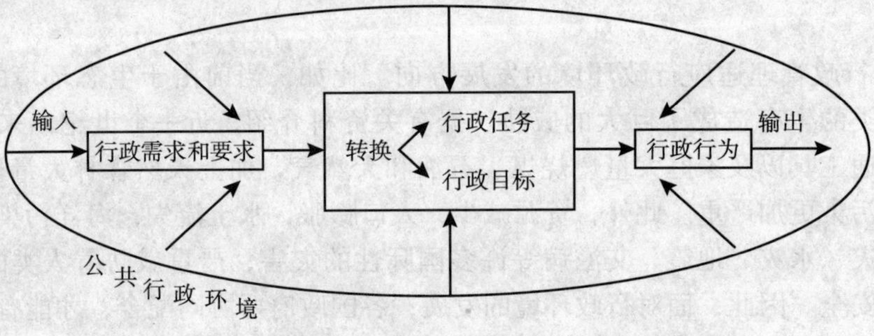

图 2－1　行政管理与行政环境之间相互作用的基本形式

外部环境对行政管理的输入大体可以分为三种类型：即要求、支持和反对。外部环境的要求是多种多样的，诸如要求政府提高行政效率，要求政府转变职

能，要求政府重视教育事业的发展，要求政府廉洁等。这些要求会在一定程度上影响、改变、决定行政功能。就外部环境对政府的支持来看，诸如各社会团体支持政府的决策、决定和政策，社会各方面服从政府的领导，积极贯彻政府的各项方针、政策等。这方面的输入可以保证政府各项政策有效实施。就外部环境的反对情况看，诸如对政府有关政令、政策的不满，对政府失误的批评等。这方面的输入可以使政府明白错误、改正错误。

转换是指政府根据外部环境输入的各种信息，对政府内部包括功能、组织建设、活动方式、行政体制等进行的调整、改变、修订、增加的活动，使之与外部环境的关系更为协调和谐，以取得外部环境更大的支持。转换是一个关键环节，各种外部信息输入以后，是否起作用，关键在于转换。

输出是指政府通过转换以后，重新向外部环境输出的各种信息，以引导整个社会协调有效地发展，这就是行政对环境的创造。

行政环境与行政系统之间的相互作用正是围绕着需要提出和需要满足以及二者的循环往复而展开的。这就构成了行政管理和行政环境相互作用的基本内容。行政环境的需要是确定行政管理基本任务的客观依据。

第三节 当代中国行政环境的分析

一个组织的存在与发展，关键在于能否正确地认识和把握其生存的基本环境，它包括国际环境和国内环境。在国内环境方面，主要表现为：政治法律环境、经济物质环境和精神文化环境三个方面。

一、我国现阶段的政治法律环境分析

政治环境是行政组织环境中最为重要的部分。所有的行政组织都在不同程度上受政治环境的影确，行政组织的行为必须依据政治环境所确定的规则来实施。政治环境的基本要素主要包括政治体制、政治权力、国家结构、政府机构、政党制度、公共政策等方面。

政治环境对行政组织的影响主要表现在以下几个方面：首先，政治体制确定了行政组织在社会政治生活中的地位和作用；其次，政治权力划分赋予行政组织或多或少的影响力和约束力，并勾勒出不同组织间的政治关系；第三，国家结构形式决定了各类行政组织的活动范围；第四，政府机构的设立意味着行政组织拥

有超越其他公共组织的权力，在组织生态团中属于强者；第五，政党制度使部分公共组织能够以强有力的集体行动参与公共决策；第六，公共政策作为政治活动的结果，也是公共组织施加影响的工具．公共政策为行政组织与其他组织提供了相互施加影响、进行妥协和解的通道。我国行政管理不可能脱离其所处的基本的政治制度环境。

（一）国体与政体

从政治制度的角度看，一个国家实行民主政体还是专制政体，就是政治环境中对行政活动起重要影响的因素。如果是专制政体，那么它的行政活动总是围绕着独裁者的利益来进行的。缺乏民主，为政腐败，使行政活动失去应有的生机和活力，行政效能低下；反之，民主政体就为行政活动的开展创立了一个良好的环境。

我国社会主义国家政权的性质是工人阶级领导的、以工农联盟为基础的人民民主专政。人民民主专政，是在人民内部实行民主和对人民的敌人实行专政的结合。这是我国行政管理的根本政治基础，也是我国行政管理的根本政治保证。在社会主义初级阶段，我国虽然已经消灭了剥削阶级，但是由于种种原因，国内阶级斗争还将在一定范围内长期存在，国际上还存在妄图颠覆我国社会主义制度的敌对势力，严酷的斗争现实，迫切需要我国行政管理在发扬社会主义民主和加强民主制度建设的同时，还必须强化民主政权的专政职能，切实保障广大人民群众的民主权利。

人民代表大会制度是我国的根本政治制度，也是我国行政管理的根本组织保证。我国宪法规定了人民是国家和社会的主人，享有管理国家事务，管理经济和文化事业，管理社会事务的民主权利。作为国家权力机关执行机关的各级政府，理应在宪法、法律规定的范围内，依法保障并充分发挥广大人民群众当家作主的民主权利，自觉接受人大及其代表的监督，使民主建设与管理落到实处。

（二）政党政治

当今世界各国大都实行政党政治。因此，行政管理与政党政治的关系极为密切，也是影响行政活动的因素之一。政治权力的行使，在正常的情况下都是通过政党政治实现的。执政党的主要作用就是通过组建政府、制定政策来实现国家权力。

我国实行的是中国共产党领导的多党合作与政治协商制度。实行共产党领导的多党合作制度是符合中国国情的一项社会主义政党制度，而政治协商制度则是发挥民主党派在国家政治生活中作用的一项重要制度与组织形式。它们是反映人民群众意见、发挥监督作用的一条重要渠道。十一届三中全会以来逐步形成的党的基本路线，是指导我们一切工作的方向。即：领导和团结全国各族人民，以经济建设为中心，坚持四项基本原则，坚持改革开放，自力更生，艰苦创业，为把我国建设成为富强、民主、文明的社会主义现代化国家而奋斗。30多年来，无论国际风云如何变幻，我们党和国家坚持党的基本路线的决心始终没有改变，并且明示要坚持一百年不动摇。这些都为制定国家政治、经济和文化发展的大政方针保持其完整性和一贯性，奠定了坚实的基础。《共产党章程修正案》的通过，《行政许可法》的实施，企业经营机制的转变，多种经济成分的共存，各种社会保障体系的建立，等等，无一不体现出坚持党的基本路线基础之上的政策的连续性和稳定性。

作为共产党领导下的政府，应该在行政管理中不断加强和充分发挥各民主党派参政议政和民主监督的作用，提高政府决策的民主化和科学化水平。

（三）法律制度

法律制度指由国家制定或认可，体现统治阶级意志，以国家强制力保证实施的行为规范的总和，是管理国家事务的法律依据。它包括制定法律和执行法律两个方面。拥有立法权的国家机关依照法定程序制定完备的法律是行政管理的根本依据；以执行为主要职能的行政机关依法办事，是行政管理的根本保证。

改革开放30多年来，政府法制建设不断加强，邓小平同志提出的“有法可依、有法必依、执法必严、违法必究”的民主法制建设的基本要求在政府工作中逐步得到落实。

1. 国家政治、经济、文化和社会生活基本做到“有法可依”，政府立法质量显著提高。30年来，我国政府始终坚持政府立法决策与改革决策的统一，努力做到政府立法工作与改革开放和现代化建设进程相适应，取得了巨大成就：一是为基本形成以宪法为核心的中国特色社会主义法律体系作出了重要贡献。从1979年到2008年11月底，国务院共提请全国人大及其常委会审议法律议案226件，制定行政法规1116件。国务院部门和有立法权的地方政府共制定规章26000多件。[①] 二是政府立法工作理念不断创新，政府立法工作重点随着改革开放进程适时调整。随着我国民主法制建设的逐步加强和经济社会的发展，政府立法工作重点也由主要侧重经济领域立法，转变为在继续加强经济调节、市场监管方面立法

① 曹康泰：《我国政府法制建设三十年》，中国网，2009年01月07日。

的同时，更加注重社会管理和公共服务方面的立法。三是政府立法工作机制不断创新，政府立法质量显著提高。政府立法工作由主要依靠政府法制机构，转变为实行立法工作者、实际工作者和专家学者相结合的机制，科学性、民主性和透明度也越来越高。探索建立了法规规章草案公开征求意见、立法听证会等扩大公众有序参与政府立法的制度和机制。2003 年至 2007 年，先后公布了 30 多件法律草案、行政法规草案，向社会公开征求意见。自 2008 年起，除涉及国家秘密、国家安全的外，所有行政法规草案都通过“中国政府法制信息网”向社会公开征求意见。截至目前，已公布了 23 件行政法规草案。探索开展了政府立法后评估和政府立法成本效益分析工作。

2. 政府职能逐步转变，行政管理方式不断创新。行政审批制度改革是促进政府职能转变，创新行政管理方式的重要切入点。2001 年 9 月，国务院开始推进行政审批制度改革，并组织起草了行政许可法草案。2003 年 8 月十届全国人大常委会审议通过了这部法律。各地方、各部门按照国务院的要求，认真贯彻实施行政许可法，取得了重要成果：一是取消、调整了一半以上的行政审批项目。截至 2007 年 10 月，国务院分四批取消、调整 1992 项行政审批，各级政府共取消、调整 22000 多项行政审批。二是全面清理了行政许可依据和实施主体。各地方和 58 个国务院部门共清理行政许可依据 25554 件，废止 3981 件，修改 2493 件；清理行政许可实施主体 2389 个，保留 1932 个，取消 302 个，调整 71 个。三是遵循行政许可法确立的高效便民原则，创新了行政管理方式。建立了 2100 多个综合性政府服务中心，采取“一个窗口对外”、“一站式办公”等方式，简化办事程序，方便人民群众。[①] 不少地方政府和政府部门还在网上开设办事窗口，实施审批、提供服务。更多地运用间接管理、动态管理和事后监督等手段，积极发挥行政指导、行政合同等方式在行政管理中的作用。

3. 改革行政执法体制，创新行政执法方式，行政执法行为得到严格规范。为了严格规范行政执法行为，我国政府主要采取了以下几项措施：一是改革行政执法体制，全面推行相对集中行政处罚权。在总结试点经验的基础上，国务院于 2002 年发布了《关于进一步推进相对集中行政处罚权工作的决定》，在全国范围内推行相对集中行政处罚权工作。目前，除经国务院批准的 82 个相对集中行政处罚权试点城市外，另有 193 个设区的市级政府和 806 个县级政府开展了相对集中行政处罚权工作。二是大力推行行政执法责任制和评议考核制度。2005 年 7 月，国务院办公厅发布《关于推行行政执法责任制的若干意见》，对推行行政执

① 曹康泰：《我国法制建设三十年》，中国网，2009 年 1 月 7 日。

法责任制工作作了专门部署和安排。全国已有30个省级政府、41个国务院部门完成了行政执法依据清理工作并向社会公开了清理结果，16个省级政府、45个较大的市级政府、15个国务院部门建立完善了行政执法评议考核制度。

4. 完善行政监督制度，创新行政监督方式，对行政行为的监督不断强化。我国政府逐步建立健全了行政监督制度，加强了对行政行为的监督：一是建立健全行政复议制度，强化对具体行政行为的监督。1979年后相继制定的海关法等法律，规定了行政复议制度。随着1989年行政诉讼法、1990年行政复议条例的公布，行政复议进入到规范发展阶段。1999年行政复议法公布后，行政复议制度得以全面建立。2007年5月，国务院公布行政复议法实施条例，使行政复议的一些基本制度具体化，可操作性得到增强。一些地方和部门还探索创新行政复议制度，建立了行政复议听证、案卷公开查阅等制度。随着行政复议制度的逐步建立完善，许多违法或者不当的具体行政行为得到纠正，及时化解了大量复杂的行政争议，有效地维护了人民群众的合法权益。二是建立完善法规规章备案制度，强化对抽象行政行为的监督。1987年，国务院开始进行法规规章备案工作。2000年，随着立法法、规章制定程序条例和法规规章备案条例的相继出台，法规规章备案工作迈入法制化、规范化的轨道。三是指导建立规范性文件备案制度，强化对规范性文件的监督管理。在国务院指导下，各地方探索建立了“四级政府、三级监督”的规范性文件备案审查制度。

5. 行政机关工作人员特别是领导干部依法行政的意识和能力显著提高，依法决策、依法办事的自觉性明显增强。改革开放以来，我国政府度重视对行政机关工作人员特别是领导干部依法行政意识和能力的培养，各地方、各部门普遍建立了行政机关工作人员学法、用法制度，许多地方还建立了公务员录用法律考试和执法人员岗位培训制度。不少地方和部门把法律知识的学习列为领导干部初任培训、在职培训的重要内容，并把依法行政情况作为干部考核的重要指标。

二、我国现阶段的经济物质环境分析

经济环境对行政组织的动机和行为有着重要决定作用。任何行政组织的利益，归根到底都是经济利益，不同的经济利益是各种行政组织动机和行为的基础性动力。经济环境对行政组织的影响主要表现在以下几个方面：首先，经济体制决定行政组织的行为方式。在计划经济秩序中，行政组织能够在更大范围内干预社会；在市场经济体制中，行政组织只能在有限范围内干预社会。其次，经济利益决定行政组织的目标。在私有制下，经济趋向多元化，行政组织的目标在于弥补市场缺陷，保护各种私有利益；在公有制下，广大人民群众根本利益一致，行政组织的目标在于提供人民群众所需的公共产品、维护公共利益。第三，经济实力为行政组织提供权力能量。一般来说，经济实力越强，组织对公共决策的影响越大。第四，产业结构影响行政组织的发展。产业结构每一次调整，都会带来社会资源的重新配置、社会财富的重新分配，由此产生不同领域的公共利益，导致行政组织的产生，决定行政组织的发展。

经过五十多年的建设，我国具备了建立社会主义生产关系为主导地位所必备的社会生产力，尤其是党的十一届三中全会以来，通过改革，取得了丰硕的成果，国民经济持续快速健康发展。自 1998 年以来，实施扩大内需的方针，适时采取积极的财政政策和稳健的货币政策，克服亚洲金融危机和世界经济波动对我国的不利影响，保持了经济较快增长。农业的基础地位继续加强，“三农”问题成为十届全国人大工作的重中之重。传统产业得到提升，高新技术产业和现代服务业加速发展。建设了一大批水利、交通、通信、能源和环保等基础设施工程。西部大开发取得重要进展。经济效益进一步提高，财政收入不断增长。“十五”计划胜利完成，“十一五”计划开局良好。但是生产力的发展水平还没达到足以使社会主义生产关系完善和成熟的程度。这就决定了现阶段我国行政管理将围绕下列经济环境的基本特征而展开：

（一）社会生产力得到了较快发展，但生产力发展极不平衡

例如，根据国家统计局发布的《2007 国民经济和社会发展统计公报》显示，国内生产总值由 1978 年的 3645 亿元迅速跃升至 2007 年的 249530 亿元。我国国内生产总值居世界的位次由 1978 年第 10 位上升到目前的第 4 位，仅次于美国、日本和德国。根据国际货币基金组织统计，折合成美元，我国 2007 年国内生产总值为 32801 亿美元，相当于美国的 23.7%，日本的 74.9%，德国的 99.5%，分别比 1978 年提高 17.2、59.7 和 78.9 个百分点。与此同时，经济总量占世界经济的份额也有明显上升，1978 年为 1.8%，2007 年提高到 6.0%。人均国民总收入也实现同步快速增长，由 1978 年的 190 美元上升至 2007 年的 2360 美元。按照世界银行的划分标准，我国已经由低收入国家跃升至世界中等偏下收入国家行列，对于我国这样一个经济发展起点低、人口基数庞大的国家，能够取得这样的进步，确实是一个了不起的成绩。我国已经建立了比较完整的工业体系和国民经济体系，许多产品和一些行业已达到国际先进水平。但是，我国现阶段的经济水平和生产力状况，同我国社会主义制度的要求相比，同发达国家相比，甚至与某些发展中国家相比。还有较大差距，远远适应不了现代化建设事业的需要。突出

地表现为：国民经济各项指标总量大，人均量小；一部分现代化工业同大量落后于现代化水平几十年甚至上百年的工业同时存在；一部分经济比较发达的地区同广大不发达地区和贫困地区同时存在；少量具有世界先进水平的科学技术同普遍的科技水平不高同时存在。上述状况，决定了我国行政管理必须始终坚持以经济建设为中心，大力发展社会生产力，加强宏观调控，促进经济与社会的协调发展。

（二）在所有制关系方面，形成了以社会主义公有制为主体、多种经济成分共同发展的局面

1978 年，全民所有制工业占全部工业总产值的比重为 77.6%，集体工业占 22.4%，国有占绝对优势；发展到 2007 年，国有及国有控股工业企业占全部规模以上工业总产值的比重下降到 29.5%，集体企业占 2.5%。国有企业占比的下降并没有改变国有经济的控制力，在一些重要领域和关键环节仍占绝对优势。2007 年，石油天然气开采业和电力热力的生产供应业国有及国有控股企业产值所占比重分别为 96.9% 和 90.8%，石油加工、炼焦及核燃料加工业占 75.5%，交通运输设备制造业、黑色金属冶炼及压延加工业、有色金属冶炼及压延加工业分别占 49.8%、42.0% 和 32.2%。与此同时，非公有制经济快速发展，对促进经济增长、扩大就业和活跃市场等发挥着越来越大的作用。从数量看，2007 年全国登记的个体工商户为 2741.5 万户，私营企业 551.3 万家，分别比 1992 年增长 0.8 倍和 39.1 倍。在规模以上工业中，非公企业数量达 30.3 万个，占全部规模以上工业企业数的 90%。从创造的产值看，2007 年规模以上非公企业工业总产值所占比重为 68%。从就业上看，2007 年，城镇国有和集体单位从业人员占全部城镇从业人员的 24.3%，而改革开放初期我国城镇从业人员几乎全部集中在公有制企业。

各种所有制经济在市场竞争中发挥各自优势，相互促进，共同发展。各种经济形式在不同地区不同部门所占的比重是不同的，各级政府及其部门，应根据不同所有制形式的自身特点、发展现状以及市场经济提出的要求，坚持以公有制为主体、多种经济成分共同发展的方针，通过宏观调控措施，为各种经济成分的共同发展创造平等竞争的环境。

（三）在分配关系方面，收入分配领域改革逐步深入

平均主义、大锅饭式的分配制度基本打破，按劳分配为主体、多种分配方式并存的格局不断发展，劳动、资本、技术和管理等生产要素参与分配的新制度正

在形成，各种劳动收入与合法的非劳动收入得到国家保护和社会认可。社会保障制度建设稳步推进。以养老、失业、医疗保险等为主要内容的社会保障体系初步形成。1979～2007 年，我国财政收入年均增长 14.1%；城镇居民人均可支配收入年均增长 7.2%；农村居民人均纯收入年均增长 7.1%。与此同时，不断深化收入分配制度改革，确立劳动、资本、技术和管理等生产要素按贡献参与分配的原则，进一步完善了以按劳分配为主体、多种分配方式并存的分配制度。2007 年，在城镇居民家庭人均全部年收入中，工薪收入占 68.6%，比 1990 年下降 7.2 个百分点；经营净收入占 6.3%，财产性收入占 2.3%，转移性收入占 22.7%，分别比 1990 年提高 4.8、1.3 和 1.0 个百分点。2007 年，在农村居民家庭人均纯收入中，工资性收入占 38.6%，比 1985 年提高 20.5 个百分点；家庭经营性收入占 53.0%，下降 21.4 个百分点；财产性收入从无到有，已占到 3.1%。

但是，与以公有制为主体的多种所有制形式相适应，在社会财富分配方面存在着不成熟、不完善的以按劳分配为主体的多种分配形式。一方面，与社会主义公有制相适应，按劳分配已成为分配个人消费品的基本原则，但在实践中实现这一原则有较大差距；另一方面，与个体经济、私营经济以及外资企业等多种所有制形式相适应，还有基本以市场为取向，按市场价值进行的分配，如利息、股息、雇工收入等不同形式的收入。而且，由于经济发展不平衡，市场机制尚未健全，又带来了分配上的诸多矛盾和问题，如：城乡居民之间收入差距拉大、不同所有制之间居民收入差距比较悬殊、全民所有制不同行业之间职工收入差距不合理扩大、公有制经济内部职工收入平均化程度进一步加剧等。这些缺陷和弊端，都迫切需要政府按照下列原则，即以按劳分配为主体、多种分配形式并存的原则；体现效率优先、兼顾公平的原则，鼓励一部分地区一部分人先帮后富，走共同富裕道路的原则，对社会财富和个人收入分配进行有效的调控，以利于社会的稳定与发展。

三、我国现阶段的精神文化环境分析

文化是行政组织行为方式的凝固化表现。文化环境对行政组织的影响相对于政治环境和经济环境而言比较间接，但影响时间更长、组织变革必须在文化延续过程中进行。文化环境的基本要素主要包括知识、价值、意识形态、行为规范、道德传统等方面。

文化环境对行政组织的影响主要表现在以下方面：首先，知识水平决定行政组织处理问题的方式和技巧；其次，价值左右行政组织对待社会事务的态度；第三，意识形态使行政组织的政治、经济利益目标更加鲜明；第四，行为规范决定行政组织如何与其他组织以合理的方式进行交流；第五，道德传统使行政组织能够不依靠强制力而自愿扮演既定社会角色，发挥角色功能。

我国是一个具有悠久历史文化传统的国家，经过近六十年的社会主义革命和建设，我国已形成了具有中国特色的行政管理的文化环境，概括地说：

1. 马列主义、毛泽东思想、邓小平理论、"三个代表"及科学发展观的重要思想在我国社会主义文化阵地上确立了指导地位，这是我国行政管理最基本的文化环境。马列主义、毛泽东思想、邓小平理论、"三个代表"以及科学发展观的重要思想是我们立党立国的根本，当然也是我国政府管理进行文化建设的根本，决定着我国文化事业建设的性质和方向。应该看到，以马列主义、毛泽东思想、邓小平理论、"三个代表"及科学发展观的重要思想为指导的社会主义文化，要抵制并最终消除一切落后的、腐朽的思想文化影响，不断创造出先进的、健康的并适应现代化建设需要的崭新文化，对于国家行政管理来说，将是一项长期的战略任务。

2. 传统文化虽受到现代文化的巨大冲击，但仍对当今中国行政管理产生重大影响。我国传统文化是传统生产方式的客观反映，它随着一定历史时期的社会、政治、经济的发展和变化，不断地补充、融化，吸收进了新的内容，形成了我们今天所面临的传统文化体系的连续体。传统文化虽然受到社会主义文化的改造和现代文化的熏陶，但对今天中国文化建设仍起着不可忽视的作用。中国传统文化有着许多积极的东西，如"民为邦本""天下为公"的民本思想；"兼听则明"、"广开言路"的纳谏主张，"先天下之忧而忧，后天下之乐而乐"的政治抱负；为追求真理而"上下求索"的进取精神等，至今仍值得继承和发扬。但中国文化中也存在着一些消极因素，诸如宗法观念、等级观念、安于现状、中庸保守、崇尚人治、自我封闭等都应当批判和摒弃。我们应该革故鼎新，兴利除弊，锐意开拓，不断为行政管理创造出适应时代需要的崭新文化环境。

3. 教育科技事业虽然取得了巨大成就，但是同我国经济与社会发展的迫切需要相比仍存在着较大差距。改革开放以来，我国教育事业取得了历史性的伟大成就。改革开放以来，尤其是近十几年来，我国教育发展取得巨大成就。2000年，我国已宣布基本普及九年义务教育。到2006年底，全国实现"两基"验收的县（市、区）累计达到2973个，占全国总县数的96%，"两基"人口覆盖率为达到98%。小学学龄儿童净入学率达到99.27%，初中阶段毛入学率97%，初中毕业生升学率为75.7%。高中阶段教育（包括普通高中、职业高中、普通中等专业学校、技工学校、成人高中、成人中等专业学校）在校学生4341.86万人，高中阶段毛入学率为59.8%。全国各类高等教育在校学生规模超过2500万人，毛入学率达22%。形成世界上最大规模的基础教育和高等教育。作为世界上最大的发展中国家，中国总人口约占世界人口的21%，教育人口约占世界的26%（其中学历教育约占22%）。长期以来，中国以全世界3%的教育经费，支撑起占世界1/5人口的教育。根据主管部门的规划和预测，伴随社会现代化的进程，我国教育的发展将在2010年达到世界中等发达国家的水平；2020年达到世界较发达国家的水平，并在2050年跨入世界教育发达国家行列。

我国教育科学文化事业虽然取得了举世瞩目的成就，但发展极不平衡，还远远满足不了社会主义现代化建设事业的需要。某些尖端技术和科学文化的某些领域的发展有较高水平，有的已接近或超过世界先进水平；但从整体上看发展又非常落后，底子薄，起点低，水平差。这种不平衡性还表现在地区和城乡分布上的差距，以及社会成员在教、科、文享用方面事实上的不平等。这就要求政府管理要牢固树立教育立国和科技兴国的意识，把教育放在优先发展的战略地位，让“科学技术是第一生产力”的思想贯彻于政府的决策之中。

四、我国现阶段所面临的国际环境分析

国际环境指一个国家与世界各有关国家、地区之间在政治、经济、文化、自然地理方面的相互关系及其国与国之间的交往关系。国际环境是一个国家行政管理所处的外部条件，是一个国家变化发展的外因。它包括国际社会环境和国际自然环境。国家社会环境包括国际政治、经济、军事、外交等一系列能影响国家行政活动的因素。国际自然环境如大气、河流、粉尘、虫害、病菌等则会直接影响国内的自然条件，从而制约行政管理。

注意对国际环境的研究是非常必要的。这是因为：第一，社会生产日益国际化，任何一国都不可能与世隔绝而孤立存在，尽管一个国家经济文化的发展，内部因素是主要的，但外部交往的发展程度对其仍有很大的影响。第二，国际上政治经济因素的变动会不同程度地冲击各国的行政。第三，世界各国相互交往日趋频繁，都在借鉴反映商品经济发展规律的文明成果。

新中国成立以来，中国始终作为一个大国屹立于世界民族之林。尤其是改革开放30年来，中国已经在当今国际事务中发挥着重要建设性作用。从加入世界贸易组织到成功举办奥运会，从参加联合国维和行动到推进朝核问题六方会谈，从加强东盟与中日韩（10+3）的合作到构建上海合作组织，从减免发展中国家债务到设立中非发展基金，从中俄、中越边界谈判的进展到提出睦邻、安邻、富

邻的合作政策，从1997年亚洲金融危机后坚持人民币不贬值到与全球携手应对眼前的金融危机，中国在国际事务中表现得越来越积极，一个负责任大国的形象跃然而起。中国与主要大国的关系走向稳定，与发展中国家的友好合作日趋成熟；同中国建有外交关系的国家已经达到了171个；在包括联合国在内的130多个政府间国际组织中，中国已经成为重要一员。

中国一直以来坚持着和平发展的道路，中国的和平发展道路上目前既面临着机遇，也面临着挑战和困难。传统安全问题仍是我国面临的主要问题，而且，我国发展环境面临的新问题，如能源问题、贸易问题、人民币汇率问题等正变得日益突出。和平与发展是当今世界的两大主题，但目前，局部地区的冲突加剧呈现出了值得注意的四个趋势：

第一，历史遗留问题与现实权益之争相互交错，积重难返。这一态势的突出表现是民族分离主义和宗教极端主义，从苏联和南斯拉夫的瓦解开始，迅速蔓延到了全球。

第二，霸权主义和强权政治使许多冲突热点长期得不到公正解决，还制造出新的冲突点。许多冲突热点并非一定要有外力介入才能解决，如冲突各方需要，外部调解力量的介入也是可以的，但关键是要公正，不能偏袒一方。许多新的矛盾，如巴以冲突、科索沃危机、伊拉克战争，是美国从维护自身利益出发，滥用武力，使问题更加复杂，从而制造出了新的矛盾。

第三，国际恐怖主义的恶性膨胀确实对世界的和平与发展构成了威胁。从近几年来的国际时事来看，国际恐怖主义把矛头也指向了中国，造成了多名中国人伤亡，并严重威胁了中国的安全。

第四，南北差距和贫富鸿沟的不断扩大导致了国际间出现了“弱势”国家、地区和群体，一些“绝望”的群体转向了无政府主义，乃至极端主义和恐怖主义。因此，反恐不能仅靠军事手段，必须有一个政治、经济、社会、文化的综合治理方案。

正确认识和把握国际社会环境，有利于我们正确有效地开展行政管理活动。

1. 国际形势的变化要求行政管理实现民主化和科学化。当前世界形势复杂多变，我国要在这个环境中求得发展，必须顺应历史的潮流，在各项工作中做出正确的决策，选择符合实际的行之有效的管理方法。工作中的任何失误，都可能会带来难以估量的损失。因此，单凭少数人的知识和经验是不行的，必须发扬民主，集思广益，才能做出符合我国国情的行政决策，选择科学的管理方法，以适应复杂多变的世界局势对新时期行政管理的要求。

2. 国际环境对我国行政管理提出开放性的要求。当前的国际环境从政治上看大国霸权主义的强权政治依然嚣张，中国作为社会主义大国，不可避免地将成为美国和西方国家攻击、颠覆的主要对象。从经济上看国际经济关系的政治化色彩很浓厚，“人权”问题，军控及核问题等逐渐被卷入经济领域，对我们利用外资和引进技术的条件更为苛刻；世界经济区域集团化进程加快，其保护性措施阻碍了我们多元化市场的开拓；国际竞争进一步加剧，西方国家贸易保护主义盛行，起来越多的发展中国家正在实行对外开放，使竞争对手增多，给我们的出口和引进技术及利用外资等带来诸多困难因素。面对这种情况我们只有加大对外开放，才能树立良好的国际信誉和形象；才能打破制裁，发展同西方国家的关系；才能在参与国际分工、合作与竞争中，知彼知己，广交朋友，克服困难；才能迅速壮大自己的实力，提高自力更生的能力。

3. 国际自然环境给行政管理提出了艰巨而复杂的任务。当前生态环境的恶化，已对人类的生存造成了巨大的威胁。据有关资料介绍，近一个世纪以来由于工厂、交通工具以及家庭大量燃烧煤、石油和天然气，加上天然森林大量被砍伐，使大气污染更加严重。此外，资源减少，人口膨胀，水土流失，海洋污染，以及森林火灾、水灾、地震、艾滋病等许多国际性的灾害，严重威胁着人类的生产、生活及安全。因此各国政府要协同配合，才能有效地预防和制止这些灾害的发生，实现本国的行政目标。

综合以上分析，我们可以看出，这种社会主义初级阶段的行政社会环境，必然使我国行政管理要从中国实际出发，坚持对外开放，吸取国外行政管理的先进经验，实施有中国特色的行政管理；要坚定地把组织和领导经济建设作为行政管理最重要的职能；要根据各地区、各方面的不同情况和条件，实施行政管理；要充分认识我国现代化建设的艰巨性和长期性，从国力出发，量力而行，循序渐进，积极奋斗；要以马列主义、毛泽东思想和邓小平理论为指导，努力建设社会主义精神文明；要坚持行政改革，在改革中不断提高行政效率，实现行政职能。

本章主要名词概念

环境　行政环境　行政生态学　政治与法律环境　行政的经济环境　行政的文化环境　行政的国际环境

复习思考题

1. 研究行政环境的理论依据是什么？

2. 行政环境的主要特征是什么？可以分为哪些主要类型？

3. 研究行政环境的重要意义是什么？

4. 试述行政环境与行政管理的辩证关系。

5. 试述行政管理与行政环境相互作用的基本内容。

6. 试分析当代中国行政环境。

［**案例分析**］

案例一　工作中什么关系最重要

有一种观点认为，无论上级与下属或同学之间，不可能有共同的认可观念或认同情感。相反，每个人的行为皆以自我利益为中心。在这种情形下，上级主管如想达成最起码的工作上的要求，便须依靠与部分部下之间建立某种特殊关系，只有凭借这种特殊关系，工作才会顺利起来。

有一份调查资料可以帮助说明这种现象。调查者要求每位被访问者列举三位社会上最要好的朋友，以及与这些朋友的社会关系。结果如下：

朋友的社会关系	人数
同学关系	247
同乡关系	102
宗亲关系	19
以往同学关系	51
其　他	16

为了证实上表反映问题的真实性，调查者又进行了个别访问。访问记录如下：

问：（第一个人）：你是否有升迁的机会？

答：升迁？谈何容易，假若你与领导没有特殊关系休想升迁。

问：什么特殊关系？

答：如同学关系或同乡关系呀！

问：假如你工作成绩优异，是否可得到晋升呢？

答：成绩优异顶什么用？既然没有升迁的可能，大家就混，混一天算一天，做一天和尚撞一天钟，反正到月底能拿到薪水。

问：（第二人）：你认为，行政机关最主要的问题是什么？

答：我看最主要的问题是人事上过分重视特殊关系。当然，整个社会也是如此，社会就像一张大网，每个人都处在一种关系网之中。在我那个单位，过去十年更换了八任领导，领导一换，就必须更换一批新的文秘人员，真有点像封建社会的师爷。而原来领导的人又不能解职，于是赋以闲差，因此，机关内派系森严，彼此勾心斗角，没“治”了。

根据以上资料，回答下列问题：

1. 上述观点有一定的代表性，特别是在有着几千年封建历史、文化传统的中国，情形更甚。你对这种看法有何不同见解？你认为，在行政机关管理中，应通过什么措施或引进什么机制，可以逐渐消除封建主义毒素的影响，防止上述问题的发生？

2. 怎样从更深的层次认识发生在这种环境之下的行政行为，并揭示其中的缘故和奥妙呢？

案例二　取消地级市利好三面

《中共中央国务院关于2009年促进农业稳定发展农民持续增收的若干意见》的文件就是在寻找突破原有行政结构的出路，加大推进省直接管理县（市）财政体制改革的力度，减少行政层次，就是要弱化地级市的“权力”，逐步取消地级市辖县的行政结构。

请看下面一组数字：一个中等地级市，每年光工资就要财政支出2亿左右，再加上后勤，办公经费等，一年一个市本级的财政支出要在5亿左右，而全国共有260多个地级市，匡算下来，每年全国单地级市本级的财政支出就要在1300亿以上（详见2005年09月15日南方周末）。因此，取消地级市有如下好处：

首先，省直管县可径直降低行政成本，这是取消地级市的首选要素，也只有省辖县取代市辖县才能减少行政层级，取消地级市已是大势所趋。从另一个层面来看，省直管县更符合我国宪法所确立的省、县、乡三级行政区划的层级规定，只有省直管县才符合我国城乡分治的客观实际。毫无疑问，减少行政层级的思路无疑是“放之四海而皆准”的正确方向。

其二，省直管县在贯彻和落实中央指示方面可减少一道不必要的“中间环节”，多一道门槛就有一道“念错经”的固有“风险”，因为“不大不小”的地级市里拥有不小的财政“决策权”，说了话“算数”的多、县里面对多头“婆婆”的管辖在“不知听谁的、不知怎么办才好”的氛围里，县里又怎么能把财力花在该花的地方上？只有脱离中间环节，才有利于农村发展。

其三，多头婆婆的“行政环境”不利于政令畅通，更不利于中央的“指示”一竿子插到底。只有省直管县，取消了“截留县里资金”的中间环节，县里才能不折不扣、“全薪全意”地把有限的财政用到“坚定不移走中国特色农业现代化道路、坚定不移推进社会主义新农村建设”上来，从而提高行政效率。

总之，取消地级市的改革是势在必行，最少，稳步推进扩权强县的改革已是再一次发出了不小的强音，不过，扩权强县的改革看点，就是考验地级市府公仆们的承受力。在我看来，说服中间环节长期形成了的“利益群体”们的“思想工作”也非易事。因为过惯了拥有支配财政的日子，一旦失去了“截留资金”的权限还是不失为天下“最痛苦、最为大”的一件事情。

毕竟“截留”财力是个“一半为堂皇正大，一半是自己私心”的事实。既然减少行政层级有以上三面利好，那么，省直管县、扩权强县的改革又会怎么应对“一半、一半”的事实？对此，我们将拭目以待。

根据以上资料，回答下列问题：

1. 影响行政管理的环境因素有哪些？在上面案例中包括哪些环境因素？

2. 行政管理为什么要能动地利用和改造行政环境？试结合案例说说你的见解。

第三章　行政职能

本章学习提要与目标

行政职能是行政管理学研究中最为核心的问题之一。对行政职能的不同认识和理解，决定了政府活动的基本内容和方向，决定了政府活动的范围和行为方式，以及与此相关的政府机构的规模和设置。本章重点介绍行政职能的一般理论和近现代西方国家行政职能的演变历程，结合理论和实践的进展对我国政府职能转变的必要性、成就和存在的问题以及如何转变作简要分析。

长久以来，人们关于政府角色问题的争论从来就没有停止过，尤其是今天，政府在国家与社会的发展中扮演着越来越重要的角色，正如 1997 年世界银行报告中所指出的那样——“政府正在成为人们注目的中心”。伴随着波及全球的政府治理变革，从新的角度认识这一问题带来许多创新的思想和行动，我们可以借助于戴维·奥斯本和特德·盖布勒在《改革政府：企业精神如何改革着公营部门》一书中的生动描述对这场改革获得深刻印象。当前，我国正处于一场深刻的变革之中，在这场变革中，政府的定位如何，以什么样的方式发挥作用，怎样处理好与市场、企业、社会乃至公民的关系，使人民过上更富足、更健康、更快乐的生活，不仅仅是一个理论问题，更是一个亟待解决的实践问题。

第一节　行政职能概述

一、行政职能的概念

不同的研究角度对行政职能的认识不同，尤其是早期经济学家对政府行政职能的认知与今天有着很大的差异，这可以从下列几个有关政府职能的不同表述中得到验证。

（一）亚当·斯密

亚当·斯密在其最有影响力的著作《国富论》一书中谈到“统治者的责任”时，做了这样的表述：“首先，政府具有保护其社会免受其他独立社会的暴力与侵犯的职责；……其次，尽可能地保护每一个社会成员免受社会中其他成员的压迫和侵犯的职责；……第三，建立并维护某些公共机关和公共工程的职责”。[①]亚当·斯密认为，除了这些最低限度的职能外，政府应当尽可能远离经济生活，而由市场机制这一“看不见的手”来引导经济活动，政府只充当“守夜人”这样一种角色。亚当·斯密关于政府职能的理论，至今仍有相当重要的影响，新古典主义和自由主义经济学家都将他的理论作为对其思想产生重大影响的理论来源。

（二）萨缪尔森

在凯恩斯主义政策化的过程中，萨缪尔森关于政府职能的概括颇具代表性。他认为“市场和政府这两个部分都是必不可缺的，没有政府和没有市场的经济都是一个巴掌拍不响的经济”[②]，在他看来，政府的经济职能可归结为效率、平等和稳定三个方面。

1. 政府的效率职能。当市场失灵导致生产或消费的无效率时，政府可通过“税收——公共支出机制”增进效率，也可以制定和强制地实施各种规则以规范经济当事人的行为。正如萨缪尔森在他所著的《经济学》中所言：政府“在企业变成一头垄断的野猪时，防止它到处乱撞；当企业喷吐出来的浓烟威胁生命和财产的时候，就限制它们的活动”[③]。

2. 政府的平等职能。基于有效率的市场制度可能产生极大的不平等，萨缪尔森认为可以由政府通过财政分配政策来矫正市场机制下用货币选票分配生产成果所形成的不合理的格局。如对富人征收累进所得税、遗产税、财产税、赠与税等；对穷人实施财政转移支付制度。

3. 政府的稳定职能。萨缪尔森认为经济运行中周期性的起伏波动，是市场机制所不能克服的。因此政府有必要通过运用财政和货币政策来保持宏观经济运行的稳定。在经济高涨时期，政府增税、减少财政开支、减少货币投放、提高利率，以紧缩需求；在经济萧条时期，政府可采取相反的政策措施加以调节。萨缪尔森关于政府经济职能的理论是新凯恩斯主义学派政府干预经济主张的代表。

---

① 亚当·斯密，郭大力 王亚男译：《国民财富的性质和原因研究》，商务印书馆 1994 年版，第 254、272、284 页。

②③ 萨谬尔森：《经济学》第 12 版（上），中国发展出版社 1992 年版，第 86～87、第 83～84 页。

（三）布坎南

公共选择学派的代表人物布坎南在谈到政府职能时，认为“显然必须建立合法的框架，为财产和契约提供保护，需要保证货币价值一定程度的可预测性以及维持竞争性市场的运行”①，对于超出保护性国家的界限，涉及到公共物品、分配、税收等方面，布坎南的观点是“公民个人是否想采取联合行动集体花费他们的资源，或者他们是否想以个人的方式花费资源，这应该由人们自己决定”②。总之，布坎南作为自由市场的坚定拥护者和公共选择学派的杰出代表，从新的角度对生产性或转移支付福利国家的模式提出质疑并阐述了解决这一模式弊端的思路。

（四）世界银行报告

世界银行 1997 年世界发展报告《变革世界中的政府》指出：“政府与市场是相辅相成的：在为市场建立适宜的机构性基础中，国家是必不可少的。”③ 绝大多数成功的发展范例，不论是近期的还是历史上的都是政府与市场形成合作关系从而纠正市场失灵而不是取代市场。报告将政府职能分为小型、中型和大型三个层次，见表 3－1 所示：

表 3－1　市场经济体制中的政府职能层次

	解决市场失灵			促进社会公平
小职能	提供纯公共品： 国防、法律与秩序；财产所有权； 宏观经济管理；公共医疗卫生等			保护弱者 反贫困计划 消除疾病
中型职能	解决外部效应： 基础教育； 环境保护等	规范垄断企业： 公用事业法规； 反垄断政策	克服信息不完整： 保险、金融法规、 消费者保护等	提供社会保险： 再分配性养老金、家庭津贴、失业保障等
大型职能	协调私人活动： 促进市场发展、集中各种举措			再分配： 资产再分配

根据上表对于政府职能层次的划分，在市场经济条件下，政府承担的职能一是解决市场失灵问题；二是促进社会公平。履行这两项职能，是政府最低层次的

①② 詹姆斯·布坎南，里查德·马斯格雷夫：《公共财政和公共选择》，中国财政经济出版社 2000 年版，第 64 页、第 9 页。

③ 世界银行：《1997 年世界发展报告》，中国财政经济出版社 1997 年版，第 4、27 页。

责任，即小职能层次，也就是说在解决市场失灵方面仅提供诸如国防、法律与秩序、财产所有权、宏观经济管理、公共医疗卫生等纯粹的公共物品；在促进社会公平方面，主要是通过反贫困计划和消除疾病来保护弱者。中间层次即“中型职能”层次的政府在解决市场失灵方面还能够解决外部效应（提供基础教育和环境保护），规范垄断企业（公用事业法规、反垄断政策），克服信息不完整（保险、金融法规，消费者保护）等。在促进社会公平方面还能够提供社会保险（再分配性养老金、家庭津贴、失业保险等）。最高层次的政府职能，即大型政府职能在解决市场失灵方面，不仅能够提供纯公共品，解决外部效应，规范垄断企业，克服信息不完整，更能够协调私人活动，而在促进社会公平方面，还可以调节资产再分配。世界银行报告中对于政府职能的概括为我们认识这一问题提供了一个很好的分析框架。

（五）张金鉴

中国台湾地区的张金鉴教授在对许多研究成果总结的基础上，把行政职能大体划分为维持、保卫、扶助、管制、服务、发展六个范畴①。

1. 维护职能，即政府为维持国家统一、民族团结、社会和谐而履行的制度职能。主要通过制定得到社会公众较为认同的国家典章法令，建立、确定和巩固国家的政治意识形态、国家的基本社会制度、国家的主要价值规范等手段来实现。

2. 保卫职能，即保卫国家和民族独立，保卫公民生命、财产和公民权利，维持社会秩序的功能。保卫职能对外表现为通过国防、外交、对外政策，保卫国家主权，并最大限度地实现国家利益；对内则主要表现为保护公民的宪法权利和通过国家强制力维持社会秩序。

3. 扶助职能，表现为：一方面，政府通过产业、关贸、税收、信贷等政策规制和政策倾斜扶助各界公民、公民团体、工商组织均衡发展；另一方面，通过保障和救济扶助弱者的生存。

4. 管制职能，即管制社会行为主体与国家公共权力主体的社会行为的职能。其主旨集中在两个方面：（1）依法控制、限定和约束社会行为主体与国家公共权力主体的行为，使其不会、不能因自身的利益而非法、不当地侵扰国家、社会、他人及其他行为主体的权利。侵扰者将由政府对其实施惩罚。诸如“近亲不得结婚”、“严重传染病隔离”等法律规定等都属于政府履行社会管制职能的范畴。

---

① 张金鉴：《行政学典范》，中国台湾“中国行政学会”1992年版，第103~104页。

(2) 为实现国家利益、社会利益、多数人的利益、长远利益，依法控制、限定和约束社会行为主体与国家公共权力主体的行为。诸如外汇管制、尾气排放标准管制等，都是政府履行经济和环境保护管制职能的表现形式。

5. 服务职能，即通过兴办各类公共事业，直接造福于国民的职能。

6. 发展职能，即运用各种可能的方式启发、诱导创新的意愿和积极性，促动、推进发展和进步的行为的职能。

这些观点受时代的局限对政府行政职能的理解各有所侧重，今天来看，一般意义上的行政职能是指政府在国家和社会生活中进行管理时所承担的职责和功能，是政府作为国家行政机关活动内容的总概括，是建立行政组织的基本依据，并影响政府的行为方式。

行政职能是一个广泛的概念，在政治体制不同、文化传统不同的国家里，其性质、内容、规范和作用方式等都存在明显的差别，即使在同一个国家里，不同的历史时期也有不同的规范和特点，在客观上会随着社会的发展而发生变化，在主观上则会随着人们对国家或政府的再认识而发生变化。

政府是国家权力体系的组成部分，与权力机关、司法机关分别行使行政职能、立法职能和司法职能。行政职能体现了国家意志的要求，以立法职能为依据，以司法职能为保障，反映了国家的性质。概括来讲，行政职能的特点有以下几个方面：

二、行政职能的特点

（一）行政职能的稳定性与动态性相统一

行政职能的具体内容和范围并非一成不变，在生产力发展的不同阶段国家社会生活的主题不同，所以行政职能的稳定性是相对而言。通常来说行政职能的动态性的形成原因有两个方面：首先，行政职能反映了国家的阶级本质，其根本目的是实现和维护统治阶级的利益，所以当国家性质改变时行政职能必然相应的发生改变。从历史发展的角度可以将行政职能分为奴隶社会的行政职能，封建社会的行政职能，资本主义社会的行政职能和社会主义社会的行政职能。其次，行政职能涉及到政治、经济、文化、治安等诸多领域，如果行政环境改变，行政职能内容的主次地位也会相应发生改变。比如 1978 年党的十一届三中全会明确提出改革开放的任务和对外开放的基本方针后，国家的行政职能的重点从巩固政治统治转为发展社会经济，计划经济的发展模式也逐步转向以市场为导向的发展模式。

(二) 行政职能的综合性与整体性相统一

从动态的角度可以将行政职能划分为计划、组织、协调、控制、监督等流程，从静态的角度包括政治、经济、文化、教育、科研等，渗透在社会生活的各个方面，承担着对社会事务的管理和调节，同时，从中央到地方不同层级的政府部门行政职能的范围和方式也有所区别。由于复杂多样的行政客体客观上要求行政职能的综合执行、协调运用，所以行政职能履行的过程往往是一个综合的过程。虽然行政职能可以从多个角度去理解，但相对于立法职能和司法职能而言，行政职能仍然是一个整体，依据强制力而执行。

三、行政职能的主要内容

行政职能按其作用的范围可分为基本职能和运作职能两类。所谓基本职能，它包括政府行政管理的基本内容，主要有政治职能、经济职能、文化职能和社会职能等。基本职能集中体现了国家行政管理在国家社会中所起的整体作用。运作职能是政府管理的程序性职能，是指在具体的管理过程中，依照行政管理的内在规律性，以科学的程序和方式，保障行政管理活动准确、高效、协调运行的功能，它包括决策职能、组织职能、协调职能和控制职能四种。

(一) 基本职能

1. 政治职能。政府的政治职能主要体现为：政府是政治秩序的维持者、社会发展的决策者和公共政策的制定者、利益的调节者以及政治一体化的工具。首先，政治秩序意味着一个社会政治共同体的成员和集团，按照某种预定的政治规则行事。作为政治秩序的维持者，政府的职责主要在于：(1) 保护公民的自由、权利和财产，使之不受其他社会成员的侵犯；(2) 镇压社会成员对合法权威体系表现出的超过允许限度的反抗；(3) 防御敌对国家的攻击，以保障主权国家的独立和完整。政府政治职能的实现依靠军队、警察、官僚机构等“有组织的暴力”以及法律法规的约束来保证和实现。其次，政府在社会发展中重要作用日益显著。政府权威体系的决策和选择影响着社会发展的方向、内容、模式等。政府通过制定公共政策，把自己的价值观和行为标准通过合法秩序实现主张合法化，积极地选择社会发展的有效途径，因此，通过公共政策的制定引导社会的良性发展也是现代政府的重要职责之一。再其次，不同的阶层、群体、个人有着不同的利益需求，这些利益诉求通过各种渠道汇集于政府，这就要求政府在公共决策过程中，平衡和调节各方利益，通过利益的整合，使得国家、个人与团体的利益能够协调平衡发展。最后，政府作为政治一体化工具的作用则表现在维护统一的政体、解决社会冲突、保证政策执行、促进政治沟通和政治参与等方面。

2. 经济职能。政府的经济职能是指政府在经济发展中的作用以及与之相关的作用的范围和方式。不同国家对于经济管理的模式有很大的不同，主要取决于政府和市场关系的不同安排。例如，以美国为代表的有调节的市场经济和以日本为代表的政府转型市场经济有很大的不同。有关政府与市场的争论我们将在后面涉及到。一般来说，在市场经济条件下，政府在经济生活中的活动领域和作用主要体现为：（1）保证公共物品的有效提供。尽管近年来的政府改革使得公共服务的提供机制更为灵活，政府不再是唯一的公共服务的直接提供者，但无论是采取合同承包或其他方式，保证公共物品的有效提供依然是政府不可推卸的责任之一。（2）调控宏观经济的运行。目前，世界多数国家对于经济运行的干预是显而易见的，只是由于各国国情的不同，干预的范围和程度有所不同。政府通过财政政策、货币政策、产业政策等手段对宏观经济的运行加以调节，使整个国民经济保持动态、协调、均衡地发展。（3）消除外部效应。虽然在依靠政府还是依靠市场解决外部性方面还存在着激烈的争论，但事实是外部性的存在往往依赖于政府来解决。在现代市场经济国家中，政府通过补贴或直接公共部门的生产来推进正外部性的产出，通过直接的管制或税收政策来限制负外部性的产出，如政府通过行政命令的方式硬性规定特定的污染排放量，或政府征收排污费。对多数国家来说，在尚未找到更合理的制度安排之前，政府在消除外部效应方面仍将发挥主导作用。（4）对收入和财产的再分配。政府应当是正义与公平的维护者和体现者，同时正义与公平也是政府理所当然的价值追求。通过再分配政策及社会保障制度来调节收入及财产的再分配，从而保证社会的稳定协调发展是政府义不容辞的职责。（5）维护市场秩序。市场经济条件下维护市场经济秩序是政府的一个基本职能。通过制定法律法规，规范市场主体行为，确保市场交易和市场竞争的公正和效率，这是现代市场经济国家普遍履行的一个职责。

3. 文化职能。文化是社会成员所习得和共有的，并对其成员的行为产生巨大影响的一个综合体。政府的文化职能，其首要的一条就在于维护和弘扬一种意识形态。使这种意识形态成为社会文化的主体组成部分，成为社会成员所共同拥有的信念和价值观。历史的发展表明，任何阶级的政治统治和治理，都不能仅仅靠强制手段来实现，而必须依靠思想统治，即意识形态的统治。意识形态的统治是统治者用表达自己利益与意识的思想对全社会的统治，即把能够维护统治者既得利益和体现统治者意志的思想上升为整个社会文化的主流思想和主导价值观。通过这种手段，国家的权力成为全体社会成员所共同认可和维护的合法性的权威。正如罗伯特·达尔所说："与用强制手段相比，用权威手段进行统治要经济得多"。[①] 从某种程度上讲，政府既是精神资料的生产者，又是精神生产资料的支配者，通过支配和生产精神资料，形成、维护和改变社会成员的态度、信仰和情感，这是任何政府不能忽视的职能之一。每个政府都有负责管理支配和生产精神资料的部门，并借此来规范和决定整个社会和时代。当然，不同类型的政府在履行其文化职能时所依赖的价值观念和所采取的手段方式会有很大的不同。

4. 社会职能。社会职能是指为维护人民正常的生产、生活秩序，增进人民福利，由各级人民政府通过相应的职能部门所采取的各种社会补益与服务措施，广义的社会职能与政治职能相对应，除政治职能外，都可称之为社会职能。狭义的社会职能则指对社会生活领域公共事务的管理职能，社会职能的主要内容有：民政、城乡建设、环境保护、社会保险、社会福利和救济、计划生育、群众优抚等。

（二）运作职能

从政府管理的具体运作过程来看，政府的职能可分为：

1. 决策职能。这是行政管理过程的首要职能，包括目标和计划在内。决策职能的主要内容是确立目标、总体设计、预测预算、论证评估、选择决断和实施修正。决策职能发挥的好坏，直接关系到行政管理的整体效能。

2. 组织职能。组织职能是指行政机关围绕行政目标，具体策划和安排行政活动的功能。为了有效地实现既定的行政管理目标和任务，通过建立行政组织机构，确定职位、职责和职权，协调不同部门间的相互关系，从而将组织内部的各个要素联合成一个有机整体，使人、财、物、权威信息等资源得到最合理的使用。组织职能的具体表现为：对机构的设置、调整和有效运用，科学编制管理；组织内部职权职责的划分；人员的选拔、调配、培训和考核；对具体行政工作的指挥监督。

3. 协调职能。协调职能是指通过有效的行政沟通，协调行政过程中组织内外部关系的一种职能。协调职能的具体表现为：协调行政组织之间、组织与其成员之间、成员之间的关系；协调行政组织与其他组织以及与人民群众之间的关系；协调行政过程中不同任务之间的关系等。通过行政协调，理顺各种关系，减

---

① 罗伯特·达尔：《现代政治分析》，上海译文出版社 1987 年版，第 79 页。

少不必要的冲突和损耗，从而高效率地实现行政目标。

4. 控制职能。控制职能是指根据既定的目标与计划执行的情况，对行政过程进行检查、督促和纠偏，以确保行政过程的顺利进行和目标的实现。常用的控制方式有汇报、会议、检查、核算、意见箱等。控制职能贯穿于行政管理活动的全过程，为了有效地发挥控制职能，需要建立健全监督控制的组织系统，采取配套的、有效的控制手段，才能确保行政目标的实现和任务的完成。

四、行政职能的意义

行政职能是行政管理的核心内容，在整个行政管理过程中具有十分重要的意义。

（一）行政职能是确立行政组织的依据

行政职能的实施以具体的行政组织为实体，科学有效的行政职能必须通过行政组织的执行来实现。行政组织是履行行政职能的载体，行政组织规模、数量、层次的设置与更改必须以确定的行政职能为依据。我国政府机构改革中定职能、定机构、定编制的“三定”原则就说明了两者的相互关系。

（二）行政职能是实现政府目标的手段

行政职能的执行情况体现了行政管理的效能也决定着政府目标的实现程度。政府的目标依据行政职能来确定在一定时期政府应该管什么、怎么管，如果超出了行政职能的范围不仅不能达到预期的目的还有可能出现“政府失灵”。行政职能为政府目标的设定把握方向，为政府目标的实现奠定基础。

（三）行政职能是进行机构改革的前提

行政职能的环境是不断变化的，行政职能也应该随之做出相应的改变。如果行政组织的机构设置、行为方式不能适应新的行政职能的要求就必然影响其执行效果和效率。我国经历的机构改革说明行政组织和人员数量的增减绝非随意进行，而是以行政职能的改变为必要前提。

（四）行政职能是行政管理科学化的基础

行政管理的过程也是行政职能实施的过程，一方面政府职权的划分和确定要以行政职能为基础，是对政府职能一种法律形式的体现。另一方面，评估行政管理的各个环节是否合理，能否达到、实现科学化标准，如何对薄弱环节进行调整都要以行政职能为重要基础。

（五）行政职能是检验行政管理效能的标尺

行政职能的实施状况是衡量行政管理各个方面的标尺，也是人民了解国家政治生活的主要关注点。如果国家能够正确把握时局，适时促进经济发展、提高管理效率、改善人民生活水平、实现社会政治稳定，则充分发挥了行政管理的效能，增强了人民对政府的认同感。

第二节 近现代西方国家政府职能的演变

一、政府干预的不同阶段

近现代西方国家政府职能实质上是西方国家在市场经济条件下对政府与市场关系不断调整的过程。“在以往两个世纪的不同时间里，政府的介入程度总是像钟摆一样在两极之间反复振荡。总的来说，西方社会在这段时期中经历了政府干预的三个阶段”。①

（一）自由放任的社会

在市场经济发展初期，为摆脱教会、地主、城镇行会对经济活动的控制，确立新型的市场秩序，打破地方封锁，同时扩大国内市场、对外扩张和促进外贸，一般强调国家的干预作用，重商主义主张通过增强政府对国民经济的干预作用来增加国民财富。18 世纪后半叶，随着市场的不断扩大，需求的不断增加，市场经济体制及秩序得以确立，自由放任、限制国家干预的观点成为主流思想，这集中反映在以亚当·斯密、李嘉图和穆勒为代表的古典学派和以马歇尔为代表的新古典学派的经济理论及政策主张中。正如前文所述，亚当·斯密等人主张由市场机制（价格）这一“看不见的手”引导经济活动，政府要少干预，只起“守夜人”的作用。政府的作用仅限于保护社会免受外敌侵扰；保护每个社会成员免受其他成员的胁迫，实现社会公正；建设和保护公共设施。这些观点体现在当时西

① 欧文·E·休斯：《公共管理学》，中国人民大学出版社 2001 年版，第 107 页。

方各主要国家的基本政策主张之中。这一时期，是历史上公认的“小政府时代”。不过，从事实来看，即使是19世纪的市场经济国家，政府的实际作用也超出了最低限度政府的框架。美国有着自由主义以及对政府不信任的传统，并信奉“管的最少的政府是最好的政府”这一格言，但在19世纪中期，政府在促进市场发展和经济增长方面并非无所作为。19世纪40年代美国政府帮助建设了全球第一条电报线路，从而促进了电信业的发展；1863年，美国开始实施《莫里尔法案》，帮助进行农业研究与技术推广；1785年和1787年的《西北法令》使政府承诺支持教育，并将出售某些土地收入用于该目的，1863年，联邦政府帮助建立了公立大学制度；此外，美国政府还建立了银行监管机构和中央银行、支持高速公路和铁路的修建、促进金融业和公共交通的发展。欧洲、日本等国家的政府在经济发展中确也起到了不少的作用。即便如此，19世纪各国政府的规模与范围依然是非常有限的，尤其在收入再分配方面的功能非常有限。欧洲的收入再分配主要通过私人慈善活动实现，政府的税收只限于关税、国内消费税、垄断行业税和商品税。法国和英国自18世纪就开始征收所得税，但并不构成财政收入的主要方面。

（二）从自由放任到政府干预

19世纪末，随着自由资本主义向垄断资本主义的过渡，资本主义世界出现了失业、贫富分化以及经济危机等问题，特别是1929～1933年世界性的经济危机的出现，表明自由放任和“守夜人”的理论越来越不适应社会发展的要求。于是，以凯恩斯为代表的国家干预经济的思想成为西方经济学的主流思想。凯恩斯主张放弃自由的放任主义，实行政府对经济生活的全面干预，特别是通过财政和货币政策来调控市场经济的运行。他主张，政府不仅要履行传统的职能，而且要对充分就业、物价稳定、经济增长、国际收支平衡等负责。在美国，经济持续衰退、失业剧增、金融体系接近崩溃、生产相对过剩、社会危机重重。传统的“守夜人”政府面对这场大危机束手无策。罗斯福新政正是在这一社会背景下应运而生的，其核心是通过强有力的国家干预控制危机，使社会走出困境。在两个“百日新政”期间，美国政府出台了紧急银行法案、节约法案、啤酒法案、农业法案、失业救济法案、工业复兴法案、以工代赈法案、社会保障法案、税制改革法案、银行法案等诸多法案对社会各个领域进行调控。同时，强化了政府职能，总统的立法职能、行政职能、经济职能大大扩充，表现在：国会似乎成了行政部门的表决机器；总统领导着总统办公厅、各种各样的总统辅助机构以及预算局、经济顾问委员会、国家安全委员会等众多而重要的机构；对华尔街进行管制、设立田纳西河流域管理局、承担巨大的公共工程开支并进行工程监管等方面。罗斯福新政结束了自由放任的资本主义时代，开创了国家强力干预社会经济的先例。

在凯恩斯主义者的倡导下，各主要西方国家普遍采取了干预主义政策。这些干预政策对第二次世界大战后资本主义经济的发展起到了一定作用，凯恩斯被称为“战后繁荣之父”。

（三）由政府干预到自由市场的回归

20 世纪 70 年代末 80 年代初，“滞胀”成为困扰西方主要资本主义国家的难题，凯恩斯主义在解决这一问题上明显乏力，甚至使情况更糟。于是，主张自由放任的新自由主义经济思潮渐占上风。以弗里德曼为代表的新货币主义，以拉弗为代表的供给学派，以华莱士等为代表的合理预期学派，以科斯为代表的产权学派，以加尔布鲁斯为代表的新制度学派，以布坎南为代表的公共选择学派等开始活跃起来，这些学派分析了政府干预行为的局限性及政府失灵的成因及表现，主张限制或取消政府干预，充分发挥市场机制的作用。这些主张对西方近些年来的政府改革产生了实质性的影响，各国政府致力于摆脱扮演了大半个世纪的规模较大的、具有明显集体主义色彩的角色，纷纷采取削减政府规模、压缩开支、放松管制、公营企业民营化等措施减少政府干预市场。私人市场是有效并且能够自我调节的，能够由市场提供的商品和服务就应该由市场提供，政府角色最小化的理论渐趋流行。1979 年撒切尔政府和里根政府在竞选中提出许多小政府政策并在后来部分地付诸实施。1984 年新西兰的兰格·道格拉斯政府和加拿大的穆罗尼政府也实施了类似政策。

在上述国家行政职能演变的过程中，理论的冲突始终贯穿其中，争论也会伴随着以后的实践而继续。但很重要的一点，人们不再单纯地坚持最好的政府应该是规模减至最小的政府，而是把政府看作一个重要的、强有力的机构，它可以扮演扶助私营部门的角色，而不是作为私营部门的竞争对手而存在。也许，一个关于政府角色的实效主义的新时代已经来临。

二、政府干预的不同模式

因市场发育程度和国家历史传统的不同，各国政府角色在干预与市场两极摇摆的过程中形成了不同的市场经济模式。市场经济越发达、自由经济传统越久远的国家，如美国和英国，政府干预经济的方式越间接、越灵活，越强调市场机制的作用；市场经济越落后、统制经济传统越久远的国家，如日本，政府干预经济的方式越直接、越强硬，越强调政府调节的作用；而处于上述两者中间状态或接近这两种状态的国家，如欧洲大陆国家，则对市场机制和政府调节并重，其典型就是德国“自由+秩序”的社会市场经济。我们权且把它们称为“美国模式”、“德国模式”和“日本模式”。

（一）美国模式

美国模式又被称为“自由主义的市场经济”。它的核心内容是：强调市场力量对促进经济发展的作用，认为政府对经济发展只能起次要作用；推崇企业家精神，崇尚市场效率而批评政府干预；政府进行调控与否往往以是否有利于消费者利益为目标，而较少从生产者角度出发。基于自由主义的传统，美国政府很少采取直接对经济进行干预的行为，而是致力于保证市场体系的正常运转和促进市场的完善。自由企业制度是美国市场经济的基础，自由企业制度的核心是私人财产所有权，虽然政府也拥有一定比例的财产，但私人财产始终占据主导地位，美国国有企业的生产在整个国民经济中的份额很小，它们创造的国民收入在国民收入总额中所占比重不到2%。因此，美国的市场经济是以私有制和自由企业制度为基础的，虽然政府的角色也在两极间波动，但其作用基本上定位于维护市场经济的秩序，为市场经济提供服务、保护消费者以及通过间接手段对市场经济的运行进行调节和调控。

（二）德国模式

德国模式又被称为“自由加秩序的社会市场经济”。社会市场经济理论的创立者们认为，自由竞争的市场经济会造成贫富分化，从而使社会处于不安定状态，这是不符合人性的；相反，如果政府强制干预经济，个人就会失去经济自由，最终也会危及人的理想境界的实现，同样不符合人性。因此，他们在经济政策思想上既要求承认自由市场规则，又要承认政府对经济的适当调控，使二者有机结合起来。德国模式的特点在于：

1. 反对国家统制经济，主张自由竞争。两次世界大战期间，德国的国家垄断资本主义得到空前发展，特别是在希特勒统治时期，国家对全国的社会经济生活进行全面控制，实行的是典型的“统制经济”，给德国带来极大的危害。社会市场经济放弃了“统制经济”，实行“自由价格”机制的自由竞争来活跃市场。

2. 主张维护自由竞争的秩序，创造合适的竞争环境。社会市场经济强调政府维护自由竞争的秩序，为企业创造最宽松的竞争环境和条件，而不是干预企业的生产经营，以充分发挥市场经济的自发调节作用。

3. 主张保障社会福利和社会公益事业的发展。德国的这种市场经济模式，一方面政府强调不直接干预微观经济活动，不直接对企业的产量、价格和经营方式等方向作具体规定，在法律的范围内，保障企业享有独立自主地决策、定价和投资的自由；另一方面强调政府要担负起建立和维护竞争秩序的责任，即确定国民自由进行经济活动的范围，并运用财政、货币等政策，调节宏观经济、调节利益分配，缓解竞争所带来的破产、失业、收入悬殊等社会矛盾。

（三）日本模式

日本模式又被称为“政府主导型”市场经济。作为发达国家后发展的代表，日本政府对经济生活的介入很深，宏观调控的力度很强，范围也很广。日本模式的特点在于：

1. 政府建立强有力的调控系统，保证政府在市场经济体制中的主导地位。

2. 建立一套严密而有效的多层次组织体系，保证政府决策与经济决策的顺利实施。

3. 日本政府的产业政策在经济运行和发展中占有重要的地位。虽然政府调控在日本经济运行中发挥着强有力的作用，但企业依然是市场经济活动的主体，政府调控的目的在于维护企业间的竞争和推进企业间的合作、保护和扶植企业、为企业提供各种信息，而不是取代企业。

日本以高度组织化和官民结合为主要特征的宏观管理体制，对日本的经济发展起到积极的推进作用。这种体制有利于防止资本主义市场经济条件下自由竞争所导致的混乱和盲目性，使日本经济能够按照政府的规划和战略方针向前发展。第二次世界大战后，日本经济在政府的指导下，沿着从轻工纺织到重化工业，再到汽车电子工业这样一个合理的进程完成了产业结构的不断升级，在较短的时间内步入了发达市场经济国家的行列。但是，近年来，随着经济的进一步发展，日本的这种发展模式也面临着一些新情况、新问题，特别是东南亚金融危机之后，调整的要求比较迫切。

总之，第二次世界大战以来在西方国家，政府规模迅速膨胀，政府活动增加，政府的管理职能呈现扩展的趋势。政治职能相对弱化，社会职能在加强宏观调控、协调劳资矛盾、稳定社会关系方面不断强化。

第三节　我国政府行政职能的转变

政府职能是全部行政管理活动的核心，决定着政府管理的方向。作为一种上层建筑，行政职能必然会随着政治、经济、文化、科技的发展而发展，凡是不适应经济基础的形式如果不进行改革就会与之发生矛盾。因此，转变行政职能是我国行政管理体制改革的重中之重，也是一项复杂的系统工程。我国在 1988 年政府机构改革首次提出转变政府职能之后，经过 1998 年的国务院机构改革，2008 年的大部制改革，把政府职能转变作为改革的关键点和突破口。随着市场经济体制改革的不断推进，转变政府职能的要求日益迫切。

一、我国转变政府行政职能的必然性和必要性

首先，政府职能转变是社会主义市场经济体制发展的必然要求。随着我国市场经济体制的建立和不断完善，市场在资源配置中的基础性作用明显增强。在这种社会历史条件下，政府的作用范围、方式等必然发生变化。其次，中国日益融入国际社会对政府职能提出了新的挑战。我国于 2001 年正式加入 WTO 之后，加入二十国集团、举办“博鳌亚洲论坛”等国际性组织表明中国以更加开放、更加负责任的态度融入国际社会。因此，我国政府职能的转变必须适应新的国际环境，在行政管理体制、方式和观念上符合时代的要求。第三，政府职能转变是机构改革的前提和基础。不能把机构改革当作是政府机构简单的撤减、合并，要以行政职能为重要依据。第四，政府职能转变是提升政府能力的保证。只有切实转变政府职能，将政府不该管、管不了也管不好的事情转交给企业、社会组织和市场，才能形成“小政府大社会”。“小政府、大服务”，“小政府、大保障”的格局，从而提高政府的行政能力和服务能力。

二、我国政府行政职能转变的依据

政府的行政职能受多方面因素影响，这些因素成为行政职能转变的主要依据。

（一）行政环境的改变

行政环境决定政府职能的范围，两者之间是相互联系、相互作用的关系。在

社会发展过程中，会不断出现一些新的问题需要政府解决，这些问题进入行政系统后，就会引起行政职能的变化。例如，1978 年我国实行改革开放之前，阶级斗争是政府工作的重心，改革开放之后我国社会的主要矛盾已经不再是阶级之间的矛盾，而是广大人民群众日益增长的物质文化需求与落后的生产力之间的矛盾，因此转为以经济建设作为政府工作的重心。随着我国经济体制改革的深入进行，社会主义市场经济逐步确立，政府的经济职能就要不断适应这种变化了的经济环境的需要。政府的文化职能、社会职能也是如此，政府职能只有适应外部环境的这种变化才能切实维护人民利益、促进社会发展、维护国家稳定。

（二）政府与市场的定位

1988 年政府机构改革首次提出转变政府职能至今，我国已进行了几次大的行政改革，其间所取得的成就是有目共睹的，但从市场经济发展的需要看，政府职能还没有到位，政府管理中的“错位”、“越位”、“缺位”问题十分突出，各级政府部门仍然管了许多不该管、管不了也管不好的事，而许多该管的事却没有管好、管住。目前政府职能转变中存在的问题有：

1. 从政府与企业的关系看，首先，政府对企业，尤其是对国有企业的行政干预仍旧大量存在，对企业的引导和服务则明显不足，这一点在地方和基层更为突出；其次，在涉及国家投资、贷款、技改项目时，国有企业享有优先权，理所当然地成为财政、金融、工商、税务等部门支持的重点；第三，各地政府对外商投资企业的优惠政策，涉及进口商品减免税、企业所得税减免、进口经营权获得等，国内企业难以获得。这些情况使企业难以在公平、公正的环境下展开竞争。

2. 从政府和市场的关系看，政府特别是地方政府，由于体制缺陷和利益驱动，既当“裁判员”又当“运动员”的问题普遍存在，导致了地区封锁，行业垄断，以及在政策执行上的“上有政策，下有对策”，不利于全国统一的自由市场的形成。

3. 从政府与社会的关系上看，我国的社会组织总体上仍大大滞后于发达市场经济国家的发展水平，政府仍然承担了大量可以由社会组织行使的职能。同时社会组织本身社会化程度较低，官办色彩浓厚，服务意识淡薄，难以提供高质量的公共服务。

（三）政府能力的提高

行政管理的法治化、民主化建设既要求政府部门及其公职人员依法行政，又要求政府向“责任政府”、“服务型政府”转变，这关系到我国社会法治化、民主化建设，对政府能力的提高不断提出新的要求。政府能力是指政府实际能够履行国家和社会发展的需要所承担的职责和功能的程度，确立市场经济体制之后，我国政府能力在多个方面明显提高：提供一种能促进有效的经济活动的宏观经济和微观经济环境；提供能促进长期投资的制度性基础设施——财产权、法律、秩序以及规则；确保提供基础教育、医疗保健以及经济活动所必须的物质基础设施，并保护自然环境。政府能力的大小决定了政府职能的实现程度，政府职能规定了政府能力的水平和方向，因此，政府能力是影响行政职能的重要因素，政府职能的变化要求政府能力的调整。政府职能与政府能力相辅相成的关系提醒我们，政府要承担其职责和功能必须考虑政府能力的承受范围，培养利用其积极因素，减少其不利因素。

三、我国政府行政职能转变的客观要求

行政职能转变关系到国家的政治社会生活的诸多方面，一旦失误或失败就会造成巨大的损失，因此必须反复论证、谨慎决断、多方配合，稳步推进，其中需要满足的客观要求包括以下几点：

（一）行政职能转变要适应客观环境要求

行政职能的转变要符合一定的客观规律，这个规律首先就是国际背景和国家的现实国情。当今世界无论是经济贸易合作、环境能源开发利用还是传染病预防与控制等问题，已经不可能仅限于一国范围内就能得到解决，20 世纪 90 年代掀起的全球化浪潮要求我国政府将国际惯例纳入到行政职能的设定范围中，便于与其他国家的沟通、交流，全球化使得国家间日益相互依赖，因此政府职能的转变要结合大的国际背景。

按照建立和完善社会主义市场经济体制的要求转变行政职能，就要实现政企分开，改变行政许可项目审批过多，政府直接干预企业微观经济活动的现象，寻求政府、市场和第三部门间的共同努力和合作，实现市场对资源的基础配置与政府对市场的合理干预之间的平衡，才能解决公共物品有效供给，也是矫正市场失灵与政府失灵的现实之道。

（二）行政职能转变要统筹兼顾、依法进行

从国家权力的实施来看，政府行政管理系统的完善要与立法、司法系统的完善相互协调。政府行政职能转变作为国家政治体制改革的重要组成部分，必须与经济体制改革相互统一，共同推进。从行政管理系统内部来看，政治职能、经济

职能、文化职能、社会职能亦要统筹兼顾。经济职能的调整以强化宏观调控环节，减少专业经济部门为基础，带动发展文化教育、科技卫生、医疗住房等职能的健全和完善。政府职能的转变必须按照“依法治国”的要求进行，加强行政职能体系的法治化建设。

（三）行政职能转变要与机构改革相协调

行政职能是政府机构设置和改革的依据，政府机构改革包括：科学分解、确定政府各机构职能，合理划分各机构权限，调整、设置政府机构，合理配置和使用人员，转变机构运行方式，改革机构办事手段，完善机构运行机制，精简机构人员等。[①] 机构改革的核心是政府职能的充分履行，政府的机构改革并不是单纯从组织、人员数量上做加法或减法，而是应该配合政府职能转变而展开，此外全国各地的经济社会发展水平不一，对地方政府职能的具体要求也不同，这就要求行政职能应适当体现当地特色，满足地方发展要求。这样既能真正走出“精简——膨胀——再精简——再膨胀”的怪圈，又能准确把握行政职能转变的尺度，实现改革的目标。

四、我国政府行政职能转变的主要内容

党的十七大报告指出，加快行政管理体制改革，建设服务型政府，抓紧制定行政管理体制改革总体方案，着力转变职能、理顺关系、优化结构、提高效能，形成权责一致、分工合理、决策科学、执行顺畅、监督有力的行政管理体制。在我国经济体制改革进一步推进以及全球化的背景之下，我国政府行政职能转变的主要内容可以概括为：

（一）从全能型政府向有限政府转变

传统的行政管理是政府对社会实行全方位、多层次、宽领域的统揽一切的直接管理，政府部门通过计划、行政控制、微观管理、政治强制等手段直接管理社会和企业，政府无所不包，无所不管，这种全能型政府所带来的后果我们有着深切的体会。改革开放 30 多年来，我国一直致力于转变这种全能型政府的模式，正如我们前文所述的，成就有目共睹，但问题依然不少。按照党的十七大报告提出的行政体制改革的目标，今后我国的政府职能应当转变到经济调节、市场监

---

① 夏书章：《行政管理学》，中山大学出版社 2008 年版，第 66 页。

管、社会管理和公共服务上来，在公共设施和基础设施建设、环境资源保护、发展科学教育文化事业、公共福利和保障、国家安全、法制建设等方面发挥政府应当发挥的作用。凡是市场、社会、企业和公民能自我调节、自我管理的事，政府就不必介入。同时政府要积极培育社会中介组织，提高社会与公民的自治能力，形成政府与社会的良性互动。

（二）从微观经济管理向宏观调控转变

随着我国社会主义市场经济体制的初步建立，市场在资源配置中的基础性作用日益得到体现。我国应进一步减少对市场和企业的直接干预和微观管理，从真正意义上实行政企分开，把本来属于企业的权力毫无保留地、实实在在地归还给企业，使企业真正成为参与国内外市场竞争的主体。同时，政府要通过宏观经济政策调控经济的发展，培育和完善市场体系，完善和规范市场运行规划，从而促进经济的长久健康发展。

（三）从市场参与者到市场秩序的维护者转变

维护市场秩序是市场经济条件下政府最为基本的职能之一。目前，我国还存在着地方保护、行业垄断、有法不依、执法不严等阻碍市场经济发展的问题，这就要求政府要从对市场的直接干预者转变到市场规则的制定者和监督者，从侧重市场准入转向全面规范市场主体、维护市场秩序上来。尤其是要加强市场经济的法制建设，建立健全市场经济中的各种基本经济关系的法规；规定市场活动和市场主体行为方面的法规；规定解决特定经济行为方面的法规。同时，取消关税壁垒、打破垄断，规范补贴，从而为企业创设一个统一、公正的市场运行环境。

（四）从管制型政府向服务型政府转变

所谓服务型政府，是在公民本位、社会本位理念的指导下，在整个社会民主秩序的框架下，通过法定程序，按照公民意志组建起来的以为公民服务为宗旨并承担着服务责任的政府。随着经济全球化的推进，政府对社会的管理方式必将产生重大变革，我们必须从观念上到行动上弱化权力意识，强化服务意识。为市场、企业、社会乃至公民提供优质服务，乃是政府的重要职责之一。我国政府要切实转变工作方式和工作作风，推行政务公开制度，改革行政审批制度，建立依法行政制度，规范政府行为，提高行政效率，进一步提高政府机关按国际通行规则办事的能力。

总之，转变政府行政职能的关键在于政府要处理好新形势下与市场、企业、社会、公民之间的关系，同时作为市场竞争规则的制定者和市场秩序的维护者、财产权的保障者、宏观经济的调控者、公共服务的提供者、收入及财产的再分配者、良好国际环境的维护者等多重身份和复合角色发挥其应有的作用，而在经济全球化的背景和潮流下，政府具体的作用方式将更趋多样化、市场化、民主化和更加贴近公民的实际需要。

本章主要名词概念

行政职能　基本职能　运作职能　市场失灵　政府失灵　有限政府　行政职能转变　管制型政府　服务型政府

复习思考题

1. 行政职能及其特点是什么？
2. 分述亚当·斯密、萨缪尔森、布坎南关于行政职能的理论。
3. 试述西方国家政府职能的发展阶段。
4. 政府职能的构成有哪些？
5. 比较美国模式、德国模式、日本模式三种市场经济发展模式的不同。
6. 我国行政职能转变的客观条件是什么？
7. 我国政府职能转变的依据有哪些？
8. 我国政府行政职能转变的必然性和必要性。
9. 当前，我国政府职能转变的主要内容有哪些？

[案例分析]

案例一　加大政府监管责任保障食品安全①

一、监管部门总是慢一拍？

从阜阳劣质奶粉事件到苏丹红、福寿螺、多宝鱼，再到“三鹿事件”，回顾近年来发生的

① 改编自《食品安全法划定政府监管职责　剑指五大软肋》，http://news.qq.com/a/20090301/000181_1.htm.

食品安全事件，几乎所有事件都是先被消费者或媒体披露出来，监管部门则总是慢一拍，这导致出现问题后，消费者常常因听不到权威声音而无所适从。

震惊中外“三鹿事件”直接推动了食品安全监管制度的变迁。2008 年 9 月 18 日，国家质检总局发布第 109 号总局令，决定废止《产品免于质量监督检查管理办法》。第十一届全国人大常务委员会第七次会议以高票通过《食品安全法》，于 2009 年 6 月 1 日正式施行。

从食品卫生到食品安全，两个字的差别，表明了从观念到监管模式的转变。全国人大常委会法工委行政法室主任李援介绍说，“食品卫生，通俗讲就是‘干净’，而食品安全则涉及到无毒无害。这是由对食品安全监管的外在为主，深入到食品安全的内在因素来进行监管，并且导致了监管方式的转变。”

据李援介绍，食品安全法监管方式的转变主要有以下重点：

食品安全法明确了监管部门的职责，确立食品安全监管重点为食品的风险检测与风险评估机制。国家以风险评估的结果为依据，制定食品安全标准，企业必须按照食品安全标准进行生产经营，监管部门按照食品安全标准进行检验、许可、进出口管理等监管，发现不符合食品安全标准的食品，立即进行处置，如报告、评估、召回、查封、处罚等。相较于以前仅关注产品的外标签和说明书的监管方式，这种以加强检测、评估和检验的监管方式更注重产品的内在质量。

“三鹿事件”中奶源收购运输环节无人监管；在消费者投诉产品质量问题后，相关部门之间没有信息互通……集中暴露了我国监管体制弊端：全程划定政府监管职责，从“田头”到“餐桌”，食品生产经营的各个环节都有“重兵把守”：农业、质监、工商、卫生……然而在实践中，分段监管体制问题日益显现：部门间责任不清，有利就抢着管，无利就让着管，重复监管和监管盲区并存。同时部门间内耗严重，问题出现后相互推诿扯皮容易导致失去最佳监管时机。

经多方研究，食品安全法对现行监管体制进行了调整，明确规定国务院设立的食品安全委员会是一个高层次的议事协调机构，对食品安全监管工作进行协调和指导，旨在加强部门间的配合和消弭监管空隙。此外，食品安全法还加强了地方政府的监管职责。

李援指出，监管体制调整后，各部门要担负起各自的职责，这样才有可能做到环环相扣、无缝衔接，才能串起完整的食品安全监管链条。

二、食品标准混乱

我国食品安全标准“不标准”一直是我国食品安全监管的软肋。一方面，我国的标准太老、太少，未与国际接轨。我国现行食品卫生法制定于 1995 年，其中仅规定了 291 条食品农药残留指标，而国际食品法典则规定了 2439 条农药残留标准。另一方面，我国食品标准又太多、太乱，卫生标准、质量标准；国家标准、企业标准……各标准间重复交叉、层次不清。

从苏丹红到孔雀石绿，从夺命果冻到可能致癌的 PVC 保鲜膜……标准的陈旧与缺失让食品安全的防线一次次失守。为此，食品安全法明确了统一制定食品安全国家标准的原则，要求国务院卫生行政部门对现行的食用农产品质量安全标准、食品卫生标准、食品质量标准等予以整合，统一公布为食品安全国家标准。

随着技术发展，新食品不断增多，食品标准的升级、更新迫在眉睫。据悉，卫生部已将食品中农兽药残留限量、有毒有害污染物、食品添加剂使用限量等标准的制定修订工作列为近期的优先领域。2009 年还要完成国家乳品质量安全标准修订。

三、罚款翻倍严惩失职渎职

明知三聚氰胺是一种化工原料不是食品添加剂，但是不法分子仍然将其掺入牛奶以牟利——"三鹿事件"惨痛教训敲响的警钟，振聋发聩。

目前我国有 1800 多种食品添加剂，中国疾控中心营养与食品安全所副所长王竹天说："如果没有食品添加剂，超市里的食品货架基本上就空了。食品添加剂应用如此广泛，对其加强监管势在必行。"食品添加剂的使用有规范和要求，但是如果生产者没有良心和道德，再多的规范也枉然。食品安全法特别强调了食品生产经营者的社会责任，要求食品生产经营者应对社会和公众负责，接受社会监督，承担社会责任。该法还确立了食品生产经营者食品安全信用档案、不安全食品召回等一系列制度。

食品安全法还明显加大了对违法行为的处罚力度，将现行的最高处以违法所得 5 倍的罚款提高为货值金额 10 倍的罚款。与此同时，食品安全法还对监管部门和认证机构人员失职、渎职的行为规定了处罚措施：出现重大食品安全事故、造成严重社会影响的，对县级以上地方政府的直接负责的主管人员和其他直接责任人员给予记大过、降级、撤职或开除的处分；对县级以上各监管部门不履行职责或滥用职权、玩忽职守等，造成严重后果的，给予撤职或者开除的处分，主要责任人应当引咎辞职。

根据以上资料，回答下列问题：

1. 关于目前我国政府对食品安全的监管你有怎样的看法？为什么？
2. 材料中体现了政府行政职能的哪些内容？

案例二　金融危机中的政府职能

2007 年美国次贷危机爆发之后，美国政府稳定金融市场的努力主要集中于联邦储备委员会，进行了大规模的直接救助，降息、向金融系统注资、为银行间收购提供担保，打破了长久以来美欧等国政府不对金融市场进行直接干预的"惯例"。随着美国金融形势急转直下，2008 年 9 月，美国先后宣布由政府接管美国最大的房地产信贷机构房利美（Fannie Mae）、房地美（Freddie Mac）和 AIG，这成为最大规模的政府救市行动。2008 年 10 月，美国政府提出 7000 亿美元金融救援计划，经国会同意后由布什签署生效。在美国大选过程中，奥巴马明显延续民主党的传统政策，其救市主张体现出两大特色："劫富济贫"和"加强监管"，即扩大政府干预经济的职能，缓和贫富矛盾，创造共同繁荣。2009年2月美国新任总统奥巴马宣布了房贷户救助计划，目的是减少房屋查封，并阻止房价继续下跌。美国财长盖特纳3月份公布了完整银行“毒资产”收购方案详情，财政部将动用750亿至1000亿美元收购不良资产。面对风险质疑，盖特纳说：“假如政府不承担风险，将无法解决经济危机。”

与美国思路不同，欧洲各国救市思路是直奔问题核心。最有代表性的是英国政府2008年10月宣布向各大商业银行提供500亿英镑（约合735亿美元）资金，条件是政府直接介入金融机构管理。税收方面的措施主要包括临时降低增值税标准税率。提高个人所得税优惠标准，增加中低收入阶层的可支配收入。调整公司所得税，减轻企业负担启用新的企业纳税服务系统，对纳税有困难的纳税人提供特别帮助等。

来势迅猛，并持续蔓延的国际金融危机使全球经济增长放缓，导致我国产品的外需急剧减少，出口增速明显下滑。面对日趋严峻的形势，我国政府确立了一个重要方针，就是把保持经济平稳较快增长作为首要任务，将立足点放在扩大内需，特别是扩大消费需求上。及时调整宏观经济政策，重启积极财政政策和适度宽松的货币政策，并出台了4万亿元的投资计划实施十项扩大内需政策，为确保投资到位和避免腐败，国家发改委、财政部、监察部等部门将组成一个跨部级督察小组，向每个省派驻督察员，加强对投资项目和资金的监督和管理。各部门加紧全面落实，统筹兼顾，把扩大内需与保持经济增长、促进社会发展和改善民生结合起来。

当代金融危机的形成背景越来越复杂，已经不能主要依靠市场来自行解决，政府必然要发挥更积极的作用。目前，各国都纷纷采取应对金融危机的措施，颇有一种谁的刺激方案的规模大谁就应对得力的态势。全球化背景下金融机构的风险结构改变，对宏观经济稳定产生了重要影响。在缺乏国际金融监管和有效的政策协调机制的情况下，不可能仅仅通过一国的经济和金融机制来化解国际货币、金融风险，相反国际货币、金融因素会加剧国内金融的脆弱性。所以，政府在维持国内金融稳定上具有重大的责任。在实践中，政府对金融市场干预的深度也确实在不断加深，不断尝试保持金融稳定和宏观经济稳定的各种政策机制。应对危机，不只是单纯地去解决困难、创造机会，更重要的是恢复后的经济结构要更趋合理，运行更有效率。

根据以上资料，回答下列问题：

1. 结合所学知识分析国家干预的必要性和合理性。
2. 面对全球性金融危机政府该如何调整和履行其相关职能？

第四章　行政组织

本章学习提要与目标

行政组织是国家行政职能的直接承担者，任何行政活动都要靠行政组织体系来推行。有行政学者对组织作过这样的评价：20 世纪我们成功的基本手段既不是我们的军事威力，也不是我们的财富，而是我们最为成功的社会发明：现代组织。所以能否建立起科学而合理的行政组织，是保证一切行政活动顺利进行的重要前提。为了更好地发挥行政组织的职能，本章将对行政组织的结构、类型、特点及基本理论和行政组织的变革等基本问题进行概述。

第一节　行政组织概述

一、行政组织的含义

组织是人类社会普遍存在的现象，是人类社会活动最基本的形式。“组织”一词，在我国原始的含义是指将丝麻等纺织原料制成布帛，也就是组合编织的意思。在西方，“组织”（Organization）一词来源于“器官”（Organ），即自成系统的，具有特定功能的细胞结构。后逐渐被引申到人类社会，专指人的群体和集合体。现已在社会管理中广泛运用，用来表示一切由相互依赖和相互作用的各个部分所构成的，一个随环境变化而不断进行自我适应与调整的具有一定功能的完整的有机体。

行政组织是一种特殊的社会组织，它通常指为行使国家权力，管理社会公共事务，根据宪法和法律，通过权责分配、层次结构、人员安排所构成的国家行政机关的完整体系。行政组织有广义和狭义之分。广义的行政组织指一切具备计划、组织、协调和控制等行政功能的组织。它既包括国家行政部门的组织，也包括国家立法、司法等部门内履行行政职能的组织，还包括企事业、群众团体内部的相应机构。就狭义而言，是指依照国家宪法和法律的规定，在行政过程中为执行公共事务，通过分配任务和责权对政府机构行政人员所作的系统安排。因此，狭义的行政组织是指政府机构。行政管理学所说的行政组织特指狭义上的行政组织，即政府机构。它的主要特征是：一是具有权威性和强制力；二是其资金来源于国家预算，属于预算拨款制行政组织。

行政组织是静态的组织结构和动态的组织活动过程的统一。从静态上看，行政组织是国家为执行政务而依法组建的行政机关体系，它包括组织的机构设置、权责划分、人员配置等。从动态上看，它是指行政机关为完成行政管理任务而进行的合理有效的相互作用的组织活动和运行过程。在这个统一的系统中，组织与人员是两个基本变量。如果一个组织内部结构比较合理，但组织人员却目标模糊，敷衍塞责，那么行政活动和行政关系就难以顺利展开。反之，如果一个行政机构的成员兢兢业业、勇于献身，但行政组织却权责不明、结构不佳，那么组织目标也难以较好完成。当代行政组织应当把组织与人员这两个基本因素有机结合起来，以保证取得最大限度的行政效能。因而，如何协调组织与人的关系，已成为当代行政组织理论的核心问题。

在我国，行政组织主要包括中央人民政府和地方各级人民政府。中央人民政府是最高国家行政机关，其任务是组织管理全国政治、经济、文化和国防等方面的行政事务；地方各级国家行政机关的任务，是在中央人民政府的领导下，组织和管理所辖行政区域内的各种行政事务。

为了进一步辨析行政组织的含义，界定行政组织的概念，有必要区分以下几种组织的概念。

（一）行政组织与政党组织的区别

在国家政治生活中，作为阶级组织的政党，必然要以影响和领导政治生活作为自己的主要政治职能。政党通常采取控制和监督国家政治权力，并把自己的政治纲领、方针政策转变为国家的方针政策，以国家权力向社会推行。同时，政党还推荐党员担任国家要职、直接参与国家政策的执行过程。中国共产党是领导我国社会主义革命和建设的核心力量，居于领导地位，各级行政组织必须坚持共产党的领导。党组织和行政组织在性质上和职能上是不同的。党组织是政治组织，行政组织是国家机关的组成部分；党的领导主要是政治领导、思想领导和组织领导，党不能直接行使行政组织的职权，凡属政府职权范围内的工作应由各级行政组织讨论决定。

（二）行政机关与权力机关的区别

行政机关与权力机关都属于我国国家机关的组成部分。在我国国家机构中，居于最高地位的权力机关是全国人民代表大会和地方各级人民代表大会；国务院即中央人民政府是最高国家权力机关的执行机关，地方各级行政机关是地方各级权力机关的执行机关。行政机关由权力机关产生，对其负责，并接受其监督。因此，行政机关和权力机关是一种从属的而不是平行的关系。这不同于“三权分立”的权力结构。

（三）行政机关与司法机关的区别

在我国，司法机关包括人民法院和人民检察院。人民法院是国家审判机关，依法独立行使审判权，行政机关无权干涉其审判活动；人民检察院是法律监督机关，依法独立行使检察权，行政机关无权干涉其检察活动。司法机关既无权管理国家政务，也不承担管理国家政务的责任。

（四）行政机关与社会团体的区别

行政机关是按宪法和法律程序组建的，它以国家强制力为后盾，行使国家行政权，对其管辖内的社会团体具有约束力。在我国境内组织的社会团体，不具有国家权力的属性，各社会团体必须依照规定到当地民政部门申请登记，经核准登记后方可进行活动。各社会团体的章程、规定等，不得与宪法、法律相抵触，且仅对其团体成员具有约束力。对于社会团体的合法活动，行政机关应给予支持，使其更好地表达和维护各自所代表的群体利益，更好地发挥参政议政、民主管理和民主监督的作用。

二、行政组织的构成要素及特点

（一）行政组织的构成要素

行政组织是一个由若干要素构成的有机整体。了解构成要素的目的在于建立科学的分析单元，进而寻求考察和优化行政组织效能的有效途径。行政组织的要素主要由以下方面构成：

1. 组织目标。组织目标是组织活动的方向和标准。组织有了目标，其成员才能有所适从，组织的凝聚力才能得到保证。因此，目标对行政组织及其每一个成员来讲都具有重要意义。目标是一个由总目标与分目标、原则目标与工作目标组成的目标网，各个行政机关都以目标为导向寻求自己在组织大系统中的位置和发挥应有的功能。组织目标不明确，在外部将会造成消极行为或无所作为的行为倾向，在内部则将引发纠纷和冲突，混淆行政组织关系。

2. 职能范围。围绕组织目标，行政组织必须对其职能范围进行界定，明确行政组织的工作任务与活动范围。因此，职能范围是根据组织目标对行政组织所要完成的工作任务、职责及其作用的总体规定，它确定了行政组织行使职权的活动和作用范围，是决定赋予行政组织何种权力、如何设置机构、如何进行管理的主要因素和依据。职能范围是行政组织目标的具体化，它决定着组织规模、内部职位设置等方面的内容。明确确定职能、改变或转变职能往往是行政组织改革或机构改革的重要问题。行政组织的职能范围只能是国家事务、社会公共事务和行政组织内部事务的管理。

3. 机构设置。政府机构是行政组织的实体，也是行使行政权力的载体。行政组织是通过一系列机构来体现的。行政机构设置就是承载行政权力的一系列特定的机构的确定，它是根据组织目标、职能范围在行政组织内部进行职能配置和职能分工的结果。行政机构设置是行政组织的核心，是决定行政效率的关键。由于组织目标和职能是以纵向和横向逐步分解为各个部分或各个层级的，所以机构设置也沿着这两个方向进行。

4. 权责体系。行政组织是一个纵横交织的权责体系。为了实施科学管理，必须合理划分行政组织的权力和职责，即根据工作需要和授权原则对一定的行政行为主体的权力与责任作具体的规定，做到权责分明、权责分配合理。通过权力和责任的划分，使行政组织中各个部门、层次、成员之间若干从属、并列等相互关系得到确认，有助于保障行政组织各组成部分的有序运行。因此，权责划分实质上是行政体制问题，它直接关系到机构设置，关系到行政效率。

5. 人员构成。行政人员是行政组织的主体，如果没有合格的高素质的行政人员，没有完整而合理的人员结构，行政组织不可能得以有效运转。一般来说，行政组织的成员都必须具备一定的条件，通过科学而有效的渠道源源不断地充实到行政人员的队伍中去。

6. 物质基础。行政组织的存在和运转，必须有一定的经费作保证，同时也离不开一定的办公场所、物资装备和办公用具，这些都是行政组织为实现组织目标而开展组织活动所必不可少的物质手段。

7. 价值观念。价值观念表现为行政人员对组织的认同感和责任感，它们关系到组织成员的工作态度和进取精神，关系到组织的和谐与有效运转。尤其在现代社会，价值观念更是决定政府公务员队伍的稳定和公共管理效能的一大要素。这一要素的具备，可以使行政组织富有活力，有利于实现组织目标，完成行政任务。

8. 规章制度。有效的行政组织，必须有健全的规章制度和法律规范，以保证行政组织依法办事。规章制度对行政组织成员具有普遍的约束力，这也是正式组织与非正式组织最明显的区别。行政组织的规章制度是指以规范性的书面文件等形式对行政组织的构建、组织目标、职能、任务、内部分工、权责关系、活动方式、运行程序等进行严格规定。概括讲，主要包括组织结构和组织程序两个方面。完善的规章制度保证了行政组织的整体性、连续性及其成员的组织性和纪律性，标志着行政组织健全的程度。

（二）行政组织的特征

行政组织与其他社会组织比较，具有自身独特的特征。

1. 政治性。行政组织作为国家机构的重要组成部分，体现了国家的意志，并代表国家行使权力，保证反映国家性质的宪法和法律的全部、正确的实施，是履行国家政治职能的重要主体。这些特性决定了行政组织的政治性。

2. 职能的广泛性和服务性。行政组织除了承担其政治职能以外，还承担着管理社会公共事务和为社会提供服务的职能。可以说，行政组织是专门管理社会公共事务的组织，是为国家和全体公民办事的机构，这也是由行政管理活动的性质所决定的。因此，从根本上说，国家行政组织是社会和公共利益的正式代表者。

3. 活动的法制性。行政组织作为国家权力的执行机关，它所拥有的权力和承担的责任是由宪法和法律明确规定的，它的设立也必须具有法律根据。正因为行政组织的合法性特征，它才能得到公民的支持和国内外的广泛承认，才能真正有效地履行其行政职能。

4. 职权的权威性。行政组织是国家权力机关的执行机关，但它对其他社会组织而言，又是具有国家权威的机关。行政组织依据宪法和法律的规定，有权在其职责范围内颁布各种行政法规和行政规章，有权处理各种社会公共事务，并对各种社会组织和公民以及广泛的社会生活施加影响，实行普遍的约束，被约束者必须遵从。当这种约束遭到抵抗、抵制或违背时，行政组织将以国家的名义并以国家强制力为后盾，对其实行行政制裁或处罚。当然，根据“依法行政”的原则，国家行政组织管理社会公共事务的方式和内容必须遵从宪法和法律的要求，不能越权行政。

5. 机构的动态性。行政组织和其他社会组织一样具有相对稳定性，但是行政组织具有一般社会组织所没有的机构设置上的动态性，它要随着经济的发展、经济体制和政治体制改革所引起的行政职能的变化而作必要的调整。

三、行政组织的设计原则

组织设计是对组织活动和组织结构的设计过程。组织设计原则是为建立健全高效组织所提出的标准和法则。行政学者对此提出了不少见解。古立克和伍尔韦克确认了一些较有影响的组织原则，如首长制原则、协调原则、权责相应原则、行政幅度原则等。这些原则基本上为美国历届行政改革委员会所接受。古立克还指出行政组织协调的两个途径：（1）使组织成员具有统一理想，自动配合组织行动；（2）通过层级控制系统实现行政组织的全面协调。受古立克和伍尔韦克理论的影响，穆尼和雷利也总结出如下的组织原则：（1）递阶原则，即组织应有层级制的组织结构，同时各层级的事权和责任应该明确，使上下有序，命令得以贯彻；（2）功能原则，即同层级之间的分工必须明确，亦即按照活动性质的不同划分若干不同的单位；（3）参助原则，即组织中的机构有的是业务性的，有的是辅助性的，两者应明确分工；（4）协调原则，即各单位和各部门应有良好的沟通，以利协调。除上述原则外，阿尔福德提出组织中一个人只能独当一面、不能事事挂帅，同类或相关的工作任务，应交给一个单位或个人去完成等原则；孔兹提出授权原则、指挥一致原则等。

行为科学理论学者从组织内部成员关系也提出了一些组织设计原则。近代管理理论奠基人巴纳德曾提出三点组织理论：（1）组织的权力应建立在下级同意的基础上，上级命令只有在下级服从的条件下才能生效；（2）组织与其职能必须保持平衡关系；（3）在正式组织中要注意发挥非正式组织的作用。赫茨伯格等也认为组织不能只重视法定权力结构，还应注意人际关系。西蒙则强调组织的存在和发展要以对成员应有的激励和诱发为前提。行为学者的组织设计从结构硬件走向了对内部人际关系、信息沟通等组织软件的思考，使组织设计原则更加丰富起来。

为了调和这些新的组织观念与传统组织原则的分歧，权变组织原则便应运而生，即认为既要考虑组织目标、结构这些组织硬件，也要考虑人员、情绪这些组织软件。只有软件与硬件相结合才能最大幅度地提高行政效率。

我国政府历来重视行政组织的设置，并在实践中初步形成了一些原则，归纳起来主要有以下几点：（1）需要原则。即行政组织的设计必须适应经济、社会和文化发展的需要。政府职能发展了，行政组织也要进行相应的设计与调整；（2）精简的原则。我国宪法规定："一切国家机关实行精简的原则。"地方组织法也规定地方各级人民政府根据工作需要和精干的原则设立必要的工作部门；（3）统一的原则。我国宪法规定"中华人民共和国的国家机构实行民主集中制的原则"。设置国家机关必须"上下贯通"、"左右协调"，即在坚持中央统一领导下，实行地方服从中央、下级服从上级、局部服从整体的民主集中制，同时又注意发挥地方的主动性与积极性；（4）服务的原则。一切行政机构归根结底都是为人民服务的，这是由我国人民民主专政的国体决定的；（5）法制的原则。即国家行政机关的设置必须规范化和法制化。我国宪法规定："国务院的组织由法律规定"，"地方各级人民政府组织由法律规定"，"国务院审定行政机构的编制。"除上述原则外，在中国的行政活动中，历来都非常注重人的因素。

综合国内外的研究，我们可以总结出以下几点组织设计原则：

1. 精简精干原则。行政组织的设置要有目的性和必要性，要适应社会发展的需要；行政组织的层次应尽可能减少，尽量压缩编制；行政组织成员人数和组织管理层次保持在最小限度。

2. 权限系统原则。行政组织中应有一个明确的自上而下的权限系统，以实现指挥有序，即组织中指挥与被指挥关系层层递进，有条不紊。

3. 幅度与层次适中原则。管理幅度是政府组织系统中领导直接管理下属的数额。管理层次是政府组织系统中纵向管理的级数。管理幅度与管理层次成反比关系，管理幅度与人际关系数成指函数关系。对此，法国数学家格雷卡耐斯研究提出：管理幅度与关系数成指数函数关系，即下属数按等差级数增加，则关系数按几何级数增加。这就提示我们，一个管理者如果管理的下属太多，就会引起复杂的人际关系。因此，管理幅度如何与管理层次设计适度、合理是行政组织一直研究的问题。行政组织可根据管理中的诸因素来决定管理幅度与层次设计，诸如上、下级的素质、管理事务难易程度、管理手段是否先进、信息流通程度及规章制度健全程度等。

4. 民主参与原则。行政组织一方面要发动公务员在组织内部积极参与组织民主管理，另一方面要通过各种渠道吸收人民群众从组织外部参政议政。从组织形式上看，政府外部的民主管理主要通过两种渠道：一是代议机构，即公民通过选举，产生代表自己利益的代表组成代议机构，而这个机构对政府权力的构成及其人员的配置有充分的选择权、否定权和决定权，从而有效地防止公共行政权力的越轨。二是社会自治，即政府将社会公共事务交由人民自主管理，政府只从事宏观管理与调控。

5. 命令统一原则。行政组织内部各级管理机构必须服从它的上级管理机构的命令；一个下级只能对一个上级负责，避免多头领导而使下级无所适从；各级管理机构不应越级指挥。同时，指令确定的标准应基本统一。

6. 分工协作原则。行政组织内部要明确分工，使每个职位都有专人负责，各司其职，各行其是；各部门的任务、目标职责要明确。分工必须有协作，各部门要加强沟通与联系，做到自动协调；同一层级的人员或职位，其权力应该相等。

7. 权变原则。行政组织应根据组织任务、目标和组织外在环境的变化，自觉适应与调整。行政组织在权责分配时要考虑人员的兴趣爱好，应因事择人，量材使用。

8. 法制原则。行政组织的设置必须依照法定程序，依宪法和有关法律设置，防止随意设置机构。

四、行政组织的类型

依据不同的标准，行政组织可以划分为不同的类型。

（一）行政组织结构类型

组织结构是一个组织系统中内部各部分以及人员的职能分工和运行方式。它决定了组织系统的整体结构、各机构和人员之间纵横交错的权责关系、工作分工和指挥、协调、沟通的具体方法。

1. 直线结构。它是一种垂直领导的结构形式，如图 4－1 所示。

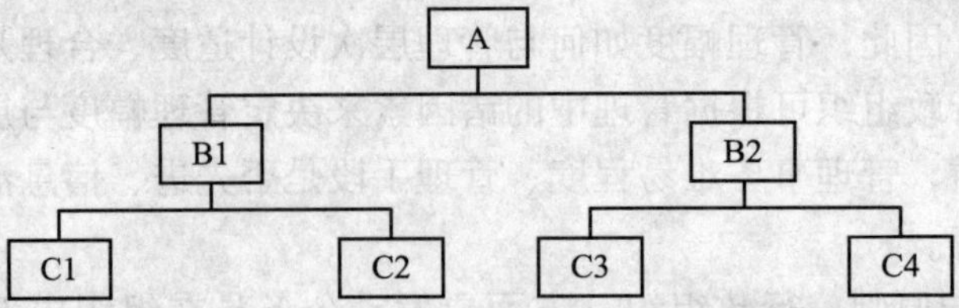

图 4－1　行政组织的直线结构

图中 A 代表组织的首长；B 代表部门主管；C 代表经办人员。沟通途径为首长监督部门主管，部门主管监督经办人员，下级向上级汇报时，亦须遵循垂直系统进行。

直线结构组织中，首长负责决定组织内一切事项，上下级之间的关系是指挥和服从、命令和执行的关系，每个部门和人员只听命于一个上级，同一层次如B1、B2各机构和人员之间极少有意见沟通和协调关系存在，更没有权力与责任的关系。直线结构的优点为行动迅速，纪律严明，工作易于贯彻。缺点为一切依靠首长，部门主管和雇员易产生依赖性，也易引起心理反感。因此，直线结构组织中首长必须精明干练，学识经验丰富，它对规模小、业务简单、纪律性要求高的组织比较适用。

2. 功能结构。它是一种水平领导的结构形式，如图4－2所示。

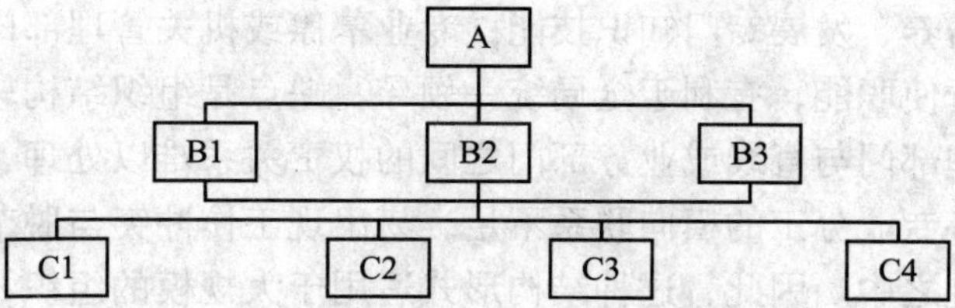

图4－2 行政组织的功能结构

图中A代表行政组织首长；B代表专家或职能部门；C代表经办人员。沟通途径为各经办人员在工作上分别受到有关专家和职能部门的监督，各专家和职能部门又受首长的监督。

功能结构组织中，各经办人员的工作，依专业分别由各专家和职能部门指挥监督，各专家和职能部门只负责经办人员各种工作中所主管部分的专业工作。功能结构的优点是高度发挥专业分工的优势。缺点是各部门权力混淆、责任不清，易破坏组织的整体统一。因此功能结构的组织只适用于专业区分非常明确的组织。

3. 直线与功能结构。它是一种垂直领导与水平领导有机结合的结构形式，如图4－3所示。

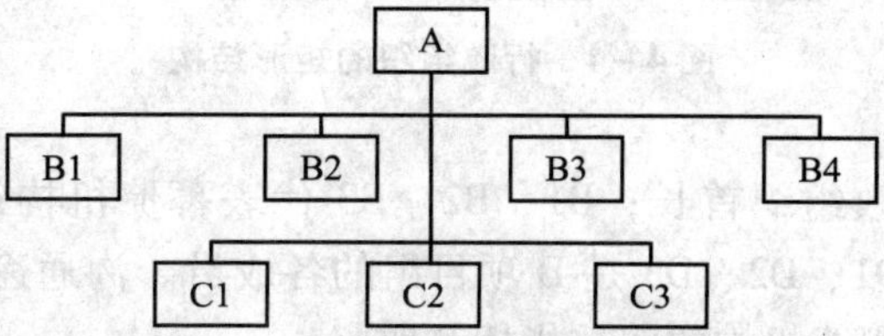

图4－3 行政组织的直线与功能结构

图中A代表行政组织首长；B代表直线或业务部门主管；B1、B2、B3、B4代表专业幕僚或机关管理部门；C代表直线或业务部门经办人员。沟通途径为各经办人员在工作上受直接主管的指挥监督，专业幕僚或机关管理部门不能直接指挥监督直线或业务部门人员。

直线与功能结构组织中，既有纵向的垂直隶属领导关系，又有横向的水平领导隶属关系和权责关系。其中直线隶属是基础，功能结构起辅助性的作用。专业幕僚或机关管理部门向首长提出各种决策方案和行动计划，经过首长批准后下达给直线或业务部门人员具体执行。这种形式兼备了直线结构与功能结构的特点。直线和功能结构组织的优点是具有行动迅速与专业分工的共同优势；直线管理者的部分职责任务由专业幕僚和机关管理部门承担，可集中精力处理本职权范围内的主要任务，培养、发展专门知识技能；专业幕僚或机关管理部门是通过参与首长决策与监督行使职能，有利于全局统一领导。缺点是组织结构较为复杂，专业幕僚或机关管理部门与直线或业务部门之间的权责关系难以处理，易引起相互抱怨或不合作；各专业分工的横向联系不足，易出现工作冲突与脱节，使直线管理陷入矛盾和混乱之中。因此，这种结构形式适用于大规模的组织，主要公共行政管理工作及具体政府管理活动采用直线结构，专门技术性、参谋顾问性活动采用功能结构。

4. 矩形结构。它是一种由直线与功能结构发展出的一种结构形式，如图4－4所示。

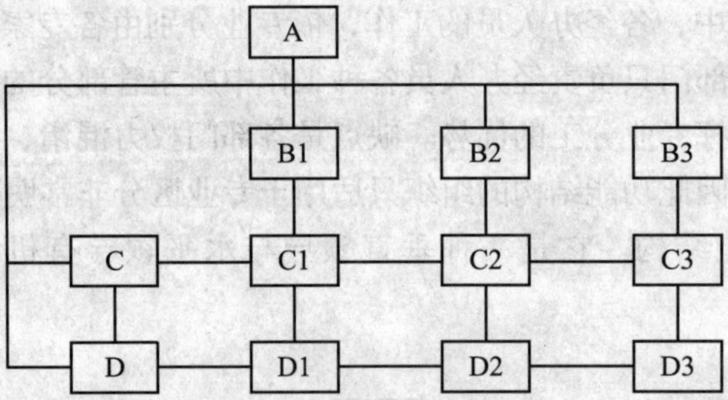

图4－4　行政组织的矩形结构

图中A代表行政组织首长；B1、B2、B3代表幕僚机构；C1、C2、C3是C项目组的各成员，D1、D2、D3是D项目组的各成员。沟通途径为组织成员受项目负责人、专家或职能机构的双重指挥和监督。

矩阵组织结构中，把按职能划分的职能机构与按项目划分的小组结合起来组成一个矩阵。项目负责人规定组织成员的任务要求，组织成员有关项目的问题必须听命于该负责人。幕僚机构负责制订该项目的技术方案，决定完成任务的方法，负责批准有关建议或向项目组负责人推荐工作人员。这种形式同直线与功能结构的区别在于，它是垂直领导与水平领导并重的结构形式。矩阵结构的优点是加强了管理活动纵向联系与横向联系的整体性；项目小组机动灵活，组织成员参与程度高。矩阵结构的缺点是项目负责人的责任往往大于权力；双重领导会造成实际工作中指挥和协调方面的冲突；规模庞大的组织，管理工作复杂程度增大。矩阵结构适用于项目多且变化大的组织，尤其适用于应用研究型组织。

（二）行政组织权力类型

1. 集权制、分权制与均权制。行政组织根据权力分配的集散程度划分为以下三类：

第一，集权制。集权制是指决策权集中在上级和中央机关，地方和下级机关没有或很少有自主权，凡事都必须依据上级命令或秉承上级指示办理的权力体制。集权制的优点是：政令统一，标准一致，力量集中，指挥灵便，可以防止地方分裂，有利于推行跨区域的大型综合建设项目和社会治理工程；有利于提高组织应变能力，便于命令的贯彻和执行。缺点是：上级权力过于集中，容易滋生官僚主义，导致独断专行；上级决策中枢事必躬亲，负荷过重，力不从心，往往事与愿违；下级无权决定和处理任何问题，往往消极待命，成为执行政令的工具，主动性和积极性必然受到挫伤，缺乏应变能力，降低工作效率。

第二，分权制。分权制是指下级机关在其管辖范围内有较大自主权，能自行解决、处理问题，不必事事请示上级，上级机构对下级机构在其权限内决定的事项不予干涉的组织体制。分权制的优点是：便于发挥下级组织的主动性和积极性，激发下级的工作热情，克服权力过分集中的现象；便于下级在本地区内因地制宜处理问题，培养下级的民主意识，达到分权分工、分级治事、分层负责，使行政体制富有弹性，应变能力增强，能发挥组织的整体效能。缺点是：如果权力过度分散，则会破坏政令统一，导致指挥失灵，控制不力；下级组织机关彼此分离，容易形成地方势力，产生本位主义、分散主义，甚至产生有令不行，有禁不止，上有政策，下有对策等现象。

第三，均权制。中央组织和总机构与地方组织或分支机构的权力保持平衡状态，既不偏于集权也不偏于分权。均权制的优点在于能逐渐消除集权制与分权制的弊端。它的难点在于如何寻求公共行政组织中集权与分权的适度点。

不论是集权制还是分权制，都各有利弊，过分集权或过分分权都不利于行政管理。在实际行政活动中，应该扬长避短，善于权变。我国的行政体制是典型的集权制。行政权力集中在上级机关，下级机关必须按上级机关的法令或指示办事。但我国在实行集权制的同时，也吸收了分权制的一些优点，比如我国宪法规定："中央和地方的国家机构职权的划分，遵循在中央的统一领导下，充分发挥地方的主动性、积极性的原则。"这表明，在具体的组织设计时，应充分考虑集权、分权的利弊，将两者有机结合起来，在坚持统一领导的基础上，朝着明确授权、增强行政机构整体活力的方向发展。

2. 首长制、委员会制与混合制。行政组织根据最高决策权行使的人数区分，可分为以下三类：

第一，首长制。又称独任制、一长制，是指行政组织最高决策和管理权力由行政首长个人行使并负责的组织体制。组织内其他参与决策的管理者地位处在行政首长之下，只起到咨询建议的作用，没有最终决定权力与责任。美国的总统制是首长制的典型，总统对行政事务有最后决定权并对其担负全部责任。首长制的优点是：行政组织权力集中，责任明确，决策与行动迅速，反应灵敏，指挥有力，避免互相推诿，减少不必要的冲突，易于保密。缺点是：行政首长一人的知识、经验、精力有限，决策和处理问题可能欠周到和难以胜任，影响行政效能，而且行政首长一人独揽大权，缺少监督制约机制，容易形成独断专行，不符合民主精神。

第二，委员会制。又称合议制、集体制，是指行政组织决策和管理权力由若干人组成的委员会共同行使，按少数服从多数或协调一致的原则集体决定、共同负责的组织体制。瑞士联邦政府是委员会制的典型，一切行政事务都由联邦委员会集体讨论决定。委员会制的优点是：可集思广益，考虑问题比较全面，能反映各方面利益和要求；领导成员彼此互相制约，可防止专断。缺点是：权责不明，事权不一，易造成互相扯皮，借口集体负责而实际上无人负责；行动迟缓，议而不决，反应迟钝，致使行政效率低下；贻误战机，也容易泄露决策机密。

第三，混合制。它是指行政组织中，一部分行政管理工作由委员会决策，另一部分行政管理工作由首长本人决策的领导体制。一般来说，执行性、决策性、技术性、速决性工作宜采用首长制；立法、咨询、协调性事务宜采用委员会制。混合制兼有首长制和委员会制的优点，但如果运用不当，则会使首长制和委员会制的弊端一起产生出来。

我国的行政组织体制已由新中国成立初期的委员会制转变为目前的首长负责制。1954 年宪法实施后的国务院实行集体领导的原则，通过会议的形式进行工作。国务院规定行政措施、发布决议和命令，都必须由国务院全体会议或常务会议通过；一般日常事务由常务会议解决。但实践证明这种合议制不能适合我国行政活动的需要，弊端日趋明显。1982 年宪法明确规定国务院实行总理负责制，最高决策权属于总理。在总理负责制下的国务院会议，只开展讨论，不进行表决，最后由总理在集体讨论意见的基础上作出决定，作为国务院的决定。与此相应，国务院各部、委也实行部长、主任负责制，地方人民政府也相应实行了各级行政主管负责制。

3. 层级制、职能制。行政组织是分工协作的整体，根据权力是自上而下划分或横向分割，可分为以下两类：

第一，层级制。公共行政组织纵向自上而下形成层级节制的体系，这种组织形式是由上而下分层分级、节节管辖，各层级管理业务相同，愈下层的管理范围愈小。如我国从国务院到省、市、县、乡等各级人民政府，就是一种层级制，每一层级的政府均管理经济建设、文教卫生、民政、财政等各项政务，各业务部门之间互不统属，每一业务部门只对它的对口上级负责，有关上级向它的对口下级部门发布指令。层级制的优点在于集中领导，层级节制；分级管理，分上负责；指挥统一，纪律严谨，步调一致，业务衔接。它的缺点在于首长事繁责重，易流于专断草率；若层级多，误时误事；层级节制过严则影响下级积极性，节制太松则易产生“上有政策下有对策”的现象。

第二，职能制。公共行政组织横向设置若干个平行部门。这种组织形式下各部门的事权都是组织整体的一部分，各部门地位相等，都以实现公共行政组织总目标为工作对象。例如目前国务院分设 27 个部、委机构，这些部门业务性质各异，但业务范围基本相同，机构呈扁平式。职能制的优点在于适应专业分工要求；业务性强，效率较高。它的缺点在于分工过于精细时，各司其职，各谋其政，协调困难；易造成机构臃肿，工作重复、扯皮。

（三）行政组织职能类型

根据行政组织职能的性质和作用的不同，行政组织机构大体可分为五种基本类型：

1. 领导机关。领导机关又称首脑机关、中枢机关，它是各级政府统辖全局的指挥、决策和监督中心。其主要职能是负责制定行政组织的总目标和长远规划，以及颁布大政方针政策，对辖区内的重大问题进行统一指挥和领导，并监督决策的实施。如我国的国务院和地方各级人民政府就属此类。

2. 职能机关。它是指在领导机关领导下，负责组织和管理某一专业行政事务的执行机关。职能机关是根据政务管理的需要，按照法定程序建立起来的。它对上受领导机关的指挥和监督，执行领导机关的各种具体指示、方针和政策；对下行使政府管理职能，负责领导或者指导下级相应的行政部门或某些社会公益性组织的活动。如我国国务院的各部、委及直属机构，各级政府负责专业行政管理的厅（局）、处、科等。

3. 辅助机关。它是指为了领导机关和职能机关实现行政目标而在行政组织内部承担协助工作的机关，即协调行政首长处理日常事务的综合性办事机关。辅助机关可分为综合性、专门性和咨询性三种类型：综合性辅助机关主要处理各种综合性事务，协助领导处理政务，沟通协调各方面的关系，管理机关日常事务等，如我国各级政府的办公厅（室）、秘书处（科）等。专门性辅助机关是专门就机关内某一项具体事务形式职责，如各级机关内的人事部门、总务部门、财务部门等。咨询性辅助机关主要是为领导机关和职能机关的决策提供各种建议，它包括各种智囊团、政策研究室等。辅助机关直接听从行政首长的指挥和命令，它对各专业职能部门没有直接指挥和监督的权力，但在授权的条件下，可以代表行政首长。由于辅助机关是紧靠行政首长的一个组织环节，事实上参与政务、协助决策、沟通关系、协调活动、汇集信息、处理纠纷、培训人才、管理日常事务，它的效率如何直接关系到领导机关功能的发挥，历来被认为是一个重要的行政机关。

4. 监督机关。它是指对各种行政机关及其管理活动进行监督检查的执法性机关。如监察机关、审计机关等。它是建立健全行政组织制衡机制的重要组成部分，是促使行政机关及其工作人员依法行政、忠于职守的重要保障。

5. 派出机关。它是指行政机关依法根据工作需要在一定区域内设立的分支机关或代表机关。通常情况下，派出机关是中央集权制下行政机关为减轻自身的工作负担，保证对辖区进行有效控制和管理而设置的，其主要职能是检查并监督下级国家行政机关贯彻执行上级国家行政机关的指导和决定，向上一级行政机关汇报辖区内行政机关的情况。它不是一级国家行政机关，其权力是委派机关的延伸，其职权受到派出者较强的约束。在我国，各省、自治区人民政府在必要的时候，经国务院同意，可以设立若干行政公署作为它的派出机关，市辖区和不辖区的市人民政府，经上一级人民政府批准，可以设立若干街道办事处作为其派出机关。当然，我国的派出机关还包括国家行政机关有关工作部门派出的代表机关，如海关、审计、公安、铁路等机构派驻各地的机关以及外交部派驻国外的大使馆、领事馆以及外交部派驻香港、澳门的特派员公署等。

第二节 行政组织理论

行政组织理论的研究对于行政组织的发展在以下几个方面提供了有效的帮助：（1）帮助行政管理者识别政策问题和管理情境的重要方面；（2）探索和预测组织活动中的各种关系；（3）为做出决策及进行评价提供标准；（4）了解组织行为和较广泛的环境条件之间的联系。

当前，我国的改革开放不断深入，政府行政管理正经历着一场深刻的变革。政府行政组织涉足的问题，无论是在深度和广度上都远远超出了西方组织理论的研究范围。这就要求我们在建设中国特色的行政组织理论时，既要结合我国的传统现实需要，也应借鉴古今中外行政组织理论与实践中的有益做法，以开拓的精神进行探索。

一、国外主要行政组织理论分析

在西方，组织和行政组织具有悠久的历史。人们从实践中不断总结经验，概括出一些组织观念、原则等，而系统的组织理论则是工业革命后的产物。总体来看，组织理论的形成和发展大致经历了三个阶段。

（一）古典行政组织理论

古典行政组织理论形成于20世纪20年代前后，其中具有代表性的行政组织理论主要包括：以泰勒为代表的科学管理组织理论；以法约尔、古立克为代表的行政管理组织理论和以韦伯为代表的官僚模式组织理论。

1. 韦伯的官僚模式组织理论。德国社会学家马克斯·韦伯在他的代表作《社会与经济组织的理论》一书中，提出了他的理想的行政组织体系理论，也称为“官僚制度理论”，这也是当前在公共部门中占优势的一种组织形式。韦伯理论中的官僚模式是指政府为完成其任务，由所需的权力、人员、职位以及工作程序等建立的系统，是一种层级制的人事组织体制。

韦伯心中理想的官僚组织模式具有以下特征：一是组织中的人员应有固定和正式的职责并依法行使职权；二是组织的结构是层级制的体系；三是人员的工作行为、工作关系，均须遵循法规所定；四是人员的选用要经公开考试，人员的任期要有法规保障；五是组织中进行专业分工与技术训练；六是建立组织中人员的薪金、奖惩和升迁制度。只有组织表现出高度的理性化，组织成员的工作行为才能达到预期效果，组织目标才能顺利达成。韦伯认为这种组织形式的准确性、稳定性、纪律性和可靠性均优于其他组织形式，适用于国家、军队、政党、企业等多种组织。

2. 法约尔的行政组织理论。法国工程师兼行政学家亨利·法约尔在其代表作《工业管理与一般管理》中，提出了他的一般组织管理理论。他认为这种理论可用于工业、商业、行政、军事、宗教等多种管理。他把组织管理分为五个主要环节：计划，组织，指挥，协调和控制，并要求遵循十四条原则：劳动分工原则；权力与责任对等原则；纪律原则；统一指挥原则；统一领导原则；个人利益服从整体利益原则；员工报酬公平原则；集权原则；等级制度原则；秩序原则；公平原则；人员稳定原则；首创精神原则；团结合作原则。

3. 泰勒的行政组织理论。差不多在韦伯著述官僚制的同时，"科学管理"运动开始在美国对行政和管理方面产生影响，科学管理强调的是合理性、可预测性、专业化和技术能力，但是它的焦点比韦伯的窄得多。它集中注意组织中"车间"一级的生产过程的设计和操作。

被后人称为"科学管理"之父的弗·雷德里克·泰勒以车间工厂为起点，概括出科学管理理论。他注重从技术分析的角度研究工厂的操作方式、工作程序和工作协作，主张用"时间研究"和"动作研究"的方法，通过合理有效的组织配合，提高工作效率。他提出了"标准化原理"、"工作定额原理"、"计件工资制"等一整套管理方法；主张将计划职能与执行职能分开，变经验管理为科学管理；强调物质刺激、讲求效率；提倡"例外原则"和授权思想。1911 年修正出版的《科学管理原理》在管理学界引起了很大的反响，其中有关企业组织管理的理论，被引用到公共行政组织管理中，为行政管理学的诞生创造了条件。

（二）新古典组织理论（即行为科学的组织理论）

从 20 世纪 30 年代起，以人际关系理论的产生为标志，行为科学的出现为代表，结合社会需要，产生了行为科学的组织理论。它改变了仅仅从静态、从结构上对组织的研究，开始从动态、从行为科学的角度进行研究。主要包括：以梅奥为代表的人际关系组织理论，以巴纳德为代表的组织平衡理论，以西蒙为代表的决策过程组织理论等。

1. 梅奥的人际关系组织理论。行为科学发端于 1927 ~ 1932 年美国的"霍桑实验"。1927 年，美国哈佛大学教授埃尔顿·梅奥·罗特利斯伯格及怀特赫特在西方电气公司的霍桑工厂，进行了著名的长达 5 年之久的"霍桑实验"。通过对组织中人的行为的实证性研究，他们开创了行为科学——人际关系学说的理论先河。它的主要观点有：（1）“社会人”理论。梅奥认为人是复杂社会系统的一分子，作为社会人，人不但有物质需要，而且有社会、心理等方面的需要，如友情、归属感、安全感和受人尊敬的需要。因此，组织管理要用满足人的社会需要的方法来提高劳动生产率。（2）非正式组织理论。梅奥指出，企业中除正式组织之外，还有非正式组织。非正式组织是一种自由联合体，是正式组织内的若干成员由于生活接触、感情交流、情趣相近、利害一致，未经人为的设计而产生的交互行为和共同意识，并由此形成自然的人际关系。这种非正式组织有自然形成的领袖人物，有特殊的规范、感情的倾向影响其成员的行为。因此要设法使非正式组织与正式组织的目标尽可能地取得一致，才会有利于组织的发展。（3）满足理论。工作效率的提高很大程度上取决于工人的情绪和工作的态度。管理者要及时倾听下属的意见，吸引下级参与，通过满足下属要求来激发下属的积极性，提高管理的效率。

2. 巴纳德的组织平衡理论。切斯特·巴纳德曾任美国新泽西州贝尔电话公司经理，他不仅在实践经验的基础上丰富和发展了行为科学学派的组织理论，而且也是系统科学时期早期组织理论的代表人物，他的主要理论包括：（1）权威接受理论。认为组织的权力是建立在下属愿意接受的基础上的；管理人员权力大小是由下属愿意接受程度决定的；管理者的命令和指挥，只有在下属愿意服从和接受的条件下才有效。（2）组织平衡理论。组织有外部平衡和内部平衡。外部平衡取决于组织是否能实现组织目标，是否有效，即个人意愿能否得到满足。内部平衡取决于组织成员贡献与个人动机满足是否一致，若个人动机得不到满足，成员会停止做贡献，组织管理则无效。巴纳德的研究着重考察了组织中的沟通、平衡、非正式组织的作用和经理人员的职责，提高了人们对组织的认识。

3. 西蒙的决策过程组织理论。西蒙曾任美国社会科学研究会主席，1947 年出版了他的成名著作《行政行为——管理组织决策过程的研究》。西蒙认为，组织是决策过程的复杂系统。他把组织成员的心理、行为与决策联系起来，认为决策贯穿组织管理的全过程，是组织的中心因素。因此，领悟和把握一个组织的结构和功能的最好办法，就是对组织的决策进行分析，即以对组织内影响成员决策的行为因素进行分析为前提。组织是扩大了的个人，组织的生存、维持和发展，是以组织对其成员实现激励而产生的诱因为基础的。西蒙也是系统组织理论的代表人物。

由此，我们可以看出，行为科学组织理论的共同特点是：以组织中人的问题为中心，从动态的角度研究人的行为对组织的影响及其关系。不同之处在于：人际关系组织理论主张建立一个“和谐有效率”的组织，必须注重组织成员行为、动机的研究，用民主方式进行管理，激励成员的积极性。组织平衡理论重视正式组织与非正式组织、个体与群体的平衡，认为组织是人群间相互影响关系所组成的系统，组织只有对有贡献的成员提供需要满足，确保其贡献与需要满足平衡时，才能抵消成员对组织的离心力，从而提高组织效率。决策过程组织理论认为，决策贯穿管理的全过程，管理就是决策，组织是作为决策者的个人所组成的系统，组织的功能在于提供一个有利于做出合理决策的组织结构。这种理论的主要缺陷是：只局限于人和组织行为的研究，只注重社会科学实证的研究方法，忽视了组织结构、法规的作用，恰恰与传统的行政管理相反。人固然是组成组织的重要因素，但即使组织能顺利完成任务与达成目标，仍应有其基本的组织架构与组织法规，如果只将组织看成是一群人的活动，而忽视相互间的基本关系（如权责区分、指挥系统等），则不属于健全的组织，将对任务的完成与目标的达成构成阻碍。

（三）现代组织理论

20 世纪 60 年代以后，组织理论的研究引进了系统论、控制论、信息论的成果，使西方组织理论进入一个新的发展阶段。主要包括以卡斯特、罗森茨韦克为代表的系统分析组织理论；以劳伦斯、洛西、伍德沃德为代表的权变组织理论。权变的理论系因生态理论而来，而生态理论又根源于系统理论。

1. 卡斯特、罗森茨韦克的系统分析组织理论。系统分析组织理论认为组织是由下列五个次级系统所构成：（1）结构次级系统。它是指组织中单位区分、权责分配及上下指挥监督关系，平行业务联系关系的正式的说明。这一次级系统可以用组织系统表示，再如组织法规、办事细则、职位说明书等，即是此系统的构成要件。（2）技术次级系统。它是指组织为达成目标所需运用的各种技术与知识，以便进行日常工作。如一个组织能将输入的原料转化为输出的产品，主要就是靠此系统的使用。不同目标的组织，其所需用的技术与知识也有所不同。（3）社会心理次级系统。组织是由人所组成，而个人的心理与行为及人与人之间、团体与团体之间的交互行为，均为构成此次级系统的要素。一个组织的内部结构、所需用的技术与知识，也会对此系统发生影响，因此不同的组织多会表现出不尽相同的社会心理状态。（4）目标与价值次级系统。组织处于社会环境之中，必须考虑对社会的贡献，因此组织不仅要达成自定的目标，而且必须符合社会的需求，这种社会的需求就是价值。因此组织不能完全以盈利为目的，还必须对社会负有某种责任，如防止因生产而引起的公害，对社会慈善事业的捐献等。（5）管理次级系统。此系统是贯穿以上四个次级系统的。其主要作用是计划、沟通与协调、管制等，以使组织的任务能顺利完成，组织的目标能顺利实现。

卡斯特与罗森茨韦克不但认为组织本身是一个系统，而且认为组织与外界环境之间具有界限，但这种界限是可以渗透的，因而无形中已成为开放的组织。其主要观点是：（1）组织具有界限。组织与外在环境之间，有着一种界限，但提出此种界限观念的作用是便于说明组织的特性及了解组织与外在环境间的关系，在辨别封闭的组织理论与开放的组织理论时更有其重要性。就封闭的组织理论而言，认为组织的界限是刚性的，不可渗透的，因此，认为组织是一个孤立的、自我封闭的系统，它与外在环境没有任何关系，外在环境的任何变动，都不会对组织发生影响。（2）界限的渗透与开放的组织。就开放的组织理论而言，组织的界限不是刚性的，是可以渗透的，它的功能只是过滤。组织自社会输入它所需要的，而排除它所不需要的；同样的，组织对输入的事物经转化后，又通过界限输出于社会，再由社会回馈于组织系统，以保持组织与社会间的平衡。（3）环境系统、组织系统与开放组织的关系。环境系统及组织系统，均属系统的观念，再加上组织的界限与开放组织的观念，就可说明组织与社会的关系及组织与社会须保持动态的平衡的重要性。其情形如图 4－5 所示。

2. 劳伦斯、洛西、伍德沃德为代表的权变组织理论。权变即从权处变，随机应变，是指解决问题的方法需随问题及情况的不同而异。

劳伦斯、洛西等人所主张的权变管理理论，主要认为理论方法须权变运用，其目的在于追求更有效地达成组织目标。（1）基本架构为“假如……则”。“假如”代表环境（为自变数），“则”代表管理（为应变数）。也就是说，假如产生某种环境，则运用某种管理方法，以有效达成组织目标。因此权变管理理论架构的三个主要部分，就是环境、管理及环境与管理间的关系，其情形也可用 M = f（E）公式表示。其中，E 为自变数，代表环境；M 为应变数，代表管理；f 表示两者间的函数关系，即环境与管理间的关系。（2）环境变数。环境变数可分外在环境（包括文化、教育、政治、社会、经济、顾客、供应者、竞争者等）与内在环境（包括组织结构、所有技术、员工心理、组织目标与价值等）两种。外在环境属于组织之外，管理上难以直接控制，因此为自变数；内在环境属于组织内部，管理上可加以适度控制，因此可能为应变数但也可能为自变数。（3）管理变数。为适应环境情势需要，所采取的管理方法，称为管理变数。管理的范围非常广泛，如包括行政行为、行政程序、组织管理、人事管理、财务管理、事务管理等；管理方法种类也多，如设计组织的原则、组织的模式，可视环境情势的需要而选用；人事管理的措施，可视人的因素、技术因素、时空因素而调整；财务的调整，可视财务收支、预算执行、战时急需及地方财务收支情况的需要，而设计调整的方法；其他如行政行为、行政程序方面的领导方式的灵活运用、计划保持弹性、增进效率技术方法的选用等，均需视当时环境及情势而定。

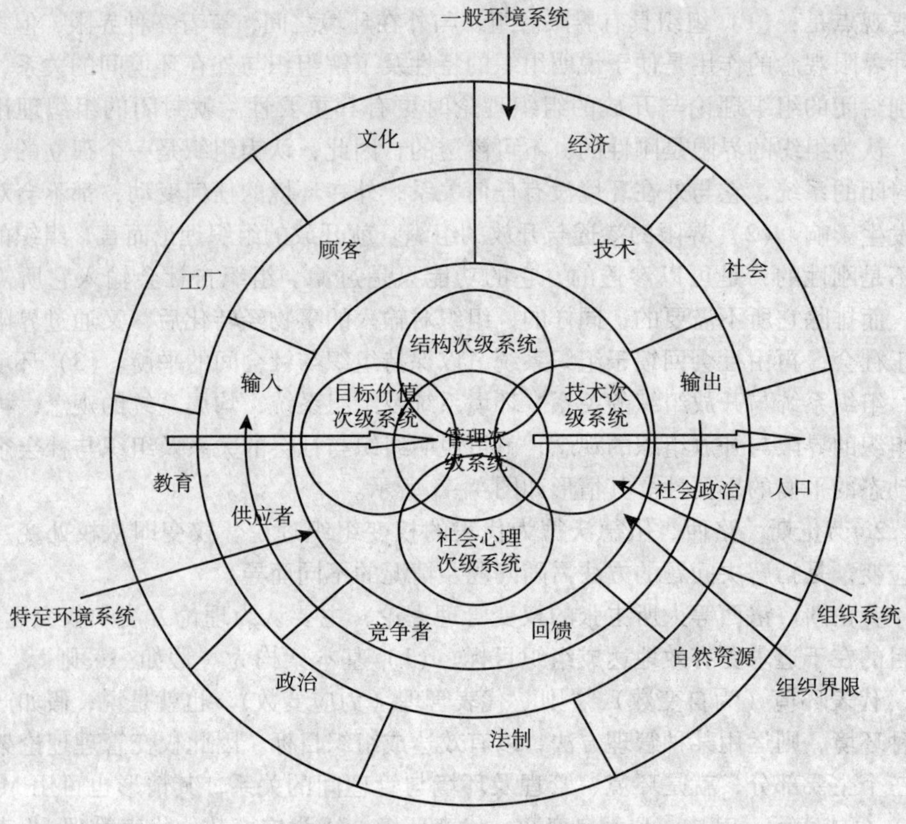

图 4－5　环境系统、组织系统与开放组织的关系

依劳伦斯及洛西的研究，环境对组织的设计有下列不同影响：（1）会影响到领导方式。如某些单位的主管对员工需采用工作取向的领导，而某些单位则需采用人员取向的领导，有些单位员工对单位目标的关切超过对组织目标的关切，而某些单位则不然。（2）协调的重要性与协调方法。如在不稳定环境中的组织，其协调的重要性要比稳定环境中的组织更为重要，而且前者应通过充分的意见沟通来完成协调，进而达成组织目标。（3）环境的变动率会影响到协调的需要性与难度。市场、技术、经济、科学这些次级环境，对销售、生产、研究、发展业务影响最大，当这些次级环境的变动率愈大时，则资讯愈不确定，回馈所需时间越长，各次级环境的差异性越大，使协调愈需要，且协调愈困难。（4）会影响到组织形态。毕竟应采用官僚组织形态（传统的组织形态）或弹性极大的组织形态，需视各单位的业务与环境的关系而定，所以一个大组织内可以有不同组织形态的单位。凡次级环境愈稳定愈可用官僚组织形态，次级环境愈不稳定则愈宜用弹性极大的组织形态。官僚组织形态的协调可以按规章达成目的，弹性极大的组织形态，其协调则应通过人员的机动编组，以交互活动与意见沟通来达成。

总而言之，现代组织理论重视从社会整体联系、环境影响、发展变化等方面研究行政组织，并为行政组织的研究提供了新的理论方法。其中，系统分析组织理论用系统分析方法研究行政组织，认为行政组织是一个“结构的社会技术系统”，由许多分系统组成；行政组织又是一个有机的开放性系统，是受社会经济文化等环境影响的生态系统，它在与社会环境的相互作用中建立和维护自身的工作流程，从而保持组织功能与社会环境的动态平衡。权变组织理论则是在系统理论的基础上产生的，主张“假如……则”这一权变关系，认为组织权变关系依据环境自变数和管理因变数间的函数关系确定；不同的组织模式和管理方法的有效性，将随组织内外各种因素的变化而变化。因此，组织必须随机应变，没有统一的、一成不变的组织模式，不能把某种在特定环境中有效的组织模式和方法生搬硬套。

近年来，为了迎接知识经济时代的挑战，西方一些管理学者还进一步提出了组织设计理论。他们认为，组织设计作为有效知识管理的杠杆力量，在知识密集型经济中取得成功的思想观念将逐渐增强。因而，组织设计是比结构更为重要的程序，必须用可持续发展的观点来重新审视组织设计和创新问题。

上述各种组织理论并不完全是对行政组织的描述，它们从不同侧面和角度对各种组织的基本结构和特性进行了探讨，其中许多理论是在对企业组织的研究过程中形成的。它们是认识和了解行政组织的基础。从西方组织理论的演变过程中可以看出：西方行政组织理论经历了从重视行政组织的制度规范的研究到重视人和组织行为的研究，进而发展到对组织进行动态的、宏观的、综合研究的发展过程，其中有不少理论和方法是值得我们借鉴的。当然，由于受到调查方法、历史条件、社会制度等方面的限制，这些理论不可避免地有其局限性，在了解和研究西方组织理论时，需要用一种既不盲目照搬，又不绝对否定的科学态度。

二、中国社会主义行政组织理论

中国社会主义行政组织理论是在马列主义、毛泽东思想指导下，根据有中国特色的社会主义理论，借鉴古今中外的有关理论和经验，经过长期革命和建设的探索，通过不断总结经验逐步形成的，目前仍在继续发展。鉴于我国新民主主义革命是社会主义革命的一部分，因此，新民主主义革命时期所提出的一些行政组织理论的基本原理、原则，也是我国社会主义行政组织理论的重要组成部分。如毛泽东在《井冈山的斗争》一文中所提出的政府组织的民主集中制原则（当时叫做民主集中主义），以及抗日战争胜利前的困难时期，党对实行“精兵简政”方针所要求达到的五项目的，即精简、统一、效能、节约、反官僚主义等，都适合于社会主义经济建设和今后改革开放的要求。

党的十一届三中全会把党和国家的工作重点转到经济建设上来，重新确立了马克思主义的思想路线、政治路线和组织路线。1980 年，邓小平在《党和国家领导制度改革》一文中，系统地继承和发展了我国社会主义的行政组织理论，强调领导体制改革和组织制度建设的重要性，提出了改革的纲领。此后，在我国宪法中，在党的十二大、十三大、十四大、十五大、十六大报告中，都有新的发展。这里，我们对我国社会主义行政组织理论的主要内容作初步概括。

1. 关于行政组织的职能目标和权力分配。中国社会主义行政组织理论，在行政组织的职能目标方面，主张以为人民服务为宗旨，把国家的根本目标、中心目标的集中统一和局部、具体目标的因地、因时、因事制宜适度结合起来。相应地，在权力分配方面，主张实行中央集权与地方分权的适度结合。毛泽东曾指出：“应该集中的不集中，在上叫做失职，在下叫做专擅，这是在任何上下级关系上特别是在军事关系上所不许可的。应该分散的不分散，在上叫做包办，在下叫做无自动性。这也是在任何上下级关系上特别是在游击战争关系上所不许可的。”① 以上所述，实质是带有普遍意义的职能目标与相应权力的集中与分散适度结合的原理，这种适度在不同时期、不同领域各不相同。历史表明，集中与分散是对立的统一，并随着社会的发展而变化，过分强调任何一个方面都不可能持久。对于各种适度的认识与把握，也是一个细致的认识过程和工作过程，如毛泽东在《论十大关系》中指出：“我们的国家这样大，人口这样多，情况这样复杂，有中央和地方两个积极性，比只有一个积极性好得多。”“各个生产单位都要有一个与统一性相联系的独立性，才会发展得更加活泼。”②但是，此后在相当长的一段时间内，虽几经放权、集权，我们并没有找到集权与分权的适度点。相反，在经济领域中，还产生了集权过多的问题，正如邓小平在《党和国家领导制度改革》一文中指出的：“我们的各级领导机关，都管了很多不

①② 《毛泽东选集》第二版第 2 卷，第 436 ~ 437 页。

该管、管不好、管不了的事，这些事只要有一定的规章，放在下面，放在企业、事业、社会单位，让他们真正按民主集中制自行处理，本来可以很好办，但是统统拿到党政领导机关、拿到中央部门来，就很难办。”这表明，适度结合的度首先同科学地认识政府的职能有关，同科学配置政府的权力有关，需要我们认真解决。

2. 关于行政组织机构的设置与运行的方针。对于行政组织机构的设置与运行，我国主张实行“精兵简政”方针，达到“精简、统一、效能、节约、反官僚主义”五项目的要求，这些要求都互相关联，其全面实现具有重要现实与深远意义。

（1）关于精简。我国宪法规定，一切国家机关实行精简原则。精简是指机构的组成和人员的配备都要少而精。能否做到这一点，首先取决于对政府职能是否有一个科学的认识与设计。同时，也取决于政府人员的质量。因此，机构的精简不能单纯以数量来评价。人员的质量，即素质（包括智能和道德品质），更是关键的因素。否则，精简了也难以巩固。

精简也是达到统一、效能、节约、反官僚主义的前提。没有精简，其他目的都难以达到。显然，精简也应是以为人民服务为宗旨的社会主义行政组织的基本特征之一。因为，只有精简的机构，才有利于减轻人民负担和促进经济的良性循环。

（2）关于统一。统一就是要求行政组织必须是一个有机整体，反对各自为政。这就要求在根本目标、中心目标集中统一的基础上，对各种机构的具体职能目标的分解、对其职权的隶属与协调关系的规定，都要体现出上述有机整体的要求。

（3）关于效能。效能通常是指精简、统一的机构应具有迅速、正确地制定并高效率地实现行政目标的作用，即比以前的机构具有较高的工作效能。目前，学术界对于“效能”一词理解不一，这里是根据社会上对“效能”一词的一般理解和精兵简政的要求来理解的：效能应是效益与效率的统一。

（4）关于节约。我国宪法规定：国家厉行节约，反对浪费。节约不仅体现于机构的设置，更体现在机构的运行。社会主义的政府机关必须十分珍惜和节约使用人民的一切财富。尤其需要认识到，节约是一种现代观念和未来观念而不是陈旧观念。因为，世界性的资源短缺现象已经日益使人类的生活受到了威胁。

（5）关于反官僚主义。我国宪法规定：反对官僚主义。反对官僚主义既是社会主义政府的本质要求，也是实现精简、统一、效能、节约的保证。这一要求体现在行政组织的设置上，除前述要求外，还要求加强监督职能和法制建设。体现在队伍建设上，则要求加强思想政治工作，反对封建主义和资本主义腐朽思想的侵蚀，切实提高行政人员的现代科技意识和服务意识，建立健全公务员制度，以不断提高干部的素质。体现在行政组织体制改革上，首先，政府必须加快职能转变，有所不为而有所为。凡是企业、市场、社会自身愿意管也管得好的事，政府就无需代劳；凡是企业、市场、社会不愿管也管不好的事，就需要政府有效地发挥作用。具体来说，政府要改变一味强调“命令——指挥”的传统观念，树立起“服务”意识，从提供公共设施、公共物品等方面为市场主体创造良好的经营环境。其次，要通过立法建构与完善市场规则，并加强对市场秩序的监管，以防止与矫正市场失灵，从而消除产生官僚主义的组织根源。

3. 关于行政组织的发展与改革。毛泽东在《战争和战略问题》中提出的“组织任务须服从于政治任务”的论断，既适于党组织，也适于行政组织，是党和行政组织发展、变化的一般规律。由于改革开放同坚持四项基本原则一样是我国的基本国策，它将贯穿于社会主义初级阶段的整个过程，因此，今后行政组织发展的主要形式是改革。要按照党的“一个中心、两个基本点”的基本路线和建立社会主义市场经济体制的要求，来转变和完善行政组织的职能，尤其是经济管理职能，并形成相应的体制，从而建立起强有力的政府工作系统，使之能够适应“在经济上赶上发达的资本主义国家，在政治上创造比资本主义国家的民主更高更切实的民主，并且造就比这些国家更多更优秀的人才”① 的要求，实现行政组织的科学化、法制化和现代化。这表明，我国的行政组织，是一种在社会主义总的质的规定性范围内，不断向科学化、法制化、现代化发展的、充满革命性变革的行政组织。这种革命性变革的中心内容是建立适应社会主义市场经济体制的行政组织体制，以实现社会主义建设的战略目标。

总之，上述行政组织理论的总要求，是要逐步建立功能齐全、结构合理、运转协调、灵活高效的社会主义行政组织体系。为此，需要从多方面具体落实上述集中与分散适度结合的原理，政企、政事职能分开和精简、统一、效能等原则，以及相应运行机制和组织发展等原理、原则。同前述国外行政组织理论相比，它既不单纯着眼于组织制度与规范的研究，也不单纯着眼于人际关系研究，而是二者兼顾并且有一系列特点，它不仅具有鲜明的社会主义特征，而且是中国优秀文化传统的继承。

---

① 《邓小平文选》第 2 卷，人民出版社 1994 年版，第 322 页。

第三节　行政组织的变革

一、行政组织变革的必要性及条件

当今时代，是改革的时代。社会的政治、经济、思想、文化等各个领域均处在快速的变革之中。这种总的发展趋势向行政组织也提出了新的要求，组织唯有通过经常性的自我调整和革新，才能保持自身的一体化进程和履行社会职能。因此，行政组织既需要连续性和稳定性，又需要适应性和革新性。变革是组织稳定的基础，是组织发展的动力，也是衡量组织自我净化、自我调控机能的重要标志。

（一）行政组织变革的必要性

我们可以从目的、内容、方法三方面来理解组织变革的必要性。

1. 从行政组织变革的目的看，组织变革是为了消除组织自身的种种弊端，增进组织效能，提高组织自身生存能力以及与外界保持动态平衡的重要途径，是行政组织的自我完善。具体说来，组织目的表现在四个方面：（1）形成具有人文性和创造性的组织，使组织能尊重个人，以提高组织成员对组织的信任和支持；（2）增加组织内横向、纵向沟通的开放性，促进个人目标与组织目标一致，提高组织成员的工作热情，增进人际关系的和谐；（3）通过合适的革新措施，将组织更新付诸行动，以增进组织效能，提高组织解决自身问题的能力；（4）增加成员对外界和组织问题的识别能力与解决问题的技术，使组织能随外界环境的变迁而保持组织功能的正常运作。

2. 从组织变革的内容看，组织不仅与外在环境有互动关系，同时它的内部也包含着若干个次级系统。它们是组织发展所要维持或更新的主要对象。为了保证组织目标的达成以及维持组织内人际关系的和谐，这些次级系统必须随环境的改变而作有效调整。因此，就组织变革的内容看，组织变革是组织各级次系统有效分工协调的结果。

3. 从组织变革的方法看，组织变革是以行为科学的理论与技术为基础的，也是组织为实现其目的的一种训练方式。为了实现组织变革有效达成个人行为改变和组织本身规范改变的目的，必须以行为科学的理论与技术为基础。组织变革必须重视两种技术：一是处理分析，即在组织处理事务时要做人际关系的心理分析，使组织成员获得激励，感情得到交流；二是敏感训练，通过心理培训使管理人员消除权力结构中的等级观念，以及由此而引出的戒备心理。这两种技术有利于消除组织成员间的隔阂，便于协同解决组织偏差。

可见，组织变革是组织自我更新的持续过程，组织成员通过分析组织偏差和找出解决办法，促使组织更新发展。

我国行政组织的变革是我国政治、经济和社会发展的必然选择，其必要性表现在以下几个方面：

1. 行政组织变革是消除行政组织自身种种弊端，提高行政效率的重要途径。随着社会主义市场经济体制在我国的深入发展，与传统计划经济体制相对应的政府行政组织，极大地阻碍了企业经营机制的转换和国民经济市场化的进程，主要表现在：政企不分，政府直接干预企业的生产经营活动，不能形成科学决策的投资体制，容易造成责任不清和决策失误，难以发挥市场在资源配置中的基础性作用；主要依靠行政手段管理的经济和社会事务，许多本来应该运用经济手段和法律手段，或者通过社会中介组织来解决的问题，却是通过设立政府机构来管理，把过多的社会责任和事务矛盾集中在政府身上；政府机构重叠庞大、人浮于事的现象严重，不仅滋生官僚主义，助长了贪污腐败和不正之风，也给国家财政造成了沉重负担。面对这些弊端，只有进行行政组织变革，才能兴利除弊，建设科学合理的行政组织体系。

2. 行政组织变革是适应社会发展规律，促进经济发展的必然要求。生产关系适应生产力的状况，上层建筑要适应经济基础的状况，是社会发展基本规律的要求。行政组织作为上层建筑的一个重要组成部分，归根到底是由经济基础所决定并为经济基础服务的。随着生产力的不断发展，生产关系的改革和完善，特别是社会主义市场经济体制的确立和发展，必然要求行政组织也随之调整和改革，这是历史发展的必然，也是社会经济发展的必然需要。

（二）行政组织成功变革的一般条件

变革是一种组织行为，这种行为是一种有计划的行为，这就要求组织不仅要研究组织的问题所在，研究关注的重点和改进的战略，而且要研究变革的条件性和应遵循的原则即规定性。一般来说，成功实施组织变革的条件和原则主要包括以下几个方面：

1. 组织所面临的情境压力已将组织推到非改不可的境地，除非变革，否则将无法继续生存下去。压力可能来自组织的外部，也可能来自组织的内部。前者诸如国家政策的调整、法律规定的改变、同行业的激烈竞争，后者诸如工作效率低下、职工情绪极不稳定、资金用度极为拮据等。在这些情况下，往往会从组织内部产生变革的要求。这时，我们可以认为具备了变革的条件。但如何变革，则取决于组织对环境的认知。在另外一种条件下，组织状况良好，变革只是为了获得更优越的生存条件和推动组织的发展，此时，组织变革就应当更多地考虑职工的心理承受力和实际可能性。

2. 有计划的变革必须由组织管理部门来制定系统的规划和模型。这一规划和模型既要能适应当前的环境，又要能适应未来的变化，并且要同时考虑到目标、结构、技术、知识、态度、行为等诸方面的因素及其综合效应，还要使组织目标与个人目标作最佳的配合。

3. 负责考察组织历史、现状和设计未来的人必须对变革承担责任，他们必须了解职工的需要并把需要最终反映到解决问题的方案中来。组织应当通过让职工参与变革计划的制定过程，来吸收职工关于变革的合理化建议，同时将变革变成全组织的共同认识和自觉行为，变“领导的”为“大家的”。

4. 为避免重大失误破坏变革的进程和打击人们对变革的信心，应当首先在小范围进行变革实验，待取得成功的经验和失败的教训后，再向大范围推广。但必须注重实验的条件性和局限性，不可将实验典范绝对化。对包括国家行政组织在内的超大型组织来说，这一点尤其重要。

5. 必须从组织外部引入一些新的思想和方法，以帮助组织内的人们开阔视野、更新观念、启发创新思维，从而找到改善组织状况和提高效益的新途径。在这方面，很好地了解其他组织成功变革的思想和方法，是促进本组织有益联想的有效途径。

6. 组织的各级领导层和变革的主持者应当经常收集他人关于变革的新想法，并将自己关于变革的新想法介绍给他人，以实现互相促进；同时，组织的管理阶层要始终如一、坚定不移地肯定人们的变革热情，支持人们为提高组织效益而做出的任何努力。

7. 组织的管理人员应当准确而全面地了解和把握变革的阻力，了解和把握主要矛盾所在以及各种阻力之间的相互关系，并在此基础上根据阻力的性质和主要表现形式正确地选择克服阻力的方法，以有效地克服阻力，推动变革的不断发展。

二、新中国成立以来我国行政组织体制的沿革

1. 我国行政组织体制初期基本格局的形成（1949～1957）。1949 年中华人民

共和国宣告成立之初，中国人民政治协商会议代行人民代表大会职权，制定了《中华人民共和国中央人民政府组织法》。据此，中央人民政府委员会组织政务院（国务院前身），作为国家政务的最高执行机关。政务院下设35个部门管理国家行政工作，其中经济部门共17个。1952年三年经济恢复时期结束，国家开始转入大规模经济建设，将经济部门增加到22个。在经济管理体制上，根据当时形势需要，继续向集中统一的经济管理体制发展。

1954年9月，第一届全国人民代表大会召开，制定了我国第一部宪法，以及《全国人民代表大会组织法》、《国务院组织法》、《人民法院组织法》、《人民检察院组织法》、《地方各级人民代表大会和各级人民委员会组织法》等项法律，建立起比较完善的从中央到地方的政权体系。这时国务院共设立了64个工作部门，其中经济部门增设到35个。

经过1955年、1956年农业合作化和城市工商业的社会主义改造高潮后，国家工农业生产和各项事业迅速发展，国务院的下设部门增加到81个，其中管理经济的部门达50个。从此，社会主义计划经济管理部门的设置格局基本形成。

2. 三次由精简到膨胀的循环（1958～1987）。在全国集中统一的经济体制基本建成时，中央已及时发现集权过多的弊端。1955年毛泽东在《论十大关系》中指出，"目前要注意的是，应当在巩固中央统一领导的前提下，扩大一点地方的权力，给地方更多的独定性，让地方办更多的事情。""中央部门可以分成两类。有一类，它们的任务是提出指导方针，制定工作规则，事情要靠地方办。要由地方处理"。因此，国务院于1957年下达了《关于改进工业管理体制的规定》、《关于改进商业管理体制的规定》、《关于改进财政管理体制的规定》，把一部分权力下放给地方和企业，以发挥地方和企业的积极性和主动性。从1958年开始，中央向地方大幅度放权，至1959年底，国务院管理经济的部门减为36个。在短时间内大幅度增加地方权力，中央和地方的管理都不适应，因此，1960年前后国民经济出现严重混乱和比例失调现象。于是，中央又再度收权，使中央管理经济的部门至1965年底又增至53个。

经过这次经验教训，为消除当时偏重于用行政指令方法而不是用经济方法管理经济所出现的种种弊端，全国试办了12个工业、交通托拉斯，探索工业管理体制改革的道路，但因"文化大革命"而中断。

第二次由精简到膨胀的循环是1966～1981年，其中有非正常因素即"文化大革命"的影响。1970年国务院的工作部门裁并为32个，其中还包括了划归军队管理的10个部门，而其中管理经济的部门则只有13个，为新中国成立以来最低点。到1981年工作部门又增至100个，其中管理经济的部门增至71个，均为新中国成立以来的最高点。减至最低，与“文化大革命”因素有关，但也反映出有需要精简的一面；增至最高，则既有纠正“文化大革命”错误的一面，又有十一届三中全会后经济建设的发展需要增设机构的一面。

第三次由精简到膨胀的循环是1982年到1987年。1982年党的十二大召开以后，为了完成十二大提出的任务，更好地领导四化建设和经济体制改革，中央决定进行进一步的机构改革，主要是精简重叠机构，合并业务相近的机构，大幅度地撤并经济管理部门（为经济体制改革提供有利条件），并将其中一些有条件的部门改成经济组织。这样国务院机构数由100个减至61个。其中，管理经济的部门由1981年的71个减到41个。但由于业务的增多，到1986年机构又增至72个，其中经济管理部门既有新增的，也有因合并而减少的，两者相抵共增加4个。

3. 以转变政府职能为基础的机构改革。

（1）1988年的机构改革。国务院1988年的机构改革吸取了以往机构改革的经验教训，强调建立一个适应市场经济体制改革和政治体制改革长远发展需要的行政管理体系，注重从整体上优化行政管理体系的结构和运行机制。因此，这次机构改革是以转变职能为基础，该撤减合并的撤减合并，该增设加强的增设加强，改变了以前简单地撤减合并的做法，取得了明显成效。但是，由于这次机构改革是在经济体制改革不断深化、目标模式尚未十分明确、政治体制改革正逐步展开的背景下进行的，因此，不可能从根本上解决所有问题。

这次机构改革方案经七届人大一次会议的审议、修改通过后，国务院组织各部门定职能、定机构、定编制，完善运行程序，建立了有关行政法规与预算约束机制，最后进行验收，到1990年初告段落。其基本成效是：强化了宏观调控、行业管理和监督职能；弱化了专业部门直接管理企业生产经营的职能；进一步明确了部门间的职责分工和内设机构的职责分工；严格了国务院机构编制管理的审批程序并规定了各部门内设司局、领导职权和人员编制限额，使国务院工作部门由改革前的72个减至65个，非常设机构由75个减至55个。实践表明，这次改革使常设机构相对稳定，但非常设机构仍有较大膨胀。其原因是，随着经济体制改革不断深入，政府部门简政放权和转变职能，部门间需要协同工作、互相配合的业务大大增加，而常设机构的结构尚不适应处理这些问题。更主要的是，非常设机构的设置尚缺乏立法约束，工资制度、劳动人事制度改革也尚未与机构改革配套进行，因此，非常设机构又有较大膨胀。

（2）1992年的机构改革。1992年，党的十四大明确提出要建立社会主义市场经济体制。与这一经济体制的改革相配套，1993年3月，第八届全国人大第一次会议批准了新的国务院机构改革方案。这次改革，以适应社会主义市场经济发展的要求为目标，仍然以转变政府职能为重点，根本途径是政企分开，把属于企业的权力下放给企业，政府的行政职能主要是统筹规划、掌握政策、信息引导、组织协调、提供服务和检查监督。通过改革，国务院行政机构由原来的 86 个减至 59 个，其中部委 40 个，直属机构和办事机构 18 个，加上办公厅 1 个。非常设机构由 85 个减至 26 个。

由于历史条件的制约，1993 年的机构改革仍是有限的。虽然取得了一定的成绩，提出了以适应社会主义市场经济发展的要求为目标，但对政府职能的定位仍很笼统、模糊，并未从根本上改变政府机构的规模。

（3）1998 年的机构改革。1997 年召开的党的十五大提出"继续推进政治体制改革"的任务，以适应经济体制改革的深入和社会主义现代化建设跨越世纪发展的要求，再一次强调要"推进机构改革"。1998 年，第九届全国人大第一次会议审议通过了 1998 年国务院机构改革的方案。通过改革，国务院部委由 40 个减少至 29 个，同时设 15 个直属机构和 6 个办事机构。

（4）2003 年国务院机构改革。2000 年世纪之交，形势有很大变化，2001 年中国加入世界贸易组织，2002 年中共十六大召开。在这样的形势下，2003 年开始的行政管理体制和机构改革，以科学发展观为指导，更加注重政府职能的转变，更加注重促进经济社会和人的全面发展，更加注重为构建和谐社会和全面建设小康社会提供体制保障。

这次国务院机构改革的主要任务是：①深化国有资产管理体制改革，设立国务院国有资产监督管理委员会；②完善宏观调控体系，将国家发展计划委员会改组为国家发展和改革委员会；③健全金融监管体制，设立中国银行业监督管理委员会；④继续推进流通管理体制改革，组建商务部；⑤加强食品安全和安全生产监管体制建设，在国家药品监督管理局基础上组建国家食品药品监督管理局，将国家经济贸易委员会管理的国家安全生产监督管理局改为国务院直属机构；⑥将国家计划生育委员会更名为国家人口和计划生育委员会；⑦不再保留国家经济贸易委员会、对外贸易经济合作部。

这次机构改革最突出的特点是：第一，从量的要求转向了质的突破，从重视形式转向了重视内容的调整，从表现层次转向了深度层次。此次改革没有对政府机构人员精简提出具体的数量指标，而是抓住重点，加强宏观调控和执法监管部门，解决行政管理体制中存在的一些突出矛盾和问题，为促进改革开放和现代化建设提供组织保障。第二，进一步推动了政府职能转变，明确提出政府职能应集中于经济调节、市场监管、社会管理和公共服务等四个方面，要建设“行为规范、运转协调、公正透明、廉洁高效”的行政管理体制。第三，从整体上讲，本次改革就是为了解决国务院、中央政府目前面临的一些深层次问题，也在很大程度上考虑到加入世贸组织以后，中国政府所面临的国际环境的变化。

总体来看，2003 年开始的机构改革所涉及的问题十分重要，初步体现出了“大部制”的管理思路，并且强调了政府宏观调控的有效性。

4. 2007 年的大部制改革。2007 年是中国行政体制改革继续攻坚的重要一年，在地区综合改革试点、法制环境、事业单位改革、行政审批等方面均取得了令人瞩目的成绩，改革的思路更加清晰，环境更加完备。中共十七大报告中对于今后政府的角色有了认真的思考和明确的定位：“健全政府职责体系，完善公共服务体系，推行电子政务，强化社会管理和公共服务”，“加快行政管理体制改革，建设服务型政府”。

中共十七大报告提出，要“精简和规范各类议事协调机构及其办事机构”，这是“议事协调机构”作为专有名词第一次出现在党代会的报告中，具有特别的意义。所谓“议事协调机构”一般是由于要承担跨部门的重要业务工作的组织协调任务以及临时突发性事务而成立的，如国务院西部地区开发领导小组、国务院纠正行业不正之风办公室等。这类机构虽不列入政府工作部门的组织序列，但它们通常由政府的某位领导担任主任、组长，具有一定的权威性。在中国，无论是中央政府还是地方政府，都成立了大量的临时性议事协调机构，这些机构带有强烈的一事一议性质，事后又往往得不到及时撤销，造成政府部门臃肿、领导兼职过多、增加行政开支、常设机构职能被削弱等弊端。

以前在中央几次机构调整中都曾经大量裁撤这些机构，但每次调整完往往很快又膨胀。中共十七大报告明确提出整顿这类机构的要求，显示了中央对这个问题的重视以及对精简和规范此类机构的决心。十七大报告中还首次公开提出了“大部制”改革思路。

根据市场经济发达国家的实践，所谓大部制就是将一些职能相近或相关的部门整合为一个大部，将原来的部委改为内设的职能司局，或者由部委管理但又具有一定独立性的机构。如法国的经济、财政和工业部，不仅负责经济政策、财政政策和工业政策，而且负责经济宏观管理、财政预算和决算、转移支付、国际贸易、税收管理、第一产业、第二产业和第三产业的政策和协调，下辖机构包括海关、税收、统计、贸易、公平交易监督等，仅巴黎本部的工作人员就接近 1 万人。因而，大部门体制所谓的“大”至少应包含“组织规模大、职能范围广”的意思。

市场经济发达国家的政府部门设置普遍呈现出“机构数量较少，职能范围广泛”的特点，比如美国的部级机构只有15个、英国18个、加拿大19个、澳大利亚16个、法国18个、德国14个、西班牙15个、日本12个、韩国18个、新加坡15个。它们的一些大部门可能下辖20多个执行机构和几十个咨询委员会，服务范围几乎涵盖所有相关或相近行业。

我国现行的行政管理体制是从计划经济时代传留下来的，明显存在机构设置过细、政府对经济运行管理太过微观、具体的问题，而市场经济条件下，政府对经济运行的管理则应该以公共服务、宏观调控和市场监管为主，机构设置宜粗不宜细。另外，进行大部制改革最直接的效果是可以减少领导职数、整合编制和人力资源，从而避免因部门职能交叉、权责不清而导致的政出多门、相互推诿，因部门利益特点突出而导致的国家政策被“挟持”等问题。

在我国，大部制改革的思路最早可以追溯到2002年，当年的《政府工作报告》提出，要“切实把政府职能转到经济调节、市场监管、社会管理和公共服务上来”。随后，国务院按照“决策、执行、监督分离”的原则对一些部委进行了“合并同类项”和成立新的机构。而在中共十七大报告中，首次明确提出要“加大机构整合力度，探索实行职能有机统一的大部门体制，健全部门间协调配合机制”。

本章主要名词概念

行政组织　组织目标　组织范围　首长制　委员会制　混合制　集权制　分权制　行政组织变革

复习思考题

1. 行政组织与政党组织、权力机关、司法机关、社会团体的区别是什么？
2. 行政组织由哪些要素构成？它与其他组织相比有哪些重要特征？
3. 行政组织设计的主要原则是什么？
4. 行政组织的结构类型有哪些？特点是什么？
5. 行政组织的权力类型有哪些？主要表现是什么？
6. 简述行政组织的职能类型及表现。
7. 试分析西方行政组织理论的演变过程。
8. 试概述马克思主义行政组织理论的主要内容。

9. 行政组织变革的重要性是什么？行政组织成功变革的一般条件是什么？
10. 试分析新中国成立以来我国行政体制的历史沿革。
11. 试论当前我国行政组织的改革。
12. 什么是大部制改革？其重要意义是什么？

[案例分析]

案例一 大部门改革五大亮点[①]

以“大部门体制”为突破口的新一轮行政管理体制改革，在2008年初拉开帷幕。尽管一年来的改革尚处于初期探索阶段，但是，“大部门体制”已见雏形，改革凸显五大亮点。

一、推动管理方式变革

目前，政府组织结构已经初显“大部门”特征。

首先，实行大行业大系统的组织方式。组织方式的变革是管理方式变革的起点。这一轮行政管理体制改革，顺应我国经济社会转型的要求，既紧密结合国内实际，又借鉴国外经验，从组织方式上向大部门制迈出了探索的步伐。新组建的交通运输部、人力资源和社会保障部、住房和城乡建设部都表现出大部门大行业的雏形。

其次，职能调整突出了服务性。这次政府机构改革的重点是完善社会管理和公共服务职能。新组建的交通运输部门，统筹负责公路、水路、民航和邮政事务，是为了提升直接关系到人们生产和生活的基础交通设施的服务质量。整合了人事部和社会保障部，成立了人力资源和社会保障部，是为了更好地解决就业和履行好社会保障职能。在建设部的基础上组建住房和城乡建设部，是顺应我国城乡一体化发展的需要，解决城乡居民保障性住房短缺的问题。可见，在实际职能增减的7个部委中，有5个都与此有直接关系。

第三，地方政府机构改革已进入最后审批和实施阶段。各地在积极探索实践大部门体制、加大机构整合力度的同时，更加注重将政府职能向社会管理和公共服务转变。

二、“双整合”助力宏观经济调节

大部门体制下的职能分工和部门分立原则，以有效实现政府政策为最高准则，而不应当重复过去归口管理的简单化行政组织方式。

从目前的情况看，国务院机构改革方案规定的机构和职能调整都已经平稳到位，改革充

① 摘自《大部门改革五大亮点》，新华网2009年2月9日，来源：《瞭望》新闻周刊。

分体现了大部门大作为的思路，真正解决政府错位和缺位的问题，改革效果正在逐步显现出来，通过机构与职能的“双整合”为加强宏观经济调节能力增添新的动力。

以新组建的工业和信息化部为例，按照职能划分，其职能是拟订并组织实施工业行业规划、产业政策和标准，监测工业行业日常运行，推动重大技术装备发展和自主创新，管理通信业，指导推进信息化建设，协调维护国家信息安全等。

这些职能的设置，完全顺应了走新型工业化道路的要求。新型工业化的核心是工业化与信息化的互动融合。通过组建工业和信息化部，将二三产业的两种职能归到一个部门，为信息化带动工业化，传统制造业升级，结构调整等奠定体制基础。从近一年的工作实际来看，工业和信息化部在加快推动我国信息产业发展，产业结构调整方面发挥了积极作用。

三、政府职能进一步清晰

转变职能是这次改革的核心。无论是对新组建或调整变动的部门，还是机构未作调整的部门，都把落实科学发展观，保障和改善民生，加强社会管理和公共服务职能作为首要任务，把政府不该管的事项移交出去，把该由政府管理的事项界定清楚。

按照政企分开、政资分开、政事分开、政府与市场中介组织分开的要求，已完成“三定”的46个部门共取消、下放、转移职能60余项。例如，发展改革委已减少微观管理事务和具体审批事项，下放了投资审核权限。从2009年起，将其对外国政府1000万美元（或800万欧元）及以下贷款项目资金审批权限作了调整，部分职能委托给项目业主所在地的省级发改委。使发改委进一步强化了宏观性、战略性、指导性方面的职能。另外，从2008年9月1日起，个体工商户管理费和集贸市场管理费停止征收。这反映了工商行政管理部门职能发生了新变化，主要任务是维护市场经济秩序和进行市场监管，不再直接参与市场建设，等等。

四、行政问责制初显效力

这次改革，通过制定和完善各部门“三定”方案，在赋予部门职权的同时，规定了各部门应当承担的责任，做到有权必有责、权责对等。

第一批46个部门共明确和强化了200多项责任。例如，明确人民银行承担综合协调并推进金融业改革和发展，研究并协调解决金融运行中的重大问题等责任；进一步明确商务部、工商总局、质检总局、海关总署等部门加强市场监管的责任；明确住房和城乡建设部承担保障城镇低收入家庭住房、推进住房制度改革等责任。

部门责任的明确和强化，为推行行政问责制、加强责任追究提供了重要的依据。从而为进一步解决长期存在的一些权责脱节、重权轻责、缺乏监督的问题奠定了制度基础。尽管这一问责体系的广度和深度以及具体的制度安排还有待完善，但是，已形成的改革共识是：没有任何一种权力可以放任。

五、体现出探索性与渐进性

回顾一年来大部门体制改革的足迹，可以发现，改革充分体现了探索性与渐进性。

由于大部门体制是政府结构和运行机制的深刻变革，涉及政府部门领导层级的设置、管理与协调机制的确立、权力监督与利益的调整、集权与分权关系的处理等诸多问题，既不可能一步到位，也不可能毕其功于一役，只能是循序渐进、逐步探索。

改革首先从职能交叉突出、涉及公共服务的部门开始，积累经验，逐渐过渡，积极推进。因此，工业和信息化部、人力资源和社会保障部、交通运输部、住房和城乡建设部等部门自然就成为改革的第一梯队，随后逐步扩大到40多个部门。到2008年底，地方政府机构改革随之跟进，同时，事业单位的改革也提上了日程。

根据以上资料，回答下列问题：

1. 我国行政组织体制改革经历了哪几个阶段？每个阶段改革的主要内容是什么？

2. 什么是大部制改革？结合案例谈谈大部制改革对行政体制改革的重要意义是什么？

案例二 国资委的设立与争议①

在党的十六大召开之前，关于国有资产管理体制改革的讨论非常热烈，其中不乏保持现状、不赞成成立统一的国资监管机构的意见；国资委挂牌成立之后，不少德高望重的国企领导都在冷静观望，他们“还不清楚国资委到底要干什么”；国资委成立后的一些强势监管手段，比如招聘、调换央企高管、央企整合等，也招来不少专家的质疑……

五年过去了，国资委从组建机构到建章立制、履行出资人职能，中央企业从业绩迅猛增长到整体上市改革、董事会改革，越来越多地得到各方面的认可。“国有企业改革和国有资产管理体制改革极具挑战性，极具探索性”，国资委主任李荣融曾在文章中这样描述他面临的工作。在党的十七大将要召开之际，我们不妨回顾一下五年来国资国企改革艰难但卓有成效的历程。可以肯定地说，党的十六大确立了深化国有资产管理体制改革的重大任务，明确了国有资产管理体制改革的基本原则后，国有企业在国务院国资委成立后四年多来的改革发展，逐步探索出了一条具有中国特色的搞好国有企业、发展壮大国有经济的新路子，充分证明了党的十六大以来党中央、国务院制定的国有资产管理体制改革和国有企业改革发展的一系列方针政策是完全正确的。

---

① 摘自《国资国企这五年》，国资委网站2007年10月19日。

一、从五龙治水到职能到位

2003年4月6日，“国务院国有资产监督管理委员会”悄然挂牌。没有热烈的成立仪式，没有隆重的新闻发布会，国资委低调亮相。然而这个低调亮相的意义非比寻常。不仅中央企业8万亿元的资产有了专门管理机构，而且多年来围绕国资管理进行的各种探索和尝试终于有了正果。国有资产管理体制改革在进行将近十年后，开始触及宏观层面。1988年，国务院成立了国家国有资产管理局，但这并不是一个国有资产管理出资人机构。出资人权利分散在国有资产管理局、财政部、大型企业工作委员会、经贸委、计委、中组部等部门。国有资产的资产权归财政部，投资权归计委，日常经营归经贸委，人事权归企业工委，这就是被戏称的“五龙治水”。这种国有资产管理体制本意是要各部门相互约束、相互监督，但各个部门对同一个企业发号施令，显然弊端甚多。五龙治水相互制约，有时也是“铁路警察，各管一段”。党的十六大明确阐述了国有资产管理体制的改革方向，其中提到中央政府与地方政府分别代表国家履行出资人职责，并建立专门的管理机构，管人、管事和管资产相结合，权利、职责和义务相统一。“中国国有资产管理体制的真正改革是从十六大以后开始的。”著名经济学家、中国社科院研究员张卓元说，“十六大之前没有一个明确的具体方针。十六大解决了一个问题，就是方针定了，国家统一所有，分级行使所有权，而且提出权利责任相统一，管资产、管人、管事相结合的方针。”国资委的成立，宣布了这种政出多门的分权管理体制彻底终结。

国资委主任、党委书记李荣融2007年8月在《求是》杂志撰文总结道：“党的十六大确立了深化国有资产管理体制改革的重大任务，明确了国有资产管理体制改革的基本原则。为贯彻党的十六大和十六届二中全会精神，2003年国务院成立了国有资产监督管理委员会，第一次在政府机构设置上实现了政府社会公共管理职能与所有者职能的分离，明确了国有资产出资人代表，基本实现了管资产与管人、管事的结合。这是我国经济体制改革的一个重大突破，标志着国有资产管理工作进入了一个新的阶段，也标志着国有企业改革进入了新阶段。”

到2004年6月，全国内地31个省（区、市）和新疆生产建设兵团国资委全部组建。目前市（地）国有资产监管机构的组建工作基本完成，全国大多数市（地）设立了国资委，没有单独设立国资委的也采取多种形式明确了国资监管机构。

李荣融把国资委四年多来的开创性工作归纳为以下几点：

——以组建机构、健全规章、落实责任为切入点，建立和完善国有资产监管体制；

——以财务监督和风险控制为抓手，强化出资人监管；

——以公开招聘中央企业高级经营管理者为突破口，把党管干部原则和市场化选聘相结合，探索建立适应现代企业制度要求的选人用人新机制；

——以国有大型企业股份制改革为重点，建立现代企业制度，完善公司法人治理结构；

——以核定主业和推进联合重组为主线，推进国有企业布局和结构调整；

——以建立现代产权制度为核心，规范国有企业改制和国有产权转让。

国资委企业改革局副局长周放生在接受《国企》杂志采访时说："四年多来的国资改革，实现了出资人的机构到位到出资人的职能到位。"

他列举国资委成立后，国资监管职能实现了许多从无到有的新变化：

考核是最明显的，过去没有。收入分配：过去是自己管自己，现在收入分配和奖惩都有章可循。产业定位：过去自己定位，现在已明确了企业的主业。企业改制：过去，缺乏统一明确的企业改制政策。产权转让：过去企业怎么转让都行，这是管理层侵占了所有者的权利。

改革的职能同样在不断强化。周放生总结道："出资人的职能不仅表现为对企业的监管，还体现为推动企业的改革。比如说组织结构的布局调整、主辅分离辅业改制、企业破产、债务重组、分离企业办社会职能、资产经营公司、大企业股权多元化的改制、企业上市。这些都是改革的职能。改革的职能属于出资人职能的一部分。这些年都在加强。""另外，现在的法律法规都是新制定的，在过去的体制下是没法建立的。""因此，经过五年的工作，出资人职能到位实现了。有人代表国家行使职责，而且工作也做到位了，通过工作做到位，来体现有人维护国有权益。这是非常了不得的进展。"从"五龙治水"到专职专责，机构到位到职能到位，是四年来国资管理改革的主线。周放生说："现在的职能到位，不是过去'五龙治水'职能的简单合并，完全不是相同的概念。而是产生了质变，是一种'化学变化'，而不是'物理变化'。物理变化就是把五个物体从五个不同的地方堆积到一个屋里，化学变化就是包含不同物质内在的转化，不同能量之间产生新的作用，应该说这样才是统一的出资人职能体系。"

十六大后的五年，国资委经历了诞生、机构到位、职能到位、推进改革的历程，成绩显著，不过这五年的历程是非常艰苦、疲劳的历程，因为在治理结构不完善的前提下，国资委的措施更多还是行政性的。下一个五年，这种状况要发生变化，变化的关键，就是中央企业的董事会建设。

2005年10月17日，宝钢集团依照《公司法》改建为规范的国有独资公司，成为第一家外部董事全部到位且超过董事会成员半数的中央企业，谢企华任董事长。谢企华担任的，是一个另外一种意义上的董事长——国资委从2004年开始试点的"规范的央企董事会"的董事长。

所谓"规范的央企董事会"，就是要把以前主要按照企业法注册的中央企业改造为按照公司法注册，然后建立由国资委委派的外部董事和企业内部董事组成的董事会，逐步形成出资人、董事会、监事会、经理层各负其责、协调运转、有效制衡的机制。这样，国资委就可以把选择经理人员、考核经理人员、决定经理人员的薪酬、重大投融资的决策权这些具体权力交给董事会。

也是在这一年，已经退休、给国家电网公司当顾问的原国家电力公司副总经理谢松林，从国资委主任李荣融手上接过了由其亲自签发的一张聘书，成为中国神华集团的外部董事。"真正规范的董事会在国有独资公司，我认为这还是第一回。在我心里，国有企业改革的宝就押在这个上面。这个问题不解决，国有企业改革最关键最核心的问题就没解决。"在中央电视台《对话》栏目现场，国资委主任李荣融袒露心声。

时任国资委副主任的李毅中也有一句很典型的话："董事会建设是关系国资委生死存亡的大事。"国资委当家人当时的心境不难理解。当时中央企业在法律形态上主要有两类：一类是按《企业法》注册的国有独资企业，实行总经理负责制，没有董事会，这类企业占大多数；一类是按照《公司法》注册的国有独资公司，设有董事会，但董事会成员和经理班子高度重合，其最大的风险是将庞大的国有资产完全维系在“一个人”的素质和状态上，在企业内部很难有制衡，容易产生决策风险和道德风险。2004 年 11 月发生的中航油陈久霖事件在国资委引起巨大震动。2004 年 6 月，国资委将一份《中央企业建立和完善国有独资董事会试点工作的通知》下发到神华集团有限责任公司、上海宝钢集团公司、中国诚通集团、中国铁通集团有限公司、中国医药集团总公司、中国高新投资集团公司和中国国旅集团公司。国资委在央企进行董事会试点的工作开始进入公众视线。

文件明确了试点的主要思路和措施。第一，出资人要进入企业，出资人机构通过培养或者选聘一批有决策能力的专业人员作为股东利益的代表进入所持股企业的董事会。第二，在中央企业建立和完善董事会，引入外部董事以改善董事会的构成。第三，适应董事会建设，逐步转变国资委职能。规范的董事会到位以后，国资委将把目前代行的董事会职权归位于董事会行使。第四，继续发挥外部监事会的作用。

当时，许多媒体认为，在国资委对央企的各项改革中，建立规范的董事会已经成为突破口，这件事的成败确实关系到整个央企改革的成败。因为在前期进行的各种改革中，业绩考核顺利地推行；高管招聘其实是规范的董事会建立之前的铺垫和过渡，央企重组则进入相对艰难的境地，与财政部等有关部门协商沟通，建立国有资本经营预算制度的方案正在缓慢推进，而且难度一定不小。而此时董事会试点的改革如果受挫，前期的很多努力就可能付诸东流；如果顺利，后面的许多困难则有望迎刃而解。

因此，李荣融说：“国有企业的改革实际上关键就集中到这一点，如果这一点没有突破我就对这个前景不看好，重组也好流动也好，谁去做？我认为应该是企业的董事会去做，因为我是出资人，我只能对他提出要求，实现要由他来实现，按市场运作。谁按市场？是企业的董事会按市场来进行运作，所以将来我们出资人意图是体现在董事身上，体现在独资企业的董事长身上。”于是，董事会试点“成熟一家，推行一家”。目前，宝钢集团有限公司、神华集团有限责任公司等 19 家企业开展了董事会试点，共选派了 66 名外部董事，有 14 家试点企业的外部董事达到或超过了董事会成员的半数，初步实现了企业决策权与执行权分开和董事会选聘、考核、奖惩经理人员。

国资委企业改革局副局长周放生在接受《国企》杂志采访时指出，未来国资委职能转换的关键是董事会。“国资委的职能会做调整，根据改革的需要会发生变化，管理方式也会发生变化。因为我们现在体现更多的是行政方式的管理，将来更多的体现在股东方式的管理，这是不一样的。就是出资人，通过董事会体现意志，行使职能。董事会来做决策。围绕这个改革，都会发生变化。可以说由此推动整个国资改革上了一个新的平台。”

国资委成立后几年，董事会试点取得了积极的经验，下一个五年，就面临全面推行的问题。这对国资委来说，是一个更具挑战性的使命。人们可以看到，至少有两个问题会给国资委带来严峻考验：一是合格的外部董事的来源。现有的 60 多位外部董事都是精挑细选而来的，如果要给今后的 80 ~ 100 家中央企业配齐外部董事，难度可想而知。二是一些中央企业领导人的抵触。董事会改革，一方面是国资委自身的革命——把一部分权力放到董事会，另一方面也是革央企管理层的命——他们的一些权力转移（或者说回归）到董事会。如何说服央企领导人接受改革，也是一个有挑战性的工作。

二、带动力、影响力、控制力

关于央企重组，人们印象最深的话莫过于李荣融那句“进不了行业前三就要被重组”，对许多央企来说的三年大限，甚至被海外媒体渲染为“就地正法”。其实，“三年大限”反映的是国资委推进中央企业国有经济布局结构调整的决心，是为了进一步增加国有经济的带动力、影响力和控制力。针对中央企业行业分布过宽，部分企业主业过多、主业方向不明，资源配置不合理，资产运营效率不高等问题，国资委先后分七批核定并公布了153家中央企业的主业，积极推动中央企业的联合重组和主辅分离辅业改制、分离办社会职能，促进国有资本向关系国家安全和国民经济命脉的重要行业和关键领域集中。

四年来，已有77家中央企业参与了41次重组。一批中央企业精干主业、剥离辅业、压缩管理链条、强化财务管理，优化了资源配置，增强了核心竞争力。按照冶金、汽车、重大装备、商贸等21个业务板块，通过重组整合，国务院国资委监管企业由196家重组为155家，为下一步进行重组建立具有核心竞争力的大企业大集团奠定了基础，同时也积累了很多经验。

国资委研究中心课题组发布的《央企重组报告：实现产业结构调整目标》（2007年第4期刊发）总结道：央企重组实现了产业结构调整目标，表现在合理收缩了中央企业的分布范围，推动了国有资本向具有竞争优势的行业和未来可能形成主导产业的领域集中，推动了国有资本向具有较强国际竞争力的大公司大企业集团集中，推动了国有资本向国有企业主业集中。此外，央企重组还初步增强了核心竞争力，为培育大企业大集团创造了条件。通过四年多的努力，国有经济布局结构调整取得了明显成效。国有企业数量虽然减少了，但国有经济的整体素质和竞争力不断提高，国有经济的控制力、影响力和带动力大大增强。目前，中央企业80%以上的国有资产集中在军工、能源、交通、重大装备制造、重要矿产资源开发领域，承担着我国几乎全部的原油、天然气和乙烯生产，提供了全部的基础电信服务和大部分增值服务，发电量约占全国的55%，民航运输总周转量占全国的82%，水运货物周转量占全国的89%，汽车产量占全国的48%，生产的高附加值钢材约占全国的60%，生产的水电设备占全国的70%，火电设备占全国的75%。同时，国有资本向能源、原材料、交通、军工、重大装备制造和冶金等行业集中的态势明显。

2007年9月，国资委企业改革局副局长贾小梁在出席香港亚洲金融论坛时传递的信息再度引起关注。他透露，国资委下阶段的工作重点之一，是加大中央企业重组集成力度，具备条件的要加快整体改制、整体上市步伐。中央企业的调整目标，是到2010年，调整到80到100家。国有资本将在七大行业绝对控股，包括军工、电网电力、石油石化、电信、煤炭、民航和海运。

根据以上资料，回答下列问题：

1. 我国围绕国有资产管理体制进行了多次的改革，直到最终成立国资委。

国资委成立的原因是什么？国资委的成立对于改进国有资产的管理和体制有什么作用？

2. 目前国资委具有出资人、行政双重性质和职能，根据行政组织相关理论，你认为国资委应不应该具备行政管理职能？行政组织的设置一般要遵循什么原则？

3. 目前国资委与行政单位有何区别和联系？案例中，国资委同时承担出资人职责和部分行政管理职能，会造成什么问题，有没有值得改进的地方？

第五章　行政领导

本章学习提要与目标

行政领导是国家管理社会的一种功能，是国家行政管理系统的关键环节，在行政管理的各个方面和全过程中都处于领导地位。行政领导具有社会组织性、动态性、高层次性和权威性等特点。实施卓有成效的行政领导，必须选择正确的领导体制、领导方法、领导方式和高超的领导艺术。行政领导必须拥有良好的领导素质，同时领导群体结构的科学化对组织的目标实现和绩效提高作用极为重要。本章重点讲授行政领导的含义、现代领导理论、行政领导的方法、方式与艺术以及行政领导者和领导群体的素质要求。本章难点为现代行政理论的学习与应用。

第一节　行政领导概述

一、行政领导的含义、特点和作用

（一）领导的含义

马克思指出："一切规模较大的直接社会劳动或共同劳动，都或多或少地需要指挥，以协调个人的活动，并执行生产总体的运动—不同于这一总体独立器官的运动—所产生的各种一般职能。"① 这就是说，自古至今，一切规模较大的直接社会劳动或共同劳动，都需要有领导活动和执行这种职能的领导者。在汉语中，领导这个词有名次和动词之分，名词的领导是指领导者，动词的领导是指领

① 《资本论》第1卷，人民出版社1975年版，第367页。

导活动，这里主要研究动词意义上的领导。目前，国内外学者对领导的定义千差万别，比较有代表性的为：科·扬认为“领导是一种统治形式，其下属或多或少地愿意接受另一个人的指挥和控制”。M. 斯托尔认为“领导是对一个组织起来的集体，为了确定目标和实现目标所进行的活动施加影响的过程”。孔兹认为“领导是一门促使其部属充满信心，满怀热情来完成他们任务的艺术”。王乐夫认为“领导是指领导者在一定的环境下，为实现既定目标，对被领导者进行统御和指引的行为过程”。

我们认为，所谓领导是指指引和影响个人或组织在一定条件下实现目标的行为过程。它具有如下三层含义：第一，领导的本质是一种影响力。它是领导者通过一定的方式对被领导者以及他们确定目标的活动施加有影响的过程。这种影响力的产生和作用的发挥，不仅靠一定的组织、权力以及被领导者的义务和权力观念，而且靠领导者本身的思想和行为的正确以及被领导者对其正确性的理解。也就是说，一方面，领导者的影响力，来自权力性影响，它主要包括传统、职位、资历等因素所带来的影响力。另一方面，领导者的影响力来自非权力因素，这些因素主要包括品质、才能、知识、感情等带来的自然影响力。这种影响力是领导者本人的素质和行为造成的。领导者高尚的品质使人产生敬佩感；领导者高深的知识，丰富的经验，使人产生信赖感；领导者的民主作风，使人产生亲切感。这些都会使被领导者甘愿接受领导者的领导。第二，领导是双方共同的行为。领导活动的主体是领导者，但只有领导者还构不成领导活动，还必须有被领导者。领导是一个指挥和接受的完整过程。领导者发出指示、号召，只是开始使用权力和实施影响，只有在被领导者接受其指示或影响而行动时，其领导行为才得以实现。如果被领导者不接受其领导，领导行为就无法实现。第三，领导是一种动态的行为过程。这种行为过程，包含着影响、艺术、行为、才能和管理等。也就是说，领导是领导者、被领导者和环境三者的有机构成，是为达到预定的目标而相互作用的一个场。

（二）行政领导的含义

行政领导如同领导一样，也有名词和动词之别，名词意义上的行政领导是指在各级行政机关中担负决策、指挥、组织、管理等职能的行政人员，不过这里所研究的是动词意义上的行政领导，它是指国家行政机关及其管理者依法行使国家权力，组织和管理国家行政事务所进行的决策、指挥、协调、控制、监督、检查等行政活动及其过程。行政领导是国家行政管理系统中的关键环节，在行政管理的各个方面和全过程中，都处于主导地位，起着重要作用。正如马克思所指出：“凡是有许多个人进行协作的劳动过程的联系和统一都必然要表现在一个指挥的意义上，表现在各种与局部劳动无关而与工场全部活动有关的职能上，就像一个乐队要有一个指挥一样。”① 国家行政管理是一项巨大的系统工程，特别在现代社会中国家行政机构日益庞大，行政事务日趋复杂，行政人员不断增多，管理业务高度专业化，行政手段逐步现代化，在这种条件下，行政领导的作用显得尤为突出。

行政领导者的产生方式是多种多样的。不同的产生方式，对领导者的要求、影响是不同的。

1. 选任制。选任制是行政领导者通过被领导者或被领导者的代表选举产生的制度。选任制适合于政治领导人的产生，它代表民意，选举结果具有较大的权威性和公正性。我国宪法和政府组织法规定，政府组成人员要由选举产生，由人民代表大会决定任免。国务院的总理、副总理、国务委员，各部部长，各委员会主任，审计长，秘书长等；省人民政府省长、副省长，自治区主席、副主席，市长、副市长，秘书长，厅（局）长，委员会主任等；市、县、乡镇人民政府的市长、副市长、州长、副州长、县长、副县长、区长、副区长、局长、乡镇长、副乡镇长等，均依法选举产生。

2. 委任制。委任制是行政机关首长或主管部门经过考察了解，直接下令委任其所需人员以某种领导职务的制度。委任制的优点是：权力集中，责任明确；指挥统一；行动迅速，简便易行。我国行政领导者的产生主要采用委任制，因为我国政府部门实行首长负责制，对其部门的领导职务拥有决定权，实现管人与管事相一致。通常的做法是：由领导和群众推荐，组织人事部门考察，再经集体讨论决定，最后由有关部门任命。这种中国特色的委任制，能从组织上保证党对政府工作的领导，坚持党管干部的原则；能有效地把握干部的政治素质；提高工作效率。

3. 考任制。考任制是由国家专门机构根据统一标准，按照公开考试、择优录用的程序产生行政领导者的制度。考任制的优点是：广开才路，吸引广大有真才实学者前来报考；择优录取，在竞争基础上鉴别人才；公开平等，有效防止任人唯亲，仅凭领导者个人好恶决定晋升的弊端。考任制的缺点是对能力测定不易准确，也不易测定应试者的政治素质和工作实际，要辅以面试和实际考察来补充。

4. 聘任制。聘任制是根据工作需要和职务要求，通过协议或合同的方式选用外部人员在一定任期内担任一定的行政领导职务的制度。聘任制的优点是：有利于广招人才，提高行政组织的工作能力，有助于解决本地区、本部门人才短缺问题；能有效地打破干部管理上的“部门所有制”，促进人才合理流动；有助于

① 《马克思恩格斯全集》第25卷，人民出版社1972年版，第481页。

克服常任制中存在的惰性，解决干部“能进不能出、能上不能下”的问题。聘任制有局限性，主要适用于专业技术职务和辅助性工作。

（三）行政领导的特点

从领导的角度看，它具有社会组织性、动态性、高层次性和权威性等特点。行政领导有别于一般领导，其特点主要表现在：

1. 法定性。行政领导的职权由宪法和法律法规所赋予。领导者应在法律法规规定的范围内，为实现一定的行政目标，依据一定的法律和制度规定，对管辖范围内的被领导者进行指挥和统御，从而实施行政管理职能，绝不能滥用权力。根据宪法和有关法律规定，我国各级政府首脑必须向本级人民代表大会及其常务委员会负责，并接受司法机关的监督。

2. 权威性。行政领导的职权受到法律的认可和保障，职权的获得也是实施行政领导的前提条件。行政领导下达的指令，其管理对象必须认真执行，否则将受到惩处。这种权威来自于法律、制度的规定，来自上级机关的授权，也来自领导者个人的领导艺术和领导才能。因此，这种权威性来自制度内权力赋予和制度外的人格魅力。

3. 协同性。行政管理作为一个复杂的管理系统，其正常运行必须处理好系统的协调性。领导者的管理有赖于被管理者的支持和理解，有赖于双方对任务目标的共识和行动中的协调性。如果二者在目标上、行为上产生背离，就难以形成合力，组织的目标就难以实现，绩效就难以提高。

4. 政治性。从行政领导活动的社会属性来看，其具有鲜明的政治性。政府机关作为国家机构的一个重要部分，具有强烈的阶级性，政府机关的活动是按照处于统治地位的阶级意志和利益进行的。社会主义国家的行政机构是人民政府，通过其行政行为来巩固和发展社会主义事业，巩固人民当家做主的社会主义制度。

（四）行政领导的地位与作用

行政领导担负着管理国家行政事务的重任，是国家行政管理系统的中心，是行政运作的指挥中心。各种信息流输入、汇总到行政领导机关，并经过其加工分析将各种决策输出给管理下属和部门去执行。行政管理成为整个管理活动的中枢和核心。特别在我们这样一个幅员辽阔、人口众多的社会主义国家里，为了保证国家各项事务的集中统一领导和管理，行政领导的作用显得特别重要。

行政领导是一种管理活动，其作用主要体现在以下六个方面：

1. 导向作用。行政领导的首要作用在于面对错综复杂的现实，面对不断出现的新问题和新情况，准确地做出决策和判断，为行政管理活动提出具体的任务目标和绩效目标，为组织定位定向。只有方向明确，整个管理系统才能解决该做什么、为什么这样做和如何做的问题，才能步调一致实现既定的目标。

2. 指挥作用。行政领导它是一个过程，大体上可划分为四个基本阶段：(1) 调查研究，掌握情况阶段；(2) 制定政策，做出决策阶段；(3) 执行政策，付诸实践阶段；(4) 检查工作，完善政策阶段。

3. 督导作用。行政领导通过任务的分解和责任的层层落实，可以实施科学的目标管理，借助于定期检查和不定期检查，检查下级执行命令和实施管理的情况，督促下级及时、圆满地完成各项任务和目标。

4. 激励作用。如果不实施激励，一个人的工作热情只能发挥出20%～30%，如果实施激励，其工作热情能达到80%～90%。行政领导为了管理效率的提高，必须实施激励政策，尽量满足被领导者的物质和精神需要，激发他们的工作热情，充分调动他们的积极性、主动性和创造性。

5. 协调作用。领导的一项重要工作就是协调。行政管理者既要维护制度，又要关爱下属；既要协调组织内外部的各种利益关系，又要处理好组织内外的各种矛盾，要处理好发展与稳定的关系、目前利益和长远利益的关系、平衡和不平衡的关系。

6. 服务作用。邓小平同志说过："领导就是服务"，毛泽东同志也说过："我们的一切工作干部，不论职位高低，都是人民的勤务员，我们所作的一切，都是为人民服务的"。因此，行政领导的作用应该体现在全心全意为人民服务之中。

二、行政领导的职位、职责与职权

在行政领导活动中，每一个领导者都有自己明确的职位、职责和职权，真正做到在其位、尽其责、用其权、谋其政。

(一) 行政领导的职位

行政领导的职位是指行政工作人员在国家行政机关中所处的法律地位、从事工作的岗位和担任的行政职务。我们国家的最高行政职位是国务院总理。依照宪法规定，国务院是最高国家行政机关，总理领导国务院工作。所以，总理在最高国家行政机关中拥有合法的最高地位，担任国家最高的行政职务。乡镇的最高行政职位是乡镇长。《宪法》规定，"地方各级人民代表大会是地方国家权力机关。"乡镇人民政府由乡镇人民代表大会选举产生，受它监督，对它负责并报告工作。乡镇政府是乡镇人大的执行机关，是地方的行政机关，领导乡镇政府的工作。所以，乡镇长在乡镇政府中拥有合法的最高职位。

行政职位是行政领导者实施领导的基础。行政职位与行政职务是不可分的，职位的标志是职务。职位的设置是依据有关的法律或规定，不能有个人的主观随意性。在我国，行政职位的实质是为人民服务的岗位。从总理到乡镇长，只是职务高低的不同，但其岗位无贵贱之别。行政领导者绝不能利用国家给予的行政职务去谋求个人私利。

行政领导的职位是以“事”而不是以“人”为中心设置，职位的数量是有限的，这说明职位是一种稀缺的资源，要遵循最低数量原则，避免设职过多导致机构臃肿、人浮于事、效率低下的局面。行政领导职位具有相对稳定性，不应随意增减。行政领导的职位要进行科学分类，实现“因事设职、因职择人、因岗定权、因责制权”的管理模式。

（二）行政领导的职责

行政领导职责是指行政领导者在国家机关处于一定职位所承担的一定工作任务以及应负的责任。行政职责包括两方面的含义：一是在实际执行时所承担的义务，通常称为责任事项；二是对执行职务的结果应负有的法律上的责任，通常称为结果责任。履行行政职责是行政领导者含义的实质和核心。正如列宁所说：“管理的基本原则是一定的人对所管的一定的工作完全负责。”毛泽东讲过：“我们的责任，是向人民负责，每句话，每个行动，每项政策，都应符合人民的利益，如果有了错误，定要改正，这就叫向人民负责。”所以，行政领导者不只是“当官、掌权、发号施令”，而是要对国家对人民忠实地履行自己的职责，全心全意为人民服务。具体讲，行政领导的主要职责有：

1. 政治责任。它是指行政领导者按照权力机关或上级部门的要求在完成工作以后所造成的社会客观影响。行政领导必须坚持四项基本原则，积极实践“三个代表”和科学发展观，认真贯彻执行党的各项路线方针政策，始终与党中央保持政治上的一致性。

2. 法律责任。它是指担任某一职务的行政领导运用所授权力而对法律所应作出的承诺。行政领导者必须在国家法律、法规和条例允许的范围内依法行政。行政领导者如果违反了一般民法和刑法的规定，则由法院依照规定予以惩罚；如果违反了行政法规所规定的义务和责任，则一般由行政机关依照规定予以惩罚。

3. 工作责任。它是指行政领导者自己的岗位责任和领导责任。行政领导者必须为所在部门提供正确的导向，制定可持续发展战略，创建良好的工作环境、工作秩序和人际关系，有效配置人、财、物、信息等资源，实现社会效益和经济效益的“双赢”。

（三）行政领导的职权

行政职权与行政职位是相联系的，是为履行其职责而依法赋予的权力。行政领导的职权必须与行政领导的职位和职责相称，既不能有权无责，也不能有责无权；既不能权大责小，也不能权小责大；既不能位高权小，也不能位低权大。行政管理者既有法定的职权，称之为硬权力；也有个人影响力形成的权力，称之为软权力。行政管理中，领导者要硬权力和软权力一并使用。概括地说，行政领导的职权主要有：

1. 指挥权，即依法所具有的领导和指挥工作的权力。
2. 任命权，即依据有关规定任命或者晋升行政工作人员的权力。
3. 奖励权，即按有关规定对行政工作人员实施奖励的权力。
4. 统一报告权，即向上级主管及有关部门全权负责报告工作的权力。
5. 编制预算权，即组织的财政经费制定收支计划和支配使用的权力。

综上所述，任何行政领导者都有一定的职位、职权、职责，三者互相联系，互相制约，位、权、责统一于一体，集中于一身，位是基础，责是核心。有职就要有权，有权就要尽责，其核心是责。

三、现代领导理论

所谓领导理论，就是研究领导现象的理论。领导理论的研究，是随着欧洲文艺复兴和资产阶级革命的胜利、资产阶级民主化进程不断深入而发展起来的。最初，人们着重研究所谓“权力学”，他们把人类的领导活动都归为权力的运用，研究权力的取得、权力和机构的关系、权力的性质和类型、命令与服从的关系以及权力的运用方式等等。四百多年前，意大利管理思想家马基维弗利提出了领导学的四大原理：（1）领导者应“大众认可”，即领导的权力应来自于基层；（2）领导者应具有“凝聚力”，以获得随从者的支持和信任；（3）领导者应有“生存的意志力”，为捍卫权利而斗争；（4）领导者应以身作则，为人表率。这是对领导理论较早的全面论述。自20世纪30年代以来特别是第二次世界大战以后，随着资产阶级民主政治的扩大，领导理论普遍受到各国的重视，逐渐成为热门话题，各种领导理论学派相继产生，归纳起来大体可分为以下三种类型的领导理论：

（一）领导特性理论

领导特性理论又称领导素质论，它着重研究领导者的个人特性或个人素质，以便发现、培养和使用合格的领导人才。现实生活中，人们一般认为成功的领导者特别是伟大的政治家、军事家等，都具有一些常人所不具备的、高于常人的特性或个人品质特征。19 世纪末 20 世纪初，随着管理学、心理学等学科的产生和发展，对领导特性开始进行较系统、科学的探讨，陆续出现了各种各样的领导特性理论。各国管理学家和社会心理学家提出的领导者的特性种类繁多，有的认为有六种特性，有的认为有十种，也有的认为有几十种甚至几百种。如早期进行此研究的美国学者西拉季和华莱士提出的领导者的六种特性理论认为，领导者应具有身体特点、社会背景、智力、个性、任务定向和社会技能六个方面的特性。美国管理协会在对事业取得成功的 4000 名管理人员进行调查时发现，成功的管理人员一般具有以下二十种能力：（1）工作效率高；（2）有主动进取精神，不断改进工作；（3）逻辑思维能力强；（4）富有创造精神；（5）有很强的判断能力；（6）有较强的自信心；（7）能帮助别人提高工作能力；（8）能以自己的行为影响别人；（9）善于用权；（10）善于激发别人的积极性；（11）善于利用谈心做工作；（12）热情关心别人；（13）能使别人积极而又乐观地工作；（14）能实行集体领导；（15）能自我克制；（16）能自行做出决策；（17）能客观地听取各方面的意见；（18）对自己有正确估价，能以他人之长补自己之短；（19）勤俭艰苦，具有灵活性；（20）具有技术和管理方面的知识。

领导特性理论侧重于比较领导者与被领导者、高层领导者与基层领导者、成功的领导者与不成功的领导者之间的个体差异，试图确定领导者或成功的领导者具有什么样的个人特性，也即是确定具有什么样特性的人适合做领导人，进而在此基础上确定进行什么样的训练能够培养出胜任领导工作的人。领导特性理论的积极性在于：（1）它描述了成功的领导者所应具备的个人特性，对领导者的个人素质提出了最基本的要求，如知识水平、专业能力、社会技能方面的要求，等等；（2）它为建立健全考核制度提供了理论依据。例如政治思想水平考核、业务能力考核、文化水平考核、工作态度考核等都以此为主要内容。同时为运用人才测评方法选拔领导者后备人选提供了标准和依据；（3）推动了成功的领导者的培养和训练工作。按照领导特性理论，领导者的能力、经验、素质等等一般是后天形成的而不是先天形成的，可以通过专门训练、学习或实际工作的锻炼逐步提高；（4）领导特性理论有利于领导者从自身寻找差距，自我提高。

领导特性理论本身有较大的局限性，多年来一直存在着下列缺陷和疑问：

（1）各种观点众说纷纭，很难形成完全一致的定论，不同的人所提出的成功领导人的特性甚至是自相矛盾的。领导者的素质要求在不同的环境、不同组织甚至不同文化背景或不同国家中均有所不同。表 5－1 表明了美国和日本的企业对其领导人素质要求上的差别。（2）在许多情况下，很难确定是某些个人特性造就了领导人，还是领导工作或机会导致了这些个人特性的产生。（3）研究表明，许多特性和领导效果没有关系。领导者并不一定具有比别人高尚的品质或超人的能力，甚至与被领导者之间没有显著的差别。他们所表现出的某些良好的个人特性可能是领导岗位的特殊条件造成的。实际上“人皆可以为尧舜”，只不过许多人没有机会表现自己的才能，或没有机会在领导岗位上发挥自己的作用。（4）在成功的领导者之间，存在着多种多样的个人特性方面的差异，他们高矮胖瘦不一，性格有的内向，有的外向，爱好、兴趣多种多样，学历有高有低，专长、技能等也千差万别。他们的许多特性在不成功的领导者身上也同时具有。另外，即使是同一个领导人，他在某项工作中取得了成功，但在另一项工作中却遭到了失败，这说明他所具有的个人特性并不是取得成功的必然条件。领导特性理论的这些缺陷促进了其他领导理论的研究。

表 5－1　　美国和日本的企业对其领导人素质要求比较

顺序	日本		美国
	品德	能力	
1	使命感	思维决定能力	合作精神
2	责任感	规划能力	决策能力
3	依赖性	判断能力	组织能力
4	积极性	创造能力	授权能力
5	忠诚心	洞察能力	应变能力
6	进取心	劝说能力	勇于负责
7	忍耐性	对人理解能力	创新能力
8	公平性	解决问题能力	敢担风险
9	热情	培养下级能力	尊重他人
10	勇气	调动积极性能力	品德超人

（二）领导行为理论

1. 领导行为四分图。它是美国俄亥俄州立大学教授斯多基尔和沙特尔建立的一种领导行为模式，他们把构成领导行为的诸多因素概括为“抓组织”和

“关心人”两大类。“抓组织”就是以工作为中心，它包括组织设计、制定计划和程序、明确职责和权限、建立信息途径、确立工作目标等。“关心人”则是以人际关系为中心，它包括建立相互信任的气氛，尊重下级意见，注意下属的感情和问题等。调查结果发现，有的领导者比较注重“抓组织”而相对忽视“关心人”，有的领导者则比较注重“关心人”而相对忽视“抓组织”。有效的领导往往是这两类因素的分量都较多的组合体。他们认为，领导行为可以用四分图来表示，如图5－1所示。从领导行为四分图可以看出。这一理论的要点在于从两个不同的角度考察领导行为，从而把领导行为规定为四种模式，即“低组织高关心人”、“高组织低关心人”、“低组织低关心人”和“高组织高关心人”。

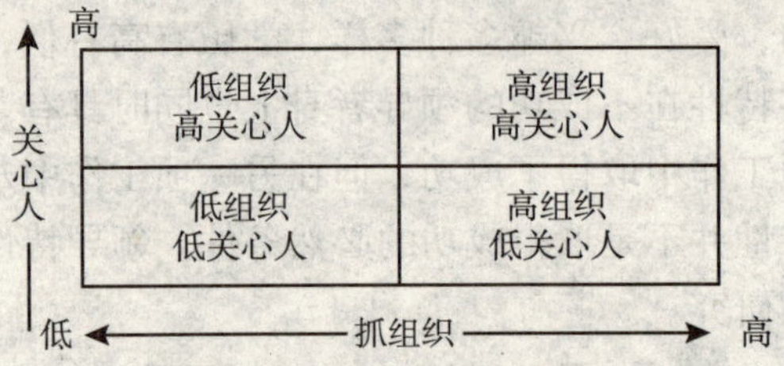

图5－1 领导行为四分图

2. 领导方格模式。美国得克萨斯大学教授布莱克和莫顿在领导四分图的基础上提出了领导方格图，见图5－2。

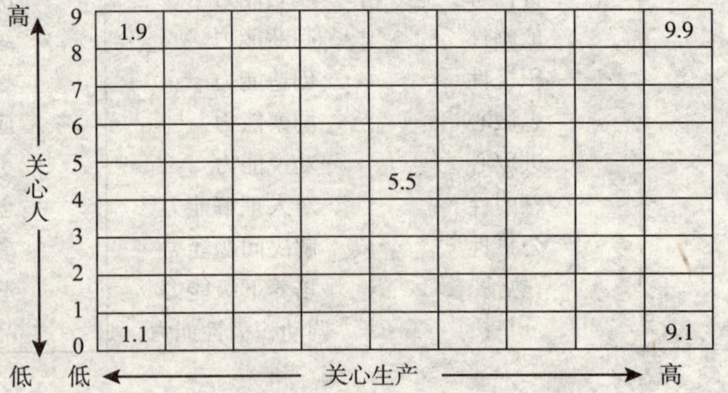

图5－2 领导方格模式

在此图中，横坐标表示领导者对工作的关心程度，纵坐标表示对人的关心程度，每一个方格都表示“关心工作”和“关心人”这两个基本因素相结合的一种领导方式。布莱克和莫顿在 81 个方格中，列出了五种基本的领导方式，并对每一领导方式的行为特征予以描述。具体为：1.1 型是贫乏型领导。这一类型的领导者对工作对人皆不关心，他试图以最小的努力去完成必须做的工作。9.1 型是任务第一型领导。这一类型的领导者高度关心工作任务和工作效率，而不关心人的需要和发展，因而不能充分发挥工作人员的积极性。1.9 型是俱乐部型领导。这一类型的领导对下级十分体谅和迁就，注意创造和睦的组织气氛和舒适的工作节奏，但是对工作的计划、监督以及效率漠不关心。5.5 型是中间型领导。这类领导者对工作的关心程度和对人的关心程度均属中等，一方面比较注意履行领导者在计划、决策和监督方面的职责，另一方面也比较重视与下级的沟通和能使下级的工作积极性得到高度发挥。9.9 型是战斗集体型领导。这类领导者对工作对人都极为关心，努力使个人的需要和组织的目标达到高度结合。他既能够出色地履行领导者在决策、监督等方面的职责，同时十分重视人际关系的协调和沟通，尽力保持旺盛的士气。

（三）领导情境理论

领导情境理论又称领导权变理论、相机理论，主要研究与领导行为有关的情境因素对领导效力的潜在影响。“情境”本身是一种心理学的含义，它指一种有社会心理因素影响的特定环境或情景，既包括客观的物质环境，又包括心理环境。不同的环境有不同的情境，同一种环境也可以有不同的情境。领导情境理论认为在不同的情境中，不同的领导行为有不同的效果。“权变”一词为“随具体情境而变”或“依具体情况而定”的意思。领导情境理论主要有下列三种：

1. 菲德勒的权变理论。1967 年，美国华盛顿大学 F. 菲德勒教授经过 15 年的调查研究，提出了一个“有效领导的权变模式”。他认为，任何领导类型都可能是有效的，也可能是无效的，问题的关键是在于它与环境是否相互适应。有效的领导者必须是一位对于环境有较强适应能力的人。菲德勒把环境因素归结为三种：即领导者与被领导者的关系；工作任务的结构；职位的权力。领导者与被领导者的关系是指下级对上级愿意追随的程度以及上级对下级的吸引力。他认为这一关系对于领导者在群体中的影响力和控制力具有重要的决定作用。工作任务的结构是指下级对于所承担的工作的目的、方法以及评估标准的明确程度。职位的权力是指与领导者的职位相关联的正式职位以及领导者从各方面所取得的支持程度，它包括了领导者对下级所实际拥有的一切权力。根据上述三种条件，菲德勒把领导者所处的环境分为八种类型。三种条件齐备时是最有利的环境，三种条件都缺乏时是最不利的环境，其他情况属一般环境。而领导者则应根据不同的情况，采取不同的领导方式。如表 5－2 所示。菲德勒的研究表明，在最有利和最不利的情况下，采取以“任务为中心”的指令型领导方式，效果较好；而如处于中间状态的一般环境中，则以采用“以人为中心”的宽容型领导方式为宜。

表 5－2　　菲德勒领导权变理论

对领导者的有利性	有利			中间状态				不利
情境类型	1	2	3	4	5	6	7	8
领导与下属的关系	好	好	好	好	差	差	差	差
工作结构	明确	明确	不明确	不明确	明确	明确	不明确	不明确
地位权力	强	弱	强	弱	强	弱	强	弱
领导方式	指令型			宽容型		无资料	无关系	指令型

2. “通路－目标”理论。该理论最早由加拿大多伦多大学 M. G. 埃文斯教授于 1968 年提出，其同事 R. J. 豪斯于 1971 年作了扩充和发展。该理论的基本点是要求领导者对下级阐明工作任务的要求，帮助下级排除实现目标的障碍，使之能顺利达到目标，并在实现目标的过程中满足下级成长和发展的要求。他们认为，一个有效的领导者应根据其部下的状况和具体的环境因素采取不同的领导方式。豪斯提出了可供选择的四种领导方式，即指令型、支持型、参与型和成就型。指令型领导即领导者发布指示，明确告诉下级做什么和如何做。决策完全由领导者做出，下级不得参与。支持型领导即领导者关心下级，平等待人，不太注意如何使下级的工作令人满意。参与型领导即领导者在进行决策时注意征求下级意见，并予以认真考虑。成就型领导即领导者向下级提出挑战性目标，希望下级最大限度地发挥潜力去工作，并相信他们能够实现目标。豪斯认为，一个领导者究竟选择哪种领导方式，必须充分考虑两方面的因素：首先是下级的个性，例如其领悟能力、受教育的程度、对成就的需求、愿意承担责任的程度等。有的人认为自己有能力影响周围的人和事，能控制事物的发展，这种人可能喜欢上级采取参与型领导方式。而有的人可能认为自己没有能力影响和控制周围的人和事，这种人则可能喜欢指令型的领导方式。其次是环境因素，这包括工作性质、权力结构以及工作小组的状态等。如果工作任务模糊不清，下级无所适从，他们就可能希望有指令型的领导。如果工作是常规性的，工作目标和达到目标的途径清楚而明确，则下级则可能希望有支持型领导。这一理论认为，领导效率取决于领导者激励下级达到目标的能力，和使下级在工作中得到满足的能力。领导行为只有在

被下级认为可以使自己的发展需要得到满足时，才可能被下级认可和接受。而领导者只有在把下级需求的满足和组织目标的实现联系起来时，才是有效的领导行为。

3. 弗隆和耶顿的领导参与模式。1973 年美国行为科学家 V. 弗隆和 P. 耶顿运用决策树的形式，试图说明在何种情境中、在什么程度上采用让下属参与决策的领导行为。他们在领导者单独决策和接受集体意见决策之间按征求和接受下属意见的程度划分出五种不同的领导方式，并以提问的形式按照信息来源、下属接受和执行决策的不同情况划分出八种情境因素，让领导人利用肯定否定式的决策树选择方法，依次从这八种情境因素的判断中找出最佳的领导方式。

4. 领导行为的连续统一体模式。领导行为的连续统一体模式又被称为独裁—民主领导连续带理论，是由美国行为科学家罗伯特·坦南鲍姆和沃伦·斯密特提出的。他们认为，在民主与独裁这两种极端的领导方式之间存在着七种过渡性领导方式，因而构成了一个连续带。这七种过渡性领导方式是：（1）领导者做出决策向下级宣布；（2）领导者向下级推行决策；（3）领导者提出设想，征求下级意见；（4）领导者作出初步决定以待修正；（5）领导者提出问题征求下级意见后再作决策；（6）在领导者规定的条件下由下级集体决策；（7）领导者容许下级在规定的范围内自由活动。这一模式如图 5－3 所示。

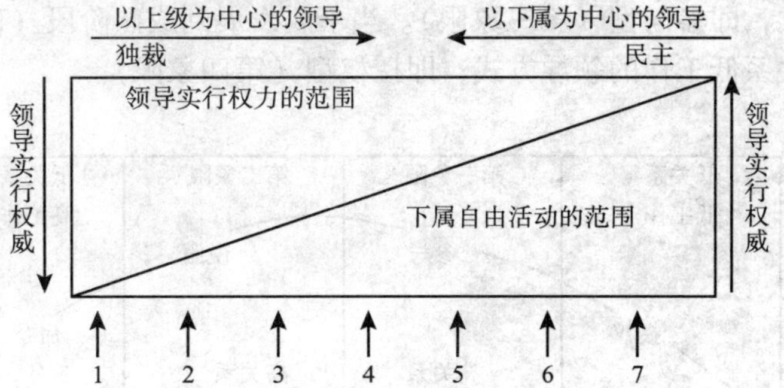

图 5－3 领导行为的连续统一体模式

图 5－3 中 1 到 7 表明一系列民主程度不同的领导方式。左端代表保持高度集权的独裁领导者，他遵循 X 理论的领导方式；右端代表下放权力的民主领导者，他遵循 Y 理论的领导方式。随着连续带自左向右的移动，授予下级的权力相应增加。坦南鲍姆和斯密特认为，领导方式不是机械地只从独裁和民主两方面进行选样，而是随着环境因素的变化而变化，按照客观需要将独裁与民主两者结合起来。有效的领导者应该是那些适应性强的人，他们有足够的灵活性应付不同

的情况，能够根据自己的能力、下级的能力和所要实现的目标来选择自己的领导方式。

5. 领导生命周期模式。领导生命周期模式是由美国学者 A. K. 科曼、何塞和布兰卡建立的。这一模式的基本观点是，认为有效的领导行为应该把工作行为、关系行为和被领导者的成熟程度结合起来予以考虑。领导者应根据下级在各方面（如年龄、能力、成就感、责任心等）不同的成熟程度采取不同的领导方式。根据领导生命周期模式，领导行为应分为工作行为和关系行为两大类。工作行为是领导者采取单向沟通的方式向被领导者说明工作的目的和方法等，关系行为则是领导者采取双向沟通的方式关心和满足被领导者的多方面的需要。随着下级由不成熟走向成熟，领导者的工作行为和关系行为应该发生相应的变化。这三者的关系是一种曲线关系。如图 5－4 所示。在图中，横坐标表示以抓工作为主的工作行为，纵坐标以关心人为主的关系行为。第三个坐标表示下属的成熟程度，曲线和四个象限表示变动着的领导方式。领导生命周期模式认为，随着下属由不成熟走向成熟，领导行为应该相应地采取不同的方式。当下属处于不成熟阶段（M_1）时，领导者应采取低关系高工作的领导方式，即命令型（第一象限）。当下属进入初步成熟阶段（M_2）时，领导者应采取高关系高工作的领导方式，即说服型（第二象限）。当下属进入比较成熟的阶段（M_3）时，领导者应采取高关系低工作的领导方式，即参与型（第三象限）。当下属发展到成熟阶段（M_4）时，领导者应采取低关系低工作的领导方式，即授权型（第四象限）。

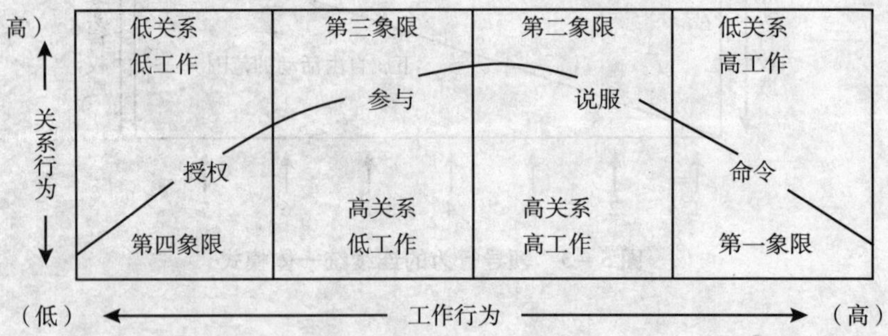

高	中等	中等	低
M_4	M_3	M_2	M_1

下属的成熟程度

图 5－4　领导生命周期模式

领导情境理论比领导特性理论、领导行为理论复杂得多，考虑的因素也多。它们的共同特点在于：(1) 它们把领导看作是一种发生于特定情境中的动态过程，认为领导的有效行为随着被领导者的特点和情境因素的变化而变化。(2) 着重考虑如何取得最好的领导效果和如何选择最佳的领导行为或领导方式问题，认为领导效果依赖于领导者、被领导者和情境因素的相互作用，用公式表示为：领导 = f (领导者、被领导者、情境)。由于综合考虑了与领导有关的三个方面的因素，避免了领导特性理论和领导行为理论机械肯定或机械否定的缺点。(3) 提出了提高领导效果的基本方法，如改变领导者的行为、适应下属的特性和现实的情境因素，等等，说明成功的领导者的最重要的特性是能够正确认识实际的情境因素及其特点，能够及时改变领导行为或方式去适应特定情境的需要。失败的领导者往往缺乏这种适应能力，并不是由于其个人素质的低劣。(4) 领导情境理论大多数是在问卷调查的基础上产生的，它们对领导行为和情境因素的概括有一定的局限性，不能简单地照搬、照套，它们仅提供一种分析和认识领导问题的方法。

第二节　行政首长负责制

一、行政首长负责制

(一) 行政首长负责制的含义

行政首长是指根据宪法和法律规定被授予一定行政职位和权力并承担一定行政责任的人。所谓行政首长负责制就是国家行政机关的最高行政决策权、指挥权和全部责任赋予行政首长一人承担的一种行政领导体制。目前，我国各级国家行政机关和企事业单位实行行政首长负责制以及军队的党委领导下军政首长分工负责制等。这种领导制度的优点是权力集中，便于统一指挥；责任明确，可减少行动中推诿扯皮，行政效率高。缺点是权力过于集中，容易形成个人专断或管理中的独裁，也易于产生官僚主义和腐败问题。

(二) 行政首长负责制的基本原则

1. 职、责、权一致原则。这是行政首长负责制的首要原则。行政首长负责制，首先要明确职务，因为它是责任和权力的前提和依据，职务不同，所承担的责任和享有的权力也就不同；其次，要明确责任即明确其工作和职责的范围，明确责任是行政首长负责制的关键，正如邓小平同志所指出的“某一件事、某一方面的事归谁负责，必须由他承担责任，责任要专”；[①] 再次，要明确权限，即权力的范围和大小。权力是赋予职务的，责任是对职务的要求和约束，权力是履行职务的保证。但是，只谈权力，不谈责任，必然导致权力的滥用；只谈责任，不谈职务和权力，责任制也势必落空。职务和权力的行使是完成任务、履行职责的必要条件。因此，职、责、权三者是一个统一体，必须紧密结合，不能偏废脱节，要实现“职务定人，责任到人，权力予人”。

2. 党管干部原则。中国共产党对国家行政机关的领导是政治的领导，包括政治方向与原则的领导，重大政策与决策的领导以及向政府机关推荐主要领导干部。行政首长要自觉地坚持共产党的领导，与党中央在政治上、思想上、行动上保持一致，认真贯彻执行党的路线、方针、政策，自觉维护党的形象，忠诚党的事业，全面完成党和政府交办的各项任务。

3. 依法行政原则。各级行政首长必须以宪法和法律规定为准则来行使职权和从事领导管理活动，奉行“立党为公，执政为民”宗旨，坚持依法行政，廉洁奉公，全心全意为人民服务。行政首长要坚决摒弃“以权代法，以言代法”的错误思潮，坚决做到“有法必依，执法必严，违法必究”。

4. 向人民负责的原则。全国人民代表大会是最高国家权力机关，由全国人民选举的代表组成，代表人民行使国家的权力，是人民当家做主和人民管理社会、管理国家的具体体现，人民的利益高于一切。各级国家行政机关是各级国家权力机关的执行机关。国务院和地方各级人民政府都由同级人民代表大会产生，对它负责并报告工作，接受人民代表大会的监督。

（三）行政首长负责制的实施

为了保证行政首长负责制的实施，必须做到：第一，建立明确的岗位责任制。实行“四定”即定职能、定岗位、定责任、定编制。第二，建立严格的考核制度。考核要有明确的标准，要有科学的方法，要把考核与奖惩结合起来，实施严格的激励政策。第三，建立监督和约束机制。为保证公共权力不被滥用，保证管理目标的实现，应建立和强化监督机制、约束机制。第四，建立相关配套制度。如办公会议制度、内部沟通制度、民主生活会制度；群众接待日

---

① 《邓小平文选》第二卷，人民出版社 1994 年版，第 282 页。

制度、信访制度、公告制度、评议制度、咨询制度；请示报告制度、检查反馈制度、通报制度、征询制度等，真正实现“情为民所系，权为民所用，利为民所谋”。

二、民主集中制与行政首长负责制

（一）民主集中制的含义

民主集中制是民主制与集中制有机结合的一种制度，是中国共产党在长期的革命斗争实践中总结出来的根本组织原则，是宪法中规定的国家机关的组织原则和领导原则。毛泽东指出：“这种民主和集中的统一，自由和纪律的统一，就是我们的民主集中制”。① 所谓民主集中制是指在一切领导活动中必须坚持民主和集中的有机结合和统一。要充分发扬民主，民主是集中的基础；要在高度民主的基础上实行高度的集中，只有正确的集中才能保证民主的实现。民主基础上的集中与集中指导下的民主是一致的。

民主制的根本内容是：在国家政治生活中，人民是国家的主人，享有参政议政的权利，有权参加对国家事务、经济和文化事业及社会事务的管理，一切国家机关及其工作人员必须对人民负责，接受人民监督。从领导集体来看，实行集体领导也是民主制的体现。集中制是指在民主的基础上实行集中，不论在党内，还是在国家机关、企事业单位、社会团体和组织中，都实行少数服从多数、个人服从组织、下级组织服从上级组织、全国各个组织和全体人民服从全国人民代表大会和全国人大常委会及全党各级组织和全体党员服从党的全国代表大会和中央委员会。总之，民主集中制，是民主和集中不可分割的有机统一体，是建立全党和全国的正常秩序，实现集中统一和行动上一致的基本保证。

（二）民主集中制的优越性

实行民主集中制具有制度建设和科学领导的优越性，主要表现在：（1）有利于处理好民主与集中的关系。离开民主讲集中，必将缺乏民主和自由，甚至可能导致官僚主义和个人主义。民主集中制应有之意是民主与集中的辩证统一，民主离不开集中，集中也离不开民主，二者是相辅相成的。（2）有利于处理好领导与

---

① 《毛泽东选集》第5卷，人民出版社1977年版，第368页。

群众的关系。领导者正确的思想、行动方案、管理措施应建立在广泛的群众基础上，来自于群众的实践总结。民主集中制有利于把领导和群众联系起来，有利于调动和发挥两方面的积极性、主动性和创造性。（3）有利于处理好领导者个人与领导集体的关系。既可以发挥行政首长的主导作用，又可以发挥领导班子其他成员的作用，把二者的优势结合起来，这是民主集中制的一个明显优点。（4）有利于处理好决策与实施的关系。民主讨论、群众参与，可以使各方、各种意见都被反映出来，让大家关心决策的过程、参与决策的过程，从而有助于理解集中后的政策，并提高执行政策的自觉性。

（三）民主集中制与行政首长负责制的关系

行政首长负责制是相对于委员会制而言，是民主集中制和集体领导与个人分工负责制相结合制度的一种具体形式。我党一贯把民主集中制作为自己的根本组织原则和领导制度。《关于党内政治生活的若干准则》规定："集体领导是党的领导的最高原则之一。从中央到基层的各级党的委员会，都要按照这一原则实行集体领导和个人分工负责相结合的制度。凡是涉及党的路线、方针、政策的大事，重大工作任务的部署，干部的重要任免、调动和处理，群众利益方面的重要问题，以及上级领导机关领导由党委集体决定的问题，应根据情况分别提交党内委员会、常委会或书记处、党组集体讨论决定，而不是由个人专断。"列宁指出："集体领导应限于在最小的委员会内最简短地讨论最重要的问题，而实际处理机关、企业的事情和任务的责任，则应委托一个素以坚强果敢见长、善于处理实际问题并享有最大信任的同志去担负。任何时候，在任何情况下，实行集体领导都要最明确地规定每个人对一定事情所负的责任。"① 行政首长负责制作为一种领导制度，它从属于民主集中制，行政首长的领导离不开民主集中制。民主集中制与行政首长负责就是集体领导和个人分工负责相结合的体现。行政首长负责制具有事权集中、责任明确、运作快捷、效率较高等优点，但也有许多明显的缺点，如行政决策和行政领导的水平难免受行政首长个人的知识、能力、性格和领导方法等影响；如果缺少行政监督，行政首长负责制容易造成个人的独断专行。而民主集中制的贯彻执行正好可以弥补行政首长负责制的这些缺陷。民主集中制具有上述的优点，可以弥补行政首长个人决策和指挥的明显不足，它的实施可以在很大程度上防止行政首长滥用公共权力。

① 《列宁选集》第 4 卷，人民出版社 1972 年版。

第三节　行政领导的方法、方式及艺术

一、行政领导方法的含义

（一）行政领导方法的含义

方法是指为了达到某一目的而调动人的能动性和各种物质、能量、信息的一系列对策、技巧，是行动中的科学和技巧。行政领导方法，是指行政领导者在行政活动过程中，为实现行政领导目标、领导职责、领导作用而采取的各种手段、办法和程序的总和。它包括思想方法和工作方法两个层面。

行政领导方法有如下特点：一是目的服务性。目的决定手段方法，手段方法从属于目的并为目的实现服务，行政领导者根据领导和管理目的、目标来拟定方法；目的、目标发生改变，方法也应随之改变。二是运作的规范性。行政领导者应该按照法律法规的要求、按照权力机关的授权、按照工作程序和行为规范要求实行行政领导管理工作，否则，可能产生相关的法律责任和领导责任。三是观念的开放性。行政领导要树立一种学习态度，既要大胆采用自己认为合理有效的管理手段、管理程序和管理方法，又要积极采用别人的好的建议特别是国际上先进的管理技术和科学，在学习中不断提高管理水平。四是层面的多层性。领导工作是一个极为复杂的系统，与此对应的领导方法也是一个系统的体系，大致可以分为两个层次：一是通过方式、技术等反映领导工作具体规律的具体领导方法；二是反映领导在一般理论、世界观指导下的基本领导方法。基本领导方法对具体领导方法起指导和决定作用。如果从时间上来看，领导方法可以分为传统领导方法和现代领导方法；从级别上看，可以分为高层领导方法、中层领导方法、基层领导方法；从功能上看，可分为思想方法和工作方法，等等。

（二）基本领导方法

1. 思想路线——坚持实事求是。实事求是我国和我党根本性的行政领导方法和优良传统。邓小平指出："实事求是，一切从实际出发，理论联系实际，坚持实践是检验真理的标准，这就是我们党的思想路线。"① 他还指出："按照实际

---

① 《邓小平文选》（1975～1982），人民出版社1983年版。

情况决定工作方针，这是一切共产党员所必须牢牢记住的最基本的思想方法、工作方法。”[①] 这也是我国行政领导的最基本的思想方法、工作方法。坚持和运用实事求是的方法，必须做到：（1）一切从实际出发，理论联系实际。客观实际是行政领导者发现问题、分析问题、作出决策和制定计划的基本依据。毛泽东同志说过：按照实际情况决定工作方针，这是一切共产党员必须牢牢记住的最基本的工作方法。为此必须做到：处理一切问题不能从主观判断、抽象概念和本本主义出发，而应该以客观事实为基础，从客观事物的内在联系即规律性出发，坚持理论联系实际，要把上级的政策与本部门、本单位的具体情况结合起来，创造性地开展领导工作。（2）坚持实践是检验真理的唯一标准。判定从“实事”出发得出的“是”是否正确和完善只有也只有通过实践才能检验。毛泽东思想、邓小平理论都是马克思主义在中国的具体实践中产生和发展起来的先进理论，同样，管理中的具体领导方法也可依照“实践，认识；再实践，再认识”的步骤逐步提高和完善，在实践的基础上不断实现主观与客观的统一。

2. 工作路线——走群众路线。《中共中央关于加强党和人民群众联系的决定》指出：“党在长期斗争中创造和发展起来的一切为了群众，一切依靠群众，从群众中来到群众中去的群众路线，是实现党的思想路线、政治路线、组织路线的根本工作路线，是中国共产党的优良传统和政治优势。”用毛泽东同志的话来说就是：将群众的意见集中起来，又到群众去宣传解释，化为群众的意见，使群众坚持下去，见之于行动，并在群众的行动中考验这些经验是否正确。然后再从群众中集中起来，再到群众中坚持下去。如此无限循环，一次比一次更正确、更生动、更丰富。群众路线是我们根本的工作路线，群众路线科学地解决了领导和群众的关系，是行政领导者的根本工作方法。为此必须做到：（1）虚心向人民群众学习，先当学生，后当先生，实现领导与群众的结合；（2）拓宽民主渠道，建立群众有序参与决策的机制，从而保证行政领导的决策真正代表人民群众的意愿和利益；（3）决策制定出来后，行政领导者还要组织群众、教育群众、鼓舞群众，把决策变为群众自觉的行动。

3. 决策路线——开展调查研究。调查研究是我党的优良传统和工作作风。调查研究是领导决策的基础，是检查实施的政策完善性和有效性的手段，是领导活动的基础性工作，是实现正确领导的前提和保证。开展调查研究可采用全面调查、抽样调查、典型调查和统计调查等具体方法和形式。

4. 管理路线——实施系统分析。新世纪的行政领导者要有科学大局观、发

---

① 《邓小平文选》（1975～1982），人民出版社1983年版。

展观、战略观、全球观，系统掌握控制论、系统论、信息论知识和分析方法，避免“一叶障目”、“只见树木，不见森林”的解决问题方法。在系统分析时要考虑系统内外各种相关因素的影响，用发展的、联系的、全面的、系统的、科学的分析思路和手段，实施系统分析，既要立足现实，又要放眼未来；既要看到局部，还要树立全局意识；既要关心眼前利益，更要着眼长远利益。按照“五个统筹”的要求，指导工作实践。

（三）具体领导方法

具体领导方法很多，这里主要列举以下几种：

1. 树立领导权威的方法。领导者可以利用法律法规、制度等授权即硬权力树立威信，但在日常的领导活动中，如果能够依靠自己良好的人格魅力，以身作则，用德、才、信、绩、情等软权力赢得部属的尊敬即获取软权力，其权威性可能更大和持久。

2. 授权的办法。领导者依据科学授权的原理，掌握授权的技巧，放手让下属大胆工作，权随责任转移，但不能只给权力不给责任，也不能只给责任不给权力。授权后，也要注意监督授权后的效果。

3. 统筹时间的方法。（1）ABC 时间管理法。美国的艾伦·莱金在《如何控制你的时间和生命》一书中提出，领导者应该编制每天工作的时间表，把工作分为 ABC 三类：A 类是重要的，当天必须处理；B 类次之；C 类可以缓一缓。如果把 A、B 两类的工作做好，就是抓住了关键的环节，等于完成了当天工作 80%。如果有人来电话催办 C 类，你就把它提到 B 类。如果有人登门催办 C 类，你就把它提到 A 类。这样，领导者可以主动安排自己的工作，充分利用自己的时间去抓关系到全局的大事。（2）时间统计法。即在对时间进行数学统计的基础上，通过对耗费时间记录的抽样分析，得出浪费时间的主要因素，并努力消除。（3）整批使用时间法。即把零星时间集中起来作为整批时间使用，这是提高时间利用率的好办法。（4）一般时间节约法。美国《今日世界》杂志曾列举了领导者节约时间的十条秘诀，我们称它为“一般时间节约法。”内容为：第一，处理公事切忌先办小的后办大的，一定要先办当天的最重要的事情，再办其他的事情；第二，用大部分时间去处理最难办的事情；第三，把部分工作交给秘书去做；第四，少写信，打电话能解决的就打电话，必须写信时就写便条；第五，减少会议；第六，拟好安排工作的时间表；第七，分析自己利用时间的情况，看有多少时间被浪费了；第八，减少不必要的报告文件；第九，把传阅的文件减少到最低限度；第十，尽量利用空余时间看文件。

4. 组织会议的方法。行政领导者组织会议要做到：一要明确开会的目的；二要准备好会议议程和议题；三要讲究讲话技巧；四要把握会议时间，控制会议进程和会场秩序；五要贯彻民主集中制原则，围绕议题形成会议决议；六要及时发现有价值的信息和有潜力的人才。

5. 处理公务的方法。及时、准确签批处理公文，有些不太重要的公文可以让分管的领导签批，对签批公文还要抓落实；要善于创建和利用现代化的信息处理手段、办公条件如计算机、互联网、电话等获取信息和处理公务；可以开设公开电话、公开信箱、电子邮箱以及网上办公、热线电话等形式，直接解答问题，快速地回应群众的需求。通过“电子政务”的建设，有助于行政管理的公开化、透明化、规范化和办事效率的提高，还有助于树立良好的政府形象、管理者形象。

6. 咨询评估方法。行政领导在决策之前进行咨询是现代领导普遍采用的一种有效方法。在重大决策之前向专家、学者进行咨询，可以开拓思路，减少决策失误。目前，北京、上海、武汉、广州等地方政府都有专门的咨询委员会，制度效果很好。

7. 激励和协调的方法。在行政领导中，要注意运用激励政策，强化正激励和负激励，运用合理的激励因素手段达到管理目标。

8. 使用秘书的方法。要合理配备秘书，称为工作中的帮手；要严格规定秘书的职责，坚决杜绝秘书“窃权”乱政问题的发生。

二、行政领导方式

领导方式是一种具有权威性结果性的组织行为方式和社会行为方式，是领导主体以其特定的作风、习惯、性格、态度、倾向、思想和教育素质在特定的领导环境约束下形成的、对领导客体做出反应并施加影响的基本定势。简单说，行政领导方式是行政领导者从事领导工作的风格和行为。行政领导方式与领导体制、领导环境、领导观念以及行政领导者的素质能力密切相关，它规定和影响着行政领导方法和领导艺术的运用，并决定着领导活动的成败得失。

（一）按照领导行为侧重点来划分，行政领导方式可以分为重人式、重事式与人事并重式三种方式

重事式领导方式把工作效率置于领导工作的首位，它关注工作的进度和质量，忽视感情沟通及人际关系的协调。重人式领导方式把人际关系置于首位，它

关注人的需要，重视沟通和协调，重视下级对决策的参与和认同。随着广大群众觉悟和素质的提高，“以人为本”的行政领导方式越来越显示出比重事式领导方式的优越性。因为人的积极性提高了，工作效率也就容易提高。当然，重人式行政领导方式与重事式行政领导方式不可能截然分开，也不应该截然分开，进而形成人事并重式领导方式。人事并重式领导方式是应该大力提倡的领导方式。

（二）按照领导权力控制和运用的程度划分，行政领导方式可划分为集权型、分权型和放任型三种

集权型领导方式主要运用权力和威严强制下属服从，其特点是所有的决策都由行政领导者自己做出，下属没有参与决策的机会和权力。分权型领导方式是行政领导者鼓励下属参与决策，根据工作需要适当授权下属去做，并且注重沟通激励，调动下属工作的积极性和创造性；分权型领导一般采用示范引导、说服教育等非强制性的方式开展工作。放任型领导方式主要采用无为而治的态度开展工作，一切由下属自行处理决定。一般说来，上述三种行政领导方式中分权型效果最佳，集权型和放任型只在特定环境下才有效。

（三）按照领导的指挥模式划分，行政领导方式可以分为强制命令型和非强制型两种领导方式

强制型的行政领导方式是提出合法的要求，运用强制性权力施加压力，迫使下属执行，若不执行即给予惩罚。强制型的行政领导方式主要依赖权力的运用，依赖规章制度的运用。非强制型的行政领导方式主要依赖非权力性影响力的运用，依赖人格的力量和真理的力量，以理服人，以情感人。具体说来，主要运用沟通引导、人格感召、榜样示范、激励鼓舞、提供服务、指导辅导、说服谈判及关系协调等具体手段实施领导。随着社会主义市场经济体制的建立和完善，非强制型行政领导方式将越来越受欢迎，而且效果也比强制型的行政领导方式好得多。

三、行政领导者的艺术

（一）行政领导艺术的特点

行政领导艺术与行政领导方法实际是相关联的。行政领导艺术是一种个性化、艺术化的高水平的领导方法，即领导者在确定工作方针、策略、重心、程序

和方式时，灵活运用的各种技巧、手段和特殊方法。它是科学理论和实践经验相结合的产物，是领导者的智慧、学识、才能、胆略、经验的综合表现。

领导艺术有四个特点：

1. 经验性。领导艺术是属于经验形态的东西，是领导者对领导知识和领导经验的熟练运用，具有明显的个性化特征。钱学森、王寿云在《系统思想和系统工程》一文中指出："领导艺术是一种离开数学领域的才能，它能从大量事物的复杂关系中判断出最重要最有决定意义的东西。"所以，领导者的经验和阅历越丰富，管理技巧越娴熟，其领导水平也就越艺术化。同样的道理，具有不同领导经验、阅历、手段、技巧的领导者，领导艺术和效果也会有很大的不同。

2. 灵活性。领导艺术是一种非模式化的、高度灵活的技能。领导科学的理论和方法具有一定的模式，而且正如前面所讲有大量的领导和管理理论，但领导艺术具有高度的灵活性，因人、因时、因事、因地而权变，不能固守某种模式。

3. 科学性。最有效的领导艺术是建立在系统的管理科学基础之上的。在缺乏科学理论指导的情况下，单凭领导者的主观主义、经验主义和本本主义，根本谈不上什么艺术，而且是违背艺术要求的官僚主义和教条主义。只有立足于科学管理理论和知识的基础上，行政领导者才能创造性地提出富有艺术性的领导办法来。领导艺术是科学领导方法的特殊表现。

4. 实用性。再好的领导艺术，如果脱离实际需要，违背现实状况，缺乏针对性、实用性，也难以产生好的领导效果，因此，领导艺术不应是"花架子"，必须注重实用性。

（二）领导艺术的内容

1. 御权艺术。行政领导职务和职责的履行，需要权力保障，同时也是权力的运用。但是，在履行职责时，仅靠职权往往是难以达到理想的状态，还须依靠自己的威信和影响力。行政领导者的御权艺术体现在以下两方面：（1）职务权与影响权要配合使用。职务权又称为硬权力，权力主要来自法律和制度的授权；影响权又称为软权力、非职务权力，来自个人的个性、品德、知识、能力、专长、业绩、资历、关系等多方面形成的凝聚力、号召力、亲和力、感召力。两种权力的配合使用效果比单一权力运用要好，但配合程度要依工作性质、具体环境和对象而定。比如在公安、司法、工商、税务等一些执法部门，可以多用一点职务权少用一点影响权，而在高等院校、科研部门等则可以多用一点影响权少用一点职务权。从当今社会的发展趋势看，行政领导职务权的运用更加理性化、合理化，而个人影响权的使用则越来越普遍，越来越多地体现出人性化领导管理，行政领导者的领导力越来越多地来自个人影响权。（2）抓具有全局性和战略性大事，合理运用授权。毛泽东同志曾讲过：任何一级首长，应当把自己注意的重点放在那些对于他们所指挥的全局说来最重要、最具决定意义的问题或动作上，而不应当放在其他问题或动作上。意大利经济学家、社会学家维弗列度·柏瑞图提出在任何特定的群体中，重要的因素通常只是少数，即“重要的少数与琐碎的多数原理”，现已成为国际公认的管理上的80:20原理。这就是说20%的因素决定80%的价值，即80%的价值来源于20%的因素，而20%的价值则来源于80%的因素。这都说明领导者在工作中抓关键因素的重要性。行政领导应抓事关全局的战略决策，确定行政目标；抓纲领性的行政计划；抓行政系统的高效能运转，规章制度的建立、健全和改革；正确处理各部门之间的事、权、利的冲突，沟通信息，组织协调，督促检查，激励下属的进取精神。对于相对次要的工作，要根据自己管理的幅度授权，根据下属的能力和工作需要进行授权下级管理。授权时要同时赋予下属责任，责权要相称；授权要逐级进行，不能越级授权。授权以后不是完全放任不管，还要进行必要的督导和控制。

2. 御人艺术。邓小平同志曾讲过：“最重要的，我最关心的，是人才。”要慧眼识才，多方爱才，大胆用才，大量容才，尽量育才，千方百计地发挥人才的作用。据国外的调查研究表明，要充分发挥人的才干必须做到：保障工作的安全；建立良好的工作环境；有开明能干的领导；有情投意合的同事；有贡献能及时得到表彰；有不断更新知识的条件；有优厚的报酬；有合理的工作时间；负一定重任；有升迁晋级的机会，等等。因此，行政领导者的御人艺术体现在识人、选人、用人、管人、留人和育人六个方面。具体表现为：（1）用好的作风选人，通过公开考试、考核和选拔机制，把作风好的人选进来，唯才是举，任人唯贤。（2）要用人所长，扬长避短。据国外科学家测定，人的才能40%靠领导有方发掘出来。人的才能的潜力是很大的，一般人的才能往往只发挥30%就匆匆结束了生命。管理科学上有句名言：“垃圾是放错了位置的人才。”行政领导者要知人善任，识人所长，用其所长，还要扬其所长；凡事看主流，要爱护人才，不求全责备；要用人不疑，疑人不用，放手使用。但用人不疑并不意味不要监督和管理，缺乏监督和管理必然导致效率低下和腐败滋生，因为绝对的权力必然导致腐败。（3）利用法律、法规、规章、制度、规范等来规范、约束、警示管理对象，依法行政，按章办事。（4）用养结合。现代人力资源管理不同于传统的人事行政的地方就在于，对人才既要放手使用，更要关心、培养、开发人才。使用本身也是培养，培养、开发都是为了更好地使用。行政领导者要善于使用压担子、师带徒、脱产培训、在职学习、实践锻炼等多种方式来培养下属。（5）做到“事业留人，待遇留人，环境留人，感情留人"，创建留人的机制。

3. 激励艺术。激励艺术是领导艺术的重点。工作效率的提高可以通过工作能力的提高和工作动机的激励来实现，工作效率等于工作能力乘以工作动机，用公式表示：$E = A \times M$，其中，E 代表效率，A 代表工作能力，M 代表工作动机或激励的力量。激励艺术的运用要做到：（1）先自我激励，后激励他人；（2）先"激"（"激"是指激发积极的行为动机，动机引导行为并导向目标）后"励"（"励"是指反馈，是对其行为进行的鼓励、奖励），结合使用，"激"中有"励"，"励"中有"激"；（3）先激励"心"（对下属进行心理上、感情上、精神上的激励），后激励"智"（对下属进行能力、智力、创造力的激励）并将二者结合起来用。（4）先"分"后"合"，即先对下属进行物质或精神的激励，然后再进行物质加精神的综合激励；对下属进行个体激励，然后再进行集体的激励。实际运用激励艺术时，需要把个别激励与综合激励结合起来。

4. 沟通艺术。沟通艺术是领导艺术的基础，它主要有如下要求：（1）先沟通，后认同，沟通当中有认同，认同当中有沟通。（2）先认同别人，别人才能认同你；先认同上级，上级才会认同你；先认同下属，下属才会认同接受你。下属一旦认同了领导者，就会跟随你、支持你、关心你。（3）沟通应由表到里、由此及彼、先浅后深。如从自己谈到他人，从交心到谈问题，从情感入手谈理想、目标，从家庭谈到事业。（4）沟通包括感情沟通、思想沟通、信息沟通。信息沟通是基础，感情沟通起催化剂的作用，而思想认识上的沟通则是沟通的重点。（5）沟通要坦诚，要有问题回应制度，培养起双方之间的互信、互谅、互敬、互爱的合作关系。

5. 协调艺术。管理的关键就是要解决矛盾，协调关系。行政领导过程和内容涉及到内外部的部门之间、利益主体之间的利益和关系，矛盾和冲突不可避免，不平衡大量存在。化解矛盾、协调冲突、谋求平衡，当时领导者的重心工作，必须具有协调的艺术。它包括部门协调艺术、利益协调艺术、工作协调艺术、环境协调艺术和人际关系协调艺术，其中重点是人际关系的协调艺术。人际关系协调艺术要求：（1）处理好本部与上级的关系，对上级要尊重，维护上级的尊严，服从、支持、执行、配合上级的决策和工作安排，处理好领导与被领导、指挥与被指挥的关系。（2）协调好与本部同级的关系。协调时，要以大局为重，有系统的管理，相互理解，相互尊重，相互支持，相互配合，相互学习，取得共赢。（3）处理好本部内同事间的关系。要摆正自己的位置，扮演好自己的角色，搞好本职工作；对同事要讲有利于团结的话、办有利于大家的事；多搞协作，不搞摩擦、对抗。（4）协调好本部与下级关系的艺术。对下级要有服务意识，多给予支持、关心；要有管理意识，实施必要的监督和管理，但不能干预下级职权范围内的决策和事情；形成良好的政令传达、执行、指挥系统。

6. 决策艺术。决策艺术应是行政领导艺术的重中之重。一般来说，决策就是做决定的意思，即“拍板”，但这种理解是不全面的，它还应包括决定之前的认识或准备过程。行政领导在决策时要注意：（1）要从经验决策到科学决策。经验决策主要是依靠领导者的经验进行的，采用“谋”与“断”两个步骤，过程简单，最后决策是依靠领导者的胆识和智慧；而科学决策要求领导者具有科学的决策理论和科学的决策思维，应用控制论和系统论通过建立完善的决策体系，按照“发现问题、确定目标，集思广益、拟定方案，分析评估、从中选优，实施方案、意见反馈”四个步骤，实现决策的科学化、民主化、程序化。（2）决策要打开思路，广开言路，运用头脑风暴法，提出多种备选方案以备选择。领导的重点是决策，决策的重点是选择，选择的重点则是有可选择多种方案。（3）领导决策要按照轻重缓急确定决策顺序和时间；按照权力范围确定决策层面。（4）领导决策要善于借用“外脑”。“外脑”是指参与决策前期工作的人，既可以是专家、学者，也可以是本部门或外部门的普通员工，其主要任务是出谋划策，提出预选方案。行政领导者则是“内脑”，内脑的任务是对方案的进行选择、决断。

四、行政领导者个人素质结构

领导者的素质，是指领导者从事管理工作和活动必须具有的基本的素质条件。领导者素质结构包括两层含义：一层是指领导者个人的素质；一层是指领导集团的素质。这里只讨论行政领导者个人的素质结构，领导集团的素质结构将在第四节介绍。根据党和国家在现阶段对行政领导工作的职责和特点要求，作为现代行政领导者应具备以下五个方面的基本素质：

（一）政治素质

汉朝王符在《潜夫论·忠贵》中指出：“德不称其任，其祸必酷”，他强调了德的重要性。司马光和康熙则进一步阐述了德与才的主次关系、统帅与被统帅关系，司马光在《资治通鉴》中指出：“才者德之资也，德者才之帅也”，“是故才德全尽谓之圣人，才德兼亡谓之愚人，德胜才谓之君子，才胜德谓之小人”，“自古昔以来，国之乱臣，家之败子，才有余而德不足，以至于颠覆者多矣。”康熙也曾指出：“观人必先心术，次才学。心术不善，纵有才学何用。”历代统治者把德的建设提到执政者素质的首要地位。作为社会主义国家的行政领导者，更必须把政治素质作为领导者首要的素质条件。具体表现在：行政领导者的政治素质首先表现为政治立场坚定，坚持四项基本原则，拥护改革开放政策，用马列主义、毛泽东思想、邓小平理论和“三个代表”、科学发展观重要理论武装头脑和指挥行动，从思想上、政治上、行为上、立场上与党中央保持高度一致；坚持立党为公、执政为民；增强法制意识，廉洁奉公，对法律负责、对权力机关负责；认真贯彻执行党和政府的路线、方针和政策；树立公仆意识，对人民负责，全心全意为人民服务。

（二）知识素质

领导者除应具有扎实的马列主义基本理论外，还应当熟悉自己所管理的领域和对象，熟悉所从事的技术和业务，应当成为行家里手、行政管理专家。当今社会是一个“知识爆炸”的社会，新科学、新理论、新方法、新技术层出不穷。领导者必须不断更新知识，积极吸收新知识，否则就会遭淘汰。行政管理部门是一个融知识、技能和信息的部门，从事行政管理工作、提供公共服务或公共产品，涉及知识、技能和信息的方方面面，包括经济学、政治学、社会学、法学、管理学和统计学等方面。20 世纪 80 年代以来风靡世界的办公自动化、通讯化、计算机化、控制化和智能化等现代技术在公共行政管理中广泛应用。为此，行政领导必须学习现代管理技术和方法，熟练地使用现代用具及各类自动化技术设备，使工作走向智能化，从而提高实际工作能力和行政技能。对于从事专门业务如税务稽查、财务审计、环保、土地和人口普查、卫生保健等行政领导者必须熟练掌握业务知识。

（三）能力素质

行政领导者的能力与行政领导者的权力结合起来会产生强大的影响力，从而大大提高领导工作的绩效。21 世纪，行政领导者必须具备以下管理能力和领导能力：（1）政治鉴别能力。行政领导者要树立正确的世界观、人生观、价值观，明确政治方向、政治立场、政治观点，提高政治鉴别力、政治敏锐性。（2）大局意识能力。行政领导者要有全局观、有大局意识，坚决贯彻执行中央的决策和战略部署，处理好“五个统筹”；从整体上把握改革、发展、稳定之间的内在关系；用联系的方法，从国际国内的大势来审视和思考问题。（3）科学决策和依法行政能力。行政领导者在决策的过程中，按照科学理论和方法实施民主决策，实现决策化、程序化和科学化；在行政领导管理中，坚持“有法可依，有法必依，执法必严，违法必究”，依法行政，提高行政能力，改善行政效果。加入 WTO 后，政府管理必须按国际惯例办事，按照法律规范和行政程序办事。（4）学习能力。21世纪是知识经济的世纪，21世纪的社会是一个学习型的社会，21世纪的组织也是一个学习型的组织。行政领导者必须学会学习、不断学习、努力学习，才能掌握适应社会经济发展和管理的知识。领导要成为内行，成为专家型、学者型领导，必须成为善于学习、坚持学习的人。学习能力是领导能力的基础，学习能力是领导干部的核心能力之一。（5）创新能力。创新的能力是领导的关键的能力。有中国特色的社会主义市场经济建设是一场前无古人、全新理念的经济体制改革，行政领导者必须适应新的形势，"摸着石头过河"，大胆探索，勇于创新，不断地提高自身的预测变革能力、分析变革能力、适应变革能力和推动变革能力。（6）服务能力。21世纪的中国政府已开始进行重大改革，从无限政府到有限政府、从管理政府到服务政府，建立一个高效、文明、公正、开放、廉洁的政府成为新时期中国政府改革的既定目标。行政领导必须转变领导意识、管理理念，树立管理就是服务的意识，牢固确立当官就是为民做公仆的意识。（7）应付突发事件的能力。如应付重大自然灾害、重大社会事故、战争等特殊情况下的应急能力培养。

（四）观念素质

观念素质是行政领导者应具备的基本思想观念。现代的思想观念是行政领导者最基本的素质之一。要实现管理的现代化，必须首先实现思想观念的现代化。行政领导者应树立如下观念：（1）战略观。立足现实，放眼未来，站在时代战略的高度，思考问题和制定规划。（2）权力观。权力是赋予职位、职务的，公共权力的使用必须用来谋取公共利益，权为民所用，绝不能将公共权力部门化、集团化、个人化；在法律、法规和制度授权的范围内，客观、公正、有效用权和行政。（3）利益观。俗话说"君子爱财，取之有道"。领导者应树立正确的义利观，克己奉公，廉洁奉公，不贪不占，不徇私利，见利思义，见得思义，要有奉献和牺牲精神；当部门利益与国家利益、局部利益与全局利益、个人利益与集体利益、目前利益与长远利益等产生矛盾和冲突时，应牺牲部门利益维护国家利益、牺牲局部利益顾全全局利益、牺牲个人利益维系集体利益、牺牲目前利益着眼长远利益；要始终把国家利益、人民的利益置于至高无上的地位，并时时刻刻放在心中。（4）地位观。虽然职位、职务变了，社会地位高了，但当官不是做"老爷"，只是担负的责任更大了，肩上的担子更重了，要始终奉行服务意识、公仆意识，甘当人民的"小学生"和"勤务兵"。（5）价值观。必须树立共产主义的崇高理想，具有爱国、爱党、爱民的正确的人生观，确定健康、向上的价值取向，处理好给予和索取的关系。（6）人才观。人力资源是第一资源，人才又是人力资源的核心。据国外科学家测定，人的才能40%靠领导有方发挥出来，60%靠社会竞争发挥出来。所以行政领导者应具有爱才之心，识才之眼，求才之渴，用才之能，容才之量，举才之德，从而充分开发人力资源，使之发挥其各自的作用，最大限度防止人才的浪费。

（五）身心素质

行政领导者的身心素质是指身体素质和心理素质两个方面。其中，身体素质主要是指身体健康的状况；心理素质是指人们的感觉、知觉、思维、情感、性格、能力等功能的发挥和存在的状态。良好的心理素质表现为坚强的意志、稳定的情绪、积极的心态、良好的心理相容能力和优雅的气质风度等。

毛泽东同志曾精辟指出："身体是革命的本钱"；"学习好，工作好，身体好"。领导者具有强健的体魄、充沛的精力，是应对日益繁重、复杂的行政领导工作的需要，也是行政效率实现的保证。如果行政领导"上班坐不长，下去走不动，应急挺不住，病魔常缠身"，必然无法适应复杂多变的社会需要。所以，把身体素质作为行政领导者的基本素质之一，是很有必要的。另外，心理学家研究证明，成功的领导者都有良好过硬的心理素质，如当机立断的气质、竞争开放的性格、坚韧不拔的意志、目标专一的态度；面对复杂、多变的社会环境和日新月异的经济变迁，能够未雨绸缪、处变不惊、处乱反静、随机应变、泰然处之，都是心理素质良好的表现。"天将降大任于斯人也，必先苦其心志……"，只有"泰山崩于前而色不变，麋鹿兴于左而目不瞬"，始终保持良好的心态和应变能力，才能永不言败。西方著名的心理学家丹尼尔·高曼通过研究证明，人的"情绪商数"（EQ）会影响到一个人行为技能和潜能的发挥，而不只是其"智力商数"（IQ）。

第四节　行政领导的群体结构

一、行政领导群体结构科学化的重要性和依据

（一）行政领导群体结构科学化的重要性

结构是指系统的构成内容及其形式。领导群体结构是指为了发挥领导群体的

整体功能、由各种不同状况的领导者有机结合起来的构成形式。按照系统论的观念，世界上任何事物的整体功能都不是诸要素功能的简单相加。系统的结构是否合理，是一个系统整体功能大小的关键。如果领导群体结构不合理，即使个别人素质再高，也不能发挥领导群体的整体效能；一个领导群体，不能由只具有一种专业知识的领导者组成，也不能只有一种年龄、一种性别和一种性格的领导者，而应是多专业门类、不同年龄、不同性格与男女搭配的领导群体，否则整体功能就会小于个别要素功能之和。

要使行政领导发挥较好的整体功能，就必须建立行政领导的合理结构。行政领导群体结构是指由具备多种功能素质的领导人才综合构成的一个领导班子。邓小平同志曾指出，领导班子就是作战指挥部，指挥部不强，作战就没有力量。因此，必须建立一个有领导力的领导群体。这个群体，不仅要有个体素质上的优势，更重要在于各种素质的合理搭配。根据我国社会主义现代化建设的要求，要充分发挥领导班子的龙头作用，行政领导群体的科学化应是领导群体在政治结构、知识结构、专业结构、年龄结构、智能结构和气质结构等方面的最佳组合。

（二）行政领导群体结构科学化的依据

领导群体结构科学化实际是人力资源管理中系统优化与互补增值原理的具体应用。

1. 系统优化原理。它是指人力资源系统经过组织、协调、运行、控制，使其整体功能达到最优的理论。系统最优理论是人力资源管理最重要的原理。系统是由两个以上要素组成的，相互关联又相互作用的具有特定功能、向同一目标行动的有机整体。系统优化原理包含以下内容：（1）系统的整体功能不能等于部分功能的代数和，按照系统论奠基人加拿大籍生物学家贝塔朗菲的观点，系统的整体功能必须大于部分功能的代数和。人力资源系统的整体功能通常有三种情况，即：①$1+1>2$；②$1+1=2$；③$1+1<2$。上述列式中，第一种情况符合系统优化原理，整体功能大于部分功能之和；第二种情况是整体功能等于部分功能之和；第三种情况是组织内部人力资源系统由于内耗、摩擦（我们称之为人力资源摩擦性损耗），导致整体功能减退并出现负效应。（2）系统的整体功能必须在大于部分功能之和的各值中选优。系统内的人员必须团结、协作，奋发向上，摩擦性损耗必须达到最小。（3）系统的竞争力、转向力最强。

2. 互补增值原理。互补增值原理是指人力资源系统内个体要素之间在知识、专业、能力、经验、年龄、性格、性别等方面发挥自身的优势，取长补短，互相补充，形成群体优势和合力，实现整体功能最优。互补增值原理强调：互补是前提和基础，增值是目的。从上述三种列式中我们可知：1 +1 =2，没有增值；1 +1 <2，不仅没有增值，反而减了值；1 +1 >2，实现了增值，这是我们希望和追求的结果。互补的主要内容包括：（1）知识互补。不同个体的知识领域、知识深度和广度的互为补充，形成群体知识结构的优化。（2）性格互补。个体不同的性格、气质互补，刚柔相济，形成组织良好的人际关系和性格结构。（3）能力互补。个体在能力类型、能力大小等方面的互补，实现能级与权级的对应。（4）性别互补。从心理学角度看，男女搭配，不仅可以提高效率，而且有助于组织的稳定和个人的身心健康。（5）年龄互补。生命周期不同点的人，在精力、体力、知识、经验、心理等方面均有很大的差异，老中青恰当组合，有助于组织目标实现。此外，还有观念上的互补、（社会）关系互补等。

二、行政领导群体的政治结构

行政领导班子的成员，应具有较高的政治思想觉悟，坚持四项基本原则，拥护社会主义制度，拥护改革开放政策，有为无产阶级最高利益和最高目标即共产主义实现奋斗终生的远大志向和政治抱负；有强烈的爱国热情和民族精神；执行马克思主义、毛泽东思想、邓小平理论、“三个代表”及科学发展观重要理论；有较高的政策水平和较强的法制观念；有优良的品德和艰苦奋斗的作风。作为主要行政领导，更应具有较高的理论和政策水平，善于在复杂的环境中把握正确的政治方向，具有高度的政治鉴别力和政治敏感性；具有全心全意为人民服务的思想。

中国实行的是共产党为执政党、共产党领导下多党参政议政的政治体制，因此，在行政领导群体中，还要注意吸收其他民主党派的人士到领导岗位上来，群策群力，同心协力，共同为国家的富强、民族的昌盛、人民的利益一起管理国家、政府的各项事务。

三、行政领导群体的年龄结构

年龄结构是不同年龄段的领导者之间的组合搭配状态。对一个领导群体的成员来说，领导班子的最佳年龄结构是由老年、中年和青年按照合理的比例构成的年龄综合体。现代生理学与心理学研究表明，智力与年龄有一种定量关系，如表 5 -3 所示。

表 5-3 智力与年龄关系表

智力＼年龄（岁）	10～17	18～29	30～49	50～69	70～89
知觉	100	95	93	76	46
记忆	95	100	92	83	55
比较与判断	72	90	100	87	67
动作和反应速度	88	100	97	92	71

从表中可以看出：人的知觉能力最佳年龄区在10～17岁；记忆力、动作和反应速度，最佳年龄区在18～29岁；比较与判断能力最佳年龄区间在30～49岁。所以，行政领导集体的合理年龄结构应以老中青的梯形结构为好。其组合比例，大体上保持中年占50%～60%，老年和青年各占20%～30%较为适宜。这种老中青梯形年龄结构的长处在于：一是老中青组合，能取长补短，形成最佳组合和达到最大效能。老年人有丰富的阅历、深邃的观察力，思考缜密，处事稳健，可以起到指引方向和稳定军心的作用；中年人年富力强，拥有丰富的知识和熟练的技能以及稳定的心态，富有开拓创新精神，多为集体领导中的主体，常发挥核心、中坚的作用；青年人拥有一定的专业知识，思想活跃，思维敏捷，行动迅速，敢作敢为，有冲劲、有干劲，也富于一定的事业心。二是老中青结合，有助于实现传、帮、带，把好的经验、好的传统、好的作风一代代传下去，使社会主义事业具有连续性、继承性、稳定性。

四、行政领导群体的专业结构

专业结构是指具有不同专业知识、专业技能和专业经验的行政领导者的组合方式及其比例关系。这是行政领导班子最基本的结构。对于一个行政领导群体来说，既要求所有的领导成员都应该懂得行政管理理论和科学决策方法，更重要的是还要有方方面面的行家里手。也就是说，在行政领导班子中，必须有精通一门专业而又学识广博，并具有一定组织管理才能的人担任帅才，同时有专长工业、农业、商贸、经济、文教科卫、政法等领域的各种将才，作为分管各方面工作的领导；既要有通才，还要有专才；既要有传统专业人才，还要有随着社会经济发展、对外开放不断深化，特别是熟悉WTO规则的专业人才。

五、行政领导群体的知识结构

领导群体知识结构是指拥有不同知识背景和积累的领导成员之间的搭配组合状态。现代行政管理工作所涉及的范围极其广泛，客观上要求领导班子必须具有较高的理论素养和较全面的知识结构，由具有不同知识层次和知识水平的人才构成。具体说来，一个行政领导班子的知识结构应包括专业知识、管理知识、综合知识等。当然，不同层次的行政领导班子其专业知识、管理知识、综合知识的比重不同，一般说来，高层行政领导群体主要是宏观的综合管理和政策决策，综合知识要求较高，而基层行政领导主要是微观的专门性管理和政策执行，就应该以专业知识为主要要求，中层领导群体的知识要求则介于二者之间。如图 5 – 5 所示。

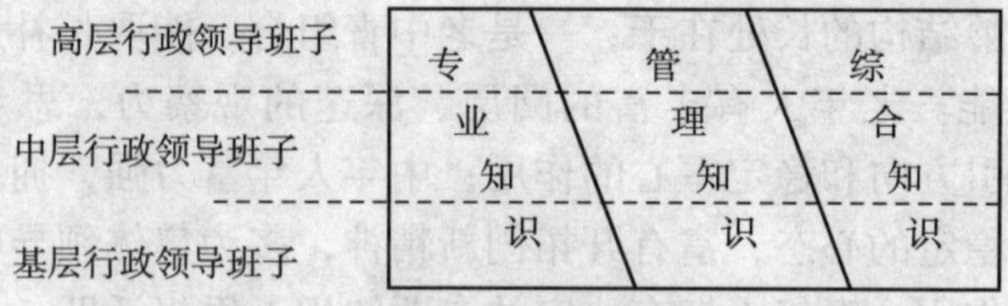

图 5 – 5　领导层次与知识关系

六、行政领导群体的智能（力）结构

行政领导群体的智能结构就是指拥有各种不同类型智能成员之间的组合状态。人们在获得知识和运用知识解决实际问题时所必须具备的条件或特征，称为智能或智力。史书《国语》对智力概括为："言智必及事。"三国时东吴的韦昭注释："能处事物为智。"智能结构主要由观察能力、记忆能力、想象能力、思维能力、行动能力、表达能力和权变能力等要素构成。

智能具有可遗传性，正如美国著名的心理学家 R. M. 利伯特所指出的"无论是动物研究还是大量关于人的研究，都表明个体中相当一部分智力差异可溯源于遗传禀赋"[①]；但也与后期的营养供应、教育、训练、社会活动等有很大的关系，正如著名的心理学家 J. 布鲁纳所指出的：人类智力的发展是在一系列用脑子的技术性活动中形成的，是技术性社会生活的结果。因此，就领导群体的每一个成

① ［美］R. M. 利伯特等，刘范译：《发展心理学》，人民教育出版社 1984 年版。

员来说，既要承认自身禀赋的差异，更要通过后天的不断努力，提高智能水平。另外，从组织层面看，在配置领导者时，必须考虑智能上的差异，使领导群体既有帅才、将才还要有干才、专才，既有领导者，还有追随者，形成一个智能层次有高有低、各种能力互补的智能结构。

七、行政领导群体的气质、性格结构

气质就是通常所说的人的个性、脾气。性格是指对人对事的态度和行为方式上所表现出来的心理特点，如勇敢、刚强、懦弱、粗暴等。

心理学家把气质划分为四类：(1) 胆汁质。这种气质的特点是具有很高的兴奋性，在行为上常常表现出高度的积极性和挑战性，性急而易爆发，行动迅捷；(2) 多血质。这种气质的人常常精神愉快，活泼好动，头脑灵活，要较高的工作热情，情感变化快而不持久，动作敏捷而有可塑性；(3) 黏液质。这种气质的人性情温和、处事沉着、头脑冷静、情感反应慢而持久；(4) 抑郁质。这种气质的人敏感多疑，情感丰富细腻而不外露，反应速度慢，具有刻板性。从上述情况看，作为领导者，第一、二种气质较好，第三、四种则比较差一些。

再从性格方面看，人们的性格也各式各样，有的性格外向，爱好交际、交流；有的性格活泼，有的性格内向，喜欢独处和独自思考，有的性格孤僻，不大合群；有的性格急躁而办事泼辣、粗心，有的性格温和而办事拘谨、细心。配备行政领导班子，如果忽视了性格、气质方面的结构要求，势必会因此而摩擦、矛盾不断，削弱了领导群体的整体效能。一个文化浓厚、凝聚力大的组织，必定是一个成员结构合理、性格气质协调、相容的行政领导群体。

本章主要名词概念

领导　行政领导　行政领导的职位　行政领导的职责　行政领导的职权　领导特性理论　领导行为理论　领导情境理论　行政首长负责制　民主集中制　行政领导方法　ABC 时间管理法　行政领导方式　行政领导艺术　行政领导者个人素质结构　行政领导群体结构

复习思考题

1. 简述行政领导的特点和作用。

2. 行政领导如何处理好职位、职责和职权的关系？
3. 现代管理理论有哪些类型？对实践有什么指导意义？
4. 行政首长负责制的原则是什么？
5. 民主集中制与行政首长负责制的关系如何？
6. 简述基本领导方法和具体领导方法的内容。
7. 简述行政领导方式的分类。
8. 行政领导中有哪些领导艺术可以使用？
9. 一个好的领导者应该具备哪些个人素质？
10. 简述行政领导群体结构科学化的标准和重要性。
11. 实现行政领导群体结构的科学化应从哪些方面着手？

[**案例分析**]

案例一　干部年龄降下去，综合素质提上来①

2009年3月30日，在全国培养选拔年轻干部工作座谈会上，中共中央政治局常委、中央书记处书记、国家副主席习近平强调，要坚持德才兼备、以德为先的用人标准，形成有利于优秀年轻干部脱颖而出的选拔机制。新一轮年轻干部培养选拔的大幕，已经缓缓拉开。

领导班子：年轻面孔渐多，全国机关干部中45岁以下的已逾七成

不久前，广西壮族自治区党委常委、组织部长陈向群在新闻发布会上透露，广西将立足未来10年和更长时间对领导人才的战略需要，科学制定和认真实施年轻干部培养规划，大胆选拔一批20世纪70年代出生、实践证明优秀、具有发展潜力的厅级后备干部和35岁左右的县（市、区）党政正职，进行有针对性的培养和锻炼。

近些年来，公开选拔、竞争上岗等“热词”逐渐被人们所熟知。正是在这些干部选拔任用制度的创新之举下，一大批优秀干部特别是年轻干部脱颖而出。

党的十六大以来，党中央注重年轻干部的培养锻炼，积极推动年轻干部到基层和艰苦地区锻炼成长，建立来自基层一线的干部培养链，培养选拔年轻干部工作进入了一个新的阶段。

党的十七大之后，党中央又从年轻干部的教育培训、实践锻炼、党性修养、作风养成、选拔使用、管理监督等各个方面制定了一系列重要举措，培养选拔年轻干部工作取得新的进展。

“梳理这几年的脉络，可以看出，年轻干部的培养、选拔方式不断创新，已经形成了比较完整的政策体系，制度化水平也得到不断提高。”国家行政学院教授宋世明表示。

据统计，从1982年到2007年，省、市、县三级党政领导班子成员的平均年龄，分别下降

---

① 摘自《中央新一轮干部选拔开辟优秀年轻干部成长“快车道”》，新华网2009年4月7日。

了8.4岁、6.8岁、5.7岁，极大增强了各级领导班子和干部队伍的活力。截至2007年底，全国机关干部中45岁以下的占71.5%，其中35岁以下的占30%；具有大专以上文化程度的占87.5%，比1978年提高了78.2个百分点。年轻干部的理论武装、业务培训和实践锻炼取得了较好的成效，一大批年轻干部通过培养锻炼，能力素质得到提高。

年轻干部：经历偏单一、基层经验少，有基层工作经历的中央单位厅局级领导干部不足两成。

截至4月3日，人民网·中国共产党新闻网推出的一项针对年轻干部的网上调查显示：93.6%（1853票）的网友认为“目前大多数年轻干部工作经历偏单一”；43.1%（1095票）的网友认为应“树立注重基层导向，坚持多岗位、在基层一线的实践中培训锻炼年轻干部”。

当前，年轻干部队伍状况和优秀年轻干部的培养选拔，仍然存在不少亟待改进的问题：年轻干部特别是堪当正职的优秀年轻干部，数量还是偏少；有的年轻干部对国情、民情，对党的奋斗历史和优良传统缺乏深入了解，有的理想信念不坚定，宗旨意识淡漠，对群众缺乏感情；还有的经不起权力、地位的考验；20世纪六七十年代以至80年代出生的年轻干部，现在已成为干部队伍的主体，他们中很多人缺乏基层和艰苦复杂环境的历练，等等。

“不历州县，不拟台省。”唐代张九龄提出的这个选官原则，现在仍然很有借鉴意义。目前，机关干部的选拔自成体系、体内循环的现象比较突出。据统计，中央和国家机关厅局级领导干部中，来自高校应届毕业生的比例高达44.6%，而具有县、乡基层领导工作经历的仅占12.5%。

“这种情况长期发展下去，就会增加机关干部脱离实际、官僚化和机关化的可能。”宋世明表示。

用人导向：重实践、重基层，中央首次制定党政领导班子后备干部队伍建设规划。

从全国培养选拔年轻干部工作座谈会上传递出的诸多信息显示，德才兼备、以德为先，重在实践锻炼、重视基层经历等等，都将成为下一步年轻干部培养选拔的“关注点”。

人们注意到，2009年2月，党中央制定了《2009～2020年全国党政领导班子后备干部队伍建设规划》，对新一轮培养选拔年轻干部工作进行部署。这是党中央首次制定党政领导班子后备干部队伍建设规划。就在几天前，另一份重要文件——《关于加强培养选拔年轻干部工作的意见》也得以进一步完善。

“不能把‘年轻化’等同于‘低龄化’。”宋世明认为，在实践中，也要防止提拔干部只机械地看年龄的倾向。

据悉，此次中央下发的后备干部队伍建设《规划》和即将下发的加强县委书记队伍建设的《意见》，已对有关的年龄结构要求作了优化。中央有关部门还将继续调研，适时出台进一步优化干部任职年龄结构的意见。

此外，正在编制的《2009～2012年全国党政领导班子建设规划纲要》，也将对领导班子年龄结构问题进一步作出明确规定。

从现在起算，离下一次领导班子换届只有两三年的时间，选配好“新鲜血液”已成为加强领导班子建设的重要举措。事实上，有关部门正在认真研究优秀年轻干部成长规律，按照《干部选拔任用条例》有关规定，探索建立科学的制度，开辟优秀年轻干部成长的“快车道”。

根据以上资料，回答下列问题：

1. 结合案例谈谈如何看待干部年轻化问题？一个好的领导干部应具备哪些个人素质？

2. 有人说年轻化不等于绝对化，提拔理由应服众，结合案例谈谈如何完善干部的选拔和考评机制。

案例二　老杜的一天[①]

早晨8点30分，副局长老杜接到市政府电话，通知机关开展冬季消防检查；10分钟后，老杜打电话给保卫部，通知他们去处理这项工作；9点15分，老杜接到库房电话，被告之房屋后墙再次被人敲了个洞，又有几十箱办公用品被偷走；8分钟后，老杜打电话给市公安局请他们改善本地治安情况……整个上午老杜接电话、打电话，工作繁忙。

下午1点10分，张局长让老杜就全局上个季度工作写一份详细总结，下班前送局长审阅；11点20分，王书记叫老社和他一起下去调查。老杜顿时无所适从。

根据以上资料，回答下列问题：

1. 根据领导方格理论，你认为老社最接近哪种类型领导者？

2. 结合本案例谈谈行政领导者应如何处理好职、责、权的关系。

---

① 摘自蔡小慎主编《公共行政管理学》，大连理工大学出版社1995年版，第90~91页。

第六章　人 事 行 政

本章学习提要与目标

人事行政是以国家行政机关工作人员为主要对象的人事管理，而公务员制度是现代人事行政制度的主要存在和表现形式，在国家行政管理中居于重要的地位并发挥着重要的作用。我国的国家公务员制度经过十多年的发展，已经在制度建设方面取得了可喜的进步，并对我国行政管理水平与效率提高发挥着关键的作用。本章重点介绍了人事行政的含义、作用和基本原则；公务员制度的含义、地位和作用、演变与发展；中西方公务员制度的内容、现状与改革等。本章的重点是我国公务员制度的内容以及改革。

第一节　人事行政概述

行政管理活动的主体是人，人是整个行政活动中最活跃的因素。没有人，就构不成行政活动、行政关系和行政组织，行政功能也就无从体现。任何行政组织为了更好地实现组织目标，必须建立起一支能够充分了解组织的使命并努力完成组织任务的人员队伍，并且采取一定的措施和手段对他们加以管理和监督，这就形成了一定的人事行政制度。研究人事行政的目的在于人尽其才，事尽其功，努力提高行政管理活动的效率。我们在研究和探讨人事行政时，应学习和借鉴各国人事管理的先进经验，完善我国的公务员制度，逐步实现人事行政的科学化和法制化。

一、人事行政的含义

在现代行政管理科学中，“人事”这个词的特定含义是指人们在社会生活中人与事、人与人之间的关系。构成人事的基本要素有三：一是人，二是事（工作），三是人与人、人与事之间的关系，三者有机结合，相互协调，构成了人事活动的内容。

1. “人事行政”从本质上讲就是人事管理。人事管理就是协调社会组织中人与事、人与人之间关系的用人治事活动，它是以从事社会劳动的人和有关的事的相互关系为对象，通过组织、协调、控制、监督等手段，谋求人与事以及共事人之间的相互适应，实现充分发挥人的潜能，把事情做得更好这一目标所进行的管理。

2. 人事行政是一种特殊的人事管理工作。这种特殊性首先表现在它的范围主要限定在国家行政组织的内部或者说主要是对国家行政人员所进行的一种管理活动，是国家行政机关的人事管理工作，是政府人事管理。

综上所述，我们认为，人事行政是指为实现行政目标和社会目标，依据一定的法规制度和措施，对国家行政机关的工作人员进行的一系列管理活动，是国家行政部门为了最大限度地罗致人才和发挥所属成员的内在功能，以完成所担负的国家行政管理任务，而在政府行政人员的选拔、任用、奖惩、权益等方面所制定和形成的一整套规章、制度、标准、政策、管理方法和艺术的总和。具体地说，就是指行政机构以科学的方法，制定一整套行政人员的分类、选拔、任用、培训、考核、奖惩、工资、福利等制度与措施，使行政人员积极工作，努力奉公，发挥最大的潜能，以提高整个行政活动的效率。

二、人事行政的发展历史

在人类社会发展史上，人事行政制度的种类繁多。在西方近现代历史上，主要经历了三种不同的人事制度，那就是贵族型人事制度、官僚型人事制度和民主型人事制度。贵族型人事制度是一种封建性较强的人事制度，它注重门第和阶级的区别，强调高级官员必须有较高的门第、家世、出身和社会地位，它把公职人员划分为森严的等级，彼此间不能互相流动。官僚型人事制度是封建君主制度推翻以后遗留下来的副产品，这种制度的特点是：官员自成体系或集团，不受选民的监督与控制，公民对不称职的官员无可奈何；官员从上而下实行一元化控制，只对上级负责，不对公众负责，官员任职实行终身制，是一种不求有功，但求无过的不民主的人事制度。民主型人事制度的特点是：公民在法律上和实际上都有平等的权利和机会竞选官职，各级公务员的应考资格没有门第、出身、党派和性别的限制，完全按成绩选用，人事制度的管理有法可依，并有强有力的人事监察制度作为保障，以保证行政人员奉公守法，发挥出积极性和创造性。

我国人事行政制度的发展由来已久，从西周的“世卿世禄制”、“军功爵制”到秦朝的“俸禄制”，汉朝的“察举征辟制”，魏晋南北朝的“九品中正制”，再到隋朝开始实行的“科举制”，期间经历了从官吏的世袭制到不分门第限制、择优选官的科举制度，反映了人事制度的巨大发展。尤其是延续达1300多年的科举制度，对巩固以中央集权制为特征的封建统治起了重要作用，这种通过考试择优录用的选官方式后来被介绍到英美等西方国家，为西方文官制度的创立提供了典范。辛亥革命以后，孙中山先生制定了五权宪法，把国家权力分为立法、行政、司法、监察、考试五种，并相应建立五个机构，其中的考试院为最高人事管理机构，主管行政官员的考试、任用、升迁、退休等事项，是旧中国的一种公务员制度。

新中国的人事管理制度经历了一个不断变化的过程。新中国成立后，我国在干部录用工作中曾使用过公开招考的办法，但是当时并没有作为一种制度来提倡和固定下来。在干部录用工作上主要采取国家统一分配大中专毕业生和接受军队转业干部，同时有计划地从社会吸收部分人员的做法。这些做法与当时高度集权的行政管理体制相吻合，曾起到过一定的积极作用。但总的来讲，存在着录用标准不统一、人才选拔视野不开阔、缺乏竞争和公开监督等弊端。1957年反右斗争后，由于受“左”的思想影响，政治审查成为干部选拔与考核的主要内容，专业技术人员和知识分子都受到歧视。“文革”时期，中央和地方的人事机构被撤销，干部的录用失去了计划性，产生了几百万“以工代干”和“以农代干”的干部，人事工作完全处于混乱状态。党的十一届三中全会以后，我国的人事制度得到了恢复和发展，提出了干部“四化”的方针，废除了干部领导职务终身制，建立了干部离退休制度，并进行了干部任用制度的改革，到1988年正式提出实行国家公务员制度，标志着我国的人事制度发展到一个新的阶段。1993年8月《国家公务员暂行条例》颁布和2005年4月27日十届全国人大常委会第十五次会议通过的《公务员法》，使公务员考试录用制度得以正式确立和走向规范化。

三、人事行政的地位和作用

人事行政在整个国家行政管理活动中处于非常重要的地位，因为每个社会都存在着对政治、经济、文化等诸方面的管理，而对社会进行各方面管理的人，首先要受到管理，以保证人事关系的协调一致，这是整个行政管理活动的关键所在。从长远来看，人事行政不但在国家政权建设中起着核心的作用，而且还关系到国家的长治久安和建设事业的成败。

人事行政对国家行政管理的重要意义和作用主要体现在：

1. 要履行国家的政治、经济和社会职能，行使国家的政治权力，必须把那些忠于国家和人民、具有远大抱负和历史责任感的贤能之士选拔到国家各级行政机关中来，以确保国家机器的正常运转和国家职能的实现。古语说得好："为政之要，唯在得人"，作为"为政之要"的具体实施者，政府的全部职能都要通过他们得以实现。因此，能否科学地选拔和任用这些施政者，是国家和民族兴衰存亡的关键。

2. 人事行政是培养人才、开发人才、促进人才成长的重要途径。一个国家如果建立了相当完善的人事行政制度，就能不断地发现人才、选拔人才、培训人才，让每个人才都能在得到良好发展环境的前提下充分发挥其聪明才智，为国家的行政管理部门源源不断地输送新鲜血液，保证国家行政管理事业后继有人，并始终焕发出勃勃生机。

3. 人事行政是推动经济市场化和政治民主化的重要途径。经济体制的改革必然要求政府行政体制和人事行政体制进行相应的改革，以求与经济体制改革相适应。因为，经济体制改革必然促使政府转变管理职能，更新管理方式，在简政放权的基础上综合运用经济、法律和行政等手段对社会和企业的经济行为实行宏观调控，政府也应由此对自身的组织结构和人事行政体制进行调整和重构。而政府行政体制的改革与人事行政体制的科学化和法制化，又可确保经济市场化目标的实现。

同时，人事行政的科学化与法制化又为政治民主化的实现开辟了有效的途径。一是公民有权通过法定程序，经过公开、平等、竞争、择优的录用考试，进入政府公务员队伍，参与国家政治生活；二是公民有权对政府机关及其公务员的工作提出批评和建议，并对他们的失职违法行为进行申述控告或检举揭发；三是公民有权对人事行政所实施的录用、考核、奖惩、职务升降与任免、回避等制度进行监督。

四、人事行政的基本原则

人事行政的原则主要包括：

1. 选贤任能原则。即选拔贤才，任用能人，这是人事行政必须坚持的首要原则。人事行政必须要挑选出具有真才实学的人员担任国家各级行政部门的领导者，所有被任用的人员必须符合任职条件和工作标准，不符合条件和标准的决不任用，不论其来自什么渠道，具有多么强硬的后台靠山。在当前，各级行政部门尤其要注重选拔那些懂得现代科学知识和管理知识的复合型人才，特别要重用具有改革与创新精神的开拓型人才。

2. 激励竞争原则。就是要把竞争机制引进到人事行政工作中来，形成一种优胜劣汰、优升劣降的用人环境。人事行政应当运用激励机制，把工作人员的录用、升降、奖惩和工资待遇等同其为本部门所做的贡献联系起来，以最大限度地提高他们的工作积极性。当然，要正确运用好激励机制，其先决条件是提供公平的竞争机会，让每一个人都能在公开和平等的前提下得到晋升和奖惩，以培养和促进行政人员的工作热情和工作责任感，增强人事行政的生机和活力。

3. 成绩主义原则。即把行政人员的工作实绩作为对其评价、奖励、晋级、晋职的主要标准，因为工作实绩是一个人的业务水平、工作能力和工作态度的综合反映。也就是说，实际工作成绩是检验领导者是否优秀的试金石。成绩主义原则要求做到“有功者上，无功者戒，有过者下”，只有坚决贯彻这一原则，才能使各种人才不吃年龄、资历、学历等老本，尽最大努力去创造新的、更优异的成绩。改革开放后，把优先发展经济放在首位，也成为考核地方官员的一项重要指标。但在现阶段，必须按照全面发展、协调发展和可持续发展的科学发展观要求对工作业绩进行考核。

4. 适才适位原则。即把人才用在适当的职位和岗位上，大才大用，小才小用，高才高用，低才低用，使每个人才都能各遂其志，各得其所，各尽其才，各献其功。国外管理学者有句名言“没有无用的人才，只有无能的管理”，意思是强调领导者和管理者必须善于任用各种各样的人才，并把他们安置到合适的岗位上。实行这一原则，要明确规定每个职位所需要的资格与条件，并熟悉每个人的专长、志向、性格、能力等，真正做到职与能相称，人与事相适，做到“人尽其才，才尽其用”。

5. 智能互补原则。即要使一个单位发挥较好的效能，必须合理搭配各种工作人员，组成一种最佳的组织结构，使各种人员在智力、能力、技术、性格、年龄、体力等方面互相补充，互相配合，取长补短，团结协作，发挥集体力量，共同完成组织目标。

6. 民主监督原则。即在人事行政活动中，必须实行民主管理，加强监督，提高人事行政工作的透明度，提高社会公众的参与程度，使全社会了解政府活动，实行人事行政活动的公开化。其中，尤其是人民群众对政府人事行政工作的直接监督，是实现行政民主化的重要途径，必须切实加以履行。

7. 依法管理原则。人事行政工作要使管理方式更趋合理，避免主观随意性和不稳定性，必须实行依法管理。在人事行政活动中，必须以宪法和法律为指导，制定和完善人事工作的基本法规，建立和完善监督机制，确保法规的实施，真正实现人事行政的法制化管理。依法管理具体体现在两个方面：一是对公务员的管理必须有法律依据，做到依法管理。从公务员的录用、考核、晋升、培训、工资、福利直至退休，都有严格的法律规定，并按照法定的程序和规定办理。二是公务员行使权利、履行职责，必须严格依照法律规定，做到依法行政。公务员的行政行为如果超出了法律的范围或违反了法律的规定，都构成违法渎职行为而要受到制裁；同时，每个公务员都有一定的法定地位，享受一定的权利和待遇，并受到法律的保护。

第二节　国家公务员制度的产生与发展

一、中国古代人事行政制度的历史演变

1. 发生阶段（从传说中的尧舜至春秋战国）：原始社会的贤能制、禅让制、世卿世禄制。大约在公元21世纪以前，中国处于原始公社时期。由于没有国家机构，部落酋长和其他管理人员由氏族部落全体人员或部落联盟会议民主选举产生，那些在部落中享有较高威望的、具有一定才能的贤德之士往往被选中，这就是原始的贤能制时代。后来这种贤能制又进一步发展为以贤能为标准、通过让贤的方式产生首领继承人的禅让制，传说中的尧传舜、舜传禹的禅让方式就是例证。

到了大约公元前21世纪，中国历史上第一个奴隶制国家夏朝诞生，中国开始进入阶级社会。在奴隶制社会里，中国的人事行政基本上是实行以宗法血统关系为特征的世袭制，即世卿世禄制，而王位继承则实行父子继承制，以嫡长子继承为主，弟继承为辅。

2. 发展阶段（从秦朝到南北朝）：秦朝—俸禄制；汉朝—察举征僻制；始于魏朝，延续至南北朝—九品中正制。公元前221年，秦统一了中国，建立了中国历史上第一个中央集权制的封建王国。秦朝在加强中央集权的同时，对以前的人事行政制度作了大范围的修改和调整，主要表现在：实行以郡县为基础的封建君

主集权制，废除奴隶制的封国制和官吏世袭制；破除宗法血缘的封亲制，采用立功进仕、招聘等多方方式，招揽人才，选拔官吏；建立官吏的考核制度；废除世禄制；设立官学和私学，培养人才；中央设立由皇帝直接任免的“三公九卿”，协助皇帝处理政治、军事、经济等事务。

从两汉到南北朝，中国封建社会的人事行政制度又有了新的发展，主要体现在人才的录用方式朝多样化方向发展。汉朝的选官制度最主要有以下几种：(1) 察举，又称乡举里选或荐举，是指由皇帝每年下诏征求人才，诏书规定所需人才的种类、数量和要求。这是一种大规模、经常性、制度化的自下而上的推荐人才的方式。(2) 征僻，指由中央高级官吏和地方官直接征聘人才，作为自己官府的属吏或向皇帝推荐。它是一种非制度化的辅助方式，有助于不拘一格降人才。(3) 九品中正制。在各州郡设大、小中正官负责选拔官吏。中正官必须由本地人充任，负责将本地人评为上上、上中、上下、中上、中中、中下、下上、下中、下下九个品级，以此作为选拔官吏的依据。但由于魏晋南北朝时期盛行门阀士族政治，中正之权尽被士族独占，对人才的选拔不再是德才，而是门第的高低，以致出现了“上品无寒门，下品无世族”的奇特现象。

3. 成熟阶段（从隋朝至清末）：科举制，分为童试、乡试、会试、殿试。九品中正制的弊端，到南北朝时已暴露无遗。因此，隋朝建立以后，隋文帝决定废除九品中正制，设秀才科，在隋炀帝大业二年（公元606年）又设进士科，通过考试选拔官吏，科举制度正式建立。

科举制即分科举士的意思，它通过分门别类的考试来确定官吏的选拔和任用，考试成绩是主要的录用标准。到了明清时期，科举考试发展到了完美的阶段。考试大体分为四级，即童试：初级考试，通过者取得生员资格，参加乡试。乡试为省一级考试，三年一次，通过者为举人；举人参加会试，这是中央一级考试，由礼部主持，三年一次，通过者为贡士，取得参加殿试资格；殿试为最高一级，由皇帝亲自主持，录取的名次为三甲，一甲取三人，状元、榜眼、探花，赐进士及第，二甲取三分之一左右，赐进士出身，余者为三甲，赐同进士出身，并按照不同的情况分别授官。

科举制为中国各个朝代收罗了大量的人才，发挥了很大的积极作用，但到了明清时代，科举制步入了八股文的歧途，日趋僵化，产生了严重的消极影响。

尽管科举制并不十分完善，有其自身的缺陷，但它的一些基本之点是应该肯定的，如公平考试、平等竞争、择优录用等，已经包含了现任公务员考任制度的基本特征，无疑是一种较为科学合理的人才选拔制度。但清末即走向了衰落。

二、西方文官制度的发展进程及特点

（一）公务员制度的产生

国外公务员制度的建立大约有一百多年的历史。14世纪末叶以后，由于城市手工业、商业、金融的发展和文艺复兴运动的兴起，西欧国家的社会结构发生了深刻的变化，政府结构也随之开始发生变化。特别是随着政府管理范围的扩大和政府功能的增加，相继出现了一类由专制君王直接任命或垂直统御只对君主负责的文职人员，这些文职人员就是西方最早的文官阶层。西方国家文官阶层发展的历史一般都经历了三个时期：即封建专制的"恩赐官职制"时期，资产阶级权贵的"个人徇私制"时期，资产阶级政党政治的"政党分肥制"时期。前两个时期，政府文职官员官职的获得，大多是由国家统治者根据个人印象的好恶而恩赐或凭借私人关系的亲疏而授予的。进入19世纪后，随着资产阶级政党轮流执政这一政党政治的形成和发展，"政党分肥制"应运而生，新上台的执政党把政府官职在本党内合法地、公开地进行"肥缺分肥"，这种状况一直延续了约半个世纪。

近代西方国家的公务员制度是在19世纪中期以后问世的。其间，陆续完成本国工业革命的西方各国，资本主义经济得到了迅速发展，社会化的大生产导致了政府主管事务的膨胀，政府除了管理治安、国防、财政、税收等传统事务外，日渐增加了对经济、文化教育等新的事务的管理。西方学者把这种变化称为政府从"消极防卫职能"向"积极发展职能"的转变。与这一转变相适应，在工业革命中成长壮大起来的资产阶级，在经济上占据统治地位以后，迫切要求改革旧的政府官吏制度，要求政府公职向社会更广泛地敞开，建立能为本阶级服务的新的公务员制度，以提高政府部门的效能，适应和维护资本主义生产关系，促进社会生产力的发展。尽管资产阶级政党政治具有维系资本主义各项政治制度正常运转的职能，但由于它的发展，也使资本主义政治制度产生了一些倒退、腐败现象，突出表现在资产阶级"政党分肥"形成了周期性的政治大动荡。随着执政党的定期更迭，政府行政人员经常是大规模的换班，这样一方面是换掉了大批精于行政管理业务的官员，严重破坏了国家统治秩序的稳定性和政府工作的连续性；另一方面又造成各种昏庸无能之辈窃据权力宝座，致使政府人才缺乏，行政管理秩序紊乱，工作效率低下。在这种背景下，资产阶级出于稳定政局和发展经济的需要，不断地总结政党政治的经验教训，并在此基础上逐渐认识到建立对政务官与事务官分开管理制度的必要性。在19世纪上半期，英国资产阶级哲学家边沁主张以实际功效或利益作为道德的标准，这一原则一经提出，旋即成为资产阶级衡量国家和政府活动的准则，为西方公务员制度的形成提供了思想和理论依据。

（二）不同类型的公务员制度

世界上实行公务员制度最早的是英国，最具有代表性的是美国、法国、英国的公务员制度，其他国家都是分别参照美、英、法的模式演变而成的。从各国实行公务员制度的情况看大致分为三种类型，即部内制、部外制、折衷制。

部内制即在各行政部门内设立人事机构，掌管各部门内部公务员的考试录用、考核、任免、调动、工资等各种人事行政事务。内阁之下设立公务员管理机构，负责统筹和协调工作。采取这种机构设置的国家有德国和法国。法国是建立公务员制度较早的国家之一。1789年法国的资产阶级大革命摧毁了封建王朝的统治，建立了资产阶级专政，使法国官吏制度发生了根本性的变化，从而出现法国现代公务员制度的雏形。在拿破仑执政时期，公务员制度的一些主要轮廓已被勾画出来。19世纪至20世纪前半期，法国政局一直动荡不定，使公务员制度建立受到严重影响，导致政府在官员任用上交替使用“恩赐官职制”和“党派分肥制”，造成官场营私舞弊、行贿受贿等现象层出不穷，政府部门工作效率低下，国家机器运转不灵，危及到法国资产阶级的根本利益和统治地位，因而法国一些议员提出了一些有关公务员的法律草案，要求对公务员加强管理。在此期间制定了许多单项法律，如《邮电部门公务员法》、《海运部门公务员法》、《司法部门公务员法》、《公用事业部门公务员法》、《内政部公务员法》、《劳动部公务员法》等等。法国公务员制度是第二次世界大战结束后，在改造旧的公务员规章制度的基础上形成的。为了建立统一完备的公务员制度，戴高乐政府在1945年首先设立“公职管理总局”，由其专门管理公共职务。其次，同年又设立国立行政学院，统一考选、培训高级公务员。1946年3月制定出公务员总章程草案，并提交国民议会讨论通过，作为正式法律颁布。此后，法国政府又于1959年对1946年制定的公务员章程作了修改后重新颁布，接着又颁布了7个补充条例，使得法国公务员制度逐步发展成为统一、完整、健全配套的现代人事管理制度，在法国战后社会经济发展中起了重要作用。

部外制即在政府系统之外设置相对独立的人事管理机构，独立行使公务员的考试录用权，统一掌管公务员的考核、晋升、工资、退休等事务，采取此种设置的国家有美国和日本。美国是世界上最早实行公务员制度的国家之一，在制度产生和形成的过程中，既受到了英国文官制度改革的深刻影响，也得到了本国改革势力的有力支持，实行的是“个人徇私制”管理制度。在官吏任用上，主要还是以对被选拔者在品格和能力等方面的印象作为选拔、任用政府官员的标准。随着美国政党政治的迅速发展，政府公务人员管理的制度也进入了“政党分肥制”时期。由于任人唯亲、用人不当、官员腐败、党派倾轧，引起了人们的强烈不满和反对，迫切要求对“政党分肥”的文官制度进行改革。美国的公务员制度改革是从举行考试开始的。1853 年，国会首先对公务员制度进行立法。1883 年，阿瑟总统签署了《调整和改革美国公务员制度的法案》，即《彭德尔顿法》。1912 年制定了考绩制度。1923 年通过了《职位分类法》。1950 年通过了《工作考绩法》。1962 年制定了《联邦工资改革法》。1970 年制定了《联邦公务员收入比较法》。1978 年通过了美国《公务员制度改革法》，它对于提高美国公务员管理工作的效率，完善公务员的各项管理制度，具有重要的意义。从 1883 年《彭德尔顿法》通过至今，美国公务员制度几乎每年都在进行改革和完善。

折衷制即在政府行政系统外，设立独立的公务员管理机构，专门掌管公务员的考试录用，而除考试录用之外的其他公务员事务，则由设在行政系统之内的公务员管理机构和各行政部门内的人事机构自行管理。英国是长期采取折衷制的国家，政府行政组织系统之外设置独立的文官委员会，专司文官考试与录用之职。文官任职后的待遇、级别、考核、晋升、培训、奖惩等其他人事行政事务由政府各部门自己管理，编制和工资总额由财政部负责掌管。英国的现代文官制度起源于 18 世纪初叶。1688 年资产阶级“光荣革命”后，英国确立了君主立宪的政治制度，新兴资产阶级控制了议会，开始主宰英国的政治生活。但是，英国“光荣革命”后官吏制度还带有浓厚的封建色彩：一是除了议会及一部分大臣职位为新兴资产阶级所控制外，大多数中高级文官职位仍然为封建贵族绅士所把持；二是作为封建政治制度的重要组成部分的“恩赐官职制”或“个人举荐制”并没有被铲除，国王和贵族仍然控制着许多重要职位的任用权，任人唯亲，而且不少职位是专为贵族设置的高薪虚职，使得许多昏庸无能之辈占据官位，而中下层资产阶级“贤能”则待遇贫贱，晋升无门。这不仅给资产阶级新政府造成了严重的财政负担，而且对资产阶级政党意图的贯彻起着直接的阻挠和破坏作用。因此，从 18 世纪开始，限制贵族官吏制度的政治经济权力，进而革除封建官吏制度的弊端，建立适合资产阶级议会民主政治的文官制度，就成了英国资产阶级与封建王权做斗争的主要焦点之一。1701 年，英国议会通过《王位继承法》规定：“凡接受皇家薪俸及年金的官吏，除各部大臣及国务大臣外均不得为下院议员”，1710年，议会针对国王及封建贵族对政府中握有实权的邮政、财政、税务官员行贿、营私舞弊的情况，又颁令规定上述人员不得以口头、书信或其他方式动员选民，违者将受到罚款、免职或取消选举权的惩处，从而开启了文官政治中立之先河。1852年，针对封建贵族经常安插其亲信去东印度公司任职，议会向该公司提出改进人事考选制度，采用公开竞争考试的办法招收新的管理人员；同年，英国议会组织了两个专门委员会分别调查东印度公司和英国国内的公职人员管理制度，其中由斯坦福·诺斯科特爵士和查里斯·屈维廉爵士主持完成的“关于建立英国常任文官制度的调查报告”于1854年发表，拉开了全面系统地改革封建官吏制的序幕。1870年，国会议员艾蒙德·伯克发表了他的“经济改革”主张，首次公开抨击了当时的政府官吏制度人浮于事和压抑人才的弊端。1855年，英国颁布了第一个文官改革枢密院令，授权建立一个三人委员会即文官委员会负责考核拟任中下层文官职位的所有新人。1859年，《退休金法》进一步规定，所有文官必须持有文官委员会核发的合格证书才能享受法定退休金待遇。1870年英国政府又颁布了第二个文官改革枢密院令，授予文官委员会统管考录工作的权力，规定文官委员会在征得各部同意后，对所有初任文官人选进行公开竞争性考试，合格者发给资格证书。这一举措对于确立竞争考试的文官录用制度起了决定性的作用。1884年，议会法令要求文官在当选为议员时必须辞去文官职位。因此，到了18世纪后半期，政治类官员随内阁而进退，非政治类官员则保持长期的职业稳定，即文官常任制，逐渐成为英国文官系统的一项基本制度。从1830年起到19世纪末，英国陆续出台了一系列法令与政策，为建立一套较完整的现代文官制度奠定了基础。19世纪末到20世纪上半叶，这是英国文官制度逐步发展和完善的时期。

（三）行政制度与公务员制度改革

同现代行政管理发源于西方发达国家一样，目前在全世界方兴未艾的行政管理和公务员制度改革也由这些国家率先进行。20世纪80年代以来，西方发达国家普遍开展了这方面的改革，并且目前仍在继续进行。下面仅就部分西方发达国家的有关情况做一简略的介绍和分析。

1. 美国。继1978年美国颁布《公务员制度改革法》，对联邦公务员制度进行了重大改革之后，美国政府于1981年成立了葛瑞斯委员会，实施公共部门改革，以降低行政支出，减少官僚主义和职能交叉扯皮，进而提高行政效率。1988年又推出“总统管理改进运动”，主要目标是消除行政运行的浪费现象，开发新的管理方法，并褒奖功绩卓著的公务员。1993年克林顿政府上台后，成立了以戈尔副总统为主席的“政府运行评审委员会”，集中了200多名高官和专家，经过半年多的调研，提出了《重新塑造政府》的研究报告。报告从消除官僚主义和文牍主义，引入竞争机制，激励公务员的主动性、创造性和责任感，精减政府机构、人员和活动等四个方面提出了130余项改革建议。该报告提出的“政府运行评审”改革计划成为美国政府行政改革的纲领：改革的主要目标是少花钱，办好事，改革的重点包括政府的行政程序、运行方式和公务员管理。1997年1月，克林顿政府连任后又发表了《布莱尔厅报告》，从提供更好的服务、促进伙伴关系及社区发展、创造性地做到少花钱办好事等三个方面总结了前一段改革的情况，并进一步明确了有关方针。

“政府运行评审”改革计划的主要内容归纳起来，大致有以下几个方面：（1）重新审查和界定政府职能，分清哪些属于政府应该办并且能办好的，哪些是政府不该管或管不好的。凡不属于政府职能的工作应排除在政府之外，转到私营或民营部门去。（2）下放权力，简化行政程序。向基层单位和地方政府放权；简化预算程序、政府采购程序；废除压制雇员积极性的规章制度，改变过于集中的公务员管理权，下放人事政策权；减少审批层次，减少中间环节，由等级结构型管理改变为扁平型管理。（3）转变观念，引入竞争机制。将为政府的“顾客”——国民提供服务列为政府的第一需要，建立倾听公众意见的机构；政府的职能从控制转变为服务，强调公务员的服务意识、成本意识、风险意识和责任意识；消除政府对若干领域的垄断，引入市场机制和企业家精神。（4）精简机构和人员，裁并职能重叠的部门，压缩行政开支。从1993年到1997年的四年中，克林顿政府减少30多万联邦公务员，精减幅度达14%，其中人事管理总署精减人员达47%，起到了带头示范作用。（5）激励公务员的主动性、创造性，注重高级公务员整体素质和能力，培养团体意识、大众意识和国家意识。改进职位分类过于专业化、技术化的倾向。

2. 德国。20世纪80年代初，当时的联邦德国政府以制定和实施行政责任标准为核心开展行政改革。在改革过程中采用了大量现代管理技术，如组织技术、行政程序方法、行为互动，等等，其主要目的在于鼓励公民参与，通过行政指导、行政控制和运行评估等增加政府责任。80年代末到90年代初，由于两德统一，德国政府的行政改革主要放在民主德国的政治转轨上。1995年德国政府成立了以鲁佩尔·舒尔茨为主席的“精干政府专家委员会”，从政治和行政的角度，全面研究与“精干政府、裁减不必要的官僚机构”这一重大课题有关的各项建议，并为实施具体的改革措施做准备。此后，德国政府开始实施“精干政府”计划，全面推进行政管理及公务员制度改革。其主要内容包括：（1）重新审查政府职能。行政管理改革的主要任务是将供政府活动使用的资源集中投到那些政府行动必不可少不可替代的领域中，政府机构必须缩减到履行法制国家任务必不可少的程度。同时，“精干政府”必须为个人发挥主动性和创造力开辟自由空间。（2）改革和精简行政管理部门。在过去的几年中，联邦政府精简人员幅度为1%～1.5%，1997年计划精简2%。（3）改进影响德国竞争力的法律条款。（4）改革预算法，将以死板和微观的投入预算为主转变为以结果产出为主来衡量行政责任。（5）公共企业私有化，降低国有率。（6）进行税制改革，减轻企业负担，促进投资和就业。（7）改革公务员制度，强化人力资源开发。对《联邦官员法》及有关公务员管理的法律、法规进行审查和调整，以加强人力资源开发、提高人员素质为核心，强化服务意识、责任意识和行政行为透明度，下放权力，加强考核，并从1997年开始实施公务员薪酬与工作表现、效益挂钩的新的工资制度。

3. 加拿大。20世纪80年代以来，加拿大政府对联邦公共行政部门的改革总体上可划分为两个大的阶段：第一阶段从80年代到90年代，以“公共服务2000年”计划为代表。这一阶段改革的主要目的是实现行政管理和人事管理的现代化，改革政府运行模式，下放中央控制权，并试图在有限的预算资源内，少花钱，多办事，仍保持原有的计划和服务。第二阶段从90年代初开始，延续至今。这一阶段的核心是围绕联邦政府的职能及其组织结构进行改革。1993年6月加拿大联邦政府进行了全面改组，将35个部缩并为13个。1994年2月推出“方案复审计划”，开始对联邦政府各郡的各种方案、计划和服务进行全面审查，以重新界定政府职能，清理出不应由联邦政府承担或承担不了的工作，并对政府的运作和服务方式进行改革，以适应新的政治、经济和社会形势，精简机构和人员，节省开支，提高行政效率。通过两年多的努力，“方案复审计划”取得了很大成效。如交通部转变职能，从原来的直接服务转向制定法规，交通管制的业务性工作转给了私营企业，人员从2.7万减少到0.4万。人力资源部原为2.5万人，这次改革中随着权力下放，精简了5千人。通过此项计划，联邦政府将有限的财力集中到政府的核心职能上，提高了服务效率和质量，减少了财政赤字（从9%下降到2%）。

在此基础上，加拿大政府于1996年底又推出了“公共服务更新计划”。该计划的主要内容包括：（1）实施“接班计划”。其主要目标是进一步革新重组政府机构，实现高级公务员年轻化，提高公务员素质，适应新技术、新时代的需要，为公众提供更好的服务。接班计划由加拿大枢密院办公厅牵头组织协调，公务员委员会、国库委员会和人力资源部等部门参与。（2）公共服务现代化。开拓新的政府组织模式，政府及各部门建立新的伙伴关系，要求公务员从新的角度为公众提供项目和服务，听取公众意见和充分利用信息技术为公众服务，吸引高素质的管理人才，建立一个充满活力的国家机构。（3）加强行政机构的政策能力。重视长远战略决策，要求政府各部门从具体事务中摆脱出来，用长远的眼光着眼未来制定政策，完善政策立法。（4）公务员制度改革。主要有：恢复与公务员的谈判；开发新的职位分类系统；公务员养恤金改革；人力资源立法改革；公务员的培训更新。

4. 英国。1982 年英国政府推出“财政管理创新”活动，旨在加强行政运行产出的绩效和提高管理责任。1987 年提出“下一步行动计划”。主要内容有：每年年初由政府各部部长主持，制定一个名为“下一步行动”的文件，该文件要详细说明每一内设机构及其承担的工作是否必要，是否可实行民营化等。由部长任命一名“下一步行动”的执行官员；各部门的内设机构也要如法炮制。1991 年推出“公民宪章”和“市场检验”运动。“公民宪章”运动旨在通过改革，向公民提供高标准、高质量的服务。具体做法是由政府公共服务部门与市民谈判，制定一个“宪章”，在“宪章”中详细规定各部门提供服务项目的各项指标，凡是宪章中规定的，必须保证达到，否则市民就可以提起诉讼。“市场检验”运动，主要是要求政府各部门，尤其是地方政府将原来由政府提供的各项公共服务推向市场，打破原来由政府一家包办的垄断格局，引进市场竞争机构。1993 年，贸工部推出了“一站商店”的改革举措。具体做法是：将原来由政府各个机构提供的服务集中在一起，办成一个“商店”，这样，市民只要走进一个“一站商店”就可以获取原来要走几个甚至十几个政府部门才能得到的服务。1994 年，又提出一项名为“新的行政机关”的白皮书，主要内容是赋予高级文官在管理和决策方面的实质性责任及权力，并为此改革文官制度，通过高薪、公开录用和签订合同来选择和使用一些文官。1996 年 4 月，面对英国经济出现持续衰退财政收入减少以及公众对政府服务的不满情绪不断上升的压力，梅杰政府决定对现行的国家公务员制度再一次进行较大幅度的改革。改革的内容和特点：一是进一步下放权力，公务员的进出、职位设置、工资和差旅费标准等由各部门自行管理；二是进一步精简公务员队伍。英国计划利用 12 ~ 18 个月时间将高级公务员的人数从 3500 人减至 3000 人；三是将政府部门某些单位推向市场，自负盈亏，减少财政支出；四是把私人企业人事管理办法引入政府公务员管理中。从 1996 年 4 月开始，高级公务员（1 ~ 5 级）打破按阶梯晋升的办法，私人企业和大学、科研单位的职员都可以参加高级公务员职位的竞聘，应聘录用者同政府签订合同聘用书；五是不再强调机械地履行岗位职责，而是强调围绕为公众服务的目标，实行绩效管理。所有公务员都要与政府部门签订目标管理合同书，国家公务员不是终身制。英国政府已开始公开发表了《公务员制度的持续性与变革》的白皮书，目的在于统一认识，积极准备，组织实施改革。

三、有中国特色的国家公务员制度的发展历程

（一）1984年以前我国政府人事管理体制的发展演变

在革命战争年代和新中国成立初期，我国的干部除军队系统实行单独管理外，均由中央和各级党委组织部统一管理。这种模式显然对我国以后政府人事管理体制的发展具有深刻的影响。为了适应1949年新中国成立后干部队伍迅速扩大和形势的发展变化，1953年，党中央做出了关于加强干部统一管理工作的决定，提出要逐步建立在中央和各级党委统一领导下，在中央和各级党委组织部统一管理下的分部分级管理干部的制度。

1966年文化大革命爆发，各个领域的领导干部纷纷被打倒，新中国成立以来所建立的干部人事管理体制被摧毁。

1976年，文化大革命结束。1980年，随着我国进入新的历史时期，随着全党工作重心转移到社会主义经济建设上来，为了从组织上保证新时期中心任务的完成，中央组织部重新修订了干部职务名称表，重新恢复了新中国成立以来所建立的干部人事管理体制。

党的十一届三中全会召开以后，我国进入一个新的发展时期，以经济建设为中心，大力发展社会生产力成为全党和全国人民的根本任务。党和国家工作重心转移后，原来的干部人事管理体制显得越来越不适应，主要表现在：

1. 干部队伍笼统庞杂，缺乏分类。从国际角度看，在一些社会主义国家中（包括苏联、罗马尼亚、南斯拉夫、捷克斯洛伐克等）“干部”一词都有着非常广泛的含义，包括党、政、军、权力机关、司法机关、公有制企业、工、青、妇、教、科、文、卫等事业单位的工作人员。中国过去也同世界上其他社会主义国家一样，广泛使用干部的概念。新中国成立若干年来，随着各项事业的不断发展，干部的含义愈加混乱，外延日益扩大，队伍越来越庞杂，管理越来越困难。近3000多万人的干部队伍，包括有各行各业的管理人员，甚至连宗教界的一些人士也被纳入国家干部的范畴。对如此庞杂的管理对象，根本无法进行有针对性的具体管理，只能采取粗放的、僵硬的管理方式。特别是把执行国家公务的人员与从事一般社会职业的人员混为一谈，这就难以根据前者的特殊工作性质，提出

明确的任职要求，以保证国家行政机关的效率与活力。

2. 管理权限过于集中，管人与管事脱节。虽然干部队伍范围很广，但是管理权限却相当集中，这种矛盾的现象必然会导致管理中的问题。长期以来，把党管干部的原则落实在微观的具体管理工作中，由党委及其组织部门对干部实行集中统一的管理，由于权力的扩展是必然的趋势（政治学中的“寡头政治”铁律），所以往往会造成管业务的行政首长管不了人，而管人的又对行政业务不承担任何责任这样一种颇为尴尬的局面，使管人与治事相脱节，造成业务部门与组织部门在干部管理问题上的尖锐矛盾，真正用人的部门其积极性和工作效率都受到一定程度的影响。如果组织部门对干部管得过多、统得过死，实际上不但管不了，而且管不好。

3. 管理方式陈旧单一，一切按行政级别划线。以往的干部管理，多采用延安时期沿用下来的管理办法，即对所有干部都采用管理党政干部的单一模式，强调思想工作，注重政治管理，没有考虑各类干部的具体工作性质、社会责任和职业特点，这种传统的方法虽然操作简便，并为组织部门所熟悉，但不利于按照工作的不同特点，对工作人员进行有针对性的管理，远远不能适应客观形势发展的需要。不仅如此，社会上还逐渐形成了所有职业都套用行政级别的问题。由于工作和生活待遇都要与行政职级挂钩，无形中强化了整个社会的“官本位”意识，从而造成“千军万马奔官来，百万雄师争挤独木桥”这样一种不良局面，非常不利于干部管理工作的开展。

4. 管理制度很不健全，用人缺乏法制。新中国成立几十年来，虽然在干部人事管理方面也建立了一些制度，但总的来看，还缺乏严格的自上而下的行政法规和责任制。主要表现在：(1) 在录用工作中，只有笼统定性的政治考察，没有公开竞争的考试制度。(2) 在干部使用上，缺少严格的任期规定，造成能上不能下，死抱铁饭碗的问题。(3) 在干部调配上，只有计划机制，没有流动机制，强调“个人是块砖，哪里需要往哪搬。”(4) 缺乏岗位责任制。职责不清，权力交叉，相互推诿，办事拖拉的问题普遍存在。(5) 在干部的考核、奖惩、任免、升降、工资、福利、退职、退休、教育、培训等方面缺少明确的规章制度，由于干部人事管理制度不健全，因而用人缺乏法制，领导部门和领导者的主观随意性很大，表现出浓重的人治色彩。

5. 缺乏监督机制。长期以来，由于法制观念的淡薄，人治问题的存在，使监督机制受到忽视。监督机关缺乏足够的权力，监督工作显得软弱无力。查案办案受到种种牵制，有时还要冒很大的个人风险，从而导致一些不良现象的滋生。“一种权力一旦失去监督与约束，其发展就必然会走向腐化与堕落。”这已经成为政治上公认的定律。政府的公共权力应该是为公众利益服务的，国家的干部应该做好人民的勤务员。然而，如果缺少监督机制，这种服务就难以实施，这种主仆关系就必然颠倒，权力就会异化，腐败就难以避免。

上述人事制度中存在的弊端，使我们长期面临两大问题：一是年轻优秀的人才难以脱颖而出，"铁皮箱环境"随处可见；二是用人问题上的不正之风难以避免，用人上的腐败是最大的腐败。这些问题严重影响了干部人事管理工作的科学化、法制化和现代化进程，如果不加以改革，必然会成为社会经济发展、国家政治体制改革的拦路虎和绊脚石。因此，改革干部人事管理制度的问题就成为当时一项刻不容缓的任务。

（二）1984 年后我国政府人事管理体制的改革

1984 年之前，人事制度的一些改革措施就已经逐步出台和展开。最著名的是邓小平提出的干部"革命化、年轻化、知识化、专业化"的"四化"方针，以此废除了领导干部职务终身制，建立起正常的干部退休、退职制度。然而1984 年以前的人事改革还只是局部的，没有针对整个人事管理制度进行。1984 年以后，我国开始进一步对人事管理制度进行反思，并着手进行全面的人事制度改革。这一时期最突出的举措就是建立国家公务员制度。

1. 我国公务员制度建立的历史背景

（1）经济体制改革对干部人事制度改革提出了新任务。经济基础决定上层建筑，上层建筑对经济基础具有能动的反作用。作为上层建筑的干部人事制度，是适应经济社会发展的要求而建立的，是为经济基础服务的。可以说，没有十一届三中全会以来以市场经济为取向的经济体制改革的深化，就没有与此相适应的干部人事制度改革和国家公务员制度。1978 年 12 月，党的十一届三中全会决定将全党的工作重心转移到社会主义现代化建设上来，并开始逐步改革传统的计划经济体制；1984 年党的十二届三中全会提出我国的社会主义经济是公有制基础上的有计划的商品经济；1992 年党的十四大进一步提出要建立社会主义市场经济体制。公务员制度作为上层建筑的重要组成部分，实现从适应计划经济体制到适应市场经济体制的转变，就成为一个必然的趋势。

（2）邓小平理论为干部人事制度改革指明了方向。早在 1980 年，邓小平同志就明确提出要"坚决解放思想，克服重重障碍，打破老框框，勇于改革不合时宜的组织制度、人事制度"，强调改革干部人事制度，"关键是健全干部的选举、招考、任免、考核、弹劾、轮换制度，对各级领导干部（包括选举产生、委任和聘用的）职务的任期，以及离休、退休，要按照不同情况，做出适当的、明确的规定”。这些要求为干部人事制度改革指明了方向，提供了宝贵的理论依据。1987 年党的十三大提出：“进行干部人事制度的改革，就是要对‘国家干部’进行合理分解，改革集中统一管理的现状，建立科学的分类管理体制；改变用党政干部的单一模式管理所有人员的现状，形成各具特色的管理制度；改变缺乏民主法制的现状，实现干部人事的依法管理和公开监督。”“当前干部人事制度改革的重点，是建立国家公务员制度。”

（3）传统干部人事制度的弊端对改革提出了现实要求。我国干部人事管理体制的基础是民主革命时期解放区和人民军队的干部制度，新中国成立后又借鉴了苏联干部管理体制的一些做法。应该说，这一制度发挥了较好的历史作用。但随着经济体制改革的逐步深化，其弊端日益显现出来，主要是：“国家干部”的概念过于笼统，缺乏科学的分类；管理权限过于集中；管理方式陈旧单一；管理制度不健全，用人缺乏法治；这使我们长期面临两大问题：一是年轻优秀的人才难以脱颖而出；二是用人上的不正之风难以避免。

（4）思想观念的更新为改革创造了舆论氛围。随着干部人事制度改革的逐步深化，“大锅饭”、“官本位”、“铁饭碗”、“能进不能出”、“能上不能下”、“论资排辈”、“暗箱操作”等旧的传统观念受到冲击，取而代之的是民主、法制的观念，公开、平等、竞争、择优的观念。这种观念上的更新，反映在政府人事管理领域，就是迫切要求改革传统的不合时宜的人事制度。

在邓小平理论的指引下，在党中央、国务院的统一部署下，在各级政府的大力支持下，干部人事制度改革取得了重要的成果：提出了干部“四化”方针；建立了退休制度，废除了干部领导职务终身制；下放干部管理权限；尝试打破干部任用上的单一委任制模式，实行委任、选任、考任、聘任等多种形式；探索了党政机关、企业、事业单位分类管理的思路，从而为进一步深入、系统地进行干部人事制度改革，建立国家公务员制度打下了坚实的基础。

2. 国家公务员制度推行历程。从 1984 年到 1993 年的 10 月，是我国探索建立国家公务员制度的 10 年，这一时期大致可以划分为 4 个阶段。即调研准备、试点运行、推行实施、健全完善四个阶段。

（1）调研准备阶段（1984 ~ 1989 年）。为落实小平同志指示，1984 年下半年，中央决定加强干部人事立法，将干部的升迁、选拔、考核、奖惩等环节用法律规定下来。1984 年 11 月，中央组织部和劳动人事部根据中央的指示，开始组织部分工作人员和专家学者进行相关法规的研讨起草工作，开始草拟《国家机关工作人员法》。由于国家机关工作人员所包括的范围过于宽泛，于 1985 年改为《国家行政机关工作人员条例》。《国家行政机关工作人员条例》称为《国家公务员暂行条例》的前身。从1984年至1986年，《国家行政机关工作人员条例》经过多次修改，在广泛听取意见的基础上，于1986年形成第10稿。

1986年下半年，国家建立了隶属于中共中央政治局的政治体制改革领导小组，并于其中设立了干部人事制度改革专题小组，探讨我国整个人事制度改革的方向。提出从我国具体国情和实际出发，借鉴西方国家的公务员制度，建立我国的国家公务员制度。在此基础上对《国家行政机关工作人员条例》做了重大修改，将之改名为《国家公务员暂行条例》。从此，建立国家公务员制度成为我国政治体制改革的一项重要举措，被提上了议事日程。

1987年，党的十二届七中全会通过了推行国家公务员制度的决议。同年1987年10月召开的党的十三大报告正式提出，我国将建立和推行具有中国特色的国家公务员制度的决策。1988年3月召开的七届全国人大一次会议再次强调，要在国家机构改革的同时，"抓紧建立和逐步实施国家公务员制度"。

（2）试点运行阶段（1989～1993年）。1988年，国家重新组建了人事部。人事部成为推行国家公务员制度、管理国家公务员的职能部门。根据边实践、边探索、边修改条例的精神，从1989年初开始，首先在国务院六个部门即审计署、海关总署、国家统计局、国家环保总局、国家税务局、国家建材局进行国家公务员制度试点。1990年，又在哈尔滨市和深圳市进行试点。试点工作的实践进一步完善了条例的内容。

1992年，中央在党的十四大上提出，要尽快建立国家公务员制度。1993年1月，中央政治局全体会议听取了人事部的汇报，原则上同意《国家公务员暂行条例（草案）》的内容及实施设想。同年4月24日，国务院第二次常务会议通过了《国家公务员暂行条例》，于1993年8月14日公布，1993年10月1日正式施行。

（3）推行实施阶段（1993～1999年）。1993年8月14日，国务院总理李鹏签署中华人民共和国国务院第125号令发布《国家公务员暂行条例》，规定自1993年10月1日起施行。之后，国务院召开会议，对公务员制度的推行工作做了部署，提出"争取用三年或更多一些时间在全国基本建立起公务员制度，然后再逐步加以完善"。同年，国务院又制定了《国家公务员制度实施方案》作为制度推进的依据。各地各部门按照党中央、国务院的部署，自上而下积极做好推行工作。继《国家公务员暂行条例》之后，又陆续出台了一系列有关公务员管理的规章和单行条例，如《国家公务员考核暂行规定》、《国家公务员奖励暂行规定》等配套实施细则，以保证公务员制度的顺利推行。

推行工作在维护社会稳定的前提下，采取了"整体推进，突出重点，分步到位"的方法，根据各项改革的难易程度和基础条件，针对人民群众关心的重点难点问题，一年一个突破口，逐步达到目标。到 1998 年底，国家公务员制度入轨工作基本到位，有中国特色的国家公务员制度在中央和省、地（市）、县、乡（镇）五级政府机关基本建立，公务员制度显示了蓬勃的生命力。

（4）健全完善阶段（1999 年至今）。1998 年的政府机构改革，进一步转变了政府职能，为逐步建立办事高效、运转协调、行为规范的行政管理体制，建设高素质、专业化的公务员队伍，奠定了良好的基础。2002 年党的十六大提出，要改革和完善干部人事制度，健全公务员制度，为新世纪公务员队伍建设和制度建设指明了方向。2003 年 5 月 23 日召开的中央政治局人才工作会议，提出要大力实施人才强国战略，着力建设党政人才、企业经营管理人才和专业技术人才三支队伍，为全面建设小康社会提供坚强的人才保证等。这些要求进一步明确了公务员队伍建设和制度建设的方向。2005 年 4 月 27 日十届全国人大常委会第十五次会议上通过《公务员法》，2006 年 1 月 1 日起施行。这是新中国成立以来我国首部干部人事管理的综合法律，标志着我国干部人事制度管理纳入科学化、法制化轨道。《公务员法》共有 18 章，107 条，包括公务员的条件、义务和权利，职务职级，录用，考核，职务任免、升降，奖励，惩戒，培训，交流与回避，工资福利保险，辞职辞退，退休，申诉控告，职位聘任，法律责任等内容。

与 1993 年国务院制定的《国家公务员暂行条例》相比，《公务员法》进一步明确了我国公务员的范围，即指依法履行公职、纳入国家行政编制、由国家财政负担工资福利的工作人员。

“国家实行公务员职位分类制度”、“辅助性职位实行聘任制”、“引咎辞职”等制度首次纳入法律视野。《公务员法》还将用 10 年来形成的我国干部人事管理的新成果，如竞争上岗、公开选拔、职位聘任及领导干部任职公示制、任职试用期制等吸纳上升为法律，这有利于形成能上能下、能进能出、人尽其才、充满活力的用人机制。

（三）我国公务员制度的特色

1. 不搞政治中立。中国共产党的基本路线是建立中国公务员制度的根本指导原则。建立公务员制度的目的是为贯彻和执行党的基本路线提供制度保证。所以，要求公务员必须始终与党中央保持一致，坚决捍卫和执行党的路线、方针、政策。而西方文官制度强调所谓政治中立的原则，要求文官不得参加党派等政治活动，在公务活动中不得带有党派的政治倾向性等。

2. 坚持党管干部的原则。公务员制度是党的干部制度的一个组成部分。在公务员的管理上，强调要坚持党的组织领导、贯彻党的路线方针，保持党对政府重要领导人选的推荐权。而西方文官制度强调文官管理必须独立于党派之外，“不受任何党派干预”，“与党派政治脱钩”是独立的管理系统。

3. 不搞两官分途。我国公务员制度没有政务官和事务官的划分。这是由于我国是共产党执政的国家，不搞多党轮流执政，所以不存在政务官与事务官的截然分野。而西方文官制度则实行两官分途，强调政务官的所谓政治化和事务官的所谓职业化，这是两个截然不同的职官体系，相互之间不能转任。

4. 坚持服务于民的宗旨。做人民的公仆，为人民办事，对人民负责，受人民监督，这是中国公务员最根本的行为准则。中国公务员没有自己集团的特殊利益，也不存在任何形式的特权。而西方国家的文官则是一个独立的利益集团，它受雇于政府，一切服从政府的需要，为政府利益服务。

第三节　我国国家公务员制度的基本内容

一、我国公务员的概念和范围

在《国家公务员暂行条例》第三条规定，国家公务员是指“各级国家行政机关中除工勤人员以外的工作人员。”即从国务院、省（自治区、直辖市）、市（自治州、盟）、县（旗）到乡（镇）五级人民政府机关中除工勤人员以外的工作人员。《暂行条例》排除了行政机关的工勤人员、党务工作人员、立法机关、司法机关和军队的工作人员。

对于公务员的范围大小，《公务员法》的规定有了重大变化。《公务员法》第二条表述为：“本法所称公务员，是指依法履行公职、纳入国家行政编制、由国家财政负担工资福利的工作人员。”这是对我国公务员范围更明确的规定。大致应包括五个方面：

一是国家机关中除工勤人员以外的所有工作人员，包括政府机关、人大和政协机关；

二是法官、检察官纳入公务员范围的同时，根据其职务特点和公务员法第三条的规定，另行设置法官、检察官职务，与法官法、检察官法相衔接；

三是除工勤人员以外民主党派机关工作人员与共产党机关工作人员一样纳入公务员范围，这是中国单一制国家管理体制和共产党领导的多党合作制度的现实管理需求；

四是除工勤人员以外的人民团体和群众团体的机关工作人员，鉴于其性质虽然不同于国家机关工作人员，但在传统管理上历来属于干部范围，经批准对其参照公务员法进行管理；

五是根据一百零六条规定，具有公共事务管理职能的事业单位中除工勤人员以外的工作人员，经批准参照公务员法进行管理。

可以看出，与国外的公务员范围界定相比，中国公务员范围的界定与中国特色的社会主义政治经济制度相适应；与过去颁布的《国家公务员暂行条例》相比，新颁布的公务员法对公务员范围的界定有所扩大，这样做有利于保持各类机关干部的整体一致性、有利于党政机关干部之间的交流、有利于统一管理和通过法律防止腐败、有利于从制度上建立统一的对公务员绩效评估体系和监督体系。

二、公务员的职位分类

《国家公务员暂行条例》第九条将公务员职务分为领导职务和非领导职务。《公务员法》区分领导职务和非领导职务公务员，并对他们的层次进行了规定，但没有对驻外外交机构公务员的衔级进行规定。《公务员法》第十四条规定："国家实行公务员职位分类制度。公务员职位类别按照公务员职位的性质、特点和管理需要，划分为综合管理类、专业技术类和行政执法类等类别。"

领导职务层次分为：国家级正职、国家级副职、省部级正职、省部级副职、厅局级正职、厅局级副职、县处级正职、县处级副职、乡科级正职、乡科级副职。其中，领导职务是指各层次具有领导责任的职务，共10个层次，具体名称是：

国务院总理；

副总理、国务委员；

省长、自治区主席、直辖市市长、部长、委员会主任、署长等；

副省长、自治区副主席、直辖市副市长、副部长、副省长、副署长等；

厅长、司长、州（盟）长、专员等；

副厅长、副司长、副州（盟）长、副专员等；

处长、县（旗）长等；

副处长、副县（旗）长等；

科长、乡（镇）长等；

副科长、副乡（镇）长等。见表6－1。

表 6-1　各级政府的职务及对应关系

中央	省（自治区、直辖市）	自治州（省辖市、行署）	县（自治旗）	乡镇（镇）	级别
国务院总理					一级
国务院副总理、国务委员					二至三级
委员会主任、部长、秘书长、审计长、中国人民银行行长	省长 自治区主席 直辖市市长				三至四级
委员会副主任、副部长、副秘书长、副审计长、办事机构主任、中国人民银行副行长、参事室主任	副省长、自治区副主席、直辖市副市长、副省级城市市长				四至五级
司长、局长、主任、直属局副局长、办事机构副主任、巡视员	厅长、局长、办公厅主任、副省级城市副市长、巡视员	州长、市长 盟长、专员			五至七级
副司长、副局长、助理巡视员	副厅长、副局长、办公厅副主任、助理巡视员	副州长、副市长 副盟长、副专员			六至八级
处长、调研员	处长、调研员	处长、调研员	县长、市长		七至十级
副处长、助理调研员	副处长、助理调研员	副处长、助理调研员	副县长 副市长		八至十一级
科长、主任科员	科长、 主任科员	科长、 主任科员	局长、委员会主任	乡长、镇长	九至十二级
副科长、副主任科员	副科长、副主任科员	副科长、副主任科员	副局长、委员会副主任	副乡长、副镇长科员	九至十三级
科员	科员	股长、科员	科员		九至十四级
办事员	办事员	办事员	办事员	办事员	十至十五级

非领导职务层次在厅局级以下设置。非领导职务是指不承担领导责任的职务。设置非领导职务的目的，是为了保持机关人员有合理的结构，同时有利于某些负有较大业务责任、专业技术或业务水平要求较高的职位吸收优秀人才。非领导职务共分八个层次。具体名称是：巡视员、助理巡视员、调研员、助理调研员、主任科员、副主任科员、科员、办事员。

同时，《公务员法》也包含了授权条款，第十四条规定："国务院根据本法，对于具有职位特殊性，需要单独管理的，可以增设其他职位类别。各职位类别的适用范围由国家另行规定。"这是考虑到行政管理事务的复杂性和多样性而作出的灵活规定。这实际上是对国务院未来立法的一种特别授权。

此外，我国公务员法规定，职位类别按照公务员职位的性质、特点和管理需要，划分为综合管理、专业技术和行政执法类。

综合管理类职位：是指履行综合管理以及内部管理等职责的职位，是那些从事规划、咨询、决策、组织、指挥、协调、监督和机关内部管理工作的职位。

专业技术类职位：是指那些从事专业技术工作，履行专业技术职责，为实施公共管理提供专业技术支持和技术手段保障的职位。如公安部门的法医鉴定、痕迹检验等，外交部门的高级翻译。

行政执法类职位：是指直接履行监管、处罚、稽查等现场执法职责的职位，主要集中于公安、税务、工商、质检、环保等政府部门的基层单位。

公务员职位分类制度的建立，有助于从制度上冲破"官本位"意识。目前干部管理的职级制度基本上是官本位，一些领导干部搞政绩工程，第一年、第二年工作很努力，第三年就要考虑下一步该怎么办了。设立综合管理类、专业技术类和行政执法类等职位类别，表明公务员正常晋级，可以不受职务职级的限制，一名兢兢业业、有所成就的普通科员，也可以拿领导职级的工资，这样就能给公务员更多激励。

三、公务员录用

公务员录用指国家有关机关按标准、通过法定方式和程序，从社会录用担任主任科员以下及其他相应职务层次的非领导职务公务员，并与其建立公务员权利和义务关系的行为。

公务员录用采取公开考试、严格考察、平等竞争、择优录取的办法。报考的条件包括：具有中华人民共和国国籍；年满18周岁；拥护中华人民共和国宪法；具有良好的品行；有正常履行职责的身体条件；具有符合职位要求的文化程度和工作能力；省级以上公务员主管部门规定的拟任职位所要求的资格条件；法律规定的其他条件。下列人员不得录用为公务员：曾因犯罪受过刑事处罚的；曾被开除公职的；有法律规定不得录用为公务员的其他情形的。录用公务员，必须在规定的编制限额内，并有相应的职位空缺。录用公务员，应当发布招考公告。招考公告应当载明招考的职位、名额、报考资格条件、报考需要提交的申请材料以及其他报考须知事项。招录机关应当采取措施，便利公民报考。招录机关根据报考资格条件对报考申请进行审查。报考者提交的申请材料应当真实、准确。公务员录用考试采取笔试和面试的方式进行，考试内容根据公务员应当具备的基本能力和不同职位类别分别设置。招录机关根据考试成绩确定考察人选，并对其进行报考资格复审、考察和体检。体检的项目和标准根据职位要求确定，具体办法由中央公务员主管部门会同国务院卫生行政部门规定。招录机关根据考试成绩、考察情况和体检结果，提出拟录用人员名单，并予以公示。公示期满，中央一级招录机关将拟录用人员名单报中央公务员主管部门备案；地方各级招录机关将拟录用人员名单报省级或者设区的市级公务员主管部门审批。录用特殊职位的公务员，经省级以上公务员主管部门批准，可以简化程序或者采用其他测评办法。新录用的公务员试用期为一年。试用期满合格的，予以任职；不合格的，取消录用。

民族自治地方依照前款规定录用公务员时，依照法律和有关规定对少数民族报考者予以适当照顾。

总体来看，我国公务员考录制度具有以下特点：

1. 考试录用公务员的范围比较窄。根据《公务员法》第二十一条规定，录用担任主任科员以下及其他相当职务层次的非领导职务公务员，采取公开考试、严格考察、平等竞争、择优录取的办法。即在我国录用国家公务员并不是一律采取考试的方式。对于担任领导职务的公务员和主任科员以上非领导职务的公务员的任用主要不是通过考试的方法。除了考任制外，我国公务员的录用还有选任制、委任制和聘任制之分。比如《公务员法》第四十五条规定，机关内设机构厅局级正职以下领导职务出现空缺时，可以在本机关或者本系统内通过竞争上岗的方式，产生任职人选。厅局级正职以下领导职务或者副调研员以上及其他相当职务层次的非领导职务出现空缺，可以面向社会公开选拔，产生任职人选。公开考试只对主任科员、副主任科员、科员和办事员适用。

之所以把公务员考试录用的范围划得比较窄，限定在主任科员以下非领导职务，主要出于对行政机关实际工作经验的重视。因为对于担负领导职务和级别较高的非领导职务的公务员来说，他们不仅应具备广博的理论文化知识，更重要的还应具备领导的才干、解决和处理实际问题的能力。而这些才干和能力只有在国家行政机关的工作实践中积累，才会不断提高。单凭考试未必能准确考察出应试者在这方面所具有的实际水平。因此，我国担负领导职务的公务员和级别较高的非领导职务公务员并不实行向全社会公开招考的方式，而主要通过选拔或晋升来进行。尽管这些公务员在晋升领导职务时，也可能进行某种考试，但它与公务员的考试是有区别的。

2. 公务员的考试录用制度体现出对少数民族的照顾。我国是一个多民族的国家，一直以来都非常注重保障各少数民族的合法权益。公务员考试录用制度依然体现出这种精神。《公务员法》第二十一条明确规定：民族自治地方依照前款规定录用公务员时，依照法律和有关规定对少数民族报考者予以适当照顾。即少数民族报考者在参加上述部门录用公务员考试中处于被优先录用的地位。这是根据我国国情规定的。我国民族自治地方和民族事务部门不同于其他省市和有关部门，在招考公务员时可以采取下列做法：（1）采取有限竞争。考试时，适当降低少数民族试卷的难度，减少题量，并适当控制少数民族干部的比例，尽量使同一民族在同一岗位上竞争。（2）同一尺度，适当照顾。不分民族，一律使用同一水平试卷，但对少数民族考生适当加分照顾。（3）设置少数民族，在少数民族竞争者中择优录取。（4）对少数民族报考者规定一定的录取比例。

这种照顾，有助于保障民族区域自治地方的自治权利和自治政府机关的民族化，对进一步促进我国各民族之间的平等、团结，加速社会主义现代化建设事业大有裨益。

四、考核、奖励、纪律与惩戒

（一）考核

国家公务员的考核在国家公务员制度中占有十分重要的地位。它是依法实施对公务员管理的基础，也是对公务员作出客观评价的直接依据。国家公务员竞争激励机制的主要环节，比如，奖励、职务升降等都把公务员年度考核的等次作为评价公务员的最主要的条件。

我国公务员的考核，采取的是平时考核和定期考核两种方法。定期考核以平时考核为基础。对非领导成员公务员的定期考核采取年度考核的方式，先由个人按照职位职责和有关要求进行总结，主管领导在听取群众意见后，提出考核等次建议，由本机关负责人或者授权的考核委员会确定考核等次。对领导成员的定期考核，由主管机关按照有关规定办理。为了保证考核结果的客观公正及全面准确，采取领导与群众相结合、定性与定量考核相结合。考核结果以书面形式通知本人。这体现了公务员权利保障原则与考核的公开性，使公务员能够了解机关对自己的基本评价，看到自身的优点和不足，明确今后的努力方向。此外，为了保障公务员的合法权益，防止因个别人的好恶恩怨、单凭主观印象或其他原因而造成考核结果不公平不合理，公务员法还赋予公务员对考核结果申请复核和申诉的权利。

对公务员的考核，按照管理权限，全面考核公务员的德、能、勤、绩、廉，重点考核工作实绩。定期考核的结果分为优秀、称职、基本称职和不称职四个等次。定期考核的结果作为调整公务员职务、级别、工资以及公务员奖励、培训、辞退的依据。

（二）奖励

公务员奖励，是指有关机关依法律或有关章程的规定，对工作表现突出，有显著成绩和贡献，或者有其他突出事迹的公务员或者公务员集体，给予奖励。奖励坚持精神奖励与物质奖励相结合、以精神奖励为主的原则。

奖励的条件包括：忠于职守，积极工作，成绩显著的；遵守纪律，廉洁奉公，作风正派，办事公道，模范作用突出的；在工作中有发明创造或者提出合理化建议，取得显著经济效益或者社会效益的；为增进民族团结、维护社会稳定做出突出贡献的；爱护公共财产，节约国家资财有突出成绩的；防止或者消除事故有功，使国家和人民群众利益免受或者减少损失的；在抢险、救灾等特定环境中奋不顾身，做出贡献的；同违法违纪行为作斗争有功绩的；在对外交往中为国家争得荣誉和利益的；有其他突出功绩的。

奖励分为：嘉奖、记三等功、记二等功、记一等功、授予荣誉称号。奖励遵照以下程序：由公务员所在单位提出奖励意见，并按照规定的审批权限，逐级上报；由审批机关的人事部门审核；经审批机关批准，并予以公布；奖励材料装入本人档案。取消奖励的条件：弄虚作假，骗取奖励的；申报奖励时隐瞒严重错误或者严重违反规定程序的；有法律、法规规定应当撤销奖励的其他情形的。

（三）纪律

国家公务员纪律，是指国家行政机关在行政管理活动中，依据有关法规，对公务员行为进行指导、调整、约束、规范的准则，其中包括在政治方面应遵守的行为准则即政治纪律，在执行公务时应遵守的行为准则即工作纪律，在执行公务时必须秉公执法，为政清廉的行为准则即廉政纪律。公务员必须遵守纪律，不得有下列行为：散布有损国家声誉的言论，组织或者参加旨在反对国家的集会、游行、示威等活动；组织或者参加非法组织，组织或者参加罢工；玩忽职守，贻误工作；拒绝执行上级依法作出的决定和命令；压制批评，打击报复；弄虚作假，误导、欺骗领导和公众；贪污、行贿、受贿，利用职务之便为自己或者他人谋取私利；违反财经纪律，浪费国家资财；滥用职权，侵害公民、法人或者其他组织的合法权益；泄露国家秘密或者工作秘密；在对外交往中损害国家荣誉和利益；参与或者支持色情、吸毒、赌博、迷信等活动；违反职业道德、社会公德；从事或者参与营利性活动，在企业或者其他营利性组织中兼任职务；旷工或者因公外出、请假期满无正当理由逾期不归；违反纪律的其他行为。有以上行为，但尚未构成犯罪的要受到行政处分。

（四）惩戒

公务员的惩戒是指有关机关对公务员违法违纪的行为所实施的处分。惩处国家公务人员必须严格按照法定程序，以防止滥用惩戒权，切实保障公务员的合法权益，保证行政惩戒行为的客观性和公正性。

公务员的行政处分分为：警告、记过、记大过、降级、撤职、开除。对公务员的处分，应当事实清楚、证据确凿、定性准确、处理恰当、程序合法、手续完备。公务员违纪的，应当由处分决定机关决定对公务员违纪的情况进行调查，并将调查认定的事实及拟给予处分的依据告知公务员本人。公务员有权进行陈述和申辩。处分决定机关认为对公务员应当给予处分的，应当在规定的期限内，按照管理权限和规定的程序作出处分决定。处分决定应当以书面形式通知公务员本人。对违纪公务员给予相应的处分，是为了使违纪者受到更加深刻的教育，只要其认真改正错误，就应该一视同仁。所以，国家公务员法特别对违纪者的行政处分的解除（开除处分不在此列）作出了明确的规定。公务员因违法违纪应当承担纪律责任的，依照公务员法给予处分；违纪行为情节轻微，经批评教育后改正的，可以免予处分。公务员在受处分期间不得晋升职务和级别，其中受记过、记大过、降级、撤职处分的，不得晋升工资档次。受处分的期间为：警告，六个月；记过，十二个月；记大过，十八个月；降级、撤职，二十四个月。受撤职处分的，按照规定降低级别。公务员受开除以外的处分，在受处分期间有悔改表现，并且没有再发生违纪行为的，处分期满后，由处分决定机关解除处分并以书面形式通知本人。解除处分后，晋升工资档次、级别和职务不再受原处分的影响。但是，解除降级、撤职处分的，不视为恢复原级别、原职务。

五、职务升降与任免

（一）职务晋升

公务员职务晋升是指国家公务员在行政职务序列中所处位置的上升、职权的加重、责任范围的扩大以及工资、福利等方面待遇的相应提高。

在晋升公务员的职务和职位时，应遵循逐级晋升的原则，特殊情况下，德才表现和工作实绩特别突出的，经有关部门批准，方可越一级晋升。

公务员晋升职务，应当具备拟任职务所要求的思想政治素质、工作能力、文化程度和任职经历等方面的条件和资格。

在实际操作中，晋升的基本标准主要包括以下几项要求：

（1）能坚定地贯彻执行党的以经济建设为中心、坚持四项基本原则、坚持改革开放的基本路线和国家的各项方针政策，并能掌握和运用建设有中国特色的社会主义理论，把党的路线方针政策同本地区本部门的具体情况相结合，去分析和解决问题，创造性地开展工作。

（2）有强烈的事业心和责任感，并提高工作实绩。事业心和责任感是做好任何工作的重要前提。这一条强调了动机与效果的统一。社会生产力的发展需要选拔兢兢业业、任劳任怨，为人民办实事并有实效的人才。

（3）能够全心全意为人民服务，品行端正，正确运用职权、廉洁奉公、遵纪守法，并能与不良和不法行为作斗争。这是对晋升人员品质方面的要求。国家公务员是代表国家履行管理职能的，是人民的公仆、勤务员，特别是面临执政和改革开放的考验，所以，必须选用能够正确行使人民赋予的权力，廉洁自律、勤政为民、遵纪守法的人。

（4）具有良好的工作作风，密切联系群众，善于团结同志，包括团结与自己有不同意见的同志一道工作。良好的工作作风，是联系民众、团结同志的前提。选人必须要注重整体结构的合理性、相容性。

（5）具有任职所需要的工作能力、文化水平和专业知识。晋升领导职务的还必须具有相应的理论、政策水平和计划、决策、组织、协调能力。

职务晋升的资格条件：

（1）考核结果（年度考核的资格条件）。拟晋升人员必须在近两年年度考核连续为优秀或近三年连续为称职以上。年度考核结果是经过严格的考核程序，对每一个工作人员一年里德、能、勤、绩、廉等方面的全面评价和结论。

（2）任职年限（资历的资格条件）。晋升科级正职、处级正职，需分别任下一级职务两年以上；晋升科员、科级副职、副主任科员、主任科员、处级副职、司级副职、厅级副职、司级正职、厅级正职，需分别任下一级职务三年以上；晋升助理调研员、调研员、部级副职，需分别任下一级职务四年以上；晋升助理巡视员、巡视员，需分别任下一级职务五年以上。拟晋升上一级领导职务的公务员，一般应具有在下一级两个以上职位任职的经历。

（3）基层经验。晋升地市以上机关副处级以上领导职务，需具有五年以上工龄和两个以上的基层工作经历。

（4）文化程度（学历资格条件）。晋升科员、副科级、正科级职务，须具有高中、中专文化程度；晋升副处级到正司厅级职务，需具有大专以上文化程度；晋升副部级职务，需具有大学本科以上文化程度。

公务员晋升领导职务，按照下列程序办理：民主推荐，确定考察对象；组织考察，研究提出任职建议方案，并根据需要在一定范围内进行酝酿；按照管理权限讨论决定；按照规定履行任职手续。

（二）降职

《公务员法》规定公务员在定期考核中被确定为不称职的，按照规定程序降低一个职务层次任职。由此看出，国家公务员制度中降职不再是一种行政处分，并首次以法规的形式，把降职确立为一种变更职务关系的任用形式。国家公务员降职的目的，是为了合理地使用国家公务员，充分发挥国家公务员的作用，为行政机关的各个职位选择配备适宜的人才。而以往的降职是为了惩处违法违纪人员，促使工作人员遵纪守法。

降职的原因主要是：在年度考核中被确定为不称职的，或者不胜任现职又不宜转任其他职务的。对因机构撤销、调整需要降低职务安排的，一定要在本地区、本部门确实无同级较合适职务安排或某一较低职务确实需要其担任的，方可实施。对本人确属力不能及主动提出降职的，应当批准其申请，予以降职。要注意调查分析，实事求是作出恰当处理，而不宜轻率做出降职决定。

降低国家公务员的职务，一般一次只降低一级，并严格按程序进行：（1）所在单位提出降职安排意见，主要包括两个方面：一是降职的理由；二是降职后的安排去向。对这两方面，必须在进行任职情况考核或年度考核的基础上提出，经单位领导集体讨论后作出决定。提出的降职理由必须实在、充分。（2）征求本人意见。所在单位在正式上报前，应征求本人的意见，即使是木人提出降职要求，也需要走这一步。这样既有利于保障国家公务员的民主权利，又有利于多方听取意见，为任免机关作出降职决策提供可靠依据。(3) 任免机关审批。任免机关审批前，其人事部门应派人到呈报单位进行复查了解，既要向单位领导和人事部门了解，也要向周围群众和被降职的本人了解，全面听取意见进行综合分析，提出审核意见，然后由任免机关领导集体研究决定。另外，任免机关作出降职决定后，本人不服，允许有上诉的权利。

（三）职务任免

国家公务员的职务任免，是国家公务员任职与免职的统称，是指任免机关依据有关法律、法规、按照一定的标准条件，通过法定程序，任命（聘任）或者免去国家公务员担任的某一职务。

国家公务员的职务任免是在以往干部任免制度基础上的进一步发展和完善。国家公务员的职务任免实现了规范化的管理，主要体现在对国家公务员担任的所有职务都必须进行任免，不仅对担任领导职务的必须办理，而且对担任非领导职务的也必须办理，不仅在晋升、降职时办理，在录用、调任、轮换、挂职锻炼、退休时也要办理。

1. 公务员的职务任用。国家公务员的任用方式主要有三种，即选任制、委任制和聘任制。(1) 选任制。公务员在选举结果生效时即任当选职务；任期届满不再连任，或者任期内辞职、被罢免、被撤职的，其所任职务即终止。根据宪法和组织法的规定，决定各级人民政府组成人员的产生和任免。(2) 委任制。委任制是指任免机关在其任免权限范围内，直接确定任用人选，委派其担任一定职务。委任制能充分体现任免机关和行政首长的用人权，贯彻了用人和治事相统一的原则，有利于在行政机关中贯彻首长负责制，保证政令畅通和行政机构高效运行。(3) 聘任制。聘任制是指机关通过合同选拔、任用公务员的一种人事管理制度。与选任制、委任制相比，聘任制具有引入市场机制、开放灵活的特点，近一二十年来，国外公务员管理越来越多地采用聘任制。

2. 公务员的免职。国家公务员职务发生变化而不能履行职责时，应及时免去其原任职务。免去原职，是任用新职务的前提。如果不及时办理免职手续，就会出现两种情况，一是人员重叠，即某一职务同时有两人担任；二是职务重叠，即某个国家公务员同时具有两个职务。

六、公务员的培训、交流与回避

（一）培训

公务员培训是指各级培训机构依照公务员职位分类和工作需要，为提高公务员素质而对公务员进行的终身职业教育。通过培训使不同职类的公务员掌握其所需要的最新的专门知识或特殊技能。公务员的培训注重培养公务员的敬业精神和服务精神，强调满足公务员实际的工作需要。培训的时间应以短期为主。

（二）交流

公务员交流是指国家公务员在国家行政机关或与其他机关以及企业、事业单位一定层次的工作人员进行流动的制度。其方式是调任、转任、轮换和挂职锻炼。

（三）回避

公务员回避是指为保证公务员机关公正和严格执法，当公务员在行使职权过程中，当与其所处理的事务存在一定利害关系时，使其回避的一种限制性规定。公务员回避有：任职回避、公务回避、地区回避。

七、工资、保险与福利

（一）工资

在我国，公务员的工资是指政府根据按劳分配的原则对公务员进行个人分配的一种货币表现形式。作为分配方式，公务员的工资制度是有关工资形式、工资标准、工资支付原则和办法的总称。公务员工资制度是国家公务员制度的重要组成部分。

我国公务员工资制度遵循正常增资、平衡比较、物价补偿、法律保障原则。公务员工资包括基本工资、津贴、补贴和奖金。公务员按照国家规定享受地区附加津贴、艰苦边远地区津贴、岗位津贴等津贴。公务员按照国家规定享受住房、医疗等补贴、补助。公务员在定期考核中被确定为优秀、称职的，按照国家规定享受年终奖金。公务员工资应当按时足额发放。工资水平应当与国民经济发展相协调，与社会进步相适应。任何机关不得违反法律和国家规定自行更改公务员工资，擅自提高和降低公务员工资福利和待遇，任何时候不得拖欠公务员的工资。

（二）保险

公务员的保险制度是指国家通过立法程序建立的对暂时或永久丧失劳动能力的公务员给予物质帮助的制度。国家建立公务员保险制度，保障公务员在退休、患病、工伤、生育、失业等情况下获得帮助和补偿。公务员因公致残的，享受国家规定的伤残待遇。公务员因公牺牲、因公死亡或者病故的，其亲属享受国家规定的抚恤和优待。

（三）福利

《公务员法》规定，公务员按照国家规定享受福利待遇。国家根据经济社会发展水平提高公务员的福利待遇。公务员实行国家规定的工时制度，按照国家规定享受休假。公务员在法定工作日之外加班的，应当给予休假。

八、公务员辞职、辞退、退休与申诉控告

（一）辞职

公务员由于主观或客观原因不愿意继续担任公职时，国家允许公务员辞职。规定公务员可以辞职，就赋予了公务员一定的选择职业的权利。国家赋予公务员这一权利的目的是为了调动、发挥公务员的积极性，促进人才合理流动，以增强人事管理的生机与活力。

按照我国公务员法的规定，公务员辞去公职，应当向任免机关提出书面申请。任免机关应当自接到申请之日起 30 日内予以审批。其中对领导成员辞去公职的申请，应当自接到申请之日起 90 日内予以审批。公务员有下列情形之一的，不得辞去公职：（1）未满国家规定的最低服务年限的；（2）在涉及国家秘密等特殊职位任职或者离开上述职位不满国家规定的脱密期限的；（3）重要公务尚未处理完毕，且须由本人继续处理的；（4）正在接受审计、纪律审查，或者涉嫌犯罪，司法程序尚未终结的；（5）法律、行政法规规定的其他不得辞去公职的情形。此外，按照我国公务员法的规定，辞职有主动辞职、引咎辞职和被动辞职三种类别。主动辞职是指担任领导职务的公务员，因个人或者其他原因，可以自愿提出辞去领导职务。引咎辞职是指领导成员因工作严重失误、失职造成重大损失

或者恶劣社会影响的，或者对重大事故负有领导责任的，应当引咎辞去领导职务。被动辞职是指领导成员应当引咎辞职或者因其他原因不再适合担任现任领导职务，本人不提出辞职的，应当责令其辞去领导职务。

（二）辞退

《公务员法》规定，公务员有下列情形之一的，予以辞退：

在年度考核中，连续两年被确定为不称职的；不胜任现职工作，又不接受其他安排的；因所在机关调整、撤销、合并或者缩减编制员额需要调整工作，本人拒绝合理安排的；不履行公务员义务，不遵守公务员纪律，经教育仍无转变，不适合继续在机关工作，又不宜给予开除处分的；旷工或者因公外出、请假期满无正当理由逾期不归连续超过十五天，或者一年内累计超过三十天的。

对有下列情形之一的公务员，不得辞退：因公致残，被确认丧失或者部分丧失工作能力的；患病或者负伤，在规定的医疗期限内的；女性公务员在孕期、产假、哺乳期内的；法律、行政法规规定的其他不得辞退的情形。

（三）退休

公务员退休是指公务员具备法定的退休条件，依照法定的程序退出工作职位，同时享有一定数额的退休金和其他待遇的行为。退休分为：强制退休、自愿退休、延迟退休、离休。公务员法还规定了公务员可以提前退休的条件：工作年限满 30 年的；距国家规定的退休年龄不足 5 年，且工作年限满 20 年的；符合国家规定的可以提前退休的其他情形的。

（四）申诉控告

公务员申诉是指公务员对公务员机关作出的涉及本人权益的人事处理决定不服时，向同级公务员主管部门或作出人事处理的机关的上一级机关提出申诉，要求重新处理的行为。公务员提出申诉必须具有下列条件：由公务员本人提出；属对涉及本人的人事处理决定不服提出的申诉；人事处理决定属于《国家公务员申诉控告暂行规定》规定的受案范围；在接到人事处理决定三十日内或接到复核决定之日起十五日内提出；提出的申诉是向有管辖权的受理机关提出的；公务员提出申诉时，提交了正式的书面申请书，并有提出申诉的公务员签名或盖章；公务员提交的书面申请材料完整、翔实，并附上了原处理决定等材料。

公务员认为机关及其领导人员侵犯其合法权益的，可依法向上级机关或有关的专门机关提出控告。受理控告的机关应按规定及时处理。公务员提出控告的条件：公务员的合法权益受到侵害，且侵害权益的行为是违法违纪的；有明确的被控告机关或者被控告人员；被控告的机关和人员属于受理控告的机关管辖。

本章主要名词概念

人事行政　选贤任能原则　适才适位原则　国家公务员　公务员的职位　公务员录用　公务员的考核　公务员奖励　公务员纪律　公务员的惩戒　公务员职务升降与任免

复习思考题

1. 简述人事行政的含义及其在行政管理中的地位及作用。
2. 人事行政的基本原则有哪些？
3. 简述中国古代人事行政制度的历史演变。
4. 简述西方文官制度的发展进程及其特点。
5. 简述我国公务员制度的发展历程及其特点。
6. 我国公务员制度的管理环节有哪些？具体内容如何规定？

［**案例分析**］

案例一　公务员管理的法制化①

西方国家于19世纪中期开始相继实行文官制度，到现在已形成完备的法律体系。随着以信息技术为代表的科技革命迅猛发展，国际经济结构调整加速，经济全球化明显加快，私营部门和公众对政府服务的期望增强。这一切都对行政管理体制和公务员制度改革提出了新的挑战，对政府公共服务提出了新要求。从20世纪80年代开始，整个西方兴起了行政体制改革和公务员制度改革的潮流，试图建立新公共行政管理的模式。各国公务员制度改革尽管具体内容、重点和措施不同，但由于解决的问题具有普遍性，改革的思路大致相同：一是政府推动。如美国、英国都是成立以总统或首相为首的委员会，研究改革的思路、措施，并负责改革的实施。二是以人为本。更加关心公务员，促进个人的职业发展，激励公务员的主动性和创造性。三是吸引人才。采取措施与私营企业竞争优秀人才，加速培养年轻公务员，通过提高公务员的能力、水平，增强政府的能力。四是强调灵活。调整公务员管理的政策，引入私

① 摘自尹蔚民：《公务员管理的法制化》，载《国家行政学院学报》2001年第6期。

营企业管理的经验，使制度更有活力。改革的共同特征是：（1）精简机构和人员，分散和下放权力。如从1993年到1997年的4年中，美国减少了30多万联邦公务员，精简幅度达14%；1979年至1997年，英国公务员队伍减少了37%；加拿大在1993年将联邦政府35个部调整合并为23个；日本10年中国家公职人员精简25%，并确定了从1997年到2001年中央政府精简人员3.5万人的目标。与此同时，各国还重新界定政府职能，分散和下发权力，将传统中央政府统筹的一些全国性事务，逐渐交由地方政府和各种利益团体承担。如美国政府再造的一条重要原则就是"社区政府"。（2）注重人本管理，增加制度的灵活性。为了应对私营部门对公务员吸引力的挑战，激发公务员的主动性和创造性，以便向公众提供更好的服务，各国在公务员制度改革中，将关注的重点由"制度"转向"人"，特别强调开放性、流动性，用企业精神改造政府，公务员的正当需要和合法权益受到重视，在公务员的待遇提高和职业发展方面，政策开始倾向灵活。（3）加强能力培训，提高素质水平，公务员能力建设得到重视。随着政府管理社会事务范围越来越广，职责越来越重，公共行政开始进入电子化时代，公民作为雇主身份要求政府提供公共服务的期望值持续升高。为提高公务员的素质，各国政府都加大培训投入，把公务员培训作为制度完善、队伍建设的重点来抓。（4）完善竞争机制。美国改革录用方式，将原来的公务员录用考试由联邦人事管理总署统一集中组织，改革为授权联邦各机构自己组织，提高录用的效率，与私营企业争夺优秀大学毕业生。法国加强对公务员录用需求、测评、录用人员追踪调查等环节的管理和研究，不断改进测评方法，重视对候选人能力、态度、知识综合运用等的测评。日本继续完善分类分等考试，增强录用考试的针对性。（5）改革分类制度。加拿大政府从1996年始着手设计和开发"通用分类标准"，并将在2000年取代旧的分类系统。新的通用分类标准按照责任、技能、努力程度、工作条件等4个因素、16个要素对职位进行衡量，将所有公务员职位分成8大类。通用分类标准既为管理者提供了一个重要的管理工具，使公务员管理更加透明和有效，又为那些需要更多流动机会、更大的工作责任和成就感的公务员创造了机会。（6）改革业绩评估制度。英国新的业绩评估体制，使每个公务员和团队有奋斗的目标，个人目标和业务目标紧密联系；激励公务员寻求更有挑战性的责任；工作期间，个人和直接上级经常谈话，参照所定目标评估工作的进展；年底进行正式谈话，其他人参与，如360°评估；平时工作业绩记录为今后的职业发展提供信息，为选拔用人提供信息；由直接上级对公务员全面的表现进行描述性评估等，并把评估的结果同工资相联系。（7）建立灵活的工资制度。新加坡从20世纪80年代开始，逐步建立了一个灵活的工资制度。主要是取消抚恤金制度，取而代之"中央福利备用金"制度；从1994年之后，政府定期审查所有公务员的工薪水平，以确保跟上私营界工薪水平；实行"纯粹工资"政策，将公务员的工薪都直接用现金支付，不存在非现金工薪或隐蔽的奖金等。不仅每月有固定工资，同时在年中和年末还可获得额外奖金，奖金数量相当于3个月的工薪总和。并在所有公务员中推行了"个人工作表现奖金"制度，对表现超过本职要求的公务员给予一定的奖金。另外，新加坡政府在2000年还采用了在私营界普遍实行的工薪档次制度，政府有关部门将每年根据公务员的功绩调整工薪。（8）提升道德标准。为了取得公众对政府和公务员的信任，遏制腐败行为，各国对公务员的道德水平提出了新的更高的要求。如日本2001年4月实施的《国家公共事业道德法》，在国家人事院（NPA）建立"国家公共事业道德委员会"，负责有关涉及公职人员道德的事务。新加坡长期形成了这样的价值观念：一个廉洁的政府非常重要，对腐败的任何宽容都会侵蚀价值体系、背叛公众对政府的信任并削弱投资商的信心。因此，新加坡一直把公务员和政府的廉政建设，作为建立有凝聚力的社会和进步国家的重要措施。

请根据以上资料，回答下列问题：

1. 如何正确评价西方国家公务员制度进行的改革？新加坡的公务员工资制度和公民的价值观对我们有何启示？

2. 什么是以人为本？利用上述资料并结合现在中央的政策，谈谈对"以人为本"管理思想的认识。

案例二 地方党委换届减少副书记职数①

从中央提出地方党委精简领导班子职数、减少副书记职数以来，省级党委领导班子职数配备一直是热点话题。《瞭望新闻周刊》获悉，目前已有河北、安徽、福建、宁夏、海南等省区党委副书记职数减少到三人，"一正三副"的模式逐步形成。值得关注的是，这些省区的正副书记格局完全一致。可以说，"一正三副"模式为省级党委领导班子配备改革提供了一个思路。

中央强调，通过地方党委领导班子配备改革，进一步完善地方党委领导体制和工作机制，充分发挥常委会的集体领导作用；进一步减少和避免党政分工重叠，切实提高工作效率和执政水平。

此次省级党委领导班子换届，要按照中央要求认真落实十六届四中全会提出的地方党委领导班子配备改革目标，在精简领导班子职数、减少副书记职数、适当扩大党政领导成员交叉任职等方面取得实质性进展。总的目的就是要使换届后新产生的领导班子在以后的领导工作中便于协调、提高效率、减少内耗。

有关调查显示，就全国范围来看，省级领导班子职数过多。一些地方省级四套班子领导干部加起来 40 人左右。领导职数明显偏多导致分工过细、职责交叉和重叠，工作协调难度大，会议多，文件多，请示报告多，不利于提高工作效率。领导职数多，到下级和基层检查指导工作的人就多，下级和基层迎来送往的负担必然加大，也不利于减少应酬、转变干部作风。同时，由于领导职数多，分工过细，管得过于具体，也直接影响职能部门作用的发挥。

显而易见，领导机关职数和编制偏多，容易导致领导工作中滋生官僚主义和形式主义等衙门作风，大大增加了执政成本。省级领导职数偏多还导致上行下效，使省级以下地方各级党政机构普遍存在着官多为患、人浮于事的问题。有的省直部门，处级以上干部竟占一半以上。

---

① 摘自《中央重视省区市党委换届 要求减少副书记职数》，新华网 2006 年 4 月 11 日。

减少副书记的职数的探索，有利于保证常委会行使它作为决策机构的职能。近年来，省级党委副书记的职数偏多，在常委会中几乎过半，以致书记办公会提交给常委会的工作议题，很容易在常委会上成为决策。有关专家认为，这种书记办公会实际上取代常委会的现象，不符合现行《党章》的有关规定。

中央要求，抓住换届的有利时机，进一步优化领导班子结构，增强整体功能，切实提高领导班子贯彻落实科学发展现的能力、驾驭全局的能力、处理利益关系的能力和务实创新的能力。此前中共中央批准的《2004～2008 年全国党政领导班子建设规划纲要》，提出了进一步优化领导班子素质结构的具体要求：要以增强整体功能、充分发挥班子合力为目标，不能为结构而结构，对不同地区、不同部门、不同层次领导班子提出符合实际的要求，不能在具体政策规定上强求一律；随着形势的发展变化和时间的推移，必须及时对领导班子素质结构提出新的要求，作出相应调整。

专家分析，按此标准，优化领导班子结构应将提高省级党委领导班子的执政能力作为重点。首先，要在省级党委领导班子成员增加熟悉工业经济、金融、法律、城市建设和管理等方面的高知识层次人才，解决能力结构的缺陷。其次，适当增加省级政府班子成员在省级党委常委中的比例。党政班子成员适当交流换岗和交叉任职，有利于提高领导班子驾驭全局的能力。对领导班子配备年轻干部、女干部、党外干部、少数民族干部的规定，要实事求是，宏观把握，区别对待，有一定的灵活性。

请根据上述资料，回答下列问题：

1. 根据案例的实际内容分析领导班子的合理结构应符合哪些基本要求？

2. 此次地方党委换届的一个重要趋势就是要减少副书记的职数，其积极意义有哪些？

3. 结合当前我国公务员队伍的具体情况，谈谈如何优化领导班子结构和增强整体功能？

第七章　行政机关管理

本章学习提要与目标

国家行政机关是实现国家行政事务管理的工具，是行政管理的重要组织形式和实体。它对实现政府行政职能和工作目标起到了承上启下、协调左右、联系内外的核心和枢纽作用。国家行政机关工作的好坏、效率的高低，直接影响到国家的行政管理效率，关系到事业的兴衰成败。因此，如何进一步完善行政机关的管理活动，努力提高行政机关的管理效率，并使其走上科学化、法制化和现代化的轨道，成为我国现阶段行政学面临的重要课题之一。本章主要从行政机关管理的主要内容及实现行政机关管理的现代化等方面来加以阐述。

第一节　行政机关管理概述

一、行政机关管理的含义

“机关”的本义是指机器上的启动器械，是控制和发挥器械功能的关键部位。把它引申到管理学上来运用，则是泛指为实现国家职能而组织的最重要的管理机构，诸如权力机关、行政机关、党群机关、司法检察机关、事业单位机关等。

行政机关是指执行国家行政职能的机关，是为执行政务而建立的各种执行机构。它有广义和狭义之分。广义上的行政机关是指一级政府机关的总称，即国家政权组织中执行国家意志，从事国家政务、机关内部事务和社会公共事务管理的政府机关及其工作部门。我国宪法规定：“中华人民共和国国务院，即中央人民政府，是最高国家权力机关的执行机关，是最高国家行政机关。地方各级人民政府是地方各级国家权力机关的执行机关，是地方各级国家行政机关。”这是从广义上作的规定。

狭义的行政机关是特指一级政府机关的办公厅（或办公室），它是在政府首脑直接领导下为处理综合性事务，辅助进行全面管理工作而设立的。本章所阐述的行政机关管理，主要是狭义的，即行政机关本身的管理，主要是与办公厅（办公室）有关的事务。狭义上的行政机关管理的主要工作内容，概括起来有：调查研究，熟悉信息，协助决策，承上启下，协调沟通，处理事务，后勤保障。根据我国实际情况可进一步概括为：参与政务，处理事务，搞好服务。机关事务的具体工作通常由各级政府及其所属各行政机关的综合办事机构——办公厅（室）和机关事务管理机构来承担。在我国，承担机关行政的机构是：国务院和地方政府所设的办公厅（室）以及机关事务管理机构。国务院办公厅在国务院秘书长领导下工作，其行政地位略高于部级；国务院所属各部、委和直属机构以及省、直辖市、自治区人民政府的办公厅，其行政地位略高于局级；地级市、自治州人民政府、地区行政公署以及县级人民政府均设办公室；更小的行政基层组织一般只设一个专职人员负责秘书工作，协助领导处理日常事务。

二、行政机关管理的任务和作用

（一）行政机关管理的任务

行政机关虽然不是直接地担负完成整个行政机关的工作职能以实现组织目标和任务，但它处在指挥与控制的位置上，处在本行政机关各种组织的枢纽位置，所担负的任务也同样是非常重要而艰巨、复杂的。根据历次全国各省、市秘书长和办公厅主任会议精神，行政机关管理的基本任务就是参与政务、处理事务、搞好服务。具体地说：

1. 参与政务。是指参与领导者的政务活动。我国行政机关实行首长负责制，领导者的重要职责就是总揽全局，科学决策，担负着行政决策和指挥的重要责任。但是领导者要处理好政务，需要有得力的参谋助手给予帮助，因为任何一个精干的领导人的知识、能力、时间、精力都是有限的。办公厅（室）作为行政机关、行政领导的综合管理机构，是各级行政机关贯彻执行党和国家政策法令的重要部门。办公厅（室）参与政务的方式主要包括：协助领导掌握本单位和下属各单位的工作情况，收集和综合处理各种信息资料，为领导决策当参谋助手；协助领导掌握和研究本部门方针政策的贯彻执行，以统揽全局，把握工作方向；协助领导进行工作指挥，承上启下，协调左右，查办督办领导决策的贯彻执行。办公厅（室）的工作人员，在参与政务活动中，首先要摆正自己与领导的关系和位置。在政务活动中，办公厅（室）的工作人员是参谋助手，而不是主持人或决策人；是配角，而不是主角；是参与地位，而不是决策地位；不能越职越权，更不能代替领导擅自做主。办公厅（室）参与政务，主要是指在领导决策之前为领导收集信息，提供"素材"；决策之中为领导出谋献策；决策之后查办督办，反馈协调，总结经验。为此，办公厅（室）在参与政务活动中要争取主动，探索规律，总结经验，超前服务。参政而不专政、弄政、乱政、滥政。

2. 处理事务。是指行政单位办公厅（室）大量的、例行的综合性日常事务以及种种临时性、突击性的事务。它包括公文的拟办、收发和传递，档案的管理，会议的筹备与管理，以及来客接待，信访工作，保密工作，生活服务，环境保护和领导交办的其他事务性的工作。机关事务工作虽然琐碎平凡，但责任重大，意义重大，是机关工作得以正常而协调运转的重要保证。因此，要处理好事务，需要抓好三个环节：一是创造良好的工作环境，它包括物质环境和精神环境两个方面，不讲物质条件，空讲精神因素当然不行，但只讲物质条件不讲精神条件也会顾此失彼。所以要在两者的结合上，创造最佳的工作环境。二是要有严格的工作制度，比较共同的有：作息时间、考勤制度、文秘工作制度、会议制度、财务制度、物资供应制度、住房分配管理制度、车辆管理制度，等等。制度一旦制定，就要严格执行，如不严格执行，或者因人而异，就会造成思想混乱和工作混乱，以致造成整个机关管理工作的混乱。三是要有畅通的信息系统，要尽快排除各种干扰，减少沟通中的"关卡"。树立整体和全局观念，以同心协力搞好工作，提高效率。

3. 搞好服务。主要指搞好机关内部的各项服务工作，包括为行政领导服务，为机关各项工作服务，为机关工作人员服务。搞好服务，一是要真正树立起为人民服务的思想；二是要学习和提高服务的本领，三是要有脚踏实地、勤勤恳恳、任劳任怨的工作态度。行政机关具体贯彻执行这一根本宗旨，主要体现在：一为机关行政领导工作服务；二为本机关各项工作创造条件与提供服务；三是要为机关全体工作人员的生活福利服务。只有这样，才能实现机关管理的服务职能。

总之，参与政务、处理事务、搞好服务，是行政机关管理的三项基本任务，行政机关管理的各项工作内容，都是围绕这三项基本任务而展开的。

（二）机关行政的地位和作用

行政机关管理是行政管理的重要组成部分。办公厅（室）的工作虽然不是直接行使国家权力，但它却是行使行政决策、行政执行和行政监督等职能所必不可少的，在整个行政组织中处于中心地位。搞好行政机关管理，建立高效、廉洁、务实、现代化的办公厅（室），对于提高整个行政管理的效率、实现行政目标，具有十分重要的作用。

1. 参谋助手作用。机关办公厅（室）虽然不是一级政府或一个单位的法定领导，而是从属于领导层之下的辅助层，然而它却要代表领导处理全局性的问题，起着辅助领导的作用，是指挥、控制整个行政机关工作的中心部门，主要体现在：（1）帮助领导处理日常事务。行政领导者需要处理的行政事务广泛而复杂，时间和精力的有限性决定领导者必须抓大事要事，而把一般日常事务交由办公厅（室）处理。办公厅（室）处理好从公文收发到接待信访、从会议组织到后勤管理等烦琐细杂的事务，就能够使领导者集中时间和精力处理大事要事；（2）辅助领导决策。决策是领导者的基本职责，但是领导者要做出正确的决策，单凭个人的经验和智慧是远远不够的，还需要借助各种辅助力量来协助自己决策。办公厅（室）靠近领导中枢，是直接为领导服务的。因此它是所有决策辅助力量中最特殊最重要的一部分。在整个决策过程中它可以发挥应有的参谋作用：决策准备时，可以根据领导的要求进行调研活动，提供有情况、有分析、有综合的准确信息和调查报告，向领导者提供可靠的决策目标和依据；拟订方案时，积极出谋划策，为领导推荐和评介方案；决策实施时，通过了解汇总执行情况，把信息及时反馈给领导者，便于领导者对方案的修正完善；在行政目标实现后，它要认真总结决策执行中的经验和教训，对实施方案提出意见或建议，供行政领导下次决策借鉴。

2. 协调沟通作用。办公厅（室）在政府中，承上启下，联系内外，沟通四面八方，有力地发挥着沟通协调作用。在纵向层次结构中，办公厅（室）处于决策层与执行层的中间位置，成为领导联系基层、联系群众的桥梁，成为决策层与执行层信息传送反馈的中心结点。通过办公厅（室）的上情下达、下情上达，能够促成上下协调一致、决策与执行紧密配合。在横向职能分工体系中，办公厅（室）的沟通活动能够加强各部门之间的密切联系，能够使领导者及时掌握各部门的工作动态以及各部门之间的关系状况，还能够经领导授权或主动地协调解决各部门之间出现的工作矛盾。因此，办公厅（室）的沟通协调能够促成政府系统横向及纵向上的信息沟通与分工合作。

3. 联系作用。办公厅（室）除完成本机关内部有关事务以外，还是与其他机关或外界人士接洽公务、交换意见的场所，是领导机关联系群众的桥梁。行政机关管理工作的质量和服务态度，往往会直接影响本单位的声誉，也关系到与兄弟单位的合作关系，是机关精神文明建设的窗口，也是政府行政行为的形象代表。有效的行政机关管理，能使各机关之间关系融洽、信息畅通，从而大大提高行政工作效率。同时，通过对人民来访的热情接待，关心人民群众疾苦，为人民群众排忧解难，充分体现了党和国家情为民所发，权为民所用，利为民所谋的行政宗旨，为机关树立良好的形象，促进社会主义物质文明、精神文明和政治文明建设。

4. 后勤保障作用。一个政府部门要正常地进行职能活动，必须使各级领导和各类行政人员都具备基本的工作条件，如信息的收集、加工、整理、传递、吃、住、行、用的合理安排及其保证。如果没有与此相应的秘书工作、财务工作、物资管理工作等，行政领导的决策、组织、指挥、检查、监督活动就无法开展，一般工作人员就无法工作。因此，办公厅（室）的一项重要职责是搞好后勤工作。

三、行政机关管理活动的特点

行政机关管理活动主要有以下特点：

（一）服务性

这是行政机关管理工作最基本的特点，也是行政机关事务管理工作的根本宗旨。首先，行政机关管理工作要为领导服务。行政领导要搞好决策，需要大量详细的信息、资料作依据。在一般情况下，这是行政领导的个人精力和才智所无法胜任的。办公厅（室）的职能决定了它应当是行政领导进行决策的参谋和助手。其次，办公厅（室）相对于本机关其他职能部门或机构来说，又处于后勤的位置，这就决定了它又必须为本机关各部门或机构工作提供种种服务，为本单位全体工作人员服务，以保证整个机关正常、高效地进行职能活动。可见，行政机关管理工作实质上是一种基础性工作，它的首要职责就是服务。服务质量的高低是衡量其工作成效的一个最基本、最主要的标志。所以，要做好行政机关管理工作，就必须树立全心全意为人民服务的观念，克服重政务、轻事务的倾向。

（二）政策性

行政机关管理虽然是一些基础性的服务工作，但是按其服务的对象、范围、标准、要求的不同而具有很强的政策性。它关系到机关每一个工作人员的切身利益，涉及各方面的政策，如党的政治政策、经济政策、干部政策以及知识分子政策，等等，都具有较严格的政策界限和重大的政治影响。因此，要做好行政机关管理工作，不仅要坚决贯彻执行党和国家的政策、法规，而且还要认真研究和落实本地区的具体政策和本机关的具体制度；要坚持按政策办事，注重经常性的政策学习和研究，制定并严格执行合理的规章制度。要做到有法可依，有章可循，政策、制度面前一视同仁。

（三）复杂性

行政机关管理是一项复杂的综合性的工作，其活动涉及面广，头绪繁多，情况多变，涉及的学科知识也十分广泛。一方面它的内容非常广泛，除了参与有关政务、处理日常事务以外，还涉及机关内部的人事、房产、医疗、保险以及财物、基建等管理，不仅要受内部情况变化的影响，还要受外部条件变化的影响，因而头绪繁多，情况复杂。这就要求从事行政机关管理的工作人员，要有认真、细致、求实的工作作风，具备高度的责任心和任劳任怨的精神。另一方面，进行行政机关管理工作，表面上看忙忙碌碌，朴实无华，实际上，它也是众多学科知识的综合运用。它涉及广泛的学科，包括哲学、社会学、经济学、政治学、文书学、档案学、法学、数学、经济管理学、行政管理学以及现代管理技术和方法，等等。所以，做好行政机关管理工作绝非易事，尤其是加入 WTO 后，机关行政管理人员更要加强学习，不断提高自身的知识水平、管理水平、交际水平和决策水平。

（四）时间性

办公厅（室）是整个机关的信息中心，负责行政信息的上情下达、下情上报和平行传递；收发汇总各类公文要件，因而工作具有较强的时效性。能否及时准确地进行各类信息的输入、转换、输出、反馈，直接影响着整个机关的行政效率。比如，重要公文及函电的收发，有其严格的时间限制，不得延误，稍有拖延，就会贻误大事。会议的召开、人员的接送、设备的维修也有其一定的时间要求，不能拖拉。因此要求办公厅（室）的工作人员要有很强的时间观念和雷厉风行的工作作风，确保机关管理工作准确高效地进行。

第二节 行政机关管理的主要内容

一、行政机关日常工作程序的管理

在机关管理过程中，要做到工作有条不紊和有章可循，必须要有周密计划，沟通协调，及时的信息反馈，建立健全一套规范、有效的程序性制度，这样才能保证职能部门有效地运转。程序合理化有助于化繁杂为简明，化凌乱为有条理，做到井然有序，以收事半功倍之利。合理的工作程序要把握以下几个环节：计划安排，组织实施，沟通信息，协调控制，检查总结及奖惩教育等。

（一）有计划地安排工作

这是机关管理的第一步，是对将要进行的工作的整体安排。计划是人们为了要实现某个预定的目标，对自己未来行动的一种预先设计。简单地说，计划工作就是要事先决定做什么，在什么条件下做，由谁去做及怎样做的过程。这个过程如何开始，如何发展以及结果如何，则取决于管理的要求和管理的水平。因此，计划工作必须上升为一种管理职能。同时，计划也是组织实施的纲领，并为控制提供标准。所以，计划必须明确、具体、可行，并留有余地，计划的制定应建立在科学预测的基础上，并要广泛征求意见，要在付诸执行前使执行者明白，让绝大多数人员认可。

办公厅（室）作为行政机关、行政领导的综合管理机构，它要协助领导协调其他各职能部门的工作，办理涉及全局的任务或事务，并且协助领导对各职能部门的工作进行监督和检查。关系错综复杂，工作千头万绪，而且相互影响、相互制约，这就更需要计划安排。搞好计划安排工作，是行政机关管理工作日常的和首要的内容。

（二）组织实施工作

行政机关管理的实质性步骤计划要实现，必须通过组织实施这一环节。即各项具体工作要落实到人，事事有着落，人人有任务，各就各位，恪守本职。做好各项沟通、协调工作，要严格规章制度，秩序井然地开展工作。

（三）沟通信息工作

沟通就是彼此了解情况。沟通信息是行政机关及其个人对任务和问题获得统一认识的方法和过程，目的就是取得思想认识上的一致，加深相互了解。及时沟通信息，可以应付紧急事件的发生，避免额外损失。办公厅（室）的信息处理，主要包括信息收集、信息传递和反馈、信息网络、信息加工和信息储存等。从具体工作内容上来说，主要包括调查研究、情况收集与反映、简报编写、资料统计、电讯业务、新闻发布、信息网络与设备的管理等。

（四）综合协调工作

现代管理工作，往往涉及到很多方面。要想使方方面面，步调一致地实现计划目标，需要做大量的协调工作。同时，管理过程又是复杂多变的，往往会出现计划中难以预料的情况。因此，对管理过程要始终施加控制协调，以免在管理过程中因意外情况而造成失误。

综合就是把各方面的意见归纳起来，使其集约化、条理化、明朗化；妥善安排好机关全局的各项活动，使其科学化、有序化。协调就是通过信息沟通、协商、说服动员等手段，把不同的认识统一起来，把各种矛盾化解开来，把解决问题的办法梳理出来，把消极因素变为积极因素，以解决管理中领导机关及其所属机关之间、机关各部门之间的矛盾和冲突，使问题得到尽快解决。

（五）检查总结工作

一项机关管理工作结束，要检查和总结原定目标是否已经实现，要检查和总结计划实施、协调控制等工作情况，要提出经验或教训，成绩与不足。对重大、重要工作检查总结应形成文字、存档，以为今后机关管理工作提供经验教训。具体来说，就是要协助领导积极有效地做好决策的实施，使其落到实处，收到实效。比如，周期性工作要分解立项，逐项落实责任制；上级发文或口头交办事项，会议决议和领导批示，人民代表的提案、建议情况，信访案件，新闻媒体批评、建议的办理情况，对下级机关请示和汇报的重大事项的处理情况，等等，要“建账、报账、查账、结账”，使工作落到实处。

（六）奖惩教育工作

阶段性的机关管理工作或一项重大的机关管理任务的完成，及时表彰有功、惩处失误，是行政机关管理重要的环节。现代管理，首要的和关键的因素是人的因素，机关管理的计划与目标要人来制定，其计划与目标的实现要依靠机关管理人员各司其职与同力协作。可见，只有充分调动人的积极性，才能搞好行政机关管理工作。因此，及时地表彰先进、鞭策后进、惩罚失误，可以激励人员形成积极向上的进取心，使精神转化为物质，提高行政机关管理的效率。

二、会议的管理

会议是行政管理的一个重要手段，是一种有组织、有目的地把众人聚集起来一起商讨问题的社会活动方式。它的主要作用是：传达上级指示和有关会议的精神，布置任务；讨论和研究各种问题，并做出相应的决定或决议；汇报工作情况，总结交流经验；统一思想认识，协调各方面的关系和工作，等等。因此，组织会议是各级行政机关的一项重要工作，加强对会议的管理，则是行政机关管理的一项重要内容。

（一）会议的类型

会议，从不同的角度可以有不同的分类，不同的会议对会议管理工作有不同的要求。因此要搞好会议管理，必须正确掌握会议的分类。在机关行政管理工作中，经常召开的会议主要有以下几类：

1. 例行会议。主要指行政机关日常召开的工作会议和办公会议等。这类会议主要用于领导成员之间交流各自分管工作的情况，相互通气，研究上级的有关指示，领会文件精神实质，制定本单位具体贯彻实施的办法、措施，讨论处理重大问题等。

2. 联席性会议。在开展某项较大规模活动或建设某项大工程时，如涉及若干单位和若干方面，有关部门就有必要一起开会讨论共同协商解决。这种会议可由上级主管部门或上级机关出面组织召开，也可由上级机关根据工作任务的内容，指定某一个单位负责牵头主办。

3. 布置总结会议。指行政机关在年度、季度或月度开始之前，对下属的工作内容进行安排和布置具体工作的会议；以及在每个年度、季度和月度结束以后，对下属部门的工作效果和工作成绩进行总结的会议。

4. 经验交流会。指上级行政机关在总结一段时间的工作情况以后，对表现好的下级部门进行表彰和鼓励，专门召开由全体机关成员参加的会议，请工作表现出色的单位或个人介绍工作经验，从而在全系统中交流推广；同时，行政领导部门往往还要指出本单位存在的主要问题，敦促有关部门迅速解决。

5. 座谈会。常常用于行政领导就某些重要问题想多听取一下各方意见的场合。座谈会的形式可以多种多样，有征求某一问题解决方法的会议，也有讨论某一专题问题的会议，还有各种小型的纪念会、讨论会、调查会等。

6. 电话会议。它是领导机关向下属机关布置某一紧急任务时常采用的一种形式，可以避免因人员往返而浪费和延误精力和时间。

7. 紧急会议。它往往在特殊情况下召开，会议讨论的内容是紧迫要求解决的重大问题，如防汛救灾紧急会议，重大伤亡事故发生后的现场紧急会议等，目的是在尽可能的情况下，动员各方面的力量加以协调，迅速、妥善地作好善后事宜。

总之，会议是一种广泛的社会活动，种类很多，且分类的方法也各不相同，只有从不同的侧面对会议进行分析，才能全面正确地把握会议的性质，按照不同的要求做好会议管理的各项工作。

（二）会议的管理

会议管理工作内容繁多，且因社会性质、规模、出席范围、会议时间的不同而有不同的要求。一般说来，比较重要的会议，会议管理工作大都有三个环节，即：会前准备阶段，会中服务阶段，会议结束阶段。会议管理的核心问题，就是要提高会议的效率，重视会议质量。因此会议管理要遵循以下几项原则要求：

1. 控制会议数量、规模和时间。在我国，会议成灾已到了令人难以容忍的地步。如何控制会议数量，成了会议管理的头等大事。一般情况下，为了切实减少会议数量，必须建立健全严格的会议审批制度。能不开的坚决不开，可以合并开的就合并召开，可以派少数代表参加的会议就不要把有关人员都集中，能当场拍板解决的问题，就不用开会讨论。开会一定要简单扼要，发言者必须事先做好充分准备以节省时间，并且通过算经济账的方法节约会议开支，把会议开好开活。当然，有两种会议必须召开：（1）是政策性研究会。如制定计划、目标决策，学术讨论和经验介绍、民主生活等会议。（2）执行性协调会。它包括贯彻指示、部署任务、协调矛盾等类会议。如机关办公会议。

2. 提高会议效率。光控制会议数量还不行，还必须提高会议质量。要做到这一点，就要注意开会技巧，应做到“七不”：（1）不开目标不明确的会。（2）不开同时有许多议题的会。（3）不开无准备的会。（4）不要无关的人参加会。（5）不要做离开议题的发言。（6）不要做重复的会议发言。（7）不开议而不决的会。

3. 注重会议成本核算。我国各级政府机关行政经费每年都比较紧张，造成这种情况当然是多方面的因素，但会议管理不善，会议费用占的比例较大是造成这种情况的重要原因之一。为此，除提倡减少会议数量，提高会议质量外，还应建立严格的会议管理制度，加强审计监督。更应注重会议成本核算，以及真正从思想上认识会议管理，搞好会议管理。

总之，开会要力求在较短的时间内，解决较多的问题，改进会议方法，提高会议质量。

三、文书和档案管理

（一）机关文书管理

行政机关文书管理是指按一定的程序，制发和收办公务文书，组织行政信息运行的过程和工作。文书管理的工作程序大体分为收文和发文两方面。

1. 文书的含义及分类。文书是指机关、团体、企事业单位在处理各种事务中形成的目的明确、体式完整、内容系统的各种文字材料。它可以分为两类：一类是公务文书，一类是个人文书。公务文书简称公文，2000 年国务院办公厅发布的《国家行政机关公文处理办法》中规定，我国现行公文基本形式有以下几种：（1）命令（令）。它适用于依照有关法律公布的行政法规和规章，宣布施行重大强制性行政措施，嘉奖有关单位及人员。（2）决定。它适用于对重要事项或者重大行动做出安排，奖惩有关单位及人员，变更或者撤销下级机关不适当的决定事项。（3）公告。它适用于向国内外宣布重要事项或者法定事项。（4）通告。它适用于公布社会各有关方面应当遵守或者周知的事项。（5）通知。它适用于批转下级机关的公文，转发上级机关和不相隶属机关的公文，传达要求下级机关办理和需要有关单位周知或者执行的事项，任免人员。（6）通报。它适用于表彰先进，批评错误，传达重要精神或者情况。（7）议案。它适用于各级人民政府按照法律程序向同级人民代表大会或人民代表大会常务委员会提请审议事项。（8）报告。它适用于向上级机关汇报工作，反映情况，答复上级机关的询问。（9）请示。它适用于向上级机关请求指示、批准。（10）批复。它适用于答复下级机关的请示事项。（11）意见。它适用于对重要问题提出见解和处理办法。（12）函。它适用于不相隶属机关之间商洽工作，询问和答复问题，请求批准和答复审批事项。（13）会议纪要。它适用于记载、传达会议情况和议定事项。

2. 文书管理的内容和程序。行政机关的文书工作，主要包括以下三个方面的内容：

（1）外发文件，即以本机关名义拟制、发出公文的过程。其程序十分复杂，涉及的主要步骤有：第一，草拟。草拟公文应当做到：①符合国家的法律、法规及其他有关规定。如提出新的政策、规定等，要切实可行并加以说明。②情况确实，观点明确，表述准确，结构严谨，条理清楚，直述不曲，字词规范，标点正确，篇幅力求简短。③公文的文种应当根据行文目的、发文机关的职权和与主送机关的行文关系确定。④拟制紧急公文，应当体现紧急的原因，并根据实际需要确定紧急程度。⑤人名、地名、数字、引文准确。引用公文应当先引标题，后引发文字号。引用外文应当注明中文含义。日期应当写明具体的年、月、日。⑥结构层次序数，第一层为“一、”，第二层为“（一）”，第三层为“1”，第四层为：“（1）”。应当使用国家法定计量单位。文内使用非规范化简称，应当先用全称并注明简称。使用国际组织外文名称或其缩写形式，应当在第一次出现时注明准确的中文译名。公文中的数字，除成文日期、部分结构层次序数和在词、词组、惯用语、缩略语、具有修辞色彩语句中作为词素的数字必须使用汉字外，应当使用阿拉伯数字。⑦拟制公文，对涉及其他部门职权范围内的事项，主办部门应当主动与有关部门协商，取得一致意见后方可行文，如有分歧，主办部门的主要负责人应当出面协调，仍不能取得一致时，主办部门可以列明各方理由，提出建设性意见，并与有关部门会签后报请上级机关协调或裁定。第二，审核。公文送负责人签发前，应当由办公厅（室）进行审核。审核的重点是：是否确需行文，行文方式是否妥当，是否符合行文规则和拟制公文的有关要求，公文格式是否符合本办法的规定等。第三，签发。以本机关名义制发的上行文，由主要负责人或者主持工作的负责人签发；以本机关名义制发的下行文或平行文，由主要负责人或者由主要负责人授权的其他负责人签发。第四，复核。公文正式印制前，文秘部门应当进行复核，重点是：审批、签发手续是否完备，附件材料是否齐全，格式是否统一、规范等。经复核需要对文稿进行实质性修改的，应按程序复审。第五，盖印、分发。文件签发、印制完毕后，需要加盖印章，根据签发文告的发送单位、密级等要求再次进行检查，然后登记、封装、发出。第六，立卷归档。立卷是指对文件编卷、订册；归档是按档案部门的规定要求，把立卷文件移交档案部门管理。

（2）收进文件，即对外单位拟制、发来的文件进行办理的过程。其程序主要包括：第一，签收，登记。一般由机关收发室负责，收发人员在收到文件后，应立即按送件人的投递回执清单或送文簿检查验收，然后登记，最后送交指定的秘书人员根据权限拆封或上交。第二，审核。收到下级机关上报的需要办理的公文，文秘部门应当进行审核。审核的重点是，是否应由本机关办理；是否符合行文规则；内容是否符合国家法律、法规及其他有关规定；涉及其他部门或地区职权的事项是否已协商、会签；文种使用、公文格式是否规范。第三，拟办。经审核，对符合本办法规定的公文，文秘部门应当及时提出拟办意见送负责人批示或者交有关部门办理，需要两个以上部门办理的应当明确主办部门。紧急公文，应当明确办理时限。对不符合本办法规定的公文，经办公厅（室）负责人批准后，可以退回呈报单位并说明理由。第四，承办。承办部门收到交办的公文后应当及时办理，不得延误、推诿。紧急公文应当按时限要求办理，确有困难的，应当及时予以说明。对不属于本单位职权范围或者不宜由本单位办理的，应当及时退回交办的文秘部门并说明理由。收到上级机关下发或交办的公文，由文秘部门提出拟办意见，送负责人批示后办理。公文办理中遇有涉及其他部门职权的事项，主办部门应当主动与有关部门协商；如有分歧，主办部门主要负责人要出面协调，如仍不能取得一致，可以报请上级机关协调或裁定。审批公文时，对有具体请示事项的，主批人应当明确签署意见、姓名和审批日期，其他审批人圈阅视为同意；没有请示事项的，圈阅表示已阅知。第五，催办。送负责人批示或者交有关部门办理的公文，文秘部门要负责催办，做到紧急公文跟踪催办，重要公文重点催办，一般公文定期催办。

(3) 公文归档。公文办理完毕后，应当根据《中华人民共和国档案法》和其他有关规定，及时整理（立卷）、归档。个人不得保存应当归档的公文。目的是为了今后更好地进行文件的查考和利用；有利于文件的安全与完整；也为以后的档案管理工作奠定基础。

（二）机关档案管理

档案管理工作是文书工作的继续，文书立卷之后，按一定的归档制度向档案室转交，就成为档案。所谓档案，是指各机关、团体、企业、事业单位和某些个人在社会活动中形成并作为历史记录保存起来，以备查考的文书材料（包括电文、会议记录、技术文件、人事材料、出版物原稿、印模图表、音像资料等）。

根据国家档案局制定的《机关档案工作条例》等有关规定，机关档案管理的主要内容主要包括档案的收集、整理、鉴定、保管、提供利用和统计六个环节，也称档案工作的六项业务。

1. 档案的收集。按照《机关档案工作条例》的规定：机关应建立健全文件材料的归档制度。凡机关工作活动中形成的具有保存价值的文件材料（包括党、政、工、团以及人事、保卫、财会等工作中形成的文件材料），均由文书部门或业务部门进行整理、立卷，并定期向档案部门归档。机关领导人和承办人员办理完毕的文件材料应及时交有关部门整理、立卷。机关文书部门或业务部门一般应在第二年上半年向档案部门移交档案，交接双方根据移交目录清点核对，并履行签字手续。

2. 档案的整理。档案的整理是指把收集起来的零散的和需要进一步条理化的档案，按照一定的原则分门别类进行加工、整理和保管的过程。

3. 档案的鉴定。收集、整理出来的档案，并非都有保存利用价值，因此，必须对之进行识别、精简，即机关应定期对已超过保管期限的档案进行鉴定。

4. 档案的保管。对具有保存价值的档案，必须采取保护措施，既要注意安全性、完整性，又要注意延长其保存利用的时间。

5. 档案的利用。档案的利用是档案工作的出发点和归宿。机关档案部门应根据工作需要，编制必要的目录、卡片、索引等检索工具，编辑档案文件汇集和各种参考资料，积极主动地开展档案的利用工作，为机关各项工作服务，并注意掌握档案的利用效果。同时，机关档案部门应建立档案的借阅制度，根据档案的机密程度，确定不同的利用范围，规定不同的审批手续。机关档案部门保管的档案，是现行档案，主要供本机关和上级主管机关使用，不属于开放范围。对外提供利用需经上级主管机关批准。机关应根据需要和可能，采用先进技术设备，逐步实现档案管理的科学化、现代化。

6. 档案的统计。即对档案在接收、移出、整理、鉴定、保管和利用中表现出来的数量进行统计，以了解档案的规模和水平，为分析、研究档案和改进档案工作提供可靠的根据。

四、查办、信访、接待、保密、印章等管理

机关管理工作中还包括查办、信访、接待、保密、印章管理等内容。

（一）查办

查办工作是指协助领导者检查本行政机关和所辖下属单位执行党和政府的方针政策及本机关决议、计划、指示的情况，敦促其落实工作。查办的范围主要是各方面工作中的重大问题，落实政策的情况，也有各种不正之风、违法乱纪情况的检查。通常成立工作班子或组织专人来查办，采取发函、打电话、派人到现场查处等方法。

查办工作有助于促进党和政府的方针政策以及各项工作的落实，可促进领导作风和领导方法的改进，对防止和克服官僚主义、转变领导作风、推动各项工作

都具有重要意义。

（二）信访

信访是人民来信和人民来访的简称。人民群众在来信或来访中所提出的各种问题，包括建议、批评、要求，以至申诉、控告、检举等，均属于信访工作的范畴。

信访管理，就是对人民群众来信来访中提出的意见、要求、建议、反映、申诉、控告、检举、揭发等一系列问题进行分析研究，调查核实，按照党和国家的有关政策、法律做出恰当处理的一系列活动。搞好信访管理十分重要，它是收集信息的重要渠道之一，它对于保护人民群众当家做主的权利，发扬社会主义民主；对于密切党和政府与广大人民群众之间的关系；对于克服官僚主义，打击违法乱纪行为，纠正不正之风等都具有积极的意义。

（三）接待

接待工作是指日常工作中对上下级与平级、外单位来本单位联系工作的接待，是一种有着公共关系职能的具体活动。做好接待工作，可以及时正确地处理接待中对方提出的问题，节约时间，有利于提高效率；可以与上下左右各方面增进相互了解，搞好团结，利于本单位开展工作；可以获取更多信息，了解更多情况。

接待工作是经常性的工作，对不同的单位及其来人，应有不同的接待方法和要求。一般来说，一项接待工作包括五个要素：（1）来访者，即接待对象，可以是来访个体，也可以是来访团体；（2）来访意图，即来访者企望达到的目的；（3）接待者，即对来访者进行接洽招待的工作人员；（4）接待任务，即根据来访者情况而确定的接待方针和安排，多由接待计划来体现和确定；（5）接待方式，即接待的规格、程序、方法等。

在这些要素中，办公室接待人员扮演着十分重要的角色，他们既是本单位或领导的代表，又是各种接待事项的具体办理者，他们工作的好坏，直接反映出一个单位的工作作风和外在形象，也直接体现了办公室人员本身的素质、能力、水平和形象。机关行政人员在接待工作中总的要求是：热情、诚恳，既要讲究礼仪，细致周到，又要按章办事，俭省节约。

（四）保密

保密工作是指对那些正在酝酿尚未做出最后决定或暂时不便公开的事宜，以及有些仅限于一定范围内了解和办理的情况和问题，在一定时间和一定范围内保守秘密。保密工作是党政机关正常运行的重要条件，是办公厅（室）及其工作人员的一项重要职责。它一般包括：保密制度的制定，保密工作检查，保密教育工作，失密、泄密事故处理等内容。

（五）印信管理

印信工作也是办公厅（室）的一项重要任务。印，即印章，是刻在固定资料上代表机关、组织或个人权力的图章。印章的种类很多。按性质分，有密封章、收发文件章、财务专用章、资料专用章、物资专用章等。政府机关的公章，一律不得私自刻制和更改。不论刻制哪一级单位的印章都要由上级单位批准，由刻发印章的单位开具公函，到制定印章单位所在地的公安部门办理登记、备案手续，并到指定适宜的刻字单位刻制。信，主要指介绍信，另外还有证明信。介绍信是用来介绍被派遣人员的姓名、年龄、身份、职务、接洽事项等方面情况的一种专用信函。

印章管理主要有以下要求：（1）印章应由专人保管，保管人员必须明确保管印章和使用印章的纪律和政策。所有印章均应加锁。尤其是正式印章，应专设保险柜保存。印章出现异常或丢失情况，应及时报告领导处理。必要时，应报公安机关查找。使用印章必须经有关领导批准。对要盖印章的文书要认真审阅。用印要详细登记。盖章要位置正确，图案清楚。代章要在落款的后面注明“代”字。为了用好印章，防止漏洞，还须建立用印登记手续，即用印后填写《用印登记簿》，其登记项目包括用印日期、用印文件题目、用印件数、批准用印人、用印人、经手人等栏目。出于机构变动，式样改变或其他原因而造成印章停用，应注意：要依据通知停止印章使用；要清查所有印章；要报请领导审定印章处理办法；要做好其他善后工作。（2）介绍信管理。一般介绍信应与印章放在一起，指定专人保管，统一使用。开介绍信要认真履行审批手续，不能有求必开。任何情况下，不准开空头介绍信、空白介绍信。开介绍信时，要注意书写字迹工整，严禁涂抹，还必须注意填好存根，核对编号。介绍信的存根和登记表应视同档案进行管理，不能任意销毁。介绍信加盖一致的公章后方能生效。公章要端正、清晰地盖在落款处，在主件与存根之间的骑缝处。

第三节　行政机关管理的现代化

行政机关管理现代化是当代科学技术发展与社会进步的客观需要，是行政管理走向科学化的一条必由之路。所谓行政机关管理现代化，是指在行政机关管理中使用各种现代化管理方法和先进技术手段来处理机关管理工作，提高工作效率。

一、行政机关管理现代化的主要内容

行政机关管理现代化的内容是极其丰富的，不能从机关管理的某一个方面是否达到先进水平来衡量，而必须从机关管理的总体上来综合考察它的现代化。行政机关管理现代化就其主要方面来说，包括以下内容：

（一）行政机关管理观念的现代化

实践证明，任何成功的改革或管理，首先都是以思想上的变革和观念上的更新为先导的。因此，行政机关管理现代化就要求机关管理思想与我国现代化建设的性质、道路、规模和方法相适应，应当充分反映经济、社会现代化条件下机关管理的客观规律。这是强调对行政机关管理工作应有的科学认识。

以往行政工作中的机关事务管理常被人们所忽视，把机关管理误解为无意义的活动，这是一种不科学的观念。事实上，机关管理工作涉及整个机关的每个职能部门和每个行政工作人员，一切行政管理都与其紧密相连，它是关系全局的管理活动。它从属于领导者，能为领导作参谋助手，为领导指挥起传达、督促、检查作用；它虽不承担机关内的某一职能部门的工作，但却能全面了解、联系、沟通各个职能部门，辅助领导进行全面管理；它要负担许多日常事务，包括对物资设备、生活福利、工作环境等方面的管理。正是这些服务为整个机关的正常运转提供了必不可少的物质保障，解除了全机关行政工作人员的后顾之忧。无论是公文管理、信访管理、物资设备管理，项项都有学问，都有各自的规律。科学技术和社会经济越发展，对行政机关管理的要求就越高，观念上也越应现代化。在我国，行政机关管理观念的现代化，就是要在坚持四项基本原则和改革开放的基础上，从我国实际出发，逐步树立现代行政管理的思想观念。这些观念主要是：服务观念，开拓观念，信息观念，时间观念，竞争观念，法制观念，人才观念和效益观念等。

（二）机构设置的现代化

现代机关作为综合管理部门，是一个有具体目标和任务的组织单位。行政机关的管理要实现现代化，必须确立合理的组织结构，并在此基础上建立起精干和高效的机关管理体制。

现代行政机关组织机构的设置是随着办公厅（室）工作任务的变化、职能的转变、办公手段的变化而不断调整、完善的。办公厅（室）的工作要实现规范化、科学化和现代化，其机构的设置必须遵循以下原则：

1. 任务目标原则。从物质上、信息上保证机关职能活动正常高效地进行，是机构设置的总目标。任务目标的明确性与管理工作的有效性是紧密相连的。一个单位或部门在管理活动中首先必须明确任务目标，才能根据任务目标来确定机构、职位的设置、人员的配备。目标既是提高行政效能的前提条件，也是团结和鼓舞行政人员同心协力完成工作任务的根本动力。

2. 职、责、权一致的原则。在单位、部门目标确定之后，就要根据任务、目标来确定职位，规范工作责任，包括单位的责任和个人的岗位责任。有了责任，就要赋予相应的权力，真正建立和完善权责一致的体系。真正做到事事有人负责，人人各司其职，各行其权。此外，为保证职、责、权的有效行使，行政机关应对每个工作人员行使权限和是否尽职、尽责的情况进行考核和监督，并根据考核的实绩，进行奖惩。

3. 效率原则。机构设置的根本目标在于实现既定目标，要实现目标就必须讲究效率，特别是在当今高科技迅速发展的信息化时代，企业不讲效率就无法竞争，就会面临破产和倒闭的危险；行政机关不讲效率就会对国家和人民的利益造成重大损失。因此，在行政机关的机构设置时，必须认真考虑如何设置机构才有利于提高工作效率的问题。要使机关管理高效运转，根本办法就是运用竞争的机制，强化决策咨询，调节监督部门，调整健全信息渠道，裁减并妥善安排人浮于事的部门人员，真正做到优胜劣汰。只有这样，才能发挥出机关运作高效有力的作用。

4. 分层管理的原则。行政机关的各层次及各部门的组织是一个完整的统一体，如人体内部各个器官和生理系统一样，任何局部都是有机整体的组成部分，它们各自发挥不同的管理功能，互为条件，互相配合，形成一个有机的统一整体。在运作过程中，每个管理层应当实行逐级指挥、逐级负责的制度。对每个管理者来说，一个人只有一个特定的上级，每个人只能从自己的上级那里接受指令，也只能向自己的上级请示报告并向其承担责任。只有在特殊情况下，比如发生重大灾害和事故，控告直接领导人的违法乱纪行为等，可以越级指挥和越级请示报告。另外，上级进行调查研究和了解情况，可以直接越级深入基层，但不要干涉基层的指挥，也不直接决定和解决基层中的日常管理问题。

（三）机关管理的制度化和规范化

要实现机构设置的现代化，仅仅只关注机构设置本身的问题还不够，还必须加强机关管理的制度化建设，在行政机关各部门中建立相应的规章制度，如工作制度、责任制度、考核制度和奖惩制度等，这些规章制度既要有稳定性和延续性，又要根据形势和环境的变化不断加以充实和修订，使其能更好地满足机构设置现代化的需要。

管理制度化、规范化，就是要按照一定的标准和程序，完成既定的任务，它不仅可以使工作人员明确可以干什么、不可以干什么、干到什么程度，也便于工作人员尽快熟悉业务，提高水平，减少浪费；有了制度，即具有激励的效果，可以增强工作人员的自主权和主人翁责任感，便于调动积极性和开创性；也便于领导者对工作的指导和检查，便于领导者从烦琐的具体工作中解脱出来，尽快了解部下的工作情况，掌握工作节奏，用更多的精力思考重大问题。总之，管理制度化、规范化，就是通过制度明确职、权、责，规范和约束行政人员的行政行为和管理活动，形成一种制约权和规范机制，从而提高工作效率。因此它是办公厅（室）工作的重要一环。

（四）人力资源配备的现代化

行政机关的工作效果常常是和工作人员的办事能力和办事效率联系在一起的。要实现机关管理的现代化，必须要加强人力资源配备的现代化，也就是要加强工作部门人力资源的开发管理，实现行政领导和工作人员群体结构的优化，提高行政人员的办事能力和行政部门的工作效率。

在行政人员个体素质结构方面，主要强调的是知识结构（包括基础知识、专业知识和相关知识）、能力要求（包括基础能力、一般技巧和特殊技能等）、道德素质（基本要求包括服从领导、埋头苦干、公道正派和严守机密等）、心理素质（包括人的品格、情绪、意志、个性、思维和兴趣）等。

在实现行政人员群体结构优化方面，要注意到政治结构、年龄结构、知识结构、个性结构、文化结构和性别结构等，认真贯彻群体互补的原则，努力实现机关内部群体结构中良好的政治结构、梯形的年龄结构、合理的知识专业结构、多类型的智能结构、协调的气质性格结构和和谐的性别结构，同时贯彻行政人员经常调整流动的原则，使他们开阔视野，增长见识，充分发挥自己的才干。

在提高行政人员办事能力方面，应着重培养的是行政人员的参谋能力，即为领导者出谋献策、进行智力辅助的能力；办事能力，即及时、准确、优质、高效地完成领导者交办事项的能力；协调能力，即在领导的意图下，积极主动沟通信息，调节关系，商讨事项，协同步调的能力；语言文字能力，即口头表达能力和文字表达能力。

（五）办公手段的现代化

办公手段的现代化，是现代化行政机关管理的物质基础。办公手段的现代化，最主要的是要普遍采用电子计算机进行管理。由于电脑具有迅速、准确、储存、判断等特点，因此最适用于行政机关管理。此外，无线电传真机、自动显示装置、高速复印机、高保真录音录像设备和移动通信装备等已经成为现代办公机构的必要工具，成为开展日常办公业务所不可缺少的重要手段。办公手段的现代化对于实现行政管理的现代化具有重大意义，它可以大规模取代日常繁杂的事务性工作，大大提高处理事务的速度和质量，避免办公人员在“文山会海”中消耗大量的工作时间，从而大大提高行政效率；同时，通过对大量情报数据的分析加工，能很好地解决行政管理业务信息量剧增的尖锐矛盾，为迅速、果断地进行行政决策和行政执行提供条件。

实现办公手段的现代化，简单说来，就是努力实现办公自动化（Office Automation）。OA 是办公事务处理上的一项综合技术，是多种学科的综合，它应用计算机技术、通信技术、系统科学及行为科学对传统数据处理难以胜任的信息进行处理，从而建立起办公自动化的系统工程。“OA”的主要功能可归结为，强有力的文字、音像及数据处理功能；信息检查和网络通讯功能；决策支持功能。我国的办公自动化系统主要分为四类，具体是：

（1）基本办公自动化系统（Basic Office Automation）。它主要是进行文字处理，个人日程管理，个人文件库管理，行文处理，邮件处理，文档资料处理，文字编辑排版等办公事务处理，还有机关行政管理的处理，包括机关本身人、财、物等的管理应用系统。

（2）分布式办公自动化系统（DOA）。它比 BOA 增加了图形图像处理、语音处理、电子文书档案管理等功能。

（3）办公自动化系统（Office Automation System）。它比 DOA 增加了管理信息系统的功能，能从系统的观点出发，提高整个系统的工作效率和管理水平。

（4）综合办公自动化系统（Integrated Office Automation）。它比 OAS 增加了决策支持系统的功能，即能用以辅助各级决策者进行正确的决策，为他们提供种种素材和帮助。

二、机关管理现代化的必要性及原则

（一）行政机关管理现代化的必要性

1. 行政机关管理现代化是当代科学技术发展和社会进步的客观要求。行政管理是国家的基本职能之一，也是社会发展和存在的基本条件。科技发展了，社会进步了，行政管理的环境变化了，行政职能、组织、工作制度、方式、方法、手段也要随之发展，并不断地科学化，改变原来的行政管理方法、手段，提高国家行政人员的素质，调整行政组织，普遍设立参谋咨询机构，辅助政府决策，使电子计算机通讯网络技术成为行政管理的重要手段。机关管理现代化是行政管理现代化的重要组成部分，行政管理现代化，也必然使机关管理现代化。

2. 行政机关管理现代化是社会主义现代化经济建设发展的需要。当前我国要大力发展社会主义市场经济，要深化改革、继续开放，也要求行政管理现代化，包括行政机关管理的现代化。发展市场经济，要开展竞争，依靠信息。行政机关管理的许多工作从某种意义上说就是处理信息，每天上报下发文件、电报、电话、传真、广播、开会，都是交换信息。只有信息及时、准确，行政管理才能高效能，从而推进社会主义现代化建设。我国经济体制改革和政治体制改革的不断深化，也迫切要求在行政管理范围内，改变一切与社会发展要求不相适应的旧的行政制度和方式，自动调整政府管理以适应社会主义经济基础和生产力发展的要求，适应社会主义民主政治发展的要求，其中就包含着实现对行政机关管理的机构设置、人员素质、办公手段、工作制度等方面的现代化要求。

3. 机关管理现代化是改革和完善我国机关管理的需要。过去由于长期受“左”的思想影响，忽视了机关管理现代化的建设，在管理上缺少必要的科学知识，不能采用符合事物本身发展规律的方法，致使机构运转不灵，工作效率低下，不能适应社会主义现代化建设的需要，也不能适应行政改革的需要。因此，有计划、有步骤地改革机关管理中的一些弊端，逐步实现机关管理的现代化，是目前机关管理工作中的一项紧迫任务。实现机关管理的现代化，有助于领导者决策水平的提高；有助于节省人力资源，提高办事效率；有助于提高工作质量，减少或避免损失。

（二）机关管理现代化的基本原则

1. 行政机关管理工作必须以辩证唯物主义和历史唯物主义的思想路线为指针。

2. 把现代管理科学的各项原理运用于行政机关管理工作中。

3. 行政机关管理过程及其各环节的相互关系，要符合与决策科学的要求。

4. 行政工作人员具备知识化与专业化的条件，提高自身素质。

本章主要名词概念

机关　行政机关管理　文书　机关文书管理　信访　印信管理　行政机关管理的现代化　机关管理的制度化和规范化

复习思考题

1. 机关管理的地位和作用表现在哪些方面？
2. 机关管理的主要任务是什么？
3. 行政机关管理活动有哪些特点？其主要原则是什么？
4. 机关日常工作管理的主要程序是什么？
5. 会议的种类有哪些？会议的管理原则是什么？
6. 行政机关管理现代化的主要内容、必要性、主要原则是什么？
7. 机关文书管理的主要内容和程序是什么？
8. 机关档案管理的主要内容包括哪些方面？
9. 机关查办、信访、接待、保密、印章管理的主要内容和要求是什么？
10. 机关经费管理的主要特点和原则是什么？

［案例分析］

案例一　发放工具书引起的思考

某新闻出版部门的行政管理机关，根据业务工作部门提出的要求，购买了一批词语工具书，准备发放给有关的业务工作人员。消息传出后，机关的行政、工勤人员以至离退休人员甚至一些临时性的工作人员毫不示弱，纷纷提出应“人人机会均等”。这样一来机关办公室主任没有了主意，开会讨论议而不决，请示机关领导也犹豫不决，不置可否。于是这批工具书就发不下去，统统锁进了仓库之中。随着时间的推移，天长日久，霉斑、蛀虫开始侵蚀着这批工具书。而业务工作人员虽翘首以待，但终因无人敢拍板而“和为贵，忍为高”。

后来该机关更换了领导。在改革与解放思想的推动下，原业务工作人员鼓起勇气又向新的领导反映。新领导在听取了事情的前因后果之后，又与有关的领导及部门交换了意见，随即召开全机关人员大会。会上谈了几个认识问题，即：如何对待社会分工及其需要；如何对待平均分配等等。他还提到，比方我们机关食堂的大师傅们，他们工作很辛苦，从卫生保健工作的需要，我们给他们购买了工作服、帽子、口罩，等等；但并未给机关其他工作人员配备这些东西。而今业务部门的工作人员从工作实际需要出发，提出了配置工具书，这是为了更好地完成本职工作。当然工具书对其他人的学习也是有帮助的，但应分清工作的需要与个人需要之间的界限。前几年所买的工具书而今正在受到损坏，这不仅是经济上的浪费，对工作来说也是一个损失。现在到了应该按原方案解决问题的时候了，如果还有同志对此有意见可以公开发表，也可以找我讨论。

结果，谁也没有在会上公开表示异议，事后也没有任何人去找这位领导去要工具书。

根据以上资料，回答下列问题：

1. 机关工作在碰到矛盾与不同意见时应该如何正确对待？

2. 前后两个机关领导为什么在处理这一问题时会表现出不同的态度以及出现不同的结果？如何看待机关的事务工作？

案例二 改进会议

某机关负责财务方面工作的领导，经常通过召集会议来解决问题和处理工作。同时他自己又必须参加很多上级领导主持召开的会议。这样他整天忙于各种会议，无暇处理机关事务工作，造成了工作上的被动。所以他深感会议太浪费时间。

但是，他每召集一次会议，不管会议内容是什么，总是要求他下属所有的负责人来开会。结果，会议规模总是过大。由于会议的每位参加者都感到应表示一下自己对会议的关心，每人至少提一个问题，而多数问题，都与会议议题无关，所以会议时间拖得很长。一直到这位负责人询问了大家，才知道他的下属也认为会议太浪费时间。可是，他又感到，这些人中的每个人在组织中的地位都是很重要的，都应该了解情况，如果不邀请他们到会，担心他们会觉得被怠慢。

现在，他找到了一个两全的办法。会前，他分发了一份会议通知单，内容是：兹订于×日下午×点，在×楼会议室，讨论××问题，已邀请×××、×××有关领导同志参加讨论。如你认为需要了解有关情况或愿意参加讨论，请届时出席。不到会者，我们将于会后立即送上会议讨论纪要，供你参考并请提出意见。

过去每次会议都要10多人参加，并且时间很长。而现在只有少数几个人再加一个作记录的秘书参加，用1小时左右就把会开完了，而且也没人感到被怠慢。

根据以上资料，回答下列问题：

1. 你对会议持何看法？你认为应当怎样改进会议工作？

2. 你对本案中这位负责人的做法有何评价？

第八章　行政决策

本章学习提要与目标

行政决策是行政管理过程的首要环节和各项管理功能的基础。行政决策是否科学直接决定着行政管理的成败。保证行政决策的科学性必须遵循科学的决策原则、程序和方法，并建立科学的行政决策体制。本章应重点掌握：行政决策的含义、特点，行政决策分类，行政决策原则，行政决策体制的系统构成，行政决策程序及行政决策的方式等。难点是行政决策的程序及其所采用的技术方法。

第一节　行政决策概述

一、行政决策的含义及其特点

决策活动是人类改造自然和社会实践活动的重要组成部分。“决策”一词最早出现于我国先秦时期论政典籍《韩非子》中，原意是指决定某种策略、计谋。现代管理学意义上的“决策”一词及决策理论，是美国管理学家赫伯特·西蒙在1947年所著的《行政行为：行政组织中的决策过程的研究》一书中做出系统研究的。决策是指人们就需要解决的问题所作的行为设计和抉择过程。简言之，就是决定行动对策的过程。行政决策是指国家行政组织依据既定的政策和法律，就行政管理中需要解决的问题，运用科学的理论与方法，系统地分析主客观条件，科学设计并选择解决方案的活动。行政决策作为决策的一种特定的存在形式，它除了具有一般决策的针对性、目标性、选择性、预测性等共同特性外，由于行政管理的权力运行的特殊性，又决定了行政决策具有区别于其他决策形式的特征。

行政决策具有如下基本特征：

（一）行政决策主体的特定性

从行政决策的主体来看，只有掌握行政权力的行政组织和行政人员才能成为行政决策的主体。根据我国的宪法和法律规定，我国的行政决策主体包括：各级人民政府及其职能部门；国家行政机关内的公务人员；依宪法、法律、法规或法律、法规授权的其他享有行政权的社会组织。

（二）行政决策内容的广泛性

这一点是由行政管理范围和对象的广泛性决定的。行政管理的范围和对象极其广泛，它包括国家的政治、经济、文化教育以及社会生活等各个方面的重大事务，从中央到地方，各级行政机关都要运用行政决策权解决国家和社会公共事务的各种问题，即除国家法律另有规定之外的一切社会公共事务，都需通过行政决策加以解决。而其他决策，如企业、事业单位和社会团体的决策等，决策范畴比较狭窄，决策内容比较单一，主要限于各自的内部事务，一般不涉及整个国家和社会范围的事务。

（三）行政决策约束范围的权威性

行政决策体现的是国家的意志和利益，是依据党的路线、方针、政策和国家法律而制定，以国家权力为后盾，以行政方式作用于社会的，具有强制力。因此，既定的行政决策不仅对行政组织的内部成员，而且对各级行政组织管理范围内的企业、事业单位、社会团体和个人都具有约束力，表现出一定的权威性。

（四）行政决策目标的非盈利性

行政决策不像其他决策（如企业、事业单位）那样，以赢利为主要目标。任何行政决策都必须体现国家意志和公共利益，履行管理社会公共事务的职能，贯彻政策法律，提供公共服务，具有非盈利的性质。

二、行政决策的分类

行政现象是纷繁复杂的，因而行政决策也呈现出多样性，根据不同的划分标准，可以对行政决策进行不同范畴的分类。

（一）按照行政决策主体地位的不同，可分为国家决策和地方决策

国家决策，是由中央政府及其职能部门做出的决策，它一般是关于全国统一的有关行政管理的方针、政策、行政法规；全国性的对国家管理具有战略意义的问题以及其他只适合由中央政府统一处理的行政问题等。国家决策具有战略性、全局性、长期性等特点，通常称为宏观决策。省（自治区、直辖市）、市、县、乡（镇）政府对其管理范围内的地方性行政管理问题作出的决策，属于地方决策。地方决策具有局部性、执行性等特点。

（二）按照决策主体的人数和决策权力分配的情况，可以把行政决策分为群体决策、集体决策和个体决策

群体决策是指拥有决策权的一定行政单位的全体成员共同讨论的决策。行政单位的全体成员共同分享决策权力，对决策问题根据一致意见、少数服从多数的原则投票或举手表决来做出决定。例如古希腊的直接民主制、现代民主制度下的公民投票、直接选举政府首脑、议员和人民代表等。集体决策指享有决策权力的行政官员，通过会议和集体表决的方式通过决策方案。如资本主义国家的议会决策方式和社会主义国家的集体领导等。个人决策是指由行政首长单独掌握决策权力，决策方案的选择以首长的拍板定案为终结，其他行政官员有建议、批评、议论决策方案的权力，但没有抉择权力。

（三）按照行政决策涉及问题的规模和影响的不同，可以把行政决策分为战略决策、战役决策和战术决策

战略决策是指一定时期内，在行政管理活动中具有全局性、方向性和原则性的重大决策。战略决策往往是以最高领导层为主体的决策，其决策内容涉及的范围广泛，影响深远。战役决策是为战略决策所制约并为之服务的局部性或阶段性决策，是战略决策的延续和指令化。战术决策则是有关具体方法和步骤的技术性问题的决策。战术决策是战略决策和战役决策的配套措施。因为战略决策多解决宏观决策问题，战役决策多解决中观问题，战术决策基本多解决微观问题，因此又可作宏观决策、中观决策和微观决策的划分。各级行政领导者，必须集中精力抓好战略决策和战役决策，战术决策可指导下属人员或各职能部门进行。

（四）按照决策者的思维反应模式，可把行政决策分为理性决策和非理性决策

理性决策是指决策者在做出决策之前，根据决策目标，采用科学的方法收集

充分的信息，拟订多个备选决策方案，经过科学论证，予以抉择的科学过程。理性决策表现了人类充分运用思维能力和各种可能手段，选择合理方案的追求。非理性决策则指在遇到疑难的决策问题，难以做出决定时，决策者都可能依据自己的猜测、习惯反应、条件反射、本能反应等非理性的心理因素去抉择，或者盲目遵从权威的分析意见去做出决断。例如，决策者无法客观判断决策问题，或决策方案之间没有明显的优劣差异，或者决策问题需要决策者迅速反应，没有收集信息、分析论证的机会等，往往采用非理性决策。非理性决策在传统的政治结构中，是一种主要的决策方式，古代的决策者甚至采取求神问卜，或抽签等方法作出决策。

理性决策和非理性决策的划分是相对的，任何决策都不可能是完全的理性决策或完全的非理性决策。理性决策过程受非理性决策因素的影响，个体的经验、知识等都在一定程度上影响决策的理性，只有当非理性因素在决策过程中起主导作用时，决策才是非理性决策。

（五）按照决策条件和决策对象所处状态的不同，可以把行政决策分为确定型决策、风险型决策和不确定型决策

确定型决策是指决策目标明确，决策问题是所面临的客观条件是确定的，决策者可以在多个相对确定的被选方案中选出最佳方案的决策。风险型决策是指在面临不可控状态的同时，在所拟订的各种方案中，不同方案在不可控因素的作用下可能出现不同的结果，但各种方案后果的概率可以预测，因而决策后果就带有一定的风险。不确定性决策是指从不同的角度考虑，可以做出不同的选择，但每种选择的条件和结果都不确定并难以预测的决策。风险型决策和不确定型决策因在决策中要冒一定的风险，因此，要求行政领导者慎重从事，要在多方面分析比较、综合评价的基础上才可作出决策。

（六）按照决策者的决策方法的先进程度，可以把行政决策分为经验决策和科学决策

经验决策是指决策者根据个人或集团的经验知识、胆识和直觉来认识和判断决策对象、决策环境而进行的决策活动。经验决策的正确程度，受到决策主体思想水平、工作能力以及生活经验等个人素质的制约。传统的行政决策基本上都属于这一类型，经验决策的主要目的是为了应付在客观上要求迅速做出决策的社会问题。科学决策是指在科学理论指导下，遵循科学的原则和程度来认识和判断决策对象、环境、目标、行动方案，采用现代科学技术手段和方法进行的决策活

动。科学决策是由于经济、科技的进步和人们改造社会、改造自然的需要而产生的。在现代社会的许多领域中，是经验决策所无法替代的。在决策中，科学决策往往和经验决策相结合，才能作出较为正确的决策。

（七）按照决策目标要求的不同，可把行政决策划分为最优决策和满意决策

最优决策是指在理想条件下实现最佳目标的决策。满意决策是指在现实条件下求得满意目标的决策。由于行政管理范围的广泛性，决策条件的复杂性，决策目标的多样性，绝对的最优目标实际上是无法实现的。因此，行政决策通常是满意决策，即“相对最优决策”或“次优决策”，在现实的条件下力求选择最佳决策方案。

此外，按照决策目标数量的不同，可分为单目标决策和多目标决策；按照决策进程的不同，可分为一次性决策和渐进性决策；按照决策行为采取的方式不同，可分为程序化决策和非程序化决策等。不同种类的行政决策各有其特点，不同类型的决策要运用不同的思考原则，为了把握决策的共性与个性、一般与特殊性的统一，决策者应注意区别行政决策的类型并予以不同的对待。

三、行政决策的原则

行政决策是一项高度综合的复杂性活动，要保证其正确，必须在行政决策过程中遵循一定的原则。行政决策的原则是指行政决策形成过程中所必须遵循的基本规则。具体来说，体现为以下六个方面：

（一）客观原则

客观原则是行政决策的首要原则，决策活动体现了人的主观能动性，但却不是主观任意性。科学的行政决策首先要坚持实事求是，一切从客观实际出发，准确地把握决策对象的发展趋势、客观规律，做出符合客观实际情况的判断和选择。

（二）信息原则

行政信息是行政决策的基础，科学的行政决策离不开全面、准确和及时的信息。决策的科学性、正确性是和信息成正比的，信息越及时、准确、全面，决策思维就越具有深度和广度。行政决策的正确化程度取决于决策过程中信息的全面

性和准确性程度，信息不但是决策的原料，也是决策的基础。要做到信息全面、准确和及时，行政决策主体就必须建立健全行政信息系统，广泛搜集，深入调查，并对信息进行系统的比较分析，去伪存真、去粗取精，归纳整理，科学论证，沟通迅速。

（三）预测原则

正确的预测是成功的关键。任何行政决策都是对未来行动所作的一种设想，是在事情发生之前的一种预先分析和抉择，具有明显的预测性，预测是决策的基本前提。预测不是盲目的，必须建立在可靠的信息和系统的分析前提下，只有运用科学的预测，了解行政决策对象的发展趋势、时空条件、影响后果等，从定性、定量、定时、概率等各方面作综合预测，并准备预防对策，才能防范于未然，减少和避免决策失误。

（四）系统原则

这一原则是由行政决策对象本身的系统性特征所决定的。行政决策的对象不论是政治、经济还是军事、文化事务等，都处于社会形态大系统中，决策就是对系统中某个事情或问题的决定。运用系统科学方法进行决策，是现代科学决策的一个基本原则，也是决策科学化的重要保证。系统原则要求行政决策达到整体化、综合化和最优化的目的。整体化就是要求行政决策不能只从事物某一部分、某个指标来考虑问题，而必须从整体或全局出发，全面考虑系统与系统之间，系统与组织系统各部分之间的关联，考虑系统的结构及其状态，考虑系统某一部分变化引起其他部分变化乃至整个系统的变化等。综合化是对行政决策各项指标和利弊得失进行全面衡量和综合分析，不仅要求全面分析决策对象，而且要求对决策问题和与其他系统的相互关联进行分析。最优化是要求决策者在动态系统，调整整体与部分的关系，使组成系统的各部分的功能和目标服从于系统的总体最佳目标，并使系统达到最佳状态。

（五）时效原则

由于客观世界不断地发展变化，而任何行政决策都是相对于一定时空条件下针对某一特定问题作出的，因此行政决策具有强烈的时效性。时效包括时机和后效，行政决策不仅要正确，而且要不失时机，果断决定。决策者在发现问题后，应及时搜集有关信息，及时研究情况，及时确定方案，不能当断不断贻误时机，从而降低效能或失效。同时，也要求决策者既要保持决策实施期间的相对稳定性，不能朝令夕改、变化无常，又要把握决策方案的同期性，如果方案过时，那么就要根据变化了的新情况及时进行新的决策，绝不能墨守成规，抱残守缺。

（六）可行原则

行政决策的目标是实施。行政决策是否切实可行是衡量行政决策正确性的重要标志，如果一种行政决策最终不能实行，那么，它即使再好也没有任何意义。这就要求经过选优的行政决策必须切实可行。这种可行性要求决策者在作出决策时应充分考虑相关的人力、物力和财力的承受能力，权衡时间、速度和指标的比例关系，积极、稳妥地量力而行，从而保证决策的顺利实施。此外，还要求决策时应当留有充分余地，并且应当准备必要的应变方案，这样当一些随机因素中出现极小概率因素时，就可以及时控制协调，不至影响全局，造成无法补救的后果。

（七）择优原则

决策的本质在于择优。行政决策要达到最优和满意，必须在多个方案中进行选择，只有一个方案的决策绝非是一项好的决策。决策要追求满意的效果，就必须对目标和方案进行优化，而一定数量的备选方案是优化的必要前提。总之，选择性是决策最突出的特征。可以说，没有选择就无所谓决策，追求优化是人的本能选择，也是决策的本质所在。

四、行政决策在行政过程中的地位与作用

行政决策是行政管理的中心环节，行政决策正确与否直接决定着行政管理的成败，行政决策在行政管理过程中起着决定性作用。

（一）行政决策是行政管理的首要环节并贯穿行政管理的全过程

行政管理活动中遇到的各种需要采取行动的问题，都有赖于行政决策为之确定正确的方向和解决办法。决策是行动的先导，任何行政管理活动首先依赖于决策。整个行政管理过程就是决策、执行、评估、再决策、再执行、再评估的循环过程。决策是起点，没有科学的决策，就没有科学的管理活动。行政决策贯穿行政管理的各个方面和行政管理的整个过程，任何行政管理活动都离不开行政决策。正如西蒙所说："决策贯穿管理的全过程，管理就是决策。"

（二）行政决策是各项管理职能的基础

行政管理有计划、组织、协调、控制等各项运行职能，这些职能都是围绕着决策目标的实现而展开的。计划，是对决策目标和任务做出的安排；组织，是为实现决策目标而进行的机构和人员的配备；协调，是调动和调整各个方面的因素，使之形成合力，加快决策目标的实现；控制，是保证行政管理活动不偏离行政决策的目标方向。行政管理运行职能的各个环节都以决策为基础。

（三）行政决策是行政领导者的基本职责和重要技能

在行政管理活动中，行政领导处于管理的核心地位，承担着行政管理的诸多职责，而在这些职责中，行政决策是最为重要的。因为，行政领导者经常面临长远的或当前的、大大小小的问题，这就决定了行政决策能力是行政领导者的一项基本能力。行政决策能力的大小，综合体现了行政领导者的基本素质，也是行政领导水平高低的标志。

（四）行政决策的正确与否是行政管理成败的关键

行政决策决定行政管理活动的方向和具体措施。只有在遵循行政管理对象的客观规律的基础上做出的科学合理的决策，才能保证行政管理的良好效果。反之，错误的行政决策，将产生错误的管理行为，给国家和社会造成巨大的损失。在科学技术飞速发展的今天，政府管理的作用日益增大，对行政决策科学性的要求也日益突出。

第二节 行政决策体制

一、行政决策体制的含义

行政决策体制是指进行行政决策的机构和人员所形成的组织体系和有关制度，它是行政领导体制的重要组成部分。对行政决策体制的理解应注意以下几点：第一，行政决策体制既受到国家的政治体制、经济体制、行政领导体制的制约，同时又要受行政文化、民族传统等诸因素的影响。第二，行政决策体制的基础是行政决策权力。行政决策体制是以行政权力为基础的权力配置体系，它是一个横向部门权力分化和纵向层次权力分化相结合的纵横交织的权力网络体系。纵向权力配置意义尤为重大，高层、中层和基层决策层次之间的集权与分权关系，决定着决策体制的类型。第三，行政决策体制的载体是一定的组织机构，通常是由若干各具独特功能的子系统组合成具有整体功能的大系统。各级各类组织机构按照一定的原则排列组合成有序的结构模式，在发挥各自独特功能的基础上产生决策优化的整体功能。最后，行政决策体制是具有较高素养、较高智能的人群结合体。在决策体制内有较高素养的行政首长和较高智能的各类参谋、咨询人员，他们以行政首长为核心互相配合，相互连接，以形成完整的行政决策工作流程。

二、行政决策体制的类型

（一）行政决策体制的分类

可以从不同的角度对行政决策体制加以分类，各种划分方法大都是围绕决策权力进行的。按照掌握最高决策权的人数可以划分为首长制和委员会制；按照决策权力使用的特点可以划分为集权制和分权制；如果以历史为线索，以最高决策权力的归属不同，可以对历史上出现行政决策体制作一个总括性的分类。

1. 首长制和委员会制。首长制又称一长制或独任制，是指最高决策权归某个人单独掌握的一种决策体制。首长制的历史悠久，从古代的神权制、君主制到第二次世界大战时期的法西斯独裁制，都是国家的各种大权集中于宗教领袖、君主或国家元首。在现代总统制国家，如美国，行政权由总统掌握，这也是一种首长制。委员会制（又称合议制）是指最高决策权由委员会集体行使、集体负责的一种决策体制。瑞士是实行委员会制的国家。

首长制和委员会制各有利弊。首长制可以做到决策权集中，决策果断、迅速、高效，但容易导致个人专断，滥用决策权，以及由于个人能力问题而出现重大决策失误。委员会制可以集思广益，考虑周密、分工合作，发挥群体的力量进行决策，增进决策的科学性和民主性，但容易导致决策缓慢，办事拖拉，无人负责，效率不高。

2. 集权制和分权制。集权制是指决策权集中于上级机关，下级机关没有或很少有自主权，只能根据上级指令行事的决策体制；分权制是指下级机关在其管辖范围内有自主权，上级机关无权加以干涉的一种决策体制。

集权制和分权制也各有利弊。集权制的优点是制定政策时，能够统筹全局、协调各方，政策执行通畅高效；缺点是容易导致上级机关独断专行，不考虑下级机关的实际情况，决策实行“一刀切”，束缚下级机关的积极性，也不利于政策的执行。分权制可以发挥下级机关的积极性，使下级机关因时、因地制宜地制定政策；缺点是各政策机关之间容易产生冲突，各行其是，协调困难。

3. 历史上出现的基本决策类型。在人类历史上，最高决策权的归属大致经历了由人到神，再到王，再到人的过程，不同的决策权归属产生了不同的决策体制。现将古今中外出现过的主要决策类型列成表 8－1。[①]

表 8－1　　历史上出现的行政决策体制类型

类型	最高决策权归属	最高决策者（集体/个人）	主要存在时期	主要存在地点	主要决策方式
原始民主制	氏族等原始组织全体成员	全体会议（集体）	原始社会时期，现代	各原始氏族部落，古埃及等	合议
神权制	神	僧侣、宗教领袖（个人）	古代、现代	现代海湾伊斯兰教国家（如伊朗）	独裁
君权制	神或专制君主	由宗教或传统产生的皇帝（个人）	古代、近现代	中国封建王权国家，现代君主国家	独裁
议会制：议会—总统制	名义上是“人民”，实际上是资产阶级统治	议会（集体）总统（个人）	近代、现代	美国等	合议、三权分立制
议会制：议会—内阁制		议会（集体）		英国等	
议会制：议会—委会制		议会（集体）		瑞士等	
人民代表大会制	人民	全国人民代表大会（集体）	现代	中国	合议、民主集中制
法西斯制	法西斯国家	政党领袖、国家元首（个人）	20 世纪 20～40 年代	意大利法西斯国家、德国法西斯国家	独裁
军人独裁制	神或君主或人民，实际上是独裁者个人	军队首领（集体或个人）	自古至今	各军人专政国家	独裁

上面几种划分方法是对行政决策体制作一般的划分，这些分类方法可以使我

① 伍启元：《公共政策》，香港商务印书馆 1989 年版。

们了解曾经出现过的决策体制类型，比较各种决策体制的优缺点。现今世界中主要存在三种决策体制，即议会制、独裁制和人民代表大会制。

（二）议会制

议会制是当今资本主义国家普遍采用的行政决策方式，议会制决策体制的基本模式是：首先由公民选出自己认为能代表自己意愿的代表或议员，然后由代表或议员来代表公民直接或参与做出行政决策，维护自己的利益。议会制主要有下列三种形式：

1. 议会—总统制。以美国为典型代表。国会议员和总统都分别由选民直接选出，各自对选民负责；总统负责组阁，他既是国家元首，又是政府首脑，具有最高行政决策权；内阁成员不得兼任国会议员；国会通过的决策方案在总统签署后方能生效，总统对国会的决策方案具有否决权；国会有权弹劾总统；但总统无权解散国会；总统在国家事务中的一些重要决策要受国会制约。

2. 议会—内阁制。以英国为典型代表。议会是国家最高权力中心，内阁由议会产生，对议会负责并受议会监督；内阁掌握国家行政权，国家元首只是名誉“虚位”；内阁的重大决策，须得到议会多数支持；内阁首脑由议会多数党领袖担任，内阁成员通常都是议会多数党成员；议会可对内阁提出不信任案，内阁也可提请国家元首解散议会，由重新经过大选所产生的议会决定内阁的去留。

3. 议会—委员会制。以瑞士为典型代表。议会至上，不仅具有立法权，而且掌握行政权；由议会产生的委员会主持日常行政事务，但委员会只是议会的一个执行机关，委员会成员可以为议会的最后决策提供咨询；委员会不能解散议会，议会也不能解散委员会；委员会所做出的决策，须经委员会集体讨论通过，委员会主席或副主席的权限与其他委员平等。

（三）独裁制

独裁制的主要特点是通过传统继承或政变等方式产生的权威人物享有最高决策权。主要有下列三种表现形式：

1. 宗教领袖型。在一些神权制国家中议会和政府的活动受制于“神的旨意”——某种教义。与此相应，宗教领袖掌握最高决策权，他可以不受任何机构或法律的约束。

2. 君主新政型。这是传统君主专制在现代社会的延续，在这种决策体制下，君主既是国家领袖，又是政府首脑，君主之下设大臣会议，它近似于内阁，拥有立法权和行政权。君主往往通过运用大臣的选择权和监督权而成为实际上的最高决策者。

3. 军人独裁型。军人政权的建立往往需要借助于“军事政变”的形式。军人掌权后有两种可选择的方式：一是由军队最高长官始终控制国家最高决策权，并以暴力手段镇压持不同政见者；二是还政于社会。当军队认为大权在握时，采取还政于民的方式，鼓励新的决策者参与，并通过举行大选来建立新的“民主”程序。此种形式通常最后形成一种近似于议会——总统制的决策体制，军队首脑往往被选为总统，并拥有比一般总统更大的权力。

（四）人民代表大会制

人民代表大会制属于民主集中制决策体制的一种，它既同在“三权分立”基础上的西方议会制有本质的差别，也不完全等同于苏联十月革命后建立起来的“苏维埃”制，是一种有中国特色的民主决策体制。

人民代表大会制是我国的根本政治制度。社会主义民主的本质是人民当家做主。国家的一切权力属于人民，这是我国国家制度的核心内容和根本准则。人民代表大会制度是体现我国“一切权力属于人民”这一社会主义民主实质的根本制度，是人民行使国家权力的根本途径和形式，是人民把国家的、民族的和自己的命运最终掌握在自己手中，维护人民根本利益的可靠保证。

全国人民代表大会是最高国家权力机关，决定国家大政方针，行使国家立法权。人民行使国家权力的机关是全国人民代表大会和地方各级人民代表大会。

人民代表大会制的主要内容包括：各级人民代表大会都由民主选举产生，对人民负责，受人民监督；各级人大及其常委会严格按照民主集中制的原则集体行使权力；实行“议行合一”，国家行政机关、审判机关和检察机关都由人大产生，对它负责，受它监督；中央和地方国家职能的划分是遵循在中央统一领导下，充分发挥地方主动性、积极性的原则，但全国人大对地方人大不是领导关系，而是法律监督关系、选举指导和工作联系关系；在各少数民族聚居的地方实行民族区域自治。

人民代表大会制的另一个重要特点是，中国共产党在人民代表大会制中起着领导作用，主要体现在：国家的重大决策，是由党首先提出建议，再由人民代表大会或其常委会讨论决定的；党培养、选拔优秀干部到国家机关去工作。因此，中国共产党在中国的行政决策体制中具有重要作用。

三、行政决策体制的构成

行政决策体制是一个历史范畴，随社会政治、经济条件的变化而变化。现代行政决策体制一般由三个部分组成：行政决策中枢系统、行政决策信息系统、行政决策咨询系统。其中，行政决策中枢系统是核心，行政决策信息系统和行政决策咨询系统是两个基础。政策制定过程及其各项功能活动是由这些系统共同完成的，这些系统各有分工、相互独立，又密切配合、协同一致，共同完成行政政策的制定工作。

（一）行政决策中枢系统

行政决策中枢系统也叫行政决策决断系统，是由拥有决策权力的领导者集体组成的中枢机关，是政策制定活动的组织者，领导政策制定全过程。行政决策中枢系统在整个行政决策系统中居于核心地位，既是行政决策活动的组织者，又是政策的最终决定者，领导行政决策活动的全过程。

行政决策中枢系统具有权威性和主导性两个特点。行政决策中枢系统其决策权来源于宪法和有关的法律，在行政决策活动中，享有拍板定案的权力，即具有最终决策权力，因而具有权威性；行政决策中枢系统作为政策系统的核心，主导行政决策活动的全过程，因而具有主导性。

行政决策中枢系统在行政决策过程中的主要作用是：

1. 提出有关的政策问题。行政决策的活动是从政策问题的分析开始的，提出有关的政策课题是行政决策中枢系统的主要职责之一。行政决策中枢系统必须能够从纷繁复杂的社会问题中，分清轻重缓急，抓住需要及时解决的关键问题，以便制定解决问题的决策。

2. 考虑政策目标的确立。政策目标的正确与否直接关系到公共政策活动的成败，确定正确的政策目标是解决政策问题的重要一步。

3. 组织政策方案的设计。政策方案的设计是一项科学性、技术性很强的工作，通常应当由行政决策咨询系统来承担，但是必须由行政决策中枢系统来组织，根据政策课题的需要，挑选熟悉这一问题的专家，组成高水平的行政决策咨询系统，并为他们的设计工作创造优越的环境和条件。

4. 负责政策的最终决定。对政策的最终决定是行政决策中枢系统在行政决策活动中的最重要的职责。行政决策中枢系统必须具有决断的能力和魄力，能够高瞻远瞩、综合权衡，作出正确的决策。

行政决策中枢系统作为行政决策的核心部分，它直接决定着一个决策的成功与否，因此，提高这一系统的效率，是行政活动面临的一个重要任务。行政决策中枢系统的效率主要取决于两项因素：一是行政决策人员本身的素质。行政决策中枢系统的决策水平和工作质量，直接影响着整个行政管理活动，因此，现代行政管理要求行政决策中枢系统的每一位成员都应具备良好的决策素质、丰富的决策经验，掌握科学的决策方法，并具有良好的决策组织能力。二是决策人员的群体结构。现代行政决策是多脑决策而不是单脑决策，因此，作为行政决策中枢系统的领导集体，还必须发挥其年龄、智能等整体结构优势，使之发挥出最佳的集体效能。

（二）行政决策信息系统

行政决策信息系统是由掌握信息技术的专职人员、设备及有关工作程序组成的专门从事决策信息的收集、加工、传送、储存等工作。它是行政决策中枢系统的辅助机构，为行政决策提供信息资料。从某种意义上说，行政决策过程也就是信息的流动与转换的过程；而信息原则是行政决策的基本原则，信息是政策制定、执行、评估和监控的依据；没有信息，这些活动就无法展开。现代社会是信息社会，信息化已成为全球的一大趋势，行政决策中传统的手工处理资料的方式已经过时，因而产生了现代化的信息科学以及信息技术，产生了拥有现代化先进设备和现代化管理方式的行政决策信息系统。行政决策信息系统在政策过程中具有重要的地位和作用，它是政策系统的神经系统，为政策制定、执行、评估和监控及时地提供各种准确、适用的信息。

行政决策信息系统在行政决策活动中的主要作用是：

1. 收集信息。这是行政决策信息系统的首要任务。原始资料的收集是信息处理过程的基础，只有在获得大量原始资料的基础上，才能保证信息的完整性和真实性，从而准确地反映客观的情况。所以，行政决策信息系统就必须通过各种手段和途径，建立畅通的信息网络，千方百计地收集内部和外部的有关资料。对有关决策的信息收集要做到广泛、真实、全面、可靠，要保证信息的连续性和系统性，注意收集含量大、价值高的信息。

2. 加工处理信息。获取信息的目的，是为了政策过程的需要，行政决策信息系统提供的信息是制定政策的依据，因此必须准确适用。而收集的原始资料往往是太多太杂，其间也难免包含失真的信息，因此在取得大量的原始资料之后，必须对这些资料进行严格认真的分析、整理，这就是信息的加工处理。它具体包括三个方面的工作：一是纯化——通过整理加工，去粗存精，去伪存真，由此及彼、由表及里的整理、分析，抽取出精华资料，剔除多余的甚至是虚假的资料；二是归类——就是将最初收集的杂乱无章的原始资料，按照政策制定的需要，进行分筛或合并的处理；三是存储——把那些经过加工、整理的信息，按照一定的分类编序储存起来，以备检索、使用。

3. 传递信息。就是把加工处理好的信息传递到决策者手中，为制定政策服务。信息的传递有两个基本要求：一是要迅速，在现代社会的竞争中，谁先获得信息谁就可能获得主动、取得优势；二是要准确，必须防止信息在传递的过程中损失、失真，使用的术语要准确、清晰。

4. 储存信息。已经收集、加工处理后的信息资料，无论是使用过的还是未使用过的，应当以文字、图片、光盘等形式储存起来。

行政决策信息系统要为行政决策提供准确、及时和适用的信息，为政策过程服务，保证制定出合理的政策并加以有效的执行，以达到预期目标。这就要求有一种高效运转的信息系统。目前我国各级行政决策系统中的行政决策信息系统已经基本形成，但是还很不完善，信息处理的技术、方法和手段还比较落后，在信息处理上存在着慢、粗、乱的问题。“慢”就是对实际变化的情况反映不及时，“粗”就是反映实际情况的信息比较粗略、不精确，“乱”就是缺乏科学的管理信息的方法，而使信息的管理混乱。这些问题的存在，就难以保证行政决策对信息的要求，从而影响行政决策的科学化。随着我国向信息社会的迈进，行政决策对信息的数量和质量的要求越来越高。因此，必须不断地加强和改善行政决策信息系统，以适应日益复杂的行政决策的需要。

（三）行政决策咨询系统

行政决策咨询系统又称参谋子系统或智囊子系统，它是由掌握各门类知识的专家、学者组成，集中专家们的集体智慧，运用科学的方法和技术，为行政决策提供方案和其他方面的咨询服务。行政决策咨询系统在政策制定活动中是以建议、参谋等形式为决策机关和行政领导者服务，向他们提供科学的决策方案，并发挥决策过程中的辅助性作用。主要表现在以下几个方面：

1. 分析政策问题。运用现代科学知识、方法及技术，对政策的有关问题进行分析。

2. 预测政策未来。科学的预测是正确制定政策的基本前提之一，行政决策咨询系统的成员具备这方面的专门知识和技术，能够对事物的未来发展状况作出比较准确的估计。

3. 设计方案及论证。政策方案设计论证是一项技术性很强的工作，通常要由行政决策咨询系统来从事这项工作。

4. 其他政策相关问题的咨询。咨询是智囊团的主导功能，智囊团可以根据对有关政策问题的客观分析，主动向政策制定部门提出自己的意见，也可以应政策制定部门的请求，参加有关问题的“会诊”，提出意见和建议。

5. 参与政策评估并反馈信息。在政策实施过程中，行政决策咨询系统参与政策评估，并起到信息反馈系统的作用，尤其是分析政策实施中的问题，并提出对策，及时提供给政策制定部门，以便修正原有政策中的某些问题，使政策更加完善。

在现代行政决策系统中，行政决策咨询系统占有重要的地位，起着重要的作用，充分发挥了这个子系统的作用，是行政决策科学化、民主化的一个重要条件。

要充分发挥咨询系统的作用，必须注意下列几点：

1. 合理的专业结构。咨询系统应由多学科的人才协同研究，科学理论工作者和应用技术人员相结合，定性研究和定量研究人才相结合，作为主体的专业研究人员和少量精明强干的管理人员要紧密配合。

2. 优化的人员素质。咨询人员必须既是对某个专业有较深造诣的专家，又是知识渊博、思路开阔、目光敏锐的人才。他们必须信息灵通、思维活跃、横向联系广泛，善于运用现代科学技术手段及有关工作程序和方法；具有较高的辩证思维能力、综合分析能力和创造能力；具有尊重科学、坚持真理的品质和独立研究、公正客观分析问题的态度。

3. 独立的法律地位。咨询系统不是综合性的一般办公室，也不是秘书班子，其成员通过相对独立的研究，以科学技术、专业知识和先进的方法、手段直接为领导决策服务，但不依附于决策中枢系统。

第三节 行政决策的技术方法和程序

一、行政决策的技术方法

行政决策技术方法是指行政决策者及决策支持系统在制定行政决策过程中运用一系列现代化的科学理论，针对决策的每一过程所采用的方法、手段、技术的总称。行政决策的方法有多种，归纳起来可分为两大类：一类是定性决策的方法，一类是定量决策的方法。

（一）定性决策方法

定性决策方法，又称为“软技术”方法，是指在行政决策中遵循政治科学、行政科学以及心理学、管理学、行为科学等基本原理，并通过一定的组织手段，充分发挥人的智慧和才能，从而使决策尽可能优化。在具体实施过程中，行政决策“软技术”方法也被称为专家创造力方法，即主要依靠专门人才在决策过程中的分析判断来进行决策。当然，与一般的分析判断不同，决策“软技术”包含了一系列如何运用专家创造力的基本理论和具体方法。现代行政学认为，在行政决策的所有步骤中，无论是确定目标，还是拟订方案，或者是选择方案，专家的意见都是极为重要的，因为专家不但具有专业性的知识和技术，还常常能超越某些程序性规范或传统性习惯的束缚，能够较为客观、冷静地作出分析和判断。因此，如何有效地组织、吸收专家就决策问题发表意见就成为决策“软技术”的重要环节。

（二）定量决策方法

定量决策方法，又称为“硬技术”方法，它主要是运用数学模型和计算机技术解决决策问题，它其实是在定性分析的基础上，对决策对象进行数量研究和计算，用它来比较和进行方案选优。决策“硬技术”主要包括数学模型和决策模拟两大类。数学模型是行政决策数学化、模型化和计算机化的核心内容。数学模型要求用数量关系表示出变量之间以及变量同目标之间的关系，并用计算机的算法语言编成程序模型，以供计算机程序随时处理使用。数学模型方法一般适合于重复性的常规决策。但是，在行政过程中，由于政治的、社会的、人际的各种复杂因素，使很多问题都不可能或不能简单地数量化，因此数学模型方法有一定的局限性。决策模拟是行政决策的另一种“硬技术”，它是在决策方案拟定之后，给它创造一定的条件，通过某种方式的试验，以有形的结果，对方案进行分析、评估和修改，以最后付诸实施。决策模拟是一种专业性和技术性都很强的决策方法，它是未来决策技术化的重要内容和必然趋向。

把决策方法划分为两大类只是相对的。真正科学的决策应该把二者结合在一起。行政决策中的定性决策方法和定量决策方法是相互补充、相辅相成的一个整体，犹如决策者的左膀右臂，不可分离。因此，在行政决策中要把它们有机结合起来，才能最大程度地实现行政决策的优化。

二、行政决策的程序

行政决策的程序是指行政决策过程中的逻辑顺序和基本步骤。行政决策是一种动态的管理过程，不只是从几个备选方案中挑选一个最佳方案的所谓“拍板”

行动。行政决策的过程相当灵活，常常因行政决策的种类、行政决策的条件以及行政决策主体的经验和素质的不同而没有一个固定的模式。国内外学者对行政决策程序的看法也不尽一致，但行政决策的大量实践告诉我们，科学的行政决策程序是行政决策客观规律的体现，大体上要经过四个阶段：

（一）发现问题，确定目标

行政决策的过程实际上就是认识问题和解决问题的过程。要解决问题，首先必须发现问题。行政决策问题是被行政决策主体所认知并有必要采取行动加以解决的公共问题，是社会所普遍关注的问题或对社会产生广泛影响的问题。这些问题有些是已经发生、已经存在的，有些是尚未发生或者已经发生但尚未产生明确的社会影响的。行政决策首先需要弄清问题产生的时间、地点和条件，问题的性质、类型、范围、程度、特征、影响和问题的内部层次、结构等，抓住主要矛盾和关键问题，对问题要有全面认识，估量其在行政活动中的联系和影响。然后就是依据已有的经验和知识，运用科学的方法和手段，对问题产生的主观原因和客观原因、主要原因和次要原因、直接原因和间接原因、表面原因和深层原因等进行估量、核查和证实。

发现问题、界定问题所采用的主要技术方法有：

1. 分类分析法。分类分析是一种澄清概念的技术，这些概念用来界定问题情境，并对其进行分类。在感知问题情境的过程中，分析者必须对他们的经验进行分类。即使是对问题情境作最简单的叙述，也必须以经过归纳整理后形成的经验分类为基础。分类分析有两种基本程序：逻辑划分和逻辑归类。前者是人们选取某个类别，并将它分解成各个部分；而后者恰恰相反，是将许多情况、事物和人组成一个更大的团体或类别的过程。任何一种分类都依据于分析者的目的，而分析者的目的又取决于对问题情境的充分了解。

2. 层次分析法。层次分析是一种查明问题情境的可能原因的技术。层次分析帮助分析者分清三种原因：可能的原因、合理的原因和受控的原因。可能的原因是指那些无论多么遥远，都可能使一种特定的问题情境出现的事件或行动。与此相对照，合理的原因是依据科学研究或直接的经验对一种问题情境的出现产生重要影响的那些原因。受控的原因指的是受政策制定者控制和操纵的原因。

3. 综摄法。它也叫类比分析法，是通过建立若干类比的标准和模型，对已经出现的问题的成因、特征与类别等因素进行比较，以发现此问题与其他问题的相似性、相关性、差异性，并以类比的结果作为基础，对问题的性质和类型进行确认的一种方法。采用此方法可进行四种类比：（1）个人类比。在构造这种类比时，分析者将自己设想为政策参与者（如政策制定者或利益团体）一样经历同样的问题情境。个人类比在揭示同一个问题情境的政治含义方面是非常重要的。（2）直接类比。在构造这种类比时，分析者寻找两个或两个以上的问题情境之间的相似关系。例如在构造装修质量检测问题时，分析者可能从建筑工程质量检测的经验中构造直接的类比。（3）符号类比。在构造这种类比时，分析者试图发现一个既定的问题情境与某些符号过程的类似关系。例如，符号类比经常取之于各种伺服机制（如恒温和自动导航仪）和政策过程之间。在每个案例中，采纳的类似过程被视为来自环境的不断反馈的结果。（4）幻想类比。在构成这种类比时，分析者完全自由地探索问题情境与某些想象的状况之间的相似性。例如，国防政策有时就使用幻想类比来构造对付核武器攻击的防卫问题。

4. 假设分析法。假设分析是对决策问题相关因素尤其是相互冲突的因素进行设定，然后进行创造性的综合，以期对问题有一个比较全面的认识。假设分析包含五种程序：（1）利害关系人的认定；（2）提出假设；（3）质疑假设；（4）汇集假设；（5）综合假设。

确定了行政决策问题并对其产生的原因进行剖析，探明了解决问题的环境条件，就为行政决策目标的确定提供了前提。行政决策的目标，是指在一定环境条件下解决公共问题所要预期达到的结果和目的。行政决策目标是行政决策实施的出发点和行政决策评估的基本依据。在整个行政决策过程中，确定目标是十分关键的一步。目标正确，决策就有了正确的方向；目标错了，则会不可避免地出现方向性错误。行政决策目标的科学化是行政决策目标正确性的保证。确定行政决策目标要注意以下几点：

1. 行政决策目标的针对性。行政决策目标的确定必须针对要解决的公共问题，在存在多个行政决策目标的情况下，则需要考虑目标实现的约束条件，区分主次，突出重点，抓住主要矛盾和关键环节，从资源分配上确保重点行政决策目标的实现。行政决策目标是行政执行的重要依据，这就要求行政决策目标应当尽可能明确，只有这样才能避免因各行政执行主体基于主观理解而出现的执行标准不统一的现象。

2. 行政决策目标的可行性。行政决策目标能否实现，在很大程度上取决于其可行性。行政决策目标要顺利实施，必须得到社会各界的认可，行政目标的确定要根据客观需要和现实可能，既要研究有利条件和可能创造的条件，又要分析主客观的约束条件，不能把愿望当作现实。目标应有一定的伸缩余地，为此可把目标分为确保实现的目标和争取实现的目标。

3. 行政决策目标的量化。行政决策目标必须要有明确的数量指标和时间界限，并通过一定的具体标准可以计量其成果。在行政活动中，有些目标难以用数量直接表示，则可用间接的表示方法。切忌使目标成为模糊的或大的空洞口号。

4. 行政决策目标的分解。行政决策目标是总目标到具体目标的一个个层次复杂的体系，从上而下，决策目标越来越具体，下一级目标往往是上一级目标的手段。目标系统必须有明确的层次关系，能够确定其责任。

5. 行政决策目标的价值准则。决策目标的价值准则是由社会价值、经济价值和学术价值三者构成的价值体系。决策目标有若干层次的确定的价值指标。同时，还要规定价值指标的主次、缓急以及在相互发生矛盾时的取舍原则。

6. 行政决策目标的规范化。行政决策目标要顺利实施，必须得到社会各界的认同，也应符合一定社会的法律、政治和道德规范，符合人们的价值观和信仰。

确定行政目标要采用科学的方法，目标确定的方法主要有：

1. 综合指标法。即把有明显客观联系的不同目标换算为一个具有科学含义的综合指标，然后按综合指标的高低来评价各目标的优劣。

2. 主要目标列举法。即根据各目标的重要性，分清主次，仅仅让一个决策目标（最重要或最主要的目标）作为优化目标，而将其他目标降为约束条件。

3. 目标排序法。在把决策全部目标按其重要性、大小排列成序的基础上，先根据最重要的目标从全部备选方案中选出一部分方案；然后按第二位的目标从所选出的这部分方案中再作选择，如此按目标的重要性位次一步一步地选择，直到选择出一个最合适的目标方案。

4. 综合评分法。先分别按每个目标给各备选方案评定一定的优劣分数，分数高低反映了决策目标对决策者的效用（有效度或满意度），然后按一定的算法规则给各方案一个综合分数，最后按综合分数的高低来选择目标或方案。

5. 逐步淘汰法。在选择目标方案时，先制定一个标准，以作为淘汰的依据，依据标准对目标方案进行衡量，不合乎标准者，均应淘汰。经过一轮淘汰之后，可放宽标准，再作淘汰；这样逐步放宽标准进行淘汰，直到剩下最后的方案。

（二）调查预测，拟订方案

所谓决策方案，就是决策者为实现预期的决策目标所选择的途径和手段。设计决策方案要以事实和科学理论为依据。行政目标一旦确定，就需要通过调查预测、设计具体的行动方案，以指导人们去实现目标。这一阶段是影响决策效果的关键，需要充分发扬创新精神，广泛运用智囊技术。现代行政决策一般要求设计多个备选方案，以供决策者选择。多方案才能比较，有比较才有鉴别。如果只有一种方案，就谈不上选择，决策只能成为一种形式。拟订方案是一个从大胆设想、精心设计到论证完善的创造性思维活动过程。

1. 深入调查研究，把握客观情况，设想方案的轮廓。设想必须以事实和科学理论为依据，发扬勇于创新的精神和丰富的想象力，尽可能开拓思路，作多方面的大胆探索，对各种可能的途径和办法都认真思考。从不同角度设想各种方案的轮廓，保证方案的齐全、多样、丰富，从而为抉择提供广泛的基础。

2. 充分研究信息资料，搞好科学预测，精心设计方案的具体内容。大量的轮廓设想经过初步筛选后，需要对每个方案充实其具体内容。必须发扬求实的精神，通过科学预测，反复计算，确保被选方案的有用、可行、合理、科学，从而为抉择提供坚实的基础。

3. 认真分析利弊，挑剔筛选，对方案进行可行性论证，使方案更加完善。方案经过精心设计后，还需对已经成型的各种备选方案进行对比性评价和综合性效益评估。分析方案的限制因素和潜在问题，使方案经得起怀疑和反对。通过开展辩论，互相揭短，使每个方案矛盾充分地暴露，然后取长补短，优化组合，使方案更为完善、周到。有时也可吸收几个方案的长处，通过再创造过程形成一个综合方案。可行性论证功能在于使备选方案的合理性程度更高，从而为抉择提供可靠的依据。

调查预测、拟订方案所运用的主要技术方法有：

1. 德尔菲法。它是一种获得、交换和发展关于未来事例灵通信息的直觉预测程序，其过程是利用一系列简明扼要的问卷和对所获得意见的有控制的反馈，从而取得一组专家的最可靠的统一意见。这种方法是第二次世界大战后（1948 年）由兰德公司发展起来的，它以希腊阿波罗神庙庙址德尔菲命名。德尔菲法的应用强调五个基本原则：（1）匿名性——所有专家分别作答，他们的匿名性得以严格保证；（2）循环反复——个人的判断被汇集加总，并在一个系列的过程（两轮或两轮以上）中发回给每个参与的专家，因此，允许相互学习每个人先前的判断；（3）有控制的反馈——汇集起来的判断的交流以总结性意见的形式出现；（4）统计性的团体答案——个人的应答以中心趋势（中位数）、离中趋势和频率分配的形式加以表述；（5）专家共识——宗旨是创造特定的条件，让专家在这些条件下能达成某种共识，作为问卷调查的最后和最重要的产品。

德尔菲法的征询过程一般由四个步骤构成：（1）指示讨论的问题，专家们提出各种附加的意见、项目和方案等；（2）指示专家组对所预测问题的理解和看法（例如对相对重要性、可行性、合理化是否存在严重分歧）；（3）信息的多次反馈，以求得专家意见的收敛；（4）作出最终评价，即取得较为一致的预测结果。

2. 时间序列法。它主要适用于短期预测。这种预测方法是按一种固定不变的统计方式，记录和处理过去的数据，完全不考虑引起这些数据变化的原因，简单地根据过去的变化特征来预测未来。如果过去的变化规律将继续进行下去，时间序列就是一种有效的和有价值的预测手段。该方法容易掌握，所花费用又少，在用于短期预测时，能取得相当好的效果。

时间序列模型分为确定型模型和随机型模型两大类。前者对时间序列数据的随机性质和来源不进行研究，后者则要着重研究这些内容。时间序列分析方法的要点是：将预测目标的历史数据按照时间的顺序排列成时间序列，然后分析时间的变化趋势，外推预测目标的未来值。

3. 回归分析法。回归分析是用于处理由一个或一组变量来估计和预测与其有相关关系的随机变量的问题。在回归分析时，在众多变量中首先要确定一个变量为因变量，其余变量作为自变量。在预测时，预测值就是因变量。回归分析如果只涉及两个变量，称一元回归分析；如果涉及的变量多于两个，称多元回归分析。在进行回归分析时首先要建立回归方程。回归方程可分为线性、非线性或两者混合形式。在回归方程中因变量与自变量为一次幂关系，称线性回归，其他关系称非线性回归，在实际预测中，线性回归最为重要，这不仅因为很多相关关系为线性关系，同时非线性关系也可通过一定形式的数学变换转换为线性关系。回归分析预测技术的一般程序是：确定目标，确定影响因素，收集整理数据，列表计算，求回归系数，建立预测数学模型，对目标进行预测。

4. 趋势外推法。它是根据过去的变化趋势预测未来的方法。应用这一方法的前提是：预测对象的变化规律从过去到现在直至未来是基本不变的，即发展的过程是渐进的，没有突变，利用现有的数据资料，发现预测对象的变化趋势，并把这一趋势推向未来——这就是外推法的本质特征。这类方法的最大优点是简单易行，缺点是长期预测的可靠性不高，因此，在短期与即期预测中应用较多。

5. 头脑风暴法。它是一种产生创造性思想的方法，是一种会议技术，主要是依靠相关领域专家的知识、经验和分析判断能力以及通过向他们提供有关的行情材料，请他们对未来的变化态势做出判断、估计、集思广益，产生真知灼见，用于查明问题的一种办法。头脑风暴法的范围涉及从非正式的、快速的、为特定问题工作的职员会议到更正式的职员、专家和咨询者的会议。头脑风暴法的基本原理是：（1）精通某一领域或行业的专家们，有可能综合运用他们的全部知识和经验，对未来有关事件作出合理的判断和分析；（2）多位专家、专业人士共同商讨，分析的结果要比个别人分析为好。

（三）评估选优，抉择方案

抉择决策方案是指行政决策主体对各种备选方案进行综合评价，确定最优化方案的阶段，它是决策程序中最关键的步骤，其中包含两个紧密衔接的环节：一是对所有方案进行分析论证，作出评价；二是权衡各种方案的利弊，从中选优，拍板定案。抉择活动是抉择过程的核心，是行政决策的关键，它直接关系到行政决策的效果，并将产生直接的社会后果和影响。评估选优、抉择方案是行政决策的关键步骤，必须遵循如下程序：确定优选方案的评选标准；用科学的方法评选方案；给优选方案合法的地位。

评估选优，必须确定优选方案的政策评估标准。政策评估实质上是一种价值判断，而要进行价值判断，就必须建立相应的价值尺度。政策评估标准是政策评估者在政策评估过程中据以对政策方案和政策效果进行优劣判断的准则，主要包括：

1. 生产力标准。它是政策评估的首要标准。解放生产力、发展生产力是社会主义的本质要求，因此，我们评价一项政策好与坏、正确与错误、进步与落后，关键是看它有无或在多大程度上解放了生产力，促进了生产力的发展。

2. 效益标准。它以实现政策目标的程度作为衡量政策效果的尺度，所关注的是政策的实际效果是否与预定目标相符合，在什么程度上完成了预定目标，还存在哪些距离和偏差。在运用这个标准时，必须注意几个因素：一是政策目标必须明确具体，评估效果才有所依据；二是要分析绩效的充分性，才能衡量政策是否充分地实现了目标要求；三是要分析政策的总体效应，政策实施之后，给社会带来了什么影响，造成了什么后果；四是要注意政策的全部效益，以便进行客观而全面的评估。

3. 效率标准。它是效益与投入之间的比率。效率标准有两种基本评估形式：一是单位成本所能产生的最大价值；二是既定目标所需要的最小成本。它所研究的是一项政策的投入量是多少、有无产出、产出多少、投入产出的比率是多少、有无其他一些最有效而成本又最小的途径和方法等这样一些问题。其目的是为了寻求能以最小的投入获得最大产出的政策。效率标准和效益标准不同，一个最有效率的政策并不一定能够取得最高效益，同样，一个效益很高的政策也未必就是最有效率的政策，二者很难取得完全的一致。

4. 公平标准。它是指政策执行后，导致与该政策有关的社会资源、利益及成本在社会不同群体间公平分配的程度。公正是衡量政策的一个重要标准。一项好的政策应该是努力实现公平、合理分配的政策。一项政策很有效率，又能取得较高的效益，但却不一定是一项好的政策，其原因有可能是造成了不公平的利益分配。一项好的政策必须兼顾公平与效率，只有建立在公平基础上的效率才是真正的效率。

5. 政策回应度。它是指政策实施后对特定团体需求的满足程度。以政策回应为评估标准，其目的是为了从总体上衡量政策对社会的宏观影响。一项政策，只要政策对象认为满足了自己的利益要求，焕发出较高的热情和积极性来促进社会进步，政策的回应度就高；反之，政策的回应度就低。

抉择方案，要对备选方案进行可行性分析，主要包括对行政决策方案的可能性、可靠性、价值性、效益性等进行分析和评估，具体而言应兼顾以下几点：

1. 政治上可行，即行政决策获得合法地位和被执行机构接受的可能性。如果一项政策得不到决策者、行政人员、利益团体和公众的支持，那么该项政策被采纳的可能性就很小。即使被采纳了，执行成功的机会也很小，这就使得政治可行性成为一个重要的行政决策评估指标。

2. 经济上可行，即获取决策资源的可能性。决策资源包括自然资源、人文资源、国内资源和国外资源等。经济的可行性标准是可用资源的可能性，主要包括两个方面的内容：一是某一备选方案占有和使用经济资源的可能性，进而实现政策目标的可能性；二是实施某一政策方案所花费的成本和取得的收益。政府的财政资源是有限的，任何政策方案占有和使用的经济资源也是有限的。因此，任何一项行政决策都存在着一个争取公共经济资源的问题。一般来说，公共政策的经济资源的占有量与其政策目标的期望值成正比例关系。经济可行性的具体标准主要有：投入产出比、效率、效力和利润率等。

3. 技术上可行，即实现决策目标在技术水平上的可能性。技术可行性标准是从技术的角度衡量政策是否能够达到预期的目标。这一标准包含两层含义：一是是否具备实施某项方案的技术手段，使政策目标的实现成为可能；二是以现有的技术水平或方法能在多大程度上实现政策目标。技术可行性的标准主要是效力或效能。

4. 行政上可行，即行政或管理要具有可操作性。可操作性在实际的行政政策执行中是非常重要的，如果一项政策方案或项目在政治、经济和技术上都是可行的，但却不能加以贯彻执行或难以执行，那么这项方案或项目的优点就会大打折扣甚至是毫无用处的。行政可行性的具体标准包括：权威、制度约定、能力、组织支持等。

选择决策方案要有科学的方法，常用的有三种方法：

1. 经验法。即行政决策者依据自己过去的经验、知识、价值标准来评选方案。这种古老的决策方法，在面临简单的问题和目标小、方案少的备选方案前是适用的。但过去的经验有一定的局限性，不能盲目地照搬过去的经验。经验判断法受个人的素质、知识和能力的制约，容易导致决策的主观性。

2. 决策树法。决策树法主要适用于风险型决策。通过把各种决策方案及与方案有关的概率、收益值等画成树状图，分别计算其期望收益值，并由此做出选择。

3. 试验法。在时间、环境及其他条件允许的情况下，可将决策方案放到典型单位做试点，然后总结试点经验，以此作为最后评选方案的依据。

以上三种方法，各有优劣，各有其适用范围，在选择决策方案时，必须灵活运用各种方法，准确评价和选择最佳方案。

方案抉择是一项复杂的工作，必须依靠专家、研究人员的力量、集思广益，对方案从多方面进行可行性论证和评估分析，然后由行政领导进行拍板定案。这不仅需要决策者具有科学的态度、民主的作风，而且还要有高超的决策艺术，善于综合平衡、权衡利弊、统筹考虑，能够判别各种方案，果断作出抉择。

（四）实施反馈，追踪决策

决策的目的在于付诸实施，使方案变为现实。但是，由于当代科学技术的迅速发展，社会环境的复杂多变以及决策者对于决策对象的分析、调整、设计、论证和选择都带有主观性、局限性。因此，在决策方案确定以及进入实施阶段时，必须建立正式的决策追踪和监测制度，对决策方案的实施情况进行经常性的考察、监督、测定、评估和核实。同时，建立畅通无阻的信息反馈系统，及时为决策中枢提供实施情况。如果反馈的信息表明方案切实可行，则决策继续进行；如果反馈表明原决策方案有问题，或在实施时因客观情况发生不可控的变化，无法再按原决策进行，那就必须修改原有决策方案。追踪决策大体有三种类型：

1. 局部调整型追踪决策。决策方案实施后，效果同既定目标基本一致，只是某些方面或局部存在偏差，只需对原方案作局部的调整与修改即可。

2. 重大修改型追踪决策。如果原决策方案实施后发现，该方案与原目标偏离很大，不对原方案进行重大修改则决策目标就无法实现。

3. 重新决策型追踪决策。由于出现了不可控的因素导致整个方案的发展变化超出了人们的预料，改变了事物的方向和进程，原方案必须被放弃。这种情况就需要重新制订决策方案。

实施追踪决策，必须对原方案进行剖析，从其起点开始进行回溯分析，按顺序逐个环节找出失误的原因，从中总结经验教训。同时，以新情况下主客体条件为起点，在新的环境里，按照科学决策程序重新进行决策以保证决策的优化。但是，追踪决策是对原方案进行调整和修正，由于人们对原方案的某种情结会导致割舍原方案的痛苦。对此，决策者必须保持冷静，以严谨、科学的态度来处理问题，既要看到原方案的长处，也要看到原方案的缺陷与不足。

以上程序是科学决策的一般程序，它是一种以先后次序为核心的由方法组成的系列，具有普遍的指导意义。当然，在决策过程中，要根据具体情况进行具体分析，允许各阶段有所交叉或省略某个步骤，切不可拘泥于固定程序，而必须在尊重科学的基础上，灵活地把握决策程序。

本章主要名词概念

行政决策　群体决策　集体决策　个体决策　战略决策　战役决策　战术决策　理性决策　非理性决策　确定型决策　风险型决策　不确定型决策　经验决策　科学决策　行政决策体制　首长制　委员会制　集权制　分权制　议会制　独裁制　人民代表大会制　行政决策中枢系统　行政决策信息系统　行政决策咨询系统　定性决策方法　定量决策方法　行政决策的程序　决策树法

复习思考题

1. 行政决策的特点是什么？
2. 简述行政决策的分类。
3. 简述行政决策在行政过程中的地位和作用。
4. 简述行政决策的原则。
5. 简述议会制决策体制。
6. 论述我国人民代表大会制的行政决策体制。
7. 简述独裁制决策体制。
8. 行政决策系统由哪些子系统构成？它们各自的作用是什么？
9. 论述行政决策的程序。
10. 论述行政决策的技术方法。

［案例分析］

案例一　“川气出川”工程不了了之[①]

20 世纪 70 年代中期，“川气出川”工程计划，使全国人民受到鼓舞和震动。按此计划经过 5 年努力，在 1980 年四川将实现年产天然气 300 亿立方米。中国的能源结构将发生巨大变化，中国的经济发展将实现大步前进。

实施这个宏伟的“川气出川”工程计划，国家确定预算 40 多亿元。为尽快实现这一年产 300 亿立方米天然气生产能力的目标，国家作出了从国外引进一批天然气化工厂设备的决策，并决定铺设川气出川的管道长 2940 公里，使年产的一半天然气将通过直径一米的管道，沿长江而下，穿巴蜀，过鄂中，经江苏，直抵上海。为此将耗钢材 150 万吨、水泥 12 万吨及数千个大型机电设备。1975 年工程全面展开，从重庆到上海专用公路破土了，附属设施的建设动工了，几百个研究课题飞向四机部、邮电部、一机部，等等。为了专用公路的修建，动用全国 150 多个单位，900 多个工厂，在沙市和资阳工地投资 1.2 亿元建设专门生产大口径的钢管厂。但是到了 1980 年，这项显赫一时的“川气出川”工程无声无息、不了了之。管道铺设还没有出川，化工厂还正在建设之中，就发现这个决策是完全错误的。大口径专用钢管厂只好停产，从国外定购来的天然气脱硫装置，其中 13 套也都锁在仓库里，向国内 100 多个单位定购的专用设备也都压在库里。到 1980 年年底统计，有 4 亿多元的物资压在四川石油管理局仓库。计委估算为“川气出川”工程修公路铺管道等共耗资 3.7 亿元。由于改变经济格局而造成的损失则更大，四川石油工业也由此造成严重后果。

国家建设资金造成如此巨大损失，关键原因是决策者掌握的信息不准确、不完整，知识不足，情况不明，草率决策。四川天然气储量本来并不多，由于地质结构复杂，对川气的勘探也较困难，1973 年时掌握的可采储量并不多。而川气能否出川，决定因素正是准确掌握可采储量。恰恰在这个可采储量上，国家计委掌握的 1 万亿立方米及远景为 10 万亿立方米的数字是虚假的、没有根据的。

1973 年燃化部主要领导人提出，我国在“四五”计划期间，国家要改变能源构成比例，四川应找天然气，力争年产 300 亿～500 亿立方米。1973 年 8 月四川石油管理局，按照燃化部领导人的指示，就组织 30 多个技术人员到北京汇报四川天然气资源初测的情况。汇报会上，燃化部两位副部长听了四川的汇报，批评四川石油管理局的技术人员“思想不解放，右倾”，把汇报会改为“务虚”会。大谈全国大好形势，不务出年产 500 亿立方米天然气的储量依据就不能过关。在这种权势的高压下，四川石油管理局的技术人员就算出 1 万亿、10 万亿两个神仙数字，似乎天然气在四川多得一跺脚就能呼呼地往上冒出来。

四川石油管理局的技术人员在高压下说的是违心话，他们在汇报书上把这些数字分成三级，就是可采储量、尚待验证储量、未经钻探储量。但这番真话不合燃化部领导人的胃口，

---

① 转引自黄达强、许文蕙：《中外行政管理案例选》，中国人民大学出版社 1988 年版。

叫把三级改为二级，把二级提为一级。1975 年 1 月国家计委、建委根据燃化部的汇报，向国务院作报告。就这样，把专家技术人员们用压降法计算出来的一级可采储量 1 千亿立方米扩大为 1 万亿立方米。后来四川石油管理局地质处在每年呈报天然气储量的报告中，如实做了汇报，并分别呈报燃化部和省计委。燃化部一副部长见后严厉批评四川石油管理局搞翻案，并说是“政治事故”。四川石油管理局只好又改报，这位副部长才算满意了。

根据以上资料，回答下列问题：

1. 如何理解行政信息是正确决策的必要条件？案例中，导致“川气出川”决策错误的原因是什么？应该从中吸取什么教训？

2. 行政信息具有哪些特点？案例中，在哪些环节上导致行政信息丧失客观性？应如何防范和克服导致行政信息失真的障碍？

案例二 科学的抗洪决策①

1998 年，长江流域发生了百年难遇的洪灾，荆江水位大大超过分洪点而没有炸坝分洪，人们提到嗓子眼的心终于放了下来。科学的决策终将滔滔的洪水挡在堤内。多年从事长江分洪工程研究的省防汛抗旱总指挥部水利专家赵民政说，长江分洪是一件重大的事情，分洪水位是通过人大常委会讨论决定的。如果不分洪造成长江大堤溃决，无疑是千古罪人。如果能顶住而贸然分洪同样是千古罪人。以这次洪水过沙市为例，当水位超过分洪点 45 米后，预测最高水位在 45.20 米至 45.30 米之间，水量比荆江大堤的正常抗御能力约多 4 亿立方米。荆江分洪区蓄洪量为 54 亿立方米，为多出的 4 亿立方米洪水去动用分洪区未免可惜。水利专家组用“有限单元法”，对大堤的体积渗透计算，确定的安全系数为 1.5，照这一系数推定，沙市水位就是涨到 45.30 米，也可以坚持对大堤严防死守，不用分洪。

准备充分的二线预案为决策提供了保障。下游洪湖、监利等要害地带虽然也形势紧张，但没有大的险情。加之荆江大堤沿线尚有许多大的民垸没有动用，二线预案若大堤发生险情，可先使用这些大民垸蓄洪，这也要比使用荆江分洪区有利。

40 万抗洪大军高昂的斗志为决策增添了胆识，即使大堤出现险情，这支大军将是有效的保卫力量。

中国科学院遥感应用研究所信息室主任王世新介绍说，他们从 1996 年开始进行的全国洪涝灾害监测系统的大量监测数据也为这次保堤起到了一定的作用。8 月 15 日的监测数据表明洞庭湖的水淹面积在减少，这就意味着下游的蓄洪能力仍留有余地，江水下泄将会更通畅一些。

根据以上资料，回答下列问题：

1. 分析科学的行政决策应有的程序。

2. 结合所学内容，对本案例的决策情况进行评价。

---

① 资料来源：《北京晨报》1998 年 8 月 19 日。

第九章　行政执行

本章学习提要与目标

行政执行是行政管理的一个重要环节，政府目标的实现，决策方案的落实，关键在行政执行。行政执行是行政决策得以实现的唯一途径，是行政管理中最经常、最大量的活动，决定着行政管理工作的成败。行政执行主要包括行政执行、行政沟通和行政协调三部分。本章重点掌握：行政执行的含义、原则及过程，行政沟通机制及类型，行政协调的含义及类型等。难点是行政执行的过程和行政沟通的障碍及解决对策。

第一节　行政执行概述

行政执行是国家行政机关最根本的职能，是行政权力的集中表现。行政管理的基本任务的完成，就是行政执行职能的实现。行政执行是贯穿于全部行政管理活动的重要环节，是实现行政决策及管理目标的最直接、最重要的行政活动。

一、行政执行的含义及特点

（一）行政执行的含义

学术界对行政执行的定义很多，概括起来有广义和狭义之分。广义的行政执行将行政组织作为一个整体，认为行政管理就是执行国家权力机关意志的活动，行政管理就是一系列的行政执行。狭义的行政执行是指行政主体接受决策指令后，组织行政机关及工作人员付诸实施的过程，即为实现某种决策所做的具体工作。

我们认为，行政执行是指行政机关依法对国家事务的直接具体的组织、指挥和控制的过程。即通过执行、适用行政管理活动的法律、法规，实现行政决策目标，完成行政管理任务的全部行政活动和过程。行政执行是行政决策的实施环节，是将行政决策的内容变为客观现实的过程。理解行政执行应把握以下几点：

1. 行政执行是联系整个行政过程的核心。行政执行是在行政决策完成后，将决策内容变为现实的过程，是为了实现决策目标而实施行为模式的过程，它包括从决策做出，到决策实现为止的全部活动或整个过程。所有的行政决策只有通过行政执行才能得以实现，因此，行政执行是联系整个行政管理过程的中心。只有在行政执行中，决策目标才可得以实现，决策结果的正确性才可得以检验。

2. 行政执行是行政决策的后继。行政执行与行政决策是相互承接的关系，行政执行是依据行政决策所确定的目标、方向和步骤来进行的，是实现行政决策目标的过程，整个执行过程中都存在着目标导向，一切行政措施或行为都是为了保质保量地实现决策目标。行政执行的成效也要依据实现决策目标的程度来衡量，但行政执行也不是机械地按照决策规定的目标和步骤执行，执行过程中可以根据实际情况不断地对决策进行进一步的修正，同时要把决策细化为一个个计划任务，为每个任务提供相应的组织、人力和资源。

3. 行政执行效果是评估行政管理工作的客观依据。行政执行效果既是胜利完成工作任务的标志，又是行政管理工作中诸要素效能的综合反映。判断一个行政部门工作的完成情况，主要看其行政执行的效果。通过行政执行不仅可以检验行政决策本身的正确与否，而且可以检验行政组织结构是否合理，职责权限划分是否科学，人员编制是否适当，具体工作制度是否健全，信息系统是否畅通及监督检查系统是否完善，等等，都只能通过行政执行结果来检验。经常以行政执行效果为衡量行政工作的标尺，有利于改进行政管理，提高行政管理水平。

4. 行政执行是依法执行。依法行政是我国行政管理的基本方针，行政执行是国家行政机关依法对国家事务、社会公共事务、机关内部事务的直接具体的组织、指挥和控制的过程，也就是说，行政执行是通过执行行政管理的法律、法规来实现行政管理决策的目标，完成行政管理任务。即行政执行的依据、行为、程序等都应遵循法律、法规，符合法律、法规的要求。

（二）行政执行的特点

行政执行的基本特点是：

1. 目标性。行政执行是一种目标性很强的活动，整个执行过程中都存在着目标导向，一切行政措施或行为都是为了保质保量地实现决策目标。

2. 经常性。行政执行是对既定行政决策的反复执行，行政机关及其工作人员日常大部分工作都是在执行决策，谋求效果。

3. 实务性。行政执行是一种实施性质的活动，不能停留于空谈，要采取许多具体的行动来落实行政决策。

4. 强制性。行政执行要求早决断、快行动，下级对上级的指令或决策必须服从和贯彻执行，没有强制，行政执行就难以进行。

5. 时限性。行政执行有较强的时限要求，必须在规定的时间内完成规定的任务，误过时限，决策目标的实现就要受到影响。

6. 灵活性。行政执行没有固定的模式，必须根据具体情况，因地制宜，因时制宜，因势利导。

二、行政执行的原则

行政执行首先要遵循国家和政党提出的基本原则和基本方针，这是行政执行中必须遵循的总原则，也是行政执行取得成效的根本保证。在此前提下还应遵循以下具体原则：

（一）忠实决策目标与开拓创新相统一的原则

忠实决策目标原则也称为从属原则，就是指行政执行必须严格忠实于行政决策的目标，保证执行的统一性、严肃性和权威性。另外，行政执行是贯彻国家法律、法规，执行上级指示、命令，实现行政管理目标的过程。因此，行政执行的各个主体必须深刻领会各项政策、法令、法规、决策的精神，全面分析决策及执行工作任务，准确把握执行工作要求，不折不扣地贯彻执行。

忠实地执行政策，并非要执行者机械、刻板地照抄照搬，而是应深刻领会和把握决策的精神实质，在遵循政策原则性的前提下，根据行政执行所处的具体环境，根据条件变化出现的新情况，根据当时、当地的实际情况，创造性地灵活执行政策，开创新的局面。

（二）果断迅速与注重效益相统一的原则

行政执行具有时效性的特点，有严格的时限要求。因而，行政执行必须及时、迅速，高效地实施行政决策方案，在最短的时间内实现决策目标。如果在行政执行中犹豫不决、推诿拖拉，就会错过时机，贻误工作，给党和国家造成难以弥补的损失。现代社会政治、经济、文化发展迅速，更要求行政执行迅速果断，雷厉风行，以最快的速度、在最短的时间内圆满地实现决策目标，保证行政执行的高效率。

在追求行政高效率的同时，还要注重行政效益。行政效益是对行政结果的质量规定，行政执行只有在保证工作质量、达到预期效果的前提下，才能越快越好。不讲质量和效果的高速度是不可取的。前几年在我国经济建设中，有些地方和部门盲目追求速度，不计效益上马工程，缺乏科学的发展观和绩效观，没有处理好效率与效益的关系，对整个社会、经济造成了消极影响。

（三）统筹兼顾与目标清晰相统一的原则

行政决策的执行要从整体出发，要求行政执行者要驾驭全局，统筹安排，协调好各方面的关系，争取整体利益。此外，在行政执行过程中要妥善处理主要矛盾和次要矛盾的关系，抓住主要矛盾的主要方面，恰当地安排工作，分工协作，使各项工作有条不紊地进行。为了使行政执行正常有序地进行，执行前要做好周密的计划准备，执行中要抓住主要矛盾，分清轻重缓急，安排好工作次序。

（四）发扬民主与集中相统一的原则

民主集中制是我国根本的组织原则，在行政执行过程中也应遵循这一原则。一方面，为了保证行政执行的迅速果断，必须强调执行的集中统一领导，统一协调各方行动；另一方面高度的集中只能来源于充分的民主，即来源于群众的献计献策。事实上，在社会主义条件下，行政执行最根本的支持来源于人民群众，只有让人民群众知道做什么，为什么去做，怎么去做，群众才能有真正的积极性，政策也才能真正落实。

三、行政执行的过程

行政执行是一项复杂的管理活动，要有效地做好行政执行工作，就必须制定行政执行的工作程序，协调好行政执行的各个环节。所谓行政执行的过程，就是从行政决策指令下达到行政决策目标的实现的全过程。行政执行工作的基本过程由行政执行的准备阶段、实施阶段和总结阶段组成。

（一）行政执行的准备环节

准备环节是行政执行的第一个阶段，其任务是为即将展开的具体实施活动奠定基础、创造条件。行政执行的准备环节的工作是多方面的，对不同决策的实施有不同的准备内容。一般而言，行政执行的准备环节包括制定执行计划和一般准备活动两个方面的内容。

1. 制定执行计划。为了实现决策目标，行政执行机关应根据实际情况，科学地制定出一个详细、周密的行动方案。执行计划一般包括情况分析、指导思想、工作任务、工作要求、工作方法、步骤与措施等，涉及目标、人、财、物、机构、程序、时间、地点等要素。一个周密的执行计划能使执行人员明了组织结构的设定，人员的配备和权利、责任的分配，为执行过程中的各项活动提供标准，对未来各种影响因素和发展趋势作出科学预测，制定防范措施与对策，对执行中可能遇到的机遇和困难要有足够的准备。制定执行计划，要坚持量力而行、分清主次、顾全大局、留有余地的原则，切忌顾此失彼。

2. 一般准备活动。一般准备活动具体包括以下三项内容：（1）统一思想认识。统一思想认识就是通过各种方式使执行者和执行对象都能够了解政策和法令的内容、意义，从而在思想上达成共识，并变为自觉行动的过程。执行部门在采取行动之前，必须先检查这项政策和命令是不是符合法律和有关法规的规定，是不是符合法定程序。只有政策、法令和规定合法化，执行者和执行对象才能在思想上接受，也才能够减少政策执行中的阻力。行政执行者在行政执行前要做好动员工作，加强政策宣传，通过教育、引导和示范方式，向执行对象和社会各方面传播有关政策合法性、合理性、必要性和效益性等方面的信息，形成有利于行政执行的舆论环境。（2）提供物质条件。包括经费提供和物资提供两个方面。任何决策付诸实施，都需要一定的经费作为保证。行政执行部门在接到决策指令后，要根据当时当地的具体情况，计算各个项目所需经费的具体数目，编制好经费预算。行政执行还需要有一定的物资设备，包括办公用品、文件资料、通讯、联络工具、交通工具、机器设备等。良好的物质条件为行政决策的实施创造有利的条件和环境。（3）落实组织及人员。落实组织及人员是指根据执行决策的具体内容和重要程度，确定行政执行的具体承担机构，配备负责人和具体工作人员，确定职责、职权的活动。对机构和人员的设置都必须从实际出发，坚持精简精干的原则，能在现有机构中办理的事项，就不再另设机构；能由临时机构完成的，就不设常设机构。对于参加行政执行任务的人员，要根据决策目标的需要进行选择，并合理授权，将责、权、利统一起来。

（二）行政执行的实施环节

实施环节是行政执行的关键环节，也是时间最长、内容最丰富、活动最复杂的环节，它决定了行政执行的效率高低和工作成效的大小。贯穿具体实施过程的主要有指挥、沟通与协调等环节。行政执行的实施环节应注意以下三点：

1. 建立强有力的指挥中心。行政执行是行政主体运用行政手段向既定目标推进的过程，这个过程具有一定的强制性，它必须以服从命令、顾全大局为原则。一个强有力的指挥中心，对行政决策的执行是至关重要的。它能正确理解和贯彻执行上级方针政策，对所领导的行政执行工作的意义有深刻的理解，对所辖部门和人员的情况了如指掌，对方案的实施步骤严格掌握，而且在预想不到的情况发生之时，能迅速做出正确的决断。指挥中心要实现有效指挥，还必须坚持统一指挥的原则，不能政出多门，多头指挥，否则下级就会无所适从。另外，指挥也必须依照组织层级进行，不应越级指挥。行政执行中的越级指挥，只能降低指挥效果，打击、挫伤下级部门的积极性和负责精神。

2. 健全行政执行的制度体系。行政执行是一种涉及诸多方面和诸多人员的系列活动，任何一个方面、一个环节的工作衔接不好，都会使整个行政执行活动被动。要避免出现这种被动局面，就必须依靠科学的管理，依靠配套的工作制度。行政执行的制度体系主要包括：第一，目标责任制度。将计划环节拟分解的决策目标，与具体的执行者相结合，确保每个执行者都能明确自己的责任和任务。第二，检查监督制度。在确定检查评判标准的前提下，对行政执行状况和结果进行及时了解和评判。第三，奖惩制度。根据检查的结果，奖励先进、鞭策后进，以保证行政执行管理制度的良性循环。

3. 善于做好协调工作。行政执行作为一系列的活动，必然涉及多方面的工作配合及利益的调节和分配。行政执行任务能否顺利完成，在很大程度上取决于能否及时妥善地做好协调工作。协调活动的目的在于化解矛盾、解决分歧，使组织之间、人员之间达到行动上的和谐一致。

（三）行政执行的总结环节

行政执行的总结是指行政机关在行政任务完成后，按照规定本着客观、民主和具体的要求，对行政执行过程及其结果加以全面仔细地衡量和反思，肯定成绩、找出不足、积累经验，总结教训。行政执行的总结环节是行政执行的最后一步，也是通向下一轮决策的重要环节，在整个行政活动中有着承上启下的作用。行政执行的总结工作主要包括：

1. 对执行情况的检查。检查的主要内容是决策目标的实现程度和执行方案的执行效果。对原决策目标检查的重点一是检验其社会效益，二是检验其经济效益。检验社会效益主要是看这项决策实施后，是否有利于国家和社会的公共事务，是否有利于人们的社会生活，是否有利于国家和民族的发展。经济效益是指在符合社会效益的前提下的经济效益。凡是有利于国计民生、能促进经济发展的决策，就是好的决策。对执行方案的检查，主要是看执行方案中规定的各项要求，如资金预算、物资人才消耗以及方法、步骤、措施等，是否已经实现了原来的预想，是否符合原来的估算。

2. 对执行情况的评定。依据一定的要求和标准，在情况检查的基础上，对执行部门和执行人员的工作做出评价并给予奖惩。评定要以事实为根据，而不是以领导人的意志为依据，投其所好。也不能先入为主，存有偏见，否则，势必歪曲事实，给工作带来不良影响。

3. 对经验教训的总结。执行中有成功的经验，也有失败的教训，为此，要从理论的高度，认真分析决策目标未能完成的原因或是未能圆满完成的原因。同时，要及时分别向执行或决策者反馈有关信息，使他们能从宏观权衡利弊正确总结经验教训，不断改进工作。

四、行政执行的手段

行政执行的手段是行政管理手段在执行过程中的实际运用。行政管理手段是指行政部门为完成、实现行政管理的任务、目标而依法采取的行政措施，是执行阶段中排除障碍，保证指挥自如，协调顺利，监控有效，促进任务圆满完成必不可少的方法。行政执行手段主要有行政、经济、法律和思想教育等手段，各类手段分别以不同的方式发挥其执行功能。

（一）行政手段

行政手段是指行政主体凭借行政权力，依靠行政组织的层级，采取行政命令的方式，实现国家对行政工作的领导、组织和管理的方法。行政手段具有控制、制约、调整、协调社会各地区、各部门行政管理工作的方向，保证行政执行的集中统一，实现国家、社会所期望达到的管理目标的功能。其特点是：

1. 权威性。行政手段以国家权力为基础，强调垂直领导关系，下级服从上级的权威性，行政职位越高，职务越大，其权威就越高。行政手段以上级政府为行政中心，实现政令统一。

2. 强制性。行政手段的性质是指令性的，行政机关和行政人员须无条件落实执行，具有强制效力。

3. 层次性。行政方法是根据行政组织的纵向结构自上而下、由大到小层层进行管理，行政指令直线传递，层层下达。

4. 具体性。行政手段往往通过具体的行政命令或指示，在特定时间针对特定对象来实行。

当然，行政手段有其局限性，其弊端是缺乏平等、协商的民主精神，容易挫伤下属和群众的积极性。所以，在行政执行中不能滥用行政手段，不适当地扩大其适用范围。即使在需要使用行政手段时，也不能简单化，要特别注意把行政手段与强迫命令、个人专断、主观主义瞎指挥区别开来；把行政手段的权威与滥用职权区别开来；把行政手段的强制性与有效性结合起来；把行政手段实现的目标与维护行政对象的利益结合起来。同时，在行使行政手段时，要同经济手段、法律手段、思想政治教育手段等结合起来综合运用，才能更好地发挥行政手段的作用。

（二）经济手段

经济手段是根据客观经济规律和物质利益原则，利用各种不同经济杠杆，调节不同经济利益之间的关系，以达到较高的经济效益与社会效益的行政管理方法。经济手段包括价格、工资、信贷、税收、利息、利润、资金、罚款以及经济合同、经济责任制等，是一种通过物质诱导进行间接管理的方法。其特点如下：

1. 间接性。经济手段不像行政手段那样直接干预，而是通过经济杠杆对各方的经济利益进行调节来实行间接控制。

2. 关联性。一种经济手段的变化不仅会影响到社会多方面经济关系的连锁反应，而且也会导致其他各种经济手段的相应调整；它不仅影响到当前，而且还波及今后。

3. 有偿性。经济手段以等价交换、按劳取酬为原则，以有偿的物质利益刺激调动人们的积极性。这是经济手段区别于其他手段的根本特点。

经济手段是市场经济条件下行政执行的主要方式，但不是唯一的方式，经济手段还需与行政手段、法律手段、特别是思想教育手段相结合。

（三）法律手段

法律手段是依法治国、依法行政的工具，是行政主体以行政立法、行政执法、行政司法的方式履行行政职能、实现行政决策目标的行政执行方法。或者说是行政主体以法律为武器，依据法律活动的规律、程序和特点实施行政管理的方法。在依法行政的今天，法律手段日益成为行政执行的主要方式之一。与其他手段相比，法律手段具有以下特点：

1. 权威性。法律是国家意志的体现，法律手段的实施是以国家强制力为后盾的，任何行政管理的法律、法规，对其行使的对象都具有普遍约束力和强制力。

2. 规范性。行政管理的法律、法规和规章都是按照法定的程序制定，并运用准确的语言表述，其效力等级都有严格的规定，一旦实施，所有适用对象都必须遵循。

3. 稳定性。法律和法规的制定一般比较严格、慎重，一旦颁布实施，便具有相对的稳定性和严肃性，可以反复、普遍地使用，不能因人而异，随意更改。

法律手段是行政执行最有效的手段。在行政执行中，行政主体应依法行政，同时和其他手段相互配合，共同发挥作用。

（四）思想教育手段

思想教育手段是指依靠宣传、说服、沟通、精神鼓励等，激励人们的积极性，用非强制手段使行政人员和管理对象自觉自愿地去从事政府所鼓励的工作或活动，实现行政目标的方法。思想教育手段多种多样，如启发教育、说服劝告、建议协商、树立典范乃至舆论抑扬等。思想教育手段具有以下特点。

1. 潜在性、长期性。人的思想、观念是内在的心理活动，转变人的思想观念，绝非一日之功，它需反复细致长期的工作，而且人的思想转变也是潜移默化的渐进的过程。

2. 内在稳定性。一旦通过思想教育手段使管理思想内化为管理对象内心的自觉意识，它将产生一种稳态的动力，持续地激励和引导管理对象的行为。

3. 超前性。思想教育手段一旦生效，便能调动管理对象的内在积极性，预先主动地约束自己的行为。

思想教育手段能从根本上激发人的主观能动性，但需时较长、工作艰巨，而且是一项政治性、科学性、艺术性很强的工作，需要思想教育人员在实际工作中晓之以理、动之以情、言行一致，即实现情、理、行三者的统一。

以上是常用的行政执行手段。行政手段、法律手段、经济手段、思想教育手段之间既有区别又有联系。各种手段都从各自角度反映了行政管理的客观规律，各有其优越性。但各种手段不是孤立的，而是相互联系、相互制约和相互促进的。因此，在行政执行中，必须使各种手段协调配合、相辅相成，共同努力才能实现既定的行政目标。

第二节 行政沟通

一、行政沟通与行政信息的含义

行政沟通是指行政体系与行政环境之间、行政体系内部各部门之间、层次之间、人员之间，凭借一定的媒介和通道传递思想、观点、情感、交流信息，以期达到相互了解、支持与合作，谋取行政体系和谐有序运转的一种管理行为或过程。行政沟通的实质是行政信息的传递和处理过程。行政沟通是双向的，信息发出后只有接受者作出了反应，才能构成一个完整的行政沟通过程。行政沟通可以看作是行政组织的血液，正是沟通赋予了行政机构以生命力。它在行政管理中起着不可低估的作用。

行政信息是反映行政管理活动和行政对象特征及其发展与变化情况的消息、情报、数据、资料的总称。获取和掌握丰富的行政信息是行政沟通的前提，行政信息在行政管理中具有重要的作用。第一，行政信息是行政决策的基础。任何的行政决策都应建立在真实、可靠的信息上。第二，行政信息是行政沟通的脉络和纽带。从横向上讲，行政信息可以协调行政管理运行的各个环节，保证各行政部门的协调一致；从纵向上讲，行政信息可保证中央和地方、上级和下级之间的目标一致。第三，行政信息是行政监督、行政控制的依据。行政管理的监督、控制过程实质上就是行政信息的反馈过程。第四，行政信息是提高行政效率的一个关键性因素。只有准确、及时、全面、有效地收集、加工、使用信息，才能促进行政效率的有效提高。

行政沟通实质上就是信息的传递和处理过程，包括输入、分类、筛选、储存、使用、输出、反馈等环节。这里所指的信息是广义的信息，它不仅包括文字、数据、图像、言语等有形的信息，而且也包括个人情感、行为的信息。行政沟通把行政过程看成是一个系统，而系统中的信息沟通则是其“神经”。系统内部进行着上下、平行的信息交流，同时整个系统又和外部环境进行着信息、能量的交换，这种交流和交换是通过行政沟通这条“神经”管道来进行的。

行政沟通过程中包含沟通信息的发送者、接收者、传送的信息、传送渠道和传送的情境（环境）五个因素。整个沟通过程也就是这五个因素的相互作用过程。

行政活动的开展与整个社会的各个层面、各个部分息息相关，离开了有效的信息沟通，高效的行政活动是不可想象的。现代社会是信息化的社会，信息及信息网络成了当今世界的神经中枢，各种工商活动、政治交往、文化交流都有赖于信息的传播和交流。特别是随着国际互联网的开通及其迅猛的发展，真正的全球信息化时代已经来临。现代通讯设备的发展也为提高行政沟通的效率提供了广阔的空间。

二、行政沟通机制

在行政沟通过程中，行政沟通机制主要有两种，即刚性机制和柔性机制：

（一）行政沟通的刚性机制

行政沟通的刚性机制，指的是有形体的、明确具体的规定。它是行政沟通进行中必须遵循的约束，并不以行政沟通参与者的意志为转移。在行政沟通过程中，主要是指制度规定。有效的行政沟通的制度规定，同样是节约沟通成本的十分重要的途径。因此，我们可以借用经济学的观点和方法，考虑如何减少沟通过程中发生的外部交换行为，尽可能把外部行为转化为内部的自我管理行为，以此来提高行政沟通的效率。

完善行政沟通的刚性机制主要应做到以下几点：

1. 理顺行政机关各部门之间的职能关系，避免各部门的职能交叉。同一职能或针对同一社会事务的功能分属许多不同的部门，采取行动时，往往需要在这些不同的部门之间进行大量的沟通，否则容易产生政出多门、互相推诿、互相牵制等现象，影响行政执行。因此，应尽可能地使密切相关的职能归并到同一部门，减少部门之间的不必要的沟通往来，以利于迅速做出决策，采取行动。

2. 尽可能地变部门间的沟通为部门内的沟通。部门内的沟通与部门之间的沟通相比有两个优势：一是沟通可以经常化，做到深入细致；二是沟通的路径缩减了，减少了不必要的信息失真。把部门间的沟通变为部门内的沟通是提高信息沟通的效率和质量的重要途径，可采取的措施是依据职能要求设置行政管理的幅度。究竟一个行政领导可管辖多少个下属，不可一概而论，要根据有利沟通的原则，因时因地制宜。

3. 使经常项目的沟通制度化。通过信息沟通，资源共享，可以大大提高双方处理特定事务的能力。而当特定问题经常出现时，就应考虑使这种沟通过程固定并转变为制度，减少每次为沟通协调而进行的联系、组织工作。

（二）行政沟通的柔性机制

行政沟通的柔性机制与刚性机制相对应，指的是在行政沟通中具有较大可变性的约束因素，具有可塑造、可改变的特性，如行政过程中特定的符号、仪式和心理因素等，这些因素往往会对行政执行活动产生十分重大的影响。行政沟通的柔性机制主要包括语言机制和心理机制。

1. 语言机制。行政沟通依赖于大量的公文往来，要求有一套规范化的、为大家所接受和掌握的信息表达语言系统，如公文的固定格式、规范用语以及特定语言包含的特定行政意义，公文往来的特定途径以显示其重要程度、保密级别的差别，等等。只有行政系统内外的信息沟通参与者都能掌握这些约定的机制，沟通才能准确迅速地进行，否则容易产生误解和偏差。

2. 心理机制。沟通的实质也是人与人之间的交往，是人的活动通过信息符号传递的延伸。人们对沟通的态度、期望和反应方式等心理机制也会大大影响沟通的效果，这种影响有时甚至是决定性的。如果一个单位的领导对下属反映的意见和建议不屑一顾，缺乏民主作风，就会打击工作人员的积极性，以后出现问题，下级也不会及时向领导反映，从而造成信息沟通的障碍。因此，从心理机制的建设着眼，要加强行政工作人员的信息化意识，加强行政工作的民主风气，从心理激励其自觉主动地加强行政沟通。

三、行政沟通的类型

在行政沟通过程中，要知道信息是如何传递和接收的，怎样进行沟通，就要从沟通类型上来分析。行政沟通的类型大致有以下三种划分方法：

（一）根据沟通线路的结构，可划分为正式沟通和非正式沟通

1. 正式沟通。正式沟通是指通过正式的组织程序，沿着组织规定的线路进行的沟通。它是沟通的一种主要形式。即依靠行政体系的正式机构和权限关系进行沟通，如行政机构正式发布的命令、指示，正式召集的会议；上级机关因工作需要与下级进行的正式会谈和接触；下级向上级通过正式途径传递的请示、建议、申请、报告等。正式沟通是行政沟通的主要形式。其优点是正式、严肃、沟通效果好且有较强的约束力、有一定的连续性和稳定性，所以，一般重要的行政沟通通常都采用这种方式。但正式沟通有时比较呆板，速度慢，不能灵活行事。

2. 非正式沟通。非正式沟通是指通过正式规章制度和正式组织程序以外的各种渠道进行的沟通。非正式沟通是人们自然愿望的产物，在行政管理活动中大量出现，其效力有时甚至超过正式沟通。非正式组织沟通活动，一般以行政人员之间的交往为基础，通过各种各样的社会交往而产生。非正式沟通的方式多种多样，常见的有：行政人员私人之间的交往及日常社交活动；非正式的聚会和行政人员之间的闲谈；社会上以及行政机构内存在的各种谣言和传闻等，非正式沟通通常被称为小道消息。非正式沟通是多渠道的，信息传递的速度相当快，有时能传递正式沟通所无法传递的信息，有时能将上级的意图加上自己的理解后再进行传播，这种沟通富于弹性，有时能出现意想不到的效果，很具有大众特征。

非正式沟通的优点包括：可以弥补正式沟通范围有限、灵活性不足的缺陷，传递正式沟通无法传递的信息，使行政领导了解在正式场合无法获得的重要情况；了解行政人员私下表达的真实看法，为决策提供参照；减轻正式沟通渠道的负荷量，促使正式沟通提高效率等等。非正式沟通的缺点常常表现在所传递的信息可能掺杂个人感情色彩，故意歪曲夸大信息，出现传送小道消息、挑拨是非、引起纠葛等影响行政组织正常工作，破坏组织凝聚力的情况。非正式沟通大量存在，还会削弱正式沟通的威信，损害正式权力的行使，使上级命令无法执行。在特殊情况下，非正式沟通会导致谣言四起，小道消息泛滥，严重干扰正式沟通的顺利进行。

因此，在行政管理中应特别注意非正式沟通的形式，要充分发挥它的优点，克服缺点，使之为正式沟通服务。

（二）根据行政沟通的方向，可划分为下行沟通、上行沟通和平行沟通

1. 下行沟通。即自上而下的沟通，是上级机关按行政隶属关系自上而下的直线型信息传递方式，目的是使下级行政人员了解行政目标、行政计划及其实施细则与执行步骤，从而达成共识，团结合作，协调一致。下行沟通想达到预期的目的，必须在沟通前解决两个问题：第一，上级对下级要有充分的了解，主要是对下级工作状况和思想倾向的了解，对下级情况愈熟悉，行政领导愈能有效地解决问题，下行沟通效率愈高。第二，在采取新的措施之前，一般应通过多种方式让下属有所了解并让他们充分发表意见，并在决策时尽量考虑这些意见。行政领导应具有与下级交换意见的热情，并养成一种积极主动的沟通态度，以增强下属的团队精神和对组织的责任心和归属感。

2. 上行沟通。即自下而上的沟通，是指下级行政机构和个人按照行政隶属关系自下而上地向上级机构和决策部门传递信息的方式。上行沟通的目的是随时

反映下级在贯彻执行行政计划的过程中遇到的问题和困难，以便上级能及时控制和调整执行方案；同时，上行沟通也可为下行沟通提供背景资料和决策依据，广泛而多渠道的上行沟通可以扩大下级参与的幅度，鼓励他们发表意见，培养民主气氛。上行沟通必须注意两个方面，一是要坚持实事求是，不能一味地投上所好和报喜不报忧；二是要有时效观念，做到有问题及时上报，不推不压，防止放马后炮。

3. 平行沟通。即横向的沟通，是指同级行政机构或同一行政机构内不同部门和人员之间的沟通方式。平行沟通以协商调和为主，带有相互支持、相互帮助、相互促进的性质。平行沟通的形式一般比较灵活，不太会出现用正式文件往来的方式进行沟通，通常采用会议、电话、拜访、协商等方式进行。在目前行政活动日益复杂化的情况下，加强行政机构间的平行沟通非常重要，如果相关部门都能通过横向跨越的方式联系解决有关的行政问题，就可以大大简化行政手续，促进各部门之间的合作与协调。

（三）根据行政沟通的方法，可划分为口头沟通、书面沟通、多媒体沟通和其他沟通

1. 口头沟通。它以口头形式出现，是最快的沟通形式，在直接接触的方式之中，口头沟通是最理想的传递信息方式，它有助于提高人们的参与感。但有时容易夹杂个人的情感因素。

2. 书面沟通。它以文字形式出现，有助于确定职责，是组织记录储存的一部分。书面沟通不像口头沟通那样快。这种沟通主要存在于众多的成员分布于广阔的地域而难以进行口头沟通的情况。

3. 多媒体沟通。它的表现形式既非口头传递，亦非文字传递，而是数码符号传递，这种传递的工具包括电报、电话、广播、电视、网络等多种电子媒体。电子媒体沟通比以往各种媒体沟通的速度都大为提高，存储量也激增，这为行政管理的效率和能力的提高带来了空前的变化。多媒体沟通是信息时代的产物。在信息时代，随着计算技术和各种数码技术的利用，人们开始告别铅与火，迎来自动化、计算机化、数字化和网络化等在社会生活和管理活动中的实现。多媒体沟通已经成为行政管理技术的重要组成部分，但是，这种沟通对技术条件的要求比较高，同时还包括成本高等一系列问题有待酝酿。

4. 其他沟通。这是指非语言、非文字的沟通形式，包括动作、表情等，还包括借助工具进行沟通，如吹口哨等。诸如此类的沟通方式，也和口头沟通、书面沟通一样，在传递信息的过程中起着极其重要的作用。它们有时作为单独的沟

通方法存在，有时附属于口头或书面沟通。

四、行政沟通的模式

所谓模式是一种由符号和运行法则所组成的结构，它具有组合、启发、推断、测量四种功能。行政沟通的结构模式大致有以下四种：聚联式、单联式、互联式、分联式，见图 9－1 所示：

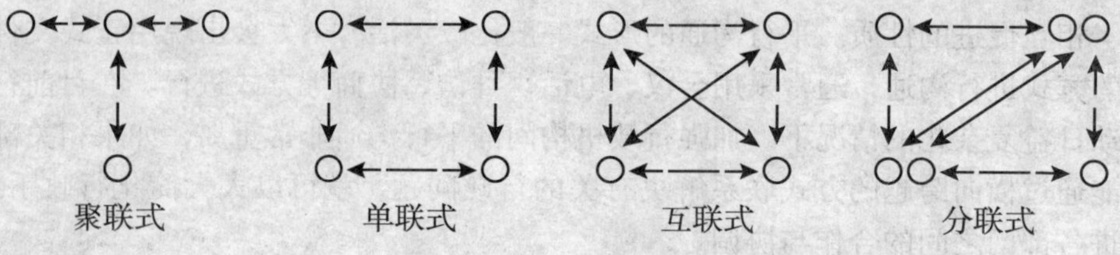

图 9－1　行政沟通的模式

（一）聚联式

聚联式的特征是存在一个沟通中心聚集所要沟通的信息内容，然后统一向各方向传递。处于沟通中心的人可以和任何其他沟通点联系，而其他各点则只能与沟通中心发生联系，彼此间无相互的沟通渠道。若想发生相互间的沟通，则必须先通过沟通中心才能进行。在行政机构中，若能建立起这样一个卓有成效的信息中心，将有利于在整个行政体系中确立强有力的行政领导，统一组织、处理和安排行政活动，出现问题也便于协调一致地进行控制，更容易取得高效的工作成果。但其也有不足之处，即容易由信息垄断而导致行政领导者的行政专断，不利于行政人员主动性和积极性的充分发挥。

（二）单联式

单联式的特征是各个信息沟通点的地位是平等的，每个成员只能与其相邻的两点发生关系，共同交换信息，其他各点则相互隔离，无法沟通，有时传递信息、进行沟通则需要经过很多步骤和层次。在行政管理工作中，若没有形成统一的信息中心，就会产生这种单联式的结构，尽管这种模式使信息沟通很容易进行，但容易造成行政领导缺乏权威，导致办事拖拉、工作缺乏效率的情况发生。

（三）互联式

互联式的特征是各个信息沟通点都可以和其他所有的点发生关系，各类信息都可以互相沟通，不需要建立信息中心。这种模式下，信息沟通的深度和广度都比其他模式大得多。在行政管理工作中，如果建立这种互联式的结构，将会使全体行政人员都积极地参与行政管理的全过程，有利于行政工作的多元化和民主化。但其缺点也非常明显，就是沟通渠道过于杂乱，导致信息流失与信息失真严重，结果反而会影响信息的管理效率。

（四）分联式

分联式的特征是存在着两个或两个以上的信息沟通系统，彼此间没有信息传递关系，从而形成了次信息沟通系统。在行政管理工作中，这种模式虽有利于局部工作效率的提高，但由于它造成了行政机关整体结构的分离，导致次系统间的相互隔离和相互封闭，助长了小集团利益的滋长，不利于行政领导者统一政令的贯彻执行，因此其弊端是十分明显的。

总之，四种沟通模式各有利弊，不能笼统地说哪种模式最适合于当前行政机关的信息沟通。由于各种结构模式中行政人员进行信息沟通的程度不一样，他们获得信息的途径不同，了解信息的多少又有区别，这样在各种结构模式中就会形成各种各样的权力关系和领导关系。这种权力关系和领导关系一旦形成，就会通过一定的方式固定化，并对信息沟通产生巨大的影响。

五、行政沟通的障碍及解决对策

在行政管理活动中，存在着错综复杂的因素，常常出现行政沟通的障碍使得行政沟通不能顺利进行，从而直接影响到行政协调的实现。行政沟通要取得良好的效果，就需要弄清影响行政沟通效果的障碍，分析其各种成因、程度，找出消除行政沟通障碍的方法。行政沟通的障碍主要来自沟通主体、沟通对象和沟通渠道三个方面。

（一）来自沟通主体的障碍

来自沟通主体的障碍主要有：

1. 对信息表达不清。沟通主体发出的信息可能表述不清，使沟通对象不能正确理解沟通目的，甚至产生误解，形成沟通障碍。这就要求沟通主体在进行沟通时，必须坚持明晰性原则，力求沟通形式的标准化，做到文字规范、措辞严谨、表述准确、中心突出、目的明确，避免使用方言土语或容易引起误解的言辞，力求规范性的信息沟通。

2. 行政人员的惰性。惰性会造成沟通障碍，实践中常常发生管理人员不及时传递必要的信息。克服这一障碍首先是要改进管理人员的工作作风，其次是要使他们学会分析信息的价值，使其能设身处地地考虑不同沟通对象对信息的需求。

3. 沟通的时间紧迫。时间紧迫是形成沟通障碍的又一原因。对一个沟通主体来讲，可能因为事务繁多而没有充裕的时间向上级汇报、与同级交流、对下属解释。克服这一障碍的基本方法是提高管理水平，掌握驾驭时间的艺术，如合理、有序地安排时间；集中精力抓大事，提高时间使用效率。

4. 行政人员相互不了解或不信任。由于行政人员之间的不了解或者相互不信任，容易造成信息隐瞒或彼此出现矛盾与冲突，使协调错过最佳时机或措施缺乏针对性。因此，为实现有效沟通，上级在沟通时应当树立这样的观念，即任何政策与指令只有在符合下级实际情况、被下级认可接受的条件下，借助下级的努力才能落实；下级组织则应主动向上级汇报，并从整个工作需要的角度，与上级时刻保持联系，保持一致。

（二）来自沟通对象的障碍

来自沟通对象的障碍主要有：

1. 对信息的忽视。行政人员忽视已取得的信息，原因可能是注意力不集中或误以为已经知道沟通的内容。一个优秀的行政人员应当具备良好的注意力，即能按预定目的在特定时间内把心理活动指向特定对象的能力。良好的注意力包括注意力的稳定性、广阔性和转移性。稳定性是指能够在一个较长的时间内把注意力稳定在某一主要问题上；广阔性是能在同一时间内密切关注全局；转移性是能根据新问题、新要求有意识地把注意力由某一点转移到另一点。比如，一件事情处理完毕能够立即把注意力转移到另一件急需处理的事情上去。良好的注意力对于改善沟通的效果至关重要，这就要求行政人员树立信息观念、协调观念，加强自制力的培养。

2. 对信息的认识错误。在沟通过程中，由于沟通对象的观念、习俗、心理、经验、专业、语言等不同个人特点，导致沟通对象有选择地接受信息，从而造成误解。为了消除这种障碍，就必须加强行政人员的素质教育和培训，使他们在政治思想观念、文化知识和心理素质方面得到全面提高，这样就可以减少和克服在沟通中因误解而导致的障碍。

3. 拒绝接收信息。在沟通中，有时沟通对象听到了并也理解了沟通信息，但由于特定的原因会拒绝接受信息。比如极端的情绪体验，如狂喜和悲痛，使沟通对象无法进行客观而理性的思维活动，而代之以情绪性的判断，根本接受不了信息。要改善沟通效果，从沟通对象的角度来讲，必须具有良好的心理素质。对沟通主体缺乏信任也是拒绝接收信息的原因。最有说服力的不是看你是怎么说，而是看你是怎样做的。假如领导者言而无信，他的沟通信息便会被看成一钱不值。行政领导者必须言必行、行必果，不能出尔反尔，更不能律人严、待己宽。只有这样，才能在下属心目中树立领导者的威信，从而克服沟通的障碍，改善沟通的效果，提高沟通的效率。

（三）来自沟通渠道的障碍

来自沟通渠道的障碍主要有：

1. 沟通媒介不适合。沟通主体选择的沟通媒介和所需沟通的信息不相配。例如有些重要的事情用口头传送的效果可能不佳，因为沟通对象会认为“口说无凭”而不加以重视。

2. 几种媒介相互冲突。例如某人嘴上说不生气，但面露怒色，显然言语媒介和非言语媒介是矛盾的。

3. 组织结构不合理。有些组织结构层次太多，造成传递层次过多，信息在传递过程中歪曲、走样。

了解沟通渠道所导致的沟通障碍，有利于选择最佳的沟通媒介。如书面沟通和口头沟通各有其利弊，可根据不同场合、不同情况区别使用。当然，也可以把各种媒介综合起来使用。另外，还要注意非言语媒介的正确使用。对于因组织结构不合理所导致的沟通障碍，则需要完善行政沟通体制。根据政府职能转变的要求，合理设置机构，加强办公室的行政沟通的桥梁与纽带作用，健全各职能部门之间、上下级之间、各类行政人员之间有效沟通的保障制度，如建议制度、申诉制度、汇报对话制度、民主生活会制度、听证制度等，定期不定期地相互交流，增进了解，统一认识，以改善沟通的效果。

第三节　行政协调

在任何行政管理活动中，冲突或不协调现象时有发生。尽管有行政控制的存在，但一些无法预见的内部或外部的矛盾和问题时有出现，这就需要通过一种综合体的管理职能——行政协调来解决。

一、行政协调的含义

协调是指人们为实现共同的目的而把各自的行动加以互相配合。协调是管理的重要职能，是在管理过程中引导组织之间、人员之间建立相互协作和主动配合的良好关系，有效利用各种资源，以实现共同预期目标的活动。行政协调是协调的一种特殊类型，有广义和狭义之分，广义的行政协调，包括行政系统自身的协调以及行政系统与行政环境之间的协调。狭义的行政协调仅指行政系统内部各方面的协调，这里的行政协调指的是狭义的。行政协调是行政主体为达到一定的行政目标而引导行政组织、部门、人员之间建立良好的协作与配合关系，以实现共同目标的行为。行政协调的目的是谋求行政系统内部行为上的一致与和谐。

行政协调在行政管理中发挥着重要的作用。行政协调涉及行政管理的各个方面，贯穿于行政管理的全过程和各个环节。理解行政协调应把握：

（一）行政协调是一项经常性的行政行为

行政协调的目的是解决各个部门和人员之间所发生的矛盾和冲突。行政管理领域范围广、内容复杂、活动多样，不可避免地发生这样或那样的矛盾，这就要求通过行政协调来调节，使部门之间、人员之间、财物之间以及他们相互之间形成一种有机结合，达到最佳的合理安排。行政协调是行政管理的一项基本功能。

（二）行政协调是一种艺术性的行政行为

在各种行政行为中，行政协调是最具有艺术性的一种行为方式，是人的主观能动性发挥得最充分的领域。行政协调通常通过行政领导者来加以体现。行政协调是领导者以丰富的领导经验、深厚的知识为基础，对各项管理方法纯熟、巧妙、高超的驾驭。

（三）行政协调是提高行政效率的行政行为

行政协调可以促进行政人员之间和谐团结，可使有关单位和个人了解彼此的需要和工作情况，避免工作脱节或重复；可减少人力、物力、财力、时间上的浪费；可改进业务处理的方法，提高工作质量。

二、行政协调的类型

（一）从协调的对象上看，可分为对事的协调和对人的协调

行政活动总体上属于执行性活动，目的是事与事之间能得到合理适当的匹配。因此，必须明确各项事务在执行体系中的地位和作用，明确各项事务间的相互联系，必须对行政执行进行周密部署，区分事务的轻重缓急，正确协调好诸如中心工作与非中心工作，规范性的工作与突击性的工作，上级布置的工作与本级计划的工作，相邻单位的工作与本单位的工作等的关系，保证行政事务有条不紊、和谐有序地进行。人是行政行为的主体，行政协调突出表现在对人的协调上。组织与组织、个人与组织之间的关系，在一定的场合，也需要通过人际沟通加以理顺。人际关系的协调，必须以符合党和国家的根本利益为原则。

（二）从协调的范围上看，可分为内部协调和外部协调

内部协调是指行政组织自身的协调，行政组织自身的协调是个十分复杂的问题。以行政组织之间的协调为例，作为实现行政管理的工具，行政组织是一个日益复杂的系统，需要有机地进行协调，既要遵从上级集中统一指挥的原则，又要尽可能地发挥下级的积极性和主动性，在集权与分权之间，寻找一个最佳切合点，而这就需要进行协调。

外部协调的范围十分广泛。从广义上说，外部协调实际上就是行政组织与社会发生关系的体现。当今社会的发展使行政组织越来越直接、广泛地介入社会生活，承担着管理社会的任务。但行政组织本身又是从社会中产生的，其发展趋势又必须逐步回归到社会中去。行政组织与社会之间是一种互动的关系。从狭义上说，外部协调是指行政组织与国家政权建设的关系，行政组织与其他国家政权机关、政治组织的关系。

（三）从协调的内容上看，可分为认识性协调和利益性协调

在行政执行过程中，各个具体的执行主体，由于各自的知识水平、能力结构、心理素质、价值观念等的不同，对于同样一个行政目标，可能产生不同角度、不同程度的理解，并通过一定的态度、情绪、作用反映出来。有时，这种不同认识会直接影响到行政行为的和谐齐整，需要进行协调。认识性协调的成

效主要取决于合情合理的讲解叙述、耐心细致的思想教育和循循善诱的工作方法。

行政行为能产生一定的行为后果，总会以直接或间接的方式涉及执行主体的物质利益需求，充分调动执行主体的工作积极性，提高工作效率，是行政协调的根本目的。所以，必须正确处理国家利益、集体利益和个人利益三者的关系，正确处理长远利益与眼前利益、局部利益与全局利益的关系。公共行政行为，必须以实现国家利益为重，以服从长远、全局利益为重；同时，又兼顾集体与个人利益。而在处理个人利益之间的关系时，应本着社会主义团结互助的精神，尽可能照顾到方方面面，提倡整体协作、谦让友爱、牺牲奉献精神。

（四）从协调的性质上看，可分为促进式协调和纠偏式协调

在行政执行中，由于某些部门或个人成绩突出，如行政人员提出行政革新并在工作中取得成效，使得各部门在执行进展上拉开差距，这种不平衡是新生事物的必然表现，代表着事物向前发展的方向。这时，领导的协调就必须旗帜鲜明地支持先进，积极地采取各种方式、各种手段来鞭策后进，通过积极的促进来达到新的平衡，但不能为了强调平衡而因循守旧。

在行政执行过程中，某些部门或个人从局部的利益出发来考虑问题、处理问题，违反行政规范，破坏整体利益，给全局工作造成损失。对此，领导的协调就必须做到是非分明，认真负责，果断勇敢，彻底消除这些破坏性的消极因素，通过严肃的纠偏来维护正常的秩序，决不能无原则地调和矛盾，姑息迁就。

（五）从协调的方式上看，可分为合作式协调与应变式协调

一级行政组织管辖若干个职能部门，每个职能部门都有明确的岗位职责，但这种职能分工并非画地为牢，各个机构并非各自为政，而是形成一个有机整体，各职能部门服从于整体的行政目标。许多行政行为存在于各个部门相互关联的生长区间，带有综合性质，即使以一个职能部门为主的行政行为，也会引起其他部门的连锁反应。这些行政行为，不仅需要纵向层级的树型沟通，而且要讲求横向的、彼此贯通的辐射沟通。它们需要多个部门的齐抓共管，共同合作，需要有机地进行协调。

在具体的决策过程中，有可能某些决策先天不足，但在决策范围内又无法验证自身缺陷，一旦付诸实践，就显现出不合理；亦有一些决策原本是正确的，但由于社会实践的诸要素发生了变化，为了适应社会实践内在规律的要求，行政决策必须相应地进行调整修正，必须进行应变性协调。这种协调还可分为积极去调

查研究、发现问题、进行调整的主动性协调和遇到矛盾、由下级反映上来而进行处理的被动性协调。

（六）从协调的途径来看，可分为会议协调和非会议协调

会计协调是指通过座谈会、讨论会、汇报会等方式进行协调，围绕特定的行政主题进行沟通，会议协调应吸纳与行政行为有关的组织及其人员共同参加，顾及方方面面的权利和利益，防止独断专行。

非会计协调方式很多，可通过个别交谈、广播电视等新闻媒介进行，非会计协调应根据具体协调的对象、任务和环境，灵活采用。

三、行政协调的若干关系

行政协调不仅是一种行政行为，一种管理方法，而且是一种管理艺术。在行政协调中，应妥善处理好以下几种关系：

（一）事后与事前的关系

行政协调多有事后性特征，协调的事后性可和协调的预见性联系起来，通过明确把握行政执行的性质与任务，分析行政执行与外在环境的关系，把握事情发展的客观趋势，预先做好防范准备。

（二）一般与个别的关系

协调首先应掌握好带有指导意义的一般情况，明确行为、目标，把握相对稳定的政策精神。同时，一般必须与个别相结合，一般只能寓于个别之中，通过个别表现出来，因此协调要与具体实际相结合，分析各个执行主体的具体情况，区别对待各种特殊性矛盾。协调工作既要吃透上级精神，又要了解基层情况；既要反对教条主义，又要反对经验主义。要做到一般与个别的有机结合。

（三）平衡与创新的关系

平衡本身要不断被打破，走向不平衡，平衡是暂时的，不平衡是经常性的，行政行为就是不断从平衡走向不平衡再达到新的平衡的过程。

（四）妥协与原则的关系

妥协要尽可能考虑到不同角度、不同侧面的因素，讲求彼此退让、各得其

所，实现各方都能接受的一种行为模式。但协调的灵活性要以不影响协调的原则性为前提，在根本问题上，不允许出卖原则来换取表面的皆大欢喜，必须从整体利益、长远利益出发，坚决反对地方主义、小团体主义、本位主义与个人主义。

（五）协商与命令的关系

协商是协调的一种基本表现方式，协商过程可增加民主气氛，实现共同参与，使行政执行更具科学性、合理性。协商是一种有利的但并非唯一的方式，在需要果断拍板的时候，要善于运用法定行政职权，及时运用行政命令的方法，统一部署，强制性要求下属服从命令，保证行政执行迅速、有效、集中地进行。

本章主要名词概念

行政执行　行政手段　经济手段　法律手段　思想教育手段　行政沟通　行政沟通机制　正式沟通　非正式沟通　下行沟通　上行沟通　平行沟通　行政协调

复习思考题

1. 如何理解行政执行？
2. 行政执行应遵循哪些原则？
3. 试分析行政执行的过程。
4. 行政手段有哪几种？各有什么优缺点？
5. 行政沟通与行政信息的关系如何？
6. 试述行政沟通机制。
7. 试述行政沟通的类型。
8. 行政沟通有哪几种模式？
9. 论述行政沟通的障碍及解决对策。
10. 行政协调的作用是什么？
11. 试述行政协调的类型。
12. 如何妥善处理行政协调的若干关系？

［案例分析］

案例一　政府执行力[①]

2006年3月5日，国务院总理温家宝在十届全国人大四次会议上作政府工作报告时指出，全面完成今年和“十一五”期间的任务，必须大力加强政府自身改革和建设。我们要加快推进行政管理体制改革……建立健全行政问责制，提高政府执行力和公信力。2007年3月5日，他在十届全国人大五次会议所作的《政府工作报告》中再次强调要“全面提高行政效能，增强政府执行力和公信力”。2008年2月27日中国共产党第十七届中央委员会第二次全体会议通过的《关于深化行政管理体制改革的意见》中再次指出“推行政府绩效管理和行政问责制度。建立科学合理的政府绩效评估指标体系和评估机制。健全以行政首长为重点的行政问责制度，明确问责范围，规范问责程序，加大责任追究力度，提高政府执行力和公信力。”

最近，有两起典型事件值得我们从政府执行力方面作深层反思。

一起事件是闹得沸沸扬扬的陕西“华南虎照片事件”。260多天的疑问，近日真相大白：“纸老虎”现形，周正龙被捕，13名公务人员受处理。具有讽刺意味的是，在华南虎照片事件公布调查结论后的第一个工作日，陕西省政府召开处级以上干部千人大会，通报有关情况，同时启动省政府机关作风整顿教育活动。虽然这一举措的出发点很好，但会场上不少干部旁若无人睡觉。（《华西都市报》2008年7月1日）消息一出，舆论一片哗然，“周老虎”虽然倒下了，可陕西“整风大会”变成“睡觉大会”却迅即成了各大媒体、各家网站穷追猛打的“瞌睡虎”。

一个农民拍摄了一张假“虎照”，此事并不离奇。但三级政府部门轻易接受了这种假货，并作为大新闻公之于众，其中的教训就深刻了。它对各级政府如何依法行政、如何提高政府公信力、如何应对热点事件等，留下许多值得思考的东西。（2008年07月05日《瞭望》新闻周刊）

另一起事件是2008年6月28日下午贵州省瓮安县的围攻政府部门和打砸烧突发事件。一名自杀溺死女学生的部分亲属因对瓮安县公安局死因鉴定结果不满。300余人聚集到县政府和县公安局，在县政府有关负责人接待过程中，一些人煽动不明真相的群众冲击县公安局、县政府大楼，少数不法分子趁机打砸办公室，并点火焚烧多间办公室和一些车辆。整个过程持续近7小时，造成多名公安民警受伤，公共财产严重损失。现场指挥“6·28”事件处置工作的贵州省委书记石宗源在“6·28”事件阶段性处置情况汇报会上指出，瓮安“6·28”突发事件，直接导火索是女中学生的死因争议；但背后深层次原因是当地在矿产资源开发、移民安置、建筑拆迁等工作中，侵犯群众利益的事情屡有发生。而在处置这些矛盾纠纷和群体事件过程中，一些干部作风粗暴、工作方法简单，甚至随意动用警力。对此，瓮安县委、县政

① 根据《漫谈执行力》一文整理，http：//www.hbdjk.com

府、县公安局和有关部门的领导干部负有不可推卸的责任。贵州省委决定严查在此次事件中严重失职渎职的干部特别是领导干部的责任，同时要求纪检监察部门按照《中国共产党纪律处分条例》查究瓮安县委、县政府主要领导和有关领导的责任。瓮安县委常委、政法委书记、县公安局政委罗来平和县公安局党委书记、局长申贵荣已被免职，县委书记王勤、县长王海平被免职。

根据以上资料，回答下列问题：

1. 依法行政的具体内容是什么？

2. 你认为“华南虎照片事件”和“瓮安事件”中政府执行不力的原因是什么？如何提高政府执行力和公信力？

案例二　阜阳地区政府落实《决定》的措施

1992年春，安徽省阜阳地区政府根据邓小平同志南巡讲话精神，作出了《关于深化改革、扩大开放、加快经济发展若干问题的决定》，召开万人动员大会，要求各部门、各单位迅速按照《决定》精神行动起来。

此后，各部门各单位都纷纷行动起来：大众媒体的宣传，各种形式的动员会、座谈会，还有干部培训班等。所有这些活动，其目的是为了统一广大干部群众的思想认识。

接着组织落实。下属各部门各单位分别成立了有主要领导人亲自参加的“改革开放领导小组”或“改革开放办公室”。有的单位甚至将领导人员分为两套班子：一套抓改革开放，一套抓日常工作。绝大多数单位能做到办公地点落实，办公人员落实。

在思想认识统一和组织落实之后，便着手制定具体方案。很多单位（如太和县、蒙城县、利辛县）都组织有关人员到外地改革开放工作做得好的单位考察参观，学习取经，借鉴外地成功经验以供制定方案时参考。方案的具体内容因各部门、各单位的工作性质和任务不同而难以尽言，大致包括转变职能、转移经营机制、简政放权、精简机构、合署办公、提高效率等。更加具体的有实行“四放开”（经营、价格、用工、分配），改革人事、住房、公费医疗、社会保险等制度。有的单位为减少改革风险，先在小范围内进行试点工作，待获得经验后再全面推开。

在执行过程中，地区政府责成体改委组成了十个督查组，对全地区的十个县市和地直机关的具体改革开放工作进行督查。督查组写出了28份督查报告，呈递地区政府，在这些督查报告中，不仅总结了执行成绩，同时也如实地反映了问题，并提出了进一步解决问题的建议和设想。这些督查报告不仅有利于地区政府及时掌握执行的进展情况，而且为下一步决策提供了基础，反馈了信息。

根据以上资料，回答下列问题：

1. 本案例体现了行政执行中的哪些环节？

2. 你认为该行政执行过程可作哪些改进？

第十章　财务行政

本章学习提要与目标

财务行政是行政管理的物质基础，为政府实施其职能提供必要的物质保证。财务行政既包括行政组织内部的财务管理工作，又包括行政组织有效履行各种行政职能、调控社会经济活动的机制和手段。本章重点掌握：财务行政的含义与职能、财政管理体制的原则及内容、政府预算的类型和编制过程、政府审计的作用及内容等。部门预算的编制是本章的难点。

第一节　财务行政概述

一、财务行政的含义与职能

（一）财务行政的含义

政府为履行其政治统治和社会管理职能，需要依靠国家权力，参与社会产品的分配和再分配，并通过对财力的集中与分配，为行政管理提供物质保证。财务行政是政府对国家财政收支分配活动的组织、实施和监督管理活动的总称，它包括与财政活动有关的管理体制、管理制度以及各项具体的管理方法和程序。对财务行政还有一种狭义的理解，它表示国家行政机关为行使其职能，对行政经费进行合理的组织、调节、监督等管理活动，这是一种预算计划指导下的资金运动过程的管理。财务行政主要由财政管理体制、政府预算、政府决算、预算会计和政府审计等部分构成，它们相互联系、相互作用，共同组成一个完整的系统，为国家行政管理总体功能的发挥提供物质保障。

财务行政具有以下特征：

1. 公益性。公益性是行政管理同企业管理的本质区别。企业管理及其企业财务往往以经济效益优先，兼顾社会效益。企业管理及其企业财务在处理经济效益与社会效益的关系时，其核心是实现企业价值最大化，企业利益最大化。行政管理及其财务行政在处理社会效益与经济效益的关系时，其核心是以社会各方面的平衡发展为目标，不以赢利为首要目标，在两者可以兼顾时，兼顾两者；在两者不能兼顾时，以社会目标为首要目标。

2. 保障性。行政管理机构的资金来源主要来自于国家财政拨款，从财力上支持符合规章制度的管理活动开支，是财务行政义不容辞的职责，这主要是由于行政管理的特殊目的性所决定。实现行政管理目标的各种功能和活动都需要财力的支持，如果没有或缺乏必要的资金保障，行政管理就成为“巧妇难为无米之炊”，工作难以开展，目标就无法实现。

3. 纪律性。行政组织的成员，特别是财务行政部门的工作人员必须自觉遵守有关财务行政活动的法律、法规和规章。如果说企业的财务活动必须遵守财经规章制度，是出于追求经济效益和防止营私舞弊的需要，那么，行政管理的财务行政遵守财务规章制度，还出于对公共资金负责的需要。构成财务行政资金来源的主体部分是国家的资金和财产，各种财经规章制度的制定和执行，是为了保证国家的资金和财产用于实现公众的整体利益和长远利益，防止用于谋取个人或小团体利益。

（二）财务行政的职能

市场经济中，市场是配置资源的重要途径，它通过自身的规律自发地调节商品的生产和流通，满足人们的各种需要。但是市场机制本身也有缺陷，会造成资源配置的低效率、收入分配的不公平和宏观经济的不稳定等，这就是市场失灵。市场失灵有诸多表现，如自然垄断、信息不充分、收入或财富分配的不公平、不能提供公共产品及宏观经济失衡等，其中最突出的问题是市场机制不能提供公共产品，需要由政府机制来解决。

政府提供公共产品必然需要一定的财政资金作保障，政府提供公共产品的数量和质量以及方式，直接反映了政府财务行政的能力。为了弥补和纠正市场失灵，政府应从多方面介入社会经济运行。政府可通过法律手段、经济手段、行政手段来干预市场，经济手段中的财务行政手段是纠正市场失灵的重要手段之一。具体来说，财务行政具有以下四种职能：

1. 筹集资金。政府提供公共产品必然需要一定的财政支出与之相伴随，而财政支出又以财政收入为其源泉。政府为维持和巩固其存在并发挥其在社会政治和经济生活中的控制、支配和调节作用，凭借政治权力在社会产品集中分配过程中无偿占有一定的社会资金。国家政权机构，包括行政组织，并不创造物质财富，只能从社会分配中强制性集中一部分社会产品维持其自身的存在和公共活动。财务行政强化了国家政权机构的特殊地位和权力，这一职能本身在此过程中亦不断得到强化。

2. 配置资源。资源具有稀缺性，无论是自然资源还是人力资源，应该高效率地进行配置。公共行政组织应对现有的人力、物力、财力等社会经济资源合理分配，实现资源结构的合理化，使其得到最有效的使用，获得最大的经济和社会效益。财务行政作为资源配置的重要手段，通过资金、财力的分配，按轻重缓急顺序满足社会各种公共需要，并引导社会人力和物力的流向，形成一定的资产结构和产业结构。这一职能要求政府通过各种财政政策和规定，利用有限资源优先解决重要的社会经济问题，满足急需的社会公共需要；要求优化资源配置目标，调节积累和消费的比例关系，调节资源在部门之间的配合，调节社会资源在政府部门和非政府部门（企业和个人）之间的配置的方式，实现资源优化配置。

3. 收入分配。市场机制追求高效率而忽视公平，会造成社会成员的收入分配不平等，需要通过财政行政来调节。财务行政的收入分配职能，是指通过调节国家、企业和个人之间的分配关系，实现收入的公平合理分配目标。公平分配包括经济公平和社会公平两个层次。经济公平是市场经济的内在要求，强调投入和产出相对称，它可以由平等竞争条件下的等价交换和按生产要素分配来实现。社会公平仅通过市场机制是无法实现的。为了解决社会上的贫富差距悬殊问题，政府需通过财务行政来执行收入分配的职能。一般来说，为了改善收入分配不平等的状况，政府可采取的财政措施主要包括按照支付能力原则设计的税收制度和按照受益能力原则设计的转移支付制度，即政府可以通过征税强制性地把财富从那些应该减少收入的人手中收集起来，再通过各种补贴或失业救济金等制度，以货币或实物形式把这些财富转移给那些应该增加收入的人们。

4. 宏观调控。经济的长期稳定增长是一国经济良好运行的关键，市场机制的缺陷会导致失业、通货膨胀、经济波动等宏观经济失衡问题，需要借助于国家经济手段予以调节。宏观调控是指政府通过财政的直接调控或宏观调控手段保证社会经济的稳定和增长。经济稳定增长一般包括充分就业、物价稳定、经济增长和国际收支平衡四个方面。经济稳定增长和经济发展的目标集中体现为社会总需求和社会总供给的平衡，这是财务行政对社会经济进行宏观调控的根本任务。政府需要在一定的财政管理体制下，利用各种财政政策和财政手段，通过有目的、有计划、集中性的收支活动，调节、控制、影响无数微观经济主体分散进行的经济活动和财务活动，来实现社会经济的持续稳定增长。

二、财政管理体制

财政管理体制是财务行政的重要内容之一。财政管理体制是国家管理财政的组织体系、制度和形式，是指中央与地方之间以及地方各级政府之间划分社会公共管理事权，以及与之相适应的公共财政收支范围及其管理权责的基本制度。它是国家经济管理体制和行政管理体制的重要组成部分，也是处理政府间财政关系的基本规范，是政府在财务行政过程中进行宏观调控的制度保证。

（一）建立科学的财政管理体制的基本原则

1. 统一领导和分级管理相结合原则。这一原则的基本要求是根据我国的政治经济情况以及党和国家的路线、方针、政策的要求，合理划分中央和地方的财政管理权限。统一领导是指财政管理的方针政策由中央统一制定；全国性财政法律法规由中央统一制定和颁布；财政管理体制的重大变革由中央统一部署。分级管理是指各级地方政府有相对独立的一级财政，有对本级财政收支的安排使用权。坚持统一领导，有利于强化中央财政的宏观调控力和在财政管理体系中的主导地位；坚持分级管理，有利于调动各级地方政府的积极性。二者的关系是，统一领导是在分级管理基础上的统一领导；分级管理是在统一领导下的分级管理。

2. 财权与事权相统一原则。在财政管理体制中，财权财力的划分主要是以各级政府，以及同级政府各财政机构其事权的大小作为依据。只有按照财权与事权相统一的原则来划分财政收支范围，并在财政管理体制中将其规定下来，各级政府和同级政府各财政机构，才有相对稳定的财力来保证其职能的实现。

3. 兼顾公平与效率原则。公平与效率的正确结合是社会主义市场经济的基本要求。效率是公平的基础，公平是效率的前提。所以，我国的财政管理体制应该体现公平与效率兼顾的原则。一般地说，初次分配更多地讲究效率，再分配更多地注重公平。

（二）以分税制为核心的财政管理体制

1. 分税制的含义。分税制是根据市场经济中的公共财政原理，以划分税种、税权为主要方式来确定各级政府的财权财力范围和管理权责，处理政府间财政分配关系的一种分级财政管理体制。分税制规范中央与地方财政分配关系，其实质是通过确定事权和税种划分，形成中央政府和地方政府两个相对独立的收入体系，为各级财政提供稳定的收入来源。分税制的核心是分权、分税、分管。分权是分税的重要前提和基础，是以法律形式明确划分中央政府和各级政府的事权。分税是在分权基础上按照财权与事权相统一的原则，合理划分税种和各级政府的财政收入，即将税种划分为中央税、地方税、中央地方共享税，并分设征税机构，建立中央税收和地方税收体系。

2. 我国分税制的基本内容。主要包括：（1）划分中央政府和地方政府的事权和财政支出范围。政府事权是指政府从事各项事业管理的权限。根据事权确定政府的财政支出范围和收入来源，这是实行分税制的基础。政府财权要根据事权来确定，如果事权大于财权，政府就会因财力不足而无法实施其部分职能；如果事权小于财权，政府就会因为财力多余而积压部分资金，造成浪费。根据现行中央政府与地方政府事权的划分，中央财政主要承担国家安全、外交和中央国家机关运转所需经费，调整国民经济结构、协调地区发展、实施宏观调控所必需的支出以及由中央直接管理的事业发展支出。地方财政主要承担本地区政权机关运转所需支出以及本地区经济、事业发展所需支出。（2）划分中央政府和地方政府的收入来源。根据财权与事权相结合的原则，按税种划分中央政府与地方政府的收入。根据我国现行分税制，主要是将税收划分为三部分：一是将维护国家权益、实施国家宏观管理所必需的税种划为中央税，作为中央政府财政收入来源；二是将适合于地方政府发挥征管优势和宜于由地方掌握的税种，划为地方税作为地方政府收入来源；三是将同经济发展直接相关的主要税种划为中央与地方共享税，在中央和地方之间实行分率征收。在划分税源税种的同时，分别建立中央税收和地方税收两套税制，明确各级政府税收管理权限；分别设立中央和地方两套税务机构，分别征收、管理中央税和地方税。（3）建立独立的分级预算。在中央和地方之间进行彻底的预算管理权限的划分，预算和决算的分别独立编制和审议执行；在划定各级政府事权和财权基础上自收自支，自求平衡；强化预算法制化管理，将各级政府预算编制、审批、变更、决算等全过程纳入法制轨道。（4）建立政府间的转移支付制度。政府间转移支付制度是中央政府为均衡各地方政府的财力状况，协调地区间的经济发展，将中央政府掌握的部分财力转移给地方政府使用的一种调节制度。在现代社会，以分税为主要特征的分级财政管理体制下，政府间转移支付制度是协调中央政府与地方政府财政关系的一项重要的配套制度。

第二节 政府预算

一、政府预算的含义

政府预算是指按照一定的法律程序编制、审批和执行的政府年度财政收支计划。它是规范政府公共财政收支活动的重要工具，也是政府调节经济和社会生活的重要杠杆。理解政府预算应注意以下几点：

（一）政府预算是具有法律效力的文件

政府预算的法律性表现在：政府预算的级次划分（政府预算分级）、财政收支的内容、政府部门及其所有参加预算活动的部门和单位的职责权限的划分等，都以预算法的形式规定；各级政府预算的编制、执行、调整以及决算等，也都在预算法的规范下进行。政府预算编制后，要经过国家权力机关审查批准，一旦成立了本级政府预算，该级政府及其所有参加预算执行的部门和单位，必须按照规定的预算来组织财政收入、分配和使用财政支出，不得随意追加或追减预算。

（二）政府预算涵盖本级政府全部的财政收支范围

市场经济是一种法治经济，所有参与市场经济活动的主体，都要在既定的法律规范约束下来选择自己的行为目标和方式，并对自己的行为结果负责，政府也不例外。为了使市场经济中的政府及其公共财务活动充分体现公共性、民主性、非营利性和法治性等特征，一切以政府为主体的收入项目和支出项目都应当纳入本级政府预算管理，收支规模、结构以及各个收支项目的具体内容等都要经过权力机关来审查批准，并向全社会公布，使其具有透明度，接受纳税人和社会各界的监督。

（三）政府预算是政府调节经济的重要根据

在市场经济条件下，经济运行、资源配置和收入分配以市场调节为基础。但是，由于市场调节存在着缺陷，在市场调节难以实现经济稳定增长、资源优化配置和收入公平分配时，政府就可根据市场运行的具体状况，选择适当的预算总量或结构政策，用政府预算手段来弥补市场调节的不足。

二、政府预算的类型

政府预算是随着市场经济的发展和政府职能的变化而不断发展和完善起来的。政府预算的最初形式仅仅是反映年度财政收支的一览表，随着经济社会的发展，政府活动的范围和规模不断扩张，政府财政收支结构也日趋复杂，为了有效地调控经济运行，政府预算的种类也趋于多样化。最常见的政府预算种类主要有：

（一）中央预算与地方预算

中央预算也称中央政府预算，是指经法定程序批准的中央政府的年度财政收支计划。按照我国预算法的规定，我国的中央预算由中央政府各部门（包括中央直属单位）的预算组成，它反映中央政府的活动范围和政府职能范围。中央预算草案由国务院、财政部负责编制，国务院审定，全国人民代表大会审查批准后公布实行。地方预算也称地方政府预算，是指经法定程序批准的各级地方政府的年度财政收支计划。按照我国预算法的规定，地方政府财政分为省（直辖市、自治区）、市（自治州）、县（市）、乡（镇）四级，相应地设置四级地方政府预算。除了乡镇预算以外，其他三级地方政府预算各自都是由本级政府预算和汇总的下一级地方政府总预算组成。地方预算由各级地方政府及其财政部门负责编制，并由本级人民代表大会审查批准。

（二）本级预算、总预算、部门预算、单位预算

本级预算是指由本级政府汇总编制的该级政府所属各部门的预算。如县级政府的本级预算就是由县政府及其财政局负责汇总的该县所属的各部门（教育局、卫生局、农业局、公安局等）预算组成的。本级预算由本级人民代表大会审批。

总预算是由本级预算和汇总的下级地方政府预算所组成的。如县级政府的总预算就是由县本级预算和汇总的该县所属的乡镇政府的预算构成的。

部门预算是由本部门各单位预算组成的部门年度收支计划。由政府各个部门汇总所属各单位预算组成。

单位预算是指纳入预算管理的国家机关、社会团体、事业单位和其他单位的年度收支计划。由各预算单位按照国家的方针政策、行政事业任务和财政部门规定的定员定额和开支标准等自行编制。

（三）绩效预算、计划——方案——预算与零基预算

绩效预算模式是一种以绩效或结果为导向的预算管理方式。早在 20 世纪 40 年代末，美国胡佛政府就开始实施绩效预算。随着 70 年代以来新公共管理运动的推进和 90 年代以来“再造政府”运动的兴起，绩效预算重新受到高度重视。今天，绩效预算已成为西方国家主要的公共预算管理模式。绩效预算主要可分为五个管理阶段：

（1）布置绩效报告，系统地向公众发布有关政府服务的信息。

（2）明确绩效目标，目的是要影响政府活动。

（3）将绩效报告提交审计师审核。

（4）预算机构与支出管理机构或某个机构与其管理者之间订立绩效合同，详细规定机构在可使用资源的条件下应取得的绩效。

（5）编制绩效预算，一方面列出支出，另一方面列出与此投入相应的预期绩效，绩效预算体现了绩效合同的内容。

绩效预算既考核公共资金使用的最终效果，又考核为取得预期效果所开展的工作活动，从而把预算支出和结果有机联系在一起。在绩效预算中，至少必须把握三个要点：一是绩效评估的精确化；二是放权以使项目管理者成为绩效责任人；三是把预算当作改善业绩的手段。

目前，绩效预算在西方主要国家的运用进一步深化了预算理论。一项对 OECD 成员国的比较研究认为：预算除了控制和分配资源的功能外，越来越被作为改善管理和提高项目有效性的一种有效手段。因此，越来越多的人相信绩效预算在今后将会得到更加广泛的运用。

计划——方案——预算是指以某种既定的战略需要为目标，提出各种不同的方案后，从长远角度衡量各方案成本的一种“方案导向型”技术。这种方法实质上是一种规划，而不仅仅是一种预算。这种预算方法最初试图使行政部门的预算摆脱增量决策程序，转向合理的、综合的决策方法。具体来说，这种预算方法把重点从支出客体——政府购买的东西，转向支出主体——政府提供的服务；把实现相同目标的方案综合在一起，因而资金的竞争发生在各实际用途之间而不是发生在各机构或部门之间；为了强调资金的竞争发生在各种目标之间以及实现这些目标的各种方案之间，各支出项目按最终产品分类，而与机构的职能无关。计划——方案——预算方法可分为四个基本步骤：

（1）制定政府活动（或支出预算）的目标。

（2）规划实现既定目标的各种备选方案。

(3) 分析每一种备选方案成本和收益。

(4) 汇总各种选定方案的成本，形成支出预算。

零基预算是指在编制预算时不考虑上年度预算收支指标，以零为基础，根据财政年度国民经济和各项社会事业发展的实际情况，参考以前财政年度预算收支的规律，对预算收支进行科学测算和分析评估来确定预算收支指标的一种预算编制形式。其优点是：将预算收支指标建立在当年收入可能和支出实际需要的基础上，使预算收支计划更加符合实际。其主要缺陷是：编制复杂，有很高的信息、技术等要求。

零基预算模式在20世纪70年代后期在美国曾风靡一时。零基预算模式的出现暗示着长期左右预算理论的渐进主义开始走下坡路。零基预算不按上年度的“渐进增量”来考虑预算，而是对原有项目进行重新审核。零基预算模式的要点包括四个方面：

(1) 由高层管理者提出基本目标和总原则。

(2) 责成下级部门将赋予它们的目标具体化并形成一揽子决策。

(3) 对备选方案分别进行排序，确定优先项目，排列的顺序依次为终止、保持最低限度、缩减、维持、扩充。

(4) 由高层管理者选定方案。

（四）单式预算与复式预算

单式预算是指把全部财政收支不分经济性质，列入一个统一的预算表格内，以单一的预算结构来反映政府预算收支全貌的一种预算组织形式。在1991年以前，中国一直实行单式预算制度。单式预算的优点是符合预算的完整性原则，便于演算的汇总平衡，预算编制、执行等具体的操作比较简单。其缺点是没有把全部预算收支按经济性质分列和分别汇集平衡，不便于经济分析和有选择地进行宏观调控。

复式预算是指将全部财政收支按其经济性质的差异，编制两个或两个以上的预算收支对照表的一种预算组织形式。最早实行复式预算制度的是丹麦，1927年，丹麦编制了世界上第一个复式预算，把全部预算收支按照经济性质分别编列经常预算与资本预算。20世纪30年代以后，随着凯恩斯主义的盛行，政府职能范围迅速扩大，政府通过政府预算赤字和发行公债，在扩大政府消费的同时，扩大政府投资，以弥补私人消费与投资的不足，在这样的经济背景下，复式预算迅速得以推广，成为西方国家普遍采用的预算组织形式。20世纪70年代后，由于西方国家纷纷国有企业私有化，资本预算减少，很多国家又放弃了复式预算。客观地看，复式预算既有优点，也有缺点。其优点是：便于考核预算资金的来源和用途；有利于分析预算收支对社会供求的影响；有助于使预算成为促进经济发展的强有力杠杆；有利于提高就业水平。其缺点主要有：复式预算中资本预算的资金来源主要依赖于举债，如果举债规模控制不当，容易导致通货膨胀，物价上涨，影响国民经济的稳定；经常预算支出的资金来源主要是税收收入，税收在整个预算中占很大的比重，这样容易掩盖支出浪费的现象；把政府预算划分为不同的子预算，会给预算编制带来一些困难，如经常预算和资本预算科目的划分标准难以统一等。

1991 年，我国在编制单式预算的同时进行了复式预算的试编。1992 年，按照《中华人民共和国预算管理条例》的规定，在中央和省级两级开始实行复式预算。其基本做法是采取二元结构的预算组织形式，将预算收支按经济性质分别编制经常性预算和建设性预算。1994 年的《中华人民共和国预算法》，明确规定了我国实行复式预算制度，使复式预算制度以法律形式确定下来。

三、中国政府预算职权划分

预算职权，又称预算管理职权，是指国家权力机关、行政机关以及参与预算执行的有关部门和单位，在政府预算的编制、审批、执行、调整等方面法定的职责和权限。我国政府的预算职权划分由预算法规定。根据预算法的规定，我国预算管理的行为主体包括：各级人民代表大会及其常务委员会、各级人民政府及其财政部门和各预算部门（单位）。

（一）各级人民代表大会及其常务委员会的职权

1. 全国人民代表大会及其常务委员会的职权。全国人民代表大会是国家的最高权力机构，其职权主要有：中央和地方预算草案和预算执行情况的报告的审批权；中央预算草案和中央预算执行情况的报告的审查权；全国人民代表大会常务委员会关于预算、决算的不适当决议的改变和撤销权。全国人民代表大会常务委员会的职权主要有：中央和地方预算执行的监督权；中央政府预算调整方案和中央政府决算的审批权；对国务院和省级人民代表大会及其常务委员会制定的同宪法、法律相抵触的关于预、决算的行政法规、决定、命令和地方性法规的撤销权。

2. 地方各级人民代表大会及其常务委员会的职权。县级以上各级人民代表大会的职权主要有：本级总预算草案及本级总预算执行情况的报告的审查权；本级预算草案及本级预算执行情况的报告的审批权；对本级人民代表大会常务委员会及本级政府关于预、决算的不适当的命令和决定的改变或撤销权。县以上各级人民代表大会常务委员会的职权主要有：本级总预算执行情况的监督权；本级预算调整方案及本级决算的审批权；对本级政府及下一级人民代表大会及其常务委员会关于预、决算的不适当的命令和决定的撤销权。设立预算的乡（镇）人民代表大会的职权主要有：本级预算及本级预算执行情况的报告的审批权；本级预算执行的监督权；本级预算调整方案及本级决算的审批权；对本级政府关于预、决算的不适当的命令和决定的撤销权。

（二）各级人民政府的职权

1. 国务院的职权。国务院的职权主要有：中央预算草案、中央预算调整方案和中央决算草案的编制权；动用中央预备费的决定权；中央各部门及地方预算执行的监督权；对中央各部门及地方政府关于预、决算的不适当的命令和决定的改变和撤销权；对全国人民代表大会作关于中央和地方预算草案报告的权力；汇总各省级政府报送备案的地方预算并上报全国人民代表大会常务委员会备案；负责组织中央和地方预算的执行；负责向全国人民代表大会及其常务委员会报告中央和地方预算的执行情况。

2. 县级以上地方各级政府的职权。本级预、决算草案及预算调整方案的编制权；动用本级预备费的决定权；对本级各部门预算及下级政府预算执行情况的监督权；对本级各部门及下级政府关于预、决算的不适当的命令和决定的改变和撤销权；对本级人民代表大会作关于总预算草案报告的权力；负责汇总下一级政府报送备案的预算并报本级人民代表大会常务委员会备案；负责组织本级预算的执行；负责向本级人民代表大会及其常务委员会作本级预算执行情况的报告。

3. 乡镇政府的职权。本级预、决算草案及预算调整方案的编制权；动用本级预备费的决定权；对本级人民代表大会作关于本级预算草案报告的权力；负责组织本级预算的执行；负责向本级人民代表大会作本级预算执行情况的报告。

（三）各级财政部门的职权

各级财政部门是具体进行预算管理的部门。在各级财政部门中，财政部的职权有：具体负责编制中央预算、决算草案；具体组织中央和地方预算的执行；提出中央预算预备费的动用方案；具体编制中央预算调整方案；定期向国务院报告中央和地方预算的执行情况。地方财政部门的职权有：具体负责编制本级预算、决算草案；具体组织本级总预算的执行；提出本级预算预备费的动用方案；具体编制本级预算调整方案；定期向本级政府和上一级政府财政部门报告本级总预算的执行情况。

（四）各部门和各单位的职权

各部门具体负责编制本部门预算、决算草案；负责组织和监督本部门预算的执行；定期向本级政府财政部门报告本部门的预算执行情况。各预算单位负责编制本单位预算、决算草案；按照国家有关规定上缴预算收入、安排预算支出，并接受国家有关部门的监督。

四、政府预算的编制

（一）编制原则

预算编制是整个预算管理的初始环节，也是整个预算管理和控制过程的最重要的环节，它关系到财政年度预算收支规模、结构等全局性的决策是否科学、可靠和可行。为了保证预算编制的质量，在编制预算时，应遵循以下几个原则：

1. 与政府职能相适应的原则。政府预算是实现政府职能的重要工具，各级政府的基本职责是解决市场和私人部门无力解决或不愿意解决的问题。通过分级提供公共产品，制定和执行公共政策，稳定经济和公平收入分配等，为城乡居民生活和企业生产经营创造公平的环境和外部条件。

2. 与经济和各项社会事业发展相适应的原则。政府预算是建立在经济发展和社会进步基础上的，是为促进经济稳定、协调、健康地发展和各项社会事业全面进步服务的。在测算和确定财政年度内的各项预算收支指标时，要根据经济增长率、通货膨胀率、失业率、汇率、利率等国际国内经济发展的态势，考虑到经济增长的规模、结构、效益以及技术和产业升级的实际需要和各项社会事业发展的需要，分析、预测和确定财政年度的税收和非税收入的增长。在安排各项公共财政支出时，应当根据经济和各项社会事业发展的实际需要，分别轻重缓急，有取有舍，有所为、有所不为，使公共财政支出规模适度、结构合理。

3. 统一、规范原则。在编制预算时，要根据统一预算科目、编制方法、计算口径、编制程序、预算表格和填列要求来进行，以保持预算的可比性、一致性和规范性。

（二）编制程序

政府预算的编制程序是编制政府预算的基本步骤，为了规范预算的编制过程，确保政府预算的准确、及时和完整，政府预算的编制必须遵循统一的程序。我国预算的编制程序一般采取自下而上与自上而下相结合的程序。具体如下：

第一，根据国务院编制下一年度预算草案的指标、原则和要求，财政部在分析、预测和综合平衡的基础上对下一年度的财政收支计划做出概要性和全局性的通盘安排，并拟定向各省、自治区、直辖市政府下达预算收入控制指标，拟定向中央各部门下达预算收支控制指标。

第二，各省、自治区、直辖市政府根据中央下达的预算收入控制指标，结合本地区的实际情况，向下一级地方政府转发编制预算草案的指标，并拟定、分配预算收入控制指标，向省直各部门下达预算收支控制指标，以此类推，直至将国务院编制下一年度预算草案的指标和预算控制指标转发、下达到中央各部门所属各单位，以及地方各级人民政府及其所属各预算单位。

第三，中央各部门所属各单位编制单位预算草案报主管部门，中央各主管部门负责审核本部门所属单位的预算草案并汇总编制本部门的预算草案，于每年12月10日前报财政部审核；各省（自治区、直辖市）政府财政部门汇总本级总预算草案，在次年1月10日前报财政部；县级以上地方各级政府财政部门审核本级各部门的预算草案，编制本级政府预算草案，汇总本级总预算草案，报经本级政府审定后，在规定期限内报上一级政府。

第四，财政部审核中央各部门的预算草案，编制中央预算草案，汇总地方预算草案，汇编中央和地方预算草案。

五、政府预算的审查和批准

财政部汇编中央和地方预算草案，并附文字说明上报国务院，经国务院审查核准后，提请全国人民代表大会审查批准。按照有关法律规定，人民代表大会有审查批准政府预算草案的职权，其审查批准一般按下列程序进行：

首先，由各级财政部门的行政负责人受各级政府的委托，向各级人民代表大会作关于本级预算草案的报告；

其次，由各级人民代表大会财经委员会或其他相关委员会，对政府预算做全面审查，并向人民代表大会报告审查结果，提请大会讨论和审议。

再次，人民代表大会对预算草案进行审议。在审议过程中，人民代表有权就预算草案中的问题向财政部门提出质询，财政部门必须对问题做出答复。预算草案由人民代表大会审议通过后做出批准决议或修改决议。对需修改的预算草案，各级政府要按照人民代表大会的修改决议对预算草案进行修改调整。

最后，经人民代表大会审议批准的政府预算要及时向社会公布。同时，预算批准后，本级政府财政部门要及时向本级各预算部门批复预算，各预算部门也要及时向所属各单位批复预算。

政府预算经各级人民代表大会审议批准后即成为具有法律效力的文件，各预算主体都必须严格执行，不得任意改变预算收支指标。在预算执行中，如遇特殊情况需要调整预算时，也要按照法律程序调整。

六、政府预算的执行

政府预算经各级人民代表大会批准后，就进入组织实施即预算执行阶段。预算执行是预算管理的重要环节，是预算从计划到实践的转化阶段，也是完成预算任务的最重要的环节。

（一）预算执行的组织机构

我国的预算执行机构有以下几个层次：

1. 国务院和各级人民政府及其所属财政部门。国务院负责执行中央预算，各级地方人民政府负责执行本级地方预算。在实际工作中，具体组织预算执行的是各级政府的财政部门，即中央财政部在国务院的领导下具体执行中央预算，并指导执行地方预算；各级地方政府的财政部门在各级地方政府的领导及上级财政部门的指导下，负责组织执行地方政府预算，并指导和监督执行下一级政府预算，向本级地方政府和上一级财政部门报告预算的执行情况。

2. 中央和地方各级主管部门及所属各预算单位。它们负责组织执行本部门、本单位的单位预算和财务收支计划。在预算和财务收支计划的执行过程中，要按照国家有关规定严格预算执行过程，并定期向同级财政部门和上级主管部门报告单位预算和财务收支计划的执行情况。

3. 政府专门设立的预算管理机构。这是指除财政部门以外的预算管理机构。这些管理机构是为了加强政府预算管理，保证预算执行的可行性和有效性而设立的。在这些机构中参与组织预算收入的机构主要有税务机关、海关等；参与执行预算支出的机构主要有中国人民银行、中国建设银行、国家开发银行、中国农业银行、中国农业开发银行等等；国家金库负责预算收入的收纳、划分和留解及预算支出的拨付。

（二）预算执行的内容

预算执行的内容主要是预算收入的执行和预算支出的执行。

1. 预算收入的执行。预算收入的执行主要由财政部门负责组织、征收部门具体负责执行。在预算收入执行过程中，财政部门、征收部门和缴纳部门、单位都有自身的职责和侧重点。具体而言，财政部门在预算执行中要根据有关法律、法规和国家的有关方针政策，制定组织收入的各种制度和办法，督促征收机关及时、足额地完成预算收入任务；并且，还要经常检查和分析预算收入的执行情况，适时地发现和解决预算执行中的各种问题，保证预算收入任务的顺利完成。各征收部门在预算执行中要按照法律和行政法规的规定，及时了解企业的生产经营状况和财务计划的执行情况，将应收缴的预算收入及时、足额地征收入库；不得违反有关法律、法规的规定擅自减征免征或缓征应征的预算收入，不得截留、占用、挪用预算收入。有上缴任务的部门、企业和单位必须依照法律、行政法规和国务院财政部门的有关规定，将应上缴的预算收入及时、足额地上缴国库，不得截留、占用、挪用或拖欠。

2. 预算支出的执行。政府预算支出的执行由各级财政部门负责组织，各支出拨付部门、支出预算部门和预算单位负责支出的具体执行工作。从职责分工上看，各级政府财政部门负责预算支出的分配，各支出拨付部门如中国人民银行、国家开发银行、中国农业银行、中国农业开发银行等负责预算支出的拨付，各级预算部门和预算单位负责预算支出的具体使用。

七、政府决算

政府决算是对预算结果的总结和评价。决算的目的是为了集中反映一年来预算活动的基本情况及政府绩效，并为新的预算编制提供参考依据。

编制决策是政府预算管理工作的重要环节。通过政府决策的编制，可以全面、系统地对政府财务活动进行检查和分析，总结预算编制和执行中的经验和教训，为不断完善政府预算管理和财政政策提供基础性材料；编制政府决算可以真实地反映预算收支指标的实际执行情况，反映政府财政资金的使用情况和使用效果，并且通过对决算数字和资料的统计和分析，可以分析预算收支与各种制约因素之间的内在联系，把握预算收支的运动规律，提高预算收支的科学性和准确性。

（一）决算的组成

决算与预算之间在结构上存在对应关系。与政府预算相对应，政府决算也由中央决算和地方总决算组成。

中央决算是经法定程序批准的中央政府年度预算执行情况的总结。它由中央各主管部门及其所属行政事业单位、企业财务决算、基本建设财务决算和金库年报、税收年报等汇总组成。地方总决算是经法定程序批准的地方各级政府年度预算执行情况的总结。它由各省（自治区、直辖市）汇总其所属部门和单位决算以及所属各级政府决算组成。

参与组织预算执行、经办预算资金的收付及解缴的机构如税务机关、海关、国家金库、各类参与预算执行的银行等，也要按规定编制年报或决算，这些单位编制的年报或决算参与组成中央和地方政府决算。

（二）决算的编制程序

决算编制的一般程序是以基层预算单位的决算为基础，自下而上地逐级编制、审核和汇总。

1. 单位决算的编制程序。政府决算要从各基层预算单位决算开始编起，单位决算是各级政府总决算的基础。各基层预算单位要按照财政部门有关决算编制的办法和表格编制决算。基层单位决算编制完成后，经单位负责人审阅签字后，连同单位决算说明书一并上报上级单位；二级单位将基层单位决算与本单位决算汇总上报主管部门；主管部门汇总所属单位决算和本部门决算形成部门决算，报同级财政部门。

2. 县以上地方政府决算的编制程序。县级财政部门在收齐同级主管部门报送的单位决算后，根据决算表格内容的要求和县级总预算会计账簿上的数字汇总编制县级政府决算。各设区的市（自治州）财政部门，将本级各主管部门上报汇总的单位决算和由财政部门直接拨付的支出，一并汇总形成设区的市（自治州）政府的总决算。各省（自治区、直辖市）财政部门再根据本级各主管部门汇总上报的单位决算和省级财政部门总会计账簿的有关决算数字，编制省（自治区、直辖市）政府决算。

3. 中央政府决算的编制程序。中央财政部在收齐中央各主管部门汇总上报的单位决算后，连同中央政府财政部门总预算会计账簿上的有关数字，按照决算表格内容的要求，汇总编制中央政府决算。

（三）决算的审查批准

《中华人民共和国预算法》在政府决算的审查批准方面有以下规定：

国务院财政部门编制中央决算草案，经国务院审定后，由国务院提请全国人大常委会审查和批准。县级以上地方政府财政部门编制本级决算草案，经本级政府审定后，由本级政府提请本级人大常委会审查和批准。乡、民族乡、镇政府编制本级决算草案，提请本级人民代表大会审查和批准。

各级政府决策经批准后，财政部门应当向本级各部门批复决算。地方各级政府应当将经批准的决算，报上一级政府备案。

国务院和县级以上政府对下一级政府依照再度报送备案的决算，认为有同法律、法规相抵触或者有其他不当之处，需要撤销批准该项决算的决议的，应当提请本级人大常委会审议决定。

八、部门预算

当前进行的部门预算改革以支出体制为核心，动作大、影响深、范围广，改变了过去改革只在收入管理体制上进行调整的局面，是新中国成立以来财政管理体制最大的一次改革。

（一）部门预算的含义

部门预算简单地说就是一个政府的预算部门编制一个预算。具体地说：

1. 以部门或单位作为预算编制的基本单元。部门预算是市场经济条件下国家财政部门管理的基本组织形式，把部门作为预算编制的基础单元，预算从各部门、各单位编起。

2. 政府的预算管理以部门为依托。财政预算要落实到每一个具体部门，过去预算管理都是按资金性质归口进行管理，实行部门预算，把所有不同性质的资金统统编到使用这些资金的部门中，通过一本预算就能知道各个部门花了多少钱，增加信息透明度。

3. 对“部门”有严格的资质要求。部门预算中的“部门”，必须是对财政部门有领拨关系的一级预算单位。所以，部门预算是一个综合预算，它既包括行政单位预算，又包括事业单位预算；既包括正常支出预算，又包括专项支出预算；既包括预算内的收支计划，又包括预算外的收支计划；还有基金预算，等等。编制一个完备的部门预算不仅需要做好大量的基础性工作，还需要现代技术手段的支撑；既涉及部门之间和部门内部财务管理机制的调整，又是对财政部门自身的革命。

（二）部门预算的主要内容和编制程序

1. 部门预算的内容。部门预算包括一般的预算和基金的预算。各部门要根据历年的收入情况和下年的增减变动因素，测算本部门的预算收入，收入预算要按收入类别逐项核定，行政性收费、预算外收入以及部门的其他收入也要核定到单位和具体项目。各部门要根据国家现有的经费开支政策和规定，测算各部门预算支出，要按照预算年度所有的因素和事项，分轻重缓急测算每一级科目的支出需求。个人的工资性支出，要按编制内的人数核定，公用经费要按照部门分类、分档，按定额和项目编制预算，基建、挖潜、科技三项费用、建设性专款等都要进行项目论证，测定支出概算。

2. 部门预算的编制程序和步骤（以中央预算为例）。

第一步：各部门编制、汇总和上报本部门的预算建议数；

第二步：财政部按照职能对各部门的预算建议数进行审核并下达预算控制数；

第三步：各部门根据预算控制数编制预算，再报送财政部；

第四步：财政部再对各部门的预算审核汇总，报送人大；

第五步：经过人大批准后，由财政部统一批复给各部门。

3. 部门编报预算的程序。部门或单位编制和上报预算建议数，根据预算控制数编制和上报部门预算数。

第一步：基层单位编报预算给上级部门；

第二步：二级单位编制、汇总单位预算并报上级部门；

第三步：一级部门编制、汇总部门预算并报财政部；

第四步：财政部审核部门预算。

4. 财政部门审核上报部门预算的程序。以财政部为例，预算司把各业务司局的指标切块，各业务司局通过预算专网在自己的权限范围内审核各部门的预算数据，再给各部门下达预算控制数，根据全国人大批准后的中央预算，预算司向各部门批复预算。

第一步：部门编报预算上报财政部预算司；

第二步：预算司汇总预算数并拆分预算数；

第三步：各业务司局审核后再报预算司；

第四步：预算司汇总后报国务院；

第五步：国务院审定后报全国人大；

第六步：人大批准通过；

第七步：财政部批复给各部门；

第八步：各部门执行。

5. 财政部门预算批复的程序。仍以财政部为例，根据全国人大要求的时间，一个月之内批复预算。

第一步：全国人大批准预算以后，财政部预算司布置各业务司局编写预算批复说明；

第二步：财政部预算司汇编批复说明，打印批复表；

第三步：有关业务司局会签批复；

第四步：财政部领导签发。

（三）部门预算编制方法与传统预算编制方法的异同

1. 相同点。（1）仍然实行“两上两下”的编报方法。由各部门编报预算建议数上报财政部门，财政部门审核后下达预算控制数，各部门再根据预算控制数编制本部门的预算报财政部门，财政部门再根据人大批准的预算草案批复给各部门。（2）仍然由财政部门和有预算分配权的有关部门按经费性质审核部门预算建议数和下达预算控制数，这次改革不改变这些部门的分配权。

2. 不同点。（1）预算编制的时间提前了。过去国务院下达预算编制的时间是11月份，现在是9月初，提前了2个月；下达预算控制数的时间改在人代会之前，提前了3个月；财政部在《预算法》规定时间内批复预算，提前3～5个月。（2）一个部门一本预算。过去各部门预算是按功能分到财政部门各业务机构，现在要求各部门财务管理机构一个口径对财政部门，将部门所有的收支统编到一本预算中。（3）预算编制的方式不一样。原来是由各部门替下属单位按资金性质的不同代编，现在则要求预算必须从基层单位逐级编制、层层汇总。（4）编制预算的范围不同。原来部门预算编制只考虑预算内收支，不考虑预算外和基金的预算，现在部门预算编制的范围就宽了。（5）批复的方式不同。原来批复预算是由财政部门各业务机构和有预算分配权的有关部门独立向各部门批复，现在改由财政部门主管预算职能的机构统一批复，这样能够保证部门预算的质量，按时批复给各部门。

（四）部门预算改革的配套改革措施

部门预算改革是一项系统工程，需要相关方面的改革与之配套。

1. 改革预算科目。我国现行的政府收支分类是在新中国成立初期形成的，基本框架几十年没变。随着社会主义市场经济体制和公共财政框架的逐步建立，对外开放和国际交流的发展，现行科目的缺点和局限性就日益突出，主要表现在：一是收支范围窄，不能全面地反映政府收支活动；二是收支分类比较粗，不利于细化预算编制和强化预算约束；三是分类体系结构不科学，难以客观、准确地反映政府各项职能活动；四是分类方法与国际通行做法差别比较大，不利于国际之间进行比较。更为重要的是现在的收支分类已经严重影响到当前部门预算的编制，涉及建立国库集中支付制度、政府采购的改革和推进。改革以后的收支分类分为三大部分：一是部门分类，公、检、法、政府机构、党政机构等都在部门分类中体现；二是功能分类，就是现在的类、款、项科目，表现政府财政支出的功能；三是经济分类，就是现在的目级科目，表现政府财政支出的具体经济用途。

2. 做好公共资源统计工作。要编好部门预算，首先要摸清各预算单位的家底。财政部门要进行清产核资，主要是为下一步制定部门预算中的定员定额标准奠定基础。

3. 进行行业定员定额和项目预算试点工作。财政部从2002年开始实行零基预算试点，按照定员定额支出标准核定和编制人员、公用经费预算，按照项目核定事业专项、基建和挖潜改造支出。各部门的项目一定要排好先后顺序，所有的项目都要提供项目说明书，对项目的依据、投资、技术都要做出详细的论证和说明。基金预算也要落实到项目上。

4. 实行财政资金国库集中支付制度。国库集中收付制度和部门预算是相辅相成、不可分割的。实施国库集中收付制度，有利于预算编制部门更准确、全面地了解预算单位真实的财务情况和资金需求，促进部门预算的合理编制。

第三节　预算会计

一、预算会计的含义和作用

（一）预算会计的含义

会计按其核算、反映和监督的对象和适用范围，在我国一般分为两大类：一类是企业会计，主要用来核算、反映和监督社会再生产过程中生产领域和交换（流通）领域里企业经营资金的运动；另一类是预算会计，是以预算管理为中心，以经济和社会发展为目的，核算、反映和监督社会再生产过程中的分配领域的预算资金运动。预算会计是对政府预算资金活动过程及其结果所实施的一种管理活动，是各级财政部门和行政、事业单位用来核算、反映和监督政府预算执行情况的会计。它以货币为主要计量单位，对各级政府财政部门和行政、事业单位的经济业务，进行连续、系统、完整地反映和监督。

预算会计主要的核算对象是财政性资金活动的过程及其结果。主要包括财政总预算会计、事业单位会计和行政单位会计。由于政府财政部门和行政、事业单位执行预算的任务和业务活动的内容不尽相同，所以，财政总预算会计和行政、事业单位会计的核算对象也有区别。

(二) 预算会计的作用

预算会计是政府财政管理工作的一个重要组成部分，它在预算管理中的主要作用是:

1. 为预算编制提供数据，为预算执行提供保证。预算会计在日常会计核算中，对发生的有关经济业务活动，通过会计科目的设置、会计凭证的填制、账簿的登记和会计报表的编制等专门方法，对各项预算资金的收入和支出，以及财产物资的结存和有关财务活动，进行分门别类的、全面的、系统的、连续的核算和反映，就可以及时地、大量地掌握预算资金运动情况，为各级人民政府和各行政、事业单位及有关部门领导提供可靠会计信息，以便进行有效的预算管理，保证政府预算的顺利执行和圆满实现。

2. 实行会计监督，协助政府提高预算管理水平。预算会计按照宏观经济规律要求，依据党和国家的政策、财政法令和财务制度的规定，通过审查凭证账表、清查财产物资，对预算资金分配的正确性、筹集的合理性、使用的效益性等进行控制和监督，从而在保证资金有效使用，保证本单位资金和财产的安全，促进社会经济的正常运行中发挥应有作用。

二、预算会计的特点

和企业会计相比，预算会计的特点如下:

(一) 预算会计具有统一性和广泛性

1. 统一性。预算会计的统一性特点有两方面：一是统一的会计核算体系。预算会计是为执行国家预算和预算管理服务的。因此，预算会计要以国家预算执行为中心，形成全国集中统一的预算会计核算体系。凡是成立总预算和单位预算的地方、部门、单位都要设置预算会计，执行国家规定的预算会计制度，否则就无法定期反映整个国家预算的收支情况和报告年度国家决算和各级地方决算。二是统一的收支核算指标。预算会计为了在全国范围内汇总反映所涉及到的各方面的预算收支情况，从总预算会计到行政、事业单位会计在日常业务中所提供核算的预算收支的内容，必须与全国统一规定的《政府预算收支科目》指标内容相一致，也就是说在预算会计核算中，预算收支的总账科目在设置明细科目时，应按照《政府预算收支科目》设置明细科目进行明细核算，否则就不可能真实、全面地反映整个国家预算的执行情况。

2. 广泛性。预算会计广泛性的特点，应该说是就总预算会计而言。就一级政府总预算会计来看，它反映的是中央或地方各级政府预算收支活动及其结余情况，因而在执行预算过程中发生的各项资金运动中必然包括了全国或地方各级政府与其所属行政机关、企业、事业单位资金的缴拨关系。它既反映和监督非物质生产领域的各项收支，也反映和监督物质生产领域和流通领域一切与预算有缴拨款关系的收支，既有宏观性又有微观性。因此，从总体上讲，预算会计的核算内容和范围具有广泛性的特点。

（二）预算会计具有社会性和非盈利性

预算会计的各项业务活动具有很强的社会性。政府财政总预算会计和行政单位会计的各项业务活动是为上层建筑服务、为社会服务，事业单位会计的各项业务活动也是为社会服务，体现了非盈利组织会计的特点。由此可见，预算会计的各项业务活动不以盈利为目的，投入的大量预算资金是不要求回报的，绝大部分是采取无偿服务形式。

（三）预算会计具有公开性

预算会计的资金来源主要是国家凭借权力取得的各项收入。预算资金的运用要对全国人民负责，要向全体公民报账，各种会计信息和会计报表具有很大程度的公开性。预算会计的服务对象、服务目标都是公开的并接受财务和审计监督。

三、预算会计体系的组成与分级

预算会计为执行预算服务，每一级政府预算都设置相应的预算会计。预算会计有两类：财政总预算会计和单位会计。财政总预算会计是中央和地方各级财政机关核算、监督各级总预算执行的会计，财政总预算会计的组成包括中央、省（自治区、直辖市）、市、县、乡（镇）五级。其任务是处理财政总会计的日常会计事项和账务；定期反映预算收支执行情况，妥善调度预算资金；协助国库做好工作；制定预算会计制度实施办法；组织和指导本地区的预算会计工作等。行政单位会计是中央和地方各级行政单位核算、监督单位预算执行过程的会计，又称单位会计。行政单位完成行政任务和社会事业所需经费主要由政府预算拨给，因此，有关经费的领拨、收支，货币资金的收付，材料的采购和领用，固定资产的购入、调入、调出和报废，往来款项的发生和结算等业务，都需要行政单位会计运用会计核算方法，进行科学的整理、记录和分析，以加强预算管理。根据国家机关编制和经费报领关系，单位会计又可分为三级，即主管会计单位、二级会计单位和基层会计单位。主管会计单位是指直接向同级财政部门领报经费的单位；二级会计单位是指向主管会计单位领报经费，下面有所属会计单位的单位；基层会计单位是指向主管会计单位或二级会计单位领报经费，下面没有所属单位的单位。所有各级会计单位相对独立，都需要编制独立的预算和实行独立的会计核算，在预算管理和资金使用上实行分级管理、层层负责。

第四节　政府审计

一、政府审计的含义和作用

（一）政府审计的含义

政府审计是指国家审计机关对政府机关的财政预决算活动和会计资料进行的审计。政府审计机关对政府机关的会计账目、预算执行、财务收支真实、合法效益的行为进行独立的检查，其实质是对受托经济责任履行结果进行独立的监督。

（二）政府审计的作用

政府审计对财务行政活动有重要作用。政府审计一方面可以监督国家财政预算资金合理、有效地使用；另一方面可以对财政决算情况做出客观的鉴定与公证，为财政管理提供改进措施，并揭露违法行为。具体地说，政府审计的作用有：

1. 政府审计监督财务行政并促进财政监督的实施。我国《宪法》规定："审计机关对国务院各部门和地方各级政府的财政收支，对国家的财政金融机构和企业事业组织的财务收支，进行审计监督。"通过政府审计，可以监督各地区、各部门和各单位对党和国家的方针政策的实施，审查财务行政活动的范围和方向是否正确，检查财政制度和财经纪律是否健全完善等。

2. 政府审计有利于财务行政活动合理性与合法性。通过政府审计，监督、审查、揭发、纠正、制止和防止财务行政活动中的种种错误和弊端，保护国家财产的安全与完整，对财务行政活动的合理性与合法性起保证作用。

3. 政府审计有助于提高财务行政的效益。通过政府审计，审查财务行政活动的效益大小，发现问题，改进管理，促进中央和地方各级政府及行政单位提高财政收支效益，促进各级政府高效率地实施行政管理职能，有助于提高财务行政的效益。

二、政府审计的原则和主要内容

（一）政府审计的原则

为了维护政府审计的严肃性，保证政府审计工作的顺利完成，政府审计机关及其工作人员，在进行政府审计监督时，应坚持以下原则：

1. 法规性原则。在审计监督中要坚持依法审计，以党和国家的财经方针、政策及有关法令法规作为判断和评估审计对象的标准，保证财经活动的正常秩序。

2. 公正性原则。审计监督要从实际情况出发，以审计证据为依据，实事求是，客观公正地对审计对象进行审查、分析、判断、评价和提出审计报告。既要维护政府审计的严肃性和权威性，又要有利于调动被审计单位的积极性。

3. 独立性原则。政府审计机关依法独立行使审计监督权。我国《宪法》第九十一条规定："审计机关在国务院总理领导下，依照法律规定独立行使审计监督权，不受其他行政机关、社会团体和个人的干涉。"我国《审计法》又明确提出："审计人员依法行使职权，受法律保护，任何人不得打击报复。"

4. 效益性原则。政府审计必须以提高财政收支效益为根本出发点，通过审计监督来促进各级政府的财政活动和实施政府职能的效益的提高。

（二）政府审计的主要内容

政府审计的主要任务是审查预算的编制，核定预算收支，监督预算执行，查证决算报告。政府审计的主要内容有如下两个方面：

1. 预算审计。包括预算编制的审计和预算执行的审计。预算审计，主要是审查预算的编制和执行是否贯彻执行党和国家的方针政策，同时，还要对预算的编制和执行进行具体审查，如审核预算收支是否平衡，各项收支指标数字有无计算错误，各项预算收支项目完成情况，等等。

2. 决算审计。包括财政总决算审计和单位决算审计。前者是对财政总决算编制情况和对财政总决算各项目进行审计，后者是对单位决算进行审计，具体是审查其执行费用开支标准规定情况，各项资金是否按计划和指定用途专款专用，经费开支是否超年度指标，等等。

三、政府审计的权限和基本方法

（一）政府审计的权限

政府审计机关的权限是国家依法赋予政府审计机关在履行职责过程中享有的资格和权能。政府审计机关的权限包括：

1. 审查权，即指政府审计人员在审计过程中有权全面、充分地接触和检查有关的资料。审查权是最基本的审计权限。《审计法》就政府审计机关的审查权作了明确的规定。

2. 要求报送资料权，即审计机关有权要求被审计单位按照规定报送预算或者财务收支计划，预算执行情况、决算、财务报告，社会审计机构出具的审计报告以及其他与财政收支或者财务收支有关的资料。

3. 审计检查权，即在审计过程中，审计机关有权检查被审计单位的会计凭证、会计账簿、会计报表以及其他与财政收支或者财务收支有关的资料和资产。对此，被审计单位不得拒绝，更不得转移、隐匿、篡改、毁弃有关资料。若被审计单位违反上述规定，拒绝或者拖延提供与审计事项有关的资料的，或者拒绝、阻碍检查的，审计机关可以责令其改正，并可以通报批评，给予警告；对拒不改正的，可依法追究责任。审计机关若发现被审计单位违反上述规定，转移、隐匿、篡改、毁弃会计凭证、会计账簿、会计报表以及其他与财政收支或者财务收支有关资料的，有权予以制止。

4. 审计调查取证权，即在审计时，审计机关有权就审计事项的有关问题向有关单位和个人进行调查，并取得有关证明材料。对此，有关单位和个人应当支持、协助审计机关的工作，如实向审计机关反映情况，提供有关证明材料。

（二）政府审计的基本方法

政府审计的基本方法主要是审计检查、审计分析、审计调整和审计报告四种方式。

1. 审计检查。它是审计过程中的主要环节，是审计机关人员对被审查单位进行凭证审查、数据核对及账目审核的一种方法。它具体包括顺查法、倒查法、抽查法和详查法四种方法。

2. 审计分析。它是指审计机关人员运用系统方法对审计对象的具体资料和内容进行分类、分辨。它分为探测分析和判断分析两种。探测分析是在审计前和审计过程中探查错误和舞弊项目的方法，主要用于审查被审查单位经济活动和财政收支活动，以发现线索。判断分析是在审计结束时对查证事实做出判断的方法，主要用于验证审计数据的正确性，对审计结果做出评价和结论。审计分析具体运用的方法有比较分析法、比率分析法、结构分析法、指数分析法、趋势分析法、平衡分析法和因素分析法等。

3. 审计调整。它是审计机关人员根据审计结果纠正错误的方法。其目的是通过调整纠正错误，正确反映被审计单位的财政状况。审计调整必须在审计结束时根据审计结果进行。

4. 审计报告。它是审计人员向审计部门或被审计单位及其主管领导部门，以书面文件形式报告审计结果，提出意见和建议。审计报告应注意其内容必须与审计目标一致，结论必须慎重，符合实际，内容必须完整。

本章主要名词概念

财务行政　财政管理体制　政府预算　绩效预算　零基预算　单式预算　复式预算　部门预算　预算会计　政府审计

复习思考题

1. 财务行政的职能是什么？
2. 试述我国财政管理体制的原则及内容。
3. 简述政府预算的类型。
4. 简述政府预算的编制过程。
5. 怎样编制部门预算？
6. 部门预算的编制方法与传统预算编制方法有哪些异同？
7. 什么是预算会计？它有什么特点？
8. 简述预算会计的组成与分级。
9. 政府审计有什么作用？

10. 试述政府审计的原则和主要内容。

11. 试述政府审计的权限和基本方法。

[案例分析]

案例一 北京市部门预算管理改革①

推进以部门预算改革为核心的预算管理改革是党中央、国务院做出的一项重大决策，是建立与社会主义市场经济相适应的公共财政基本框架的基本要求。近几年来，北京市财政着眼于构建首都公共财政基本框架的目标，在市委、市政府的领导下，在财政部的指导下，与时俱进，开拓创新，推行了以部门预算为核心的预算编制改革，取得了明显成效。

部门预算改革触及到固有的利益分配格局，实质上也是一场"革命"，既要求财政内部改变原有的管理模式，使资金分配更加公开，避免"暗箱操作"，也需要部门改变原有的"先要钱，后定事"的工作思路，提前确定工作计划和编报预算，因此，阻力和难度都很大。北京市财政迎难而上，精心设计，稳步推进了全市的部门预算改革，在全国范围内做到了四个"率先"。

一、率先全面实行部门预算，并编制到基层单位

精心组织，全面推进。2000 年北京市开始编制部门预算，市级 168 个一级预算单位、1369 个基层预算单位全部编制了部门预算，实现了全国省级政府部门预算全部编制到基层的先例。2001 年开始，全市 18 个区县也都相继开展了部门预算的编制工作。通过市财政局的精心组织、广泛宣传，现在，北京市的部门预算改革基本构建了编制、执行、监督的三分离的模式，初步实现了预算内外收支统管的综合预算，通过现代化的手段编制预算，预算编制软件、报送报表、批复格式、编制说明等工作环节进一步规范，部门的预算概念进一步强化，预算约束进一步加强。

内容全面，编制科学。一是实行综合预算，所有的预算单位的部门预算实现了既能反映部门一般预算收支情况，又能反映基金预算收支情况；在一般预算中，既包括了部门的预算内收支，又包括了部门预算外收支，从而使各部门每项资金来源渠道和各项支出均在一本预算中得到反映。二是实行了收支统管下的零基预算。取消了"基数加增长"的预算编制方法，按照预算年度所有因素和项目的轻重缓急程度，重新测算支出需要。三是细化定额标准。根据单位性质、职能、工作量差别、经费自给率、国有资产拥有量等情况，人均定额与实物定额相结合，科学核定单位基本支出预算。

抓住源头，集中管理。首先，针对单位乱开账户的现象，进行了单位账户的清理工作，

---

① 根据《嬗变中规范 创新中改进——北京市部门预算管理改革》一文整理，www.sykjw.com。

将部门各项资金和财务统一归口到内部财务机构管理；财政部门内部所有资金账户集中到国库处，并减少账户数量。其次，不断探索财政性资金的供给方式改革改革，实行了工资统发、政府采购直接支付供应商等办法。

二、率先使用先进的部门预算编制软件

2000 年，北京市财政首先使用用的是财政部计算中心设计的编制软件，基本顺利完成了 2001 年部门预算的编制工作。从 2001 年开始又率先使用太极华清公司设计的“e 财”预算管理系统，圆满完成了 2002 年部门预算的编制工作。2002 年与 2001 年的部门预算编制工作相比，主要在以下几方面取得了很大的成效：一是初步实现了依据定员定额标准自动生成基本支出预算；二是极大地减轻了各单位会计人员和财政部门业务处室人员的工作量；三是简化了报表的同时增强了数据审核勾稽功能；四是极大地提高了财政部门和预算单位的计算机应用水平。

三、率先建立项目文本申报制度

建章立制，提高预算分配的科学性。为规范和加强市级行政事业单位支出预算管理，北京市制定了《北京市市级基本支出预算管理办法》和《北京市市级项目支出预算管理办法》。

基本支出预算管理突出三点：一是优先保障。预算安排要对预算内外资金统筹考虑，首先保证行政事业单位的日常工作正常运转。二是定员定额管理为主。各单位要根据财政部门核定的定员和定额标准，编制行政事业单位基本支出预算。三是强调合理配置资产。要逐步建立预算单位资产动态管理系统，实行统一的预算单位资产配置标准，合理安排资产正常运转和维护经费。

项目支出预算管理也突出三点：一是建立滚动项目库。项目库分为部门需求项目库和财政备选项目库，以增强部门工作的前瞻性和预算安排的合理性。二是确定项目排序原则。强调专项资金项目和市委、市政府已确定的项目优先安排，其他项目根据轻重缓急、择优遴选排序。三是制定项目申报文本。项目在申报时，必须按照统一的格式填报项目申报文本并附相关材料，有明确的项目目标、组织实施计划和科学合理的项目预算，并经过充分的研究和论证。

健全机构，增强预算管理的规范性。根据部门预算改革的需要，首先，调整了财政部门各业务处的职能，将一个部门内的所有资金集中到一个处管理；其次，成立国库处，综合协调预算执行工作，统一管理财政账户；第三，加强财政监督力量，成立监督检查分局，负责对预算资金的安排、拨付的日常监督。新的机构设置和职能分工，使预算编制、执行、监督相对分离，各个环节既相互配合，又相互制约，增强了预算管理的规范性。

四、率先细化经费定额标准

涵盖整个基本支出，内容详尽。定额标准是编制部门（单位）预算的重要依据，科学制

定定额标准是预算编制和管理的基础性工作。北京市从1997年开始对市级行政单位的基本支出运用了定额核定的办法。通过几年的不断完善细化，从2000年开始，对市级的所有单位全部实行了定额核定基本支出。

运用科学方法制定定额标准，公平合理。为使定额标准与单位实际需要相吻合，根据单位性质、职能、工作量差别、经费自给率、国有资产的拥有量等情况，实行人均定额与实物定额相结合，分别采取政策法、因素法、技术数据法、经验法等方法制定定额标准，力求公平合理，以适应不同单位的需要。政策法是指必须按照国家规定政策核定支出标准，如人员部分支出；因素法是指按照构成该项支出的各项因素测算支出标准，如会议费、差旅费等；技术数据法是指根据固定资产等项目的技术性能和指标测算支出标准，如机动车燃料费、电费等；经验值是指无法按上述方法测算定额标准的日常性支出，根据历年决算数据和预算执行情况测算支出标准，如办公费、邮寄费等。

北京市实行部门预算取得良好效果，增强了预算的透明度，优化了支出结构，提高了资金使用效益。具体来说：全面反映了部门收支状况，造就了“明白财政”；调整了支出结构，“集中财力办大事”得到有效落实；严格了预算执行，“豆腐预算”变成“铁预算”；规范了理财行为，资金分配和使用效益都有明显提高。

根据以上资料，回答下列问题：

1. 结合上述资料，你认为实行部门预算有什么实际意义？

2. 实行部门预算对各预算部门提出的具体要求是什么？

案例二　审计署报告：上海社保案201亿元资金投向房地产①

一、事实远比已知的触目惊心

就在上海社保案渐入尾声，主要涉案人员已进入司法审判程序之际（据新华社2006年9月至2007年12月期间报道，原上海市社保局局长祝均一，已获刑18年；原福禧集团董事长张荣坤，已开庭审判；原上海市市委书记陈良宇，已被免职接受调查），记者获得一份国家审计署所做的2007年第86号《上海市社保基金运营及管理情况专项审计》报告。该报告系统揭示了自20世纪90年代上海市社保制度建立至2006年7月17日上海市社保案发之日止，上海社保基金真实的运营及管理情况。

报告所披露的社保基金整体状况远比此前所暴露的福禧个案更为触目惊心：“多年来，上海市社保局共计运营基本社会保险基金、企业年金、小城镇保险等8个险种的社保资金，金额共计达329.44亿元，截至2006年7月17日，尚未收回的资金达255.41亿元，占运营资金

① 资料来源：《21世纪经济报道》，2008年3月26日。

余额 387.31 亿元的 66%。"

根据报告，这些违规运营的社保资金大量投向了和国家宏观政策导向不符的产业领域——比如房地产业。截至 2006 年 7 月 17 日，对 44 家房地产企业贷款余额 201.25 亿元，社保资金甚至给不法商人和企业提供了大量的资金支持。更有甚者，上海社保局一方面曾试图弄虚作假掩盖投资损失，另一方面又曾试图掩盖投资收益。弄虚作假掩盖损失 9262.2 万元，长期两套报表，瞒报增值收益 31.22 亿元。

对于自 1991 年起步的中国养老保险改革，18 年间争议不断，围绕社保资金该如何运营在业界一直存在两种观点。一种观点认为，鉴于我国庞大的人口老龄化压力，社保资金未来存在巨大的支付压力，因此应当在完善制度建设的前提下允许社保资金投资运营；另一种观点则认为，社保资金是"养命钱"，不可轻举妄动，应严格限制投资运营，以避免可能带来的投资损失风险。

原上海社保局局长祝均一是前一观点的代表人物，一直以强硬的改革派面目示人。但现在看来，祝显然忽视了上述两种观点既有交锋的一面，更有统一的一面，即在具有完善制度和阳光规则的前提下，保障社保资金的安全运作。

眼前的这份上海社保审计报告为人们展示了一个"坏的样本"：在不透明的制度下，社保资金不仅无法遏制投资冲动，长期大量违规投资，而且在投资领域、投资程序、投资收益分配等各个环节，无不存在严重问题。

更让人忧心的是：此种状况不独上海，全国其他地方亦相去不远。2007 年 11 月，国家审计署对全国 29 个省（区、市）社保基金的专项审计结果显示，1999 年前发生的违规金额为 23.47 亿元，2000 年以来发生的违规金额则高达 47.88 亿元。

二、违规运营 329 亿元

1991 年，按照国家社会保险改革的要求，上海市陆续建立了五项基本社保制度（基本养老保险、医疗保险、失业保险、工伤保险、生育保险）和企业年金制度。此外在 1999 年前后，上海基于地区特性，还相继设立了小城镇社会保险、小企业欠薪保障金、外来从业人员综合保险等地方性社保制度。1993 年，前身为上海市社保局的上海市社会保险管理局成立。至此，上海开始采取五险合一制度，即除医保、残疾人保障、农村社会养老保险外，其余的社会保险资金都由上海市社保局统一管理。从此，正如审计报告中所指出的"没有收支两条线，市财政局也没有参与日常监督管理，仅对社保基金年度决算进行复核和汇总上报"那样，数额庞大的社保资金从征缴到发放，到管理监督，整个环节均操控在上海市社保局一个部门手中。此种被审计署斥为"一门式管理，一支笔批条子"的管理方式，为日后的种种乱象埋下了伏笔。

经过整整一年半（2006 年 7 月 ~ 2007 年 12 月）的审计，国家审计署得出了如下结论："上海市社保局共运营 8 种社保资金，共计 329.44 亿元，截至 2006 年 7 月 17 日，尚未收回 255.41 亿元，占余额 387.31 亿元的 66%。这其中，违规运营数额最大的是企业年金基金和地方性社保基金，分别高达132.73亿元和175.91亿元，占违规运营金额总额的93%。审计报告显示："上海市社保局违规运营企业年金基金132.73亿元。其中委托银行向哈尔滨百联德泓商业广场有限公司等发放贷款100.43亿元，向沸点发放和展期24亿元，通过中泰信托等机构发放贷款8.3亿元，截至2006年7月17日，尚未收回96.05亿元。"

上海市社保局手握多少企业年金一直秘而不宣。据2005年上海社保局副局长鲍淡如公开透露，当时上海社保局所掌握的年金数字是110亿元。累积至2007年底，据业内人士透露，总额在150亿元左右。由此可推断，社保局基本把全部家底都拿出去"当"了。

三、地方性社保资金则是另一个"钱库"

自1999年11月，上海市颁布《上海市小企业欠薪基金试行办法》始，在2002年和2003年，上海市相继颁布了《上海市外来从业人员综合保险暂行办法》《上海市小城镇社会保险暂行办法》等三项地方法规，建立了地方性社保制度。其间关于基金管理做了如下规定：开立专户，专款专用，任何部门、单位和个人不得转借、挪用、侵占，而对资金运营则只字未提，成为留白地带。

审计报告显示："上海市违规运营地方性社保基金175.91亿元。其中，使用小城镇社会保险基金169.06亿元，向沸点、帝泰发放委托贷款157.06亿元；使用小企业欠薪保障金发放委托贷款1.85亿元；使用外来从业人员综合保险基金发委托贷款5亿元。上述地方性社保基金中有141.56亿元尚未收回。"

如此操作的重要原因是，上海的企业年金制度一度被誉为"领先改革的制度"，其关于投资运营的规定远较基本养老保险更为宽松，而地方性社保资金由于国家相关法律不完善，也更容易找到运作缝隙。

比如，企业年金制度的基本法规依据是2004年10月劳动和社会保障部颁布的《企业年金试行办法》，其中规定，企业年金基金可以按照国家规定投资运营。该办法允许企业年金投资的前提是引入市场化年金运营框架，建立"四种人"制度——通过企业年金的管理关系中的受托人、托管人、投资管理人、账户管理人，形成制衡关系，打破政府社保部门大权独揽的局面。

而当时上海的情况并非如此——自2002年，上海市社保局设立企业年金中心这一隶属于社保局的事业单位以来，其一手掌控了上海市几乎所有的企业年金。除上述两项巨额挪用外，上海市社保局还挪用了基本社会保险基金20.8亿元。审计报告显示："自2005年起，使用失业工伤保险基金和促进就业资金委托银行发放贷款20.8亿元，其中失业工伤保险资金10.8亿元，促进就业专项资金5亿元，截至2006年7月17日，尚未收回17.8亿元。"

根据以上资料，回答下列问题：

1. 结合上述资料谈谈政府审计的作用。

2. 针对审计报告提出的问题，分析产生的原因，并结合你所学的知识提出解决这些问题的措施。

第十一章　行政管理技术方法

本章学习提要与目标

本章主要介绍了行政方法和行政管理技术方法的含义，行政管理技术方法的科学化，行政管理技术方法的作用；传统行政管理技术方法的含义，行政方法、经济方法等传统的行政管理方法，现代行政管理技术方法的含义特点；介绍了系统工程方法的产生、含义、特点以及系统工程的展开和评价，网络规划技术的含义及其网络时间和事项的计算方法以及网络规划的优化和应用，线性规划技术的数学模型和解法，目标管理方法的意义、类型、特点和程序，民意测验方法的注意事项和应用，概率统计方法的应用等。本章重点：系统工程方法、网络规划技术方法、线性规划技术方法、目标管理方法、民意测验法、科学预测方法和概率统计方法的应用。

第一节　行政管理技术方法及其意义

一、行政方法及行政管理技术方法的含义

行政管理方法的产生、发展和应用，说到底，是由经济社会发展的需要决定的，是管理活动需要的产物。行政机关对国家事务实施管理时，必须运用一定的方法。进行行政管理的活动过程也就是各种管理方法的应用过程。一个组织或个人采用什么样的管理方法，往往能够表现出其行政管理的技巧的高低和成熟的程度。

行政方法的分类比较复杂，还没有统一的标准，根据角度不同，分类也不同，可以分为行政管理的一般方法和技术方法。一是行政管理的一般方法。一般方法主要有行政手段、经济手段、法律手段、思想政治手段和纪律手段。这些方

法是行政管理中最基本的方法，它们各自有其优点和局限性，只有正确认识和掌握这些方法，才能更有效地搞好行政管理工作。二是行政管理的具体技术方法。行政管理技术方法主要是指行政方法中运用自然科学与工程科学方面的技术，并逐步实现量化的部分。具体技术方法分为传统技术方法和现代技术方法两种类型。传统技术方法包括调查研究方法、典型分析方法等，现代方法包括系统方法、网络规划技术、线性规划技术、目标管理方法、民意测验方法、科学预测方法、概率统计方法等。

一方面，由于行政对象千差万别，行政管理过程复杂多变，行政人员的情况不同，可以采用不同种类的技术方法。有的技术方法适用于多重基本手段或贯穿于几个步骤，有的只适用于某种基本手段或某一个步骤。所以，运用技术方法，必须以时间、空间以及其他条件为转移。

另一方面，在行政管理活动中，各种客观规律的性质作用特点和条件是不相同的，因此行政管理的方法也就具有多方面的内容和形式。行政管理的对象是多样化的。各种行政管理的方法既相互区别又相互联系，共同构成行政管理的方法体系。

随着科学技术的发展，技术手段日益向社会领域渗透，社会科学与自然科学也逐渐交叉融合，行政管理技术化的趋势日益加强，行政管理技术的种类将会越来越多。在行政管理中，从人事到组织，从决策到执行、到财务管理，都与行政管理技术密切相关。

二、行政管理技术方法的科学化

（一）行政管理技术方法的科学化的概念和衡量标准

行政管理技术方法的科学化，就是指在行政工作中，经过精心研究，采用最符合客观事物发展规律、能取得最佳效果的管理技术方法。

行政管理技术方法的科学化标准应该从方法本身和执行方法的结果来考察。从方法本身来看，科学化的行政管理技术方法必须具备以下特点：（1）条理化、系统化。科学的行政管理方法应该是有一定规范和程序的，并且是完整的、系统的。（2）简明化。行政管理方法应该力求手续简化明确。（3）知识化。行政管理方法要建立在现代科学知识的基础上，从理论性认识出发，符合事物发展规律，而不是仅仅从以往的经验为主的感性认识出发，不是零散观点的汇集，而是科学系统的理论，不再是仅仅凭人的智慧才能，而是人机对话的结合。（4）技术化。科学的行政管理方法必须采用最先进的科学技术，如计算机、闭路电视等。(5) 法制化。在行政管理方法的选择和运用上，必须有一系列的法规来限制、调节、约束，使之合理化、正规化。

从执行方法的结果来说，科学化的行政管理方法必须具备以下几点：(1) 高效率、高质量。高效率、高质量是任何行政管理活动所要求达到的目标。要做到在相同时间内完成较多的行政任务，或者是完成相同的行政任务用较少的时间。不管属于哪里的哪种情况，都要有较高的质量。高效率和高质量需同时具备。(2) 节约。应该把完成任务所耗费的人力、物力、财力减少到最低限度。(3) 反对官僚主义。我们应该反对脱离群众、不讲效率的官僚主义。官僚主义的管理方法虽然有时也能因某种强制暂时收到一定成效，但不能满足群众的需要，因而是不科学的行政管理方法。

（二）行政管理技术方法科学化的基本要求

行政方法并不都是科学的。在现实生活中，有的行政方法主观随意性较大，有的则凭经验办事。要使行政方法实现科学化，就需要使之建立在科学技术知识基础上，符合客观事物的发展规律。

首先，必须以科学的理论知识为基础。行政管理是国家行政机关权力对国家政治、经济、文化、外交等各方面事务的管理，其内容丰富，范围广泛，是庞大的社会系统工程，与许多科学知识有密切联系。行政方法科学化，就能综合、融汇多学科的理论知识。一是行政方法要接受辩证唯物主义和历史唯物主义的指导。因为它是关于自然界、人类社会和思维发展的最一般规律的科学，它为行政方法提供了科学的世界观和方法论。二是行政管理作为社会的公共管理活动，其行政方法必须以社会科学作为理论基础。如政治学、法学、管理学、社会学、心理学等都是行政方法不可缺少的理论基础。三是自然科学的迅速发展，使数学、系统论、信息论、控制论等学科的理论与方法，都被综合运用到管理活动中。他们对于实现行政管理方法的科学化也具有重大意义。

其次，必须继承和发扬传统和正确的行政方法。技术方法具有继承性和创造性，它是在行政管理实践中不断认识、总结和发展的。传统的东西不能完全否定。中国是一个具有几千年文明历史的国家，传统的行政方法源远流长，其中包括富含哲理的管理思想和方法。我们应该发掘这些优秀的思想，结合实际需要，同现代科学理论和技术结合起来，逐步改造，以适应行政管理的需要。

再次，必须借鉴和引进外国管理活动中出现的先进技术方法。随着科学技术的迅猛发展，现代化的技术手段不断出现，信息系统和办公自动化系统在行政管理中的应用，无疑会提高行政管理的决策水平和工作效率，尤其是西方发达国家在这方面有不少值得我们借鉴的东西。

最后，必须从行政对象的实际出发，采用符合各类选择对象的特点和特殊规律的行政方法。方法是人们认识和总结出来的，是主观的，要符合客观。客观行政对象多种多样，有不同的特点和发展规律。行政环境在不断变化，行政管理各个阶段各有特点和规律。因此，行政方法也要随着变化，这样才能科学正确地运用行政方法。

三、行政管理技术方法的作用

行政目标的实现离不开一定的手段。正确的行政决策，如果没有科学的行政方法来配套，行政目标的实现就是一句空话。行政管理技术方法就是完成行政任务和实现行政目标的途径和手段，在行政管理中具有十分重要的作用：

第一，科学的行政管理技术方法是贯彻执行国家各项方针政策的重要保证。国家的方针政策要靠行政管理工作来落实，国家各级行政机关用科学的方法，把国家的各项方针政策分解成各级行政组织的行政目标，并制定和实施工作计划，激发单位和个人的积极性、主动性和创造性，去努力做好每一项行政管理工作。离开了科学的方法，这一系列过程就难以实现。

第二，科学的行政管理技术方法是政府机关高效率、高质量地开展行政工作的关键。科学的行政方法技术能够高速度、高质量低消耗的完成任务。现代计算机技术、网络传输技术、卫星遥感技术、空间技术等的应用，为科学决策提供了科学依据。科学的行政方法是发展市场经济，加强国家宏观管理的必要条件。发展经济，促进生产力的发展，是“三个代表”重要思想的要求，是中国政府的根本任务。运用科学的方法制定国家宏观经济发展规划，开展宏观调控，对于保持人民生活水平的不断提高，提高综合国力，具有重要的意义。

第三，科学的行政管理技术方法是各级行政单位调动各方面的积极性，实现微观管理目标的重要途径。政府管理必须调动全体工作人员积极性，必须赢得人民的信任和支持，采用可能实现行政职能的管理技术方法。各级行政管理者必须根据实际需要，采用先进的科学的行政方法，准确地掌握管理人员和被管理者的需要，协调各方面的利益关系，使广大公务人员和公民统一认识，集中力量完成行政任务。

第四，科学的行政管理技术方法是中国克服行政管理中的官僚主义作风盛行、工作效率低下等弊端，实施政治体制改革和行政管理体制改革的迫切要求。

造成中国行政管理中各种弊端的原因很复杂，除了历史和现实原因外，缺乏现代行政管理技术方法也是一个重要原因。长期以来，由于各种原因，在我国没有把行政管理作为一门科学来重视，理论上的研究很不够，实践中沿用旧的管理方式，行政工作人员缺乏科学管理的观念和方法。为了革除行政管理上的弊端，必须进行体制改革，必须采用先进的管理方法，特别是技术方法，这是提高行政效率的迫切要求。

第二节　行政管理技术方法的类别和特征

一、传统的行政管理技术方法的含义

传统的行政管理方法是指我们党和政府在长期的实践中，运用马克思主义的世界观和方法论，在解决中国实际问题过程中，逐渐总结和不断完善的一系列行政管理的方法技巧。它是相对于体现了最新科学技术成果的现代方法而言的。传统方法并不等于是落后的、过时的方法。传统是指历史的连续性，它是在历史沿革中所总结和概括出来的，不能绝对地把传统和现代对立起来。我国的传统行政管理方法从总体上体现了辩证唯物主义和历史唯物主义方法论，是马克思主义与我国国情相结合的具体体现，反映了我国对行政管理活动的规律性认识，是长期的认识与实践活动的结晶。而且，广大干部和群众比较熟悉，对这些方法也有较深的感情，具有鲜明的中国特色。

传统方法在行政管理中是一种重要的方法技术，在许多方面有效地解决了各种各样的问题。如在做人的思想政治工作以调动和激发人的主动性、积极性和创造性方面所积累的经验和总结的各种具体方法及取得的成就，都达到了很高的水平，对事业的发展和各项工作的顺利进行起了重大作用。这些传统方法是我们必须发扬光大的宝贵财富。行政管理者应当努力将适合我国国情、行之有效的传统方法，与现代行政管理方法有机结合起来，以适应世界科技发展和我国行政管理发展的要求。

二、几种主要的传统工作方法

传统的行政管理方法内容很丰富，形成了一个多层次、多方位的方法体系。

本书仅仅选择几种最常使用的行政管理的传统方法进行介绍。

（一）行政手段

传统的行政手段主要是指依靠行政机关和领导者的权力，通过强制性的行政命令，直接对管理对象发生作用，按照行政系统来管理的方法。行政管理系统一般采用命令、指示、规定、指令性计划、规章制度等方式对系统进行控制。

行政手段的主要特点是：（1）强制性。行政机关及其领导者发出的指令下级必须无条件服从。要求被管理者在思想上、行动上、纪律上原则性地服从统一的意志，而不顾及被管理者是否赞成。（2）权威性。下达命令者的权威越大，其指示和命令被下级接受的概率就越高，执行起来就越坚决迅速。领导机关层级越高，权威也就越大；领导者的职位越高，能力越强，思想品德越高，他的权威就越高；反之越低。（3）具体性。上级发布和下达的命令指示是具体的，不允许下级机关进行创造性的发挥。（4）垂直性。行政指示是按照行政系统的层级纵向直线传达的。（5）其他特点。行政手段还具有保密性、无偿性、时效性和稳定性等特点。

行政手段的结构主要是按照管理系统结构分为四个层次：（1）决策层，也就是最高领导层，其根本任务就是通过分析，做出正确的决策，确定目标、政策方针。（2）管理层，也就是中级领导层，将决策变为指令性信息，发布管理命令、指示，做出指令性计划。（3）执行层，贯彻上一层次的管理命令、指示、计划等，使之具体化，推动操作层运转。（4）操作层，接受指令，具体地完成上级下达的某一项任务。

行政手段的分类。根据社会制度不同，运用领域、目的、方式不同而有不同的类别。按照性质划分为：民主型、专制型。按照形式划分为：全民式、宗法式和长官意志等。按照下达方式分为：命令式、制度式、计划式和总结指导式等。

行政手段的优缺点。优点：能够集中统一，便于管理职能的发挥，是实施各种管理方法的必要手段，便于处理特殊问题，机动灵活见效快。缺点：管理效果直接受领导水平的影响，不便于分权，不利于发挥子系统的积极性，横向沟通困难，信息传递缓慢。

行政手段是管理活动中最基本的方法，最重要的特征就是权威性，因此其使用范围最广，各个领域的管理都离不开它。

（二）经济手段

经济手段是指按照客观经济规律的要求，运用各种经济手段，调节各方利益关系，刺激组织行为动力的管理方法。

1. 经济手段的特征。利益性，是经济手段最根本的特性，要求按照物质利益原则，把组织成员的物质利益关系与其工作成就相联系。

调节性，不同的生产关系有不同的利益关系，不同的组织和不同的组织成员也有不同的利益关系，经济手段就是要调节不同的利益关系，以促进整体组织的有效地、协调地运转。

制约性，在宏观管理中，表现为国家运用各种经济杠杆来调控各类经济组织的行为，在微观管理中表现为各类经济组织通过各种经济手段制约组织成员的活动。

多样性，不同的管理活动所采取的经济手段及其运用都是不同的。

技术性，运用经济手段必须制定各种经济技术指标，这必须以广泛的技术知识为基础。

公开性，经济手段具有一定的公开性，以便于进行对比和激励，充分调动组织成员的积极性。

2. 使用经济手段的基本条件。组织主体必须具备独立的经济利益，否则，运用经济手段的动力就会不足，组织成员的工作成果也难以和组织利益挂钩。

合理的定额标准，是实施经济手段的基础，标准合理与否将直接影响经济手段的效果。

各种经济手段要配套使用，需要相应的经济立法和法规以及其他的手段相配合。

另外还有法律手段和思想政治手段等，这里就不一一介绍了。

三、现代行政管理技术方法的含义和特点

现代行政管理技术方法，是指以现代科学技术成果为基础而形成的、体现最新科技成果的一整套技术性较强的新型的行政管理方法。

现代行政管理技术方法与传统的工作方法相比，具有以下特点：（1）技术性。现代行政管理技术方法包含越来越多的技术内容和越来越广泛的科技成分。这种科技内容既有现代社会科学技术，更多的是现代自然科学技术。（2）系统性。每一项现代行政管理技术方法都具有它内在的系统特征，都渗透在管理活动的全过程和各个阶段。各项技术方法之间具有制约关系，互为条件，互相补充，形成相互关联配套的技术方法。通常把各个管理活动组成一个行政管理系统，用系统方法研究各组成部分的相互关系，综合地选用各种技术方案。（3）量化性。

运用数学的方法研究考察事物之间的联系，掌握事物的量的规定性，以便更好地分析把握事物的规律性。行政管理中常用的统计调查法就是一种定量分析法。通过数字描述某一社会现象，推断出各有关社会现象之间的关系、局部和整体之间的关系。行政目标的确定、行政决策方案的选择、行政信息的处理，以及公务员职责的研究，都可以运用现代的量化分析，从而使现代行政技术方法的作用得到充分发挥。

第三节　几种现代行政管理技术方法

现代行政管理技术方法很多，也很复杂，我们只选择几种常用技术方法作简要的介绍。

一、系统工程方法

系统工程是社会化大生产发展到一定水平而要求管理现代化的产物，信息时代的到来和各学科间的相互渗透又使得它得到进一步完善。现代系统工程萌芽于第二次世界大战期间，一般认为1940~1944年美国生产原子弹的“曼哈顿计划”是世界上首次采用系统工程。由于当时使用了科学的组织和管理技术，取得了巨大的成功，最后在1943~1944年制造出三颗原子弹。美国1958年实行的“北极星导弹计划”也使用了系统的科学管理技术。系统工程史上最有代表性是1961年美国实施的“阿波罗登月计划”，该项工程长达11年，共组织了2万家公司，120所大学，共42万人参加，耗资300亿美元。系统工程作为一种正式的管理技术在20世纪60年代后得到广泛应用，到70年代以后，系统工程作为现代化管理的一种重要的基本方法，其应用已从对大型工程系统的研制、组织与管理引申到企业经营管理领域和行政管理领域，即运用系统分析方法来拟制与选择最优方案；从全局出发规划与组织人力、物力、财力，使资源得到充分有效地利用。本书中我们从行政管理的角度来探讨系统工程方法。

（一）系统的基本理论

1. 系统工程的含义。所谓系统是指由相互区别、相互联系、相互作用的两个以上要素组成，具有特定功能的有机整体。

这一概念包括了三层含义：一是任何系统至少有两个相互区别的要素组成；

二是各要素间相互作用、有机联系着；三是这些要素组成的整体具有特定功能。系统无处不有，无时不在，广泛存在于自然界、人类社会和人的思维之中。自然界大到太阳系，小到细胞系统，再到人的逻辑思维和生物链系统，总是以要素、系统、环境的关系相互依存，而且他们之间的区分也是相对的：任何系统内的各个组成部分就是该系统的要素；任何一个系统从属于更大一级的系统，也就是该系统的环境；任何一个系统内的每个要素又是该系统的一级子系统，而子系统的要素又是上级系统的二级子系统，等等。由此可见，环境、要素、子系统等对不同的系统对象是可相互转化的。

系统工程是以系统整体为对象，综合运用系统观点、方法和现代科学技术手段，按一定操作程序，实现系统目标最优化组织管理的工程技术。系统工程的概念包括了以下几层含义：

第一，系统工程的对象是系统整体，而不是彼此孤立的事物。即以系统整体为对象，着眼于整体与要素、整体与结构、整体与层次、整体与环境的相互联系和相互作用的关系中综合地、精确地考察事物，来求得系统整体最优化目标。

第二，系统工程是一种现代组织管理的工程技术。这表明，一方面，系统工程作为一项工程技术，它具有土木工程、机械工程这类一般“硬工程”所具有的工作程序和方法；另一方面，它不是一般的“硬工程”技术，而是现代化管理的方法或技术，诸如系统预测技术、分析技术、决策技术、信息技术、模型技术、优化技术、模拟技术、控制技术等系统工程技术，均反映了现代化管理方法与技术的根本属性。其核心是如何以较少的人、财、物和时间来完成指定任务，取得系统的最优经济效果。

第三，系统原理、方法与现代科学技术相结合是系统工程的基本手段。系统方法是指应用系统基本理论，对系统、要素、环境进行全面分析研究，以求得整体优化的科学方法，现代科学技术是指心理学、预测学、现代数学、信息论、控制论和电子计算机等现代社会科学、自然科学的最新研究成果。将系统方法与现代科学技术融合起来，使之成为系统工程对系统进行分析研究的有效工具和基本手段，既包括系统思想同现代自然科学技术相结合，对系统进行精确描述、设计、优化的定量技术与方法，又包括依据系统原理，采用社会科学的逻辑推理等技术，为对系统进行分析研究提供思想原则的定性技术和方法。

总之，系统工程是一种高度综合的管理技术。行政管理系统工程是从系统论的观点出发，运用现代自然科学和社会科学中的有关思想理论，对整个行政管理系统的构成要素、组织结构、信息交换和反馈控制等功能，进行综合分析、设计、试验、实施，以最大限度地发挥人财物的作用，以实现行政管理系统的整体优化。

2. 系统工程的特点。用系统工程来解决各种管理问题，一般有如下特征：

（1）全局性、整体性。系统工程在着手解决问题时，强调把研究对象看作是一个系统，并把研究过程也看作是一个整体。首先，系统工程把研究对象看成一个整体，它不是研究系统的各个要素的一般性质，而是从整体出发，研究系统各要素在相互作用、相互联系中所表现的功能和特性，即将要素的属性转变为系统的属性，从而使系统处于最佳运行状态，产生 A > Ai 的效果（A 为系统功能，Ai 为第 i 要素的功能），实现总体最优的系统目标。其次，系统工程不仅把研究对象看成一个整体，而且还把研究过程也看作一个整体，把系统作为若干子系统有机结合的整体来设计。最后，全面地考虑和改善整个工作过程，以便使整个管理系统实现综合优化。

（2）综合性。系统工程是运用数学、管理学、经济学、社会学、心理学等多门学科知识的一门学科，在充分调动人的积极性的基础上，以最小的消耗取得最大效益的组织管理技术。对大规模复杂系统的研究，往往涉及社会的、经济的、技术的诸多因素。因而，综合应用自然科学与社会科学的成果，是系统工程分析与研究的重要特点。要使管理系统达到整体优化，管理人员必须综合掌握多学科知识。不但要通晓本行业的专业技术，还应懂得数学、电子计算机、生理学、心理学、社会学、宏观经济理论、管理科学等知识。

（3）最优化。所谓最优化指的是在满足一定的目标的前提下，做出最佳决策，选择最满意的方案，并保证执行过程中各方面都取得最佳效果，即用尽可能少的资源投入，达到系统功能的最大产出。系统工程技术和方法是寻求系统最优化的根本途径。

（4）定量化。系统工程技术能用数学语言描绘系统内各要素的相互关系，能精确地预测事物变化规律和结果，能以数学工具演算出实现系统目标的最优方案，这就是系统工程的定量化特征。任何事物都是质与量的统一。事物的变化总是在一定质的基础上，首先从量变开始，当量变积累到一定程度，就发生质的变化。因此，只有当我们既认识了事物的质，又把握了与质相联系的量，才能对事物的发展变化有较全面的深刻认识。如果没有对事物作量的研究，弄清其数量关系，找到决定事物质的数量界限，那么，对事物的认识只能是肤浅的，很难把握事物发展变化规律，也难以对实践活动做出十分正确的具体指导。系统工程的方法与传统方法不同，它既重视定性分析，也注重定量分析，将众多方案的“可行”“不可行”“最优化”“次优化”等的定性分析和判断建立在科学的定量分析基础上，使对系统问题的处理和评价精确化、标准化，为实现系统最优化提供保证。

（5）模型化。模型化是系统工程的又一重要特征。系统工程在对复杂系统进行研究分析时，常常预先设计一个与真实系统相似的模型，通过对模型研究来揭示和掌握真实系统的特征和规律，这就是系统工程的模型化特征。

（6）程序化。系统工程是一种程序化的组织管理技术。系统工程从系统规划到系统更新的全过程，先后要经历规划、设计、研究、生产、安装、运行、更新七个程序化阶段，且每一阶段均有严格的工作程序，这些程序包括：明确问题、系统设计、系统综合、系统分析，系统选择、决策和组织实施七个步骤，工作程序化贯穿系统工程的全过程，因而程序化是系统工程的重要特征之一。

（7）可行性。系统工程的最满意方案选择并非局限于一种抽象的理性原则，而实际上要求从实际出发，从多种可用的方案中选择与当时当地主客观条件相适应的方案，也就是做出一种现实的有限理性的决策。

（二）系统工程的展开

系统工程的展开是指某项系统工程从开始直到终结的整个活动过程。

系统工程展开的主要内容。各类系统的性质不一样，相应的系统工程的具体内容也各不相同，但各类系统又有共同的特点和规律，与此相应的各类系统的“组织与管理”工程又有共同的内容，这部分共同的主要内容，就是系统工程的主要内容：

（1）系统分析。所谓系统分析是指从系统整体出发，对需要改进的已有系统或准备建立的新系统进行定性和定量分析或实验研究，为系统的最优化设计、决策和控制提供依据。系统分析的主要内容有：

系统目的的重审，即对初步确定的系统目的，进行重新审查，使系统目的更符合客观实际，增强可靠性。若系统目的没有必要或无法实现，则要建议取消或推迟系统的新建或改建工作，以免造成浪费。

系统的性能和效益评价，是指论证、分析系统是否具备足够的能力来保证实现系统的目标。若无保证，则通过改进系统结构放大其功能，或增加新的子系统，使组合出来的新系统具备足够的能力等办法来解决。

系统效益评价，主要是尽量减少系统的研制和运行费用。系统效益评价有三种评价准则：第一，如果系统的各个预选方案效益正相同，则选择成本 C 最小方案为最优方案。即：如果 $E_1 = E_2 = \cdots = E_n$，则 $C_i = \min\{C_1, C_2, \cdots, C_n\}$ 为最优方案。第二，如果系统各预选方案成本相同，即：$C_1 = C_2 = \cdots = C_n$ 则选择效益最大的方案为最优方案，即：$E_i = \max\{E_1, E_2, \cdots, E_n\}$。第三，如果各方案效益和成本均不相同，则选择效益/成本比例最大的方案为最优方案。即：$E_i/C_i = \max\{E_1/C_1, E_2/C_2, \cdots, E_n/C_n\}$。

系统和环境间互相影响分析。要实现系统整体优化就必须考虑系统和环境的相互影响；使两者相互沟通、协调发展。系统和环境间相互影响的分析目的是，系统和环境是否存在依存关系，是否存在破坏关系和蚕食关系。对依存关系的要求力求保障输入、输出的稳定性；对破坏关系的，要采取相应措施，予以防范；对蚕食关系的，要控制蚕食程度，力求使系统和环境保持动态平衡。

系统发展预测。系统发展预测主要是对环境变化的预测、技术发展预测、国家经济力量预测等等。预测是创建一个新系统或改建一个旧系统的前提，对系统长远规划的制定、重大战略问题的决策和提高系统的经济效益都具有重要意义。

（2）系统最优设计。系统最优设计是在系统分析的基础上进行的。所谓系统最优设计是指从系统整体出发，根据系统的目的，有效地运用现代化科学技术成就和资源、环境条件，使它对空间、时间、物质、能量和信息的利用率最高，从而最优地发挥整体功能。系统最优设计一般包括：系统整体功能的最优设计，即确定系统输入什么样的物质、能量和信息，怎样进行变换，最后转化成哪种新物质、能量和信息予以输出；结构最优设计，即要确定组成系统诸要素在数量的最优比例和互相联系上的最优方式，以增强系统内诸要素的协同作用；系统和环境之间关系的最优设计，以确保两者的相互促进和协调发展。

（3）系统的最优控制。在完成系统最优方案设计和研制后，系统就投入运行。为促使系统行为尽可能地达到最优设计中规定的各种目标，必须对系统进行最优控制。由于客观世界是不断发展变化的，一些难以预测的情况常会出现：人对系统规律性的认识是相对的，不可能极尽客观真理，因而对系统尤其是巨大复杂系统的最优设计方案，并不会和未来的客观进程完全吻合，这就需要不断观测和处理事前未曾预料的干扰和变化，尽可能使系统行为达到预定目标，这正是系统最优控制要解决的问题。

（三）系统工程的评价

系统工程的过程，是不断分析评价的过程，没有系统评价就无从系统决策和优化，也就难以实现系统目的。因此，系统评价是系统工程的重要环节。

1. 系统工程的评价方式。按系统工程的时间系列分，其评价方式可分为以下三种：（1）事先评价，是指在制定研究项目规划时所进行的评价。由于此时尚未开展大量试验和测定工作，实践数据缺乏，因此主要参考有关文献和相似工程的资料，以及征求其他部门的意见，进行综合分析。事先评价具有预测性质。

(2) 中间评价，是在进行了一系列中间试验研究和调查测试后进行的评价。这一评价主要是验证最初设计，并围绕预定目标，根据试验中暴露出来的问题，改进设计。(3) 事后评价，是指系统项目开发完成，已验证合格后进行的评价。主要考核系统项目的实际效果与预定要求、目标的相符程度，研究大量投产后可能出现的问题，以采取完善对策。

2. 系统评价的主要内容。在系统工程中，评价的内容是由系统目的和任务要求确定的，一般地说有以下几项主要内容：(1) 系统的有效度。系统的有效度是指在系统研究过程中对整个系统有用程度的评价，它包括：系统性能有效度、技术有效度、人员有效度和系统费用有效度。(2) 技术评价。主要评价系统的技术达到的水平。它包括：选择和编制有关技术文件，鉴别和选择技术参数，特别要注意选择能反映技术发展及系统主要功能的典型参数，制订产品的技术参数标准，确定关键技术、组织技术攻关课题，以及进行技术成果评价与推广等。(3) 经济效益的评价。主要对系统以及系统各部分进行费用—效益评价，以研究经济关键项目的问题，采取相应对策，提高其效益。(4) 社会评价。主要评价项目系统工程对资源开发、生态平衡、环境保护的影响。

系统评价的主要方法。对千个工程项目作为系统进行评价时，其方法很多，常用的有矩阵法、成本效益法、多目标分析法，以及技术再评价法等。国外最常用的是矩阵法和成本效益法。这些方法在统计学里面已作讲授，这里不再作介绍。

二、网络规划技术

（一）网络规划技术的含义

网络规划技术也称为网络计划技术、计划协调技术、计划评审技术、统筹方法，是指在计划管理中，以网络图为基础，通过分析、计算，制订出最优网络计划，并实施管理的统筹技术和方法。

这一概念包括以下四层含义：第一，它是以网络图的形式反映计划任务中各项工作活动的先后顺序和相互关系；第二，它通过一定方法的计算，找出关键的工序和关键的线路；第三，抓住关键线路，进一步统筹规划，调整和优化网络计划，即寻求以最短的工期、最省资源和成本完成任务的最优计划方案；第四，并以此对整个任务进行组织、管理、协调与控制，以保障优化计划方案的实施。

网络规划技术作为现代计划管理的统筹技术和方法，是 20 世纪 50 年代后期发展起来的。它首创于美国，1957 年，美国杜邦公司研究成功并首次运用网络图解来制订一个化工厂的施工项目计划，通过调整和优化各道工序间的相互关系及所需工期，使建设周期缩短两个月。这种计划方法不仅能够明确地表示出工序和时间，而且还表明了它们之间的相互关系。他们将这种方法称为“关键线路法（Critical Path Mathod，CPM）”。1958 年，美国海军特种计划局在研制“北极星”导弹潜艇过程中，借助新型计划管理方法，也就是后来称为“计划审批法（Program Evaluation and Review Techique，PERT）”的技术方法，使研制任务提前两年完成。此后，网络计划技术在世界各国得到迅速推广，广泛应用于工业、农业、国防和科研等计划管理中。

我国的网络规划技术的推广与应用，始于 20 世纪 60 年代初，在钱学森倡导下，在研制一台计算机的工作计划中采用了该新方法，取得显著成效。1965 年数学家华罗庚教授开始推广这种方法，使这种定名为“统筹法”的网络规划技术在工矿企业、科研单位得到迅速推广。

网络计划技术作为计划管理的科学方法，对省工、省费、省时地完成生产、科研、工程建设等项任务，具有重要作用。因而，它成为经济管理者必须掌握的现代管理技术之一。

（二）网络时间及其计算方法

网络时间的计算方法是寻找关键线路、优化网络计划的基本技巧。它包括静态、孤立考察的工序时间及其计算方法和系统、动态角度考察网络中的各事项、工序的开工、完工时间、时差及其计算方法。

1. 工序时间及其计算方法。工序时间是指完成某道工序所需的作业时间。工序（i，j）作业时间用 $T_{E(i,j)}$ 表示。其计算方法有以下两种：

（1）定额值法。在同等的生产技术和同等的组织管理条件下，以同类工序作业的工时额资料，来推算和确定现在完成某一工序的时间值，就是定额值法。

（2）三种时间平均值估算法。某一工序的工时定额不能确切肯定时，通常只能采取三种时间估算的平均值法来确定工序时间。该方法是：首先，估算在少见的有利条件下以最快速度完成某工序所需的时间 a；其次，估算在少见的不利条件下以最慢速度完成某工序所需的时间 b；再其次，估算在通常条件下，最有可能完成某工序所需时间 m；最后，赋 m 于 a、b 四倍的权数，并依据下列公式求出三种时间的平均值作为该工序时间，其计算公式如下：

$$T_{E(i,j)} = \frac{a+b+4m}{6} \qquad \text{（式 11－1）}$$

例如，估计完成某工序的时间，在最顺利条件下，最快完成可能需 10 天，在极不利条件下，最慢完成可能需 30 天，在通常情况下最大可能完成需 14 天，则该工序时间为

$$T_E=\frac{10+30+4\times14}{6}=16\ (\text{天})$$

2. 事项时间及其计算方法。从网络系统的动态角度来考察事项的最早可能开工时间与最迟必须完工时间。事项本身并不占用时间，它只是表示其前工序的完工和其后工序开工的时点。所以事项的时间仅仅表示与该事项相关工序开工或完工的时间点。

（1）事项的最早可能开工时间。事项后工序的开工只有在它所有前工序全部完工这一时间点起，才能开工。这一时间点就是该事项的最早可能开工时间，用 Ts 表示。其计算方法是：

从始点事项开始（始点事项的最早可能开工时间为零），自左向右按事项的编号顺序由小到大遵循一定规则逐项相加，直至终点。相加的规则是，箭头事项 j 的最早可能开工时间等于箭尾事项 i 的最早可能开工时间与工序（i，j）的作业时间之和，当若干个箭头指向同一个事项 j 时，则要将若干个箭尾事项 $i(i=2,3,\cdots,j-1,i<j)$ 的最早可能开工时间分别加上工序（i，j）时间 $T_{E(i,j)}$ 后，取其中最大值即为箭头事项 j 的最早开工时间，其计算公式为：

$$T_{S(j)}=\max\ \{T_{S(i)}+T_{E(i,j)}\} \qquad (\text{式 } 11-2)$$

式中：

$T_{S(j)}$——箭头事项 j 的最早可能开工时间；

$T_{S(i)}$——箭尾事项 i 的最早可能开工时间；

$T_{E(i,j)}$——为工序（i，j）的作业时间；

max——表示大括号中各数值取最大值；

$i<j$；$i=2,3,\cdots,j-1$。

（2）事项的最迟必须完工时间。事项的最迟必须完工时间，是指该事项前各工序最迟必须完工的时点，也是紧接该事项后各工序最迟必须开工的时点。事项 i 的最迟必须完工时间用 $T_{L(i)}$ 来表示。其计算的方法是：

从终点事项开始（终点事项的最迟必须完工时间就是它的最早可能开工时间），自右向左按事项编号由大到小沿箭头逆向后退，遵循一定规则逐项相减，直至始点事项；相减的规则是，箭尾事项 i 的最迟必须完工时间等于箭头事项 j 的最迟必须完工时间与工序（i，j）的作业时间之差，当若干个箭头事项 $j(j>i,j=i+1,i+2,\cdots,n)$ 从一个箭尾事项 j 开始，则箭尾事项 i 的最迟必须完工时

间为各箭头事项j的最迟必须完工时间与工序（i，j）作业时间之差的最小者，用公式表示：

$$T_{L(i)} = \min \{T_{L(i)} - T_{E(i,j)}\} \quad \text{（式 11-3）}$$

其中：$T_{L(i)}$——箭尾事项i的最迟必须完工时间；

$T_{L(j)}$——为箭头事项j的最迟必须完工时间；

$T_{E(i,j)}$——工序（i，j）的作业时间；

min——表示取大括号中各数值差的最小值；

$j>i$；$j=I+1$，$i+2$，…，n。

按照这个方法计算，可以得到开始点事项的最迟必须完工时间为零。

（3）事项的时差。某事项的时差，是指该事项的最迟必须完工时间（即其紧前工序最迟必须完工时间或紧后工序最迟必须开工时间）与最早可能开工时间之差。时差越大，则表明该事项可供利用的时间潜力越大，即可利用该事项前后工序的资源去支援关键线路上的各工序，以缩短总工期。事项i的时差用$R_{(i)}$表示，其计算公式如下：

$$R_{(i)} = T_{L(i)} - T_{S(i)} \quad \text{（式 11-4）}$$

（三）网络计划的调整与优化

所谓网络计划的调整与优化，是指在原定的网络计划基础上，进一步统筹安排，以求得工期短、进度快、费用低、资源省的最佳计划方案。它包括时间的调整与优化、资源的调整与优化和成本的调整与优化。

时间的调整与优化，是指以寻找任务完成的最短工期为目的的网络计划调整与优化。有以下几种办法：（1）增加资源投入，压缩关键工序的完成时间。由于关键线路直接决定任务完成的工期，因此，可通过向关键工序增加人、财、物力投入的办法，来缩短关键工序的作业时间，实现缩短工期的目的。（2）优先保证关键工序的人、财、物力资源。在人力、物力和财力资源既定条件下，可以通过挖潜，把有限的资源从非关键工序适度、合理地调整到关键工序上去，从而达到缩短整个工期的目的。（3）将串联作业尽可能改为平行交叉作业。在不增加人、财、物投入情况下，可将串联作业尽可能改为平行或交叉作业，也能达到缩短整个工期的目的。

资源的调整与优化，是指在人力、设备、材料等资源有限条件下，通过调整非关键工序的时差资源，以促进工期内资源（人力、设备）的均匀负荷和高效、合理使用。

成本调整与优化，是指以寻求完成任务或工程的工期最短且所费成本最小为目的的网络计划的调整与优化。我们在对原有网络计划调整过程中，不仅要考虑工期和资源的情况，还要考虑成本，讲究经济效益。比如，为缩短工期，应向哪道工序追加人力、物力投入时，所费成本最低效益最好，或从哪道非关键工序抽调人力、物力时成本最省。因而成本调整与优化的含义是：寻求工期与成本的最佳结合，使之工期尽可能短，总成本尽可能小。

成本调整与优化的步骤是：第一，绘制网络图，找出关键线路；第二，按一定原则进行工期和成本调整。成本调整的原则是，在网络图的所有工序或剩余工序（扣除已选择的工序后所剩余的工序）中，选择直接成本变化率最低的工序进行工期压缩，使工期压缩，此期的直接成本增加额为最小。选择缩短工期的工序，应同时兼顾和遵循“从关键工序入手，但以其极限工期为限”的原则，以提高整个任务或工程工期压缩的有效性。

（四）网络规划技术的应用步骤

网络计划技术的应用是一个过程，它包括确定目标、任务分解、确定各工序作业时间及其相互关系、列出全部工序明细表；绘制网络草图；计算网络时间；确定关键线路；网络计划的调整与优化；选择和绘制最优方案网络图；以及网络计划的组织实施和控制等步骤。其具体步骤如下：

1. 把所要完成的任务（工程、项目等）分解为各道程序并确定完成各道工序所需要的时间，然后按照供需之间的联系和前后顺序列成工序表。

2. 用线段、节点和其他符号来表示工序名称、所需时间以及各工序的先后顺序和相互关系，构成网络图。

3. 通过计算时间参数，求出网络图中的关键路线和关键工序。

4. 根据任务（工程、项目等）的不同要求，在网络图上对计划进行调整，使之达到时间优化（即在一定的成本和资源条件下，使工期为最短）；或资源优化（即在保证工期的情况下，使人力、物力资源的消耗为最少）；或成本优化（即在保证工期的情况下，使费用最低）。

5. 选择最优方案付诸实施，并在实施过程中严格按网络图进行控制和监督。也就是要在抓好关键路线的基础上，合理调配人力、物力、财力，协调生产（工程）进度，控制施工费用（成本），保证按预定的目标完成任务（工程、项目）。

三、线性规划技术

线性规划（Linear Programming）是现代化管理中应用较为广泛的一种数学方

法，它具有适应性强、应用面广、计算技术比较简单、便于利用电子计算机等特点，是一种值得推广的现代化管理方法。

（一）线性规划概述

1. 线性规划问题的提出。在行政管理活动中，经常遇到以下两种问题：一是某项任务确定之后，如何统筹安排，尽量以最少的人力、财力、物力去完成这项任务；二是在人力、财力、物力资源已经确定的情况下，如何安排使用这些资源，才能使任务完成得最好。线性规划技术正是解决这种问题的数学方法。

线性规划，是在一组给定的线性约束条件下，求线性的目标函数的最大（小）值。具体地说，线性规划可以描述为求出几个决策变量 X_1，X_2，…，X_n 的值，这些值使得目标函数 Z 取得最大（小）值。线性规划的数学模型如下：

目标函数：

$$\mathrm{Max}(\mathrm{Min})Z = C_1X_2 + C_2X_2 + \cdots + C_nX_n \quad \text{（式 11-5）}$$

满足约束条件：

$$\begin{cases} a_{11}X_1 + a_{12}X_2 + \cdots + a_nX_n \leqslant (=, \geqslant) b_1 \\ a_{21}X_1 + a_{22}X_2 + \cdots + a_{2n}X_n \leqslant (=, \geqslant) b_2 \\ \cdots\cdots \\ a_{m1}X_1 + a_{m2}X_2 + \cdots + a_{mn}X_n \leqslant (=, \geqslant) b_m \\ X_1, X_2, \cdots, X_n \geqslant 0 \end{cases} \quad \begin{matrix} \text{（式 11-6）} \\ \text{（式 11-7）} \end{matrix}$$

其中：

a_i，b_i，c_i 均已知

$i=1$，2，…，m；

$j=1$，2，…，n。

以上（式 11-5）称为目标函数；（式 11-6）与（式 11-7）称为约束条件，其中，（式 11-7）也称为非负条件。满足全部约束条件的决策变量 X 的值，称为线性规划问题的可行解。所有可行解的集合称为可行域。使目标函数达到最大值（或最小值）的可行解，叫作最优解。

2. 线性规划的应用范围。在行政管理中，应用线性规划解决时问题很多，主要有以下几个方面：（1）库存问题。在一定的资金和风险条件下，确定物资的最佳库存量。（2）工作计划安排问题。在一定的人力、财力、物力条件下，如何实现经济效益和社会效益的最大化。（3）各类投资问题。资金总额一定，在利率与回收期不同的项目之间如何投放使用，经济效益最高。（4）财务管理问题。如何组织各种财政资源，才能获得最大利润，如何安排现金的使用，使节余最多，

或支付利息最少，等等。

（二）线性规划的解法

1. 图解法。图解法简单直观，适用于解决只有两个决策变量的线性规划问题。

例：求 X_1X_2 的值，使其满足：

目标函数　　Max $Z=6X_1+4X_2$

约束条件

$$\begin{cases}2X_1+X_2\leqslant 10\\ X_1+X_2\leqslant 8\\ X_1\leqslant 4\\ X_1,\ X_2\geqslant 0\end{cases}$$

图解法一般先确定数学模型的可行域，再从可行域中求得最优解。

建立直角坐标系，横轴表示 X_1，纵轴表示 X_2。非负条件 X_1，$X_2\geqslant 0$ 规定了可行域为第一象限。因为可行解必须满足全部约束条件，所以还需确定其他三项约束条件所限定的可行域。

线性规划定理证明，目标函数的最大值或最小值，总是在凸边形的一个顶点上，每个顶点的坐标值就是一个基本可行解。因此，最优解不必在几乎无限多的可行解中寻找，只要将有限个顶点的坐标值分别代入目标函数，即可在基本可行解中找出最优解。确定顶点坐标 X_1，X_2 的值很容易，解该点的两条交叉直线的方程即可求出来。如求点 G 的坐标值，因为 G 点处于直线 AB 与 CD 的交点上，可解方程组：

$$\begin{cases}2X_1+X_2=10\\ X_1+X_2=8\end{cases}$$

得 $X_1=2$，$X_2=6$

代入目标函数：$Z=6\times 2+4\times 6=36$

同理，可求得 C 点、H 点、O 点的 X 值，代入目标函数，分别为 32、32、24、0。通过比较，当 $X_1=2$，$X_2=6$ 时，目标函数的值最大，为 $Z=36$。这样，最优解就解出。

图解法虽然有直观、简便等优点，但是只能用于三个及以下的变量中，多于三个以上即高维的情况下，它就无能为力了。

2. 单纯形法。单纯形法是线性规划问题求解的一般方法。在管理中，用线性规划求解的问题，变量常达几十个甚至上百个之多。随着单纯形法的不断完善和电脑的应用，使多变量线性规划问题的解决成为可能，从而使线性规划得以广泛应用。

由图解法知道，两个决策变量线性规划问题解的可行域，是一个由约束条件直线方程组成的凸多边形，其最优解在凸多边形的顶点上，凸多边形的顶点称为基本可行解。按照同样的逻辑，三个以上决策变量线性规划问题解的可行域是凸多面体，凸多面体的顶点是线性规划问题的基本可行解。

单纯形法的基本思路，是以某一顶点作为初始解，然后按照使目标函数取增值的方向（求最小值则取减值的方向），通过代数运算转移到紧邻的另一个顶点上。从一个顶点转移到另一个顶点的代数运算称为迭代，通过一连串的逐次迭代，直到找不到另外一个使目标函数更优的顶点，即找到了最优解，迭代过程结束。

运用代数计算单纯形法的顶点迭代过程十分繁杂，而用表格则可以简化运算。这种表格称为单纯形表。

单纯形表的计算过程，一般分为以下几个步骤：

（1）建初始单纯形表。初始单纯形表，取原点作为初始基本可行解。决策变量 X_1，X_2 称为非基变量，而松弛变量 X_3，X_4，X_5 称为基变量。

（2）确定换入变量和换出变量。如果初始单纯形表或变换过程中的某个单纯形表所表示的解不是最优，那就需把某个非基变量变换为基变量。因为从分析目标函数的表达式 $Z=6X_1+4X_2$ 可以看到，非基变量 X_1，X_2 的系数都是正数。如果将非基变量变换成基变量，则目标函数的值就可能增加。从经济意义上讲，基本可行解 $X_{(0)}$ 表示工厂没有安排生产甲、乙两种产品，设备的有效台时都没有被利用，所以工厂的利润指标 $Z=0$。只要安排生产产品甲和乙，就可以使工厂的利润指标增加。由非基变量变换为基变量的变量称为换入变量，原来的非基变量变换成基变量，必然形成原来的某个基变量变换成非基变量，由基变量变换为非基变量的变量称为换出变量。

换入变量的确定：(C_j-Z_j) 有正值时，表明把变量 X_j 变换成基变量能使目标函数变得更优，若 (C_j-Z_j) 有最大正值，把 X_j 变换成基变量则目标函数优化的程度最大。所以，是否需要继续变换单纯形表，以 (C_j-Z_j) 是否存在正值为判断标准，把哪个变量作为换入变量，以 (C_j-Z_j) 的最大正值作为判断标准。

换出变量的确定：把某个非基变量变换为基变量，必然引起资源消耗的变化。因此，换出变量应是资源受限制程度最大的基变量。受限制最大的基变量不仅决定于基变量本身的数值（资源的剩余量），还取决于换入变量的单位消耗量。所以，计算换出变量应为初始单纯形表中 b 列的值除以对应行中变量的系数的商，比较商的大小，把最小的商所在行的基变量作为换出变量。

3. 灵敏度分析。灵敏度分析，是企业经营决策中对影响线性规划问题最优化决策方案实施结果的各种主要因素进行预测的一种模拟性分析。

在本节前面所举的一系列例题中，约束条件的系数和目标函数系数，都是被当作确定的常数。实际上，由于市场需求、技术进步等因素的影响，以及决策者主观愿望的改变，常常会引起约束条件和目标函数的系数的变动。有时还会出现决策变量的增舍。这些变动限制在什么范围内，企业的最优决策不受影响，是企业决策者十分关心的问题。灵敏度分析，就是研究目标函数的系数和约束条件的变化对线性规划问题最优解的影响。

灵敏度分析的重要意义，在于能够确定最优决策方案的可靠性与可行性，使决策方案由被动的事后修订变为有计划的事前控制。企业根据变动因素的定量分析结果，可以对那些影响较大的敏感因素进行重点监测，并选择相应的应变措施，以保证方案的顺利实施。

灵敏度分析常用的方法有：（1）目标函数系数变动的灵敏度分析；（2）非基变量系数变动的灵敏度分析；（3）基变量系数变动的灵敏度分析；（4）引进新产品的灵敏度分析。对最优化方案可能形成影响的因素很多，如增加新的约束条件，资源条件发生变化、增加一道或几道加工工序，单位消耗增减等。这些因素变动的灵敏度分析，计算方法基本上可参照上述运算过程或采用类似计算方法，只是分析过程要根据不同的客观条件和主观要求，具体问题具体对待。

四、目标管理方法

目标管理是根据目标来进行一系列的管理、监督、检查活动，以完成工作目标的现代管理方法，是美国管理学家杜拉克于 1954 年首先创立的。目标管理的基本内容是动员全体职工参加目标制定并保证目标的实现。

（一）目标管理及其意义

目标管理就是指组织中的上级和下级管理者共同制定目标，明确责任，并为实现该目标而进行组织、指导、控制、激励和检查工作的过程。具体说，目标管理就是根据上级的要求和依据社会环境的变化及内部条件的可能，制定一定时期的组织目标，并加以展开、落实到所属的各部门、单位及其工作人员，分别确定他们各自的目标，然后再运用各种管理方法，围绕目标的实现开展工作，通过目标对所属的组织及工作人员进行管理。

推广和应用目标管理方法，对于发挥各级行政管理人员的积极性，改善上下级的关系，明确各自的工作，提高行政管理水平等，都具有重要的意义：实行目标管理能够创造一个良好的环境，使各级领导干部不是单凭职务、权威、地位和威严去领导下级，而是以相信群众、依靠群众来实现领导，从而改变领导观念和领导作风；实行目标管理把总体目标分解，落实到每个工作人员身上，使他们工作有方向、有奔头，从而充分发挥工作的积极性和主动性；实行目标管理使每个行政人员的任务与职责明确化、具体化，杜绝职责不清、相互扯皮、办事拖拉等弊端，从而提高整个行政组织的管理水平。

（二）目标管理的类型

1. 组织中心型。它是以组织的系统化与目标连锁的展开为重点的目标管理。其特征是：将整体划分为众多的个体，即将组织的总目标一次转化为部门、单位和个人的子目标，从而形成组织目标链。然后通过这个目标锁链，委托必要的权限，实行分权制。这样，就把组织的最高领导层和基层有机地联系起来，把组织的全部力量拧成一股绳，使力量往一处使，共同完成组织的总目标。

2. 个人中心型。它是以激发个人动机、开发个人能力为重点的目标管理。其特征是：目标自下而上形成，由执行者自觉地制定；在高度自觉和负责的基础上，充分发挥个人的自主性和创造性；目标成果自我评定。

3. 成果中心型。它是以组织追求的最终成果为重点的目标管理。其特征是：组织总体目标的展开并不落实到个人身上，而是落实到取得成果的责任单位；目标值是由有关单位摊派的定额表现出来的；目标完成的程度通过一定数字去掌握。

在行政管理的实际运用中，一般都是把三者融为一体，变成综合型，即以最终成果为目标，形成组织保证体系，发挥个人的能动性的目标管理。

（三）目标管理的特点

1. 强调以目标为中心。一切管理行为的开始是确定目标。执行过程也以目标为指针，工作结束后又以目标的达成度来评估优劣，所以，目标贯穿在整个管理过程中，是管理者处理一切问题的准绳。

2. 强调整体性管理。目标管理中的目标是统一的。组织的总目标要分解为具体目标，只有实现具体目标才能完成总目标。但是，具体目标的确立与划分必须以总目标为依据，以有利于总目标的实现为原则。因此，总目标同具体目标是融合于一体的。目标管理的这个特点，有利于通过目标分解，将组织中的每个成员都纳入目标体系之中，使得工作都直接或间接地同总目标发生联系，受其制约，以促进他们共同努力，相互合作，协调一致地去完成组织目标。

3. 实行参与管理。目标管理，实际上也是一种参与管理制度。在目标管理的实施过程中，它动员全体人员参与管理，通过上下的充分协商、讨论和交流，把自上而下的目标分解同自下而上的目标期望结合在一起。这就要求上下级共同制定工作目标，而在制定目标时，既要反映组织的利益，又要尊重目标执行者的愿望。这样，就会使他们在思想上感到自己受到尊重，从而增强管理的责任感，提高管理兴趣，看到自己在管理中的作用。

4. 实行“自我管理”和“自我控制”。目标管理是一种自我管理。目标的制定实行的是上下协商，自行制定，目标的制定者同时也是目标的执行者；在执行目标的过程中，上级一般根据“例外管理”的原则对重大问题进行适当的控制，更多的是让执行者进行“自我控制”，因而它能够促使执行者自觉地以目标本身的要求作为自己管理行为的准则，把隐藏的潜在能力发挥出来，由自我控制代替被人把持，由自我管理代替被动从属，将上级任务变为自我的目标，做到在各自的岗位上以主人翁的姿态自主自觉地去追求目标的实现。

5. 重视成果的管理。目标管理非常注重目标的实现，重视目标成果的评价，被称为“注重成果的评价方式”。目标管理对目标的实现和成果的评价方法，规定得简单、具体、明确、易行，并把目标实施情况和成果的评价作为对人员绩效考核、升降任免和奖惩的依据。这种重视成果的管理，有利于打破平均主义，激励成员的工作热情，促进成员的勤学和潜能的开发，充分调动成员的积极性、主动性和创造性，从而提高工作效率。

（四）目标管理的程序

1. 制定目标。首先由单位负责人根据上级机关下达的工作要求，在充分听取下属意见的基础上确定单位目标。目标的展开必须能够明确划分各部门以及个人之间的职责范围，采取上下结合的方式进行。当子目标由下级提出时，必须经过上级进行纵向和横向的协调，综合平衡后予以确认。确定目标是实行目标管理的第一个步骤。

（1）目标的种类。目标管理中的目标是多方面、多层次的。从不同角度划分，可分为不同种类。①按照实现范围划分，有组织总目标、部门目标、单位目标和个人目标。②按照性质划分，有战略目标、管理机制目标、技术目标、控制目标、一般目标、可比目标和潜在目标等。③按照内容划分，有整体目标和个体目标。④按照时间划分，有长期目标、中期目标和短期目标。

（2）确定目标的原则。一般来说，确定目标应遵循如下原则：①整体性原则。确定组织的总目标，首先要以党和国家的路线、方针、政策以及有关的法律为依据，以社会效益为前提，对组织的发展规划及管理活动中的现状等均作统筹考虑；其次，要使组织中的各部门、单位和个人的目标，与总目标相结合，形成系统的有机整体。②关键性原则。所制定的目标必须按照重要程度分成等级，使目标主次分明，重点突出，有意识地引导下级单位和个人，抓住全局性的关键的问题。③激励性原则。所确定的目标要具有充分激发下级工作欲望的作用，使得他们能够充分发挥自己的工作积极性和才智。为此，就要把目标化为个人的自觉行动，而不是单纯的自上而下的安排任务。④动态平衡性原则。所确定的目标必须适应环境的变化，注意及时改进目标和协调平衡，避免目标之间相互牵制或影响，在多变的现实中，必须以变应变，在动态中实现目标总体的平衡性。目标平衡包括社会政治、经济发展与组织发展；各部门之间、各单位之间、总目标与子目标、有形成效与无形成效、实现目标的时间及程度等。⑤先进可行性原则。所谓先进，就是说目标要具有“挑战性”，它应当略高于执行者的一般能力水平，否则就会降低整个组织的效率。所谓可行，就是说，目标必须是经过一定努力就能够实现的，否则就会挫伤下级的积极性。⑥期限适中性原则。所确定的目标应定量化、具体化，时间明确，便于考核和评价。目标的期限应长短适宜，统筹兼顾，短期目标应有长期观点，要符合组织的长期规划的要求；长期目标应分段实施，以保证整体目标的实现。

2. 目标实施。目标是实施目标管理的重要步骤。这个阶段的工作内容主要包括三个部分：一是通过对下级人员委以权责，使每个人都明确自己在实施总目标中应负的责任和拥有的权力，让他们在工作中实行自我管理，独立自主地完成个人目标；二是加强与下级的意见交流，进行必要的指导；三是加强检查监督，一方面是目标实施者自己检查督促，另一方面是上级机关检查督促。要严格按照目标实施计划的要求进行工作，使每个岗位都能有条不紊地开展工作，保证各项目标的顺利完成。

（1）权力下放，自我管理。目标实施的显著特点，在于靠下级执行者自我管理，自主自觉地实现目标。具体地说，就是在各个分目标明确以后，拥有权限的上级要根据实现目标的需要授予下级相应的权限，给予充分的信任和支持，让他们自主地行使自己的权限，判断情况，解决问题。下级执行者在执行目标时，要周密计划，创造条件，根据自我控制的原则进行工作，一方面要按照目标的要求自觉地对照检查行为，另一方面要掌握能使自己做出正确判断和采取行动的信息情报，充分行使上级授予自己的权力。只有如此才能有效地推行目标管理，并是每一个下级执行者的能力随着新目标的实现不断得到开发。

（2）掌握进度，领导者管理。目标管理强调下级执行者自我管理，但是，上级领导者仍要加强管理，即从宏观方面进行指导：

掌握各自目标的“代表”情况。把各个目标中的实施情况同原定的目标计划相对照，检查和分析目标的落实情况，达标程度和计划进度，以推进目标管理的健康进行。

了解各目标的平衡情况。组织的总体目标是由各分目标组成的，任何一个分目标的失利都将影响总体目标的实现。因此要站在全局性的角度，对各目标特别是关键项目进行调查了解和分析研究，随时掌握目标的方向及进度，防止出现偏离和差错，组织力量搞好周、旬、月、季等目标的动态平衡，并随时准备采取措施给予必要的调整。

（3）建立检查考核与管理制度。建立检查考核与管理制度是目标实施中的重要环节，没有检查考核与管理制度，就会使目标管理流于形式。具体方法有：

建立目标值累计统计制度。实现目标管理，强调数量化、科学化，特别要加强基础统计工作，只有把目标管理建立在定量地累积工作基础上，才能使目标管理科学化。

建立目标项目数量化统计管理制度。为了便于统计考核目标实施的进度，对各分目标的项目，主要措施、过程标准、目标完成情况都要进行数量化登记。建立多少目标，每个目标中有多少项目，制定多少措施，完成程度如何等，每月要逐级上报，实行数量化的项目统计管理。考核指标：

$$\text{月目标值实现率} = \text{当月目标完成项数} \div \text{当月目标总项数} \times 100\%$$

目标管理是系统性和科学性较强的活动，需要具体全面的考核。因此，建立统计管理制度，有利于促进组织目标的实施，使目标管理成为正常的管理秩序。

3. 目标成果评价。

（1）目标成果的评价。主要是检查目标管理的执行情况，总结经验，找出不足之处，作为制定下一个目标的依据，并把成果评价与人事考核结合起来，作为奖励和晋升的依据。

目标成果评价的具体办法是：按照目标的达到程度、目标的复杂程度、目标实施中的努力程度三种基本因素及目标成果评价修正部分进行评价。其中，修正部分是指在目标实施过程中，由于条件变化、责任关系或其他原因，而对目标所作的修改之处。这种办法用公式表示就是：

$$\text{综合评价成绩} = A \times B \times C \pm \text{修正部分} \qquad \text{（式 11－8）}$$

其中：

A 是指目标达到程度

B 是指目标复杂程度

C 是指目标实施中努力程度

（2）目标成果评价的主要步骤。首先，目标执行者自我评价。目标执行者在自我管理、自我控制中完成目标以后，要根据目标标准和自己完成目标的实际程度，进行自我评定，将评定的成果填入目标卡片，并要注意总结经验教训，进行自我检查。主要是说明制定目标水平的高度、完成目标的实施方案、手段等是否合适，条件变化程度和努力情况如何等，以为今后自我学习提供依据，并为下期的目标管理奠定基础等。其次，个别协商，大家评价。个别协商，主要是指上下级之间对目标成果评价意见的交流；大家评价，是让大家结合组织总体目标完成情况对个人目标成果进行全面测定和评价。采取个别协商、大家评价这种方法的最终目的，主要是为了对执行者进行指导，是指恰如其分地评价成果，共同分析研究造成失败和产生缺点的原因，找出改进的办法，鼓励下级为达到今后的目标继续努力，自觉积极地提高自己的能力。再其次，依据目标结果进行奖惩。要把评价的目标结果反映到人事考核上，作为今后工作人员的任用升降和奖惩的依据。目标管理强调的是以奖励表彰为主，以处罚为辅。这里更重要的是启发本人自我检查，寻找出来完成目标的方法，谋求改进措施，激发制定下一个目标的动机。最后，为下一周期提供依据，把在本周期中所总结的经验教训作为目标管理的下一个周期的依据，开始新的管理循环过程。

五、民意测验方法

民意测验作为调查研究的一个重要工具，早在美国南北战争（1861～1865年）以后就开始使用了。它的最初形式是地方报纸为了追求新闻的趣味性在总统选举之前，举办模拟的选举。后来，乔治·盖洛普于20世纪30年代创立了美国民意测验所。在1936年美国总统大选时，成功地预言了罗斯福的当选。从此盖洛普的名声大振，他的调查所由此也成为世界上著名的民意调查机构。民意测验在中国的兴起，是在20世纪70年代末80年代初。当时《大众电影》、《大众电视》在全国开展了电影“百花奖”、电视“金鹰奖”等评选活动，实质上这就是民意测验，并且一开始就深入到了我国的政治经济领域。民意测验法作为行政管理的一个重要方法而日益受到重视。

（一）民意测验的实施

1. 设计民意测验表。完整的问卷设计，包括引言、注释、问题、回答方式及结束语的设计。其中民意调查的问卷设计还要考虑它的一些特点，如所提问题要是广大群众最关心、最熟悉的问题，问题不宜太多，且多以情感类、态度类问题为主等。总结以往测验的经验和教训，以下一些问题值得注意：

（1）充分考虑被调查者的实际能力和条件。这里的能力包括阅读能力、理解和表达能力、文化知识水平等，凡不太容易理解或不太可能回答的问题不应提出。如向普通市民询问“我国物价指数编制的方法是否科学?”，“您对我国在本世纪中期 GNP 达到中等发达国家的水平有信心吗?”等，这里“物价指数”是很专业化的词汇，不能要求大众都懂。又如向未通电地区人们询问“您愿意购买国产家电还是进口家电?”，向未婚人士询问：“您认为独生子女家庭教育的难点是什么?”等，也是脱离实际条件的。

（2）语言简单易懂、标准规范。民意测验的问题一般是广大群众最关心、最熟悉的问题，只有这样才有可能形成“民意”，才需要进行调查。所用的语言一定要简单易懂、标准规范。也就是一个问题对每个应答者而言，应该代表的是同一件事，应该只有一种解释。

（3）问题的内容要具体、单一。首先，所提的问题要具体，不能含糊。其次，要避免多重问题，也就是问题要单一，一问一答。问句中若包含过多的询问内容，不但会使回答者混淆不清，也会给统计计算和分析带来困难。

（4）提问不能带有诱导性和倾向性。在提问时，调查者的态度要“执中”，不能流露出自己的倾向或暗示。如果问句中所使用的字、词或语气暗示出调查者自己的观点的话，就会影响回答者的答案。

要求回答者在不同的意见中做出自己的选择，比原问题中那种单方面的陈述更能起到客观的、中立的作用。心理学实验证明，人们往往有一种从众心理，在这种心理支配下，应答者可能做出赞同多数人主张的回答，但却不一定是他自己真实的看法。因此，提问时要使用中性语言，避免使用“多数人认为”一类的词语，也不要使用“您对……赞同吗?”或“您对……反对吗?”的问法，以免被对方从中看出倾向性，还应避免出现权威的或享有盛誉的人或机构的名称，更不要直接引用他们的原话或意思，以免使应答者想到应答什么或不应答什么。

（5）对于风俗和民族习惯中忌讳的问题、个人隐私问题、有碍声誉的问题等，调查时一般应予避免。因为对于这类问题，应答者有一种本能的自我防卫心理，其结果要么不予回答，要么不真实回答，有的还会引起应答者的反感。

（6）问题的排列要恰当。如果问题排列不当，会影响被调查者的顺利回答，甚至影响自填式问卷的回收率。一般来说，对同类问题要集中排列，这样便于被调查者答完一类问题再答另一类问题，使回答人在应答过程中的思路不致经常中断和来回跳动。同时，问题的排列还应先易后难、由浅入深，以减少在遇到较繁杂的“难题”时而产生退缩或中止作答的念头。除了以上问题设计中要注意的几点以外，回答方式的设计同样也是十分重要的，而且具有相当的难度。

2. 问卷设计应遵循的原则。

（1）所列答案应包括所有可能的回答。只有将全部答案列出，才能使每一个应答者都有答案可选，不至于因为所列答案中没有合适的可选而放弃回答，有时为了减少答案个数，也可用“其他”概括之。

（2）不同答案之间不能相互包含。一个问题所列出的不同答案必须互不相容，互不重叠，否则应答者则可能做出有重复内容的双重选择，影响调查效果。

（3）答案要与问题一致，避免答非所问。

（4）每一项答案都应有明显的填答标记，答案与答案间留出足够的空格。

（5）答案中，一般都设计有“无所谓”、“不知道”、“一般”之类的模糊型项目，以便使持有这种态度的人或不太了解情况的人能真实地表达自己的看法与感受。

总之，民意测验的选题要恰当，提问不应太多，应该包括观点、看法、意见、建议、态度、情感等各种主观认识和感受为主的内容，回答方式简明，选取的被调查者具有代表性，要讲求时效性。

（二）民意测验结果的应用

要搞好民意测验必须在范围、基数等方面进行把握。

1. 民意测验的范围。民意测验的范围确定是民主建设的基础，确定得好，就能准确地反映民意。一般来讲，民意测验的范围确定应体现如下原则：一是要体现推荐者的代表性与广泛性。这里的代表性、广泛性是指参加民意测验的人必须来自各个方面、各个层次，要最能代表群众的大多数。二是要体现推荐意图的准确性与真实性。这里的准确性、真实性是指参加民意测验的人要能准确、真实地表达自己具有代表性的意图。三是体现推荐的公正性与严肃性。这就是说推荐者要能站在客观公正的立场来分析问题，而不能过多地介入个人的感情色彩。依上述原则，干部任免应依不同的情况在不同范围内进行民意测验。单位负责人的民意测验应根据人数的多少在单位全体职工或职工代表大会中进行，可附带进行个别走访。单位党组织负责人的产生，除党员代表大会选举外，如系届中调整，也应在相应的范围中进行民意测验。单位中层干部的民意测验除本部门的全体工作人员参加外，应请其他部门负责人和相关部门人员参加，并征听直属单位负责人的意见。单位党务部门负责人的民意测验除本部门工作人员外，一般应扩大到全体党务和直属各单位党组织负责人。

2. 民意的基数。民意基数是指事先预定的、能够反映大多数群众意见的、推荐者赞同的最低比率。民意基数的大小体现群众的信赖程度，因此，它是确定考察对象的重要标准。民意测验分为直接推荐和在候选人中进行推荐两种不同的方式，民意基数应按测验方式的不同而确定不同的标准。直接推荐是指群众依据组织人事部门公布的拟任职务和拟定的任职条件进行直接提名从而确定考察对象的民意测验方式。一般而言，拟定的任职者应具备的基本条件内涵越大，符合任职条件的人就越少，那群众就没有选择的余地，也就无所谓反映群众意见了。直接推荐的民意基数，应依符合任职者条件的人数而定。我们认为，如果符合拟定任职条件的人数在四人以下，则提名数超过参加推荐人数的50%便可列为考察对象；四人以上（含四人）七人以下，超过40%方可列为考察对象；七人以上（含七人），亦须超过30%。民意测验第二种方式是在候选人中进行推荐，它与直接推荐不同的是候选人已经拟定，只需在拟定的候选人中提出合适的人选，候选人的产生，可由推荐者直接推荐产生，也可由组织人事部门提名，对于实行行政首长负责制的单位，副职亦可由正职提名。无论是哪一种方式产生候选人，都要反复比较、全面衡量，充分考虑群众的意见。实践证明，离开上述标准而仅以得票率高低来确定考察对象，往往容易导致所谓“择优录用”的凑合行为。如果把上述标准与得票率高低结合起来，就能选拔出为多数群众拥护的人选。这就是说，确定民意基数可以帮助我们在选拔任用干部时把好质量关。

3. 民意测验结果的应用。民意测验的结果是考察干部的重要依据，但是作为这种重要依据的结果是否公开，不同的单位因实际情况的不同可能答案也不尽一致，因为是否公开，采取何种方式公开是一个因情而异而又很难把握的问题。目前，绝大部分单位在绝大多数情况下是不公开的。

民意测验的公开，有不利的方面：对票数接近的几个人，选拔一个人，可能会打击另外几个人的积极性，由此产生的对立情绪，会给被选拔者的工作带来困难和阻力；对极个别同志票数较高但确实不适合担任领导干部，应当否定因为公开了而又不便否定，只好“以票取人”，唯群众意志论，从而给工作带来被动局面。但也有其有利的一面：群众认为党组织选拔任用干部时是尊重民意的，是民主的，是可信任的，从而真正拥护、支持被选拔者开展工作；被选拔者也会胸中有“数”，并自觉置身于群众的监督之下，自觉走群众路线，从思想和行动上真正做到邓小平同志倡导的“领导就是服务”。

六、概率统计方法

根据部分资料推断总体特征的抽样法，就是概率方法。概率论的产生为抽样法的理论和方法奠定了科学基础。

（一）概率的含义

1. 概率的含义。在概率论中，把一定生活条件下可能发生也可能不发生的现象称为随机现象。这种随机现象都具有两重性，即依次观察时的不确定性和大量观察时的规律性。

随机事件的特点是可能发生，也可能不发生。有些事件发生的可能性大，有的事件发生可能性小。在管理中，管理者有必要知道某些事件出现的可能性有多大，并希望这个可能性有数值表示出来。在概率论中，把描述随机事件 A 在观察中发生的可能性大小的数值称为随机事件 A 的概率。它可以记为 $P(A)$。

概率具有以下基本性质：

（1）概率小于等于 1，大于等于 0，即 $0 \leqslant P(A) \leqslant 1$。

（2）必然事件的概率为 1，不可能事件的概率为 0。

随机事件的概率反映了大量现象中的某种客观属性，这种客观属性与人的主观愿望无关，不应该把概率看作是人对个别现象主观的信念程度。

2. 概率的三种类型。

（1）古典概率。古典概率假设周围世界对事件的干扰是均匀的，但是，在实际生活中，无次序的、不确定性的因素是经常存在的。为了使概率具有广泛的应用价值，必须使用其他方法概率。

（2）相对概率。假如提出这样的问题："某城市一年内火灾损失达到 100 亿元的可能性有多大?"，"某人活到 100 岁的概率是多少?" 等等。显然，这类问题不作大量的观察就很难说明它的概率。因此，人们在回答这类问题时引入了相对频数法。定义相对频数有两种方法：一是在大量试验中观察到某种事件的相对频数；二是在条件稳定的情况下，在一个长时期的过程中，某事件出现的次数所占比重，也就是相对频数。相对频数方法把过去事件的相对频数作为概率，计算某种事件过去发生的频繁程度，把它当作这种事件在未来发生的预计概率。

根据事件的相对频数确定概率的特点，可以通过各种实验来验证。根据试验结果，可以看出，随着试验次数增加，相对频数越来越稳定，所以，相对频数方法存在一个问题：那就是人们往往无法获得所需要的充分数据，也就没有获得充分的确定事件的相对频数资料，导致最后的结论有可能是错误的。

（3）主观概率。在制定决策中，有时候并不完全依赖于事件过去发生的相对频数，而是以个人信念为基础估计概率。这种根据确凿证据对个别事件设计的概率称为主观概率。这里的证据，可以是事件过去的相对频数的形式，也可以是根据丰富经验进行的推断。例如，某部门需要确定在某地区核电站发生重大核事故的概率有多大。虽然没有以前该地区发生核事故的相对频数资料，但是，决策者可以根据过去的经验（包括国内外的经验）和理性的判断来确定核事故发生的主观概率。

（二）概率分布

1. 概率分布。随机变量是指随机试验的结果能够取不同数值的变量。随机变量可以是离散的，也可以是连续的。如果它只能取有限若干个数值就是离散型随机变量；如果它能够取某个给定区间的任何值就是连续型随机变量。

随机变量作为一个值或一个量，之所以称为随机，是因为变量从一个事件转变到另一个事件，而不是按照事先的顺序进行。如，一家超市无法知道下个月的销售额，因此下个月的销售额就是一个随机变量。一个随机变量的取值对应于每个随机试验的全部可能结果的数值。

概率分布就是把变量的所有取值与其对应的概率加以排列而形成的分布。可以用统计图表和公式来表示。

例如，把一枚硬币抛了两次，该试验的可能结果如下表（表 11－1）：

表 11－1　　抛两次硬币的可能结果

抛第一次	抛第二次	抛两次出现反面的次数	四种可能结果的概率
反	反	2	$0.5\times0.5=0.25$
反	正	1	$0.5\times0.5=0.25$
正	反	1	$0.5\times0.5=0.25$
正	正	0	$0.5\times0.5=0.25$

怎样才能把在抛两次所得的可能结果中，反面出现次数的概率分布表现出来呢？首先把不出现反面的结果记录下来，然后重新排列上表的结果，表明了抛两次的是能够期望得到的理论结果（见表 11－2）：

表 11－2　　一枚硬币抛两次反面可能出现次数的概率分布

反面出现的次数	概率
0	0.25
1	0.50
2	0.25

上表说明了概率分布。该表说明随机变量反面出现次数的取值为0～2。根据试验，可以计算出每一种可能取值的概率，从而形成了概率分布，因而概率分布提供了随机变量每一次可能取值的概率。

随机变量的概率分布同统计数据的次数分布是类似的，两者都是为了分析总体的基本数量特征，因此通常把次数分布叫做随机变量的统计分布或经验分布，而把概率分布称为随机变量的理论分布。如果观测到的次数很大，则随机变量取得某一数值的频率便接近于相应的概率，也就是说随机变量的统计分布大致与其理论分布相吻合。但是，次数分布与概率分布两者是不同的。其区别在于：（1）次数分布是在试验之后，把在试验中确定发生的全部结果的观察次数加以排列，而概率分布则是把全部可能试验的全部可能结果加以排列；（2）次数分布所表示的是观察值出现的次数，而概率分布所表现的是各个可能结果的相对次数（概率）；（3）次数分布只能以观察为基础，而概率分布则既可以建立在理论考虑的基础上，也可以建立在对某种可能结果的主观估计的基础上，还可以建立在经验基础上。

研究概率分布的目的是为了分析总体的基本特征。同分析次数分布一样，概率分布也有它的集中趋势和离散趋势，因而也要测定它的平均数和标准差。概率分布的平均数称为期望值，它是随机变量所有可能取值的加权算术平均数，其中的权数就是各种可能取值的概率。

离散随机变量的数学期望的计算公式：

$$E_{(x)} = \sum XP_{(x)} \quad \text{（式 11-9）}$$

其中：

$E_{(x)}$表示随机变量x的数学期望；

x表示各种可能取值；

$P_{(x)}$表示各种可能取值的概率。

随机变量的期望值所代表的是一个随机变量多次试验结果的集中趋势，所以还要用随机变量的方差来反映它的离散趋势。随机变量的方差就是随机变量与其期望值的离差平方和的加权平均数。这里的权数仍然是各随机变量值的概率。

离散随机变量的方差的计算公式为：

$$\sigma^2(x) = \sum [x - E(x)]^2 \cdot P(x) = \sum (x-\mu)^2 \cdot P(x) \quad \text{（式 11-10）}$$

其中：$\sigma^2(x)$ ——随机变量x的方差；

$E(x)$ ——变量x的期望值；

μ——总体平均数。

尽管随机变量的期望值和方差能够描述概率分布的基本数量特征，但在进行推断统计中，还要掌握有关总体的特殊的概率分布。但是，如果对每一个问题都要掌握有关总体的独特的概率分布，是相当困难的。在实践中，人们在统计推断或决策的过程中，有大量情况可以利用一些典型的概率分布作为分析的基础。这些典型的概率分布有二项分布、普哇松分布、正态分布等。其中，当观察数目很多时，二项分布和普哇松分布逐渐近似于正态分布，所以，在本书中只介绍正态分布的特点和用途。

2. 正态分布。正态分布是在统计学中应用最广泛、地位最重要的一种概率分布。第一，它具有的某些特点是它适用于许多必须用样本作出推断的情况。第二，正态分布与许多现象的实际观察的次数分布是非常相近的。例如人的身高体重，生产过程中产品的尺寸大小和产量等都可以近似地用正态分布予以描述。由于正态分布涉及许多数学知识，所以这里就不对其概率分布的数量特征进行推证，只通过描述它的特点来介绍它。

（1）正态分布的特点。

①正态分布是单峰曲线，只有一个顶点。

②正态分布以平均值μ为中心，两边对称。

③对称曲线像钟形在平均值μ的两侧逐渐散开，所以概率分布便形成了以μ为中心的集中趋势，σ为标准单位的离散趋势。

④正态分布中x的取值区域，理论上是无限实数$-\infty < x < +\infty$，随着x距离μ越远，曲线越来越接近于x轴，但永远不与x轴相交。

⑤正态曲线不只是一个而是许多，即每一对μ和σ都可形成一条曲线。

（2）正态曲线下的面积。在正态分布中，不管分布的平均值μ如何，曲线下的面积都代表这个分布的总体，如果以全部面积为1，以曲线下的任何一部分面积作为概率，那么曲线下的面积便具有如下规则性：

①正态分布中大约有68.27%的数值在平均数加减一个标准差范围内；

②正态分布中大约有95.45%的数值在平均数加减二个标准差范围内；

③正态分布中大约有99.73%的数值在平均数加减三个标准差范围内。

虽然正态分布曲线具有这样的规则性，但在具体应用正态分布时，很少使用恰好是平均数加减一个、两个、三个标准差的区间。为了解决这个问题，统计学家设计了正态概率分布表。由于平均数和标准差不同，正态分布便不同，因而也应该设计不同的概率表。为了简化表的结构，设计了“标准概率分布表”，以此来代替其他非标准正态分布表。

（3）标准正态分布表的应用。任何正态分布，尽管参数μ和σ不同，其形状也不同，但分布的随机变量距平均数 μ 的距离如果按 σ 为单位来计算的话则是相等的，它所包含的概率也是相同的。所以，我们可以把计量单位不同、平均数不同、标准差不同的正态分布转化成一个共同的、可度量的标准正态分布，即将服从不同正态分布（μ，σ）的随机变量 x 转化成服从标准正态分布（$\mu=0$，$\sigma=1$）的随机度量 Z。其转换公式为：

$$Z=\frac{(x-u)}{\sigma} \quad \text{（式 11－11）}$$

其中：

Z 为服从正态分布的随机变量；

x 为服从正态分布（μ，σ）的随机变量；

μ 为正态分布的平均数；

σ 为正态分布的标准差。

利用上面的公式可将服从正态分布（μ，σ）的随机变量 x 转化为服从正态分布（$\mu=0$，$\sigma=1$）的随机变量 Z。这样就能直接以 σ 为单位表示出随机变量时 x 与平均数 μ 的距离。

（三）抽样分布

1. 抽样的含义。抽样是从总体抽出一些单位作为样本并根据这个样本的资料去推断总体特征的认识方法。尽管这种方法早已为人们所熟知并应用，但现代意义的抽样却是在概率论出现以后才形成的。概率论的产生使抽样从单位数的抽取、抽样误差的计算到总体数量特征的估计等方面的理论和方法更加科学和完善。

一般来说，根据选择样本单位的方式不同，抽样可以分成非概率抽样和概率抽样。前者是指调查者根据自己的认识和判断选择若干个其认为有代表性的样本单位，并根据这些样本单位的观察结果推断总体，后者是按照随机原则从全部研究对象中抽取一部分单位进行观察，并依据所获得的数据对全部对象的数量特征作出具有一定可靠程度的估计判断，从而达到对全部研究对象认识的一种方法。本章介绍的抽样是指概率抽样。

（1）总体和样本。总体，也称作母体，是指所研究对象的全体。组成总体的各个元素叫总体单位。样本，也称作子样，是指抽样调查时从总体中抽取那部分单位的集合体。由于是按随机原则抽选的，在等概率抽选时，总体中每一个单位都有同样被抽中的概率，因此可以认为样本是总体的一个缩影，样本中包含着总体的有关信息。样本中包括总体单位的数目称为样本容量或样本大小。

在抽样时用来抽选样本的单位称作抽样单位。抽样单位可以是总体单位，也可以不是总体单位。例如，对某市居民家庭进行抽样时，可以用家庭作为抽样单位，也可以用街道或居民小组作为抽样单位，把抽中的街道或居民小组中的全部家庭作为样本，当抽样单位与总体的基本单位不一致时，样本容量是指抽样单位数还是总体单位数，需要具体加以说明。

对于研究某一问题来说，总体是客观存在的，也是唯一确定的，样本是从中抽取的一部分，因而样本是随机的。在上面的叙述中，总体规模大小通常用 N 来表示，样本的容量用 n 来表示。

（2）抽样方法和样本可能数目。在抽样调查中，我们要了解样本是怎样从总体中抽选的，有多少不同的样本可以抽取，这有助于理解抽样的原理。样本可能抽取的数目是与抽样的方式相联系的，抽样的方式根据抽取是每个单位是否允许重复抽取，可以分为重复抽样和不重复抽样。所谓重复抽样是抽取一个单位后，抽选下一个单位时仍然把此前一个已经抽中的单位放回总体中再进行抽取，因此一个单位有重复抽中的可能，也叫做放回抽样或重置抽样。而不重复抽样则是将已经抽中的单位不再放回总体，因而每个单位最多只能抽一次，也叫做不放回抽样或非重置抽样。这两种抽样的方式对可能抽选样本的数目是不同的。从对样本的要求不同则又可以分为考虑顺序和不考虑顺序的两种情况。所谓考虑顺序是指若先抽中单位 A，再抽中单位 B，其样本为 AB；若先抽中单位 B，后抽中单位 A，其样本为 BA，则应该计算两个不同的样本，但若不考虑顺序则可以把 AB 和 BA 看作是同一个样本。把抽选方式和是否考虑顺序结合起来共有四种情况，如表 11－3 所示：

表 11－3　　抽样的四种情况

抽选方式	考虑顺序	不考虑顺序
重复抽样	①	
重复抽样		②
不重复抽样	③	
不重复抽样		④

①重复抽样同时考虑顺序；②重复抽样，不考虑顺序；③不重复抽样同时考虑顺序；④不重复抽样也不考虑顺序。

在抽样调查的实践中，通常只讨论第一种和第四种情况下的可能样本数目，即在重复抽样时也考虑单位的顺序，而不重复抽样时则不考虑顺序。在这两种情况下具体样本的数目还与总体单位和样本容量有关。现在假设从 N 个总体单位数

目抽取容量为 n 的样本。

①在重复抽样和考虑顺序情况下，所有可能抽取的样本数目为 N^n。也可以这样来考虑，在抽取第一个单位时共有 N 种可能性，在放回后抽取第二个单位时也仍然有 N 种可能性，这样依次类推，当样本容量为 n 时，其可能抽取的样本数为：

$$N_n = N_1 \cdot N_2 \cdots\cdots N_n \text{（其中 } N_1 = N_2 = \cdots\cdots = N_n \text{）}$$

②在不重复抽样也不考虑顺序时，则可能抽取的样本数目从 N 个单位中，抽取 n 个单位的组合数，一般写作 C_N^n，抽取第一个单位时，有 N 种可能性；抽取第二个单位时，有 $N-1$ 种可能性；抽取第三个单位时，有 $N-2$ 种可能性。依次类推，到第 n 个时候，就是 $N-(n-1)$ 种可能性。把 n 个单位可能抽中的数量综合到一起，共有 $N(N-1)(N-2)\cdots\cdots[N-(n-1)] = N! \div (N-n)!$ 个可能性。

在这种排列中，把 AB 与 BA 当作两种排列而包括在排列数中。我们现在要求是不考虑只是由于顺序不同而形成的样本。如 AB 与 BA 二者内容相同，只是顺序不同，我们不承认是两个样本，只承认是一个样本。在这种情况下，组合数公式为：

$$C_N^n = \frac{N(N-1)(N-2)\cdots\cdots[N-(n-1)]}{n!} = \frac{N!}{n!\,(N-n)!} \qquad \text{（式 11-12）}$$

（3）总体指标和样本指标。无论是总体还是样本，都需要用平均数、标准差去描述其数量特征。在统计推断中，用来描述总体数量特征的指标称为总体指标或称为总体参数，用来描述样本数量特征的指标称为样本统计指标或称为样本统计量。例如，某市家庭人均收入 15000 元便是总体指标，而一些地区所构成的样本的人均收入便是样本统计量。抽样的任务就是根据样本指标去推断总体指标。

在统计学中，一般用希腊字母或其他大写字母表示总体参数，用英语小写字母表示样本指标，如表 11-4 所示：

表 11-4　　总体指标与样本统计量

类型 名称	总体指标	样本统计量
单位数	N	n
平均数	μ	χ
标准差	σ	s
成数	π	p

应该指出，对于一个具体的总体来说，总体参数是唯一的，总体指标值也是唯一的，但在一个总体中可以抽取许多样本，因而样本统计量的数值是随机的。

2. 总体分布和抽样分布。抽样之所以能够称为一种科学的统计方法，是因为它能够用样本统计量去推断总体参数，即根据样本的数量特征去估计总体的数量特征，那么为什么根据样本就能推断总体，样本的数量特征与总体的数量特征之间存在什么关系，这是抽样理论的基本问题。而解决这一问题的关键在于充分理解抽样分布和总体分布在数量上的内在联系。

总体分布是指总体的次数分布，通常我们使用平均数和标准差去描述它的数量特征。抽样分布是指同一总体中抽取的可能样本的统计量的概率分布，如平均数的抽样分布就是从同一总体中抽取的全部可能样本的不同样本平均数所构成的分布。同总体分布一样，抽样分布也存在着自己的集中趋势，因而也需要用平均数和标准差去描述其数量特征。

关于概率统计的正态总体中样本平均数的抽样分布、中心极限定理、成数的抽样分布、总体标准差未知时的抽样分布等的内容比较复杂，我们在这里就不作介绍了。

本章主要名词概念

行政管理技术方法　系统工程方法　网络规划技术　线性规划技术　目标管理方法　民意测验方法　概率统计方法

复习思考题

1. 什么是行政管理技术方法的科学化？
2. 请你谈谈行政管理技术方法的作用？
3. 主要的传统行政管理方法有哪些？
4. 现代行政管理技术方法的特点是什么？
5. 现代行政管理技术方法主要有哪些？
6. 系统工程方法有哪些特点？应该如何评价？
7. 网络规划技术在实践中是如何应用的？
8. 目标管理方法有哪些主要类型和特点？
9. 请举例说明目标管理的程序。
10. 请说明线性规划的公式及其解法。

11. 什么是抽样分布？如何应用？

［案例分析］

案例一　新加坡信息化整合政府惠及国民①

以电子政府建设引领整个国家信息化建设进程，带动“智慧国”计划的实施，是领先的信息化国家新加坡一路走来的清晰印记。日前新加坡资讯通信发展管理局（IDA）带领10多家信息通信企业赶赴江苏南京，与当地信息产业主管部门及20多家企业热切洽谈电子政务应用等方面的合作事宜。记者适逢其会，借机与他们的领队——IDA中国区司长陈益民展开了对话。面对记者的提问，陈益民的描述不仅充满了对新加坡电子政府一路行来硕果累累的自豪，也洋溢着对当前金融危机下电子政府如何帮助企业降本增效的深刻思考。

一、电子政府新时代：整合2010

新加坡的电子政府发展在世界范围都是独树一帜的，也一直被很多国家所学习、模仿。据陈益民介绍，新加坡的电子政府至今已经经历了四个阶段：1980～1990年是第一阶段，民事服务电脑化项目最先启动，侧重点是通过有效使用信息通信技术改善公共管理，包括将工作职能自动化和减少日常文书工作，该项目实施8年后共精简了5000个岗位，占当时公务员总数的7.2%；90年代初期～20世纪末是第二阶段，工作重心转向连接政府服务与企业，带来了像贸易网络（TradeNet）这样的一系列创举；2000～2006年是第三阶段，这是电子政府行动计划（eGAP）的一期和二期，一期包括电子服务交付、学习性组织、技术实验、改进运营效率、兼容性良好的强健信息通信基础设施建设、一级信息通信技术教育六大战略方向，二期则重点放在将易连接、整合的增值公共服务提供给客户，同时将民众联系得更为紧密。

从2006年开始，新加坡政府提出了一个全新的电子政府发展理念——整合政府2010。陈益民对此解释说，这个五年规划通过充分利用信息通信，增加电子服务的范围和丰富其应用程度，增加国民智慧与意见在电子政府中的参与比例，提高政府的能力与合力，以及增强国家竞争优势。所谓整合，就是从e到i，从电子政府到网络政府，提高公众的满意程度和愉悦度。而要实现这一目标，则必须在推动电子服务数据共享的同时进行流程再造。陈益民介绍数据管理时说，新加坡目前有三大数据中心，采取的方式是：单个部门主营一个数据中心，作为强力领导者。

二、工业化和信息化融合：智慧国2015

新加坡的电子政府发展从来都不是为了电子化而电子化，其电子政府行动计划也好，整

---

① 资料来源：《中国电子政务网》，2009年5月7日。

合2010规划也好，都与新加坡的“智慧国2015”计划紧密结合着。陈益民表示，2006年6月启动的“智慧国2015计划”的发展目标包括：在利用信息通信为经济和社会创造附加值方面名列全球之首；实现信息通信业增值至原来的两倍，达260亿新元；信息通信业出口额增长至原来的3倍，达600亿新元。他希望到2015年，该计划能新增8万个信息通信工作岗位，实现90%的家庭使用宽带，电脑在拥有学龄前儿童的家庭中渗透率达到100%。

就此，记者打趣地问陈益民怎么理解现在中国推进的工业化和信息化融合的战略。陈益民当即表示非常了解和赞同，并指出，其实新加坡的智慧国计划的目标与“两化”融合不谋而合，其重要策略就是要通过信息通信转换重要经济、政府和社会部门的职能，开拓主要经济领域、政府和社会的产业改造，促进经济社会发展。对此，陈益民给记者列举了好几个体现此用意的项目，包括智慧港、贸易网等。

陈益民首先指出，新加坡无处不在的信息通信，高度的手机、宽带、电脑、企业网络普及率，可确保安全的商业贸易，越来越多的跨国企业愿意在设立新IT数据中心。作为智慧国2015关键战略之一的下一代信息通信基础设施计划，就包括下一代国家信息通信基础设施将通过分层管理、规范，以可持续发展、防垄断，可应用于远程医疗、高清视频教学等；还包括无线宽带、无线城市等。

智慧港项目是通过生物识别和移动通信技术强化海港作业能力，新加坡已成为全球首个WiMAXReady海港。2009年，新加坡将部署BunkerNet，这个系统将新加坡所有燃料公司连接起来，并支持世界最繁忙的燃料运营，其中有两项倡议正在考虑，一是使用计量生物学和移动技术，以增强港口运营的效率和安全性；另一项是通过整合终端操作、海运、代销和陆运等商业流程来实现传统散货运营的自动化。陈益民认为，全行业信息通信技术系统的开发和实施，将增强港口之间的连通和交流，提升运营和服务表现，增加港口吸引新业务的机会。

陈益民特别指出，其实新加坡全球领先的电子政府服务也在很多方面帮助企业更好地发展，其以市民为中心的服务体系，建立了1600项政府在线服务，并以Singpass统一认证平台整合多个政府单位的电子服务，可以帮助企业注册、申报、创业、运营，缩短政府层面的流程。陈益民特别提到的贸易网项目，则采用EDI技术实现出入口自动化，使得网上商业执照服务系统具有更强的安全性。在贸易网基础上，第四方物流将得到快速发展，可帮助中小企业转型、走向国际化。

根据上述资料，回答下列问题：

1. 新加坡信息化的措施有哪些，如何惠及国民？
2. 结合所学知识，谈谈新加坡信息化给我国政府信息化建设的启示。

案例二　电子政务还需加把劲①

由中央国家机关58个部委信息主管部门联合发起，信息产业部信息化推进司指导，政府

---

① 《市场报》，2004年7月6日第四版。

上网工程服务中心主办的“2004全国电子地市电子政务应用调查及推广会议”日前在信息产业部召开。据了解，本次活动是继2003年政府上网工程服务中心举办中央国家机关55个部委办局信息化调查推广后，面向全国各省市政府的大型电子政务应用调查和推广活动，迄今已有27个省级政府信息化主管部门作为组织单位，500余个地市政府报名参加。目的在于积极推行务实电子政务，推动地方各级政府网站、数据库和业务应用系统建设，增加地方各级政府网站的便民服务应用项目，增强服务功能。

1. 政府网站是便民服务。自1999年至今，我国各级政府门户网站的建设已经步入了第5个年头。据CNNIC最新数据显示，xx. gov. cn的域名注册已经超过1万个，到如今我国绝大部分各级政府都已经建立了自己的门户网站。但是信息产业部信息化推进司司长季金奎指出，从整体上看，我国电子政务建设仍处于初始阶段，存在一些问题，主要有：网络重复建设，结构不尽合理；业务系统水平低，应用和服务领域窄；信息资源开发利用滞后，互联互通不畅，共享程度低；标准不统一，安全存在隐患，法制建设薄弱。我国依然有这样一部分政府网站，除了一些简单的内容发布外，就是相关职能部门的组织机构介绍和联系方式，形象工程依然是部分政府上网的初衷。政府网站是电子政务的一个组成部分，政府门户网站正日益成为便民服务的主要窗口，各项电子政务应用的整合通过政府门户网站进行。进一步提高各级政府门户网站电子政务应用的水平，已成为衡量各级政府服务社会功能的一个重要指标。

2. 推动政务改革的重要动力。今年7月起正式实施的《中华人民共和国行政许可法》中规定：“行政机关应当建立和完善有关制度，推行电子政务，在行政机关的网站上公布行政许可事项，方便申请人采取数据电文等方式提出行政许可申请；应当与其他行政机关共享有关行政许可信息，提高办事效率。”为了落实行政许可法，相关管理部门集中办公的各窗口单位，应该创建统一的数据交换平台，实现网上并联审批，简化手续，优化程序，提高时效。新的通用电子政务系统将替代原有的旧的独立系统，可实现审批全过程的电子化，届时用户可利用因特网就地、就近申报，承办单位在网上予以受理，经政务外网和政务内网办理，后从因特网上反馈结果或查询进度。如同电子商务深刻的影响企业的生产经营方式一样，电子政务必然对政府自身的组织结构、运转方式、工作机制和行为模式以及政府和其他实体间的相互关系产生重大而深远的影响。电子政务对落实行政许可法、推动行政审批改革起着重要作用。

3. 要投入更需细致调研。值得欣喜的是，有一些政府的门户网站已经开始摆脱最初的、以发布信息为主的、注重“政府网上形象”的建设阶段，而向更实质性的有效服务社会的方向转变。政府门户网站开始加载了更多的便民服务功能，如北京的首都之窗已经可以实现近百种的网上办公业务，四川成都的门户网站也有几十种的便民服务内容。政府门户网站上的这些便民服务“小窗口”，背后必须有一个强大的系统运行支持、有良性运行的庞大数据库支持。也就是说，每一个政府网站上的便民“小窗口”都可能涉及不同职能部门间的政务流程改进、数百万甚至数千万元的信息系统建设投入。这也就是为什么不同政府门户网站所加载的便民服务内容有多寡区别的主要原因，大家可以发现，越是经济发达地区的地方政府，其电子政务建设的投入越多的地区，其政府门户网站上便民服务内容越多。据了解，为建设这近百个应用功能，首都之窗已经投入了几十亿的费用。要真正达到多数政府门户网站可以很好地服务于社会的程度，据有关专家估计，将会在未来 2 ~ 3 年中增加数千亿元的电子政务建设投入。

除了资金投入，还应该有细致实用的调研评测工作。例如，一些机构在没有科学的评测指标条件下，却经常热衷于组织相应的政府网站评比，简单地将网站的点击率当成衡量政府网站成功与否的标准。殊不知，政府网站是一种特殊的网上应用，岂能凭印象来打分。

根据上述资料，回答下列问题：

1. 电子政务作为一种行政管理技术，具有什么推广价值？
2. 建设电子政务需要什么样的条件和环境？

第十二章　行政效率

本章学习提要与目标

本章主要介绍了行政效率概念的历史沿革及其含义、行政效率的效益、经济和时间三要素、行政效率在管理中的重要地位；行政效率测定的原则和标准以及测定行政效率的方法；影响行政效率的主要因素，分析了我国行政效率的现状，并提出了提高行政效率的方法建议。本章重点：行政效率的含义及其三要素，测量行政效率的标准和方法，影响行政效率的主要因素和提高行政效率的方法。本章难点：衡量行政效率的标准和行政效率的测定以及提高行政效率的方法。

第一节　行政效率概述

一般来讲，行政效率指的是，国家行政机关及其行政人员，在单位时间和空间内从事行政管理活动的过程中，所获得的改造主观和客观世界的实际效果与所付出的人力、物力、信息、时间等要素的比率。以较少的代价获得较好的效果的，效率就高；反之，效率就比较低。

一、行政效率的含义和特点

（一）行政效率的含义

效率是行政管理学研究的核心问题。效率源于拉丁文，本来是指有效的因素，而人们一般从常识上把它理解为“适效地达到目的的适应性和能力”。到19世纪，它才作为一个科学名词应用于电学和机械学领域，指的是输出的能量与投入的能量之间的比率。由于功能转换时必然有一部分被摩擦、阻抗、辐射等原因消耗，因而这种比值必然要小于1。一般用百分比来表示：

效率 = 输出能量/输入能量 × 100%　　（式 12 – 1）

进入20世纪，效率这一概念被逐渐引入到社会活动领域，它泛指社会活动所取得的结果和所消耗的能量的比率。人们常用它来考察社会活动的有效程度。随着科学管理的推广，效率概念逐渐被引入管理领域。

最初，人们考虑得比较简单。在行政管理中，由于一定的行政活动在单位时间和空间里总会创造出一定的社会效果，同时付出一定的消耗，因而把人力、物力、时间看作是决定行政效率内容的三要素。产出与投入、收入与支出、成果与成本之间的比率成为检验和衡量行政效率高低的根本标准。用公式可表示为：

行政效率 = 产出/投入 × 100%　　（式 12 – 2）

这说明，凡是以一定的消耗取得最大的社会效果，或者在取得一定的社会效果下花费最小的耗费，效率就高，反之则低。效率把行政管理中的人力、物力、时间和信息的投入与消耗以明确的百分比关系表示出来。

但是，人们在管理中逐渐发现这一观点具有明显的缺陷。如果要做到测度准确必须数据齐全、准确，信息沟通渠道畅通，随时对支出和消耗做出准确的记录，测定标准也必须一致。这种方法很难精确地计算出那些不能以数目计量的、无形的价值因素，如环保、文教卫生投资、治安管理、公共福利等。由于行政工作包含着许多复杂而又抽象的劳动，很难用数字来计算其效率。

有学者提出用功能效率的观点来衡量效率的高低，也就是从行政管理的社会效果来衡量，看其是否完成了工作任务，实现了预定的目的。功能效率观是把价值工程分析的方法引进行政管理的结果，说到底就是指行政管理所产生的社会功能的程度。社会功能的高低成为衡量行政效率高低的尺度。如行政管理中为满足社会公众的需要而提供的公共服务，经过功能分析就可以分清哪些是必要的，哪些是多余的，从而排除那些多余的功能以减少不必要的费用，是行政管理的服务价值的提高。它意味着提供服务的合理化，包括服务结构的合理设计、劳动和物质资源的合理使用等，以求得社会需要的最大满足。可见功能效率是效率概念的扩大，不仅适用于有投入量和产出量进行比较的劳动生产率方面，适用于由成本与货币收益进行比较的企业利润方面，而且适用于由耗费和社会效果进行比较的非营利性的很难计算管理效益的事物方面。根据价值工程分析方法，功能大小与消耗费用的比率就是衡量行政效益的标准。其公式可表示为：

行政效益 = 行政社会功能/行政耗费　　（式 12 – 3）

凡是耗费少的，所得功能大，行政效率就高，反之就低。功能效率观念的行政效率首先强调的是行政效果与行政目的之间的质的对比关系，其次强调的是行政耗费与社会功能之间的量的对比关系。根据功能效率质的规定性，可见行政效率是一个非常复杂的综合指标。但是功能效率也有其局限性，它对于其中的无形消耗、无形效果，间接消耗、间接效果，特别是行政管理的社会需要、社会价值，不可能完全利用价值工程分析方法测量计算。

有的学者提出了系统效率观。系统科学的发展给行政效率注入了新的含义，即行政效率是整体效率、系统效率。这种整体效果是数量与质量、功能与价值、宏观与微观的统一。它的效率原则是以最少的劳动和费用获得最大的效果，取得整体最优化。系统效率的这种"三统一"是有层次区分的。一是决策层，主要是通过计划、决策、协调、控制和沟通等全局性工作来追求系统的组织效率以实现整体目标。二是管理层，主要是依据上级的决策任务，通过分工合作、指导、检查、监督等职能活动，实行全面的组织与管理，追求经济有效的管理效率，以确保组织目标的全面实现。三是执行层，主要是全面执行上级决策，力求以最少的人力、物力、财力和时间投入来完成工作任务，实现最高的工作效率，也就是为了有效地实现组织目标而追求个体效率。三种效率层次不同，其决定因素也各不相同。组织效率主要决定于有效地制定决策和实施反馈控制；管理效率主要取决于综合协调组织管理能力；执行效率则侧重于操作技术和办事能力。但是这三个层次不管怎么样划分都是一个整体，他们彼此相关，互相依赖，只有全面实现三个层次的效率，才能获得组织的整体效率。

还有学者提出了机械效率观。这种观点把人力、经费、时间看作是决定行政效率的三大要素。产出与投入、收入与支出、成果与成本之间的比率成为检验和衡量行政效率高低的最高标准。用公式表示为：行政效率 = 产出/投入 × 100%。这说明，凡是以一定的消耗取得最大的社会效果，或在取得一定的社会效果下花费最小的消耗，效率就高；反之，效率则低。机械效率观是一种基本的效率测验标准，它把行政管理中的人力、物力、财力、时间和信息的投入与消耗以明确的百分比关系表现出来。

至于效率的内涵，有广义和狭义之分。总起来看，中国学术界倾向于对行政效率作广义的理解。多数学者认为，行政效率不仅仅体现在时效、速度和理想的产出与投入的比率上，"更重要的是体现在社会效益上"。他们普遍认为，行政效率是"数量和质量的统一，价值和功效的统一"。[①] 中国台湾省的学者认为绩效与生产力的概念相同，它是效率和效能的综合评价量。"效率指产出与投入之间

① 黄达强：《行政学》，中国人民大学出版社 1988 年版，第 365～366 页；夏书章：《行政效率研究》，中山大学出版社 1996 年版，第 3 页。

的比较情况，着重数量层面；效能则指目标达到的程度，着重品质层面”。①

而西方学者对效率的界定多倾向于狭义的解释，即认为效率只是广义的绩效（performance）或生产率（productivity）的组成部分。如著名的管理学家孔茨指出的，“生产率”这一概念反映了个人和组织绩效的多个层面，包括效益和效率。“效益指的是目标的实现程度，而效率则是用最少的资源达到既定的目标”。② 行政管理学家奥斯特洛姆从“成本计算”的角度界定效率，认为效率意味着“用最小的成本达到既定的目标，或者成本既定时产出最大”。③ 西方政府基本上是从狭义上理解行政效率的。英国政府运用“绩效”概念衡量政府行政活动的效果，它包括经济（economy）、效率（efficiency）、效益（effectiveness，另译效能）三项主要内容。其中“经济”涉及成本和投入之间的关系，“效率”涉及投入和产出之间的关系，而“效益”则涉及产出和客观效果之间的关系。④ 其他经济合作发展组织成员国在绩效的涵盖范围上也有所不同，但在实践中都把效率和效益分开来测定。⑤

总起来讲，对于行政效率，目前还没有统一的认识和普遍接受的理论。但多数学者认为，行政效率是在行政管理中投入的工作量与所获得的行政效果之间的比率，是人们在单位时间内和空间内开展行政活动，获得改造客观世界和主观世界的社会效果。简而言之，行政效率就是效果与消耗之比。效果是指有形和无形的社会效果；消耗是指人力、物力、财力和时间等综合消耗。

实际上，效率概念的界定既是一个理论问题，又是一个实践问题。从理论层面看，行政管理活动的直接产出和最终社会效果之间的关系是十分复杂的。首先，行政活动的最终社会效果比其直接产出具有明显的滞后性。人们往往需要在行政活动的社会效益还没有充分展示的情况下就对某一行政活动的产出做出评估，并在这个基础上进行行政改革。其次，对许多行政机构而言，其行政活动的产出是直接的，而产出的最终社会效果只能间接地反映出来。如一个职能部门内部的办公机构、内部管理机构（如人事和保卫）以及后勤服务机构等。由于这些机构并不直接面向社会，其行政活动的产出很难与社会效果直接联系起来。最后，国家行政管理是一项巨大的社会工程，任何一个行政目标的实现有赖于整

---

① 吴定、张润书、陈德禹、赖维尧《行政学》：第二卷，台湾空中大学 1994 年版，第 7 页。

② Harold Koontz and Heinz Weihrich, *Management*, 9th edition, New York: McGraw-Hill Inc., 1988, P. 58.

③ Robert T Golembiewski, *Public Administration as a Developing Discipline*, New York: Marcel Dekker, 1977, P. 178.

④ 周志忍：《公共组织绩效评估：英国的实践及其对我们的启示》，载《新视野》1995 年第 5 期。

⑤ Organization for Economic Co-operation and Development (OECD), Performance Management in Government: Performance Measurement and Result-Oriented Management, Public Management Occasional Papers 1994, No. 3, P. 23.

个行政系统，或者有赖于一个子系统的整体努力，而一个子系统行政活动的社会效果，有时子系统内各个具体行政单位的产出的综合反映。在行政管理实践中，部分行政组织提高了产出并不一定带来社会效益的整体改善。同样，社会效益的整体改善并不意味着各个行政组织都提高了产出。也就是说，产出具有局部性，是各个行政子系统的功效的展示。可见，产出和效益之间具有明显的差别。

从实践的角度来看，行政效率的狭义界定更有利于管理操作。由于行政活动的最终社会效果与其直接产出相比具有明显的滞后性、间接性和整体性，效率和效益测定必然存在理论框架、运用范围、分析模型、应用技术和方法上的差别。把效率和效益在概念上区别开来，也就承认了这些差别，有利于在操作中因事制宜，灵活运用。如果把行政效率界定为“包括了社会效益”，而且“主要体现在社会效益之上”的一个特定概念，那就混淆了上述差别，客观上要求把效率和效益的测定合二为一，一步到位。在目前的技术水平下，这显然不切实际。此外，从广义上揭示效率概念，必然导致效率测定上的“大锅饭”，是一个综合的效率指数难以反映行政绩效各个方面（经济、效率、效益）的具体情况，也就难以提出具有针对性的改进措施。

我们认为，行政效率至少具有两个内含：一是行政效率的高低有一定的数量比例，可以作定量分析和对比。行政效率的数量比例通常表现在时效上。在行政管理中，能否以最短的时间实现预定的目标是衡量行政效率的重要尺度。量的比例，除时效外还表现在人力、物力、财力的消耗上，行政效率量的要求就是以最少的人力、物力、财力、时间的消耗，取得尽可能大的效果。二是行政效率有质的规定性，可以作定性分析。它通常表现在社会效益上。因为行政效率体现国家和社会的需要。如果行政效率忽视其质的规定性，单纯追求速度和数量，不仅对社会无益处，有时甚至会给社会带来严重的危害。如“大跃进运动”，片面追求速度，给国家和社会带来了巨大灾难。在研究行政效率时，应该把行政结果的质量也就是社会效益放在第一位，在保证质量的前提下，以最少的投入取得最大的成果。因此，行政效率是指在保证政府活动目标方向正确，并给社会带来有益成果的前提下，行政活动投入的工作量与获得的行政效果之间的比率。行政效率是行政学的核心问题，也是行政管理的出发点和归宿。

（二）行政效率的特点

（1）方向性。这是指要把行政效率与行政效果、行政效能、行政效益综合起来把握。行政管理活动结果进入评价过程即行政效果，其中除行政效率外，还有行政效能与行政效益。评价与测定效率，必须以行政管理活动方向正确为前提，即必须符合国家的意志和人民的要求，并给社会带来积极的成果。如果行政管理偏离了国家的意志和人民的要求，违背国家政策和法律，给社会带来消极的影响，那么，谈论效率就毫无意义。

（2）关联性。这是指效率与效能、效益是密切相联的。行政效能是指行政组织实现预期目的的适应性能力，是对行政组织功能的评价。行政效能的高低取决于组织结构、领导才能、决策质量、人员素质、技术装备等因素。行政效率主要是看它对社会有益影响的大小，给社会带来福利的多少。而行政效率则是关于效果与消耗即行政产生与行政投入的关系。效率的实现以一定效能为基础，评价效率又要以对效益的肯定为前提。

（3）社会价值性。在行政管理中，效率永远不能脱离社会价值因素，成为中性的东西。因为行政投入（人力、物力、财力）虽可以在一定程度上用金钱或时间的消耗来度量，但行政产出的价值往往无法用同样的尺度来衡量。衡量行政管理活动的成果，只能通过确定这些成果与总体行政目标的联系来完成。在具体行政活动成果与总体行政目标之间，往往没有直接的同质可比性，只有借助社会价值判断，才能确定它们之间的联系。所以，社会价值体系对行政效率的评估和测定有重要影响。

（4）相对性。在行政管理活动中，产出和投入很少能用可比单位来衡量，即使衡量标准可比，也没有什么守恒定律可以用来限制产出不超过投入。行政效率很难验证也没有必要普遍化为绝对的百分比。测定行政效率一般只要求在几个备选方案或几项同类行政管理活动之间比较效率的相对高低。因此，行政学所处理的，总是相对效率问题。

根据以上的论述，本章中将以狭义的行政效率概念为基础进行探讨。

二、行政效率的要素

在行政管理中，由于一定的行政活动在单位时间和空间里总会创造出一定的社会效果，同时付出一定的消耗，因而把人力、物力、时间看作是决定行政效率内容的三要素。

行政效率的要素是指国家行政机关及其行政人员从事行政管理活动所投入和产出的人力、物力、财力和效果等。概括起来讲，行政效率包含着效益、经济、时间三个要素，构成了效益要素、经济要素、时间要素的效率整体。

1. 效益要素。行政管理是行政部门对国家和社会事务的管理，也是一项服务活动，因而，其社会效益应该是首先关注的事情。社会效益主要体现在两个方面：一方面，从质量上看，活动的总方向和性质要符合人民的利益和社会发展的要求，符合国家的基本方针政策、各项行政决策，要符合科学规律和现实条件，各种行政工作要符合法律、技术和国家规划的要求；另一方面，从数量上看，在一定时期内要尽可能完成最多的行政任务。质量和数量因素相互影响，决定着行政活动在多大程度上满足公民对公共服务的需要，从而构成效益整体。但是，目前人们在评价行政效益，是往往重视数量的因素而忽视质的因素，导致行政工作偏离了正确的行政目标，以致完成的行政任务无效率可言。所以说，行政效率是数量和质量的统一。

2. 经济要素。效率的公式表明，效率与效果成正比，与消耗成反比：效果一定，消耗越少，效率就越高。因而减少消耗，节约开支，是行政效率必须遵循的经济原则。行政效率同样也包括经济要素，少花钱，多办事，在追求效率的过程中尽可能地以最大的效益，尽可能减少人、财、物的花费，只有这样才能获得高效率。因此，我们应该在行政任务一定的情况下，尽可能地减少行政消耗，按照经济的原则去提高行政效率。

3. 时间要素。时间是完成行政任务的基本条件，是行政效率不可缺少的要素。时间是具体行政活动的现实尺度，与时间相关的是行政工作的速度，行政效率最直接的是从行政速度上体现出来的。以最短的时间确定行政目标和做出行政决策，对所要实行的行政方案和具体措施做出最佳选择，在行政执行过程中，以最快的速度对各种事件做出反应，迅速实施决策，就是行政效率高的表现。在行政管理的各个环节中，能否以最短的时间实现工作目标，能否以最快的速度发现和解决各种问题，直接关系到行政效率的高低。

可见，在行政效率中，效益要素是方向的保证，在肯定效益的前提下，才能谈效率；经济要素是行政消耗量的问题，消耗少效率就高，如果行政管理中人、财、物的消耗高，即使有效益作前提，效率也是低的；时间要素是行政效率最直接的体现，在肯定效益、节约开支的情况下，速度的快慢对行政效率具有决定性意义。

另外，影响行政效率的要素还有行政人员的业务素质、思想品质、身体健康状况、学业水平、人际关系以及行政信息等要素，它们对行政活动和行政关系的展开都具有举足轻重的影响。因此，衡量和考察行政人员在这方面的状况，有利于正确评价行政活动和行政关系，有利于设计和建立优化的行政人员结构。更有利于找出影响行政效率的原因所在，有利于提高行政效率。

三、行政效率在行政管理中的地位

行政效率是行政组织的生命，是行政领导人应该追求的目标。行政效率在行政管理中处于首要的、核心的地位，它是一切行政管理活动的衡量标准和追求目标。

（一）行政效率是行政管理的出发点和落脚点

在行政管理活动中，我们首先必须明确行政的目标是什么。行政目标必须有一定的质量的和数量的标准，并要求以一定限额的耗费和一定的期限达到。因此，行政效率是行政管理活动出发点，而顺利完成行政目标就意味着行政活动具有所要求的行政效率。

行政管理既要求提高本身的行政效率，也要通过管理活动提高整个社会的效率。没有高效的行政管理，就不可能获得经济社会的快速发展。一个具有高效的行政管理能力的政府，就会在人、财、物方面减少损耗，就会促进社会经济的全面快速发展。这是行政管理追求的目标。

提高行政效率是行政管理的核心问题。它贯穿于行政管理的各个环节各个层次，是行政管理体系中多种因素的综合反映，是全部行政管理活动的整体要求。所有国家和地区，不论决策系统、执行系统、信息系统、咨询系统、监督系统；所有的行政人员，不管职务的高低和权力的大小；所有的行政管理部门，不论财务行政、人事行政、机关管理；所有的行政管理运行环节，不论决策、执行、咨询、监督等，都要讲求效率，都要以高效率作为最高目标。

另外，行政效率高有助于建立政府与社会之间的良性关系。威尔逊曾说："与君主制一样，在共和制的条件下，信任政府官员的唯一根据是效率。"[①] 行政效率的高低直接影响到政府和公务员在公众中的形象。良好的政府形象会提高政府公共部门的权威，减少行政管理活动中的阻力，降低公共政策执行成本，推动经济发展和社会进步。同时反过来又会进一步提高政府形象，最终形成政府与公民、国家与社会之间的良性互动关系。

（二）行政效率是衡量整个行政管理活动的重要标准

行政效率本身不是行政管理活动的环节和手段，但它是衡量行政管理活动客

---

① 里查德·D·宾厄姆等，九洲译：《美国地方政府的管理：实践中的公共行政》，北京大学出版社1997年版，第7页。

观效果的重要标准，效率高低是行政管理中各要素组合是否科学的综合反映。通过行政效率可以检验行政管理活动的主体，即国家行政机关和公务员队伍是否人员适量、素质优良、分工合理、关系协调；可以检验行政体制，即行政组织的设置、结构、权责划分与运行是否科学、完善；可以检验行政工作人员的编制是否合理；还可以检验行政管理活动的程序，也就是决策、咨询、执行、信息处理、监督等各个环节是否健全和功能是否正常实现；还可以检验行政管理的技术和方法是否科学先进和是否得到合理运用，是否随着科技和经济社会的发展及时采取了现代信息技术等。

总之，行政效率是评价行政管理中各要素是否科学合理，行政活动是否有活力的重要标志。

（三）提高行政效率是行政改革的重要目标和原则

提高行政效率，是行政改革的重要目标，是指导行政改革的主要原则，也是评价每一项行政改革是否成功的标志。

行政效率是行政改革的客观尺度。由于实际新科技革命的发展以及世界经济交流的加强，各国政府都在努力为国家的经济竞争力创造基本条件，发展更具有竞争性的经济，加入国际经济循环，以促进各自经济高速发展。按照这种新的要求，各国政府都必须较强其行政运转的质量和效率，成为本国加入国际竞争的强有力的工具，争取为本国在国际竞争中获得一个更有利的位置。

行政改革就是为了适应经济发展和社会进步的需要，不断地、有目地、有步骤地改善原有的和建立新型的行政机构、制度与方法的行为过程，包括改善行政组织机构，健全行政运行机制，改变行政管理方式等，目的在于提高行政效率，使行政管理更有效地促进经济和社会的发展。

目前，我国正致力于推动经济体制和政治体制的改革，行政管理体制作为政治体制的重要内容，必须深化改革，提高行政效率，为国家经济社会的全面发展创造条件。中国在行政管理领域进行的多项改革都是为了建立和完善与经济体制和政治体制相适应的，符合现代化管理要求的，有利于调动各方面积极性的高效率的行政管理体制。因此，我们要在改革中通过对行政效率的测度和评价，总结改革中的成功经验，吸取教训，从而完善我们的行政管理体制，促进各项管理活动的完善和发展。

（四）提高行政效率是加速社会主义现代化进程的需要

行政效率高低关系到中国的现代化进程。鉴于政府在当代社会中的重要地位，行政效率的高低确是关系到一个国家的经济、社会发展和现代化进程。列宁曾经指出，行政机关的工作效率是关系到社会主义事业成败的大问题。“如果正在实现社会主义的劳动群众不能使自己的机关像大机器工业所应该工作的那样进行工作，那么也就谈不上实现社会主义了”。[①] 邓小平非常赞赏“时间就是金钱，效率就是生命”的口号，他指出只有“领导层有活力，克服了官僚主义，提高了效率，调动了基层和人民的积极性，四个现代化才真正有希望”。[②]

当今世界科学技术日新月异，新技术新观念不断涌现。信息革命，信息时代。我国面临着新的科学技术挑战。要迎接新技术革命的挑战，就必须对社会生活的各个领域实行科学管理。经济上的竞争也必然是管理上的竞争，而管理上的竞争归根结底还是效率的竞争。行政效率高的国家和地区，能及时提供一切有利于运用世界先进技术，有效地开发资源的条件，就能够促进国家和地区的发展。一个国家和地区如果不能尽可能地提高行政效率，就意味着落后，资财的浪费，就会在竞争中失败。

（五）行政效率是行政管理学研究的主题

提高行政效率是行政管理学研究的宗旨。当今世界，公共行政学流派众多，观点各异，在行政管理效率问题上，如效率的概念、衡量标准、实现的途径等方面都有着不同看法。传统派认为，行政效率高就是指投入的人、财、物、时间、信息等比较少，而取得的成果却比较多。行为学派认为，行政效率的高低主要是看行政管理活动对群众行为影响的大小和好坏，包括群众的意见和要求是否一致，工作是否协调，共同要求是否得到满足等。系统学派则认为，评价行政效率的高低职能以行政过程的各个部分相互协调和行政组织的整体合理效果来评价。这些学派虽然对行政效率的评价标准有不同的方法，但是都把行政效率作为行政学研究的核心问题，也都认为效率原则是行政管理的一项最基本原则。

著名的管理学家邓肯认为：“如果说人们把一个词与管理联系的最为紧密的话，那么这个词就是效率。事实上，管理科学运动……可以称为效率管理。……正是人们对效率的渴望导致了近代管理思想的诞生”。[③] 上述评论用到行政管理学中同样合适不过。行政学的创始人威尔逊明确指出，“行政学研究的目标在于……尽可能高的效率”。[④] 可见，效率是行政管理的出发点和立脚点，是衡量

① 《列宁全集》第 33 卷，第 438 页。

② 《邓小平文选》第 3 卷，第 51、180 页。

③ W. Jack Duncan, *Great Idea in Management: Lessons from the Founders and Foundations of Managerial Practice*, Oxford: Jossey-Bass Publishers, 1990, P. 27.

④ 彭和平、竹立家等编译：《国外公共行政理论精选》，中央党校出版社 1997 年版，第 1 页。

整个行政管理活动的重要标准，是行政改革的重要目标和原则，是行政管理学研究的核心，是社会主义现代化进程的需要。

第二节　行政效率的测定

通过全面准确的测定行政效率，可以确定行政活动是否偏离了行政目标，从而及时进行纠正；可以评价行政活动投入产出的效果，更有效地利用资源；还可以检验行政管理中各因素的合理程序，以便及时调整。事实上，有些行政管理的效果是无形的、间接的，有时需要很长时间才能显出效果来，有时很难用统一的计量单位进行评估计算，所以，行政效率的测定有一定的难度。现代行政管理学采用系统论、价值工程和数学方法等进行行政效率的定性定量分析。

一、行政效率测定的原则

根据行政效率的特点，我们认为，测量行政效率必须坚持以下原则：

1. 标准性。事前对各项工作必须制定合理的目标和标准，并尽可能地明确、具体，作为测量效率的依据。

2. 全面性。必须用正确的观点进行分析，要充分考虑到机关干部的意见和社会上的反应，要看到物质和精神两个方面，要把握过去、现在，预测将来；要纵观全局，进行定性定量的分析。

3. 区别性。由于地方、部门、层次、机关不同，效率标准也就不同，所以测定效率不能用一个模式，对具体工作应作具体分析，才能取得较好的效果。

4. 可靠性。搜集各方面的材料要广泛听取群众的意见，防止偏听偏信，应该把数字、意见和真实证据结合在一起考虑问题，以求取得正确的判断。

5. 严肃性。应该把考察结果公布于众，赏优罚劣，优胜劣汰，以激励工作人员的积极性。

当然，根据不同的单位和不同的岗位的不同特点，测量行政效率还有不同的要求，这要求我们用具体问题具体分析的方法看待问题。

二、行政效率测定的标准

要科学地测定行政效率，不论是定量分析还是定性分析，都需要客观合理的测量标准。但是，由于行政管理的复杂性，对行政效率测量不大可能采用单一的标准，而必须根据多种因素进行综合分析。

测量行政效率量的标准，一般是指某项行政活动投入的人、财、物、时间和该行政活动达到的实际成果相比较。一般情况下，人、财、物的投入可以折合为统一的货币单位进行计算，许多行政效果也可以换算出经济效益，从而可以得出量化的效率系数。

行政活动中时间的耗费也意味着一定比例的资源的耗费，所以，同样数量和质量的人、财、物的投入，减少了时间耗费的也就意味着效率的提高；反之，就有可能是说明决策等行政工作效率低下。因此，时间也是一个衡量行政效率的基本要素。

由于大量的行政效果是难以精确量化的，因此行政效率的定量测定一般是相对的，也就是经常的方式是将行政活动实际达到的成果和耗费通过与组织的计划指标进行比较。按照实际情况，一方面考察具体工作存在的差距，另一方面有可能发现计划指标的制定中存在的问题。行政效率的评价，还可以用具体行政活动的效率与本行政组织历史上的最高水平相比较，与全社会同行业的平均水平或者最高水平相比较，也可以与发达国家的先进水平相比较，从而发现行政活动中存在的各种缺陷和不足之处。总之，行政效率的测定的量化标准并不总是精确的、绝对的量化标准，在实际操作中只是提供某种可供比较的参照性的依据。

测定行政效率的质的标准，首先，是判断行政目标的性质与作用，行政功能获得的社会效益。行政部门有其基本的政治职能、经济职能、社会职能，行政职能的充分发挥，表现为行政目标的全面实现，也就是说，正确的行政目标的性质和作用，应该是从国家意志和人民的要求出发，能够维护和实现国家利益，能够满足人民日益增长的物质和文化需要。行政部门的一切行政活动的宗旨是充分发挥其应该有的职能，应该始终符合行政目标的要求。偏离了正确的行政目标，就不可能产生应有的社会效益，也就无行政效率可言。其次，是判断行政行为是否符合规范。在行政管理过程中，行政机关及其工作人员的行政行为必须严格遵循有关的法律法规，保障国家利益和人民利益不受侵犯。行政的直接目的在于追求行政效率，但是追求行政效率不能不选择合适的手段进行合理的选择，将追求的目的与手段相统一。在管理过程中，可以按照不同的管理层次、不同的地域和部门、不同的管理对象，根据其特点，制定相应的规范标准，约束行政行为，使行政管理活动在符合规范的前提下追求人、财、物、时间的节约和最大的行政效果。

测量行政效率的质和量的标准，缺一不可。缺乏定量标准，就容易出现机构编制膨胀、人浮于事、浪费资财等弊端，行政目标难以实现。如果不首先确定正确合理的行政目标，不能很好地规范行政行为，就会出现不顾社会需要、不讲求社会效益的行为，更谈不上行政效率。行政效率的测定标准应该是质和量的统一。

总之，衡量行政效率要做到综合考查：一是局部与整体，局部效益要从属整体效益。二是短期与长期、短期效益同长期效益要统一。三是经济效益和社会效益，单纯经济效益要服从整体社会效益。四是正效益和负效益要作全面衡量，要权衡利弊。

三、行政效率测定的方法

有了标准，我们必须针对各级政府各个部门的不同特点和不同的要求，采取不同的方法对行政效率进行分析：

（一）效率测定的传统方法

效率评价的经验方法。经验方法最显著的特点是主观印象式判断，缺乏客观性和科学性，因而严格说来还称得上是对效率的测定。

科学管理学派的测定方法。以泰勒为代表的科学管理学派对效率进行了较为系统的研究，奠定了效率测定的方法基础。但是，在现代管理者看来，科学管理派的效率观念存在三大缺陷：① 一是认为每个目标都存在一种实现目标的最佳途径，这种观念对目标多样化的公共组织来说不完全适用；二是效率测定具有集权化或自上而下的单向性特征；三是由于当时制定明确且操作性强的政策目标的技术还不成熟，效率测定缺乏可靠的标准和依据。

资源投入进度监测法（Delivery of Resources）。② 虽然学术界对行政效率有科学的界定，但是行政管理实践中长期占主导地位的效率测定方法确实投入进度监测，即根据资源投入是否按照财务规定和确定的时间表来进行行政组织的工作。实际上，投入进度并不能反映效率的高低。

（二）功能分析法

行政组织都应该具有一定的功能，功能分析法就是通过功能分类和事先规定投入标准，比较分析功能发挥的高低。

---

① Ian Scott, "Efficiency and Effectiveness in the Enforcement of the Drug Laws in Hong Kong", in John P. Burns (ed.) *Asian Civil Service Systems: Improving Efficiency and Productivity*, Hong Kong: Times Academic Press.

② Ku Tashiro, "The Implications of Small Public Services to National Economic Development", in John P. Burns (ed.) *Asian Civil Services Systems*, P. 141.

首先要规定每种行政功能的主要和次要目标，如卫生行政目标包括防疫、防病、消毒灭菌、公共卫生和个人卫生、计划生育、保健等项目。每个项目又可以分为必须达到的标准和理想的标准，分别确定最低限和最高限，同时确定主要目标和次要目标之间所占分数的比例，按照实际情况计算每种行政功能实际的得分数，用来比较行政效率的高低。

凡是投入少而充分发挥了其行政功能、达到行政目标的行政效率就高；反之则低。例如，消防部门的职能是尽可能减少城市的火灾损失，目标应该是将该城市的火灾损失控制在人均若干元之下。根据这个目标，有关部门可以根据资料进行预测，向消防部门拨款，建立和维持一支一定规模的消防队伍，配备相应的设备用以灭火。款项的一部分还用于对建筑物进行安全检查，以便于消除隐患，开展防火教育等。在此基础上，消防部门通过防火灭火，在一个时期之内使城市的火灾损失降到人均若干元。如果这个控制目标实现了，则消防部门的目标实现了，职能发挥得很好，效率较高；反之，则效率较低。

（三）要素分析法（Factor Analysis）①

要素分析是对影响行政工作结果的人力、物力、经费、机构、制度、方法等投入要素与结果要素转换率的分析，通过综合评价，区分效率的高低和功能发挥的程度。它包括单要素分析和多要素综合分析两种类型。具体方法如下：

单要素分析用公式可以表示为：$SFPax = A/X$。其中 SFP 为单要素生产率，A 代表产出，X 代表投入。单要素可以是物质要素（这时的效率就是物质投入向物质产出的转换率或两者的比率），也可以是货币要素（这时的效率为投入资源的价值向产出品的价值的转换率）。此外，单要素分析还可以用增值率来计算，即工作人员的人均增值额。增值率可以用货币来计算，也可以用其他尺度来衡量。

多要素综合分析是对上述各种投入要素和产出要素的综合分析。

（四）行政费用测量法

行政费用测量法是以行政费用的支出和使用是否合理恰当，是否产生最大效益，对行政目标的作用程度如何等来测定评价行政效率。包括：（1）单位费用测量法。凡是行政成果可以用数字表现出来的，先算出每一项目的行政费用，然后以此作为比较效率高低的依据；（2）人均费用测量法。算出本地区行政经费开支多少，按人口平均每人多少，人均负担重的机关工作效率低，反之则高；（3）计

---

① R. H. Hays et al.,"Measuring Manufacturing Performance", in Jacky Holloway, Jenny Lewis and Geoff Mallory(eds.), Performance Measurement and Evaluation, London: Sage, 1995. s.

价费用法。凡是工作人员完成的工作量可以用数字表示出来的，按照其工资算出每一工作平均的耗费，以此作为衡量行政人员工作效率的高低。

单位费用测量法用于同类行政管理活动行政效率的测量比较，将行政费用分解到各项行政活动中，如果各项行政活动的成果相同，则所需要得用少的效率就高，反之就低。如两个人口或者其他条件相似的地区，犯罪率相同或相近，投入费用少的是治安效率高的，反之是效率低的。

人均费用测量法是以单位地区行政费用人均负担指数为标准比较评价行政效率。假设各地区行政活动的结果相近，那么地区人口平均负担行政费用较高的便说明行政效率较低。目前中国行政费用的增长率超过了国民生产的增长水平，用这种标准限制地区行政费用的支出增长，可以督促各地提高行政效率，更合理的支出行政经费。

计价费用法是按照同种工作每个工作人员的工作数量与其工资额对照测算每件工作的平均所耗费用。这种方法适合于工作量可以计件的行政工作。

（五）产出评估法（Output Evaluation）①

产出评估实质上是对行政管理和公共服务活动效果的评价过程。例如，以减少交通事故为目标的新的交通管制措施实施一段时间后，交通事故是否真的减少了，减少了多少？以减少入室抢劫为主要目的的新治安措施实施以后，入室盗窃案件是否真正减少了，减少了多少？当然，制约交通事故和盗窃案件的因素有很多，改善和加强管理仅仅是其中之一。所以，评估者需要排除其他因素，确立管理活动的净效益。这是社会项目评估研究的核心内容。② 可以看出，这里讲的产出评估实际上是效益的评估。但如果把效益大小与投入进行比较分析，就涉及效率问题。

上面讨论的测定方法在实施过程中可能要运用到一些计量模型和工具，其中主要有回归模型法和数据包络分析法。标准的回归模型是在已有数据的基础上构造平均曲面，通过寻找投入产出的极限关系来测定样本的效率。根据不同的情况，回归模型可以分别采用确定型模型和统计型模型。数据包络分析法就是DEA法。其特点是无需特定的函数形式来表示投入产出的相互关系，而是将测定对象与其邻近的“比较组”中的样本作比较分析来测定效率。这一方法在测定有一定

---

① Ku Tashiro，“The Implications of Small Public Services to National Economic Development”，in John P. Burns（ed.）*Asian Civil Services Systems*，P. 41.

② 关于社会项目评估的内容和方法，参见 Peter H. Rossi and Howard E. Freeman，Evaluation：A Systematic Approach，4th ed. Newbury Park，CA.：Sage Publication，1989.

程度的自治性的政府部门的效率时是比较适用的。鉴于这些方法设计统计学知识、公式、图表，这里不作进一步的讨论。

（六）工作荷载分析法（Workload Analysis）[①]

工作荷载分析法实际上是一种比较方法，通过不同单位在工作荷载和结果方面的横向比较来确定各个单位的效率水平。这种效率测定方法的运用需要满足两个条件；一是所涉及的单位从事同样的或十分相似的工作；二是工作性质属于量的处理工作，容易进行量化比较衡量。

另外还有标准比较法、行政统计法等多种方法。前面讲到的方法技术大都在西方公共部门效率测定中得到应用。用不同方法测定同一样本的效率时出现了结果不尽一致的情况，由此导致人们对测定效度的怀疑。但是可以相信，有学术界和实际工作者坚持不懈的努力，随着现代信息技术的飞速发展，效率测定方法和技术将不断得到完善。依靠更先进的效率分析模型，不仅动态的测定会得到加强，而且宏观效率测定和效率水平的测定将成为可能。

第三节　行政效率的提高

一、影响行政效率的主要因素

行政管理体系是一个非常复杂的社会系统，研究和提高行政效率是一个巨大的系统工程。由于影响行政效率的因素是多方面的、多层次的、多指标的，因而，我们只能从一个方面进行论述。

（一）按照行政决策的程序划分

也就是按照行政决策的形成、实施、反馈的顺序，可以划分成决策过程的影响因素、执行过程的影响因素、行政环境的影响因素等。

1. 决策过程影响行政效率的因素。

（1）决策者的决策能力、水平因素。决策者的决策能力大小、强弱，决策水平的高低，是决策过程中影响行政效率的关键因素。决策能力直接影响到行政管

---

① Ku Tashiro, "The Implications of Small Public Services to National Economic Development", in John P. Burns (ed.) *Asian Civil Services Systems*, P. 141 - 142.

理的速度；决策水平直接影响到决策质量。正确决策产生正确的行动，能取得最佳的行政效率；而错误的决策产生错误的行动，取得比较低的行政效率。在不利情况之下，如果决策正确也会取得较高的行政效率。

（2）预测的准确程度。预测是行政管理活动的重要环节，依靠科学的预测，可以制定出正确的行政决策和行政规划，而轻视预测或建筑在错误预测的基础上做出的行政决策，其经济的和社会的后果是相当严重的。因此，预测准确程度是影响行政效率的重要因素。

（3）信息的准确、有效程度因素。信息是行政决策的重要依据。如果信息不灵，情况不明，反应迟钝，就无法做出正确的决策，贻误战机，造成行政效率的低下。如果信息灵通，不仅可以提高行政效率，而且可以增加社会财富，提高社会效益。

（4）可行性研究的充分程度因素。为了提高行政效率就必须削减无效率或者低效率、周期长的决策。可行性研究就是在调查研究的基础上尊重客观实际，按照事物的客观规律办事，反应客观矛盾，减少"长官"意志，以及决策最终是否可行做出预测。

2. 执行过程影响行政效率的因素。行政执行是个复杂的过程，影响行政效率的因素大都是动态因素，主要有：

（1）行政领导的品格作风因素。行政领导人品德高尚、作风正派，领导有方，在群众中有崇高的威信，能充分调动下属的积极性，及时发现和纠正执行中的偏差，决策就能顺利执行，行政效率就能大为提高。反之，决策就很难执行。

（2）执行机关的组织结构因素。执行机构如果庞杂重叠，职责不清，制度不全，信息不畅通，就会造成办事拖拉、推诿、扯皮等现象，导致效率低下。

（3）执行人员的心理和态度的影响。行政执行人员的心理和心态，一方面有可能使他们有较高的工作热情，自觉遵守纪律，出色地完成任务；另一方面也会使他们工作纪律松弛，拖拖拉拉，会严重阻碍行政决策的执行和行政效率的提高。执行人员在执行中有自由裁量权，往往带有倾向性。如果他们对决策不理解或持保留意见或以权谋私，执行时就可能大打折扣，会影响行政效率。

（4）行政执行的环节因素。执行过程是环环相扣的，也就是只有一个子系统行政计划实现了，才能在去进行第二个计划，但是第二个子计划的实现必须是在构成第二个子计划的诸条件实现后才能开始，这些条件的实现是否能做到时间、空间同步，并且按照质量实现要求，这个集结点就是环节，在行政执行过程中最容易被忽视，也是直接影响行政效率的因素。

3. 行政环境影响对行政效率的影响。行政环境的条件和力量影响行政效率：

(1) 文化因素。包括历史背景、意识形态、价值观念、行为规范、权力关系、领导形态、人伦关系等。(2) 政治因素。社会中的一般政治风气与政治气候，政权体制、政治组织、集权与分权以及政党政治等。(3) 经济因素。在经济发展水平、经济结构形态、经济体制、经济计划的集权与分权、银行制度与财政金融政策、投资政策、资源开发、对外贸易以及经济制度等。(4) 社会因素。社会结构、社会制度、社会阶层、社会团体、社会组织、社会控制、贫富差距、社区发展、社会变迁和流动以及社会管理水平等。(5) 法律因素。宪法的功能与效应、法制的性质与程度、各级政府机关的权力分配关系、立法程序、人权保障以及法治程度等。(6) 科学技术因素。科学技术的社会功能、科学技术发展水平、科学技术的应用开发、科学技术与国民经济以及科学技术对社会进步的促进作用等。(7) 教育因素。国民的一般教育水平、国家的教育能力、教育制度、受教育的形式、教育层次以及受教育者在全国人口中所占的比例等。(8) 人口因素。人口数量的多寡、素质的高低、人力资源的开发程度、人口集中与都市兴起、出生率与死亡率以及平均寿命等。(9) 资源因素。自然资源和自然环境等。

（二）按照行政组织的内部与外部来划分

1. 来自行政组织内部的因素

(1) 行政组织机构设置因素。组织机构是行政管理活动的基础，它的设置是否合理，对行政效率的影响很大，包括行政决策的效率、行政执行的效率。按照工作的性质管理统一，分工合理，层次分明，幅度适当；指挥机关，执行机关、参谋咨询机关各负其责，互相配合；组织内部职责分明，相互协调，沟通密切，这样的组织便于行政效率的提高。此外，属于组织层次的行政领导方式，工作责任制度以及非正式组织等方面的因素，对于提高行政效率具有重要意义。

(2) 工作人员的管理因素。任何行政机构都是由人组成的，任何管理活动也必须由人来完成。因此，工作人员是行政管理工作好坏和行政效率高低的前提条件，工作人员的管理不仅包括工作人员的考试录用、考核、奖惩、职务的升降任免、培训、转任、调任、回避、工资福利、辞职、辞退、退休等，而且包括依照国家法律执行公务的能力，接受群众监督的自觉性，坚持实事求是，工作服从领导，遵守法纪、公正廉洁，维护国家和群众利益等。

2. 来自行政组织外部的因素

(1) 来自社会方面的因素。主要是社会的经济、政治、法律、科学技术、文化、群众的生活水平和教育程度，社会舆论，战争，国际环境以及各种各样的自然条件等。行政管理体制作为国家政治体制的一个有机组成部分，无时无刻不受社会经济和政治生活的影响，从历史的经验看，一个国家在发展商品经济的一定阶段，法制、规则和各种秩序还没有确定，政权机关往往难以避免发生腐败现象。所以“清廉”的政治和“腐败”的政治都会通过工作人员和行政机构而影响行政效率。

(2) 社会风俗和习惯的因素。各个国家和一个国家的不同地区由于社会风俗和社会习惯的差异，形成了生活工作等各方面的习惯，这些都会影响到行政机关的工作时间的长短和上下班时间的确定等，从而影响工作效率。

(三) 按照影响行政效率的因素形体存在与否划分

可以分为有形的因素与无形的因素：

1. 有形的因素。

(1) 行政机构组织方式的影响因素。行政机构把不同素质的人员组织起来，绝不是简单的集合，而是一个整体，他们相互依存相互作用，并在各个方面达到互补和平衡，达到优化组合，发挥出行政机构的整体功能，实现组织目标。因此，选择什么样的组织方式很重要，对于行政效率会产生影响。

(2) 钱、财、物的影响因素。行政机构的正常运转，行政决策的正常执行、正常实现，加强行政管理是重要的，更重要的是必须有物质基础作保证。必须管好用好钱财物，还必须做到在必要的时间、必要的地点提供必要的数量，以保证必要的使用。

2. 无形因素。

(1) 人际关系的影响因素。从事行政管理工作的人员，在行政组织中构成了一定的人际关系，这种人际关系如果是良好的，彼此相互信任，心情舒畅，工作协调就能充分发挥积极性、主动性和创造性，工作效率就会高。反之，就会关系紧张，效率低下。

(2) 人与其他关系的影响因素。在行政组织中，诸如工作人员与所管理的国家事务之间的关系，国家事务与从事管理的人员之间的关系等，如果这些关系都能理顺了，就会有效地提高行政效率。反之，就会严重影响行政效率。

这些无形的因素对行政管理效率是有直接影响的。社会心理学的研究表明，协调关系，激励士气，是高效率的群体活动的重要基础。从某种意义上讲，无形的因素更为重要。实践证明，在有些行政机构中，尽管机构设置合理，规章制度健全，人员素质和工作条件也都比较好，但是由于没有重视这些无形因素的影响，人的积极性不能充分调动和发挥出来，影响了该行政机构效率的提高。

影响行政效率的各种因素，不论是来自行政组织内部，还是行政组织外部。

也不论是无形的因素还是有形的因素，这些因素都有两个特点：一是综合性。影响行政效率的因素不是单一的某个方面的因素，而是各种各样的因素综合在一起的。在这些因素中，必然有主要因素和次要因素，直接因素和间接因素。按照行政效率分析的程序和方法，从系统综合的观点出发，科学地、正确地寻求和研究影响行政效率的有关因素，从而有针对性地解决问题，提高行政效率。二是层次性。影响行政效率的各种因素，无论是来自行政组织内部还是外部，是有形因素还是无形因素，这些因素在不同层次的行政活动中的影响因素起着不同的作用。

上层行政机关的主要任务是进行宏观和中观管理，制定组织目标，长远规划、施政方针、制定政策、主要的管理职能计划，指挥、控制、协调，是围绕着他的任务展开的，它追求的是全局性的、全社会的总体效率。来自决策过程的影响因素、行政组织内部的影响因素，有形的因素，是影响上层行政机关行政效率的主要原因。

基层行政组织的主要任务是进行微观管理，正确用人，行政运行、执行、协调关系。监督控制，主要的管理职能计划、指挥、控制、协调，是围绕着它的任务展开的，它所追求的是局部的、部分的投入与产出的平衡，使行政目标得以实现。来自行政执行的影响因素，行政环境的影响因素，无形的因素都是影响基层行政组织行政效率的重要原因。

二、我国行政效率的现状

研究行政效率的根本目的在于最大限度地提高行政效率，而行政效率的提高首先必须找出影响行政效率的主要因素。就我国目前的情况来看，造成行政效率低下的表现主要有如下几个方面：

（一）行政机构设置不合理

行政组织是执行行政权力的主体，行政机关是政府行政的重要组织形式。行政机关的机构设置是否合理、职能配置是否科学、职责分工是否明确，能否随着社会的发展而变革，直接关系到行政效率的高低。我国对行政机构进行了几次大的改革，取得了一定的成效。但是，总的来说，政企不分，部门职能交叉重复，机构规模庞大，机构臃肿，冗员太多，人浮于事。由于机构层次繁多，职责不清，一些部门站在本位主义的立场上，既不主动理事，又想越权，有利的事情相互争夺，无利的事情相互推诿，扯皮盛行。机构设置不合理的一个直接后果就是办事手续繁琐。办事手续过于繁琐必然会影响行政效率。

组织机构不合理，主要是政府职能转变还没有完全到位。表现在：(1) 政府职能尚未制度化。政府作为宏观经济管理者与国有资产所有者的职能要彻底分开，并制度化、法律化，从根本上把政府从微观管理中解放出来，充分发挥社会经济组织者和管理者的职能。(2) 机构重叠。某些政府部门职责权限不清，有交叉和重叠，造成效率低下。(3) 某些行政机构的设置与社会主义市场经济体制不相适应。某些职能已减弱，机构仍然庞大；有些新问题又没有相应的机构处理。(4) 管理层次过多。我国目前事实上设立的是五级制政府：国务院—省(市)—地(市)—县(市)—乡(镇)，加上每级政府内部再设置3～4个层次，如此多的层次往往导致机构臃肿，行政效率低下。(5) 各部门、各层次之间的沟通协调机制不完善。(6) 副职、虚职和临时机构过多过滥的问题尚未彻底解决。

(二) 管理水平低下，决策水平有待于提高

管理水平低下的一个突出表现就是常常侵犯下级的管理权。现在，许多领导不会管理，还怕别人抢了他的权力，不放心别人，因而事必躬亲，常常从事下属责任范围内的工作，权力向下延伸，侵犯下级的管理权限。这造成了许多问题：一是工作信息堵塞，管理跨度加大，效率下降；二是导致下属的依附关系更加强烈，影响了积极性的发挥；三是使领导人的负荷过重，迫使领导机构和辅助人员增加，导致机构膨胀；四是导致权责不明，相互推诿。作为现代领导者应该约束自己的行为，学会领导方法。另外，还要进一步制定行政职位规范，明确职位权限范围，制定职位说明书，制定行政越权的惩戒监督机制等。

管理水平低下的另一个表现就是决策不优。决策是行政活动的关键，决策失误将会导致整个行政工作失误。由于各种原因，当前我国多数行政机关的决策有不少还不能算最优的。如，许多决策仍然是“霍布森选择”行为，决策者没有可资比较的方案。有的没有进行周密细致的调查研究，有的没有进行全面的咨询论证，有的是领导人一时冲动做出来的。

(三) 行政工作人员的总体素质亟待提高

首先是宗旨不明确。为人民服务是中国共产党的根本宗旨，也是我国政府的根本宗旨。而现今一些机关工作人员完全忘记了这一根本宗旨，甚至于“门难进，脸难看，话难听，事难办”，办事拖拉。甚至出现了有的人以“没有好处不给办事，给了好处乱办事”为办事原则的现象。

机关的任何工作都需要人去落实，从某种意义上，行政管理效率是每个工作人员效率的总和。当前，随着全球化的发展，对各级行政机关的工作人员提出了更高的要求，要求行政工作人员在政治、科学、文化、能力、素质、道德品质等方面具有更高的素质。从我国目前的状况来看，各级行政工作人员的个体素质从整体上离公务员的法定标准还有很大的差距。第一，干部队伍的素质结构不合理。根据有关材料，目前全国近530万国家公务员中，具有大专以上文化程度的仅占36.8%，[①] 受过管理专业知识训练的很少；第二，干部的效率观念淡薄。有的公务员对一件极其普通而又有权处理的问题，总是一拖再拖，很长时间不作答复。

工作懒散懈怠。近几年，比较重视外部条件的建设，忽视了对行政机关人员的思想教育，大家非常重视物质的获得，奉献精神少了，加上社会分配不公平等原因，行政机关工作人员的惰性越来越强，对工作不负责任的作风有进一步严重的趋势。

人际关系复杂难处。现在是事难办、人难处，时间精力都被消耗在复杂的人际关系当中了。由于各个单位的职责目标不尽相同，单位内部负责人之间在知识、经验、性格、气质和观察问题的角度存在差异，在工作中难免会产生一些意见分歧。但是，也有部分公务员人为地制造了不必要的矛盾和摩擦。有的机关由于公务员的素质问题，歪风邪气盛行。在用人上拉帮结派，任人唯亲；在处理具体问题上，私心太重。有的机关选配领导班子缺乏科学性，造成内部矛盾重重，工作难以开展。班子不团结造成工作人员无所适从，导致效率低下。

（四）管理手段落后，文件、会议成灾

管理手段落后。管理工具和管理技术是提高行政效率的物质基础。当前，世界科学技术迅猛发展，信息空前膨胀，部分国家机关已经开始运用电子计算机信息系统处理公文、传递信息、储存信息、进行决策，极大地提高了办事速度。先进的管理手段对于提高行政效率具有重要的作用。

会议过多，发文件过滥。发公文、开会是机关工作的必要领导方式之一，但是，公文发得过滥，会议开得过多，就会带来很大的弊端，导致行政效率的降低。在行文上，有些机关不按层级行文，越级行文；有的机关事事行文。在会议上，不少机关几个负责人同时出去开会，有时一个人一天要开几个会，只

---

① 舒放、王克良：《国家公务员制度教程》，中国人民大学出版社2001年版。

好从一个会场赶到另一个会场。由于会议过多，其作用已经走向反面，成为科学管理的障碍浪费了大量的人力、物力、财力。领导人员要把很大的精力花费在开会办文上，影响调查研究和决策筹划的效率。文秘人员要花费很多的时间筹备会议、准备材料，成天忙于开会写稿子，根本没有时间下去搞调查研究，无法发挥参谋助手的作用。因此，清除文牍主义、精简不必要的会议，是当前急需解决的问题。

总起来看，行政效率低下的最根本的原因是体制性原因，特别是政治体制和行政体制方面存在的问题。

三、提高行政效率的途径和方法

提高行政效率的具体途径和方法，要根据具体的社会历史条件和技术条件，在不同的时代不同的技术条件下，在不同的国家和地区，在同一国家的不同历史阶段，方法都会有所不同。就我国目前的情况而言，提高行政效率的主要对策是：

（一）牢固树立效率观念

要提高行政效率，首先要解决思想观念的问题。在过去的几十年中，由于在高度集中的体制中生活，行政过程运转节奏较慢，加上责任不分明，从行政领导、一般行政人员到普通群众，都在不同程度上养成了不珍惜时间、不重视效率的习惯。这种传统观念对于改进工作、提高效率是一种极大的阻力。要提高效率，首先必须打破旧的习惯，树立新的效率观念。要通过宣传和教育使人们认识到提高行政效率的重要性，使得人人重视效率，事事讲究效率，让提高行政效率的观念在行政机关乃至整个社会蔚然成风。

（二）建立合理的行政组织，强化行政制衡机制

建立合理的行政组织是提高行政效率的重要组织保证。组织应该根据具体的任务来确定机构、人员和相应的职责，实现科学分工和协作，明确各级组织和干部的权责，通过经济、法律法规和思想教育的手段，激励干部的工作热情，鼓励进取精神保证提高工作效率。当前，要提高行政效率，实现行政组织的合理化必须做好以下工作：1. 要按照精简效能统一的原则设置机构，横向部门的分工宜粗不宜细，要按照目标进行归类，合并职能近似的机构，裁撤多余的机构，力求使纵向层次简化；要精简人员，少设副职、虚职，优化领导结构，从根本上解决

职责不清、分工过细、人浮于事等弊端。2. 机构设置合理，讲究体系性和科学性，健全决策、执行、信息、监督四大类机构，改革执行机构过于庞大，而监督、反馈系统相对薄弱的状况。3. 在力所能及的范围内，协调解决好当前政府部门的职责分工问题，要在深入调查研究、充分了解情况的基础上，吸收各方面的有益建议，做出正确的判断，并采取果断的措施。要充分发挥各部门的积极性，鼓励部门之间自行协调解决。当前，把所有的职能交叉问题都交给机构编制部门协调解决是不现实的，机构编制部门应当负责协调解决那些对全局有重大影响的或者部门之间无法协商解决的问题。对于简单容易解决的职责交叉重复问题应该由部门自行协商解决。

"不受监督的权力必然导致腐败"，这一点早已被大家所共识，制衡就是对政府用权进行监督和制约。对政府公务员和政务员的监督可分为三个方面：一是上下级和同级的监督；二是社会舆论和公众的监督；三是党组织、人大和政协的监督。当前，我国行政监督力度不够，很难发挥实效，一些违法乱纪、职务犯罪、滥用职权的腐败分子屡禁不止，而且腐败案件往往难发现、难侦破、难处理。关键在于我国缺乏行政监督立法及配套措施，公众行政监督活动缺乏法律依据和法律保障。"官官相护"、"颠倒是非"的现象并不少见，严重削弱了政府提高效率的外部动力。制约是克服政府行使权力负效应的重要保证。制约有自律和他律两种机制，自律机制主要建立行政责任制、利益调节制，进行行政整合和规范；他律就是实现依法行政，通过一套完整的法律、法规和制度，对行政管理实施依法监督，使行政权力的行使和监督完全走上法制化轨道，为提高行政效率创造必备的条件。

（三）全面提高行政工作人员的素质

提高行政人员的素质是提高行政效率的基础，行政效率的高低与行政人员素质的高低直接相关。在同样的物质技术条件下，具有同样的工作态度的情况下，行政工作人员的素质与工作耗费成反比，与工作效率成正比。大量事实证明，行政人员素质好，行政效率就高；反之，行政效率就低。在一定意义上可以说，行政效率的高低关键在于行政人员素质的高低，特别是领导者素质的高低。

当前，要提高行政效率，全面提高行政领导者和行政工作人员的素质要做好以下工作：一是把好进人关。严格公务员制度，防止素质不高的人依靠各种关系混入公务员队伍，特别是注意近几年出现的部分肥缺部门相互之间把子女安插在对方的工作单位的现象。因此，我们在全面提高行政工作人员素质方面首先要坚持德才兼备的标准，通过公开竞争考试等各种有效手段择优录用行政工作人员，杜绝拉关系、走后门等不正之风。这是提高行政人员素质的基本前提。二是要重视工作人员知识的更新和业务的培训。制定培训计划，促使干部学习现代先进的管理知识，提高工作能力，发挥个人的特长。重视岗位培训，包括岗前培训、晋升培训、转任培训、在职培训等。在培训中要重点培训行政人员的效率观念和效率意识。经济全球化和科学技术、信息技术的迅速发展，更要要求提高行政效率，而且行政效率将在全球范围内进行竞争，每一个国家都将不得不面对这一现实，我们也不可能置身事外。所以，中国必须通过培训，强化行政人员的效率观念和全社会的效率观念。在培训中还要注意加强各类领导能力的培训，如组织协调能力，决策指挥能力等。让国家的公务员在理论知识和实践经验方面都得到很好的训练和极大地提高。

（四）加强行政法制建设，完善合理的行政工作制度

依法行政是提高行政效率的基本前提。行政管理是国家管理社会的活动，必须按照法律法规的要求进行，否则就不能得到很好的执行，就不会得到认可，行政管理活动就会没有效率。

当前加强行政法治建设，就必须继续制定和完善行政管理的各项法律法规制度，使各级行政机关都有明确的职责范围，都在自己的职责范围内活动。要增强行政人员的法制观念，特别是要摒弃在权力方面的依附关系，重人治轻法治的传统观念。通过普法教育，在全社会树立起遵守宪法和法律法规的观念，维护宪法和法律的实施和尊严。在我国，在加强法治建设的同时，还必须完善行政管理的各项工作制度，这是提高行政管理效率的重要保证。如建立催办通报制度，完善请示报告制度、奖惩、考核制度等。特别是要根据公务员条例的规定，建立和完善行政责任制和考核评议制，规定每个工作人员的工作数量质量和工作时限，把子女公证人员的工作表现与其报酬结合起来，做到分工合理、权责一致、奖惩分明，形成良好的机关工作制度。

（五）正确运用激励手段，充分调动行政工作人员的积极性

有些行政人员的素质较高，文化知识和工作能力都比较高，但是仍然没有达到较高的效率。为什么呢？一个重要的原因恐怕就是没有调动起他们的工作积极性。心理学研究表明，人的积极性是同人的动机也就是需要的设立与满足分不开的。人的动机是一种推动人们完成某种任务的行为力量，这就是激励。美国心理学家弗詹姆（V. H. Vroom）提出了其著名的期望理论，即激励的力量 = 目标绩效 × 期望值。在这里，激发的力量是指调动一个人积极性、激发人内部潜力的程

度。目标效价是指达到目标对于满足个人需要的价值。期望值是指根据一个人的经验，判断一定的行为能够实现某种结果或满足个人需要的概率。一个人把目标价值看得越大，估计能实现的概率越高，那么激励的动机就越强烈，激发的力量就越大。根据这一理论，要求领导者必须处理好以下关系：一是努力与成绩的关系。人总是希望通过努力达到预想的结果。当一个人认为自己的期望概率很高时，他就会信心十足，就会激发出巨大的力量。反之，就会丧失信心，毫无动力。二是给予奖励的关系。人大都期望达到预期目标后能得到适当的奖励。如果不及时奖励就会使工作人员逐渐丧失积极性。三是奖励与满足个人需要的关系。为了提高奖励的效价，针对不同的情况和不同的人，应该采取各种形式，才能最大限度地激发人的潜力，提高工作效率。

运用激励机制调动行政人员的积极性、提高行政效率，必须做好以下工作：一是要加强目标激励机制。各级行政机关在制定目标管理责任制时，要将定量和定性指标结合起来，明确落实每个工作人员的具体任务、质量标准和目标要求，并把责权利落实到人，在目标导向下尽职尽责，形成以实绩评优劣的平等竞争局面。二是要运用情感激励机制。机关领导者要始终对其下属关怀体贴，对下属的学习生活等情况要关怀，使下属工作人员感受到温暖，从而产生对机关集体的向心力。三是注重榜样的激励作用。各级机关要及时发现和宣传典型，使得优秀的同志及时得到领导和群众的尊重和认可，弘扬正气。领导者要加强自身修养，通过自己的身体力行，影响和激励行政人员的行为。四是寻求信息非对称条件下的激励途径。在行政管理中存在着“委托—代理”关系，对于工作人员的思想水平业务能力和表现，以及对优秀者进行奖励、晋升，对不胜任者进行及时的降职降级和其他处理。这样才能激发行政人员的创造精神和奉献精神。

（六）广泛而又深入开展绩效评估

为公民和社会提供优质高效的公共服务是政府的宗旨所在。当代各国的行政改革，莫不以建立以绩效为导向的公共管理作为其追求目标。故而政府绩效评估作为一项提高效率的重要措施，在公共管理中受到广泛的关注和重视。绩效评估就是运用科学的方法、标准和程序，对行政主体的业绩、成就和实际作为尽可能客观、准确、公正予以评价。以雇员个人为对象的绩效评估称为“公务员考绩”，以组织机构为对象的绩效评估称为“组织绩效评估”，其内容包括经济效益、社会效益、工作效率等方面。对于政府部门的产出来讲，其质与量难以测定和量度正是公共部门低效率的重要原因之一，组织绩效评估就是应用量化考核的办法测定组织绩效高低的一种努力。“公务员考绩”和“组织绩效评估”所得出结果和提供的绩效信息推动并促进个人和单位之间的绩效竞争，有利于公众的评价和监督，有利于诊断出行政管理中的问题并提出有针对性的改进措施，从而推动行政效率的提高。

（七）大力反对官僚主义，转变机关作风

提高行政效率，除了在制度上、人员素质上的因素外，还有一个改进工作作风的问题。作风是一个组织或个人长期形成的习惯性的思想态度和工作方式。机关工作作风的好坏，对行政效率有直接的影响。树立良好的工作作风，根本的一条是要反对官僚主义。官僚主义者脱离群众，脱离实际，势必说空话，不做实事，陷入独断专横，听不得反面意见；势必会堵塞言路，信息不灵，情报不准，或被虚假的情报蒙骗，造成决策失误、指挥失当、工作失败。我党在长期斗争中形成的理论联系实际、密切联系群众和批评与自我批评的三大作风，是反对官僚主义，改进机关工作作风的有力武器。

（八）采用现代化的管理技术，建立电子政府

抓好关键工作以带动其他工作，建立工作卡片，讲究操作动作，简化工作程序，实行工作标准化，应用现代技术装备。“工欲善其事，必先利其器”。管理技术和工具是提高行政效率的物质基础，其现代化程度的高低，直接关系到行政效率的高低。现代社会进入信息时代，质量高、速度快、准确性好的信息系统，将为迅速的行政决策和果断的行政执行创造最有利的条件。使用电子计算机传递信息和储存提高办公的速度和质量。中国要实现管理技术和工具的现代化，最主要的就是普遍采用电子计算机管理，还要采用传真机、电传打印机、工业电视机、无线电话电报机、录像机、复印机、碎纸机、装订机等设备。我们必须从中国的国情出发，根据自身力量和中国经济社会发展的需要逐渐配备最先进的办公设备，向办公自动化的方向前进。

当代世界进入了信息化时代，以电脑和网络为代表的新技术革命浪潮席卷全球，引起人们生活方式和思维方式的巨大变化，无疑对政府的管理职能、管理方式，工作方式和行政效率产生深远的影响和重大变革。建立电子政府已成为一个发展迅猛的浪潮。电子政府是管理信息化大系统中的一个子系统，俗称政府上网。其含义是：政府从网上获取信息，推进政府信息化管理；政府在网上设立自己的网站和主页，向公众提供非保密政府信息检索服务，使政务公开；建立网上服务系统，使政务在网上与社会公众互动处理，即“电子政务”；使政府采购电

子化，把“电子商务”用于政府；利用网上信息资源为本国经济文化科教发展服务，为本地资源开发服务。

政府上网的主要优点有以下几点：（1）“政府上网”将极大地提高政府行政效率，政府人员和政府行政费用将大幅度削减，网络化为建立一个真正效能政府提供了良好契机。（2）政府职能输出有了高效可靠的物质技术基础，服务职能将成为政府核心职能。政府可以将社会性、公益性，自我服务性事务工作从政府职能中分离出去，将社会经济职能归还社会，政府集中精力致力于市场培育、实现公共权力的本质。政府将是信息中转站，适时向公众发布各种政策信息，提供各种政策咨询服务，快速传递公众需要了解的各类政策和法规。进一步满足公众对政府服务的需求。（3）政府工作的透明度将大大提高。公民政治参与将有突破性进展，民主政治程度将进一步提高。（4）地方政府职能将进一步加强，网络技术使地方政府能够获取以前向国家及国家组织提供的信息，可以将这些信息有效地同地方需求结合起来，寻求有效的解决方案，使原来须交中央解决的问题可以在当地直接解决，显著提高行政效率。

当然，提高行政效率不仅仅需要以上的措施，还需要其他的一些方法措施，并且要在实践中不断的探索和提高。

本章主要名词概念

行政效率　功能分析法　要素分析法　行政费用测量法　产出评估法　工作荷载分析法

复习思考题

1. 行政效率的要素是什么？请举例说明。
2. 行政效率在现代行政管理中有什么作用？
3. 行政效率测定的原则是什么？
4. 行政效率测定的标准是什么？
5. 行政效率测定的方法有哪些？请一一说明。
6. 影响行政效率的主要因素有哪些？
7. 请举例说明我国行政效率的现状。
9. 提高行政效率的主要途径是什么？
10. 怎样衡量行政效率？

［案例分析］

案例一　北京市关于提高行政效率进一步建设服务型政府的意见[①]

为深入贯彻落实科学发展观，深化行政管理体制改革，转变政府职能，提高行政效率，进一步建设服务型政府，结合实际，现提出如下意见。

一、指导思想、实施原则和工作目标

（一）指导思想

以邓小平理论和“三个代表”重要思想为指导，深入贯彻落实科学发展观，按照建设“服务政府、责任政府、法治政府、廉洁政府”和“人文北京、科技北京、绿色北京”的要求，立足首都实际，适应新形势变化，深入推进政府机构改革，加快转变政府职能、提高行政效能、强化服务功能，切实加强作风建设，着力强化“履职效率、管理效能、服务效果、创新争优”绩效管理，努力构建充满活力、富有效率、更加开放、有利于科学发展的行政体制和工作机制。

（二）实施原则

全面正确履行职能原则。切实履行公共服务职能，强化统筹协调力，增强决策执行力，严格市场监管，加强社会管理，更加注重公共服务，努力实现行政行为“效率高、效果佳、效益好”。

（三）工作目标

以开展加强领导干部作风建设年活动和机构改革为契机，进一步加强政府系统规范化、法制化、制度化建设，确保市政府重大决策的科学性、准确性和可行性；进一步优化政府组织结构，理顺职责关系，完善政府职责体系；进一步完善日常工作运行机制，促进市政府各项工作的顺利开展；进一步加强党风建设，深入开展纠风工作，贯彻执行党中央、国务院的各项方针政策及市委的重要工作部署，提高行政效能，加强对行政权力的制约和监管；进一步优化干部队伍结构、建设高素质的公务员队伍，增强政府的执行力和公信力；进一步振奋精神，坚定信心，推动社会主义和谐社会首善之区建设。

① 资料来源：根据《北京市人民政府关于深化改革转变职能提高效率进一步建设服务型政府的意见》一文整理，京报网www.bjd.com.cn，2009年4月15日。

二、转变政府职能，切实提高行政效率

（一）加强组织机构建设，科学配置行政资源

围绕加快政府职能转变，明确工作职责，强化部门责任，健全行政运行和管理制度。要改进管理手段和方式，完善对行政权力的监督制约机制，理顺职责关系，解决部门职责交叉、关系不顺、权责脱节和效率不高的问题，实现以责定权、权责一致，做到权力与责任对等。要建立健全部门之间协调配合机制，职能部门在做出重要决定前，应主动征求所涉及部门的意见，努力达成共识，形成工作合力。要切实加强公务员队伍建设，提高公务员公共服务能力、调查研究能力、学习创新能力、沟通协调能力、执行落实能力，不断增强政府执行力和公信力。

（二）加强依法行政，建设法治政府

要深入贯彻落实《国务院关于印发全面推进依法行政实施纲要的通知》（国发〔2004〕10号），建设法治政府，努力做到合法行政、合理行政、程序正当、高效便民、诚实守信、权责统一。要提高政府立法质量，增强立法的科学化、民主化程度，重点抓好保持经济平稳较快发展、保护人民群众基本权益、改善民生、节约能源资源、保护生态环境、加强社会管理和城市管理、公共安全等方面的立法工作。要严格实施行政许可法，严格依法设定和实施行政许可。要严格按照法定权限和程序履行职责，行使行政权力，要使保护合法、服务守法与纠正违法相统一，加强执法协调，提高执法效率，确保法律法规规章正确实施。

（三）加强体系机制建设，全面推进政府信息公开工作

要按照《中华人民共和国政府信息公开条例》及本市有关规定，结合工作实际，不断深化政府信息公开工作。要进一步完善各类公开办事制度和组织管理、制度保障、场所渠道、专业支撑等工作体系，不断健全主动公开、依申请公开、保密审查、信息发布协调、虚假或者不完整信息澄清和考核评议等工作机制。要加大政府信息公开力度，搭建政府与市民双向沟通平台，推进公开渠道向街道（乡镇）、社区（村）基层延伸，推进行政权力的公开透明运行。要继续抓好公共企事业单位办事公开工作，更好地集中民智、树立信心，提高为民服务的质量和效率，促进发展和构建和谐，确保社会稳定。

三、注重决策落实，切实提高管理效能

（一）完善行政审批制度，加大扩大内需工作力度

要按照“加快、简化、下放、取消、协调”的要求，深化行政审批制度改革，加大对固定资产投资项目审批的改革力度，进一步清理行政审批事项，下放审批权限，优化审批流程，缩短审批时间，提高审批效率。对已经取消的审批事项，要坚决杜绝各种变相审批行为，推进行政审批行为公开透明、廉洁高效。要坚持部门与区县“双进入”体制，完善规范绿色审批通道机制和重大项目调度机制，加大统筹力度，加强监督检查，实施联审联批，促进重大

项目尽早开工建设。

（二）加强联络协调，主动做好服务工作

要加强联络沟通，提高服务效率，以高度的政治责任感和社会责任感，努力为中央单位、驻京部队和各类企业的发展服务。要建立符合首都经济特点的重大项目服务推动工作体系，建立健全纵向联动、横向协调机制和市、区县重大项目情况沟通机制，支持中央在京单位重点项目建设；要做好年度在京重大投资项目调查工作，全面统计和掌握全社会固定资产投资情况，统筹推动中央投资、本市投资和社会投资等各类重大项目建设；要实行为中央单位、驻京部队服务的责任制，建立“专人负责、简化程序、压缩周期、全程督办”的服务模式，积极做好对接和服务工作，促进总部经济发展。要加强与市委、市人大、市政协的工作沟通联络。要办好年度直接关系群众生活的重要实事，切实解决人民群众最关心、最直接、最现实的利益问题，努力为改善人民群众生活服务。

（三）加强督促检查，完善政府绩效管理制度

各级领导干部要将抓工作落实放到与科学决策同等重要的位置，给予高度重视；对重大、紧迫、难度大的工作，要亲自调度、扁平管理、倾力推进。要健全多层次、立体化的督办落实体系，围绕中心工作和重大决策，严格督促，确保责任落实到位。积极探索建立本市国家行政机关工作绩效考评体系，通过日常监督与年终考评相结合、内部考核与各方评价相结合、实地检查与信息平台监控相结合等方式，对履职效率、管理效能、服务效果和创新争优等指标进行综合考评，在全市政府系统形成注重实绩、提高效率、突出效能、务求实效的工作氛围和刚性标准，促进各区县、各部门创造性地开展工作。

四、坚持精益求精，切实提升服务效果

（一）完善工作运行机制，确保决策服务有力高效

要围绕中心，服务大局，保证政府科学民主决策。在公文办理、会议服务、信息报送、领导调研等方面科学谋划，精心组织，做到程序依法规范，过程民主公开，结果科学公正，有力推进政府决策的科学化、民主化和制度化。要进一步规范公文处理程序，优化办理环节，提高办文效率、强化深度办文，积极发挥以文辅政作用。要加强政府会议议题统筹和审核，科学安排议题，切实保证重点议题及时上会，促进政府会议谋全局、议大事。要严格控制会议总量和规模，切实改进会风，提高会议决策效力。信息报送要围绕全市经济社会发展的重点、群众关注的热点和社会各项事业发展中的难点，及时为领导同志科学决策提供全面准确的信息，对敏感信息要立即报告。要对各类信息刊物、简报进行全面清理。要科学安排调研活动，坚持把调研与促进科学决策、解决实际问题、检查指导工作有机结合起来，注重选择具备推广意义的典型，增强调研工作的主动性、针对性和指导性。要按照中央及市委关于领导同志调研活动从简的要求，切实做到轻车简从，提高调研实效。

（二）完善应急管理体系，切实保障城市安全运行

要强化全市应急体系建设规划职能，提高应急系统组织动员能力和组织效能。要坚持常

态与非常态相结合，发挥城市运行指挥平台和监测平台的作用，加强对城市运行体征信息的监测与汇总。要强化风险管理职能，将风险评估控制工作纳入城市运行和应急管理各个环节，有效预防群体性事件和突发公共事件发生，切实增强城市安全运行保障能力。要完善应急管理工作机制，继续加强首都区域应急协作联动。要加强应急救援队伍、物资等保障体系建设，增强现场处置快速反应能力，进一步提高应急预案的覆盖率和可操作性，确保城市平稳运行和社会和谐稳定。

（三）加强行政事务管理，推进节约型机关建设

要从严控制因公出国（境）活动，严禁以各种名义组织和参加公款出国（境）旅游活动。要严格执行公务用车编制管理规定和配备使用标准，严禁公车私用。要规范公务接待，简化接待程序，控制接待规模，严格控制公务接待费用支出。要认真落实党政机关行政经费管理使用的各项规定，严格控制行政经费支出。要按照《公共机构节能条例》规定制定年度节能计划，加强节能监督检查，进一步降低电、水、气、油等的消耗，提高能源资源利用效益。要加强办公用房整合利用和办公设备、家具、用品等的管理，严格执行配置和更新购置标准，落实政府采购规定，减少日常办公成本支出。

根据以上资料，回答下列问题：

1. 你如何评价北京市政府的上述政策？
2. 结合案例，你认为提高行政效率应采取哪些措施？

案例二　官僚主义、形式主义表现种种及危害①

在我们党和国家的领导机关、领导干部中，官僚主义、形式主义作风严重的虽然是少数人，但是官僚主义、形式主义的思想作风给我们的革命和建设事业带来的或正在带来的损失是巨大的。从调研的情况看，目前存在的官僚主义和形式主义主要表现为以下十五种：一是扯皮多。机构虽然精简，但是精兵不简政，职能未转变，职责仍然不清，部门与部门之间，机关与事业单位之间，甚至一个部门内部的部室之间互相推诿扯皮，效率低下。二是会议多。不同规格、层次、范围、名称、性质、条条块块、重复的会议年年开、月月开、天天开。工作就是开会，开会就是工作，用会议开展工作。三是公文多。不同性质、名称、层次、规格、范围、形式的公文浩如烟海，案头如山。把上级的红头文件改写成本部门本单位本行业的红头文件，用文件贯彻文件，不问实际效果。四是出版报刊书籍多。有综合性报刊、专业报刊、行业报刊、部门报刊，甚至一个部、一个司局、一个处室几个报刊。有的内容重复，一稿多用；有的空话连篇，言之无物；有的内容不健康，传播文化病毒；有的粗制滥造，欺骗读者，甚至毒害少年儿童。每年一次发行大战，什么手段都派上用场。五是办班多。不同范围、名称、级别的学习班、培训班、研讨班到处在办。以办班为名，用公款休闲度假、游山玩水的

---

① 刘孟君：《官僚主义、形式主义表现种种及危害》，《紫光阁》杂志2001年第12期。

有之，沽名敛财的有之，编织关系网的有之。群众讽刺参加一些培训班是："养点儿神，学点儿词，认点儿人。"六是检查评比多。这个问题中央领导同志曾多次提出严肃批评，现在有所好转。但是，各种各样的检查评比或变相的检查评比仍然不少，搞什么升级达标活动，表面上轰轰烈烈，实际上没有任何效果，相反使下级单位和企业应接不暇。七是花钱多。

以上"七多"基本上是从上级领导机关产生的。上面"七多"，造成下面国家财政开支巨大，人力物力浪费严重，一些地方部门、单位、企业，尤其欠发达地区和亏损企业不堪重负，有苦难言。八是宗旨淡漠，理想信念动摇，革命意志减退。有的甚至会上讲真理，会下讲歪理，人前人后两副面孔；有的追逐名利，跑官要官；有的对群众疾苦漠不关心，甚至徇私枉法，贪赃受贿。九是高高在上，脱离实际，脱离群众。不调查研究或调查研究不深入，不了解下情或对下情若明若暗，不懂装懂；讲起话来，大话空话连篇，滔滔不绝，哗众取宠，言之无物；写指示，订政策，口号多，措施少，布置多，检查少。十是走上领导岗位后，不能虚心听取别人意见，不能平等待人。自以为职务提升了，自己的能力和水平就自然而然地提高了，甚至狂妄自大，唯我独尊，官气熏天，不可向迩，颐指气使，动辄训人，令人望而生畏，敬而远之。十一是任人唯亲，以人划线。明知有的干部不符合提拔条件，也一个劲地推荐；对上级，察言观色，揣摩意图，溜须拍马，趋势逢迎；对下级，远疏近亲，待遇分明，结党营私；对同级，貌合神离，互相倾轧，政客遗风，宗派主义严重。十二是思想僵化，得过且过。政治上不思进取，奢侈之风抬头，花公家的钱不心疼，拿请客送礼、公款旅游不当回事。有的甚至追求低级趣味，出入不健康娱乐场所；遇事敷衍，表面上与人无争，实则巧于周旋，老于世故。十三是弄虚作假，欺上瞒下。沽名钓誉，邀功诿过，报喜不报忧，掩盖矛盾和问题，制造虚假政绩，粉饰太平盛世。十四是不抓大事，陷入人际关系和事务堆中。政治责任感不强，麻木不仁，不敏感，待到突发事件和群体事件发生，酿成恶果，又惊惶失措，处置失当。十五是自由主义现象普遍。有的不注意身份，不讲政治，口无遮拦，对一些"政治笑话"、"灰色段子"、"消极顺口溜"津津乐道，有的甚至捕风捉影，损害他人形象和声誉。

官僚主义和形式主义的表现尽管各种各样，但还是有其特征的。其中有些表现具有显现性和普遍性，例如前七种表现形式；有些表现则具有局部性和深层次隐蔽性，例如后八种表现形式。客观地把握官僚主义和形式主义的表现特征及危害，有利于准确地分析其产生和发展的原因，对于我们与官僚主义、形式主义作坚决斗争有重要意义。

根据以上资料，回答下列问题：

1. 联系上述案例和现实情况，谈谈官僚主义、形式主义对行政效率的影响。
2. 提高行政效率有何意义？如何提高行政效率？

第十三章　行政立法

本章学习提要与目标

行政管理法制化、依法行政是现代行政管理的重要特征和发展趋势。行政立法是实现我国行政管理法制化、高效化的重要内容。本章将介绍行政立法的含义、分类、体制、原则和程序等行政立法的一般性理论问题，并对立法法通过以来我国行政立法制度的最新进展作了阐述。

依法治国，是新时期党和国家的重要治国方针。依法行政是依法治国的重要基础，通过法律对国家管理的各项活动，各个环节进行调整和规范，将行政管理的一系列技术方法、协调手段、行为方式、步骤和程序法律化、制度化，通过法律手段保证行政决策得以有效执行是行政管理活动的重要环节。

第一节　行政立法概述

行政立法是行政机关一项重要的职权行为。随着社会经济的发展，行政立法活动愈来愈频繁、愈来愈重要。由于行政立法与国家行政目的的实现以及相对人合法权益的保护关系密切，因此，它是行政管理学以及行政法学研究中重要的一部分。

一、行政立法的含义

行政立法是一个存在着争议的概念，争议可以分为两个层次：第一个层次的争议是行政机关能否与权力机关分享立法权；第二个层次的争议是哪些主体可享有行政立法权。在以三权分立为基础的西方政治传统里，行政机关是无权立法的，唯有议会才拥有立法职权，行政机关的立法只是议会立法之外的一种委托立法，也就是说，为了更好地执行有关行政管理的法律，立法机关可以通过制定法律把自己的某些立法职能委托给行政机关去行使，行政机关只有在授权的原则和范围内，才能制定具体法律内容以及具有法律效力的法规，这种性质的立法称为行政立法，也被称为授权立法或委托立法。但在当代，随着行政国家的出现，现实的行政立法已经突破了传统的框架。国内关于行政立法的争论则集中在究竟是全国人民代表大会及其常委会拥有行政立法权，还是国务院拥有行政立法权，抑或是包括前两者以及省、自治区、直辖市人大及其常委会，再加上省、自治区、直辖市人民政府等都拥有行政立法权呢？显而易见，国内的争论也包括了两个层次的争论。

从字面意义上看，行政立法可有两种理解：一种是泛指行政机关依照法定职权制定法律规则的行为；另一种是泛指有关机关依照法定职权制定行政法规范的行为。第一种理解将重心放在行政立法的行为主体上，从而把行政立法限定为“行政机关的立法行为”；第二种理解则将重心放在行政立法的内容上，认为“一切涉及国家行政管理活动的立法皆属行政立法”。在实践中，以上两种观点都有人采纳并使用。立足于我国的现实，我们认为，所谓行政立法是指一定范围内依法享有立法权的行政机关制定具有法的地位的规范性文件的活动，在性质上是一种具有立法特征的抽象行政行为。我国行政立法的法定形式分为两大类：一是行政法规，特指国家最高行政机关，即国务院制定的具有普遍约束力的规范性文件；二是行政规章，泛指其他依法享有行政立法权的行政机关所制定的具有普遍约束力的规范性文件。所以，行政立法还可以表述为：是国务院制定行政法规以及一定范围内的其他行政机关制定行政规章的立法活动的总称。这一定义强调：第一，行政立法固然是指行政机关的立法活动，但在我国，只有一定范围内的少数行政机关依法享有行政立法的权力。第二，行政立法固然是享有立法权的行政机关制定具有普遍约束力的规范性文件活动，但并非享有立法权的行政机关制定一切规范性文件的活动皆可称之为行政立法，只有它们制定的那些具有法定地位的规范性文件的活动，才属于行政立法的范畴。第三，行政立法最基本的特征在于它是行政机关所为的立法活动，行政立法是根据其行为主体而不是内容来确定其自身特性的，因此，行政立法活动所形成的法律规范不一定都是行政法规范，还包含一部分民法、经济法规范。

二、行政立法的特征

为准确理解和把握行政立法的含义，我们有必要对行政立法的特征进行分析。其主要特征包括：

1. 行政立法权只能由一定范围内的国家行政机关行使。行政立法的主体是国家行政机关，但并非所有的国家行政机关都享有行政立法权。在我国，根据宪法、国务院组织法、地方各级人民代表大会和地方各级人民政府组织法、立法法及其他有关法律的规定，行政立法权只能由下述国内的国家行政机关享有：（1）国务院；（2）国务院各部委、中国人民银行、审计署和具有行政管理职能的直属机构；（3）省、自治区、直辖市人民政府；（4）省、自治区人民政府所在地的市人民政府；（5）经济特区所有地的市的人民政府；（6）国务院批准的较大的市人民政府。

2. 行政立法活动的行政性大于立法性。行政立法行为既有行政性也有立法性，但"行政性"与"立法性"不能等量齐观，它们不在同一层次上，"行政性"是第一位的，反映了行政立法行为的本色；"立法性"则是第二位的，它以行政立法的"行政性"为基础，并从属于"行政性"。行政立法的"行政"色彩是比较明显的，这表现在：一方面，负责行政立法的人员是通过考试任命并实行职务常任的国家公务员，而国家权力机关的立法则由通过选举产生并有任期限制的人民代表进行；另一方面，行政立法遵循首长负责制原则，无论其立法程序引入多少开放透明与民主参与的因素，行政立法最终都要受制于行政首长的意愿、判断和决心，行政首长对行政立法有权"一票否决"，而国家权力机关的立法实行的是少数服从多数的民主原则，代表投票的情况对立法的结果起决定性作用，权力机关首长与其他代表一样，只拥有普通的一票，绝无"一票否决"的特权。所以我们认为行政立法在性质上是一种具有法的地位和效力的抽象行政行为，准确地说，行政立法不过是兼具某些诸如普遍性、规范性和国家强制性等立法特征的行政行为。同时，行政立法的立法特征赋予它普遍的约束力，因此，行政立法文件可以作为行政行为以及法院审判案件的法律依据。

3. 行政立法与权力机关立法有明显区别。区别主要表现在：（1）立法主体不同。权力机关立法的主体是一定级别的人民代表大会及其常委会，行政立法的主体是法定范围内的国家行政机关；（2）立法规范内容不同。权力机关立法调整的通常是有关国家政治、经济、文化生活中的基本制度和重大问题，而行政立法的内容通常是有关国家政治、经济、文化事务中的具体管理问题；（3）立法的效力不同。国家权力机关的立法效力高于行政立法，行政立法不得与宪法、法律条文和精神相抵触。在名称上只有最高权力机关的立法方可冠以“法”的称谓，行政立法以及其他形式的立法均不得将其立法文件冠以“法”的称谓，旨在表明和强调狭义上的法律制定权只能由国家最高权力机关享有。行政法规和规章的具体名称有“条例”、“规定”、“办法”等多种形式；（4）立法的程序不同。国家权力机关的立法必须遵循宪法规定的立法程序，而行政立法在程序上相对简便、快捷和灵活。

第二节　行政立法的分类

依照不同的标准，行政立法可有多种分类。其中，常见的分类方法有：

一、根据我国行政立法的法定形式不同，可分为制定行政法规的行政立法和制定规章的行政立法

制定行政法规的行政立法是国务院为领导和管理国家各项工作，根据宪法和法律，并且按照《行政法规制定程序暂行条例》的规定制定政治、经济、教育、科技、文化、外事等各类法规活动的总称。行政法规的名称一般称“条例”，也可以称“规定”、“办法”等。国务院各部门和地方人民政府制定的规章不得称条例。制定行政规章的行政立法是国务院职能部门以及依法拥有规章制定权的地方人民政府依法制定具有法的地位和效力的规范性文件的活动的总称。规章的名称一般称“规定”、“办法”。规章有国务院部门规章和地方政府规章之分，相应地，制定规章的行政立法又可分为制定中央部门规章的行政立法和制定地方政府规章的行政立法。

二、根据行政立法的主体的不同，可分为中央行政立法和地方行政立法

所谓中央行政立法是由中央行政机关即国务院及其职能部门所进行的行政立法。地方行政立法则是由省一级及部分市一级的地方人民政府所进行的行政立

法。中央行政立法可在全国范围内生效，而地方行政立法只能在立法主体行政职权所涉及的地域范围内生效。原则上地方行政立法应服从中央行政立法，不得与中央行政立法相抵触。

三、根据行政立法的权力来源的不同，可分为职权行政立法与授权行政立法

从行政法治的角度而言，行政机关既没有任何法外固有权力，也不能为自己创设权力，其一切权力均来自于人民通过宪法和法律进行的授权，因而所有行政立法可以说都是授权立法。在此前提下，我们方可依据授权情况的不同，将行政立法细分为职权行政立法和授权行政立法，或者一般授权行政立法与特别授权行政立法。所谓职权行政立法是指行政机关根据法律在系统规定行政职权时的一般性立法授权所进行的行政立法，即国家行政机关直接依照宪法和有关组织法以及立法法规定的职权制定行政法规和行政规章的活动。而授权行政立法则是指行政机关根据法律在规定某一方面行政事务时较为具体的授权所进行的行政立法。在我国，授权行政机关进行职权行政立法的法律是：宪法、国务院组织法、地方各级人民代表大会和地方各级人民政府组织法以及立法法。上述法律将行政立法权作为一项基本的行政职权授予一定范围内的行政机关，并且对行政机关行使行政立法权的时机、条件以及立法内容不作具体限制，因而它们在内容上对行政机关进行了最为广泛的授权。例如，宪法第八十九条第（一）项对国务院的行政立法权是这样规定的："国务院行使下列职权：（一）根据宪法和法律，规定行政措施，制定行政法规，发布决定和命令；……"。而立法法第九条、第五十六条分别规定："本法第八条规定的事项尚未制定法律的，全国人民代表大会及其常务委员会有权做出决定，授权国务院可以根据实际需要，对其中的部分事项先制定行政法规"；"国务院根据宪法和法律，规定行政措施，制定行政法规。行政法规可以就下列事项作出规定：（一）为执行法律的规定需要制定行政法规的事项；（二）宪法第89条规定的国务院行政管理职权的事项。"。职权行政立法和授权行政立法的区别主要有两点：（1）授权的法律不同。授予行政机关立法权的法律是宪法、行政组织法以及立法法以外的其他单行法律；（2）授权的方式不同。法律对职权行政立法进行的是全面的、一揽子授权，而对授权行政立法的立法授权则围绕授权法所规定的某一方面的行政事务进行。

四、根据行政立法受法律约束程度的不同，可分为创制性行政立法和执行性行政立法

在现代法治社会，行政机关的一切权力来源于宪法和法律并且为了执行宪法和法律所赋予的任务，从这一角度而言，所有行政立法都是执行性的，不存在行政机关可以在法律之外完全自主进行的所谓创制性行政立法。只有从行政立法如何受法律约束的角度考虑问题时，行政立法才能够被划分为“创制性行政立法”和“执行性行政立法”。创制性行政立法是指行政机关根据宪法和法律的一般性授权，就法律或法规没有规定的事项所进行的具有原则性质的行政立法。执行性行政立法是指行政机关为执行法律或法规对特定事项已有的规定，而进行的将法律、法规的规定进一步具体化的行政立法。例如，《行政处罚法》第十条第一款规定：“行政法规可以设定除限制人身自由以外的行政处罚。”第二款规定：“法律对违法行为已经作出行政处罚规定，行政法规需要作出具体规定的，必须在法律规定的给予行政处罚的行为、种类和幅度的范围内规定。”据此，国务院根据《行政处罚法》第十条第一款的规定作出的设定行政处罚的行政立法即属“创制性行政立法”，而依据第二款进行的将法律有关行政处罚的规定具体化的行政立法即属“执行性行政立法”。

第三节　行政立法体制

行政立法体制是指一个国家的行政立法主体的设置及其权限划分，它是一个国家的立法体制的组成部分。当今世界，各国的立法体制可分成五种：（1）单一一级立法体制，即立法权仅由国家最高权力机关行使；（2）单一两级立法体制，即立法权由中央和地方两级国家权力机关行使；（3）复合一级立法体制，即立法权由中央的国家权力机关和中央的国家行政机关行使；（4）复合的两级立法体制，即立法权由中央和地方的国家权力机关和国家行政机关行使；（5）多级立法体制，即立法权由从中央到地方三级或三级以上的政权机关行使。我国的立法体制属于中央集中统一、多级并存的多级立法体制。

一、行政立法主体

从行政立法主体看，我国的行政立法主体包括中央行政立法主体和地方行政

立法主体。中央行政立法主体指国务院、国务院各部、委、国务院直属机构，地方行政立法主体包括省、自治区、直辖市人民政府，省、自治区人民政府所在地的市人民政府、经国务院批准的较大市的人民政府和作为经济特区的市人民政府。

在中央行政立法主体中，国务院在行政立法主体中地位最高，不仅具有依职权制定行政法规的权力，而且通过最高权力机关的法律和决定的授权，行使委托立法的权力，有权撤销与行政法规相冲突的部门规章和地方政府规章。国务院制定的行政法规，效力覆盖中国大陆。国务院各部和委员会，是中央人民政府的职能部门，主管某一方面行政事务或综合行政事务，根据宪法和组织法拥有其主管事项的职权，在其职权范围内自主制定部门规章，同时也拥有法律授予的委托立法权。现行宪法和法律都没有规定国务院直属机构拥有行政立法职权，根据单项法律和行政法规的授权，国务院直属机构拥有委托立法权，它们制定的规范性文件经国务院批准后，具有部门规章的同等效力。

地方行政立法主体中，省、自治区、直辖市人民政府，依据宪法和《中华人民共和国地方各级人民代表大会和地方各级人民政府组织法》拥有所辖区域内行政管理事项的行政立法职权，同时，按法律、法规还拥有委托立法权。省、自治区人民政府所在地的市人民政府，依据地方组织法拥有所辖区域内行政管理事项的行政立法职权，从法理上也拥有委托立法权。经国务院批准的较大市的人民政府，依据地方组织法规定，可以根据法律和法规，就职权范围内的行政事项制定规章。地方行政立法主体制定的规范性文件统称为地方政府规章。

二、行政立法权限

立法权限是指哪些机关拥有立法权，拥有何种立法权，在什么范围内进行立法，不能在什么界限外立法，简而言之，指立法主体在制定规范性文件时的分工与界限，实质是立法权在不同机关中的划分与分享。按照《立法法》的有关规定，我国享有立法权的行政机关分别可就下列事项进行立法：

1. 行政法规可就如下事项进行立法：（1）经特别授权，对部分只能制定法律的事项进行立法的权力。《立法法》第八条规定了10项只能制定法律的事项，也即全国人民代表大会及其常务委员会专属立法的事项。对此范围内的事项尚未制定法律的，全国人民代表大会及其常务委员会有权作出决定，授权国务院可以根据实际需要，对其中的部分事项先制定行政法规，但是有关犯罪和刑罚、对公民政治权利的剥夺和限制人身自由的强制措施和处罚、司法制度等事项除外。（2）为执行法律的规定需要制定行政法规的事项；（3）《宪法》第八十九条规定的国务院行政管理职权的事项。

2. 国务院部门规章规定的事项应当属于执行法律或者国务院的行政法规、决定、命令的事项。

3. 地方政府规章可就下列事项作出规定：（1）为执行法律、行政法规、地方性法规的规定需要制定规定的事项；（2）属于本行政区域的具体行政管理事项。

从《立法法》以及其他有关法律的规定来看，我国的行政立法权是很大的：一方面，法律对有权制定行政法规和规章的行政机关进行了广泛的一般性授权，使之得以就其行政职权所涉及的事项自主地决定是否需要进行行政立法，而无须具体法律、法规的特别授权；另一方面，行政机关不仅能够进行执行性立法，而且还享有进行创制性立法的权力。行政机关进行创制性立法包含两种情况：一是行政法规可根据全国人民代表大会及其常务委员会的特别授权，就部分专属于全国人民代表大会及其常务委员会的立法事项进行立法；二是行政法规可根据单行法律、法规的特别授权，就特定的行政管理事项，以“设定”的方式进行创制性立法。1996年的《中华人民共和国行政处罚法》是我国第一个首次引入“设定”的概念并规定行政法规和规章有权设定行政处罚规则的法律。例如，其中第十条规定：国务院制定的行政法规可以设定除限制人身自由以外的行政处罚。但法律对违法行为已经作出行政处罚规定，行政法规需要作具体规定的，必须在法律规定的给予行政处罚的行为、种类和幅度的范围内规定。所谓“设定”，指在无任何上位法律规范的情况下，行政立法按照有关法律的一般授权，就特定的具体事项自主地作出规定。当然，一旦法律或其他上位法就其原先没有规定的事项作出规定，行政立法以设定方式规定的内容就必须与该法律或上位法规范保持一致。

第四节　行政立法的原则与程序

一、行政立法的原则

根据一般法理，行政立法过程中应当遵循合法性原则，权限相符原则和相对方参与原则。在此前提下，我国《立法法》和《行政法规制定程序条例》以及

《规章制定程序条例》对行政立法的原则作了相应规定。

《立法法》对立法的原则作了如下规定：（1）遵循宪法基本原则的原则；（2）维护社会主义法制统一和尊严的原则；（3）民主原则；（4）合理原则。2002年1月1日实施的《行政法规制定程序条例》和《规章制定程序条例》除重申行政立法应当遵循《立法法》确定的立法原则，符合宪法、法律以及其他上位法的规定外，又进一步规定了行政立法应当遵循的一些原则要求。即：（1）体现改革精神，科学规范行政行为，促进政府职能向经济调节、社会管理、公共服务转变；（2）符合精简、统一、效能原则，相同或者相近的职能规定由一个行政机关承担，简化行政管理手续；（3）切实保障公民、法人和其他组织的合法权益，在规定其应当履行的义务的同时，应当规定其相应的权利和保障权利实现的途径；（4）体现行政机关的职权与责任相统一原则，在赋予有关行政机关必要的职权的同时，应当规定其行使职权的条件、程序和应承担的责任。

为保障上述原则在行政立法的过程中切实发挥指导作用，两条例均规定相应政府法制机构在对行政立法草案送审稿进行审查时，如发现送审稿不符合上述原则，可以缓办或将送审稿退回起草单位。

二、行政立法程序

《立法法》以及《行政法规制定程序条例》和《规章制定程序条例》共同构成了我国行政立法程序的规范体系。

行政法规的制定程序包括立项、起草、审查、决定公布、行政法规解释。

立项。国务院有关部门认为需要制定行政法规的，应当于每年年初编制国务院年度立法工作计划前向国务院报请立项，其立项申请应当说明立项所要解决的主要问题、依据的方针政策和拟确立的主要制度。国务院法制机构对部门报送的行政法规立项申请汇总研究，突出重点，统筹兼顾，拟定国务院年度立法工作计划，报国务院审批。一般要求立项项目要符合三个要求，即适应改革、发展、稳定的需要；有关的改革实践经验基本成熟；所要解决的问题属于国务院职权范围并需要国务院制定行政法规的事项。

起草。行政法规由国务院负责组织起草。国务院年度立法工作计划确定行政法规的起草部门，起草部门在深入调查研究、总结实践经验、广泛听取有关机关、组织和公民意见的基础上，拟就行政法规草案的送审稿，送审稿应由起草部门主要负责人签署。几个部门共同起草的行政法规送审稿应由该几个部门主要负责人共同签署。

审查。报送国务院的行政法规送审稿，由国务院法制机构负责审查。在审查过程中，国务院法制机构应将送审稿或者送审稿涉及的主要问题发送国务院有关部门、地方人民政府、有关组织和专家征求意见。在认真研究各方面的意见并与起草部门协商后，对行政法规送审稿进行修改，形成行政法规草案和对草案的说明。

决定公布。行政法规由国务院常务会议审议，或者由国务院审批。根据国务院对行政法规草案审议意见，国务院法制机构对草案进行修改，形成草案修改稿，报请总理签署国务院令颁布施行。行政法规签署公布后，应及时在国务院公报和在全国范围内发行的报纸上刊登。国务院法制机构应及时出版行政法规的国家正式版本，行政法规应当日公布之日起30日以后施行。涉及国家安全、外汇汇率、货币政策的确定以及公布后不立即施行将有碍行政法规施行的，可以自公布之日起施行。

行政法规解释。行政法规条文本身需要进一步明确界限或作出补充规定的，由国务院解释。行政法规的解释与行政法规具有同等效力。

《立法法》以及《行政法规制定条例》有关行政法规制定程序的规定与1987年《行政法规制定程序暂行条例》中的规定相比，更具开放性和透明度，为公民和社会组织参与行政法规的制定提供了机会。

规章制定程序与上述行政法规制定程序基本相同。此外，由于规章的地位、效力、立法主体、存在问题等与行政法规不同，因此，其制定程序也有一定的差异，主要表现在：(1) 在名称上，规章不得称“条例”，在结构体系上除内容复杂的外，一般不分章、节。(2) 涉及国务院两个以上部门职权范围的事项，制定行政法规条件尚不成熟需要制定规章的，国务院有关部门必须联合制定规章。(3) 对规章起草单位组织立法听证会的程序专门作了规定。(4) 部门规章应当经部务会议或者委员会会议决定，地方政府规章应当经政府常务会议或者全体会议决定。(5) 部门联合规章由联合制定的部门首长共同签名公布，使用主办机关的命令序号。

本章主要名词概念

行政立法　中央行政立法　地方行政立法　职权行政立法　授权行政立法　行政立法体制

复习思考题

1. 简述行政立法的特征。
2. 分析行政法规和行政规章的含义。
3. 试述职权行政立法和授权行政立法的区别。
4. 分析创制性行政立法和执行性行政立法的区别。
5. 我国法定的行政立法主体有哪些？其权限如何？
6. 简述行政立法的原则和程序。
7. 简述行政立法的效力等级。

[**案例分析**]

案例一　全国首例诉行政立法不作为案[①]

2003 年 3 月，南京美亭化工厂厂长杨春庭向南京市中级人民法院递交了一份行政起诉书，以“行政立法不作为”为由，状告南京市江宁区政府不按上位法规及时修改房屋拆迁管理办法，致使自己损失惨重。杨春庭因此成为全国第一个状告政府“行政立法不作为”的人。江宁是南京市 2001 年撤县而建的一个区。杨春庭所告针对的是原江宁县政府制定的《江宁县城镇房屋拆迁管理暂行办法》这一地方行政规章。据杨春庭说，2002 年 5 月，他接到江宁区科学园发展公司的拆迁通知，要拆迁他位于江宁区东山镇杨村的美亭化工厂。但在拆迁安置补偿金额上，双方分歧很大。拆迁方依据的是 1996 年江宁县政府制定的《城镇房屋拆迁管理暂行办法》，根据这一办法，需补偿杨春庭安置费用 135 万余元。而杨春庭委托南京华盛兴伟评估公司对自己被拆迁资产进行评估，并参照现行的《南京市城市房屋拆迁管理办法》测算，认为应补偿安置费用 447 万元。杨春庭继而研究发现，江宁区目前房屋拆迁依据的这个暂行办法，是 1996 年由原江宁县政府制定的，早已不适应撤县建区后江宁土地价格的巨大变化。而且，当初授权制定这个拆迁管理办法的上位法——1996 年 3 月施行的《南京市房屋拆迁管理办法》，已于 2000 年 3 月 7 日被废止。这个已被废止的《南京市房屋拆迁管理办法》第五十三条是这样规定的：“本市所辖各县人民政府可参照本办法，结合本县实际情况制定拆迁办法。”江宁区现仍在施行的《江宁县城镇房屋拆迁管理暂行办法》第一条也规定：“根据有关法律、法规和《南京市房屋管理拆迁办法》第五十三条的规定，结合江宁县实际情况，制定本拆迁办法。”杨春庭决定状告江宁区政府。他说，拆迁方依据的是 7 年前的老规定，制定这个规定的“上位法”早已废止，江宁区政府不根据新的“上位法”制定新规定，是一种“立

① 根据 5 月 18 日《法制日报》和 6 月 13 日《中国青年报》相关报道整理。

法不作为"，由此导致公民拆迁受损，政府有责难推。

2003年5月28日，杨春庭接到法院正式立案受理通知书。2003年6月12日，江苏省南京市江宁区人民法院发出行政裁定书，驳回南京美亭化工厂对江宁区政府"立法不作为"的起诉。法院认为，原江宁县政府江宁政发［1996］64号文件是该政府针对不特定对象发布的能反复适用的行政规范性文件，它的制定、发布、废止以及重新制定、发布，都不属于具体行政行为，而属于抽象行政行为，依法不能对其提起诉讼。

江宁区政府在行政诉讼答辩状中说，江宁区政府制定的规范性文件是不可诉的，不属于法院行政诉讼的受案范围；江宁区人民政府制定的拆迁政策是依照国务院拆迁条例和江苏省拆迁条例制定的，拆迁政策的"立、改、废"要按法定程序进行。答辩状中没有提及旧的《南京市房屋拆迁管理办法》及其第五十三条规定。虽然江宁区政府暂时打赢了官司，但据《法制日报》此前报道，江宁区法院已经发出了司法建议书，要求（江宁）区政府有关部门尽快制定新的拆迁办法。江宁区政府建设局的一名工作人员也称，他们正在积极制定新的拆迁办法。

根据以上资料，回答下列问题：

1. 结合本案例中，说明我国人民法院对行政立法的监督及其局限性。

2. 在本案例中，杨春庭依法可以通过何种途径对侵犯其权益的地方行政规章进行监督。

3. 结合案例和实践，就法院是否有权审查和监督行政立法以及其他抽象行政行为、公民是否有权对行政行为主体的行政立法以及其他抽象行政行为提起诉讼进行讨论。

案例二 "问责风暴"席卷云南，"四项制度"实施，542名官员被问责①

2008年8月21日，在云南省行政问责办法、服务承诺制等四项制度实施半年之际，负责实施这项工作的云南省监察厅等有关部门的负责人，向新闻媒体通报了"四项制度"实施所取得的初步成效。

2008年1月30日，云南省下发《中共云南省委关于在全省实行领导干部问责制的决定》。3月1日，云南省全面启动行政问责。与此同时，云南省实施了"行政问责办法"、"服务承诺制"、"首问责任制"、"限时办结制"等四项制度。

据介绍，截至8月20日，云南全省先后问责各级领导干部542人，其中厅级干部13人，

---

① 资料来源：根据《"问责风暴"席卷云南，"四项制度"实施542名官员被问责》一文整理。http：//www.law-lib.com，2008年8月25日。

县处级干部171人，乡科级干部295人。按分级问责原则，由省政府及省直机关问责89人，州市政府及州市直机关问责236人、县政府及县直机关问责217人。从问责人员看，涉及16个省政府部门、16个州市和108个县（市、区）；从问责人员级别看，共问责乡科级以上领导干部479人，占总数的88.38%；从问责方式看，给予调整工作岗位、停职检查、劝其引咎辞职、责令辞职、建议免职问责的169人，占总数的31.18%。

这项工作，被媒体称之为“问责风暴”，震动了云南。通过行政问责制度的实施，云南各级行政机关的工作作风和精神面貌有了明显变化，责任意识、办事效率和服务质量有了新的提高，依法行政、规范办事的自觉性逐步增强，普通老百姓从中感受到了政府机关的变化，社会各界反响较好，有9成民众支持4项制度的实施。

当地舆论认为，这一切还仅仅是个开始，要使这四项制度常态化、普及化还有很长的路要走。

一、一号令高调推进行政问责

云南地处边疆，如此“高调启动、强势推进”四项制度，有其独特的“背景”。据云南省监察厅领导介绍，2001年后，云南经济发展经历了止跌、回升、发展三个阶段。在新起点上，云南要更好更快发展，一个“为民、务实、清廉、高效”的行政系统至关重要，于是行政问责制度应运而生。

2008年1月，新一届云南省政府第一次全会，就通过“省人民政府部门及州市行政负责人问责办法”和“在全省行政机关推行服务承诺、首问责任制和限时办结制的决定”，并以一号令下发。“问责办法”第20条特别写明：各州、市人民政府和省人民政府所属部门依照本办法制定本地、本部门的问责办法，或参照执行。

5月30日，省长秦光荣要求，在全省县以上行政机关全面推行行政问责制等四项制度，并把实施四项制度作为政府自身建设的载体。

云南省为此建立了联席会议制度，由省政府办公厅、省监察厅、省人事厅、省政府法制办、省政府新闻办、省政府督察室主要领导为成员，下设问责办和三项制度办公室。启动快速问责程序：将初步核实情况和案情调查两个程序合二为一，探索将通报批评等不涉及“帽子”的问责权限从省政府下放至监察厅。

二、44条规定问责行政官员

8月15日，云南省问责办暗访组来到红河州新成立的行政审批中心。这个暗访组由特邀监察员、新闻记者、问责办成员组成，每月定期不定期组织一次暗访。问责办张主任说，政府问责采取“自上而下”与“自下而上”相结合的方式进行。问责的信息来源于主动察访与社会举报两种方式。

媒体监督，是云南省行政问责的八条渠道之一。据云南省问责办统计，目前共有23人因被媒体曝光而受问责，占总数的6.2%。

“公民、法人和其他组织的检举、控告”，以及“人大代表、政协委员通过议案、提案等形式提出的意见建议”等两条渠道，也是民意推动问责的表现，问责办向全社会公布了举报投诉电话，便于社会各界反映情况。

云南省规定了应予行政问责的十种情形，相应的解释又将这些司空见惯的现象具体化为可操作性强的44条，如“办事拖拉、推诿扯皮”就细化为“公开承诺的事项不兑现”等5种情形，确保问责依法进行。

推行行政问责后，“大法不犯，违纪不干，不作为、乱作为不断”的现象有制度管了。

云南省24个省直部门分两批在媒体上公开亮相，向社会承诺服务的内容、程序、标准等；群众在行政机关找到的第一个人，即使不是自己分内的事，也要主动帮助联系、解释；对办理的事项列出时限要求，限时办结。这三项制度，分别对服务质量不高、态度不好和效率低下的行政顽症开出药方，解决的都是群众最为常见和头痛的问题。

昆明市便民中心户政窗口的工作人员，因在接待办事群众时态度粗暴，和前来办理户口的群众发生激烈争吵，而被当地媒体曝光。这名工作人员被停职，成为云南省因舆论监督被问责的第一人。

在安宁齐天化肥有限公司致使6人死亡、28人受伤的硫化氢泄漏事故中，负有领导责任的安宁市副市长、市公安局局长作书面检查，安全生产监督管理局副局长被责令辞职。

云南省民政厅做出了自然灾害后第一时间到达现场的承诺；因为上班时间上网聊天，云南省高校毕业生就业服务中心的几名工作人员被辞退，教育厅召开机关大会提出整改措施……

三、学者给予高度评价

中国政法大学法学院院长薛刚凌教授对云南省推行问责制给予高度肯定，认为行政问责对促进服务性政府的转型、促进政府与民意的互动很有意义，“云南省的做法值得推广”。但她同时提醒，有些问题的产生来自制度本身。如果能通过事故结果倒查责任链条，并完善相关制度设计，问责就更有意义。

也有的学者认为，随着中国行政体制变革的推进，现代意义上的官员问责制度正逐步建立起来，做官的风险越来越大。但一些地方雷声大，雨点小，只出台问责制度，不见落实：只见楼梯响，不见人下来；有的地方仅仅在民愤大的公共突发事件搞“火线问责”，在日常工作中，多见的是“太平官”、“和事佬”。

真正的制度性问责，应贯穿于政府管理全过程，贯穿于平日和非常时期。官员问责走向常态化，意味着问责不因时因地因人而异，对党政官员的一切行为和后果都必须而且能够追究责任。规范官员行为，保证权力依法合理行使，必须建立系统完善的问责体系。

在“官员问责”制下，不是只有贪污受贿的官员才会受处罚，那些没有尽到相应义务的渎职人员，那些权力行使不当没有真正为民所用的官员，都应受到责任追究。有权必有责，权责对等。小权力，小责任，小担当；大权力，大责任，大担当。

还有的学者认为，云南、四川等一些地方推行的官员问责制主要是由当地党委、政府推动的，主要是自上而下的行为，是一种“上问下”的同体问责，即政府部门内部，上级对下级的问责。而需要明确的是，政府是为人民服务的，问责的真正主体应是人民。

从逻辑上讲，政府官员经过人大授权才拥有公共权力，其责任的对象应是人民。如果问责制仅仅是上级追究下级的责任，那么在上级需要承担连带责任的情况下，就难保问责结果的公正性。因此，广泛开辟渠道，把问责权利归属于人民，让人民监督政府，问责才能有力量、有效果。

根据以上资料，回答下列问题：

1. 根据行政立法的分类标准，对云南省下发的《中共云南省委关于在全省实行领导干部问责制的决定》进行分类。

2. 结合所学内容，对云南省下发的《中共云南省委关于在全省实行领导干部问责制的决定》及实施作出评价。

第十四章 行政监督

本章学习提要与目标

行政监督是行政管理活动的重要环节，是保证行政决策有效执行的必要手段。行政机关及其工作人员能否依法行政、高效行政，不仅关系到公共权力的行使也关系到切实的公共利益，随着行政管理内容的增加，行政监督在整个行政管理过程中显得尤为重要。本章主要介绍了行政监督的含义、作用、原则及体系，并提出行政监督机制的健全和完善措施。

第一节 行政监督概述

约翰·阿克顿勋爵曾写道：“权力导致腐败，绝对权力导致绝对腐败”，[①] 孟德斯鸠也曾说过“一切有权力的人都容易滥用权力，这是万古不易的一条经验。有权力的人们使用权力一直遇到有界限的地方才休止”。[②]政府机关及其工作人员受人民的委托行使公共权力，基于民主政治建设和现代国家管理的需要以及人性的弱点和不可避免的无知，更基于权力本身的特性，健全和完善行政监督机制，加强对政府行政行为和权力运作过程的监督就显得尤为重要。

一、行政监督的含义与作用

（一）行政监督的含义

关于行政监督的含义，我国学者主要有两种意见：一种意见认为，行政监督

①② 孟德斯鸠：《论法的精神》（上册），商务印书馆1961年版，第154页。

是行政机关的内部监督，即上级行政机关对下级行政机关的行政活动所进行的督促和检查。另一种意见认为，行政监督指一切行政机构的活动同时受到来自行政机构内部的监督以及整个政治体系（包括立法机关、司法机关和利益集体、公共舆论）的监督。

尽管对于行政监督的提法和理解有所不同，但在“行政监督”一词已被大家广泛认可和使用的前提下，赋予行政监督更加丰富的内涵，无疑有助于我国行政监督理论和实践的发展。因此，我们把行政监督定义为：行政监督是指行政监督主体依据法定的职权和权利对有义务遵守有关行政法规范、执行行政指示、命令和决定的组织与个人所实施的了解其义务履行情况并督促其履行义务的行为。在此定义下，行政监督的主体既包括国家行政机关和经法律法规授权的组织，也包括国家行政机关以外的立法机关、司法机关、政府、人民团体、社会舆论以及公民。行政监督的客体既包括国家行政机关及其工作人员、法律法规授权的组织、行政机关委托的组织或者个人，也包括作为相对方的公民、法人或其他组织。在这里，我们所指的行政监督涵盖了学者们所指的监督行政、行政机关的内部监督以及行政机关和经法律法规授权的组织对外的行政监督。依据行政监督主体的不同，一般把行政监督区分为行政机关内部监督体系和行政机关外部监督体系。

（二）行政监督的作用

行政监督是保证正常的行政秩序，促进依法行政的重要手段和重要环节。富有成效的行政监督系统的存在可以对行政违法、违纪现象起到强有力的震慑作用。具体来说，行政监督具有矫正、预防和反馈的功能。

1. 矫正功能。行政系统的决策是针对政治系统中的决策而进行的一种再决策，是一种执行性质的决策。由于决策主体在思想、情感、价值观念等方面的不同，可能出现行政系统在执行的过程中扩大和缩小政治系统的命令或意志，甚至根本不执行或背道而驰地执行政治决定的情况。行政监督的目的就在于随时矫正执行过程中的偏离行为，确保行政体现政治的意志。

2. 预防功能。行政监督的预防功能主要是通过事前监督，提前发现在行政系统中的各种潜在的或已显现的弊端，从而达到防患于未然的目的。通过各种行政监督制度的设立，增强行政行为的可预见性，使人们对某一行政行为的后果有比较明确和清醒的认识，使行政机关的工作人员的行政权力运行在合法有效的范围之内。行政监督体系这种预防功能的发挥，主要靠各种行政监督制度的设立，通过非弹性的制度和一定法律为行政系统建章立制，可以大大减少行政系统的失范和违法行为。此外，行政监督方式灵活多样，对不同情况，既可以采取大规模的综合执行监督检查的方式，也可以采取小范围的询问、了解的方式，既可以采取必要的强制措施，也可以通过各种形式的非强制手段来实施。这使得行政监督在预防和及时发现行政违法行为方面更具优势。

3. 反馈功能。行政监督的反馈功能，主要是指通过行政监督，对监督对象的活动过程及其结果的真实准确性和可靠性作出评价，不仅为决策者（政治系统），而且为执行者提供改进工作的科学依据。具体来说，行政监督可以及时反馈法律、法规、命令、决定和措施实施的社会效果，为法律、法规、命令、决定和措施的制定、修改、废止提供实践依据。行政法律、法规、命令、决定和措施制定以后，能否产生积极的社会效果，其执行过程中存在哪些问题，要想迅速地获得反馈信息，就必须进行经常性的行政监督。行政监督的反馈功能还表现在可以改变行政机关的工作作风，促使行政工作人员勤政、廉政。在有效的行政监督体系下，具有行政监督权的行政监督主体可依法定的程序经常地了解、掌握其监督对象的具体情况，并针对所存在的问题提出解决措施，这对于促使行政工作人员勤政、杜绝和惩治腐败都将起到重要的作用。

二、行政监督的原则

行政监督遵循什么样的原则是影响行政监督成效的决定性因素。依据已有的研究成果，我们可以把行政监督所应遵循的原则归纳为以下几条：

（一）相对独立性原则

独立性原则体现为监督主体相对于监督客体的独立性，这种独立性是监督主体地位和权威的保证。依据一般的法理，行政监督主体相对于行政监督客体应具有法定的相对独立性。独立性是行政监督的本质特性和内在要求，任何权力机制的有效运行都毫无例外地取决于其地位的独立性和足够的权力。如果监督主体的经费来源、人事任免权等掌握在监督客体的手中，对监督客体有很强的依附性，或监督的主客体错位甚至两位一体，那么行政监督就会流入“空泛”。独立性原则使监督主体对监督客体处于一种超然的位置，并使其监督具有震慑力。

（二）合法性原则

在法治社会，合法性是行政监督活动展开的必要条件。行政监督主体的地位、职责、权限，权力运行的方式程序等都应当有明确的法律予以规定，并依法展开。首先，从事行政监督的主体必须合法。行政监督活动是一项严肃的法律行为，作为行政监督的主体其所展开的行政监督行为必须符合宪法、法律以及行政法规的规定，超出法定的范围，其行为就不具有法定行为的效力。其次，行政监督活动必须依法定的程序展开。因为程序合法是合法性的重要体现。最后，行政监督必须符合法定方式，即每项具体的行政监督行为所采取的方式都必须符合法律所规定的方式。

（三）公开性原则

公开性原则是提高行政监督效率、保证有效监督的重要手段。公开性原则包括两个方面的要求，一方面对于监督客体来说，要实现有效的行政监督；另一个重要的前提是监督主体要有足够的被监督方面的信息。例如，公民享有监督政府行为的权力，公民对政府的监督必须以政务公开为前提，如果不把国家政务活动中涉及的公共事务及公共服务的事项公之于众，公民不了解政府运作的充分信息，公民对政府的监督就无从谈起。我国行政改革的一个重要方面就是杜绝“暗箱”操作，推行政务公开。对由于政府暗中关起门来，不留任何记录地操作而滋生的细菌，阳光是最理想的消毒剂。另一方面，对于监督主体来说，监督行为展开的依据、过程、结果除不宜公开的事项外也均应公开。没有公开性只能是专制统治下的秘密政治，与现代社会法治与民主的要求是背道而驰的。

（四）民主性原则

有效的行政监督的推行依赖于民主制度的保证。无论是行政系统内部的一般监督和专门监督，还是来自行政系统外部的立法机关、司法机关、政党、社会团体、公众、舆论的监督，如果没有民主的保证，监督也就失去了所依赖的屏障。民主性原则要求尊重法律赋予组织以及个人的权力和权利；要求公民及公民组织对行政监督的广泛参与以及对这种参与的法的保障；同时也要求在正义的原则下，组织和个人因相同的行为受到同等的保护和惩罚，而不因其身份地位、权力的不同而有所差异。

（五）协调性原则

就行政监督本身来讲，行政监督主体与客体的多元化导致了行政监督主、客体之间存在着错综复杂的关系。行政监督主体间的权限、监督对象、监督方式和途径以及行政监督客体与主体间的关系，需要有科学合理的划分和设定，以及相应的法律规范，这样整个行政监督系统各方面的力量才能协调统一，形成合力，提高监督的有效性。同时，行政监督系统与社会其他系统间也应当协调起来，只有把内外部关系理顺了，行政监督才能更好地发挥其作用。

第二节 行政监督的体系

行政监督的主体是多元化的，根据行政监督主体与监督客体之间的关系，可将行政监督体系分为内部监督体系与外部监督体系。

一、行政机关内部监督体系

行政机关内部监督是在行政系统内，以行政机关及其工作人员、其他行政组织及其工作人员，与行政机关存在着隶属关系的国有企事业单位、社会团体及其主要工作人员为对象所进行的行政监督。也有学者把行政机关的内部监督界定为行政机关内部上下行政机关相互之间存在的法律监督以及行政系统内部设立的专门监督机关对行政机关及其工作人员所实施的监督。行政机关的内部监督由一般监督和专门监督构成。

（一）一般监督系统

一般监督是指在内部行政管理关系中不以行政监督为专门或主要职责的行政主体在行使其职权的过程中对其他行政主体、国家行政机关工作人员所进行的监督，以及依照组织隶属关系，对国有企事业单位、社会团体进行的监督。依行政管理权和行政隶属关系，一般行政监督系统由三个子系统构成：第一，一般权限机关。是由各级行政机关及其所属部门组成的。第二，综合部门。是指跨部门带有综合性的行政机关，如财政部门、人事部门。第三，行政主管部门。各级政府包括从中央到地方都设有专业性的主管部门，他们负责对下级政府对口部门实施监督。我国的一般监督系统由国务院、国务院各部门、各级行政机关的内部监督以及行政机关之间的监督构成。

按照监督主体与客体的关系，一般监督可分为自上而下的监督、自下而上的监督和平行监督三种。

1. 自上而下的监督。即上级行政机关对下级行政机关的监督。自上而下的监督主要包括：第一，上级人民政府对下级人民政府及其工作人员的监督；第二，上级人民政府对下级人民政府相应的工作部门及其工作人员的监督；第三，国务院特定工作部门对其垂直领导下的行政机关及其工作人员之间的监督；第四，行政机关对其派出机构及其工作人员的监督；第五，行政机关依法对其他行政组织和人员进行的监督；第六，同一行政机关内部上级对下级的监督。

2. 自下而上的监督。即下级行政机关及其工作人员对上级行政机关及上级领导者的监督，如下级政府部门对上级部门的工作提出批评意见；下级工作人员对上级领导者实行民主评议、民主测评或对上级领导的某些做法提出批评、意见等。自下而上的监督体现了行政民主化的要求。

3. 平行监督。即政府职能部门就其所主管的工作，在自己职权范围内对其他同级部门实行的监督。如国家财政部就其所主管的国家财政收支，对各部委、各地区实施的监督；工商、税收、物价、卫生等政府职能部门就其管辖的行政事务或开展正常行政活动时所涉及到的对其他同级部门的监督。

一般监督的方式主要包括下级行政机关定期或不定期向上级行政机关呈送工作简报，年度报告、专题报告和综合报告等类型的工作报告；上级行政机关对下级行政机关的工作指导，即上级行政机关布置下级行政机关完成某项工作任务，并对如何完成该项任务提出明确的指导意见，对可能出现的情况提出预防措施，从而实现"事前"监督；上级行政机关对下级行政机关完成工作任务或执行命令和计划的情况所做的工作检查，从某种程度上讲是"事中"和"事后"监督；上级行政机关为了了解下级行政机关的情况，召开和参加会议；下级行政机关或工作人员对上级机关或领导者的决定、命令、指示等在合理的情况下提出批评或建议、行政复议等。

（二）专门监督系统

行政机关内部的专门监督，主要是指独立行使职权的监察机关和审计机关对国家行政机关及其公务员的监督。专门监督系统包括行政监察和审计监督两种。

1. 行政监察。行政监察是指行政监察机关依法对行政机关及其公务员的行政行为和职务行为所进行的监督活动。西方国家的行政监察制度主要有以下几种模式：（1）由议会设立的行政监察机构。这种模式的特点是行政监察机构由议会选出的人员组成，对行政机构及其所属部门的工作人员的行政行为实施监督。（2）由政府设立的行政监察机构。日本是这种模式的典型。日本的最高行政检查机关设在首相府，称行政监察局。下设计划调查、行政对话两个部门，十个高级监察官，分掌内阁各省、厅的监察事务。中央行政站监察局下按区域划分，设立了管区行政监察局和行政监察事务所。（3）建立监察专员制度。加拿大在20世纪70年代末建立了监察专员制度，监察专员先由广告征聘，由立法机关的特殊委员会推荐提名，由省副总督任命，或由总督提名，议会2/3多数通过任命。他们的权力和地位与法官相似，可以调查处理政府机关、社会团体和社会公共部门的官员或雇员的违法失职、玩忽职守及官僚主义行为，处理不正当的行政程序和行政决定。（4）设于行政机关内各部门的监察机关。如美国政府各部门内的监察长就属此类。其职责是监督本单位的审计和调查，指导协调本部门的工作，发现及防止官僚主义及违法行为，并提出纠正措施。

我国在1986年成立中华人民共和国监察部，在省、自治区、直辖市和市、州、县人民政府及地区行政公署设立了监察厅、局，在人口少、经济不发达、监察任务不繁重的边远县，设立审计监察局。国务院的监察部和县级以上各级人民政府监察机关，以及向所属部门派出的监察机构构成了我国的行政监察体系。监察机关实行双重领导，对本级人民政府和上级监察机关负责并报告工作。根据1997年年颁布的《中华人民共和国行政监察法》的规定，国务院监察机关的监督对象为：国务院各部门及其国家公务员；国务院及国务院各部门任命的其他人员；省、自治区、直辖市人民政府及其领导人员。县级以上地方各级人民政府监察机关的监督对象为：本级人民政府及本级人民政府各部门任命的其他人员；下一级人民政府及其领导人员。各级行政监察机关的职责为：（1）监察国家行政机关在遵守和执行法律、法规和人民政府的决定、命令中的问题；（2）受理对国家行政机关、国家公务员和国家行政机关任命的其他人员违反纪律的行为的控告、检举；（3）调查处理国家行政机关、国家公务员和国家行政机关任命的其他人员违反纪律的行为；（4）受理国家公务员和国家行政机关任命的其他人员不服主要行政机关给予行政处分决定的申诉，以及法律、行政法规规定的其他由监察机关受理的申诉；（5）法律、行政法规规定由监察机关履行的其他职责。注重预防，是党的十六大以来以胡锦涛同志为总书记的党中央确立的反腐倡廉战略方针的重要内容，2007年国家级预防腐败专门机构，中国国家预防腐败局成立。既是借鉴国际上预防腐败的有效做法，又是我国认真履行2003年所签署的《联合国反腐败公约》中规定的义务。

行政监察机关的监察权限包括程序性权力和实体性权力。程序性权力指列席会议权、查询权、要求提供材料权、要求解释说明权、责令停止违法违纪行为权、暂扣封存证据权、责令不得变卖转移财物权、责令解释说明权、提请法院采取保护措施权、提请行政协助权等。实体性权力包括提出监察建议权、作出监察决定权、行政奖励权等。实体性权力包括监察建议权、监察决定权、行政奖励权等。

2. 审计监督。审计监督是国家审计机关为维护国家财政经济秩序，促进廉政建设，保障国民经济健康发展，对国务院各部门和地方各级人民政府及其各部门财政收支、国有金融机构和国有企业、事业组织财务收支的真实、合法和效益，依法独立进行的监督活动。国务院审计署，省、自治区直辖市和设区的市、自治州、县、自治县以及不设区的市、市辖区的人民政府的审计机关构成了我国的审计监督体系。国务院审计署在国务院总理领导下，主管全国的审计工作。地方审计机关对本级人民政府和上一级审计机关负责并报告工作，审计业务以上级审计机关领导为主。

审计监督作为一种专业性和技术性很强的监督，其监督对象和范围较为广泛，既包括对政府机关财政收支和财务活动进行审查监督，也包括对企事业单位财政收支和经济活动进行审查监督。就国家行政机关内部的专门监督而言，审计监督的主要职责是：以国家有关法律和财政、经济法规为依据，审查行政机关的财政收支和财务活动的情况，监督国家预算的分配和使用的合法性、合理性和有效性，预防和纠正国家财政活动中的弊端和违法乱纪行为，保护国家的财产安全，提高社会经济效益。目前，政府审计监督主要有财务合规性审计、绩效审计和党政机关领导干部经济责任审计三种类型。国家审计机关依法定的权限开展审计工作。

二、行政机关外部监督体系

行政机关外部监督体系的主要类型包括政党监督、国家立法机关监督、国家司法机关监督、公民和社会团体监督和社会舆论监督。

（一）政党的监督

政党对国家行政机关的监督是由一个国家的政治制度以及政党的特点和所处的地位所决定的。西方资本主义国家大多数实行两党或多党轮流执政制度，政党对政府活动的监督，一是通过议会等机构对政府监督；二是通过舆论工具以及党派成员支持或反对政府的某些政策和行政行为来达到监督目的。我国实行共产党领导下的多党合作制度。政党的监督首先是中国共产党的自我监督，其次是民主党派的民主监督。中国共产党对行政的监督通过党对国家行政管理实行政治、思想、组织的领导体现出来，通过党管干部的制度及各级党的会议、民意测验、党员学习、党纪处分等形式来实现。我国各民主党派及其组织机构主要通过政治协商、参政议政的途径来实现对国家行政管理的监督。

（二）立法机关的监督

西方国家立法机关的监督即议会监督。议会主要通过行使质询权、不信任投票权、弹劾权等对行政机关及其工作人员进行监督。我国的立法机关监督表现为各级人民代表大会及县级以上人民代表大会常务委员会对行政机关及其工作人员、授权组织及其工作人员的监督。我国《宪法》规定，“国家行政机关、审判机关、检察机关都由人民代表大会产生，对它负责，受它监督”。可见行政监督是权力机关的重要职能之一。其监督的方式主要包括：审查和批准经济和社会发展计划，听取政府工作报告、审查和批准财政预算和决算案、制定和修改行政法律法规、决定人事的任免、开展视察等形式。

（三）司法机关监督

司法监督是指国家司法机关通过司法手段和程序对国家行政机关及其工作人员的行为进行的监督。西方国家的司法监督一般包括两个方面的内容：一是由专门的宪法法院和普通法院系统对政府所颁布的行政法和行政措施进行审查，以判断其是否违反宪法和其他法律；二是由司法机关对与政府有关的行政纠纷进行审理和裁判，以保护当事人的合法权利，这就是行政诉讼和行政裁判。我国司法机关对行政的监督是指各级人民检查院和人民法院对国家行政机关及其工作人员的违法行为进行侦查、审判而实施的监督。人民检察院对国家行政机关及其工作人员的监督主要通过对涉嫌犯罪的国家公职人员进行侦查和提起公诉，对公安机关的侦查活动合法性进行监督，对监狱、看守所、劳改机关的活动是否合法进行监督等方式实现的。人民法院对行政的监督是通过依法审理各种行政诉讼案件，审查行政机关请求强制执行的案件来实现的。人民法院在审理行政案件时，有权撤销违法的行政行为、变更显失公正的行政处罚、责令行政机关限期做出具体行政行为以及判决行政机关承担赔偿责任。同时，人民法院还可以通过向有关机关提出司法建议来及时纠正行政机关的违法行为，这也是一种司法监督的形式。

（四）公民和社会团体监督

世界大多数国家都将公民对行政机关及其公务员的监督权明确规定在宪法中，是公民权利的一项内容。我国《宪法》第四十一条规定：“中华人民共和国公民对于任何国家机关和国家工作人员，有提出批评和建议的权利，对于任何国家机关和国家工作人员的违法失职行为，有向有关国家机关提出申诉、控告或者检举的权利。”此外，《中华人民共和国行政诉讼法》、《中华人民共和国国家赔偿法》、《中华人民共和国行政复议法》等法律都规定了公民有权对行政机关及其工作人员进行监督。河南农民王幸福从 2001 年 11 月到 2003 年 8 月，先后秘密调查了宜阳县 13 个乡镇的 230 户被殴打、被非法拘禁、被抢粮抢物的农家，写成60多页调查报告送到河南省和国家税务总局等有关部门，促使中国高层和全社会广泛关注农村暴力征税问题，可以说是公民监督行政机关及其工作人员的典范。同时，也反映出公民监督制度途径的缺失和相应的法律保障的不健全。因此对如何加强并保障公民监督问题的探讨是十分重要的。

社会团体监督是指工会、共青团、妇联等人民团体，以及居委会、村委会等群众自治组织依法对国家行政机关及其工作人员的监督。公民监督通过公民对国家行政机关及其工作人员的批评、建议、申诉、控告、检举等各种形式来实现。其主要的手段包括信访、新闻媒体发布、提起行政复议或行政诉讼等。

（五）舆论监督

报刊、广播、电视以及互联网等新闻媒介所形成的社会舆论在监督政府行政管理活动中具有重要的作用。西方国家称社会舆论为与立法、行政、司法三权并立的“第四权力”，并作为制约这些权力的权力，可见社会舆论对国家政治生活的巨大影响。当前，我国的舆论监督正发挥着越来越重要的作用。国务院曾专门发文要求“对严重损害群众利益的典型案件，要继续曝光”；温家宝总理在贺中央电视台焦点访谈节目播出10周年的信中提到“责任就是新闻工作者对国家的责任、对社会的责任、对人民的责任。”舆论监督主要通过新闻报道、公开披露、表达民意等途径来实现对国家行政机关及其工作人员的监督，揭露各种不良现象，对政府工作提出批评建议，促使各级政府改进工作。

第三节　我国行政监督机制的健全和完善

经过多年的建设，我国的行政监督机制的主体、方式、内容不断丰富，但是仍然存在一系列问题影响了行政监督作用的发挥，因此从监督系统内部和外部分析存在的问题是抑制腐败问题，实现行政管理法治化、科学化的关键。

一、目前我国行政监督机制存在的不足

（一）法律制度不完备

行政监督的有关法律法规既是对行政监督权力及其行使的规范，又是这种权利及行使的保障。有法可依是执法必严、违法必究的前提，我国现行的行政监督法律

还不完备，不能形成一个完整的体系，一定程度上成为监督行为规范化的障碍。

（二）监督主体不协调

虽然我国的监督体系已经形成，但是各种监督主体的多元化难以形成合力，一方面因为部分行政人员监督意识淡薄或者业务素质不高，很难保证权力受到监督和约束；另一方面是监督主体隶属于不同系统，往往不能有效沟通，或者出现虚监、弱监、漏监现象，成为一种“内耗”造成行政监督的低效能。

（三）权力机关监督未到位

我国的权力机关是人民代表大会，依据宪法拥有至高无上的权力，对行政机构及工作人员行政行为的监督最具有权威性。但在现行的监督体制中，监督机关通常都是受同级政府和上一级权力机关的双重领导，体制上的混乱给监督工作的展开带来困难。

二、健全完善我国行政监督机制的途径

（一）完善法律监督机制

培养法制观念，牢固树立行政监督意识，首先，在全社会形成关注公民权利，加强权力监督的氛围。其次，完善行政监督的立法工作，避免监督的盲目性、主观性。最后，与公务员的监督机制、考核机制相结合，毕竟行政管理的工作主要由公务员来完成，公务员队伍能够遵纪守法、依法行政降低了行政监督的成本，亦是行政监督的目的。

（二）协调监督体系关系

我国的行政监督体系经过多年建设，已经形成了多元化主体、多层次结构，纪检委、监察部门负责查处党内腐败行为，检察机关负责处理所有触犯刑法的腐败犯罪行为，而且这些部门同样也都有预防职务犯罪等腐败现象的职能。明确不同监督主体的权力范围和职责，规范行政监督的程序和手段，使隶属于不同监督体系的监督主体能够相互配合，形成全方位覆盖的监督体系，各司其职的体系间关系，实现合作的效果大于各自行动效果之和。

（三）强化人大监督，完备其他监督主体

由于人民代表大会及其常委受人大制度的限制要讨论决策国家社会的重大问

题，其监督权的权威性、强制性不能有效地发挥。如果能设立常设的、专门的监督部门，人大的监督机制就能加以落实。同时，人大代表品德端正、责任心强、熟悉相关法律也成为发挥人大监督作用的关键。此外，舆论监督和公民监督效果日益突出。一方面是因为行政管理工作不断公开化，主动接受监督；另一方面是公民的监督意识、维权意识增强，信息化时代使媒体和公民的监督行为具有了迅速及时、传播面广、影响力大的特点。

本章主要名词概念

行政监督　内部监督　外部监督　政党监督　立法机关监督　司法机关监督　舆论监督

复习思考题

1. 如何理解行政监督？
2. 简述行政监督的功能。
3. 简述行政监督的原则。
4. 简述一般监督和专门监督的定义及分类。
5. 简述行政机关内部监督的分类。
6. 简述行政机关外部监督的分类。
7. 论述我国当前行政监督机制存在的问题。

［案例分析］

案例一　从“躲猫猫”事件看舆论监督[①]

一、起因

“躲猫猫”原本是个普通的游戏，却在2009年初成为网络热词，原因是云南省晋宁县看守所发生的一起死亡事件。

云南网2月13日报道24岁的云南玉溪北城镇男子李荞明因盗伐林木被刑拘，在看守所度过11天后却因重伤入院，因“重度颅脑损伤”不治身亡。

① 改编自《官方邀网友调查“躲猫猫”事件》http：//news. qq. com/zt/2009/dmmdc/.

儿子的突然死亡，让51岁的李德发深感命运无常。2月12日，李德发看着冰柜里儿子的遗体痛苦不堪："本来人好好的进去的，怎么说死就死了呢?"对此，晋宁县公安机关给出的答案是，当天李荞明受伤，是由于其与同监室的狱友在看守所天井里玩"躲猫猫"游戏时，遭到狱友踢打并不小心撞到墙壁而导致。面对这个答案，家属们却认为太过牵强。

二、初步结果

据当地公安部门通报，李荞明在看守所中与狱友玩"躲猫猫"游戏时头部受伤，后经医院抢救无效死亡。事件经媒体报道后，在网络上迅速发酵，众多网民纷纷质疑，一群成年男人在看守所中玩小孩子玩的"躲猫猫"游戏听起来非常离奇，而这种"低烈度"游戏竟能致人死亡就更加令人难以置信。尽管李荞明的身体其余部位并没有明显伤痕，然而其头部左后方有一个大约5厘米的伤口和左太阳穴附近一块肿起来的头骨清晰可见。据昆明市第一人民医院神经外科李建明医生介绍，尽管人类的颅骨十分脆弱，然而要对一名成年男子造成如此致命的伤害，一定要有巨大外力才可能导致，而"一般的不小心摔倒或撞击中，人有自我保护意识，很难造成这样大的伤害"。有家属猜测李荞明受伤是遭到毒打所致。于是，一场以"躲猫猫"为标志的舆论抨击热潮迅速掀起。在一个门户网站上，该新闻有3.5万多条，其中多数都在谈论"躲猫猫"说法的合理性。

一个还有4天就要结婚的青年离奇在看守所中死亡，令人痛心。查清事件真相，既是对家属负责，也是任何执政为民、以人为本政府的本分，这既体现了对生命的尊重，也体现了对公平正义的追求。在事件成为网络热点后，2月19日，云南官方网站刊登了一份由云南省委宣传部发布的《参与调查"躲猫猫"舆论事件真相的公告》：为满足社会公众的知情权，云南省委宣传部将会同相关部门组成调查委员会，于2月20日上午前往昆明市晋宁县具体事发地，对"躲猫猫"事件真相进行调查。现面向社会征集网民和社会各界人士代表4名，作为调查委员会成员参与调查。云南省委宣传部迅速组织事件真相调查委员会，并公开面向社会邀请网友和社会人士参与调查。

来自社会各界的报名异常踊跃，6个小时里，共有500多人通过电话和网络进行了报名。对于此次公开征集网民参与调查，有关负责人表示，这在云南乃至全国都是从来没有过的，以后对于涉及云南省形象以及政府有关的新闻事件，如果需要的话，依然会考虑采用这种公开、透明的方式。在15人组成的委员会中，有8人是网民和社会人士，其中主任和副主任均由网民担任。云南省相关部门的这一做法，公开邀请网民参与重大敏感问题官方调查之先河，体现了执政者对网络民众舆论的重视与尊重，堪称官民互动的典范之一。

三、真相与结果

"躲猫猫"事件炒得沸沸扬扬后，中共中央政治局常委、中央政法委书记周永康做出批示。同时，最高检检察长曹建明亦做出批示，并派员指导办案。25日下午，监所检察厅多名负责人抵达云南。27日，云南省检察机关、公安机关公布“躲猫猫”事件调查结论：这是一起发生在看守所内“牢头狱霸”打死在押人员的故意伤害致死案件——李荞明羁押期间，同监室在押人员张厚华、张涛等人以李荞明是新进所人员等各种借口，多次用拳头、拖鞋等对其进行殴打，致使其头部、胸部多处受伤。2月8日，张涛、普华永等人又以玩游戏为名，用布条将李荞明眼睛蒙上，对其进行殴打，其头部撞击墙面后倒地昏迷，经抢救无效死亡。

“躲猫猫”一案的调查结果与先前向媒体公布的初步调查结果有较大出入。对此检方表示，这是由于其同监室关押人员串供、建立攻守同盟，共谋编造了李荞明系在玩游戏过程中不慎头部撞墙致死的虚假事实，使案件调查侦查产生很大困难，加上为及时向媒体公布，检方在未调查完毕的情况下公布了初步调查结果。

云南省公安厅纪委书记、新闻发言人杨建萍在发布会上对李荞明的家属表示“最深切的歉意”。公安机关表示：目前已对相关责任人进行处理——对晋宁县公安局局长达琪明予以行政记大过处分；对晋宁县公安局分管看守所工作的副局长闫国栋予以行政记大过处分，并免去晋宁县公安局副局长职务；对负有直接领导责任的晋宁县看守所所长余成江予以行政撤职处分；对晋宁县看守所分管管教工作的副所长蒋瑛予以行政撤职处分；对负有直接责任的晋宁县看守所民警李东明（负责管理李荞明所在监室）予以辞退处理。

同时，根据检察机关查明通报公安机关的情况，对案件进展中发现的渎职线索一查到底。此外，晋宁县检察院驻所检察室存在监督不到位的问题，决定免去该室主任赵泽云的职务。

云南省检察机关通报，检察机关在对该案的调查取证过程中，发现晋宁县看守所存在“牢头狱霸”殴打、体罚在押人员等监管不到位、管理混乱的问题，已向公安机关提出整改建议，并将进一步加大对监管活动的法律监督力度。

根据刑法规定，张厚华、张涛、普华永等人殴打李荞明致其死亡的行为，已经涉嫌故意伤害罪。检察机关已将该案移送公安机关立案侦查，并建议对张厚华、张涛、普华永等人实行数罪并究。

四、后续

“躲猫猫”事件真相大白后，适逢2009年3月份召开两会，一些与会代表委员建言进行司法体制改革，让看守所“侦押分离”，使看守所与公安机关分离开来，成为一个专门履行羁押职能的中立机构，建立有效的制衡监督体制。让看守所与监狱一样，由司法行政机关掌控，有利于统一管理。同时，因有监狱管理的经验，司法行政部门能够管理好看守所。

从“周老虎”到“躲猫猫”，中国公众通过互联网行使监督权的意识日渐加强，网络民主作为中国公民参政议政、监督政府的一种有效形式，也正在逐步走向成熟。党委和政府都应该能够从“周老虎”和“躲猫猫”中吸取教训，学到经验，在互联网时代，与时俱进、加强监督。

根据以上资料，回答下列问题：

1. 根据本案例中监督主体与被监督主体的关系，找出其中存在的制度缺陷。

2. 结合本案例，提出完善我国现行行政监督体系的思路。

案例二　“万人评议”评出省级机关好作风①

2004年，江苏82个省级机关首次开展作风建设“万人评议”活动后，各部门各单位将“万人评议”中基层和群众提出的6948条意见和建议，归纳成1795条整改事项，结合先进性教育活动，进行了集中整改，促进了机关作风的明显改变。2005年，省委、省政府下发了《关于建立省级机关作风建设长效机制的意见》，把基层群众评议机关作风作为一项制度确定下来，目的就是要始终坚持为人民办事、请人民评判、受人民监督、让人民满意的导向。2006年，各省级机关加快推进行政管理体制改革创新、着力提高服务效能、大兴服务之风，机关作风建设落实长效机制，得到了稳步扎实的发展。

2007年1月，江苏省级机关作风建设万人评议活动与2004年开展的第一次“万人评议”相比，评议的部门和单位共100个，比第一次多了中央部门管理单位、中央金融系统所属企业等共18个。参评人员更加体现群众性和广泛性；为提高工作效率，这次的《评议表》还首次设置成了电子读卡。

江苏省委常委、省纪委书记、省级机关作风建设领导小组组长冯敏刚要求，省级机关要坚持不懈地以基层群众的评价为重要导向，以人民满意为根本标准，进一步搞好“三转变、三服务”，“要加强对评议活动各个环节、各项工作的全过程监督，确保做到公开、公平、公正。被评议单位不得组织可能影响评议公正性的各类活动，坚决杜绝一切可能影响评议结果的不规范做法。对直接影响评议公平、公正的行为，一经查实，要严肃处理。”江苏省委常委、省委组织部部长、省级机关作风建设领导小组副组长王国生评价“万人评议”是把“评判权、监督权真正交给了群众”。

在之前南京市“万人评议机关作风”中，一些参评人员不知道机关的具体职责，认为环保部门就要对河流污染负全责，殊不知生活污水造成的污染是归建设部门管，上游河流的污水处理水利部门也有责任。这导致环保部门扣了不少不该扣的分。为了避免参评人员出现“张冠李戴”的情况，江苏机关党建网设置了“省级机关作风建设评议网页”，登载被评议部门（单位）的《职责简介》和2004年评议以来机关作风建设情况，供参评人员进行更好的评议。中央管理单位和中央金融系统所属企业，将主要登载其近年来服务江苏经济社会发展情况。

《评议表》回收完毕后将由省级机关作风建设领导小组统一录入评议数据和评议意见，形成评议工作总结报告，并在一定范围内公布评议结果。对评议中问题突出的部门（单位），必要情况下将对其领导班子做出相应调整。为保证评议工作的公开、公正、公平，还从省级机关作风建设领导小组成员单位等聘请了一批评议工作监督员，对统计汇总工作实行全过程

---

① 改编自《第二次“万人评议”结果评出省级机关好作风》，中国江苏网。

监督。

2009 年 2 月，江苏省委、省政府召开省级机关作风建设大会，这已经是该省连续 6 年在新年伊始就作风建设进行重点部署。而与之相结合的“万人评议”机关作风活动，也在紧锣密鼓进行中，从江苏省直层面延伸到地方各市乃至乡镇。

据了解，经过几年的实践，省直部门作风建设所进行的监督体系和网络已经建立起来了：一是在省级机关作风办设立了投诉电话和电子信箱，接受基层、群众和社会各界对省级机关作风的投诉；二是在 13 个省辖市及部分县（市、区）和企业设立了省级机关作风建设监督点，及时收集基层与群众对加强省级机关作风建设的意见和建议；三是从社会各界聘请了省级机关作风建设监督员，对省级机关作风建设进行监督；四是每年定期开展省级机关作风专题监督活动；五是加强新闻舆论监督和司法监督等。

2009 年 1 月 1 日起，《江苏省依法行政考核办法》开始实施，规定对政府和机关的年度考核采取百分制计分方式，其中，内部考核分值占 80%，外部评议分值占 20%，这将群众评议的话语权确定了下来。江苏省政府法制办主任孙如林介绍说，《办法》的颁布，意味着江苏省对政府依法行政考核正式纳入政绩综合考评体系。用省政府规章对依法行政考核进行规范，在我国尚属首次。根据该《办法》，各级政府及其工作部门都是被考核对象，依法行政考核结果与奖励惩处、干部任免挂钩。

根据以上资料，回答下列问题：

1. 试分析江苏省省级机关作风万人评活动对推进政府行政监督机制的积极意义。

2. 如何创建长效机制，促进对干部作风、机关作风监督工作的持续建设和深入发展？

第十五章 行政文化

本章学习提要与目标

行政管理不仅是一种管理，也是一种文化。行政文化是来自行政实践活动的精神成果，并与其他领域的文化一起构成了社会文化的整体系统，成为社会的重要组成部分。研究行政管理，必须研究行政文化。从结构上来看，行政文化包括了行政心理、行政价值、行政道德、行政精神等多种层次。搞好公共行政文化建设，无论是对于推动行政管理理论的发展，还是对于促进行政管理实践的进步，都具有十分重要的意义。本章主要介绍了行政文化的含义、特征、主要内容及我国行政文化的建设情况。

第一节 行政文化概述

一、行政文化的含义和特征

文化是一种复杂的社会现象，有宏观、中观与微观之分。宏观的文化即广义的文化，是指人类在社会历史事件中所创造的全部物质财富和精神财富的总和。它是由语言与文字、物质生产与物质生活、精神生产与精神生活以及社会各个层次的社会组织与社会关系构成的大系统。中观的文化是指社会的意识形态以及与之相适应的制度和组织机构，包括思想、意识、观念的积淀。微观的文化即狭义文化，主要指社会的思想、意识、观念、精神等。文化也可以被分为物质文化、精神文化和制度文化三种层次。

目前，人们更习惯于从狭义的角度考虑文化，这主要包括两个方面的内容：一是由各种社会心理构成的心理型文化层面，包括风俗习惯、思维方式、感觉认识、价值观念、道德情操、宗教情绪、审美意识、民族性格等直观、感性的社会意识形式；二是由各种社会思维体系构成的知识型文化，包括艺术、文学、宗教、道德、教育、科学、哲学、法律、政治等系统理论的社会意识形式。

内涵丰富的社会文化在不同的社会生活领域表现为不同的内容和形式。在行政活动领域，文化表现为行政文化。行政文化与行政管理活动关系密切，是社会公共行政管理活动在思想观念领域中的具体体现。所谓行政文化，也有广义和狭义的不同界限。广义的行政文化是在社会公共行政实践活动基础上形成的行政思想观念和行政意识形态，以及与之相适应的行政管理制度和行政组织机构。狭义的行政文化是指分别反映行政实践活动，如行政关系、行政思想意识、行政精神理念、行政价值形态、行政伦理道德和行政心理倾向等的复合体。它是行政机关及其工作人员应当具备和遵守的理想信念、价值倾向、道德标准、思想作风、心理状态、行为模式、人际关系等各种生活准则和行为规范的总称，包含着极为丰富的内容。本章对行政文化概念的应用属于狭义性的。

要想深入了解行政文化的含义，还必须掌握它的基本特点。行政文化的特点有以下几个方面：

1. 历史性。行政文化既是历史范畴又是社会范畴。行政文化的历史性表明两点：一是现代行政文化不能脱离历史行政文化，他们在内容上具有传统继承性和连续性。人们在现实的行政文化中总能或多或少地看到历史上行政文化的积淀和影响。在这个意义上人们可以把行政文化分为传统行政文化和现代行政文化。二是行政文化与行政实践相伴而生、相随而行。不同历史时期的行政实践必然产生不同风格的行政文化。正是由于这一点，才使行政文化带有鲜明的时代特点。在资本主义初期讲人权、重法治、尚时效的行政文化与封建社会讲等级、重服从、尚皇权的行政文化显著区别的特点就是典型例证。

2. 阶级性。行政文化从属于政治文化，与国家机器联系十分密切，在阶级社会中，总是要以统治阶级的政治法律思想为指导，反映统治阶级的意志并为统治阶级利益服务。根据行政文化的阶级性，人们可以将行政文化划分为资本主义行政文化和社会主义行政文化等类型。不同阶级类型的行政文化在本质上是相互对立的。但是，他们之间也有相互继承、相互影响的一面，尤其是在现代社会中，随着不同国体、国家之间交往与联系的密切，人们在公共行政文化建设上对于很多问题的认识都具有一致性，诸如改进政风，提高公务员素质，建设廉洁、勤政、务实、高效政府等方面都可以互相借鉴、互相学习。

3. 民族性。行政文化的发展不能脱离一定的民族文化背景。它与民族心理、民族习惯、民族思维方式等有着密切的联系，甚至常常通过民族特征和民族形式表现出来，逐渐积淀成行政文化传统，体现行政文化的民族特色。从横向来说，行政文化的民族形式是最主要的和根本的属性，从国家之间而言，行政文化的民族特色是不同精神风貌相互区别的重要标志。比如，美国的行政文化通常表现为民主、自由、积极、奋发的特色，而德国的行政文化表现为重法、守纪、严正、整齐的特色，英国的行政文化则有尚典、守旧、重名的色彩。

4. 时代性。一个时代有一个时代的行政实践，势必也会有不同的行政文化。时移则事移。就纵向而言，行政文化的文化形式是最主要的，时代的差别表现为文化的感衰和变革。我国计划经济时代的行政文化就与社会主义市场经济时代的行政文化有着截然的不同。行政文化的时代性标志着当时的行政精神和行政价值取向，有着鲜明的时代特色。

5. 差异性。在现代社会中，不论是中国的还是外国的行政实践活动都有基本相同的地方，因而行政文化也有基本相同之处，如廉洁、勤奋、高效的行政作风等。但是，由于经济状况的不同、政治经济条件的差异、文化背景的差别和公务员素质高低的不同，因而，行政文化就势必存在着差异性。而且，由于各级地方政府所处的地理条件、民族习惯、经济状况、文化氛围的差别，使各地方行政文化出现了明显的差异。行政文化的差异性给行政文化建设提出了艰巨的任务。

二、行政文化的构成和类型

（一）行政文化的构成

从行政文化的关系上看，行政文化是由主观行政文化和规范性行政文化两个部分构成。

所谓主观行政文化是指在行政管理过程中，实际拥有和行使行政权力的个体或组织的行政意识。行政的主体是人，而行政文化的主体是这些人的行政意识、行政观念。主体行政文化是行政文化的核心。主观行政文化的构成：一是行政文化的认知部分。即对行政体系和行政活动的认识，主要包括行政心理、行政思想和行政思维方式等，这是构成行政文化的基础部分。二是行政文化的情感部分。即行政主体对行政体系和行政活动的情感取向，主要是行政人员对行政活动和行政体系接受、认同、参与的情感以及对本职工作的认同和喜欢程度等。三是行政文化的价值部分，即人们在行政活动中所持的各种价值观念。这些观念是从行政认知中衍生出来的，是全体行政人员的一种习惯和道德的活动准则体系，它决定了全体行政人员共同的行为取向。一旦这种行为取向成为该组织全体成员的共同价值观，就会构成行政组织内部强烈的凝聚力和整合力，成为组织成员共同遵守的行动指南。从这个意义上说，行政价值是行政文化的核心部分。四是行政文化的理想部分。行政理想，是指行政体系和行政活动所要达到的较高层次的期望值和设想度，是行政认知、行政情感和行政价值三者相统一的产物，具有根本性、长远性的特征，是行政发展的一种走向，是推动行政组织不断优化、不断创新的力量源泉。

规范性行政文化的构成；一是行政传统。行政传统是人们在行政实践中历史沿袭下来的观念、习惯、制度规则的总称，是特定行政体系在行政活动中积累而成的稳定的规范因素，主要体现在行政人员的观念、想法和行为方式等方面。二是行政习惯。行政习惯是在长期的行政实践中由于不断重复而逐渐形成并转变为“某种需要”、表现为某种“例行性”的行为方式。它是行政传统和行政思想在行政行为方面的具体表现，包括稳定的行政行为方式和行政行为作风。三是行政原则。行政原则是指人们在行政活动中所遵循的方法和准则，它是行政活动内在规律的反映，是对行政活动的本质及其运动规律的科学表达。研究行政理论，必须首先研究现代行政管理的一些基本原则，只有认识和掌握了基本原则，才能指导我们做好行政管理的各个方面的工作。

从行政文化的发展过程来看，行政文化的产生一般要经历行政心态、行政意识、行政规范和行政评价等阶段。行政心态是在行政活动的起始阶段，是人们对行政活动产生的情绪和态度的总和。行政意志是行政心态上升为理性的结果，是人们对于完成某种具体的行政行为所产生的决心和精神状态。行政规范是在行政行为中，指导其具体的实施步骤和方法的各种规范和规定，它是行政意志最集中的体现，也是行政意志由实践转化成理论的结果。行政行为做出后，就会产生一定的行政评价。这种评价主要来自于行政文化的主体和客体，既有主体的自我评价，也包括社会舆论和其他的个人和团体的评价。行政评价是行政行为的结果，也是行政文化产生过程的最后阶段。

此外，按行政文化中不同行政意识所处的等级、作用来分，又可以把行政文化划分为行政意识、行政道德、行政价值和行政精神四个不同的由下到上的层次。关于行政文化的这几个层次，我们将在下一节做具体的介绍。

（二）行政文化的类型

行政文化从时间上看，是由不同时期的行政文化混合而成的；从空间上看，它是由一系列的不同层次和不同影响范围的文化要素构成的。

1. 从行政文化的历史进程上划分

（1）伦理型行政文化。伦理型行政文化是传统封建社会的行政文化的类型。伦理型文化源远流长，最早可追溯到周朗的“德治”文化。这种“德治”文化可以扩展到社会关系的各个方面，比如君臣父子等。传统社会的“德治”文化，首先强调的是治国者自身的道德修养，倡导个体的修养和德性。《礼记·大学》中提倡“格物、致知、诚意、正心、修身、齐家、治国、平天下。”这八目中“修身”是根本，前四目是修身方法，后三目是修身的目的，讲的就是修身是“德治”的核心。当然，由于过分强调个人的修养，往往忽视了封建治国者的“政绩”、认为只要在其“德行”上能够起到表率作用，也就达到了“德治”的要求，这不能不说它是一种消极作用。

由于这种文化形成了中国传统的特殊的人际关系网，如“君臣”关系，“父子”关系，“主仆”关系等，由此也衍生了中国政府官员特有的专制作风和特权思想。伦理型行政文化是封建制度行政文化的集中表现，曾发挥了一定的影响和作用。在当代，这种文化已经逐渐被新型的行政文化所取代，然而由于其存在的长期性和深刻性，目前我国的行政文化仍然保留着传统文化的一些特性，亟待进一步地改革和完善。

（2）制度—伦理型行政文化。鸦片战争以后，中国经过了“洋务运动”、“戊戌变法”、“辛亥革命”、“五四运动”和“新民主主义革命”等对传统文化的反思、改革后，行政文化在这一时期也有了新的发展。主要体现在权力运作中的文化权威由伦理至上向政治至上转移，大力提倡政府管理的制度性，然而，由于改革的不彻底，行政文化的人治思想依然很重，法律机制不健全，虽然公民的民主、平等意识大大增强，但仍深受传统的伦理行政文化的影响，行政管理活动缺乏民主和有效的制约机制。

（3）法制型行政文化。新中国成立后，我国大力推行民主，尤其是改革开放以后，在政府管理上，主张政府行政行为的法制化和程序化，使传统行政文化逐渐过渡到法制型行政文化上。主要表现在：市场经济的特点决定政府要依法行政，个人权力逐渐与行政分离；此外，经济的发展使得政府管理的职能日益减弱，服务的功能日益增强。法制型行政文化是对传统的伦理型行政文化的根本否定，它标志着现代行政文化的一种走向，并伴随着经济的发展逐渐成熟。目前，我国的行政文化正在向法制型行政文化过渡。然而，在某些方面，行政文化仍然保留着传统行政文化的一些陋习，随着经济的发展和社会的进步，我国的行政文化也将势必得到不断地改进和完善，使之真正适应生产力的发展和需要。

2. 从行政文比的职能上划分

（1）统治型行政文化。统治型行政文化是指在政府的管理过程中，政府主要扮演的是镇压被统治者、维护统治秩序的角色。在这一时期，政府的行政还未与政治分离，与之相适应的文化也必然是统治型行政文化。统治型行政文化的特点是统治者在行使行政权力时的专制制度，其封闭性很强，行政管理主要以传统的习俗和观念为依据。统治型行政文化反映的是两个不同阶级的根本矛盾和剧烈冲突，统治者和被统治者都处于蒙昧的状态，缺乏民主和科学管理。

（2）管理型行政文化。管理型行政文化是随着社会的进一步发展，政治与行政逐渐分离后形成的行政文化。管理型行政文化强调“平等、自由、民主”，政府的行政文化管理以追求科学化、效率化和民主化为主要目标。同时，政府的行政文化管理的依据也由以往的传统习俗转变为体现民主、平等的各项法律法规。政府作为管理者，对被管理者负有相应的权利和义务，管理的目的也由统治型行政文化的强化对立、固化矛盾转变为缓和阶级冲突，化解阶级矛盾，成为社会公共利益的代表者和公共秩序的维护者。

（3）服务型行政文化。服务型行政文化是现代社会新兴的一种行政文化。行政文化是为了满足社会的需要，服务于社会、服务于公众。政府的职能由以往的管理转变为服务，为公众提供各方面发展的便利条件，实行最普遍的民主和自由。服务型行政文化追求公众满意和认同，主要的功能由以往的缓和矛盾转变为对不同群体进行的利益协调。目前，服务型行政文化在当代西方某些国家已初露端倪。我国政府也正在致力于完善行政文化的服务职能，例如，目前进行服务型政府的建设和改革，就是实现向服务型行政文化的转变。

3. 从行政文化的表现形式和内容上划分

（1）观念性行政文化。是指行政文化在具体的实践过程中创造出来的新的观念形态的文化形式，这种观念性文化得到了行政机构和其他行政人员的共同认可和支持，形成了观念性的行政文化。观念性行政文化是行政文化的主导和中心，在行政活动过程中，它对行政人员起着指导作用，并决定着其他行政文化的发展方向，主要包括行政信念、行政理想、行政思想、行政意识和行政价值等方面的内容。

（2）规范性行政文化。规范性行政文化是指对行政主体和行政机关行为产生规范性影响的行政文化。它往往没有明文的规定，只是反映行政主体日常态度的标准和行政的基本规律，受社会舆论的制约。主要包括行政道德、行政传统、行政习惯、行政法规、行政制度、行政原则、行政纪律等内容，是观念性行政文化的表现形式。

（3）心智性行政文化。心智性行政文化是指行政文化主体在行政活动中所形成的一种心理文化观念。它主要包括行政思维、行政态度、行政感情、行政气质等，处于整个行政文化的深层次结构，比较稳定，也是行政文化的中心内容和灵魂。

（4）行为性行政文化。行为性行政文化是行政文化的外在表现，是其他行政文化在行政行为上的具体反映，集中表现着一个行政机关在整个社会公共事务管理中的外在形象；它主要包括行政目标、行政行为、行政关系、行政作风、行政效率等。

三、行政文化对行政管理的影响和作用

现代政府管理不但要有现代化的行政技术手段，更要有一定的行政文化予以支撑。行政文化不但体现着行政主体的目标和价值取向，而且对行政管理的影响和作用也是潜移默化、无所不在的。

（一）行政文化对行政管理的影响

1. 行政文化对行政观念的影响。行政文化对行政人员的行政观念有着深远的影响。行政文化作用于行政人员的信念和信仰，通过行政人员的实践活动间接表现出来。这是因为在实践过程中，行政人员通过对客观事物的感知和理解，形成了行政意识，逐步发展为行政文化。同时，行政文化又决定着人的行政观念，不同的行政观念可以对实践做出不同的指导，积极或消极地影响着实践行为，如传统的伦理型行政文化形成了官僚主义、任人唯亲等腐朽的行政观念，而法治型行政文化则形成了高效廉洁、民主平等现代的科学的行政观念。

2. 行政文化对行政行为的影响。任何行政行为都来源于特定的行政文化。行政文化不仅影响行政决策是否果断、科学、可行，还会影响行政执行是否快捷、完整、灵活。不同的行政文化，对行政执行者和决策者的作用大不相同。如民主、科学的行政文化氛围，会使决策者的决策具有灵活性和开放性，行政执行者在执行过程中会遵循行政程序，按法律行使行政权力。而专制腐朽的行政文化就会造成决策的独断专行、因循守旧和行政执行过程中的腐败、低效。因此，良好的行政文化是高效行政、廉洁行政和民主行政的前提，对行政行为有着决定性的作用。

3. 行政文化对行政管理体制的影响。不同的行政管理体制实际上不仅取决于不同的行政条件和资源状况，更与行政文化密切相关。在客观因素大致相同

的情况下，人们往往会因为不同的行政文化背景而选择不同的行政管理体制。如重人治、讲求等级的行政文化会产生中央集权专制的行政管理体制，相反，重法制，讲求平等、进取、务实的行政文化会产生分权、高效的行政管理体制。

（二）行政文化对行政管理的作用

1. 导向作用。行政文化对于行政人员和行政组织中的各种力量具有导向的功能。行政文化是整个组织共同拥有的行政意识、行政精神，它体现着整个组织所共同具有的价值观。因此，行政文化直接影响着行政目标的确立，并能够使行政组织中的全体成员在共同的价值观的引导下，向着组织共同的目标前进。

2. 约束作用。行政文化对行政管理的约束作用主要体现在：行政组织所具有的行政文化可以使公务员把组织共同的价值观内化为个人的价值观，从而通过这种理念上的控制来间接规范、约束个人的行政行为。行政文化不但可以使行政组织确定一种符合公共价值观的不成文的行为标准来约束公务员的行政行为，还可以通过对公务员影响和熏陶，使之能自觉地约束个人的行为，从而使得个人的思想和行为符合组织的共同利益。

3. 聚合作用。行政组织具有共同的行政文化，它对组织内部成员的影响是深刻而强烈的。良好的行政文化会产生聚合力，使组织的成员产生归属感。当一个新的成员加入到该组织后，通过耳濡目染，就会逐渐接受该组织共同的宗旨、信念和目标，形成与组织相同的价值观，在潜移默化中为其所同化，从而自然地融入到该组织中去。

4. 衍射作用。行政文化不但可以作用于政府管理组织的内部，还可以通过衍射，影响其他的行政组织。这是因为，行政系统是社会生活中最活跃的国家职能部门，它能与社会进行最广泛的接触。通过行政人员与外界的交往，如行政执行等行政活动，可以把该行政组织内良好的行政文化、行政作风衍射到其他部门乃至整个社会。从这点上看，一个组织的行政文化，还关系到整个社会的精神文明建设。它对形成良好的社会风气，促进其他部门和企业文化的发展都发挥着积极的作用。

从上述行政文化对行政管理的影响和作用来看，行政文化与行政管理的关系是密不可分的。行政文化是管理的文化，行政机关的管理也应是基于文化的管理。因此，要想做到行政机关的依法管理、科学管理、高效行政，必须要重视行政文化的建设，只有这样，才能从根本上促进行政管理的改革。

第二节　行政文化的内容

行政文化的实质就是从过去在行政管理上只重视硬件，过分依赖行政体制和行政规章程序的管理模式上转而重视人的思想和价值，并将行政文化的具体内容（包括行政心理、行政道德、行政价值和行政精神）灌输给行政人员，使之形成上下一致的行政意识、行政观念、行政行为、行政作风和行政气质，从而促进全体行政人员产生强烈的使命感和责任感，激发其工作热情，高效率、高质量地完成行政工作。

一、行政心理

（一）行政心理的含义

所谓行政心理，是指行政的主体和客体对行政的知觉、情感和态度的总和。行政心理是人们对于行政活动一种自发的感性的反映，并可以通过具体的行政行为体现出来。制约行政心理的因素有许多种，包括行政主体和客体的教育水平、思想素质和整个社会政治、经济文化背景的影响以及行政人员自身的社会实践活动的制约。行政心理除具有同其他的行政文化相同的特性，如阶级性、历史性、变动性和连续性外，还具有其自身的一些特性，主要有：

1. 直接感受性。行政心理是整个行政文化的最初阶段，它是行政关系人在行政实践过程中，通过切身体验和感受而直接产生的对于该行政行为的最初的知觉、情感和态度。因此，行政心理往往是人们在日常生活及相互的交往中，以日常经验的形式所表现出来的对社会现实的直接的感受，具有直接感受性。

2. 时代性。不同的历史时期，产生的行政心理也不尽相同。行政心理会随着社会的变迁而相应地做出对客观世界不同的反映。如民主的行政心理，在封建社会，是希望贤君和清官的出现，为民做主，体察民情；在资本主义社会则发展到体现民主权利的各项制度、法规上；在社会主义社会，则产生了“人民当家做主”的行政心理。另外，行政心理的表达方式也会随着时代的不同而变化。在我国古代，人们的行政心理一般是通过编唱歌谣的方式表达出来的；而在当代社会，人们可以通过更直接、更有效的方式，向有关部提出自己的意愿和建议。行政心理的时代性，实际上是社会关系的变动在行政心理上的反映。

3. 能动作用的内在性。任何行政行为的主体都是人，人的活动是受其心理支配的，不同的行政心理可以做出不同的行政行为，因此，行政心理具有能动作用。然而，行政心理的能动作用是具有内在性的，这种内在性体现在行政心理的这种能动方式与行政观念和行政理论相比，无论是作用的方式还是发生的机制，都具有明显的内在性，它是通过潜意识影响人们行政行为的。

（二）行政心理的内容

行政心理的内容主要是根据行政组织和行政人员的不同而划分为三个方面，即行政个体心理、行政群体心理和行政组织心理。

1. 行政个体心理。行政的个体心理是指行政个体在行政活动中心理现象的总和。它包括行政主体的心理和客体的心理两种。无论行政主体还是客体，根据不同的个性都具有不同的行政个体心理。个性具有稳定性和独立性，它的内容结构包含了心理倾向的心理特征。心理倾向即为需要、动机、兴趣等形成特定心理的构成要素，而心理特征则包括气质、能力、性格等方面。公共行政的个体心理对个人在公共行政活动中的行动方式、行动态度和行动结构都有着重要的影响。因此，要重视公共行政的个体心理，培养良好的心理倾向和心理特征。

2. 行政群体心理。行政群体是在行政组织中，由若干个行政个体组成的具有共同的行政目标和利益的相互联系的人群结合体。行政群体心理是行政群体成员所共同具有的风气、舆论、认同感、归属感等认识状态、情绪状态和意志状态，它具有共同的群体个性。在行政活动中，行政群体通过群体内部的舆论和压力对群体内成员进行约束和控制，对行政行为起着积极或消极的作用。其中团体规范通过顺从、同化、内化三个层次对行政个体加以改造，从众行为又会迫使行政个体行为群体化。

3. 领导心理的研究。领导心理是领导和领导集团在活动中表现出来的认识、个性与决策心理特征。它是影响组织、群体、个体行为，进而影响生产效率与效益的一个关键因素。其内容主要有领导的含义、功能、影响力、领导集团的结构以及领导的有效理论和决策过程。

4. 行政组织心理。每个不同的行政组织都具有不同的心理。行政组织是一个由个人和群体构成的复杂的系统，然而它却具有和行政个体心理、行政群体心理所不同的独特的心理个性，即行政组织气候。衡量组织气候的标准有很多，主要是研究行政组织内各种激励制度、领导方式等对行政人员心理的影响和对组织目标、工作效率的影响。作为行政组织的管理者和领导者，要重视组织的气候，运用各种方法使之处于良好的状态，从而激励组织成员，提高组织的工作效率。

二、行政道德

(一)行政道德的含义

行政道德亦称“官德”,是人们在行政管理过程中得到的观念和行为规范的总和。早在古代,孔子就曾提出了“君君、臣臣、父父、子子”的道德规范,并把这些道德规范作为调整人与人之间行政关系的行为准则。在现代,行政道德是职业道德或行业道德的一种,是一般道德在行政活动中的体现,它的主体是国家行政机构的行政人员,反映着统治阶级的道德准则和意志。行政道德是行政心理的进一步升华,它以行政心理为基础,是行政主体在行政活动过程中,通过内化的信念和善恶标准,理性地对各种关系进行的判断。行政道德不同于法制法规,它是以人的道德责任心为基础,通过行政主体的荣辱观念、良心和义务来起作用的,具有阶级性、稳定性、社会性和继承性。

行政道德的基本问题就是权力和利益的关系问题,即行政管理主体如何利用所掌握的公共权力调整社会中各种利益关系的问题。这一基本问题中包括相互联系的两个方面:一是权力代表谁的利益;二是怎样利用手中的权力谋利益。对行政道德的判断,是以对这个基本问题的回答为依据的。我们要坚持立党为公、执政为民,坚持权为民所用、情为民所系、利为民所谋,树立正确的政绩观,切实转变干部作风,真正做到为民、务实、清廉。

(二)我国目前行政道德建设中出现问题的原因及对策分析

进入社会主义市场经济以来,中国人的道德传统和道德风貌正在经历着一场新的变革。这些变化体现在行政道德上,就引起了两个方面的剧烈冲突:一方面是廉洁奉公、勤政务实的观念日益升温,另一方面则是贪污、腐败、权力寻租等道德败坏现象愈演愈烈。综观我国目前行政道德的建设中所出现的问题,主要是由以下几种原因造成的:

1. 社会道德观念转型使行政道德观念错位。我国传统的行政道德观强调道德自律,主张行政人员在规章制度之外,自觉对其行为进行约束。改革开放以后,西方以法制、法规来主要约束行政行为的观念进入我国后,在很大程度上忽视了道德的自律力量,同时,又由于我国的各项法规还很不健全,难以同西方国家相比,因此产生了许多腐败的现象。在道德观念的转变过程中,不可避免地出现了道德困惑和价值迷失。体现在行政道德上就是某些行政主体的个人主义、拜金主义、享乐主义思想，从而最终导致一些公共权力的寻租。

2. 对行政道德建设重要性认识不足。我国先贤曾以“立德、立功、立言”为人生行为准则，如今许多行政主体只重视“立功、立言”，而忽视了“立德”。改革开放之后，以邓小平为核心的党中央目睹了中国过去长期以来“人治”的恶劣后果，提出了依法治国的思想，建立了一系列的法律、法规，使法制观念深入人心，取得了巨大的成就。然而，许多人对法治关注的很多，却忽略了中国几千年来沿袭下来的治理国家的优良传统——依德治国。这种现象表现在行政管理工作中，就成为一种“违法—惩罚”的模式，最终导致行政行为实际上只是一种事后控制机制，没有行政的实际意义，而行政人员也成为了一种执法的机器。实际上，行政道德在整个政府管理过程中，其发挥的作用是不可估量的。整个国家的行政机关，只有在健全法制的同时加强行政道德建设，才能提高全社会的道德水平，真正达到治国安邦的目的。

3. 对行政人员的制约机制不够完善。造成“官德”败坏的原因是多方面的，但最直接的原因之一，就在于对权力主体的制约机制还不够完善。市场经济的宏观条件为人们提供了无数机遇与诱惑，在这样的条件下，要想熄灭不良的欲望之火，仅靠行政主体个人良心道德的约束是很困难的。如果没有完善、严格的监督制约机制，一些行政人员就容易滥用手中的行政权力。在这里，法律虽然不能裁判道德，但法律的制定却是建立在人们普遍的道德共识基础之上的。因此，要扭转某些失范的行政道德，改变社会的不良风气，不仅要使行政人员在道德规范中多一点公仆意识和责任心，更要改革现在还不够完善的政治体制，营造制约权力的法律、制度环境。只有这样，外在的硬约束才能逐渐转化成内在的软约束，真正发挥出行政道德的自律作用。

面对目前社会上大量存在的公务员官僚主义作风、封建特权思想和贪污腐化等行政道德败坏现象，我们必须把行政道德建设看作是一项系统工程，从多角度、多方面综合地加以治理。主要有以下几方面的对策：

（1）加大行政道德的教育力度，全面提高公务员的道德素质。在行政道德建设中，要以爱民、勤政、廉政为其中心内容，建立健全行政道德的教育机制。各级党校、行政学院在公务员的培训过程中，应重视行政道德的教育，将其列为必修课，并采取丰富多样的教学方式，从而提高公务员的行政道德水平。

（2）在重视法治的同时，抓好德治工作。德治不等于人治，它强调的是公务员本身应具有的行政道德规范，而人治则是指在行政实践过程中主观意识过强，不按原则办事。德治与法治只有结合在一起，才可以既起到法律上的监督作用，又能增强公务员的自律性，共同促进社会主义现代化建设。

（3）深化经济体制和政治体制改革，完善公务员制度及其配套设施。社会物质文明的发展，将直接影响到社会精神文明的进步。因此，要大力发展经济，满足人们的物质需求，改善人们的生活质量，从而激励人们的工作热情，减少社会上腐败行为的滋生根源。在发展经济的同时，还要进行政治体制的各项改革，依法治国，完善监督机制和公务员各项制度，保障公务员的合理待遇切实得到落实，从而从法制上严格地规范公务员的行政行为。

（4）建立与完善廉洁自律机制。旨在有效解决有腐败条件也不愿腐败的问题。行政道德的基本特点是自律与他律的统一。行政道德自律，是指公务员按照行政道德原则和规范的要求，在道德素质等方面进行自我教育、自我改造、自我陶冶、自我磨炼和自我提高的活动以达到应有的道德水平。行政道德他律，是指公务员接受外界环境的道德约束力，主要是接受方方面面的监督，从而不敢去违背行政道德的原则和规范。在行政道德的自律与他律的关系中，自律是基础，他律是条件，他律需要通过自律起作用。注重道德修养，曾经为中国古代许多有作为的政治家和从政者所践行，古人云："道德当身，故不以物惑。""每日三省吾身。""格物、致和、诚意、正心、修身、齐家、治国、平天下。"都是强调道德修养的重要。在中同革命、建设和改革进程中，都十分强调对干部的思想教育。刘少奇在《论共产党员的修养》中指出，共产党员如果能长期坚持与实践相结合的道德修养，其结果，"他就可能有很好的共产主义道德"；"即使在他个人独立有做各种坏事的可能的时候，他能够'慎独'，不做任何坏事。"这些都说明，思想境界高了，即使碰到腐败的条件也不愿腐败了。

2006年，在"两会"期间，胡锦涛总书记提出："以热爱祖国为荣，以危害祖国为耻；以服务人民为荣，以背离人民为耻；以崇尚科学为荣，以愚昧无知为耻；以辛勤劳动为荣，以好逸恶劳为耻；以团结互助为荣，以损人利己为耻；以诚实守信为荣，以见利忘义为耻；以遵纪守法为荣，以违法乱纪为耻；以艰苦奋斗为荣，以骄奢淫逸为耻。""八荣八耻"进一步为行政道德建设指明了方向，它也是公务员要努力实践的道德准则。

三、行政价值

（一）行政价值的含义

所谓行政价值是指行政主体对某种特定的行政思想、行政观念、行政行为方式的价值理解和价值追求。行政主体对行政事务进行判断、评价，从而在心中排出主次，形成行政价值体系。由于主体的不同，人们会做出不同的价值判断，并导致不同的行政行为。行政价值处于行政文化的较高层次，它是行政道德的进一步发展，并具有解释性和方向性特点。所谓行政价值的解释性，是指行政价值是行政主体对于行政事务在主观上的解释；同时，由于行政价值影响并可以指导主体的行政行为，因此，它还具有方向性。此外，行政价值还具有以下特性：

1. 客观性。行政价值是不以人的意志转移而客观存在的。这是因为，不但行政价值的客体是客观存在的，而且行政主体的需要也是客观存在的。行政主体的需要通常是以欲望、目的等观念形式表现出来的，但它并不是纯主观的东西。行政主体的需要，是行政主体存在和发展的条件在行政主体意识中的自觉反映，是被客观存在所决定的。

2. 历史性。行政价值的历史性，是指行政价值随着历史的发展而发展。由于社会的发展，行政价值作为公务员对社会行政事务主观上的反映，也会不断地进行转变。不同的社会时期，都有不同的行政价值观念。随着行政主体对行政客体的认识和利用能力的发展，旧的行政价值观念不断被新的行政价值观念所取代，从而不断进步，以适应整个社会的发展水平。

3. 社会性。行政价值作为一种文化，是受社会的生产方式、经济制度、政治制度和社会文化等因素的制约和影响，体现着一定的社会关系和社会性质。任何一种行政行为，都是行政主体在一定的社会关系、社会生产方式、社会环境中进行的，由此而产生的行政主体对行政行为的价值判断也具有社会性。

（二）我国近年来行政价值观的转变

1. 由集权的行政价值观转向民主的行政价值观。由于旧社会长期的封建统治，使我国形成了根深蒂固的封建式的集权、专制的行政价值观，解放以后，我国在行政价值观建设上做了大量的工作，但是集权专制思想的滞后效应仍然存在。随着社会主义市场经济的不断发展和改革开放后国外先进行政价值观的涌入，特别是我们党长期坚持的以为人民服务精神为核心的行政文化建设的深远影响，目前人们正在逐渐转变传统的理念，接受了现代民主科学、执政为民、勤政为公的行政价值观。

2. 由人治的行政价值观向法治的行政价值观的转变。人治的行政价值观是中国传统文化积淀的结果，改革开放以来，邓小平同志改变了以往人治的思想，提出了法治观念。从此，法治的行政价值观在我国逐渐形成，它强调行政行为的程序化和规范化，保证了行政管理的高效率。

3. 由政府主导的行政价值观转向服务的行政价值观。计划经济体制在给中国的发展带来一定成就的同时也带来了很多弊端，因此，如今进行的政治体制改革就是要改变以往政府是社会的主导的状态，建立一个新型的行政体系，即当代行政的本质是服务于社会，政府的作用就是协调冲突，为公众提供服务和方便。如今，这种行政价值观正在被越来越多的公务员和行政基层部门所接受。

当然，目前我国的社会仍然处于转型时期，在许多地方还存在着行政价值的冲突、错位和迷失问题。要建设现代的行政文化，就要进一步地进行转变和完善行政价值观念，使之不断适应经济社会发展的需要。

四、行政精神

（一）行政精神的含义

行政精神是行政意识发展水平及其积极成果的体现和概括。行政精神是行政文化的精髓和核心，处于行政文化的最高层次。因此，行政精神代表着行政文化的发展方向和趋势，它是行政人员应该追求的最高境界。行政精神包括行政管理中的指导原则、管理思想、道德水平和行政作风，也包括行政人员智力方面的因素，如教育水平、知识构成等。行政精神具有以下几个特点：

1. 进步性。行政精神代表着先进行政文化的发展方向，不屈从于大众文化的层次，也摒弃了腐朽落后的行政文化，是被精练后先进的行政文化。因此，行政精神具有先进性，是行政文化的最高层次。

2. 时代性。行政精神不是一种僵化的文化，它是随着时代的发展而不断进步和不断创新的。不同的时代，由于行政主体所处的社会背景、受教育程度等各种因素的不同，所表现出来的行政精神也各不相同，每个时代的行政精神都是当时优秀的行政文化成果的反映。

3. 多样性。行政精神具有多样性特点，这是因为表现行政精神的主体可以是从事行政的个人，也可以是行政群体或整个组织，具有多样性。此外，行政精神的表现方式也是多样的，行政主体或组织可以通过行政的具体实践活动、行政作风、行政的目标等方式体现行政精神。

（二）新时期行政精神的构建

行政精神作为行政文化的精髓和行政主体的灵魂，在行政实践活动中发挥着重要而积极的作用。我国目前公共行政精神建设主要包括以下几个方面：

1. 开放精神，科学发展观的构建。要建设高效政府、民主政府、服务型政府，首先就要保证行政过程中的开放性和透明性。行政精神中的开放精神就是指行政组织不但要结构开放，观念上也要开放。目前政府的机构改革、职能转变等行政体制上的改革，就是要做到结构上的开放。另一方面，行政主体还要保持精神和观念上的开放，不断汲取古今中外行政文化中一切积极的因素，从而保证行政精神的先进性和高层次性。

发展，是人类社会永恒的主题。有什么样的发展观就有什么样的发展道路。科学发展观的基本意义是用新的发展思路实现经济社会更快更好地发展。胡锦涛同志对科学发展观的内涵和基本要求做了精辟的阐述。一是坚持以人为本。坚持以人为本，就是要从实现人的全面发展为目标，从人民群众的根本利益出发谋发展、促发展，不断满足人民群众日益增长的物质文化需要，切实保障人民群众的经济、政治和文化权益，让发展成果惠及全体人民；二是全面发展。全面发展，就是要以经济建设为中心，全面推进经济、政治、文化建设，实现经济发展和社会全面进步；三是协调发展。协调发展，就是要统筹城乡发展、统筹区域发展、统筹经济社会发展、统筹人与自然和谐发展、统筹国内发展和对外开放，推进生产力和生产关系、经济基础和上层建筑相协调，推进经济、政治、文化建设的各个环节、各个方面相协调；四是可持续发展。可持续发展，就是要促进人与自然的和谐，实现经济发展和人口、资源、环境相协调，坚持走生产发展、生活富裕、生态良好的文明发展道路，保证一代接一代地永续发展。

2. 服务精神，以人为本的理念。行政精神应该有为人民服务的公仆精神。行政人员作为行政的主体，也是为人民生活提供服务和方便的公务员。政府的职能也要由以往的管理型向服务型转变，使政府以公民为取向，与公民的意愿达成一致。

以人为本，就是充分尊重人的个性、尊严和权利，将人民的利益放在最优先的位置，促进人的全面发展。从行政管理的现实出发，要贯彻落实以人为本的行政理念，公务员需转变三个观念：（1）在人民与政府的关系认识上，必须从公民义务本位和政府权力本位向公民权利本位和政府责任本位转变。现代政府是公共管理和公共服务的提供者，其权力来源于人民，受人民监督。公民权利是国家权力之本，是行政权力之源；政府责任是行政权力的核心，是政府属性的本质。因此，政府在立法和执法过程中，应当体现国家意志与人民意志的一致性，体现对上级机关负责与对人民群众负责的一致性。（2）在法治理念上，必须从依法治民，治事向依法治官、治权转变。依法治国的“国”，首先是指国家机器，而不是指地理的概念。依法治国和依法行政是一个全方位、全局性的国家工程，既不可能在全国法治尚不健全、地区法治严重不平衡、甚至在国家法制统一受到个别地区严重破坏的情况下，由局部地区率先实现“地方法治”，也不可能将所谓“地方法治”简单相加构成国家法治，而要确立法律首先治官、治权的法律意识。在此前提下通过地方和部门的依法治理，让法律真正贴近每个普通老百姓的日常生活，使法律真正成为他们信赖的行为准则和生活方式。(3) 在责任意识上，必须从片面强调公民责任向强化政府责任制度转变。什么是责任？责任是分内应做的事情，也就是承担应承担的任务，完成应完成的使命，做好应做的工作。现行的行政执法有的过于重视行使行政权力，不太重视承担行政责任；少数地方和部门形成了以权力为资源，以执法为手段，执法护违法，违法养执法，执法与违法相互依存、恶性循环的“执法产业”；内部监督由于部门“利益关联”，往往出现“相互礼让”，外部监督尽管主体众多，但不易形成监督网络，专门监督虽然制度不少，但实施起来阻力很大等倾向和现象都应当切实加以改正。

3. 法治精神，和谐发展观的构建。行政精神中的法治精神，不但体现在行政管理过程中要遵循必要的行政法律程序和法规，还要加大行政监督和行政立法，把德治与法治结合起来。法治精神就是对政府的行政权力加以约束，使之高效、合理地处理好行政事务。

在党的十六届四中全会上，明确提出了构建社会主义和谐社会的战略任务。和谐社会是民主法治、公平正义、诚信友爱、充满活力、安定有序、人与自然和谐相处的社会。构建和谐社会，首先要树立和谐的理念，一是要有和谐的思维方式；二是要有和谐的行为方式。

实现社会和谐，是马克思主义政党孜孜以求的社会理想和不懈追求的奋斗目标，共产主义社会是人类最和谐最美好的社会。以毛泽东为代表的中国共产党人，把马克思列宁主义的基本原理同中国具体实践相结合，发展和丰富了中国特色社会主义理论。进入21世纪以后，以胡锦涛为总书记的党中央审时度势，明确提出建设社会主义和谐社会的战略思想，适应了我国改革发展进入关键时期的客观要求，体现了广大人民群众的根本利益和共同愿望。和谐已成为全中国人民的共同理想观念；和谐已经成为全体人民共同奋斗的目标；构建社会主义和谐社会，已经成为亿万人民群众的生动实践。

人类崇尚和谐思想，更倡导和谐的行为方式。因为，和谐方式是使社会从不和谐走向和谐的必由之路。构建和谐社会的行为方式要求：尊重民主制度、尊重公民的民主权利、积极运用民主的方式解决问题；坚持依法治国的基本方略、做到有法必依、执法必严、违法必究；妥善协调利益关系，按照公平正义的原则处理各种社会矛盾；在社会活动中坚持互相帮助、诚实守信，与周围的人平等友爱、融洽相处；积极营造创新的氛围，使一切有利于社会进步的创造愿望得到尊重、创造活动得到支持、创造才能得到发挥、创造成果得到肯定；遵守社会公德与秩序，改善和服从社会管理；在发展生产、改善生活的同时，积极维护良好的生态环境。作为从事行政管理的公务员，还要尊重他人，说话和气、办事讲究合法、合理、合情，即使在出现矛盾纷争的情况下，也力求用和谐的方法来解决问题。

除了上述的几项行政精神外，公共行政精神的内容还包括如创新精神、民主精神、高效行政精神、廉洁行政精神等，只有这些行政精神同时作用于行政主体，才能够保障行政管理更加民主化、科学化。

第三节　行政文化的建设

一、塑造良好的政府形象

在行政文化的建设中，良好的政府形象不但能起到深刻的示范作用，维持社会的稳定、促进经济的发展，还有助于整个行政决策的实施和行政效率的提高。当前，由于政府机关中大量存在的贪污、腐败、权力寻租、行政“暗箱”操作等不良现象，社会公众对政府形象的评价并不是很高。要改变现存的问题，提高政府在整个社会的公众形象，不但要在管理机构、职能分配、权力划分等“硬件”上加以改革，更要注重行政文化的建设，优化和调整行政组织中的管理技术、工作作风、行政价值、行政精神等软的环境，使行政组织形成上下统一的目标和行政观念，提高社会公众对政府的评价。作为行政文化建设的重要目标，塑造良好的政府形象具体表现在：

1. 塑造廉洁政府。执政的高效、廉洁作风是公民对我国政府形象的首要要求。目前，庞大的政府开支已成为社会经济发展的沉重负担，同时，政府的铺张浪费更成为了腐败现象的温床。社会上存在的腐败现象，不但严重地损害了人民群众的利益，损伤了人民群众的积极性，也极大地损害了政府在人民心目中的形象。因此，必须切实地运用各种反腐倡廉机制，防范和阻止各种腐败现象的发生。同时，还要防止政府因铺张浪费、机构臃肿而引起的内耗，大力推进政府的高效、廉洁、勤政建设。

2. 塑造高效政府。政府的行政效率是体现政府能否满足公民期待能力的基础，是评价行政体制和行政管理活动好坏优劣的科学标准。目前，政府的办事效率依然不高，塑造高效政府，就是要改变以往行政工作中的陋习，加强公务员的行政道德和行政精神建设。

3. 塑造服务型政府。塑造服务型政府是指政府在行政观念上要具有公仆意识，政府行政的目的就是弱化以往的管理职能，强化政府对社会公众的服务职能。行政主体在行政价值观上，要摆正其在社会上的位置，尽可能地为社会成员在各方面提供方便条件和设施。行政的服务精神意味着政府施政与公民利益的一致，也体现在政府行政行为的取向和以社会公众为“顾客”的行政理念中。

4. 塑造民主政府。民主政府是公民最渴望的政府形象之一，它是公民表达利益、维护自身权利的最有效的途径。政府要推行民主的观念，政府的行政活动要与社会全体公民的利益、需要相一致。此外，政府还要推行参与的观念，使公民拥有对公共行政参与决策的权利，真正反映民主的意愿和权益。最后，民主型的政府还应该是开放的政府，只有如此，才能改变以往行政缺乏透明度的现象，使整个行政行为受人民的监督，公正、开放地执行。

二、提高公共行政人员的行政素质

提高行政人员的行政素质，是我国行政文化建设的又一重要内容。然而，在某些方面，公务员的素质要求仍然与实际有很大的差距，如何加快公务员素质建设的进程，是目前要重点考虑的问题。

1. 勤奋学习，掌握必备的专业知识。公务员每种素质的提高，其实都离不开勤奋地学习。而专业化是高素质的重要组成部分，公务员队伍要成为科学运用市场经济规律，熟练掌握行政管理知识，胜任本职业务的职业化队伍。公务员必须要掌握和熟知本行业的专业知识，了解行政管理活动中的诸多问题和情况，从而在工作中游刃有余。专业知识的获得，不但要在书本中学习，更要在实践中不断地总结和学习。公共行政人员要掌握的相关专业的必备知识包括行政管理的理论知识、国家的相关政策、法律法规以及各种行业信息等。因此，行政人员不能只局限于以往的事务性工作中，而是要努力地成为专家型人才，从根本上提高行政管理的水平。

2. 改变观念，确立新型的行政意识。传统的思维模式是束缚行政人员发展的内在因素。提高行政人员的行政素质，就要打破以往因循守旧等陈旧的行政观念，确立符合时代要求的新型行政意识。这主要包括行政人员的廉洁自律意识、依法行政意识、公仆意识、创新意识、竞争意识、效率意识、责任意识等。行政人员只有树立起正确的行政价值观，才能形成强烈的事业心和责任感，指导其具体的实践工作，保证其积极的工作态度和工作精神。

3. 结合实践，提高公务员的行政能力。行政人员由于要执行具体的行政任务，解决各种现实中存在的问题，只具备一定的理论知识和行政意识是不够的。必须注重公务员在实际工作中各种能力的培养，锻炼其解决实际问题的能力。行政能力不但包括思维上的能力，也包括在具体的行政业务上的工作能力，公务员要在实践中自觉地摸索、总结，使自身的行政能力素质进一步提高。

三、中国现代化进程中的行政文化建设

（一）我国传统行政文化的消极影响

中国传统的行政文化为中国历代行政体制的维持和发展提供了深层次的精神来源，它对我国现代行政文化也具有深远的影响。传统的行政文化来源于我国传统的生产方式和生活方式，它的影响主要来自各方面，即小农自然经济方式、宗法制度的社会构造以及政治意识形态化的儒家学说。在这些影响基础上，逐渐形成了传统的公共行政文化，它的主要内容有三个方面：

1. 集权主义的价值和原则。中国几千年来一直保持着政治、行政、宗教的高度综合。君主在整个国家中处于权力的最高层，是全国的政治、行政首脑。以封建皇权为尖顶的金字塔形的官僚体系按其权力的大小对社会上的各种资源进行分割，造成了中国历史上的读书为仕的传统和官僚作风。集权主义的价值和原则使得国家的政治功能无限地膨胀，它也是当代社会官僚腐败的深层次根源。

2. 均本主义的行政文化。均本主义的行政文化是中国传统行政文化的又一特征。中国古代的“均无贫、和无寡、安无倾”的平均主义思想一直是中国历代封建政权梦寐以求的理想和信念。然而，这种均本主义思想是依附在集权主义价值观基础上的，其中“三纲五常”的角色定位决定了权力主体和贫民大众的不平等，具有封建的等级差别。因此，目前根深在许多人心中的平均主义观念，是存在价值误区的，也是中国传统的行政文化在人们心中遗留下来的产物。

3. 人治与礼治的行政观。中国传统的社会秩序，是靠“宗法”、“纲常”来维持的。君主集权制的结果是行政体制上法制的欠缺，君主行使行政权力，进行“人治”。传统行政文化中的“人治”观念，体现在“法自君出”、“朕即法律”上，君主和某些统治阶级成员可以置身于法律之外，由此形成的“权法合一”、“政法不分”、“权即是法”的传统，“人治”的本质是“礼治”，传统行政文化中虽有法治，但更强调“礼治”，“礼”处于统帅地位，“法”以“礼”为纲。

《左传》上曾提出："礼，统国家，定社稷，序民人，立后嗣者也。"突出"礼治"的目的在于维护"君君、臣臣、父父、子子"的宗法等级制度。这种行政观念反映到今天的行政法制建设上，就是行政主体认为法律仅是"治民"的手段，而不是用来约束自己的工具，导致目无法纪和权力的滥用。

形成和发展于封建社会的传统的行政文化，其本质是封建性的，尽管在历史上发挥过应有的作用，但在社会主义条件下，特别是在倡导民主与科学精神的今天，它的很多内容已明显地成为糟粕，其在社会行政文化中的滞后影响和消极作用是应当剔除的。

（二）我国现代行政文化的建设

我国传统的行政文化在我国的行政体制中曾发挥了积极的作用，但是，数千年沉积下来的传统文化也对当代中国行政体制的改革起到了负面的影响。如人情至上、以权代法、任人唯亲、家长制和特权思想等行政行为方式和作风，都严重地阻碍着中国行政管理的现代化发展。进行行政文化的现代化建设，首先就要破除传统行政文化的陋习，实现行政文化向现代化方向的转变。根据我国行政系统历史、现状及发展方向，主要应从以下几方面加强我国的行政文化建设：

1. 共同的理想和精神支柱是我国行政文化建设的根本。行政文化建设的根本任务就是树立起统一的行政价值和行政精神。行政个体和组织只有在共同的理想、信念支配下，才能在组织中形成好的行政文化氛围，使组织具有凝聚力，在行政活动过程中高效率地执行人民的意志。

2. 继承中国传统文化的精华，吸取国外科学的管理经验是行政文化建设的源泉。中国传统文化有其保守、封闭、重等级、重伦理等特点，但也有许多宝贵的内容。如在主权意识上，颂扬爱国主义精神；在忧患意识上，提倡忧国忧民；在民本思想方面，有"圣人无常心，以百姓为常心"等观念；在责任感与使命感上，强调"不能正其身，如正人和?"等。此外，随着国际交流的日益频繁，我国的行政文化还要不断借鉴外国优秀的行政管理思想和经验，勇于创新，不断提高我国行政管理水平。

3. 弘扬社会主义精神，建立现代社会主义行政观念是行政文化建设的核心内容。中国现代公共行政文化，也是中国现代社会主义的文化，现代社会主义的行政观念包括我们曾提到过的依法行政观、平等竞争观、廉洁自律观、科学发展观、以人为本、社会和谐观等行政观，也包括公仆观、艰苦创业观等具有中国社会主义特征的行政观念。培养行政人员现代化的观念，使之具有良好的行政素质，是我国社会主义行政文化建设的关键。

本章主要名词概念

行政文化　行政心理　行政道德　行政价值　行政精神　行政文化建设

复习思考题

1. 行政文化具有哪些方面的特征?
2. 举例分析行政文化对行政管理的影响和作用，如何建立现代的行政文化?
3. 如何理解行政心理的特点和内容层次?
4. 怎样搞好行政道德建设?
5. 近年来我国行政价值观的转变给我们哪些启示?
6. 试述我国行政文化的建设情况。

[案例分析]

案例一　怎样营造良好的公共行政文化氛围

一个良好的工作环境，可以包括“硬件”和“软件”两个部分。“硬件”无非是使工作便利、舒适的办公场所、办公用具等自然环境，而“软件”则是使人与人之间关系融洽、行政运转协调、行政单位凝聚力强等的各种行政文化因素。在共同行政文化的作用下，行政人员可以彼此团结合作、高效行政、纪律严明、平等竞争，行政领导人员也能够礼贤下士、任人唯能、坚持原则。树立良好的行政文化看似简单，真正做到实属不易。很多单位关系复杂、矛盾重重、效率低下、内耗重生、严重影响着行政管理工作的正常运行。

某省一厅级单位，在职工作人员不过70来人，原本风平浪静，工作按部就班。可是老厅长退休后，从外单位选调一新厅长。半年后，这位新厅长开始大刀阔斧搞人事大调整，平时跟他关系好，听话奉承的部门领导仍然留用，有过不同意见甚至发生争吵的一概拉下，年龄大的提前让位，有“背景”的破格提拔，对领导班子重新分工，“要害”部门皆由一人掌管。同时，在解决自己厅级领导干部待遇住房四室一厅的基础上，又不惜动用事业费和所属公司上交的管理费，为副职领导干部的子女和部分处级干部购买商品房。并以搞好部门工作关系为理由，先后在本机关安置省财政厅、省人事厅领导和省秘书长的亲友若干名。如此一来，机关干部中分成“皇室人员”和“民间草民”，彼此提防，心存隔阂，正常工作中的不同意见听不到了，工作积极性下降了，要求调走的人多了，写匿名信的人多了……事情最终以调走此厅长告一段落。看来，营造一个好的行政文化氛围是非常不容易的。它要求所有工作人员贡献一份真诚和热情，更需要单位主要负责人去保持和发展良好的机关工作的“软环境”。

根据以上资料，回答下列问题：

1. 在工作环境的“硬件”和“软件”中，哪一个更重要？如何能形成一个单位良好的行政文化氛围？

2. 在建立公共行政文化的过程中，政府首长的角色是什么？起着什么样的作用？

案例二　运用五把标尺衡量领导干部“三观”水平①

胡锦涛总书记在党的十七届中央纪委第三次全会上指出：“领导干部要树立和坚持正确的事业观、工作观、政绩观。”笔者认为，树立和坚持正确的“三观”需要多种要素支撑、多个标准界定、多把尺子丈量。

一、用讲责任这把尺子衡量

领导干部担负一定工作职责。完成职责的方式和效果反映领导干部对“三观”的认知程度。一是领导干部履行职责的决策理念起导向性作用。决策是领导干部履职的重要组成部分。思路决定出路、思维指向决定工作走向。因此，领导干部责任意识、价值追求都会在思路谋划、工作筹划和发展规划上得到体现。从决策动因看：很多领导干部立足长远、超前思考，注重决策的前瞻性、发展性和可行性；有的领导干部工作思路平淡、只囿于任期内的工作安排，隐显短期行为思想痕迹；有的领导干部思路按部就班，工作推着干，反映出维持现状、满足现状的心态。由此可见，决策质量高低、力度大小直接促进或制约发展效果。二是领导干部履行职责的工作状态起关键性作用。领导干部不同工作状态会带来不同履职结果。多数领导干部工作勤勤恳恳、任劳任怨，保质保量完成本职工作任务；而有些领导干部热衷于在总结和汇报上下工夫，实际工作开展平平；还有些领导干部遇到困难绕道走，回避矛盾、躲闪责任，使工作难有起色。由此可见，不同的工作状态透视出责任意识的差异度。三是领导干部履行职责的实践结果起检验性作用。实践是检验领导干部履职水平的唯一标准。从开展领导干部经济责任审计看：多数领导干部能够认真贯彻落实党的方针政策，任期内主要经济、社会发展指标都有不同程度的增幅，反映出各区域、各行业在创造和积累财富、服务社会方面所达到的阶段性水平。但一些单位在财务管理方面还存在薄弱环节，需客观公正界定领导干部应担负的直接责任或管理责任。由此可见，领导干部责任重于泰山、责任意识强弱事关工作发展成败。

---

① 摘自刘颖《运用五把尺衡量领导干部“三观”水平》，《人民网　理论频道》，2009年4月13日。

二、用干事业这把尺子衡量

一是领导干部应聚精会神谋划事业。领导干部真正把心思扑在想事业上、把视角聚焦在发展事业上，这是事业发展的前提条件。因此，领导干部应切实按照科学发展观的要求，规划好近、中、远期的发展布局，确保经济社会事业持续、快速、健康发展；构架好企业、行业、区域的发展布局，确保各单元要素合成配置、一体推进；设计好经济建设、公益服务和文化活动的发展布局，确保各业互动并举，配套推进。二是全力以赴发展事业。发展事业是加快小康社会建设、推进和谐社会建设的第一要务。作为领导干部就是要大力发展经济，培育、壮大自主创新产业，增强核心竞争力，不断提升经济实力；就是要大力发展文化产业，培育良好的道德风尚、和谐的社会风气和友善互助的人际关系，增强社会主义文化的凝聚力、发展力；就是要大力发展党的事业，增强党组织的战斗堡垒作用和党员的先锋模范作用。从而全面提升各项事业发展水平。三是讲求效果成就事业。实践结果是检验事业发展效果唯一标准。领导干部干事业、发展事业最后要体现在实际成果上来。从对领导干部经济责任审计看：主要是关注领导干部在任期内国有资产保值增值水平；评价领导干部在扩大资产总量、提高资产质量、培育资产增量、盘活资产存量的实际作用。从经济和社会发展成果中实事求是地评价领导干部干事业的价值追求。

三、用为民众这把尺子衡量

以民为本是我们党的宗旨，是领导干部工作的出发点和落脚点。一是切实保障民生。领导干部的基本要务就是关心老百姓衣食住行。只有时刻把老百姓冷暖挂在心上，才能始终把服务民生摆到重要位置。真正做到心系群众、情注百姓，关心群众疾苦，帮助老百姓解决实际困难。从政府审计看：就是应加强对社保资金、医保资金、低保资金、再就业资金管理使用情况的跟踪监督，防止人民群众的切实物质利益受到损害。二是切实改善民生。领导干部应在促进百姓安居乐业上花费精力。不断改善百姓的居住条件和生活环境。投入力量加强农村泥草房改造和城镇棚户区改造，使群众的生活水平不断得到提高。三是切实发展民生。领导干部应符合百姓发展要求，大力发展惠及百姓的公益事业、文化事业、健身事业。通过与村屯结成共建对子，加快社会主义新农村建设，促进农民增收致富。通过与社区搞好联谊，活跃社区文化生活，促进百姓自娱自乐。切实把以民为本的理论转化为服务人民的实际成果。

四、用重品格这把尺子衡量

领导干部的品格是精神境界和自身修养的集中体现。良好的品格是领导干部树立和履行正确“三观”的精神支撑。一是坚持鲜明的党性原则。“立党为公、执政为民”是对领导干部的根本要求。只有自觉讲党性、为人民，领导干部才能不畏各种艰险，战胜各种困难，经受住各种考验。实践中多数领导干部把党性原则高高举过头。通过对领导干部进行经济责任审计看：多数领导干部在各自工作岗位上注重确保国有资产运行的安全性、运用的合规性和运转的效果性。有的行业领导干部不畏恐吓和威逼追回流失的国有资产，为国家挽回经济损失现值达1000余万元。彰显了领导干部捍卫、守护国家经济利益的党性品格。二是培育务实的工作作风。作风建设反映着领导干部的思想品行。领导干部就是应提倡科学的工作作风，善于遵循、运用规律指导工作，搞好科学筹划和管理；就是应提倡务实的工作作风，少说多干、埋头苦干、真抓实干。真正用心、用力、用真情做好本职工作；就是应提倡顽强的工作作风，要求领导干部保持旺盛的工作斗志，坚忍不拔的拼搏精神和攻坚克难的意志，从容应对世界金融危机带来的挑战和考验。三是打造高尚的思想境界。作为领导干部就是要培育敬岗爱业的优秀品质，勤奋工作、忠诚执业；就是要培育奉献品质，讲奉献不求索取、重贡献不讲回报；就是要培育廉洁自律品质，堂堂正正做人、干干净净做事。

五、用识大局这把尺子衡量

一是开阔视野观测大局。作为领导干部应善于从战略视角、宏观层面观察发展、关注变化。通过放眼国际和国内大局，明确工作思路和发展定位，增强工作的主动性和应变力。二是立足实际把握大局。领导干部应通过立足和做好本职工作体现和把握大局。当前特别应认真贯彻保增长、保民生和保稳定的工作方针，使本职工作、局部工作不偏离大局运行轨道。三是开拓进取服务大局。领导干部就是应认真践行科学发展观，围绕工作职能服务发展大局。作为政府审计机关就是应认真履行经济监督职责，确保国家经济安全运行，在消除经济运行隐患方面增强排险功能，识别资产风险、财务风险和管理风险，揭露违规违纪行为，消除管理隐患，堵塞管理漏洞，完善管理制度。从而促进经济和社会各项事业又好又快发展。

根据以上资料，回答下列问题：

1. 什么是行政文化？结合案例谈谈如何建立现代行政文化。

2. 行政文化的主要内容是什么？结合案例谈谈行政主体在行政文化建设中的重要作用。

第十六章　行政改革

本章学习提要与目标

当今世界，行政改革的浪潮席卷全球。了解行政改革的一般理论，洞察全球性行政改革，尤其是西方发达国家行政改革的共同趋势，以理性的态度审时度势，谋求符合国情并能顺应国内外新形势的国家发展之道，是各国政府必须面对和解决的问题。本章将对上述问题进行介绍和分析，并对我国行政改革的成就和问题、目标和内容、基本价值取向以及应当采取的举措进行界定、分析和探讨。

第一节　行政改革的一般理论

政府在社会发展中的作用日益受到世人的关注，世界各国政府为谋求在新的时代背景中更好地促进本国经济的发展和社会进步，纷纷展开行政改革。从美国、英国、澳大利亚、新西兰到德国、法国、意大利乃至日本、韩国、中国等国家无不正在进行着前所未有的深刻的变革。研究和关注行政改革的理论与实践，是行政管理学研究中重要的课题之一。

一、行政改革的含义

不同的学者对行政改革有着不同的认识，美国学者蒙哥马利从政治与行政结合的角度，认为行政改革是一个政治过程，是指调整行政机构与社会其他要素之间的关系或者行政机构内部的关系。行政学家考夫曼将行政改革视为大规模的组织重组，即“大规模地创新行政机构和重新组合旧机构”。凯顿在《行政改革》一书中，把行政改革视为“克服阻力，人为地诱导行政的转变”。

一般认为，行政改革有狭义与广义之分。狭义的行政改革主要指政府行政体制和机构的改革。广义的行政改革泛指政府行政部门为了追求行政效率的提高而对行政体制、行政方式方法及重大原则等的变革。在这一概念的具体运用中，从狭义的角度理解行政改革，往往与行政体制改革或机构改革可相互替代使用。从广义的角度理解行政改革，则包括了行政系统任何一方面的变革和创新。我们可以从以下几方面来理解行政改革的含义。第一，行政改革是行政系统为适应外部环境而不断进行自我调整的过程。环境总是处于不断变化之中，行政系统必须不断地自我更新以适应时代的要求，才不会僵化落后、失去活力。没有任何一种特定的行政模式会永无休止地提高效率和增强活力，变革是保持行政系统活力和先进性的必然选择。第二，行政改革是克服阻力的过程。改革意味着传统或习惯的变化、体制的调整、观念的更新以及更重要的利益的调整，因此会遇到各种各样的阻力，而改革的过程实际上就是克服阻力不断前进的过程。第三，行政改革是一个循序渐进的过程。改革目标的多样性、内容的复杂性等因素决定了行政改革不可能毕其功于一役，而只能随着社会政治、经济体制的改革、深化与完善逐步展开，分步进行。

二、行政改革的动力及障碍

在行政改革的过程中，有动力也有阻力，动力与阻力的相互作用决定了改革的现实进程。

（一）行政改革的动力系统

行政改革的动力是推动行政系统采取措施、变革现状的力量。这种力量可以被概括为一种客观的需要和潜在的利益。在不同的国家，行政改革的动力因素因其国情不同而有所区别。从一般角度看，可以把行政改革的动力因素划分为外部动力和内部动力。

1. 外部动力。它包括政治、经济、意识形态、社会、人口和文化等多种动力。（1）政治动力。行政体系是政治体系一个不可分割的组成部分，政治变动对行政体系的影响最为直接。例如，一场战争要求行政体系迅速地被动员起来，集中力量对付这一重大事件；突发性危机要求行政体系做出紧急反应，确保社会生产和人民生活不受或少受影响（例如，2001 年美国的“9·11”事件和 2009 年我国“5·12”汶川特大地震）；政体的变更将直接或间接影响到行政体系；政权在不同政党之间的交替会导致政策的更替，也要求行政体系做出相应变化，等等。(2) 经济动力。经济体制的变化必然导致行政体系的变革，经济政策的变化会对行政体系提出不同的要求；贫困和萧条会加剧行政体系的不适状态，加剧其“合法性”的丧失；财富分配格局的变化使行政人员或心满意足，或沮丧不满，或差强人意。(3) 意识形态动力。对“国家的目的是什么”这一问题不同的回答会使人们重新审视行政体系的现状；对社会主义和资本主义的再认识可能影响到行政改革的内容和行政功能的重新确定，等等。(4) 社会动力。阶级、阶层关系的变化会引起行政体系功能的变化；权力再分配会带来行政体系权力范围和权力领域的变化；更大的社会流动性要求行政体系具备相应的功能；道德变化会引起行政人员行为模式的变化；等。(5) 人口动力。人口过多和人口过少都会对行政体系形成压力。人口过多带来就业、住房、温饱、交通等一系列问题，人口过少则表明劳动力短缺，社会生产受到影响，两者都将制约行政体系近期和长期的行政目标；还有城市化提出的城市交通、住房、污染治理要求，等等。(6) 文化动力。任何一个行政体系的结构形式、运转程序、决策过程以及行政人员的行为、态度、价值观等，都直接或间接地受到文化的影响和制约。当一种旧文化转变为新文化时，行政体系的状态必然会随之发生变化。

2. 内部动力。即在行政体系内部产生的动力，其动力主要有：(1) 新观念和新意识的出现。人的行为都是在一定的观念指导下做出的，行政行为也不例外。当各级行政首长和行政人员充满危机意识和忧患意识时，就会产生改变行为规范和结构规程的迫切愿望。当行政人员对国家的前途和命运抱有坚定的信心时，他们就会具有强大的精神力量和高昂的工作热情。新观念和新意识既可以从内部产生也可能从外部引入。(2) 新技术的产生。新技术的产生使人们有可能在行政系统中采用先进技术从而使行政手段逐步现代化。例如，计算机及其他先进设备在行政决策和文书管理、档案报表管理、信息沟通等行政活动中的运用，办公室物理环境如噪声、温度、照明、色彩等的改进都可能促进行政效率的提高，推动行政活动的科学化和规范化。(3) 利益需求。按照马斯洛的需求层次理论，每一位行政人员都有各自的利益需求。这种利益需求既有较低层次的生理需求，又有较高层次的升迁、荣誉、自我实现的需求，这就要求行政人员以努力的工作来获得自身利益需求的满足。这也形成了行政改革的内驱力。

现实表明，因体制惯性的存在，行政体系天生有一种因循守旧、故步自封的倾向。行政改革的内部动力常常是有限的，并且会由于各种各样的原因受到侵蚀。因此，行政改革的动力在很大程度上表现为外部动力。

（二）行政改革的阻力系统

任何改革，小至一项具体措施的改变，大至革命性的变革，总是存在着赞成拥护与反对怀疑的两种力量。因此，改革必然会遇到阻力。这是因为：第一，在小型规模的政府中，行政领导了解政府事务的很多内情是有可能的，他们可以清楚地知道哪些政府机构应对哪些事务负责，应该处理哪些重要问题。而这在今天几乎已不可能，由于当代社会行政事务日益纷繁复杂，行政领导只能了解和处理其中的一小部分，处理那些最为紧迫的问题，于是他们越来越依赖官僚体系，大量的事务只能交给这个体系去处理。在那些实行定期选举、内阁任期不长的国家，部长大臣们各领风骚三五年，就更不愿意冒着与常任文官相对抗的风险推行改革；第二，政府官员的行政角色从基本上关注政策执行的细节问题转变为负责政策倡议和政策选定、管理规模巨大而复杂的组织。他们承担着繁重的义务和巨大的责任，这无疑增强了他们本来就有的谨慎态度。由于任何人都无法在改革付诸实践以前证明改革是有益的。因此天平总是向反对由外部提出的改革那一端倾斜；第三，已经存在了较长时间的公共组织——官僚体系从工具性的转变成了制度性的。依赖强大的制度性力量，官僚体系不会完全听凭外部环境的摆布，而是能够控制外部环境的某些方面。它能够积聚起自己的力量，发掘外部的盟友，同为之服务的既得利益集团结成联盟，在与其有关的问题上向政治领导人施加政治压力；当公众已经对制度性的官僚体系习以为常并产生依赖时，抛弃这一体系和重塑公众的行为绝非易事。行政改革不仅代表了对制度性官僚体系的一种威胁。也是对它的盟友和被保护者的一种威胁，因而必然遭到他们的抵抗；第四，许多公共组织是不可取代的，它们没有竞争的对手，没有能够代替它们的私人对应物。它们几乎垄断了本领域的经验、知识和才能。公共组织的成员是独此一家的专业人员。他们很难被公之于大庭广众，而且在感觉受到威胁时善于耍弄手腕。结果外部的改革者越来越发现自己处于难以立足的地位；第五，行政改革的主体是已经变得越来越墨守成规、动作缓慢的官僚科层组织，习惯于按老办法办事，或者对新制度、新办法无动于衷，或者干脆暗中破坏；第六，今天的改革比过去更为困难。过去的改革解决了显而易见的行政不良问题，今天目标似乎不那么清晰了。民众的冷漠和官方的迟钝减少了行政改革运动成功的机会，当提出的问题不易理解、同个人的关切相距较远时就更是如此。

行政改革的阻力不仅来自行政体系内部，而且也来自政治领域。大量的历史事实表明这种阻力是普遍存在的。19 世纪中叶英国现代文官制度确立的过程就是很好的例证。当《诺斯科特—屈维廉报告》（或称《关于建立英国常任制度的报告》）于 1854 年 2 月正式提交议会讨论后，在政府、议会内外引起了广泛的反响。除极少数人赞同公开竞争外，大多数人对改革都持反对或怀疑态度。很多人都对报告的调子不满，认为它对文官质量的批评是夸大其词和不公平的。他们大多拒绝了学术技能是行政能力的最好测验这一看法，并认为建立统一的专业化的文官体系的想法完全不现实。在改革年代先后出任内阁首相的阿伯丁、帕麦斯顿和罗素等人迫于客观压力，在其各自任职期间，做出某些支持改革的决定，但他们也反对彻底的改革。议会里的贵族议员更是坚决反对，因为以公开竞争考试录取剥夺了他们任命政府官员的特权，从而也就取消了他们在政府安插亲信的可能。由于保守派议员们的反对，提交议会的报告竟然被内阁撤了回来。最后，在克里米亚战争期间，英国政府机构的混乱状况充分暴露。陆军部的官员既庸碌无能又玩忽职守，部队的伤亡很大，但前线却缺乏最基本的药品和其他后勤供应，粮食不能及时运到，致使前线士兵因伤重或饥饿而大批死亡。阿伯丁内阁还不准对军事部门这种混乱状况进行调查。他的内阁因此倒台。在前线败局的刺激下，文官制度改革才引起重视并开始被付诸实践。

只有当改革的动力超过改革的阻力时，变革才有可能产生。这里经济动力是最根本的，改革通常都能在经济领域中找到它的动因，而政治支持是最直接的，对于改革的形成、确定和实施是必不可少的。领导行政改革的机构必须依靠执政党或执政集团乃至最高领导，获得其参与或支持，方能有力地推进改革。

三、行政改革的内容

行政改革的内容涉及行政系统的不同层次、不同环节，范围极为广泛，概括地来说，行政改革的主要内容包括行政职能的转变、行政体制的改革、行政行为方式的变革以及行政文化的更新。

（一）行政职能的转变

行政职能的转变是行政改革中的核心问题，它决定着政府管理的方向，决定着政府活动的范围及其行为方式，同时行政职能是政府机构设置的前提和依据。行政职能的转变要求在行政改革中根据行政系统内外部环境的变化及主客观条件提供的可能性，科学合理界定政府的作用和所承担的角色以及由此所决定的政府活动的范围和方式、政府的规模等，通过对上述问题的理论与实证的分析，谋求政府与市场、社会、企业、公民之间的最佳结合点。不同的国家依据其不同的国情，行政职能转变的内容和侧重点也有所不同。

（二）行政体制的改革

行政体制即国家行政机关的管理体制，其内容包括行政组织的设置、职权的划分、人事制度及运行机制等的关系模式。它是政治体制和经济体制的结合部，其涉及面广，内容庞杂。行政体制改革在本质上从属于政治体制改革，其核心问题是国家行政权力的重新定位和划分及行政职能的重新配置。政府机构改革、行政权力结构的调整及人事制度的改革是行政体制改革的主要内容。

1. 政府机构改革。根据帕金森的研究，行政机构和人员总是具有自我膨胀的倾向，膨胀在一定程度上满足了行政适应的需求，但同时也带来了事权冲突、机构重叠、人浮于事、官僚主义和不负责任等危害，导致行政效率低下。因此裁减常设机构，通过设立独立机构、直属机构或其他临时性机构来履行政府的某项管理和服务职能成为许多国家行政改革中的一项重要措施。例如在英国的改革中，将许多政府经济部门改为准政府机构或独立出去，通过设立一系列的“执行机构”来负责具体的事务性工作，从而缩减了政府机构数量，节约了行政开支并提高了行政效率。在裁员方法上，美国政府的做法很有借鉴意义。其主要的方式有：（1）将政府部门的一些机构转制，实行企业化管理；（2）鼓励提前退休；（3）对相当数量需要裁减的公务员，采取一次性补贴的办法，鼓励其离开政府，重新就业；（4）为裁减下来的公务员提供各种培训和咨询服务，促使其尽快就业。

2. 行政权力结构的调整。行政权力结构调整的目的在于在集权与分权之间寻找一个平衡点，从而能够发挥两者的优势并遏制两者容易滋生的弊端。权力结构调整的内容涉及中央与地方权力关系的调整、不同层级政府内部各部门之间权力关系的调整，政府部门与社会其他组织以及公民间权力关系的调整。上述权力关系的调整，对行政系统将产生极为深刻的影响。从各国的实践来看，分权被认为是一个普遍的趋势，授予地方政府、下级部门更多的自主权，还权于社会、企业、公民的改革运动方兴未艾。当然，分权的程度应当有所控制，否则改革的结果将违背改革的初衷。

3. 人事制度的改革。行政改革必然会牵涉到人事制度的改革。在政府职能转变、机构改革、权力调整的过程中，人员的调整不可避免。因此，各国的行政改革都把对人事制度的改革，作为主要内容之一。通过对录用、考核、升迁、退休等环节的调整，一方面调动公职人员的积极性；另一方面裁减冗员并使每个岗位上能够得到最合适的人选。近30年来，西方文官制度发生了一些显著的变化，包括废除终身制，更多的竞争、更为灵活的招募和雇用公共部门工作人员的方式，重视工作人员的绩效等。我国的人事管理制度同样发生了巨大的变化，公务员制度初步确立，公务员的录用、奖惩、考核等一系列环节的管理更为规范化和法制化。

（三）行政行为方式的变革

行政行为方式涉及政府行政行为的价值取向、行政运行机制、行政程序、行政方法和技术等方面的内容。政府的行政行为，必须以一定的价值为导向，行政改革的推行使得政府行政行为原有的价值取向发生改变。当前，在世界性的行政改革浪潮中，政府的行政行为越来越倾向于以自由、民主、公平、正义等价值为其行为导向。行政运行机制则包括具体行政过程中的计划、决策、组织、执行、控制等机构，决策的科学性、执行的法制化、控制的有效化是各国行政改革致力于追求的目标。行政程序的设置直接影响着行政行为的效率和结果，通过程序的再设计，更有效地完成任务或者适应新的情况在各国的行政改革中较为普遍。技术的革新对行政方法和技术的更新作用巨大，在行政改革中，各国政府无不致力于利用信息技术来提高行政信息传递的速度，以及行政效率。信息技术——尤其是计算机的运用，促成了官僚科层制向扁平化方向的发展，并从实质意义上改变了政府信息传递的方式、办事的方式以及政府权力体系的重构乃至政府内外部关系的重构。

（四）行政文化的更新

行政改革不仅仅牵涉到物质的形态的职能、体制、行为，同时也是行政意识形态领域的一次革新。行政文化更新的核心内容表现为行政伦理或者行政道德的探讨和重塑。任何一个行政体系的结构、过程、程序及行政主体的行为观念，都直接或间接地受到行政伦理的规范与影响，只有关注到更深层次的行政伦理对行政活动的影响与制约作用，才可能确保行政改革的有效实施，行政文化的更新是行政改革深层次的和持久的推动力。因此，行政文化的更新也是行政改革的重要内容之一。

政府职能的转变、行政体制的改革，行政行为方式的转变以及行政文化的更新是相互联系、相互影响和彼此制约的，而不是孤立的，四者的有机结合构成丰富的、体现出不同特点的行政改革的实践活动。

四、行政改革的类型

从不同的角度可以把行政改革划分为不同的类型，主要包括以下几种：

（一）外延型改革与内涵型改革

所谓外延型改革，是指以改变政府行政机构的外部规模为主要内容的改革，如行政机构的撤销、合并，行政单位的增减，人员的精简等。这种改革的目的在于解决机构臃肿、人浮于事、行政经费开支过大、资源浪费等问题，基本上不触动行政权力结构、管理体制等方面的现有格局。内涵型行政改革是指以调整行政管理职能，调整行政权力结构以及由此而引起的行政管理体制变化为主要内容的行政改革。它主要着眼于政府职能的合理配置，行政权力结构的合理化，以及整个管理体制的优化，其目的在于行政体系结构合理、功能齐全、运转灵活、协调高效。

成功的改革，往往是两者的有机结合。我国政府改革历程证明了这一点，从1982年至今，我国的行政体制历经六次大的改革，机构改革一定程度上陷入膨胀—精简—再膨胀—再精简怪圈的重要原因之一在于没有处理好外延与内涵的关系。

（二）单一型改革与复合型改革

单一型改革指一般不与行政改革以外的事情发生直接关系，而独立进行的改革。这种类型的行政改革一般不会引起强烈的社会震动和其他反应。复合型行政改革是指行政系统内部某一要素的改革要与其他部分相互配套的改革，或者与其他社会性政治，经济体制相配套的更大范围内的改革。通常，单项行政改革都是更大系统行政改革的一个有机组成部分，行政改革也是社会大系统改革的一个组成部分，它们之间相互制约，必须配套进行，否则，单项的改革或者单纯的行政改革是不可能取得良好成效的。

（三）突变型改革与渐进型改革

突变型改革可称为激进式行政改革或全面型行政改革，它主要指在较短时间内，通过自上而下的方式，全面改革行政，使旧的行政形态实现较大的转变。这种类型的改革，雷厉风行，行动迅速，容易造成较强烈的社会心理震动，短时期内需要很高的社会改革成本。苏联和东欧的剧变就属此类型。渐进型改革是指通过有计划、有步骤地逐个实现改革的阶段目标，通过阶段性的调适，最终实现改革总目标的行政改革。这种改革具有连续性、渐进性、社会震动较小、见效慢等特点。

五、行政改革的原则

行政改革的顺利推行，必须遵循下述原则：

（一）系统性原则

在行政改革中遵循系统性原则，一方面体现为行政系统作为社会大系统的一个子系统，其改革必须与社会政治、经济和文化的发展状况和水平相适应，行政改革不能孤立地存在而不受政治、经济、文化发展状况和水平的制约；另一方面则体现为在行政内部不同层次、不同方面的改革之间也是彼此互相制约和联系的，只有协调好不同层次、不同方面的改革之间的关系，才能够从整体上推进行政改革，只注重单方面的改革而忽视配套改革或在推行某项改革时只考虑到其某一方面的影响而忽视其对整体可能产生的影响都有可能导致改革的失败。

（二）科学性原则

遵循科学性原则要求在行政改革中以科学的理论和方法为指导，从而实现政府管理的科学化。首先，行政改革方案要经过科学的论证，不能只凭经验决策；其次，改革的组织、协调要本着科学的精神，又要依赖于科学的方法和先进的技术手段；再次，对于行政改革效果的控制要尽可能采取科学的手段和方法。

（三）观念先进原则

行政改革，不仅仅是结构的改变、人员的变更、权力的分配，同时也是一场意识形态、思想观念上的巨大变革。意识形态的变革比其他方面的变革更为艰巨。意识形态方面的陈旧往往导致对新思想、新做法，新主张的排斥或抵制。因此，在改革伊始，加强舆论的宣传与导向，让公众对改革有一个较好的“理性认知”是十分有必要的。只有在充分的理论准备的基础上，使人们了解改革的目标、步骤、有利的条件、存在的困难和可能的后果，更为重要的是告诉公众改革可能带来的收益，改革才有可能得以顺利推行。

（四）适度原则

事物的发展必然要经历一个过程，适度原则所要强调的就是行政改革的推进不能急于求成，要充分估计到改革的艰巨性和长期性，每项重大的改革措施都会涉及许多人的利益，如果措施不当，对社会安定和经济发展都会造成不良后果。因此，行政改革要有计划、有步骤地实施。既要考虑到当前的弊端，又要考虑长远的发展趋势。同时适度原则还要求行政改革中不同层次、不同方面的改革要协调统一，某一部分的过分发展或某一部分的过分不发展都可能导致改革的后果违背初衷。

第二节　当代西方国家的行政改革

自20世纪70年代以来，西方各国政府为消除“滞胀”，缓解政府管理危机，陆续展开了以政府职能市场化、政府行为法治化、政府决策民主化、政府权力多中心化为特征的行政改革。尽管在改革进程中各国依国情不同而呈现出不同的风格，但大致的趋势基本相同，且相互影响的力度也日益加大。对于西方国家行政改革的研究已日益引起我国行政学者的关注。

一、当代西方行政改革的模式

美国著名公共管理学者彼德斯在《治理的未来》中提出了当代西方行政改革及公共管理实践中正在出现的以新公共管理定向的四种治理模式，即市场化政府模式、参与型政府模式、灵活性政府模式、解除规制政府模式。他从组织结构、管理过程、政策制定和公共利益四个方面来刻画和比较这四种模式的特征，如表16－1所示。①

表16－1　**四种治理模式的特征**

	市场化政府	参与型政府	灵活性政府	解除规制政府
主要的诊断	垄断	等级制	永久性	外部规制
结构	分权	扁平型组织	虚组织	（没有特别建议）
管理	绩效工资制及其他私人部门管理技术	全面质量管理、团队	管理临时人事	更大的管理自由
政策制定	内部市场	咨询、谈判	实验	企业化政府
公共利益	低成本	参与、咨询	低成本、协调	行动主义

根据表16－1所列，我们可以对西方行政改革中的四种模式作如下概括：

（一）市场化政府模式

公共部门传统结构的突出弊端是过分依赖庞大垄断的、缺乏外部监督制约的官僚机构。这种机构最看重规章制度和权力对政府行为的指导，几乎完全忽略市

① Guy Peters. *The Future of Governing*: *Four Emerging Models*. Kansas: University Press of Kans.

场信息和公务员个人的主观能动性。加之这种机构服务的无形性、迟效性、综合性使得公众和民意机关在质与量上无法对其效率进行准确的评估和监督。针对公共部门这一弊端，市场化政府模式提出了具有战略性的改革设想，主张下放决策和执行权力，把大的公共部门分解成若干小的像企业那样可以相互竞争的运作部门，将大量的服务职能下放给低层机构、私营部门或半私营部门来承担，迫使公共部门无法进行垄断性控制，从而达到降低成本、减少服务费用、增加服务种类、提高服务质量等目的。与传统公共组织力图通过金字塔式的多层级结构实施管理和保证决策的连续性不同，市场化政府模式强调积极进取的政府行为和个人责任，促使公共部门致力于建立层级尽可能少的网络式平板结构，保证各公共部门的低投入高收益。在公务员管理体制和方法上，市场化政府模式较之于传统做法具有根本性的变革，最典型的就是吸收私营部门的管理思想，打破集体化的工资分配制度，建立以功绩制为原则的个性化绩效工资制度，这种制度要求主管领导更像一名企业家，他们要对所在机构的行为负责，并且要根据服务质量、收益大小及其他表现获得工资奖金，或者受到相应惩罚。但是，推行功绩制和绩效工资管理最终能否取得预期效果，要取决于绩效评估能力和科学准确程度。哪些工作可以按照绩效标准来评估，哪些不可以这样进行，都要有一个明确的界限。

（二）参与型政府模式

参与型政府模式又称授权模式，在政治主张上同市场化政府模式完全相反，但内容上又有许多共同之处，可谓是殊途同归。它主张：（1）分权，即放权于基层。同市场化政府模式相同，参与型政府模式认为以科层制为基础的公共组织结构是妨碍政府效率的严重障碍，主张把科层制中被排斥在决策过程之外的基层团体引入到政府管理活动中来。换个角度说，就是让那些长期被动执行的基层管理者具有参与权、决策权。（2）放权于顾客，即给服务对象更多的权利，因为他们是纳税人，是政府消费的提供者，对政府服务最有发言权。（3）共同商讨。放权不是把所有的权力一股脑地交给公务员和公众，而是有效地吸收他们介入，共商大事。可见参与型政府模式进一步体现了政府重视激励、鼓励公民参与的价值取向。

从结构上看，参与型政府模式竭力提倡压平金字塔式组织结构，打破过严的控制体系，减少中间层次，缩小上层和低层的沟通距离，让信息准确快捷地流动，使低层组织能够根据具体环境灵活自主地做出决策，不必事事请示汇报。同时，随着管理者的能力与管理手段现代化程度的提高，以及管理和干预程度的减弱，压平结构、扩大幅度已成为现代社会发展的必然趋势，任何一个国家在组织结构上都必须顺应这一历史发展变化。

在管理上，参与型政府模式强调内部参与管理，在管理信息的流向上一改传统组织结构的自上而下式为自下而上式，促使信息像冒气泡一样往上泛。在人事管理方面，与市场化政府模式强调个体、个人工资、个人技能评估不同，参与型政府模式强调全面质量管理，强调小组化、集体化，以小组和集体为单位进行评估和奖惩等等。

在决策问题方面，参与型政府模式具有两个鲜明特征：一是决策是自下而上而不是自上而下的过程，不主张按照集权的方式进行决策。认为低层公务员掌握第一手材料，同公众最接近，最了解公众需求，做出的决策更符合客观实际。二是通过公众的政治参与进行决策，以此来最大限度地体现和满足公众的利益。显然，这与市场化政府模式强调公民的自由选择权是明显不同的，以教育改革为例，市场化政府模式是政府发给受教育者一张使用券，受教育者拿着这张使用券去挑选自己满意的学校，学校拿到使用券才可以跟政府划拨预算。而参与型政府模式是让每个学校设立一个管理委员会，委员会由教师和受教育者家长组成，他们可以在这个组织里提意见、提建议，甚至可以争论，以进一步满足来自各阶层、各领域受教育者利益的需要。严格地说，这不是一种选择机制，而是一种制约、促进机制。

（三）灵活性政府模式

在传统体制下，一个政府机构不管其目标的存在多么短暂都会以许多理由永久保存下来；同时一个人一旦进入政府机关，只要是非本人意愿就可以终身被雇用。这种机构的常设性和雇员的终身雇用常常使人们对政策的看法和对现实政策所存在问题的认识被固定化、程式化；同时，也使得公务员对自身利益和组织机构的财政预算的关心程度超过对政策的关注和对事业的关心。因此灵活性政府模式主张在组织上建立临时性机构，如一些工作小组、特别委员会、项目小组等，任务完成后即解雇。在权力上根据地域管理下放权力，使之具有灵活性和多样性。灵活模式在结构上的根本性建议是在政府内部建立新的组织结构。这个新的结构能够不固守传统阵地，富有灵活性，通过取消部分机构，建立临时性机构来实现政府职能目标。这既可以避免常设机构普遍存在的僵化问题，又可以使政府保持对社会和经济环境变化的快速反应能力与此相适应，该类组织的雇员也具有临时性，不再由享有终身雇用权的公务员构成。灵活模式对管理影响很大，一是领导者、管理者要根据工作量合理确定和调节公务员数量，从而避免投入不足或冗员过多现象的发生；二是临时雇员对组织机构的承诺和献身精神大受影响，使之缺乏献身精神，甚至丧失道德感和职业感；同时还将最大限度地削弱雇员争创佳绩的动力。三是临时雇员工作生疏、专业知识不足，严重影响局部效率。在灵活性政府模式下公务员对政府决策有何影响理论上尚无明确结论，人们只是从逻辑规范上做出大致的描述。认为灵活模式对传统组织的冲击与否定，必将大大削弱以共同文化和对现行政策的认同和承诺为基础的组织机构的权力，使稳定的机构、稳定的职业队伍变得飘忽不定，并进而导致政策的不稳定性。但有人不这样看问题，认为这样反而有利于创新，有利于开拓新事业。撒切尔派和里根派都是这一观点的支持者。但是也有人认为即使后者成立，人们对于扑面而来的各种创造性的建议和主张，仍有一个选择和政策性协调的过程。

（四）解除政府管制模式

解除政府管制模式，又称非管制政府模式。所谓解除管制就是取消公共部门众多的规章制度，取消过程取向的控制机制，相信并依靠公务员的责任心和能力来从事新的创造性工作，提高工作效率，改进社会的整体利益。这种模式在于改变照章办事的传统，去除繁文缛节，清除政府管理实质以外的其他附着物，让政府最大限度地释放潜在能量和创造力，以新的创造性工作改进社会的整体利益。

非管制政府模式不太看重结构问题，其着眼点主要在程序和有效行动的能力方面，目的在于激发传统官僚机构官员的积极性和活力。主张不管是官僚体制还是非官僚体制，只要能够有效运转就行。因而，它并不像其他模式对官僚体制刻意贬斥，相反，认为官僚体制是可以接受的，甚至认为是求之不得的。由于这一模式不反对传统的政府结构，因此在管理上支持官僚机构的高层决策者依靠一定的行政文化来调动整个机构的行动。这种行政文化主要是指公务员的伦理道德在行政活动中的驱动力量。管理者必须依赖相信个人，依赖个人的价值观念、伦理道德来实现管理目标。美国成立了"日落委员会"（专门从事废除过时法律的机构），取消了政府采购的一些规章制度，废除了长达近万页的联邦政府人事管理手册，目的就在于给公务员更多的处理各种事务的灵活性和自由度。但是，人们也不无担忧地认为如果没有公务员的觉悟和高尚的道德信念作基础，一些公共组织和个人在没有规制或放松规制的情况下，就有可能像一匹匹脱缰的野马恣意妄为，并给组织效能带来严重危害。

从决策的角度来分析，非管制政府模式下官僚的决策作用明显被强化了，而政治家的决策作用被大大降低，这对于过去把决策视为政治领导特权的传统观念是一次极大的冲击。在这一点上非管制模式同参与型政府模式不谋而合，皆认为公务员具有丰富的专业知识，又同社会公众直接打交道，因而应当允许他们做出更多的决策，有更多的灵活性。在公共利益的体现上，非管制政府模式认为政府在社会中应扮演一种积极角色，改革只是解除政府内部过繁的管理体制，通过取消政府内部对政府工作能力的限制或制约因素，使政府的能力更好地发挥出来，更好地适应社会的需要。

二、当代西方国家行政改革的原因

一般认为，当代西方国家行政改革的原因主要有：全球经济竞争、民主化、信息革命以及绩效赤字。首先，全球经济竞争是政府改革的重要推动力。当今时代，任何一个国家的发展都不能不建立在谋求与其他国家合作的基础上，国与国之间的竞争与合作以及国际贸易规模的扩大迫使各国政府必须通过改革来提高本国在国际市场上的竞争力。吸引国际商业和投资的愿望是各国改革政府强有力的动力之一，世界银行的调查表明，经济绩效和可靠的政府运转之间存在着高度的相关性，跨国公司在选择投资策略时，真正关心的是各国内部运行机制、软件环境水平以及政府是否保护私有财产。各国只有创造一个更好的投资和商业环境才更具吸引力。对于发展中国家来说，政府改革的力度是谋求国际或双边援助的附加条件。例如，国际货币基金组织的一揽子紧急援助计划要求必须对国有部门进行有效重组。世界银行的援助贷款对于要求贷款的政府也有改革的限制性条件。此外，全球经济竞争还迫使各国政府降低赤字。总之，“好政府”已经成为健康的经济发展的一部分，世界将从那些不愿做出认真变革的国家旁边走开。其次，民主化运动的推进是政府改革的又一推动力。南非是一个很好的例子。在种族隔离前提下，南非的官僚机构偏重于控制而非服务，报酬和收益是建立在种族和性别基础上的。随着种族隔离的结束，政府官僚机构也随之而变。民主化的推进导致了各国分权措施的出台。再次，信息技术革命不仅驱动着改革还创造着改革的需求。信息技术对政府管理带来的影响是革命性的。在传统的等级制下，文件只能逐级传递到不同层级的公务员手中，而计算机网络技术的发展，使得信息的搜集传递成本降低，且可以共享，不同等级的公务员可在同一时间浏览文件，中间管理环节的需求大大减少，组织向扁平化方向发展。最后，绩效赤字，主要是对政府规模和能力的抨击，就像美国总统里根所说的“政府已经变成了问题的一部分，而不是解决办法的一部分”，这些抨击导致了各国改革的浪潮，以此来提升政府的公信力，谋求公众对政府的支持。当然，当代经济理论的变革也是政府变革的重要影响因素之一。

三、当代西方国家行政改革的主要内容

有人认为，近年来所发生的变革比20世纪初其他任何时期都广泛得多，公共行政的传统模式开始转换为新公共管理的模式，与政府有关的官僚制政府正在被各种经济理论和市场规则所取代。其主要内容有：

（一）政府职能市场化

新古典主义的“政府角色最小化”是西方各国行政改革的理论依据之一。“政府角色最小化”包含这样的观点：私人市场是有效并且能够自我调节的，政府对市场自我调节的干预从其本身来说是无效的，能够由市场提供的商品和服务就应该由市场提供。在这一观点的倡导下，20世纪80年代初期，英国的撒切尔政府、美国的里根政府、新西兰的兰格·道格拉斯政府和加拿大的穆罗尼政府以及澳大利亚的霍克·基廷政府都提出了类似“小政府”的主张。各国为实施这一主张所采取的举措有：

1. 掌舵而不是划桨，减少政府干预。为压缩政府开支，缩小政府规模，西方政府改革的一个普遍趋势就是把制定政策与提供服务分开，政府致力于把握方向，而将原有的执行性和服务性的工作尽量分离出去，交给企业或第三部门，与此相应的是精简机构和人员的举措。例如，被认为最强烈地倡导并采纳“新公共管理”主张的新西兰，在遵循代理成本和交易成本最小化的原则下，将其商业性和其他可以开展竞争的服务业务从公共部门中分离出来，成立公司，通常是私营公司。剩余的有着多种职能的较大部委被分解成若干专职的执行局，由经理根据定额定产合同来领导，自主权相当大，负责政策制定的部门只负责政策制定，即掌舵，而执行机构的规模则相对大的多。另外，在转变政府职能，减少政府干预的过程中，各国都在不同程度上放松了对市场的规制，里根政府宣誓就职后所做的第一件事就是签署了一项关于解除对石油和汽油价格控制的法令。在放松规制的同时，注重强化宏观调控和综合协调职能。

2. 运用更为灵活的方式提供公共服务。官僚制机构作为公共服务的唯一提供者导致的是公共服务提供中惊人的浪费和效率、质量的低下。本着建立“花钱少而服务好的政府”的宗旨，西方国家在公共服务的提供中广泛地引入竞争机制，通过合同、承包、持证经营等方式在政府部门、私人部门和第三部门间形成竞争，从而提供更好的公共服务。例如，美国的非营利组织提供包括就业培训、抚养贫困儿童、成人教育、针对低收入者的房屋中介、医疗保健、培育邻里关

系、保护生态环境、提供文化娱乐设施、关注精神需求等多方面的服务。奥斯本和盖布勒的畅销书《改革政府：企业精神如何改革着公营部门》一书中罗列了36种已有的、可供选择的、提供公共服务的方式。

3. 公共企业民营化。20世纪80年代，缩减公共部门规模，首先针对的就是公共企业。在减少政府干预的号召下，英国撒切尔政府首先推出了公共企业民营化的改革方案；拉开了全球民营化浪潮的序幕，除美国因其国有企业本身比重很小之外，其他西方国家均卷入了这一浪潮。根据杰克逊和普赖斯的定义，民营化的途径包括：出售公共资产；放松管制；开放国家垄断企业引入更多的竞争；合同转包方式；由私营部门提供公共服务；联合使用公共部门和私营部门财政经费的资本计划；减少补贴或引入使用者付费机制等。通过推行这些举措，西方国家直接介入经济的程度有所降低，如英国政府自1979年推行非国有化以来，从1979～1993年，国有企业占国内生产总值的比重由11%下降到2%。其他工业国在过去30年间也有着类似的经历。

4. 引入私人部门的管理技术和方法。在公共部门的管理中引入私营部门的管理技术和方法是西方各国行政改革中的又一趋势。这包括重视公共部门的成本效益分析、重视战略计划和战略管理、更注重目标、绩效工资制、靠合同约束的短期任命方法、全面质量管理等措施。当然，引入私人部门的管理技术和方法还需结合公共部门自身的特点，各国在这方面的做法不尽相同。

（二）权力的分散化

传统的公共行政模式建立在官僚科层制基础上，等级分明，权力集中。而改革的重要措施之一就是以参与协作式的分权的政府替代等级制的政府。尽管官僚制依然具有强大的生命力和存在合理性，但改革已使今天的官僚科层制发生了很大的变化。权力分散化的改革方要包括这样一些举措：

1. 分散联邦政府或中央政府的权力，赋予州及基层政府更多的自主权。以美国为例，通过削减开支、减少征税的措施，使得联邦政府开支削减，约束经济运行的各种管制得到了废除，同时，官僚机构的数千页规章条例作废，地方教师和社区官员有了更多的发言权。美国1996年通过的《福利改革法案》将福利权下放给各州是又一个分权的例子。英国、法国、德国、澳大利亚、新西兰等采取了推进分散联邦或中央政府权力的一些举措。即使日本这样一个以高度集权和僵化的官僚机构而闻名的国家，也顺应时势在1992年发起了一个推动分权的特别计划，该计划目的在于推动地方政府在社会服务提供方面有更大程度的自主权。1995年，日本通过了《分权化推进法》，并在首相官邸设立了一个办公室，为

2000 年到期的分权计划提供咨询。

2. 分散公共机构的权力，把管理和控制公共事务的所有权归还给社区、家庭、居民点、教会和志愿者组织以及公民。近年来，社区在社会发展中的力量日益引起关注，"公民社会"的理念深入人心，通过社区和公民的自我管理、自我服务，改善公共服务提供的质量，赋予公民更多的选择权和自由是许多国家的共同选择。

3. 分散政治权威的权力，赋予政策执行者以更大的自主权，同时在公共部门内部，减少等级层次，赋予下级管理者以更多的自主权，以激发其工作的积极性。传统模式中，政治权威与执行者是发号施令与执行命令的关系。而改革则使这一关系发生了一些变化，政策执行者虽然依然服从政治权威，但在公共政策的执行中在某些情况、某些层次上有较大的自主权而不受政治干预。英国的"下一步行动方案"最为典型。该方案旨在建立一种在准合同基础上向相关政策领域提供服务的独立机构。执行机构与政府签订责任书，明确本机构的责任范围、工作目标要求和标准，每个执行机构长官，在其职责范围内享有充分的人事、财政自主权，主管大臣只负责监督执行机构长官的工作完成情况。同时，减少等级层次，赋予下级管理者以更多的自主权和参与决策的机会在各国行政改革中也都有不同程度的体现。

（三）人事制度弹性化

在行政改革中，西方各国的文官制度发生了巨大变化。传统的西方文官制度几乎完全遵循了马克斯·韦伯的官僚制理论，具有公务员终身任职、由较高的权威任命而不是由选举产生，特定的退休和养老金制度等特点。在行政改革中，这种传统的人事管理制度被斥为"几乎只保证产生庸才的制度。"在此情况下，旨在打破僵化的官僚体制的行政改革的一个重点就是人事管理制度的改革。不同于有保障的终身雇用制，改革后的人事制度更加注重激励，灵活性和工作绩效，这体现在：(1) 允许管理者雇用最合格者的雇用制度，所有层次的公务员均可以从外界雇用；(2) 政府部门采用合同形式的短期雇用和非终身雇用取代终身雇用；(3) 根据绩效而不是资历的提升和解雇等方面。英国撒切尔夫人执政时文官制度改革的主要措施有：削减文官人数；打破文官在人员的配备、晋升方面传统的自主权；取消了文官部，把文官部的职责重新交给财政部和内阁办公厅；强行限制增加文官的工资。美国 1978 年的文官改革法也对文官制度进行了重大调整，建立了功绩工资制和一项新的高级行政职务制度（SES）。这项法令重要的改革措施有：一是淡化职业分类，以 10 个职业类代替 22 个大类，实行和永久性全日公务员和部分时间制合同公务员并存，增加临时性公务员；二是引进了绩效评和绩效工资制；三是引入私营部门中普遍运用的激励手段和新的降级和解雇程序，以提高公务员工作的积极性。人事制度的改革体现了更大的弹性和更多的竞争，同时也削减了遭人抨击的公共部门的规模。

（四）财政管理制度的改革

财政管理被认为是政府内部管理中最重要的部分，预算的编制和执行最终决定着政府活动的性质和范围。随着政府在提供服务以及控制和减少花费这两方面受到的压力不断增长，各国都在寻求压缩开支，提高资金使用效率的有效办法。据经济合作与发展组织（OECD）的调查，认为在财政管理方面，“一些国家正通过规划来执行预算，以便将管理者的注意力更多地聚集于活动的产出和结果方面，（如澳大利亚、比利时、丹麦、芬兰和葡萄牙）。规划预算旨在直接将资金更多地用于实际政策目标的完成或产出上，其实现方法是通过以适当的政策来降低中央对投入的控制，从而下放资金支配权，为管理部门和机构提供更大的灵活性，并发展出一系列能提高绩效的激励手段”。[①] 有益的尝试如美国费尔菲尔德市的支出控制式预算。他们取消明细分类项目，实行资金总额预算，允许各部门保留其没有花掉的预算经费，这种改革促使公共部门把钱节省下来进行投资，而不是尽力把钱花掉。瑞典、加拿大、英国、丹麦和澳大利亚通过推行放宽政策分类的范围进行预算编制的预算制度进行这方面的改革，加拿大还允许每个分类范围的负责人保留和重新使用他们节省下来的资金。

（五）为公民服务

大约有1/4的世界大国都把给公民提供服务作为他们改革努力的一部分，以恢复公众对政府的信任。我们可以找到许多国家来做例子。英国的《公民宪章》清晰地表达了各项工作的绩效标准，其范围从国民医疗服务的等候时间到对铁路系统准时率的预期。如其中的乘客宪章规定，如果在任何一段列车旅行中被耽误1小时以上，旅客便能得到铁路当局赠给的相当于该次旅行价格的20%以上的票券。葡萄牙就公共服务建立了质量宪章，包括了对顾客明确的服务承诺。爱尔兰开展了“提供更好的政府服务”运动，这场运动的目标是“将公众看作是顾客、庇护者和国家公民”。为公民服务通常也被概括为“顾客导向”，其具体的做法

---

① OECD *Financing Public Expenditure through User Charge*, Occational Papers on Public Management（Paris：OECD）1990. 12.

包括：努力提升公共服务和产品的价值，最大限度地满足顾客的需求；通过政务公开、现场办公、集中办公、社会承诺制、电子政务等产品和服务，努力降低顾客在使用公共服务和产品中的费用和付出；有效地激励国家公务员的工作热情和工作责任感；重视顾客对公共服务和产品的抱怨、建议，重视对顾客的承诺，强调政府对顾客负责，建立灵活迅速的顾客抱怨处理机制和顾客回应系统，加强政府与顾客的交流与沟通。

与上述改革内容相联系的内容还包括各国普遍推行的机构的精简、行政透明度的增加、行政程序的简化、新技术的运用、政府事务的国际化等诸多方面。总之，西方各国进行的行政改革，内容的广泛程度和改革的推进程度方面都是前所未所的。

四、简要的总结

西方国家行政改革无疑对西方政府管理的风格发生了极为重要的影响。到目前为止，这场改革仍在进行，许多改革举措正在实施，还有许多新的举措在酝酿，在没有科学系统的评估之前，对这场改革结果的评论尚为时过早。但下述几个问题依然应当引起我们的注意：

（一）共同趋势背后的差异

已有的研究和资料更多地关注和描述各国行政改革中的共同趋势，20 世纪 70 年代末以来西方各国的形形色色的改革都被归结为“新公共管理”。然而，不可否认的一点是这些改革既在总体框架和导向上有一定的相似性，更因各国政治传统、政治制度、文化背景等原因表现出诸多的差异，忽略这些差异有可能导致理论的混淆和行动的误导。重视差异的存在能够使我们在思考这场普遍的行政改革的共同趋势时保持足够的清醒。

（二）行政改革的价值导向

基于什么样的理念和价值追求驱动行政改革与行政改革本身具有同样重要的意义。这场被命名为市场化取向的行政改革之所以获得声势浩大的支持，在于支持者认为放松管制、分权化、弹性化、公共服务社会化等措施更多地增进和提倡民主、公民的自由选择、权利、正义、法治等基本的价值理念，而不是相反。正是在这一问题判断上的分歧，也有一些人认为行政改革并不像有些政治家所鼓吹的那样好，其某些举措只是“强化了某些玩家的权力而削弱其他人的权力”。因此，我们有必要区分被冠之以“新公共管理”的行政改革背后的不同价值导向，这将有利于我们正确判断不同国家的行政改革在何种程序上体现了新公共管理的精神，而不是把“新公共管理”当作一个无所不包的“购物篮”，不管改革与新公共管理的核心价值相差多远都称之为“新公共管理”。

（三）行政改革的成效

对于这场声势浩大的行政改革的成效，应当持审慎和科学的态度，而不是盲目赞赏。行政改革在某些方面、某些国家的实践确实令人鼓舞，例如在新西兰，推行改革后，在20世纪80年代后就将相当于GDP的9%预算赤字扭转为盈余，并使一些机构的单位成本降低了20%以上。并且新西兰的经济在90年代得到了大幅度的增长。这的确是令人鼓舞的，但新西兰的成就并不具有普遍性。在某些国家，行政改革进展缓慢，情况反复，甚至失败的结果并非完全不存在。因此，基于现实的行政改革的成效有待于系统化的评估和验证。每一个国家，都应该在潮流面前保持务实、冷静的态度，切实改善行政绩效、增进民主和公平、维护正义、促进社会发展才是问题的核心。

（四）不同的声音

对行政改革支持和赞赏的态度占了上风，包括经合组织与世界银行在其研究报告里对改革也持积极的肯定态度。同时，我们也可以听到一些反对的声音，有些人认为标榜为新公共管理的行政改革更富有政治说辞的色彩而缺乏实际行动的价值，仅仅是一种时髦，是“广告式”的，而不是“实质性的”。也有人认为新公共管理可能会带来伦理和责任，以及公务员士气降低等方面的问题。比如政府通过签约转包等方式让私营部门提供公共服务可能更易于导致腐败。对于改革者及其赞同者来说，倾听反对的声音或许更有助于改革的实施。

（五）传统的价值

从改革的进程来看，新公共管理模式已经部分地取代了传统的公共行政模式。但传统并非一无是处，改革也只能在传统公共行政模式的基础上进行。在没有找到更好的替代方案之前，建立于法理型基础上的官僚制依然具有强大的生命力，它在技术上的优越性，如韦伯所说，“精密、速度、明确、档案知识、连续性、仲裁权、统一性、严格服务、减少冲突和人事成本”，以及根植于政治官员和行政人员中的观念的影响，对现实行政的价值不可忽视。“但不管怎样，在传统公共行政基础上，采用新型的市场化政府模式、参与型政府模式、灵活性政府模式、非管制型模式等，显然有助于公共行政绩效的改善”。①

（六）理性的态度

表面上，中国政府所面临的问题与西方政府改革时所面临的问题十分相似，机构臃肿，效率低下，干预过多等，西方的改革取得的成就似乎支持我们采纳其中的某些主张。但需要强调的是，我们必须将问题置于现实的背景下予以考虑，否则盲目冲动的借鉴带来的后果可能会使我们离所追求的目标更远。中西方的种种差异，推行改革可能带来的问题都需要理性地分析。

第三节　中国行政改革：回顾与展望

改革开放以来，我国的政府改革也逐步深入。政府改革的成就举世瞩目，同时，也存在着一些问题。当前，在全球经济竞争日益加剧的背景下，如何从国家的传统出发，从国情的需要出发，吸收西方的经验，推进我国的行政改革和发展是非常重要的一个课题。

一、中国行政改革成就的简要总结

近30年来，伴随着中国经济体制改革的推进，中国政府在机构设置、行政法制建设、人事管理等方面的改革所取得的成就是有目共睹的。这主要表现为：

（一）政府机构改革成效显著

政府机构改革始终是我国行政改革中的主旋律并带动着行政改革的其他方面。1980年8月，邓小平在中央政治局扩大会议上作了《党和国家领导制度的改革》的讲话，这是中国最早的政府机构改革的指导性文件。至此，中国政府先后进行了六次较大的政府机构的调整。1982年，国务院100个工作部门精简到61个，副总理职数下降，副部级职数也减少了很多，还解决了领导干部终身制的问题。如规定省部级干部正职65岁退休，副职60岁退休。1988年，国务院部委机构减少到41个，工作机构数减少到68个，编制减少9700多人。1993年机构精简，国务院工作部门从86个减少到59个。总的来说，1998年之前的改革虽

① 毛寿龙、李梅、陈幽泓：《西方政府的治道变革》，中国人民大学出版社1998年版，第98页。

取得一定进展，但由于历史条件的制约和宏观环境的限制，机构庞大重叠、人浮于事的现象一直没有得到有效解决，且每次机构改革之后，机构和人员反弹现象比较严重。1998 年开始的新一轮行政体制改革，在精简机构、压缩编制方面大刀阔斧，成效显著。改革后，国务院组成部门由 40 个调整为 29 个，直属机构设置 17 个，办事机构设置 5 个，加上国务院办公厅，总计 52 个。司局级机构比改革前减少 215 个，精简 1/4。机关人员编制由 3.2 万名减为 1.67 万名，减少 1.53 万名，精简 47.5%。国务院 9 个工业部，先改成委管国家局，到 2000 年则全部撤销。1999 年，省级政府机构改革开始进行，经过改革，省级政府机构设置平均由 55 个减到 40 个，人员编制由 15.8 万名减为 8.4 万名，减少 7.4 万名，精简 47%。2000 年，市县乡机构改革全面启动。改革后，市（地）级政府机构由平均 45 个减少到 35 个，县级政府机构由平均 28 个减少到 18 个。市县乡各级人员编制由 460 万名减为 371 万名，减少 89 万名，精简 19%。2003 年新一届政府产生，首先做的仍然是政府机构改革，除国务院办公厅外，国务院组成部门减少到 28 个。且这次国务院机构改革，不仅仅是编制、人员的简单加减，而是强调在职能转变上下工夫，它将国家的经济管理职能从企业管理转向资产管理，同时明确，政府在继续搞好经济调节、加强市场监管的同时，要更加注重履行社会管理和公共服务职能，这是一个深刻的转变。2008 年“大部制改革”的核心是转变政府职能，涉及调整变动的机构 15 个，正部级机构减少 4 个。大部制是一种政府政务综合管理组织体制，特征是“大职能、宽领域、少机构”，据不完全统计，在国务院原有的 66 个部门中，职责多达 80 多项，仅建设部门就与发改委、交通部门、水利部门、铁道部门、国土部门等 24 个部门存在职责交叉。行政职能的错位和交叉，不仅造成了部门之间扯皮现象多，行政效能低下，过多经济资源被行政机构自身消耗掉；更重要的是，它无法履行宏观经济管理、市场监管、社会管理等职能，无法向民众提供合格的公共服务和社会保障等。按照党的十七大精神推行的“大部制”改革突出了三个重点：一是加强和改善宏观调控，促进科学发展；二是着眼于保障和改善民生，加强社会管理和公共服务；三是按照探索职能有机统一的大部门体制要求，对一些职能相近的部门进行整合，实行综合设置，理顺部门职责关系。此次机构改革从促进经济社会又好又快发展的需要出发，着力解决一些长期存在的突出矛盾和问题，是完善社会主义市场经济体制和深化社会管理体制改革的需要，具有重要而显现的现实意义。

（二）行政法治建设取得长足进展

改革开放以来是新中国成立后行政立法最多、最好、最快的时期。1989 年的《行政诉讼法》可以看作是我国行政法治建设的里程碑式的事件，它为依法行政提供了制度的基础并成为以后行政法治建设的逻辑起点。所谓“行政诉讼”，通俗地说，就是“民告官”，即老百姓对政府的行政行为不服，可以向法院起诉行政机关，对行政行为进行监督，同时对自己的利益寻求救济。正是有了“民告官”这条制度通道，行政机构才真正意识到规范和约束自己行为的必要性。可以说，很多的行政法律、法规都是被《行政诉讼法》逼出来的。所以在《行政诉讼法》出台之后，大量的行政立法被提上议事日程。1992 年 3 月，李鹏在政府工作报告中第一次使用了“依法行政”这个词，这也意味着，中国的行政改革开始走上法治化道路。此后，《国家赔偿法》于 1994 年出台，进一步强化了对公民权益的保障。1996 年，《行政处罚法》的出台，这是中国行政法治建设的又一个重要标识，其意义在于，第一次以法律的形式对行政行为设立与实施进行了规范；同时明确了权责统一的原则，违法行政行为要追究责任；另外还规定了行政相对人有申辩、要求听证等权利。政府的行政由此走上了“良法”之治。1997 年，党的十五大报告明确提出：“一切政府机关都必须依法行政，切实保障公民权利，实行执法责任制和评议考核制。”同时，该报告还第一次提出了“依法治国、建设社会主义法治国家”的基本方略。1999 年 3 月，九届全国人大二次会议将“依法治国”载入《宪法》。同年 11 月，国务院发布《全面推进依法行政的决定》，对各级政府及其部门的依法行政工作提出明确要求，并进行了重点部署。2002 年，党的十六大明确提出了“政治文明”的社会发展目标，并继党的十五大之后再次强调“推进依法行政”。

2003 年新一届政府产生后，十届全国人大常委会第四次全体会议于当年 8 月通过了《行政许可法》。《行政许可法》通过建立规范的行政许可制度，妥善处理政府与市场、政府与社会、公权力与私权的关系，明确规定什么事项可以设定行政许可，什么事项不需要设定行政许可。此外还相对集中了行政许可的设定权，除法律、法规和省级政府规章在特定条件下可设定行政许可外，其他国家机关包括国务院各个部门一律不能设定行政许可。《行政许可法》通过规定一系列的便民措施，有利于行政人员牢固树立服务意识，提高工作效率；另外，通过规定违法实施行政许可应当承担法律责任，行政许可原则上不收费，确保了行政权力与责任的挂钩，行政权力与利益的脱钩。“法治政府”、“有限政府”的理念成为中国行政体制改革的重要目标。以《行政许可法》出台为标志，以及国务院废止《城市流浪乞讨人员收容遣送办法》，代之以《城市生活无着的流浪乞讨人员救助管理办法》，公安部发布《公安机关办理行政案件程序规定》等一系列体现着全新行政观念的行政法律、法规和规章正全方位完善中国的行政法体系。

2004 年的“两会”上，温家宝总理在政府工作报告中指出：“要全面推行依法行政。各级政府都要按照法定权限和程序行使权力、履行职责。所有政府工作人员都要学会并善于依法处理经济社会事务。要改革行政执法体制，相对集中行政许可权和行政处罚权，推进综合执法试点，解决多头执法和乱罚款等问题。要加强行政执法监督，促进严格执法、公正执法和文明执法。实行执法责任制和执法过错追究制，完善并严格执行行政赔偿制度，做到有权必有责、用权受监督、侵权要赔偿。”此后，国务院发布《全面推进依法行政实施纲要》。《行政强制法》、《行政收费法》、《行政程序法》、《行政诉讼法》（修订）的立法工作已经列入本届全国人大的立法规划。

2007 年胡锦涛总书记在党的十七大报告中强调，“依法治国是社会主义民主政治的基本要求。”要在实践中坚持依法治国基本方略，树立社会主义法治理念，实现国家各项工作法治化，保障公民合法权益，尊重和保障人权，依法保证全体社会成员平等参与、平等发展的权利。通过 30 多年的努力，我国基本建立起一套中国特色社会主义行政法制度体系和理论体系，正在努力完成西方国家用上百年乃至数百年才能完成的法治政府建设任务，取得了重大成就，积累了宝贵经验，并为在新的历史起点加快推进行政法治建设奠定了坚实基础。

（三）政府职能不断向更合理的方向调整

改革开放以后，尤其是党的十四大提出“建立社会主义市场经济体制”的目标以来，随着经济体制改革“市场化”趋势的发展，政府职能在总体上有了较大的转变。即政府主要致力于保持经济总量平衡、抑制通货膨胀、优化经济结构，实现了经济持续、快速、健康发展。健全宏观调控体系，完善经济、法律手段，改善宏观调控机制。此外，扩大了企业自主权、下放了物资调配权、投资审批权，扩大了大中城市经济管理权等。市场机制在资源配置和社会经济生活中的调节作用日益突出。党的十五大、十六大重申了改革的目标，党的十六大报告明确指出：“切实把政府职能转变到经济调节、市场监管、社会管理和公共服务上来”。胡锦涛总书记在党的十七大报告中明确指出：“行政管理体制改革是深化改革的重要环节，要抓紧制定行政管理体制改革总体方案，推进政府职能切实转变”。

具体而言，1998 ~ 2008 年，国务院和地方政府采取了一系列强有力措施：（1）将国务院和省级政府综合部门分别改造为宏观调控和区域经济调节部门，调整和完善了计划、财政、金融和经贸部门的职能配置，初步建立了以间接手段为主的宏观调控体系和地方区域经济调节体系。（2）按照发展社会主义市场经济的要求，为贯彻政企分开原则，国务院撤销了 9 个工业部，地方也陆续撤销了工业经济管理部门，从而结束了计划经济时期形成的由工业经济管理部门直接管理企业的历史；政府机关与所办经济实体和所管理的直属企业陆续脱钩，不再直接管理企业，不再干预企业的生产经营和投资决策，主要管规划、市场、质量、监督和查账；行政性公司改为经济实体，其行政管理职能交给综合经济管理部门。（3）积极培育和发展市场体系，加强市场监管，将资源配置职能逐步转给市场，使市场配置资源的基础性作用明显增强；将社会可以自我调节与管理的事务逐步交给事业单位或社会中介组织，为理顺政府与社会的关系奠定了初步的基础。在这次改革中，国务院各部门共划转出去 280 多项职能。（4）国务院和省级政府许多部门在"三定"中，还将一些职能明确下放给下级政府，进一步理顺了各级政府之间的事权关系；一些地方调整了市与区街、县与乡镇的关系，权力逐步下移，基层政府的功能得到一定程度的加强。（5）下大力气改革行政审批制度，大量减少行政审批事项。国务院公布的第一批 57 个部门取消的审批项目 805 项，一些地方减少行政审批项目的幅度为 50% ~ 70%，有力地促进了政府职能的转变。

经过改革，政府宏观调控部门和政府专业经济管理部门的主要职能更加理顺。中央、国务院进一步明确了地方各级政府的主要职能，在大力转变政府职能的同时，按照一件事情主要由一个部门来管的原则，调整部门职能配置和职责关系，解决了一些部门长期存在的职责交叉、多头管理的问题。

2008 年 3 月，国务院机构改革方案公布并正式提交全国人大审议，标志着我国第 6 次行政管理体制改革拉开帷幕。国务院将新组建工业和信息化部、交通运输部、人力资源和社会保障部、环境保护部、住房和城乡建设部，不再保留国防科工委、信息产业部、交通部、人事部、劳动和社会保障部、建设部，改革后，除国务院办公厅外，国务院组成部门设置 27 个。党的十七届二中全会强调，到 2020 年要建立起比较完善的中国特色社会主义行政管理体制。温家宝总理在做《政府工作报告》时亦指出，这次国务院机构改革方案，主要围绕转变职能，合理配置宏观调控部门职能，调整和完善行业管理机构，加强社会管理和公共服务部门，探索实行职能有机统一的大部门体制；针对职责交叉、权责脱节问题，明确界定部门分工和权限，理顺部门职责关系，健全部门之间的协调配合机制。

（四）人事管理制度趋于法制化、规范化和科学化

中国行政改革的另一个重要方面是对传统人事制度进行了根本性的变革。1993 年 10 月 1 日，我国正式推行国家公务员制度。国家公务员制度是在继承党

和国家干部人事制度优良传统、借鉴和吸收西方现代人事管理科学成分的基础上形成的。公务员制度的确立，标志着我国政府人事管理走上法制化、规范化和科学化的道路。具体表现在：（1）公务员制度管理法规体系初步形成。2006 年 1 月 1 日起施行的《公务员法》，是新中国成立 50 多年来我国第一部干部人事管理的综合性法律，具有里程碑意义。（2）公务员凡进必考机制基本建立。一大批素质好、年纪轻、学历高的优秀人才脱颖而出，为机关补充了新鲜血液，注入了新的活力。（3）公务员激励机制开始运行。政府机关依法对公务员考核，并将考核结果同奖惩、工资、职务升降、辞退等环节挂钩，有效地激发了公务员的潜力。（4）公务员奖励制度发挥有效作用。（5）公务员竞争上岗制度逐步推开。（6）公务员轮岗、回避初见成效。对领导岗位和“热点”职位有计划地轮岗，激发了公务员学习和工作热情，加强了对公务员的监督。对公务员任职和执行公务时实行回避制度，打破了亲情关系网，改善了公务员工作环境。（7）公务员出口初步畅通。打破机关“铁饭碗”和“能进不能出”的旧观念更有效地增强了公务员队伍的活力。（8）公务员培训开始步入正轨。（9）公务员廉政约束机制发挥作用。公务员纪律、处分制度的实施和《国家公务员行为规范》的颁布实施，加强了对公务员的有效监督和约束。（10）公务员权利有了保障。

（五）行政监督机制不断完善，反腐倡廉力度加大

经过多年的发展，目前我国的行政监督机制基本形成。行政监察部门和审计部门分别依据《行政监察法》和《审计法》履行其监督的职责。立法机关、司法机关、政党、社会团体和公民以及新闻舆论等行政法制监督的制度和途径正在逐步完善，并且越来越发挥着重要的作用。同时为加强行政监督的力度，先后出台了《领导干部财产申报制度》、《重大事项报告制度》。

从反腐倡廉的角度看，我国的反腐工作正在走上一个新台阶。据世界著名的反腐败国际性非政府组织——透明国际 2004 年发布的《2004 年全球反腐败年度报告》，2002 年 7 月到 2003 年 6 月我国的清廉指数为 3.4 分，尽管处于腐败比较严重的区间，但较以往有所改善。报告从“反腐法律的完善”和“政治领域的改革”这两个方面来描述中国 2003 年反腐败的成果和进步。关于“反腐法律的完善”，主要包括：2002 年 6 月，通过了《政府采购法》；2002 年 12 月，修订了《刑法》；2003 年 8 月，通过了《行政许可法》。“政治领域的改革”则提到了我国司法领域的改革、行政分权的改革和公共工程领域的新进展。此外，作为反腐制度体系的重要组成部分，《中国共产党党内监督条例》和《中国共产党纪律处分条例》已于 2004 年颁布，突出了制度建设在党内监督中的核心作用，明确规

定了集体领导和分工负责、重要情况通报和报告、述职述廉等 10 项监督制度，强调了对“一把手”的监督。

（六）行政观念、行政技术和管理方法更加现代化

随着改革的不断推进，依法行政、行政改革、服务型政府、有限政府等一系列新的行政思想和观念日益深入人心。信息技术在政府部门也得到越来越广泛的应用，电子化政府的建设正已被列上议事日程。同时，现代行政决策机制基本建立，公众听证制度、决策咨询制度、政务公开制度的试点和推广，既减少了“凭经验”、“拍脑壳”决策带来的失误，又增强了公众参与行政管理。有些地方建立行政服务中心以及“一站式”服务的尝试取得了一些有益的经验。在管理方法上，全面质量管理、目标管理、系统方法、网络规划技术等现代管理的技术和方法得到一定程度的应用。

二、中国行政改革面临的主要问题

我们在充分认识行政改革所取得的成就的同时，更应该对面临的问题保持足够的清醒。认识主体站在不同的角度、不同的层面，对问题的概括也会有所不同。从当前行政改革面临的基本矛盾的分析，可以把行政改革面临的问题概括为：

（一）经济健康增长需要与政府生产力落后的矛盾

我国经济自改革开放以来虽然一直保持着高速增长的态势，但经济效益低、结构不合理，农民收入增长缓慢以及走私、骗税、制售假冒伪劣商品问题的存在制约了国民经济的良性运转。这些问题在某种程度上阻滞和延缓了改革的进程，导致了权力寻租腐败现象的蔓延，也影响了公众对政府的信心和认同感。同时，政府机构设置不合理、机关人员严重膨胀、行政管理费用开支过大和超常增长、行政效率偏低等问题的还在一定程度上存在，这导致了政府生产力相对落后，又进一步影响了经济的健康增长。

（二）政治体制改革滞后与行政制度改革全面展开的矛盾

相对于经济体制改革而言，政治体制改革明显滞后，诸种权力关系没有理顺，表现为党政关系没有完全理顺，人民代表大会的法律地位尚未真正实现，权力过分集中的现象依然存在等方面。这一政治体制改革滞后的情形，与行政体制

改革全面展开的要求不相适应。离开政治体制改革这一基础，行政体制改革无异于空中楼阁。

（三）政府的简政放权与社会自治功能弱化的矛盾

从当前的改革来看，政府干预程度的降低和干预范围的缩小是必然的趋势，这意味着放权于社会，让社会在相当范围内自我治理。而目前，我国社会的自治能力却比较弱。虽然近些年包括行业组织、社会中介组织和民间组织在内的社会组织获得了长足的发展，但客观而言我国的社会组织无论在发展规模上还是在其功能作用上都十分有限，许多社会中介组织仍然依附于政府及其所属部门，没有获得独立的地位，没有足够的能力实行自治。同时，在社会转型期，由于长期封闭和低度发展，社会组织难以对各种新问题做出反应和调整。在此种背景下，政府过于仓促和无序地简政放权，极易导致社会生活紊乱，给某些非法势力以可乘之机。

（四）机关富余人员的分流与社会吸纳能力有限的矛盾

机关富余人员的分流是历次行政制度改革的一项重要任务，也是一个比较棘手的难题。在目前地方政府的机构改革中，分流渠道窄是普遍存在的问题。越往基层，分流渠道越窄，而分流任务却越重，矛盾比较尖锐。从整体上看，我国由于经济不发达、社会保障制度不完善，市场经济尚未充分发育等原因，吸纳机关分流人员的能力也相当有限。经济越不发达的地方，吸纳能力越有限，分流的任务却越重，如此循环，严重地阻碍了当地经济的发展。

（五）与国际惯例接轨的需要同政府管理现有水平的矛盾

在全球化背景下，我国的政府管理同国际惯例接轨是迫切需要解决的问题。但我国政府管理在现有的制度规范、职能运作、思维方式方面还不能适应国际经济交往和世界经济运行的需要。如一些部门和地方从自身利益出发制定和实施的某些制度规范，缺乏统一性和协调性；在政府职能的实现手段方面，仍依赖行政命令和行政审批。

三、中国进一步行政改革的基础性问题

行政改革将是我国较长时期内面临的重要而紧迫的问题。所谓“风物长宜放眼量”，我们有必要从理性和长远的角度对中国进一步行政改革的基础性问题作

理论上的探讨和分析。

（一）中国进一步行政改革的目标和内容设定

行政改革的目标将决定我们在哪些方面采取行动和采取什么样的行动。那么，如何界定行政改革的目标呢？从广义政府的意义上说，行政改革涉及到与国家公共行政管理相关联的诸方面的法权主体与其相互关系，并以这些法权主体相互关系的改变或调整为全面改革的核心内容。在我国，由宪政制度和政党制度所决定，这些法权主体包括国家最高权力机关人民代表大会、人民法院、人民检察院等国家机关，包括执政党，也包括政治协商会议等准国家机关。与此相联系，广义的行政改革实际上包括了一切与国家公共权力的归属及其行使相联系的改革，政治、经济、行政三大体制的改革均可涵盖其中。从狭义的政府来看，行政改革特指以国家行政机关为中心的国家公共行政系统的改革。考虑到问题的复杂性及可论述性，我们所论及的行政改革除非特别指出均取狭义。就狭义而言，我国行政改革的主要目标是：通过对各级政府的法定地位、行政权限、管理职能、行为方式、工作制度以及与之相适应的机构设置、人员编制、工作流程、财政预算、行政责任等方面的基本原则的再设计，使政府的行政管理适应社会主义初级阶段和发展市场经济体制的需要，维护社会公正、提高行政效能、促进国家发展。

行政改革的内容主要涉及到两个层面的问题：第一个层面是法理与法律的层面；第二个层面是管理思想和技术方法的层面。第一个层面包括的问题主要有：(1) 政府的法定地位。其核心是在国家权力体系关系中，经由《宪法》和法律所规定（制度内）的政府地位和经由传统、惯例等所确认（制度外）政府地位如何统一和协调的问题。(2) 政府的基本职能。主要是界说政府应当履行什么样的职责，也就是政府对经济发展、社会进步、国家强盛、民族和谐、国民富足所承担责任的性质、范畴、大小。与此紧密相关的是政府为什么要做、以什么方式去做、应当做的和不应当做的以及应为而不为、不应为而为时所承担的责任。(3) 公民的参与。公民参与政府行政管理是民主政治的基本要求，其法理方面的意义在于让受政府行政决策和行政行为影响的人们参与制定行政措施，以尽可能地维护每个公民的利益。公民的参与要求把宪法赋予公民的权利实质化，通过法律的规范建立公民参与政府行政管理的、可操作的程序、途径和方式。第二个层面包括的问题主要有调整行政组织、提高行政效率、强化首长负责制、扩大行政性分权、提高政府公务人员专业水平和改进行政技术等。基于行政改革从本质上从属于政治体制改革的判断，后一个层面的问题从根本上说是由前一个层面的问题所决定的。

（二）行政改革的价值选择

从逻辑上讲，价值的判断是行为的向导。我国行政改革何去何从，最终依赖于改革主体的价值选择。对大多数国家来说，行政改革所涉及到的核心的价值理念无外乎正义、民主、法治、自由的选择权利、效率等方面。

正义。正义是政府权威合法性的基础和保证，维护正义是政府天然的职责。行政改革不能不建立在正义的基础之上。美国著名学者约翰·罗尔斯对于正义的表述最为著名。罗尔斯把正义看作是社会制度的首要价值，是评价社会制度的道德标准，也是选择社会制度的首要标准。“某些法律和制度，不管它们如何有效率和有条理，只要它们不正义，就必须加以改造和废除”。① 他把一般的正义观表述为：所有的社会基本价值（又称为“基本善”）——自由和机会、收入和财富、自尊的基础，都要平等地分配，除非对其中一种价值或所有价值的一种不平等分配合乎每一个人的利益。这个一般的正义观通过两个正义原则体现出来：第一个原则，可称为“平等的自由原则”，每个人对最广泛的自由都应拥有平等的权利，这种最广泛的自由是与他人类似的自由相容的。第二个原则，应对社会和经济的不平等做出这样的安排，以便使：（1）与合理的储蓄原则相一致，使处于最不利地位的人获得最大利益，也称“差别原则”；（2）与机会平等相联系，使职务和地位向所有人开放，称“机会平等原则”。②两个正义原则都要依照辞典式次序来排列。其中，第一优先原则——平等的自由优先：自由只能为了自由的缘故而被限制。第二优先原则——正义对效率和福利优先，即第二个原则优先于效率原则和追求利益最大化原则，其中机会平等原则又优先于差别原则。罗尔斯关于正义的精辟论述对我们极富启发意义，在此基础上，我们对于正义价值取向的理解是：通过改革，进一步实现宪法赋予公民的权利，更好地保障和扶助不利地位群体和弱势群体，使他们的合法权益得到有效保障，促进机会平等条件下的公平竞争。

民主。关于民主，有许多不同的理解，如洛克认为“民主就是人民的统治”，熊彼特认为“民主是人民投票决定权力的归属”，也有“民主是多种利益集团的相互作用”、“民主就是人民参与政治决策”等等的说法。社会主义民主的原则包括人民主权原则、议行合一原则、共产党领导原则、政治协调原则、人民监督原则、法制原则等。我国的行政改革无疑要以促进社会主义民主为其价值取向。从各国政府改革民主化的措施来看，增进民主往往与分权化联系在一起，此外，

---

①② 罗尔斯：《正义论》，中国社会科学出版社 1988 年版，第 1、292 页。

促进社团、公民参与政府管理以及促进社会自治组织的发展和公民的自我服务、自我管理也被认为增进了社会的民主。

法治。法治体现在行政改革中即为依法行政。依法行政首先必须有法可依，执法必严。市场经济条件下政府最为基本的职能之一就是提供有效的法律及其执行体系。从经济上说，法律的缺乏会导致经营者机会主义盛行、投资环境恶化、黑社会势力猖獗等恶果，从而严重损害经济的发展。其次，依法行政要求政府必须在法律的框架内行使其公共管理的职能，政府没有任何凌驾于法律之上的理由。法律不仅是对政府权利和义务的规定，同时也是对政府行为的制约，以防止政府滥用权力，对公民和社会造成伤害。再其次，依法行政的一个前提条件是确保司法的独立。如果司法不独立，它就不能有效地、公正地调节政府和民众以及和其他社会组织的关系。从现实的假冒伪劣产品泛滥、破坏环境事件频发、商业欺诈行为丛生、骗汇逃税案件增多等现象分析，我国市场经济的法治化还有漫长的道路要走。

自由选择的权利。尊重和扩大公民自由选择的权利的价值取向在行政改革中最为显著的表现就是市场化的改革。包括在政府部门引入竞争，打破政府垄断公共服务提供的格局等。对于我国来说，市场经济良好运行迫切需要的基础条件之一就是经济自由。经济自由首先意味着经济人的偏好自由、价值自由、使用自己资源的自由，而这种自由中最大的自由就是利用自己有限的资源在对他人有利至少无害的条件下实现福利最大化或者利润最大化的自由。促成这种自由，是我国行政改革达成建立和完善市场经济体制这一宏伟目标的必然选择。经济自由要求任何力量，包括政府，不应该限制消费者的身份，除非因为公认为不是合格的消费者，如青少年购买烟酒；不应该限制公认为不良偏好以外的消费者的任何偏好；不应该限制生产者非公认为不良偏好的任何生产偏好；不允许任何力量干预经济人的自由交易和自由定价，除非这种交易带有强制或不正当性。经济自由是市场经济活力的基础，正如世界银行 1996 年报告中所言："实现市场自由化并坚持经济稳定的国家，他们所得到的报答是产量和生产率重新开始加速增长"。① 当然，经济自由只是意味着互利互惠条件下的交易自由，它并不包括损人利己的恶性自由。

效率。效率是现代公共行政的基本价值取向之一。行政改革将继续在公平和效率的两难抉择中推进。简言之，行政改革中效率价值体现为：一是政府活动的有效性，其基本层面是活动的合法性，其次是体现活动的效益，包括社会效益和

---

① 世界银行：《1996 年发展报告：从计划到市场》，中国财政经济出版社 1996 年版，第 43 页。

经济效益。二是政府活动追求的目标是以尽可能少的投入取得尽可能大的产出。行政改革的重要议题之一就是通过什么样的途径可以更好地达成效率的上述目标。

关于以上所列价值的取舍将决定着行政改革的走向。

四、中国行政改革的建议性措施

以往我们进行政府机构改革，主要驱动力来自于内部，是建立社会主义市场经济体制的需要，全球一体化趋势形成了政府机构改革的外部驱动力，对我国现行的行政运行机制、法律法规以及政府的管理和服务产生重大而深远的影响。为应对挑战，我国基于上述价值取向基础上的行政改革应当采取如下措施：

（一）进一步转变政府职能

经历数次改革之后，政府职能已有很大转变。但从目前的状况看，政府管理职能缺位、越位和错位的情况仍然存在，有的还比较严重，甚至不少政府部门的主要领导，对其部门在市场经济条件下的职能至今仍不清楚。政府职能转变依然是今后改革中很重要的一项任务。今后，我国政府职能转变的主要内容是：从全能型政府向有限政府转变；从微观经济管理向宏观调控转变；从市场参与者到市场秩序维护者转变；从管制型政府向服务型政府转变。具体而言，政府应在以下方面发挥好职能作用。(1) 强化政府的培育市场职能和协调监督职能，统一全国涉外法律、法规和政策，促进全国统一市场的形成。(2) 提高政府的市场服务职能，创造符合国际惯例的投资经商环境；(3) 增强政府的市场维护职能，对各类企业一视同仁，维护公平竞争的市场环境。(4) 强化政府的行政监督职能，打击各种违法乱纪、不守信用、制假贩假、偷税漏税等扰乱市场秩序的行为。(5) 增强政府的宏观调控职能和维护国家经济安全的职能，逐步完善本国的统计、金融、外汇、财税管理体制。(6) 培育市场主体，不再对企业进行直接的行政干预，真正实现政企分开。(7) 还权于社会，提高社会的自治能力。

（二）改进政府行政管理方式

目前，政府行政管理方式上还存在着一些问题，主要表现有：许多政府部门和地方仍习惯以“内部文件”、“行政命令”等随意性大、透明度低的管理方式开展工作；“暗箱操作”，随意裁决等问题时有发生；政府仍然对社会经济事务进行具体的干预，行政审批事项过多过细，办事程序过于烦琐，极易诱发腐败等问题；行政执法混乱，行政行为不规范，乱收费、乱摊派、乱设卡等问题屡禁不止；行政监测方法不科学；统计数据缺乏可靠性和透明度；行政过程中环节过多，效益低下、长官意志等官僚作风仍大量存在等。为此，必须改进我国政府的行政管理方式。第一，严格依法行政，由权力行政转向规则行政，从随意裁决转向依法办事。第二，推行政务公开，各级政府在管理过程中应做到决策公开、过程公开、结果公开，并建立相应的政务公开制度，如听证制度、信息查询和咨询制度，公开信息发布制度等，增加政府法规和决定的透明度、公开度。第三，健全监督机制，切实加强行政系统内部的层级监督制度，建立健全相应的行政复议制度、行政检查制度、追究行政责任制度。第四，改进行政审批事项，改进审批方式，规范审批程序和时限，逐步与国际惯例接轨。

（三）加快政府管理的信息化建设

目前，通信技术和计算机技术飞速发展，电子政务的发展已成为当代信息化发展的最重要的领域，也是提高政府管理水平的重要手段。政府信息化，可使政府获得和掌握政治、经济、社会发展诸领域的准确可靠的信息，并以此为依据做出理性判断，提高决策质量。电子政府也为扩大公民参与以及扩大政府和社会、公民之间沟通提供了充分的技术条件，提高了政府的反应能力和回应社会的能力。电子政府还有利于减少行政成本，简化行政程序和办事流程，促进政府重组，提高政府效益。当前加速政府信息化建设的主要任务包括实现网上办公和在线服务。虽然我国政府管理信息化建设取得了一定的成绩，但相当一部分政府部门网站存在着信息量小、信息更新不够及时以及网上服务形同虚设等方面的问题，在政府管理中，信息技术远未发挥出它所应当具有的优势。因此，在推行电子政务的过程中，要把电子政务的推行与政府职能转变切实结合起来，要加强政府网络化建设的统一规范管理，大力提高公务员相应的技术素质。

（四）提高政府公务人员的素质

在行政改革中，能否建立一支素质优化的行政管理干部队伍，是非常关键性的因素。因此，要不断完善国家公务员制度，引进竞争激励机制，创造一个公开、平等、竞争、择优的用人环境，建立一套能进能出、能上能下，充满活力的管理机制。加速整体性人才资源开发，努力建设一支高素质的专业化国家行政管理干部队伍，从而促进我国行政效率的提高。当前，提高公务员素质的迫切任务是要抓好行政管理干部队伍的"素质工程"和"专业化工程"，通过多种形式提高行政人员的实际工作能力，出台有关政策和措施，帮助和鼓励其在职或脱产攻读"公共管理硕士"（MPA），使其增长行政管理才干。

（五）理顺政府内外关系

处理好政府内外关系，是进一步推进行政管理体制改革的重要内容。政府内外关系，包括政府与市场、政府与企业、政府与社会以及政府内部各层级、各部门之间的关系问题，为协调好这些关系，我国下一步的改革中要加强市场在资源配置中的基础性作用，完善经济管理法规和市场监督机制，保证法律对市场活动的调节和指导；确立企业的市场主体地位；要明确各类中介组织的地位和作用，培育各类中介组织，规范各式各类中介组织的行为，增强社会的自治能力；要进一步明确政府各部门、各层级之间的权责关系，形成协调统一，功能健全的行政运行组织体系。总之在政府与市场、企业、社会之间以及政府内部建立广泛的合作关系对于推进改革将发挥重要作用。

本章主要名词概念

行政改革　行政改革的动力系统　行政改革的阻力系统　政府机构改革　外延型改革　内涵型改革　单一型改革　复合型改革　突变型改革　渐进型改革

复习思考题

1. 分析行政改革的动力系统和阻力系统。
2. 简述行政改革类型的划分。
3. 简述行政改革的原则。
4. 分析西方国家行政改革不同模式的特点。
5. 试述西方国家行政改革的原因及主要内容。
6. 行政改革的基本价值取向有哪些？
7. 如何理性评价当前西方国家普遍开展的行政改革运动？
8. 我国行政改革中面临的主要问题有哪些？
9. 我国行政改革的目标和内容是什么？
10. 结合现实，你认为我国行政改革应采取哪些有效举措？

［案例分析］

案例一　我国行政审批制度改革[1]

一位农民想办一个养鸡场，前前后后盖了 270 多个公章，跑了两年多，等手续办下来，市场行情已经发生了变化；一名外商打算在某地投资，一年多过去了项目仍在审批过程中，看好的投资收益成了"黄花菜"，外商在当地的招商会上失声痛哭……改革行政审批制度，是深化行政管理体制改革的内在要求，完善社会主义市场经济体制的客观需要，从源头上预防和治理腐败的重要举措。

随着社会主义市场经济的不断发展，我国原有行政审批制度的弊端日渐突出，损害了政府的形象和人民群众的利益，妨碍了经济社会的全面发展。改革行政审批制度、规范行政审批行为已刻不容缓。

一、清理审批项目，实施严格审核

国务院 68 个具有行政审批职能的部门和单位原来共有审批项目 3605 项。2002 年、2003 年和 2004 年，国务院分三批共取消和调整了 1795 项审批项目；对涉及 9 部法律的 11 项审批项目提出了取消和调整的建议，2004 年 8 月，十届全国人大常委会第十一次会议，通过上述 9 部法律的修正案。至此，国务院部门共取消和调整审批项目 1806 项，占总数的 50.1%。各省、自治区、直辖市也陆续取消和调整了半数以上的审批项目。国务院行政审批制度改革工作领导小组办公室目前正在组织进行新一轮行政审批项目的清理和处理工作，各地区、各部门认真落实，行政审批制度改革不断向纵深推进。

国务院始终把行政审批制度改革作为政府工作的一项重要内容来部署。温家宝总理专门听取监察部工作汇报，国务委员兼国务院秘书长华建敏担任国务院行政审批制度改革工作领导小组组长。组织清理、审核论证、做出处理、做好后续工作——国务院审改领导小组确定推进行政审批制度改革工作四个步骤。在实施全面审核处理前，国务院审改办先后在原国家经贸委和商务部开展试点工作。按照初核、协商、论证、审定四个环节的操作程序和要点，对各部门审批项目进行全面审核论证，提出处理方案。同时，选聘 28 位经济学、法学、行政管理学等方面的专家学者参与审批项目审核，保证审批项目审核和处理的科学性、准确性。

二、精简行政审批，转变政府职能

国务院审改领导小组及其办公室先后制定《关于行政审批制度改革工作的实施意见》、

[1] 改编自《精简行政审批制度改革　从源头预防腐败》，http：//www.enet.com.cn/article/2007/0702/A20070702700762_2.shtml.

《关于贯彻行政审批制度改革的五项原则需要把握的几个问题》等近30个政策规定和相关文件，使改革工作有所依据。从2002年4月开始，国务院审改办组织15个大中城市和国务院各部门开展课题研究，为深入推进行政审批制度改革提供了强大的理论支持。

全面清理行政审批项目，行政审批项目大幅削减，行政审批行为日趋规范。针对少数部门清理项目不彻底，存在漏报、错报问题，国务院审改办要求各部门“回头看”，认真复核上报审批项目的初步处理意见。

“这些审批项目中，有的可以由公民、法人或者其他组织自主决定，有的通过市场机制能够有效调节，还有的可以交给行业组织或者中介机构实行自律管理，予以取消或调整，这有利于理顺政府与市场、政府与企业、政府与社会、政府与公民的关系，逐步改变政府角色越位、错位、缺位的现象，为更加合理地界定政府在经济调节、市场监管中的职能，更有效地发挥政府的社会管理和公共服务职能，奠定良好基础。”国务院审改办负责人表示。

三、创新管理方式，加强后续监管

对取消审批后能够通过市场机制解决的事项，如经营性土地使用权出让、建设工程承包、政府采购和产权交易等，各地区各部门采取招标、拍卖等市场运作方式；对可以由企业自主决定的事项，指导企业建立现代企业制度，完善法人治理结构，落实企业经营自主权，实现对企业的间接监督管理。

山东省实施行政审批过错责任追究制度，如果无故让申请人多跑腿，行政机关及其工作人员将被追究责任。作为国务院审改办的试点单位，深圳、苏州在规范审批程序和条件的基础上，在全国率先建立了行政审批电子监察系统，对行政审批项目的受理、承办、批准、办结和告知等环节进行全程监督。

2005年9月，监察部、国务院审改办召开“运用网络技术强化行政监管交流会”，2006年7月，中央纪委、监察部、国务院信息办、国务院审改办联合印发《关于开展行政审批电子监察工作的通知》，有力推动了行政审批电子监察系统在监督和规范审批行为方面的积极作用。

各地区、各部门在推进行政审批制度改革工作中，完善行政审批的运行、管理和监督三个机制，制定操作性强、透明度高的审批操作规程，最大限度地减少审批人的自由裁量权和审批随意性，从源头上防止行政审批过程中的腐败现象。

与此同时，以方便群众办事、杜绝“暗箱”操作、提高行政效率为目的的“一站式”审批服务大厅，在全国各地应运而生，人民群众办事更加方便，行政效率明显提高。山西省太原市工商局负责同志说：“过去企业办营业执照，有的恨不得在局机关附近租房子等待，3天见不着人的事常有。好不容易见到了人，又得排长队，科员受理、科长初审、局长批复，一圈下来，不知道要过去多少天。现在不同了，一切为申请人着想，只要符合条件，营业执照几天便可拿到。”

“通过改革，各地区、各部门较好地解决了审批事项过滥、审批程序繁琐等问题，遏制了利用审批乱收费、滥用审批权力等侵害群众利益的行为，为人民群众提供了更加公开、透明、高效的服务。”国务院审改办负责人表示。

行政审批制度改革逐步改变了政府直接干预微观经济活动的做法和主要用行政手段管理经济的方式，提高了政府的行政能力和管理水平，提高了行政机关及其工作人员依法行政的能力和水平，促进了法治政府建设。

推进行政审批制度改革意义重大，是一场深刻自我革命，是政府在管理体制、管理机制和管理方式上的变革，推动建立“廉洁、勤政、务实、高效”的服务型政府。

根据以上资料，回答下列问题：

1. 行政改革的动力有哪些？在改革过程中又会遇到哪些阻力？
2. 根据案例，试分析我国当前行政改革面临的主要问题以及解决的思路。

案例二　“政务超市”的设立

“政务超市”指政府行政服务中心，是我国近年来政府公共行政创新实践的产物，也是老百姓的一种形象化的说法。“政务超市”有市一级的，有区、县一级的，有街道办事处一级的，集中了政府的各个职能部门。2003 年 8 月 27 日，我国发布了《中华人民共和国行政许可法》，从法律上肯定了“政务超市”制度。

“政务超市”把政府各部门的依法照章可予办理的公共服务业务，如户口、婚姻、企业等各种登记事项和税费交纳、申领牌照、档案托管等集中在一个大厅里或一幢大楼里，实行一门受理，为投资者提供“一站式”、“全方位”的优质服务。在窗口推行的“站立服务、微笑服务、延时服务、预约服务、专题服务”等便企便民务实举措，更是受到了企业和群众的好评。“政务超市”真正成了政府公共产品的集中服务“超市”，实现了由“民求官”向“官为民”服务理念的根本转变。

“政务超市”是开展政府公共行政社会化服务的有益探索，不仅是简单的政府办公方式的改革，更重要的是带动政府行政组织体系的积极变革，促进公务人员素质和政府办事效率的提高。比如，窗口集中审批，甚至改变了办事人员的生活习惯。以前工作人员都是在自己的办公室里搞审批的，百姓来办事，都要递烟。一来二去，工作人员多养成了抽烟的习惯。而到了“政务超市”后，由于办事大厅不准抽烟，工作人员只好把烟戒了。多年来，老百姓一直用“门难进、脸难看、事难办”来描述某些政府机关的工作作风，现在老百姓到这样的超市去办事，感觉好像到家一样，喝杯水的工夫，有些事情就可顺利地办完了。整个过程中，需要跑腿、找人签字盖戳的事大都由工作人员来办理。

“政务超市”不是简单地把办公室移到柜台或窗口。不少地区的“政务超市”还设立了人大代表工作室，在人大闭会期间，请代表走进社区，倾听民声；开辟了弱势群体专门窗口，为他们办急事、难事；有的还成立了老、妇、幼避护所，在他们遭遇重大突发困难或家庭暴力时提供应急服务；举行听证会，把事关老百姓切身利益的公共事务交给老百姓自己决定；

还设立谈心室、法律咨询门诊、街道领导信箱、直通电话和领导接待日等。

“政务超市”的做法之所以能在全国引发政府行政管理体制改革的大潮，是因为它符合经济社会发展要求，提高了公共服务效能，受到了老百姓的广泛欢迎。

设立“政务超市”的初衷是为了构筑规范办事、阳光操作、廉洁高效的服务型政府运作新机制，这种办事模式符合世界发展潮流，向建立以需求为导向的服务型政府迈出了一大步。然而，在缺乏系统性的制度变革的背景下，“政务超市”同样面临窗口机构授权不足的制度缺陷，最终拍板权仍在原来的局委。大量需要多个局委共同审批的项目，谁来牵头，没有具有约束力的成文规定。如果政府职能不转变，行政服务中心充其量只是一个方便老百姓、在一定程度上遏制腐败现象，并有限度地提高政府办事效率的场所。当前各地的“政务超市”有如雨后春笋，但人们也看到，在有些地方却成了领导的政绩工程、面子工程。在一些群众看来，“政务中心办小事易，办大事难！”“政务超市”所倡导的“一站式服务”反而成了“多此一站”。

党的十六届三中全会提出，要深化行政审批制度改革，切实把政府经济管理职能转到主要为市场主体服务和创造良好的发展环境上来，“政务超市”作为代表着“有限政府、无限服务”的服务型政府的标志性产物，理应服务功能更加健全，服务领域更加广泛、服务权限更加规范。要想实现政府职能的彻底转变，使“政务超市”应从改革政府自身行政管理模式入手，促进行政模式的重心调整，强化对部门行政权力的规范和监控，要做到有所为有所不为，该放手的就放手，不能什么都管。积极构建综合化、扁平化的政府组织机构。其次要根据形势的变化和社会发展需求，不断拓展“政务超市”的服务功能，通过扩大职能、扩大权力、提高威信，提高办事效率，尽量做到办事不出中心。使得“政务超市”真正成为政府为社会服务的大平台，防止原本应实实在在为民办实事“政务超市”却逐渐流于形式，成了新的“衙门”。

根据以上资料，回答下列问题：

1. “政务超市”对于政府行政改革有什么积极意义？

2. 根据案例，分析“政务超市”应有的功能和面临的主要问题？

主要参考书目

1. 夏书章:《行政管理学》,高等教育出版社 2003 年版。

2. 韩康、史美兰:《中国政府管理案例》,国家行政学院出版社 2006 年版。

3. 张庆东:《重塑政府:改革走向何方——兼评对新公共管理的定位》,载《中国行政管理》2002 年第 4 期。

4. 张立荣:《当代中国行政制度改革的评析与前瞻》,载《中国行政管理》2002 年第 3 期。

5. 徐绍史:《深化行政改革　积极应对入世挑战》,载《中国行政管理》2002 年第 1 期。

6. 中国行政管理学会课题组:《对中国入世后行政管理体制改革的几点认识》,载《中国行政管理》2002 年第 1 期。

7. [美] 艾琳·卡马克著,何增科译:《全球化和公共行政改革》,载《经济社会体制比较》2002 年第 3 期。

8. 宋世明:《西方国家行政改革述评》,国家行政学院出版社 1998 年版。

9. 任晓:《中国行政改革》,改革出版社 1998 年版。

10. 张成福:《大变革——中国行政改革的目标与行为选择》,改革出版社 1993 年版。

11. 吴佩纶:《当代西方行政改革的理论与实践》,改革出版社 1993 年版。

12. 周志忍:《当代国外行政改革比较研究》,国家行政学院出版社 1999 年版。

13. 皮纯协、张成福:《行政法学》,中国人民大学出版社 2002 年版。

14. 罗豪才:《行政法学》,中国政法大学出版社 1996 年版。

15. 竺乾威:《公共行政学》,复旦大学出版社 2000 年版。

16. 陈奇星等:《行政监督论》,上海人民出版社 2001 年版。

17. 陈振明:《公共管理学》,中国人民大学出版社 1999 年版。

18. 黄达强、刘临旨:《行政学》,中国人民大学出版社 1988 年版。

19. 江超唐:《行政管理学案例教程》,中山大学出版社 2001 年版。

20. 《公共管理硕士（MPA）专业学位联考考试指南》，中国人民大学出版社 2008 年版。

21. 珞扬：《法国行政法》，中国政法大学出版社 1989 年版。

22. 沈荣华、周传铭：《中国地方政府规章研究》，上海三联书店 1999 年版。

23. 张国庆：《行政管理学概论》，北京大学出版社 2000 年版。

24. 夏书章：《行政管理学》，中山大学出版社 1991 年版。

25. 王沪生、竺乾威：《行政学导论》，上海三联书店 1988 年版。

26. 丛建阁：《公共部门人力资源开发与管理》，中国财政经济出版社 2002 年版。

27. 舒放、王克良：《国家公务员制度教程》，中国人民大学出版社 2001 年版。

28. 曹志：《资本主义国家公务员制度概要》，北京大学出版社 1985 年版。

29. 秦宣：《世界主要国家公务员制度》，中国大百科全书出版社 1995 年版。

30. 张金鉴：《行政学新论》，台湾三民书局股份有限公司 1984 年版。

31. ［美］约翰·科特：《现代领导的艺术》，华夏出版社 1997 年版。

32. 全国干部培训教材编审指导委员会组织编写：《公共行政概论》，人民出版社 2002 年版。

33. 王乐夫：《领导学：理论、实践与方法》，中山大学出版社 1998 年版。

34. 王少华：《公务员行为规范概论》，中国人事出版社 2002 年版。

35. 陈振明：《公共政策分析》，中国人民大学出版社 2003 年版。

36. 人事部公务员管理司规划审定，《公务员行为规范读本》，中央文献出版社 2002 年版。

37. 张永桃：《行政管理学》，南京大学出版社 2002 年版。

38. ［美］戴维·奥斯本、特德·盖布：《改革政府：企业精神如何改革看公营部门》（中译本），上海译文出版社 1996 年版。

39. 毛寿龙、李梅、陈幽泓：《西方政府的治道变革》，中国人民大学出版社 1998 年版。

40. ［澳］欧文·E·休斯：《公共管理导论》，中国人民大学出版社 2001 年版。

41. 卢洪友：《政府职能与财政体制研究》，中国财政经济出版社 1999 年版。

42. 世界银行：《1997 年世界发展报告：变革世界中的政府》，中国财政经济出版社 1997 年版。

43. 梁仲明：《论加入 WTO 对我国政府治理方式的影响》，载《公共行政》人大复印资料 2002 年第 3 期。

44. 王庆海、张兰图：《中国加入 WTO 对政府行使管辖权的挑战与对策》，载《社会科学战线》2001 年第 6 期。

45. 沈荣华：《抓住入世契机，加快推进我国行政改革——“加入 WTO 与我国行政管理体制改革”研讨会综述》，载《中国行政管理》2001 年第 12 期。

46. 郭济：《正确认识新形势下的政府作用　继续推进我国行政管理体制改革》，载《中国行政管理》2002 年第 2 期。

47. 徐鸿武：《我国进一步转变政府职能的主要任务》，载《中国行政管理》2002 年第 6 期。

48. 刘熙瑞：《服务型政府——经济全球化背景下中国政府改革的目标选择》，载《中国行政管理》2002 年第 7 期。

49. 朱镕基：《进一步转变政府职能　加强政风建设》，载《中国行政管理》，2002 年第 4 期。

50. 毛寿龙、李梅：《有限政府的经济分析》，上海三联书店 2000 年版。

51. 赵明义、刘善金：《行政学》，山东大学出版社 1990 年版。

52. 胡久清：《系统工程》，中国统计出版社 1999 年版。

53. 李晶、孙英：《统计学新编》，四川大学出版社 1995 年版。

54. 邹顺华、肖腊珍：《统计学原理》，中国财政经济出版社 1999 年版。

55. 程跃秋：《统计学原理》，经济科学出版社 2003 年版。

56. 王沪宁、竺乾威：《行政学导论》，上海三联出版社 1988 年版。

57. 孙荣、徐红：《行政学原理》，复旦大学出版社 2001 年版。

58. 李维昌、陶理：《现代科学管理基础》，山东人民出版社 1994 年版。

59. 毛林根、宋锦标：《现代管理技术》上海人民出版社 1994 年版。

60. 崔援民等：《现代管理方法新论》，河北科学技术出版社 1997 年版。

61. 朱光磊：《现代政府理论》，高等教育出版社 2006 年版。

62. 常仲智：《公共行政管理学教程》，兰州大学出版社 1994 年版。

63. 慈勤广：《行政管理学教程》，兵器工业出版社 1997 年版。

64. ［美］尼古拉斯·亨利著，向龙译：《公共行政学》，华夏出版社 2002 年版。

65. 吴柏鸿等：《MPA 全集——公共管理知识手册》，企业管理出版社 2001 年版。

66. 娄成武：《行政管理学》，东北大学出版社 2003 年版。

67. 彭建锋、包政：《现代管理制度、程序、方法》（人事考核卷），中国人民大学出版社 1993 年版。

68. 张炳良：《民意测验的客观性分析及其在人事考核中的应用》，载《农业科技管理》1999 年第 3 期。

69. 徐云庆：《浅谈民意测验问卷的设计》，载《浙江经专学报》2002 年第 2 期。

70. 夏书章：《行政效率研究》，中山大学出版社 1996 年版。

71. 周志忍：《公共组织绩效评估：英国的实践及其对我们的启示》，载《新视野》1995 年第 5 期。

72. 卢倩：《论行政效率的测定》，载《行政论坛》2001 年第 7 期。

73. 吴定、张润书、陈德禹、赖维尧：《行政学》第二卷，台湾空中大学 1994 年版。

74. ［美］里查德·D·宾厄姆等著；九洲译：《美国地方政府的管理：实践中的公共行政》，北京大学出版社 1997 年版。

75. 彭和平、竹立家等：《国外公共行政理论精选》，中央党校出版社 1997 年版。

76. 张国庆：《公共行政学》（第三版），北京大学出版社 2007 年版。

77. ［英］诺曼·弗林著，曾锡环等译：《公共部门管理》，中国青年出版社 2004 年版。

78. ［美］戴维·约翰·法默尔著，吴琼译：《公共行政的语言——官僚制、现代性和后现代性》，中国人民大学出版社 2005 年版。

79. ［美］德鲁克著，齐若兰译：《管理的实践》，机械工业出版社 2006 年版。

80. ［美］理查德德·J·斯蒂尔曼二世著，竺乾威等译：《公共行政学：概念与案例》，中国人民大学出版社 2004 年版。

81. Robert T. Golembiewski, *Public Administration as a Developing Discipline*, New York: Marcel Dekker, 1977, P. 178.

82. Organization for Economic Co-operation and Development (OECD), *Performance Management in Government: Performance Measurement and Result-Oriented Management*, Public Management Occasional Papers 1994, No. 3, P. 23.

83. W. Jack Duncan, *Great Idea in Management: Lessons from the Founders and Foundations of Managerial Practice*, Oxford: Jossey-Bass Publishers, 1990, P. 27.

84. Ian Scott, "*Efficiency and Effectiveness in the Enforcement of the Drug Laws in Hong Kong*", in John P. Burns (ed.) Asian Civil Service Systems: Improving Efficiency and Productivity, Hong Kong: Times Academic Press.

85. Ku Tashiro, "*The Implications of Small Public Services to National Economic Development*", in John P. Burns (ed.) Asian Civil Services Systems, P. 141.

86. Ku Tashiro, "*The Implications of Small Public Services to National Economic*

Development", in John P. Burns (ed.) Asian Civil Services Systems, pp. 141 – 142.

87. R. H. Hays et al., "Measuring Manufacturing Performance", in Jacky Holloway, Jenny Lewis and Geoff Mallory (eds.), *Performance Measurement and Evaluation*, London: Sage, 1995. s.

88. Ku Tashiro, "*The Implications of Small Public Services to National Economic Development*", in John P. Burns (ed.) Asian Civil Services Sys.

89. Deng Guocheng, Xiao Mingchao. *Government Performance Measurement by the Masses: Theory, Methods and Practice.* Beijing: China Renmin University Press, 2007.

90. John Harigan. *Australia and New Zealand. in The International Cooperation Department of NAS eds. Review of Administration Reform in the Western Countries.* Beijing: The National Administration School Press, 1998.